U0798231

普通高等教育医学类系列教材

组织学与胚胎学

主　　编　齐亚灵　赵文杰

副 主 编　刘佳梅　贾书花　李跃萍　朱　梅　刘慧雯

编　　者　（按姓氏拼音排序）

崔志刚	海南医学院	贾书花	长治医学院
李　坪	昆明医科大学	李　尧	佳木斯大学
李　文	佳木斯大学	李树蕾	吉林大学
李跃萍	海南医学院	刘春玲	牡丹江医学院
刘慧雯	哈尔滨医科大学	刘佳梅	吉林大学
刘玉荣	广州医科大学	齐亚灵	海南医学院
王景霞	佳木斯大学	王淑英	佳木斯大学
张　辉	佳木斯大学	赵文杰	海南医学院
周劲松	西安交通大学	朱　梅	牡丹江医学院

绘图人员　（按姓氏拼音排序）

方秋月	佳木斯大学	王聖茜	佳木斯大学
王一博	佳木斯大学	赵芸鹤	佳木斯大学

编写秘书　李　玥　佳木斯大学

科 学 出 版 社

北　京

·版权所有　侵权必究·
举报电话：010-64030229；010-64034315；13501151303（打假办）

内 容 简 介

组织学与胚胎学是医学专业的主要基础医学课程。其任务是使学生掌握组织和器官的显微结构和超微结构，熟悉其结构与功能的关系，了解人体胚胎的发生和常见的先天性畸形，为学习其他基础医学课程和临床医学课程奠定基础。全书内容分为两篇，共设27章。第一篇为组织学，主要研究机体微细结构及其相关功能。研究内容包括细胞、组织和器官系统的微细结构及其相关功能。第二篇为胚胎学，主要研究个体发生、发育及其发生机制。其研究内容包括生殖细胞的发生、受精、胚胎早期发育、器官与系统的发生、胚胎与母体的关系、先天性畸形及环境因素对胚胎发育的影响等。

本教材供临床、基础、预防、口腔、护理、影像、中医、中西医结合、临床检验及全科医学等医学专业本科生使用。

图书在版编目（CIP）数据

组织学与胚胎学 / 齐亚灵，赵文杰主编. —北京：科学出版社，2017.1

ISBN 978-7-03-050461-6

Ⅰ. ①组…　Ⅱ. ①齐…　②赵…　Ⅲ. ①人体组织学－高等院校－教材　②人体胚胎学－高等院校－教材　Ⅳ. ①R32

中国版本图书馆CIP数据核字（2016）第262338号

责任编辑：胡治国 / 责任校对：彭　涛
责任印制：李　彤 / 封面设计：陈　敬

版权所有，违者必究。未经本社许可，数字图书馆不得使用

科学出版社 出版
北京东黄城根北街16号
邮政编码：100717
http://www.sciencep.com
北京中科印刷有限公司 印刷
科学出版社发行　各地新华书店经销
*
2017年1月第　一　版　开本：850×1168 1/16
2023年7月第四次印刷　印张：15
字数：488 000
定价：88.00元
（如有印装质量问题，我社负责调换）

前　言

本教材是全国高等医药院校本科规划教材，在科学出版社组织的基础医学教材建设专家委员会的指导下，由海南医学院主持编写，全国九所医学院校组织学与胚胎学专家、教授及在校学生通力合作，以国家教育部新版的教学大纲为依据，根据本科教学的培养目标，结合多年的组织学与胚胎学教学实践编写而成。

本教材有如下主要特点：①实物切片图多且结构典型，并且图均由各编者及所在院校自行提供（光学显微镜图取自编者学校自有切片库，电子显微镜图来自于吉林大学白求恩医学院尹昕教授和朱秀雄技师惠赠，书中黑白简图由在校学生绘画），使形态学内容更直观，极大提高学生认知能力。②在每章正文之前给出内容提要，提示重点。③在文末增加了相关疾病的简介以及思考题，旨在启发学生思考，引导学生了解临床与基础知识之间的相关性，思考医学中的实际问题。

本教材注重吸收国内外同类教材的优点，广大组织学与胚胎学同仁们的辛勤劳动为本教材奠定了良好的基础，谨在此向他们表示深深的敬意！

本教材在编写过程中，得到了各参编单位的大力支持，尤其得到科学出版社的鼎力相助，在此对提供图片的北京大学医学部唐军民教授，大连大学的杨利敏教授，吉林大学白求恩医学院尹昕教授和朱秀雄技师，吉林医学院徐冶教授，哈尔滨市儿童医院口腔外科的田素宝主任医师以及绘图学生一并表示最诚挚的谢意！

由于我们的水平有限，纰漏在所难免，欢迎同行专家、广大师生批评指正。

齐亚灵
2016 年 11 月

目　录

第一篇　组　织　学

第二篇　胚　胎　学

第一篇 组 织 学

第 1 章 绪 论

内容提要

（1）组织学与胚胎学的研究内容及意义。
（2）组织学与胚胎学的研究方法和常用技术。
（3）光学显微镜技术、电子显微镜技术。
（4）组织化学和免疫组织化学术。
（5）原位杂交术。
（6）组织细胞定量术。
（7）组织学与胚胎学学习方法。

第一节 组织学与胚胎学的研究内容及其在医学中的地位

一、组织学与胚胎学的研究内容

组织学与胚胎学是一门重要的医学基础课程，由组织学和胚胎学两部分内容组成，两者既独立又相互关联。

组织学（histology）是研究机体微细结构及其相关功能的科学。其微细结构常借助于显微镜方可观察清楚，显微镜有**光学显微镜**（light microscope，LM，简称光镜）和**电子显微镜**（electron microscope，EM，简称电镜），两者观察到的机体微细结构分别称光镜结构和电镜结构，电镜结构又称超微结构。

组织学的研究内容包括细胞、组织和器官系统的微细结构及其相关功能。**细胞**（cell）是构成机体形态结构与功能的基本单位。**组织**（tissue）是由细胞和**细胞外基质**（extracellular matrix）组成的群体结构，是构成器官的基本成分。组织有四大基本类型：上皮组织、结缔组织、肌组织和神经组织。这些组织按一定方式组合构成**器官**（organ）。器官具有一定的形态结构，并执行特定的生理功能，按其组织学特征，可分为中空性器官与实质性器官两大类型。中空性器官：器官中央有大的空腔，如心血管、消化管、呼吸道以及排尿和生殖管道等。这类器官的管壁结构分层，一般可分 3 ～ 4 层。实质性器官：器官内无大腔，如消化腺、淋巴器官、内分泌腺、肾脏等。这类器官的结构表面为被膜，内部为实质，实质行使器官的主要功能。若干功能相关的器官构成系统。

二、组织学与胚胎学在医学中的地位

组织学是重要的医学基础课程，现代组织学的发展、研究已深入到分子水平，与基础医学许多学科交叉渗透，相互促进。生命科学的一些重大研究如组织工程、器官移植等都与组织学有着密切关系。所以学好组织学，才能认识并系统掌握正常机体的微细结构以及深入理解其功能，为其他基础和临床学科的学习，打下必备的形态学基础。

作为一门医学基础课程，组织学与胚胎学和其他医学基础课程及临床学科都有一定联系，尤其与解剖学、生理学、病理学、遗传学、妇产科学、儿科学和生殖工程学等学科联系更为密切。随着科技的发展，组织学与胚胎学研究已深入到分子水平，生命科学的一些重大研究如器官移植等都与其有着密不可分的联系。

第二节　组织学与胚胎学的研究方法和常用技术

组织学与胚胎学的研究方法很多，且随着科学技术的发展而得到了很好的发展和创新，下面仅简要介绍几种常用的方法和技术。

一、光学显微镜技术

（一）普通光学显微镜术

普通光学显微镜是观察组织细胞微细结构最常用的工具，它由光学部分和机械部分两部分组成。光学部分主要起放大作用，包括目镜、物镜和聚光器。光镜的分辨率约为 0.2 μm，可放大几十至一千多倍。普通光学显微镜下观察组织切片是组织学最基本的研究方法。

1. 普通光学显微镜组织切片标本的制备方法　观察机体组织细胞的微细结构前，首先需将组织块制成薄片，以利于光线的透过，制片的方法中以石蜡切片法最为常用。其制备程序如下：

（1）取材与固定：取人体或动物新鲜组织块，迅速投入固定剂中进行固定，使组织中蛋白质快速凝固，以保持接近生活状态下的组织结构。常用的固定剂有甲醛、乙醇、冰醋酸等。

（2）脱水、透明与包埋：固定好的组织块经乙醇脱水、二甲苯透明、石蜡浸透、包埋成硬块。除石蜡包埋外，在制作较大组织块如眼球和脑等组织时，常用火棉胶包埋。

（3）切片与染色：用切片机将石蜡包埋后的组织块切成厚度约为 5 ～ 10 μm 的切片，贴于载玻片上，经二甲苯脱蜡后进行染色。为了较好地保存细胞内的酶活性或尽快制成切片标本，可用恒冷箱制成冰冻切片后再进行染色。

（4）封固：切片经脱水、透明，滴加中性树胶后覆以盖玻片封固。

2. 组织切片染色法

（1）组织切片最常用的染色法：**苏木精**（hematoxylin）和**伊红**（eosin）染色法，简称 HE 染色法。苏木精为碱性染料，可使细胞核内的染色质及细胞质内的核糖体等结构染成蓝紫色；伊红为酸性染料，可使多数细胞的细胞质和细胞外基质等结构染成粉红色（图 1-1-1）。易于被碱性或酸性染料着色的性质分别称**嗜碱性**（basophilia）或**嗜酸性**（acidophilia）；与两者亲和力均不强的，称**中性**（neutrophilia）。

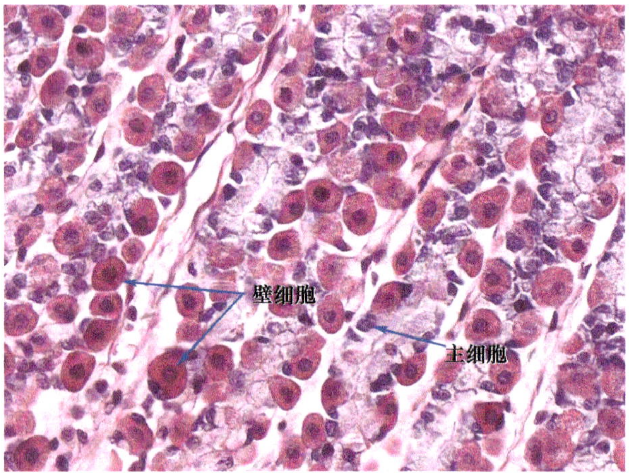

图 1-1-1　HE 染色（胃底腺）

（2）其他染色方法：除 HE 染色外，还有其他多种染色法可特异地显示细胞内的某些结构，如肾上腺髓质细胞经重铬酸盐处理后，呈棕褐色，称嗜铬性；肥大细胞中的颗粒经甲苯胺蓝等蓝色染料染色后，呈紫红色，这种现象称异染性。硝酸银染色时，有的组织可使银离子直接还原成银微粒附着在组织上呈棕黑色（图 1-1-2A），该特性称亲银性；而有的组织结构如神经元的神经原纤维需加还原剂方能显色，则称嗜银性（图 1-1-2B）；地衣红染色也称弹性染色，能将含弹性蛋白的弹性纤维染成紫褐色（图 1-1-3）。

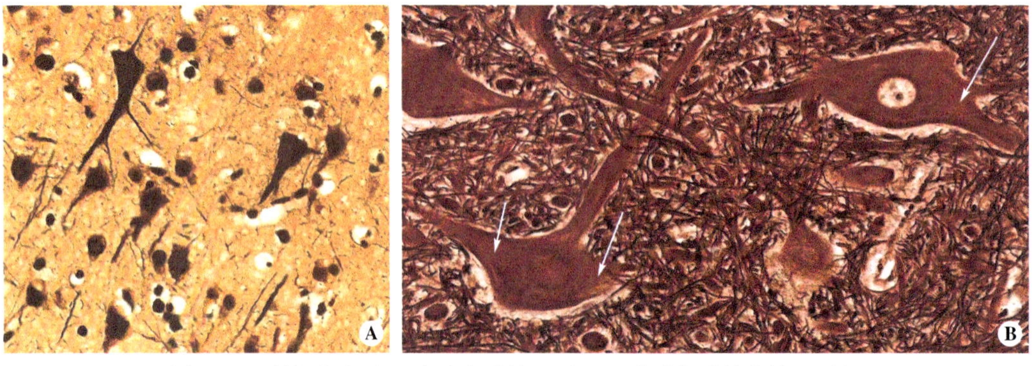

图 1-1-2　镀银染色（A. 大脑皮质神经元；B. 脊髓灰质前角神经元）

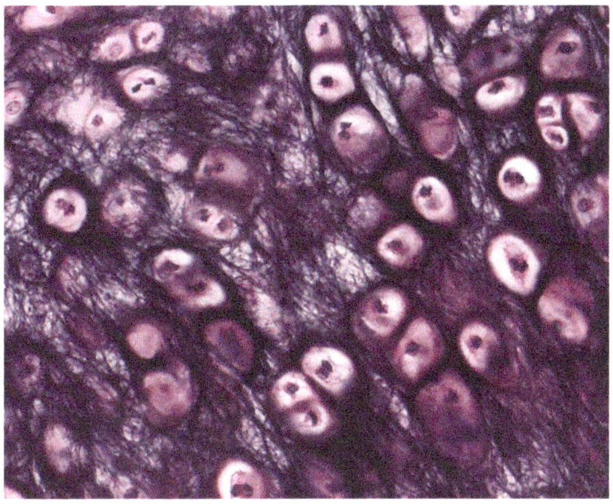

图 1-1-3　地衣红染色（弹性软骨）

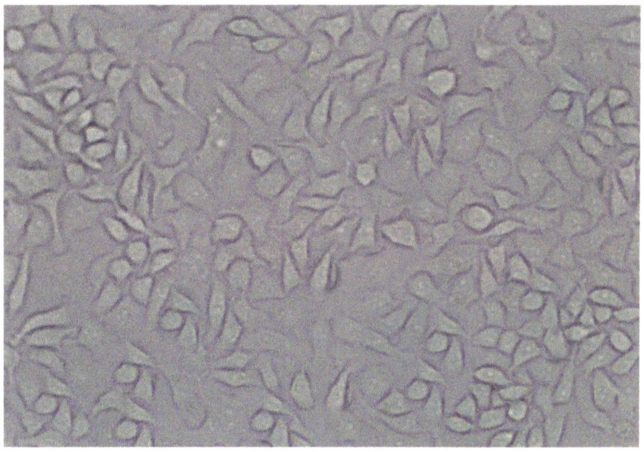

图 1-1-4　Hela 细胞（倒置相差显微镜）

制作组织标本除切片外，还有其他制备法：①涂片法：如血液、精液等可直接涂于载玻片上制成涂片；②铺片法：用于疏松结缔组织、肠系膜等薄层组织，可将其撕开铺于载玻片上，展平制成铺片；③磨片法：用于骨和牙等坚硬组织，可直接将其磨成薄片，制成标本进行观察。

（二）几种特殊显微镜术

1. 相差显微镜　相差显微镜用于观察生活细胞和未经染色细胞的形态结构。生活细胞无色透明，细胞内各种结构间的反差很小，在一般光镜下难以观察到细胞的结构。相差显微镜的基本原理是把透过标本的可见光的相位差变成振幅差，从而提高结构之间的对比度，使标本中的结构清晰可辨。倒置相差显微镜则用于观察生长在培养皿中的生活细胞，其特点是光源安装在载物台的上方，物镜安装在载物台的下方，可以对体外培养细胞进行长时间观察、记录（图 1-1-4）。此外，还有干涉微分相差显微镜，可使生活细胞呈现不同颜色来进行观察。

2. 荧光显微镜　荧光显微镜是用于观察标本中的自发荧光物质或以荧光素标记的结构。其原理是用能够产生紫外线的光源，激发标本中的荧光物质呈现出不同颜色的荧光，如维生素 A 呈绿色荧光；或用荧光素标记细胞内结构，通过观察荧光分布与强度来检测组织、细胞的结构成分的变化，探讨细胞的功能状态（图 1-1-5）。

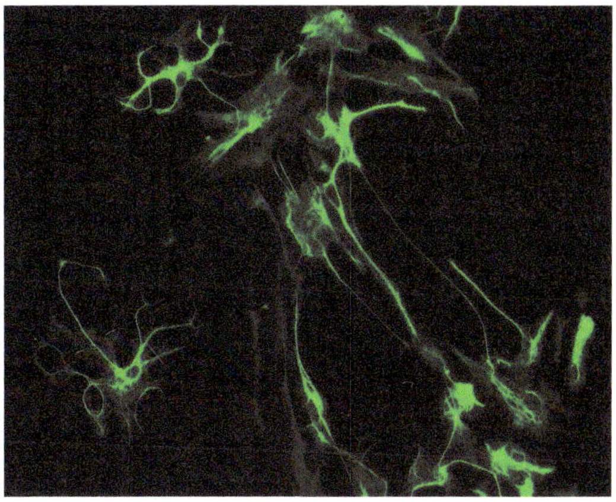

图 1-1-5　GFAP-FITC 免疫荧光（荧光显微镜）

此外，还有暗视野显微镜用于观察线粒体运动、细菌活动等；偏光显微镜可检测出骨骼肌的明、暗带的折光性。

二、共聚焦激光扫描显微镜

共聚焦激光扫描显微镜主要由激光光源、共聚焦成像扫描系统、电子光学系统和微机图像分析系统四部分构成。激光光束扫描样品，形成不同层次的图像，再利用计算机技术合成和构建出三维图像，可对细胞的多种功能进行全自动、高效、快速地微量定性和定量测定（图 1-1-6）。

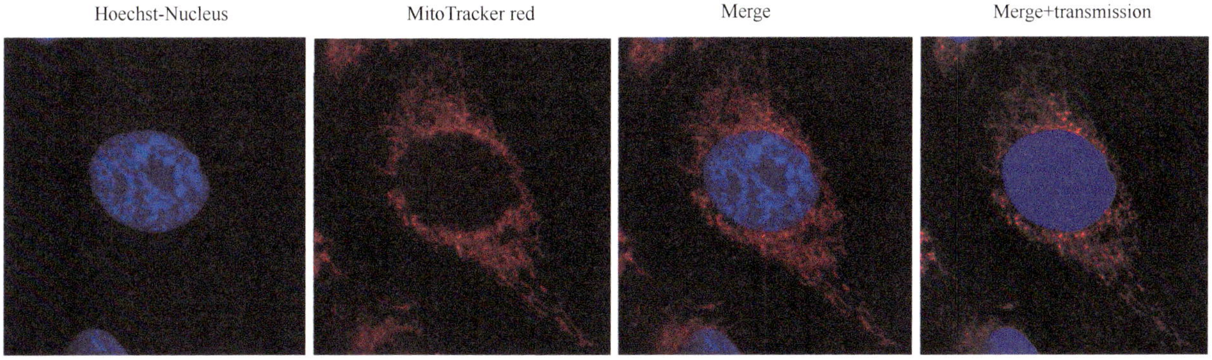

图 1-1-6　SKOV3 cell（共聚焦激光扫描显微镜）

三、电子显微镜技术

电子显微镜技术（electron microscopy，EM）简称电镜术，是研究机体超微结构的重要手段。较常用的为**透射电镜**（transmission electron microscope，TEM）和**扫描电镜**（scanning electron microscope，SEM）。其原理与光镜不同的是用电子束代替了可见光，用电磁透镜代替了光学透镜，并使用荧光屏将肉眼不可见的电子束成像。

（一）透射电镜术

透射电镜用于观察组织细胞的内部超微结构，其原理是以电子束穿透标本（组织的超薄切片），经聚焦与放大后，成像于荧光屏上进行观察和摄片。透射电镜的分辨率可达 0.2 nm，放大倍数为几万至几十万倍。其标本制备较光镜的更为严格，取材要新鲜，切成小于 1 mm^3 的组织块，用戊二醛和锇酸双重固定、树脂包埋，用超薄切片机切成 50 ～ 70 nm 的薄片，经重金属盐醋酸铀和柠檬酸铅电子染色，方可在电镜下观察。

由于电子束易散射，故穿透力低，必须制备超薄切片。当电子束投射到密度大的样品时，电子被散射的多，投射到荧光屏上的电子少而呈暗像，电镜图像呈黑色，称电子密度高，反之，则称电子密度低（图 1-1-7）。

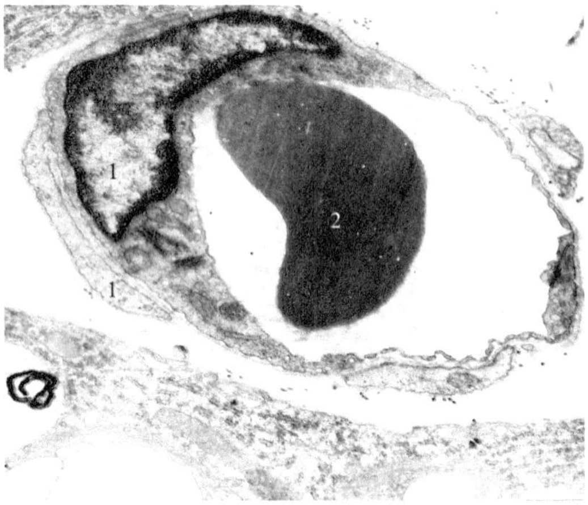

图 1-1-7　毛细血管（透射电镜）

1. 电子密度低；2. 电子密度高

（二）扫描电镜术

扫描电镜是用于观察细胞、组织或器官表面的立体超微结构。组织块经固定后，置于真空镀膜仪内干燥，在标本表面先后喷镀一层碳膜和合金膜，以增加二次电子数，即可置于镜下观察。扫描电镜以极细的电子束在样品表面扫描，将产生的二次电子用探测器收集，形成电信号送到显像管，在荧光屏上成像，可显示出细胞、组织或器官表面富有立体感的图像（图 1-1-8）。

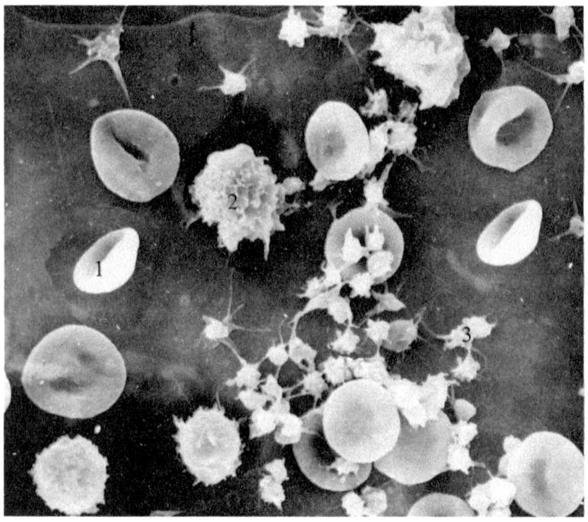

图 1-1-8　血细胞扫描电镜图

1. 红细胞；2. 白细胞；3. 血小板

此外，在扫描电镜和透射电镜装配上 X- 射线显微分析器，即为分析电镜（analytic electron microscope），可对组织或细胞内的元素进行定位、定性和定量分析，又称 X- 射线显微分析术（或能谱分析）。冷冻蚀刻复型术（freeze etch replica）能显示细胞、组织微细结构的立体构象，是研究细胞膜相结构的重要手段（图 1-1-9），可应用于研究膜结构与功能的关系。冷冻割断术（freeze cracking）可观察组织细胞结构断面的立体图像（图 1-1-10）。

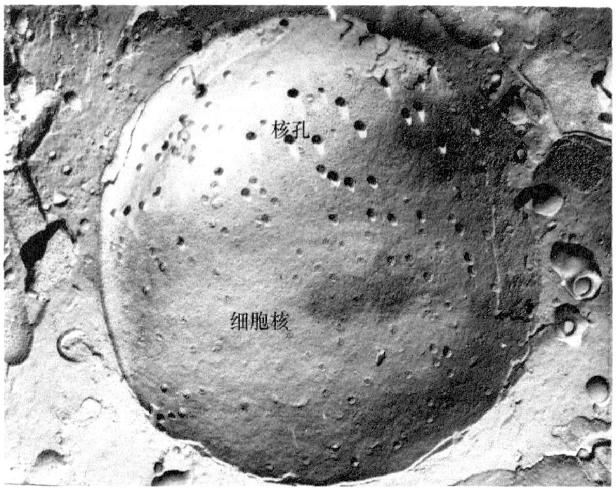

图 1-1-9　冰冻蚀刻（细胞）

四、组织化学和细胞化学术

组织化学（histochemistry）和**细胞化学**（cytochemistry）技术是用于检测组织细胞内的糖类、脂类、酶类、核酸等。应用化学反应原理，在组织切片上加相应试剂，使发生反应成为有色沉淀物，用于光镜观察。若为重金属沉淀，可用电镜观察，称为**电镜组织化学**（electron microscope histochemistry）。

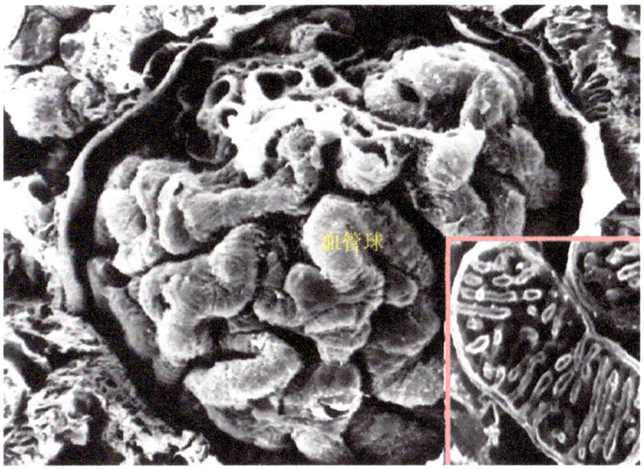

图 1-1-10　冷冻断裂（肾小球，右下为线粒体）

（一）糖类

最常用的方法是**过碘酸 - 希夫反应**（periodic acid Schiff reaction，PAS 反应），用于显示细胞、组织内的多糖和蛋白多糖。PAS 反应基本原理是糖被过碘酸氧化后，形成二醛基，后者与希夫试剂中的无色亚硫酸品红结合，形成紫红色反应产物，表示 PAS 反应阳性，即显示该部位存在多糖或蛋白多糖（图 1-1-11）。

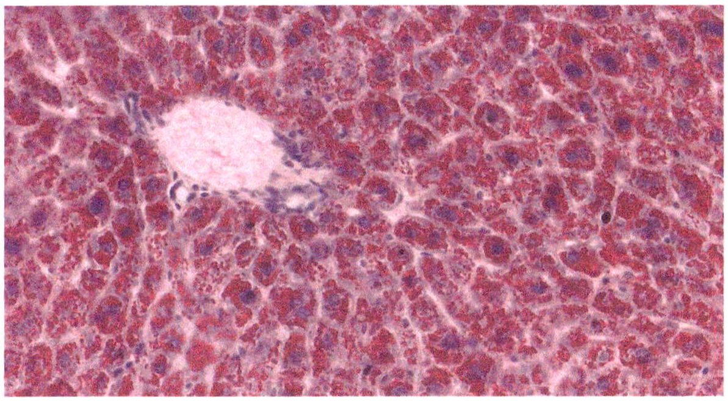

图 1-1-11　肝糖原（PAS 染色）

（二）酶类

细胞内含有多种酶，每一种酶可催化一定的化学反应。酶组化技术是将具有酶活性的组织放入有特定底物的溶液中孵育，底物被酶水解或氧化形成初级反应产物，再用某种捕捉剂捕获该产物，在酶存在部位形成显微镜下可视性沉淀（图 1-1-12），即最终反应产物；如酸性磷酸酶，可催化作用于酶底物 β- 甘油磷酸钠，水解并释放磷酸根，用捕捉剂硝酸铅与磷酸根反应，形成磷酸铅沉淀为重金属沉淀，可在电镜下检出；如再用硫化铵处理时，磷酸铅被置换成黑色硫化铅沉淀，可在光镜下观察到。

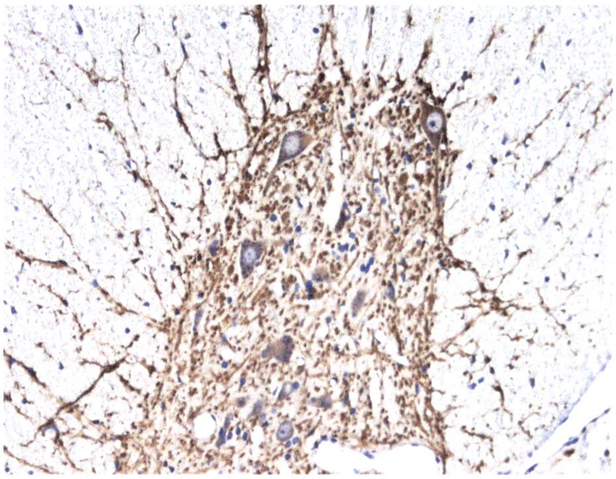

图 1-1-12　脊髓灰质（DAB 染色）

（三）核酸

显示 DNA 的传统方法为 Feulgen 反应；切片先经稀盐酸处理后，使细胞内 DNA 水解，打开脱氧核糖核酸和嘌呤碱之间的连接键，使醛基暴露，再用 Schiff 试剂处理，形成紫红色反应产物。如用甲基绿 - 派若宁反应，可同时显示细胞内的 DNA 和 RNA，甲基绿与细胞核的 DNA 结合呈蓝绿色，派若宁与核仁及胞质内的 RNA 结合呈红色。

（四）脂类

脂类物质包括脂肪与类脂。标本可用甲醛固定、冰冻切片，常用油红 O、苏丹Ⅲ（红色）、苏丹Ⅳ、苏丹黑 B，尼罗蓝等脂溶性染料染色；亦可用锇酸固定并染色，使脂类呈黑色（图 1-1-13）。

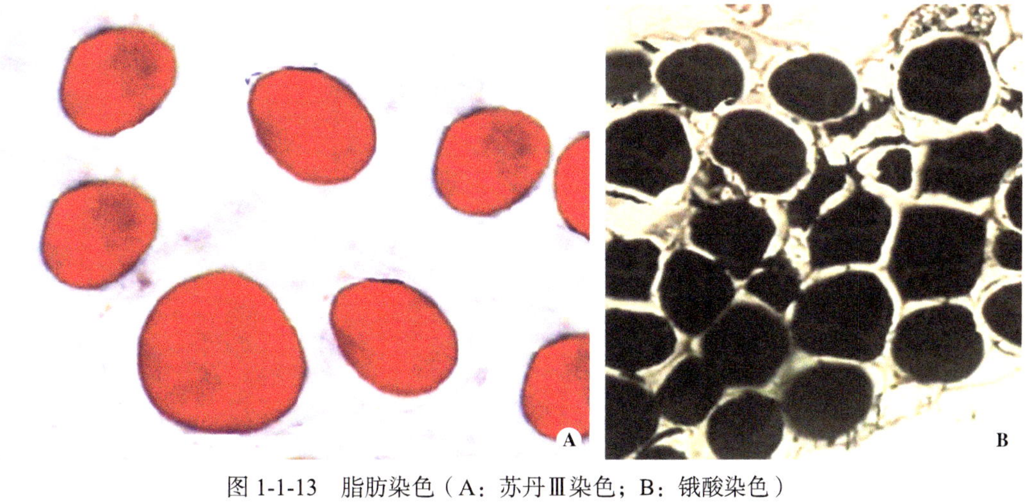

图 1-1-13　脂肪染色（A：苏丹Ⅲ染色；B：锇酸染色）

五、免疫组织化学术

免疫组织化学术（immunohistochemistry）是将免疫学原理与组织化学技术相结合建立的新技术，根据抗原与抗体特异性结合的特点，检测组织细胞内某种多肽、蛋白质等大分子物质的存在与分布（见图 1-1-14）。由于肽类与蛋白质虽种类繁多但均具有抗原性，将人或动物的某种肽或蛋白质注入另一种动物体内时，后者体内将产生与注入抗原相应的抗体，然后从血清中提取该抗体并用某种标记物进行标记，即为标记抗体。用标记抗体处理组织切片，标记抗体则与切片中组织相应抗原发生特异性结合，结合部位被标记物显示，则在显微镜下观察到该物质的分布。

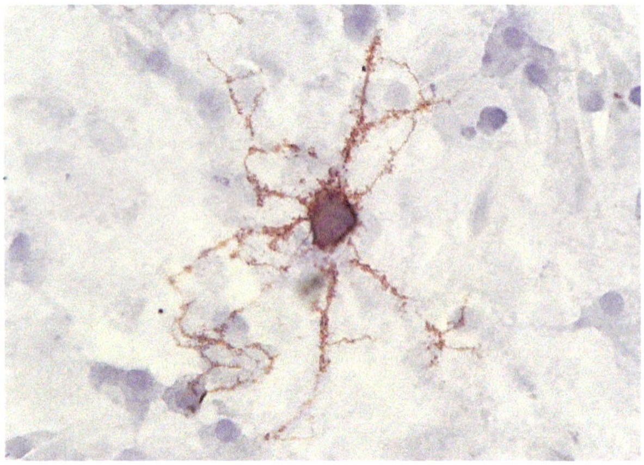

图 1-1-14　免疫组化染色（少突胶质细胞，AEC 染色）

六、原位杂交术

原位杂交（in situ hybridization）是指在组织细胞原位进行的核酸分子杂交技术。应用带有标记的 DNA 或 RNA 片段作为核酸探针，与组织切片或细胞内待检 DNA 片段或 mRNA 进行杂交，然后显示标记物，在光镜或电镜下观察目的 mRNA 或 DNA 的存在与定位（图 1-1-15）。原位杂交术敏感性高、特异性强，可在原位研究细胞合成某种多肽或蛋白质的基因表达。此方法已成为当今分子生物学研究的重要手段。

七、放射自显影术

放射自显影术（autoradiograph）用于追踪某些物质在机体、组织或细胞中的分布、数量及代谢路径。取材前，先将放射性同位素或其标记物注入动物体内，间隔一段时间再取材制成标本，于暗室涂上核乳胶，置暗处曝光。数日后，再经显影和定影处理，或经染色后光镜观察，在放射性同位素或其标记物存在的部位，溴化银被还原成黑色银微粒，也可在电镜下观察。

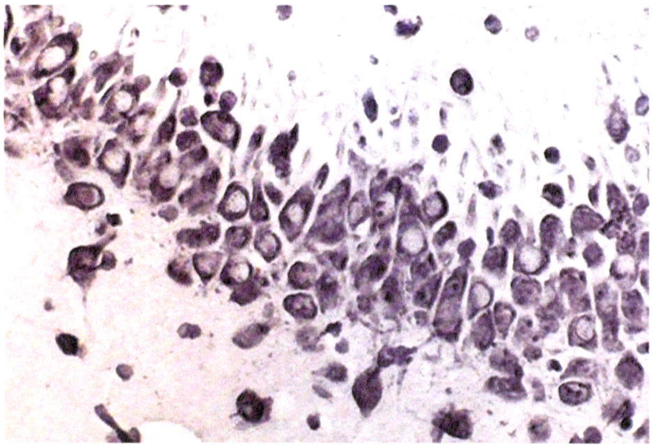

图 1-1-15　大鼠海马 PKC β Ⅰ mRNA 的原位杂交结果（地高辛标记蛋白激酶 CβI 寡核苷酸探针，ABC 法，镍 -DAB-H_2O_2）

八、组织培养和组织工程

（一）组织培养

组织培养（tissue culture）可分为器官培养、组织培养和细胞培养，是指无菌条件下，将离体活的器官、组织或细胞，置于模拟机体生理条件的体外条件下进行培养，使其生存和生长的技术。培养条件需要适宜的 CO_2、O_2、pH、渗透压、湿度与温度等，还需有适合细胞生长的培养液和生长因子等，常用血清、羊水、腹水等天然培养基，特别需严防微生物污染。长期培养传代的细胞群体，称**细胞系**（cell line）；细胞克隆或单细胞培养的纯种系细胞，称**细胞株**（cell strain）。

（二）组织工程

组织工程（tissue engineering）是组织学和材料学相结合的一门新兴学科。是利用组织细胞培养术在体外模拟构建机体组织或器官的技术。组织工程技术已开展了许多人造组织和器官的研制，如神经、血管、肌腱、骨、角膜和气管等，用于组织修复和器官移植。2001 年国家“863”计划 15 周年成就展上，上海交通大学曹谊林带领的科研团队生产的组织工程耳展出，曹谊林因“人耳鼠”而闻名世界（图 1-1-16）。经过十多年的研发，目前组织工程化皮肤和软骨已成功地应用于临床。

图 1-1-16　组织工程耳

九、组织细胞定量术

（一）显微分光光度术

是应用显微分光光度计对组织和细胞内化学成分进行定量分析的技术。由于细胞内某种物质的含量不同，则染色反应的深浅不一，对一定波长的光波吸收也不同，通过测定其光密度值（*OD* 值）可进行定量分析其含量。

（二）形态计量术

形态计量术（morphometry）是运用数学和统计学原理对组织细胞内各种成分的数量、体积、表面积等的相对值与绝对值的测量。研究组织和细胞内某种结构的三维立体结构称为**体视学**（stereology）。随着科学技术的发展，现今应用图像分析仪可直接对组织、细胞的三维结构进行定量分析研究。

（三）流式细胞术

流式细胞术（flow cytometer，FCM）是应用流式细胞仪进行细胞定量分析研究和细胞分类研究的技术。该仪器能精确计数荧光强度不同的细胞，以达到收集不同类别细胞的目的，分类速度高。流式细胞术用于研究细胞周期中各时相细胞的比例、细胞内 DNA、RNA 和蛋白质含量的分析，也广泛应用于细胞动力学、免疫学和肿瘤诊断等的研究。

第三节　组织学与胚胎学的学习方法

组织学与胚胎学是一门形态学科，借助显微镜开辟了一个新的视觉空间，初学者只要掌握正确的学习方法，就会收到事半功倍的学习效果，学习时应注意以下几方面：

（一）理论联系实践

组织学与胚胎学属于形态学科，教学过程中，理论课所描述的形态结构内容，必须通过实验课观察标本来验证和加深对理论知识的理解，才能强化记忆。在认真学习组织学理论知识的同时，还要重视实验课，课前要做好预习，复习好相关的理论知识，才能有效、迅速、准确地辨认镜下结构。理论与实践相结合是学好组织学与胚胎学的关键环节。

（二）结构与功能的关系

结构是功能的物质基础，功能是结构的必然表现。例如，具有吞噬功能的细胞都含有许多溶酶体，细胞才能消化异物颗粒。含粗面内质网和高尔基复合体发达的细胞，其合成蛋白质的功能一定旺盛。学习中要将形态结构与功能相结合，才能加深理解和记忆。

（三）平面与立体的关系

观察组织切片时，镜下的形态结构都是组织细胞的平面结构，由于所切部位不同，可看见有细胞核的和没有细胞核的断面。管状结构的器官于横切、纵切、斜切时，往往呈现不同的形态，结构也可能有不同之处。切片和插图只提供了平面图像，而真实的结构是立体的，所以，观察切片和插图时，要建立由平面到立体的概念，培养观察能力和空间思维能力，将二维图形还原为三维构象。

（四）静态结构推出动态变化规律

生活中的组织和细胞，一直处于动态变化过程中，其微细结构也有相应的变化，观察的组织切片是某一时间的图像，必须从动态变化概念去理解、去思维，才能正确掌握其结构与功能。如腺细胞，一般情况是立方形或矮柱状，但当其机能旺盛时，其胞质内充满分泌物，则细胞可变成高柱形。反之，细胞变低呈扁平状，可见细胞因功能状态不同而有形态变化。因此观察组织切片要注意从静态结构推出动态变化的规律。

（五）善于比较、分析和总结

各器官或组织虽各自不同，但有一定规律可循，在学习中要善于抓住结构的特征，运用分析、比较、归纳及总结的方法，找出其共性以及内在联系，以便掌握和记忆。如心肌细胞和骨骼肌细胞，细胞形态结构很近似，都是圆柱形、并有横纹的细胞，这是两者的共性，在学习中就要前后进行横向联系和对比，不断归纳、找出共性、记住个性、循序渐进，才能学得扎实。

总之，学习知识除了一点一滴地积累，不断探索，独立思考，努力钻研，还需注意学习方法，勤奋加技巧是学习任何知识的必备法宝。

思　考　题

组织学常用实验技术有哪些？

（齐亚灵）

克隆技术

克隆是英文“clone”或“cloning”的音译。英文“clone”起源于希腊文“klone”，原意是指以幼苗或嫩枝插条，以无性繁殖或营养繁殖的方式培育植物，如扦插和嫁接。在台湾与港澳一般意译为复制或转殖或群殖。中文用“无性繁殖”、“无性系化”以及“纯系化”诠释克隆。科学家把人工遗传操作动物繁殖的过程叫克隆，这门生物技术叫克隆技术。克隆技术在现代生物学中被称为“生物放大技术”。

克隆是指生物体通过体细胞进行的无性繁殖，以及由无性繁殖形成的基因型完全相同的后代个体组成的种群。通常是利用生物技术由无性生殖产生与原个体有完全相同基因组织后代的过程。

第 2 章 上皮组织

内容提要

（1）上皮组织的一般特性。
（2）被覆上皮的类型、结构及功能。
（3）上皮细胞游离面、侧面和基底面的特殊结构及功能。
（4）腺上皮和腺的结构。

上皮组织（epithelial tissue）简称上皮，由紧密排列的上皮细胞与少量的细胞外基质（intercellular substance）组成。上皮细胞朝向体表或中空性器官腔面的一侧为**游离面**，通过基膜与深部结缔组织相连接的一侧称**基底面**。游离面和基底面在形态结构和功能上的差异性称**极性**（polarity），上皮细胞之间的连接面称为侧面。上皮组织内大多无血管，其营养供应来自结缔组织中的血管渗透基膜供给。此外，上皮组织中还分布有丰富的神经末梢。

上皮组织具有保护、吸收、分泌和排泄等功能，但身体不同部位不同类型的上皮的功能也不一样。如体表上皮主要发挥保护作用，消化管腔面的上皮除保护作用外，还有吸收和分泌功能。

上皮组织主要分为**被覆上皮**和**腺上皮**两大类。在某些部位，少数上皮细胞可特化为感觉上皮、生殖上皮和肌上皮等。本章主要叙述被覆上皮和腺上皮。

第一节 被覆上皮

一、被覆上皮的类型和结构

被覆上皮（covering epithelium）分布广泛，主要覆盖于人体体表或衬贴于体内各种管、腔、囊器官的内表面。根据上皮细胞的层数，分为单层和复层两种类型。又根据细胞（或表层细胞）的形状分为扁平、立方、柱状等类型（表 1-2-1）。

表 1-2-1 被覆上皮的分类及其主要分布

- 单层上皮
  - 单层扁平上皮
    - 内皮：心脏、血管及淋巴管的腔面
    - 间皮：胸膜、腹膜及心包膜的表面
    - 其他：肺泡和肾小囊壁层等上皮
  - 单层立方上皮：甲状腺滤泡及肾小管上皮等
  - 单层柱状上皮：胃、肠和子宫等腔面
  - 假复层纤毛柱状上皮：呼吸管道等的腔面
- 复层上皮
  - 复层扁平上皮
    - 未角化的：口腔、食管和阴道等的腔面
    - 角化的：皮肤的表皮
  - 复层柱状上皮：睑结膜、男性尿道等的腔面
  - 变移上皮：肾盏、肾盂、输尿管及膀胱等的腔面

（一）单层扁平上皮

单层扁平上皮（simple squamous epithelium）也称单层鳞状上皮，由一层扁平细胞构成。表面观细胞边缘呈锯齿状彼此嵌合，核扁圆形，位于细胞中央。垂直切面观细胞核椭圆形，细胞扁而薄，胞质很少，仅含核的部分略厚（图 1-2-1）。

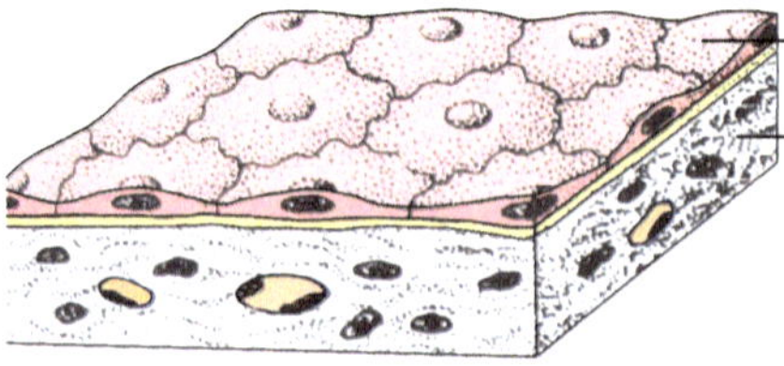

图 1-2-1　单层扁平上皮模式图

1. 内皮（endothelium）　分布在心、血管和淋巴管腔面的单层扁平上皮，薄而光滑，利于血液、淋巴液的流动和内皮细胞内、外的物质交换（图 1-2-2）。

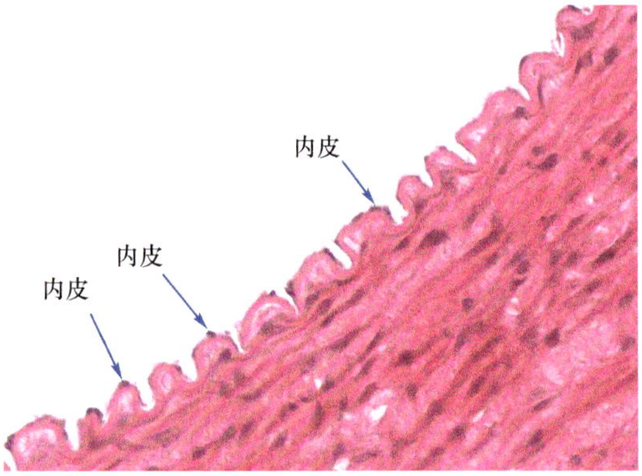

图 1-2-2　内皮侧面观（中动脉，HE 染色）

2. 间皮（mesothelium）　分布在胸膜、腹膜和心包膜表面的单层扁平上皮，光滑而湿润，利于内脏器官的活动（图 1-2-3）。

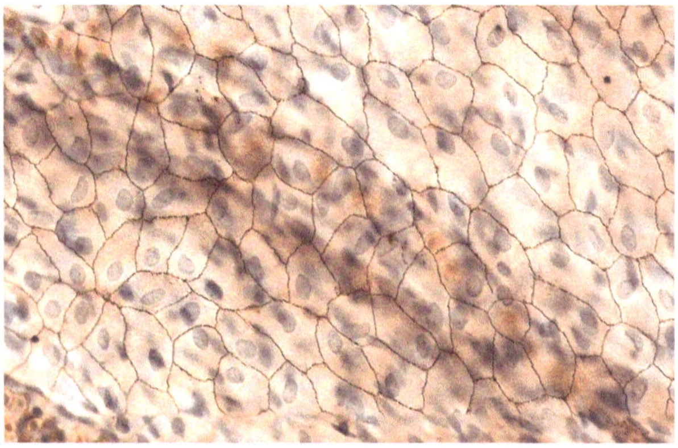

图 1-2-3　间皮表面观（肠系膜铺片，镀银染色）

此外，还分布在肺泡和肾小囊壁层（图 1-2-4）等。

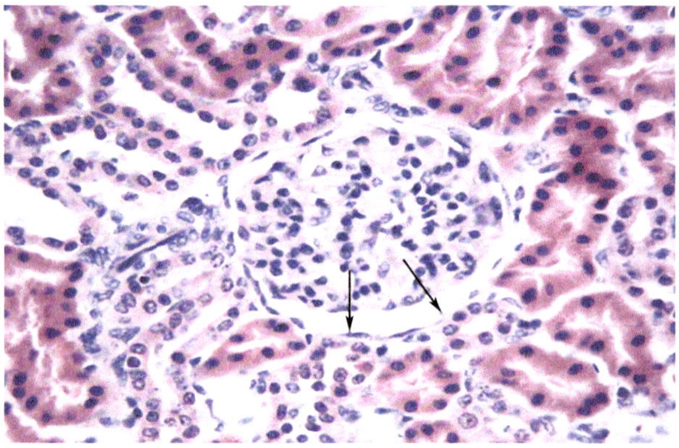

图 1-2-4　单层扁平上皮（肾小囊壁层，HE 染色）

（二）单层立方上皮

单层立方上皮（simple cuboidal epithelium）由一层立方形细胞构成。表面观细胞呈多边形。垂直切面观细胞呈立方形，核圆形，位于中央（图 1-2-5A）。这种上皮分布在肾小管、肾集合小管、甲状腺滤泡（图 1-2-5B）和视网膜色素上皮层等处。

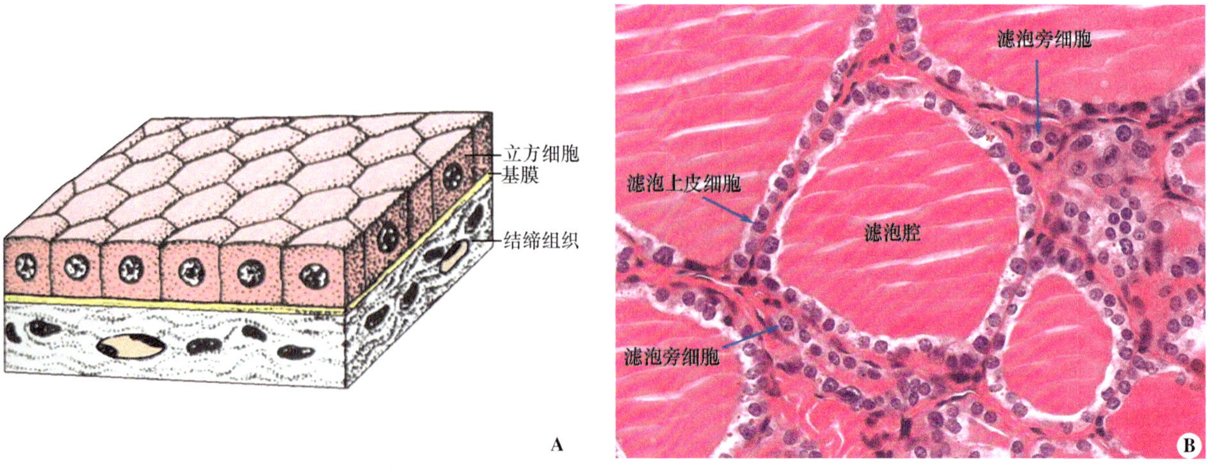

图 1-2-5　单层立方上皮（A. 模式图；B. 甲状腺滤泡，HE 染色）

（三）单层柱状上皮

单层柱状上皮（simple columnar epithelium）由一层柱状细胞构成。表面观细胞呈多边形。垂直切面观细胞为柱状，核长椭圆形，靠近细胞基底部（图 1-2-6A）。这种上皮大多分布在胃、肠、胆囊、子宫和输卵管等器官的腔面，有吸收和分泌的功能。其中分布在小肠腔面的单层柱状上皮（图 1-2-6B），柱状细胞之间常夹有单个散在的杯状细胞（goblet cell），外形似高脚酒杯，核三角形，位于细胞基底部，胞质顶端充满黏原颗粒（mucinogen granule）。它是一种单细胞腺，能分泌黏液，润滑和保护上皮。

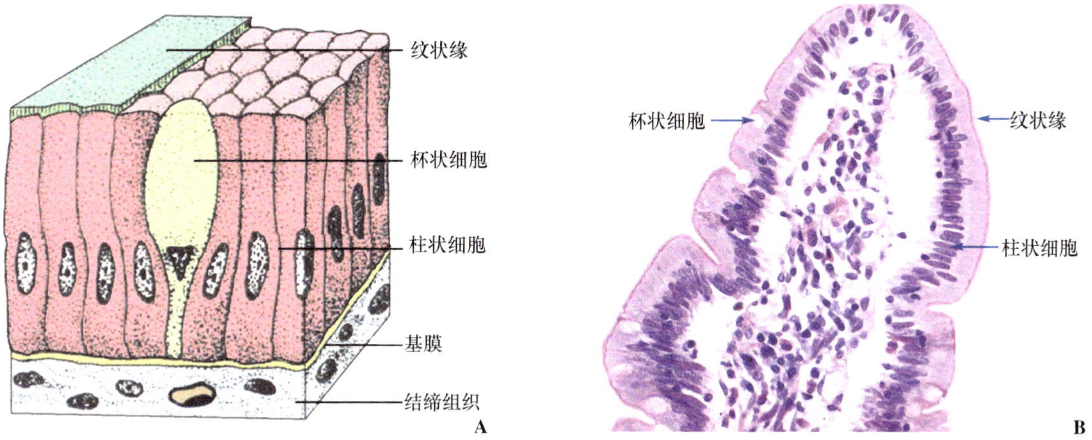

图 1-2-6　单层柱状上皮（A. 模式图；B. 小肠绒毛，HE 染色）

（四）假复层纤毛柱状上皮

假复层纤毛柱状上皮（pseudostratified ciliated columnar epithelium）由高低不等、形态不同的柱状细胞、杯状细胞、梭形细胞和锥形细胞构成。其中柱状细胞最多，其游离面伸出大量纤毛。垂直切面观，由于细胞高矮不一，导致核的位置参差不齐，貌似复层，但所有细胞的基底面均附着于基膜上，实为单层（图 1-2-7A）。这种上皮主要分布在呼吸管道腔面（图 1-2-7B）。

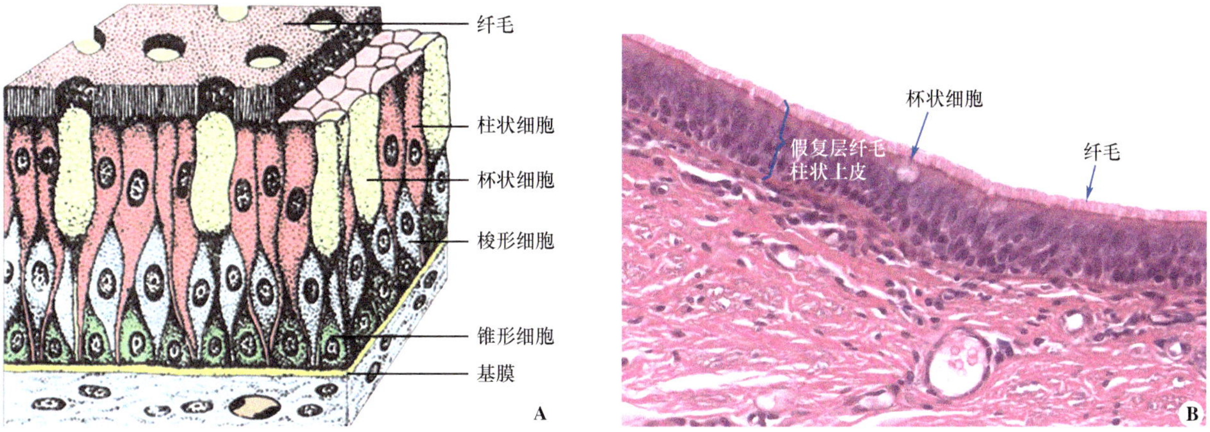

图 1-2-7　假复层纤毛柱状上皮（A. 模式图；B. 气管，HE 染色）

（五）复层扁平上皮

复层扁平上皮（stratified squamous epithelium）由多层不同形状的细胞构成。垂直切面观，浅层为扁平鳞片状细胞，因此该上皮也称复层鳞状上皮，中间为数层多边形细胞，紧贴基膜的基底细胞为矮柱状，是一种幼稚干细胞，其新生细胞逐渐向浅层推移，补充表层衰老死亡脱落的细胞。上皮基底面与结缔组织的连接面凹凸不平，增加了两者的连接面积，既保证上皮组织的营养供应，又使连接更加牢固。此种上皮较厚，具有很强的机械保护作用。

1. 未角化的复层扁平上皮（nonkeratinized stratified squamous epithelium）　浅层细胞是有核的活细胞，含角蛋白较少（图 1-2-8A）。分布于口腔、食管（图 1-2-8B）和阴道腔面。

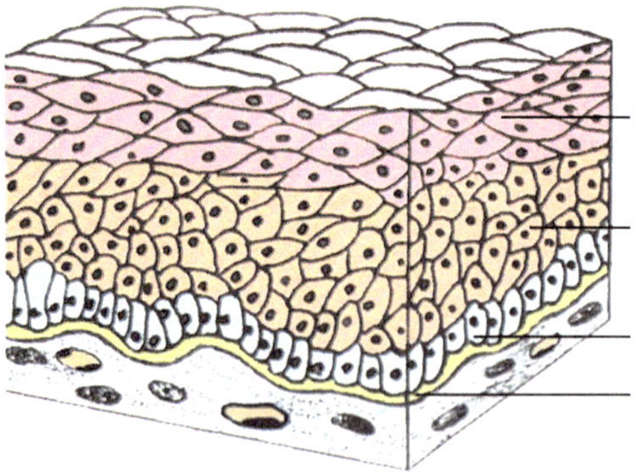

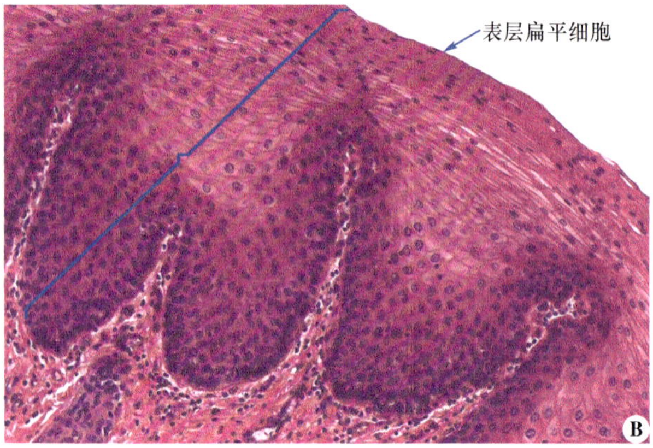

图 1-2-8 未角化的复层扁平上皮（A. 模式图；B. 食管，HE 染色）

2. 角化的复层扁平上皮（keratinized stratified squamous epithelium） 浅层细胞已无核，含有大量角蛋白，形成角化层。分布于皮肤的最表层，即皮肤的表皮（图 1-2-9）。

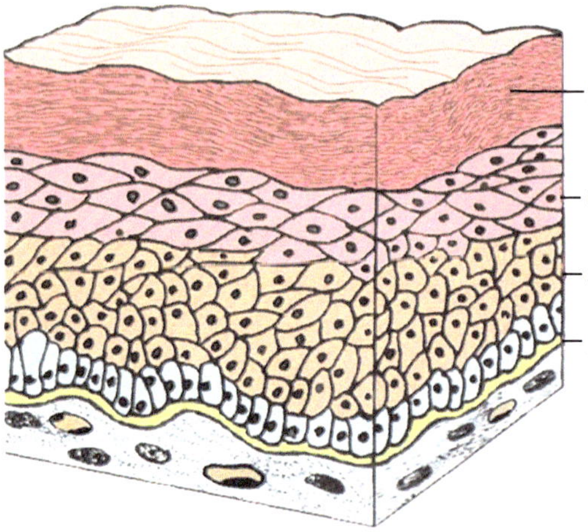

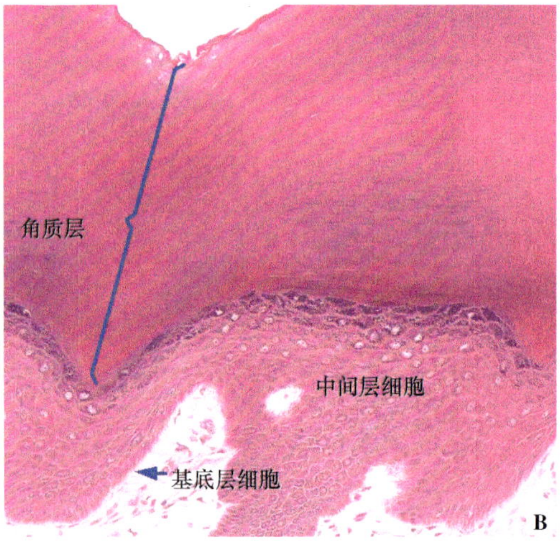

图 1-2-9 角化的复层扁平上皮（A. 模式图；B. 皮肤，HE 染色）

（六）复层柱状上皮

复层柱状上皮（stratified columnar epithelium）的深层是一层或几层多边形细胞，浅层是一层排列较整齐的柱状细胞。分布于眼睑结膜和男性尿道（图 1-2-10）等处。

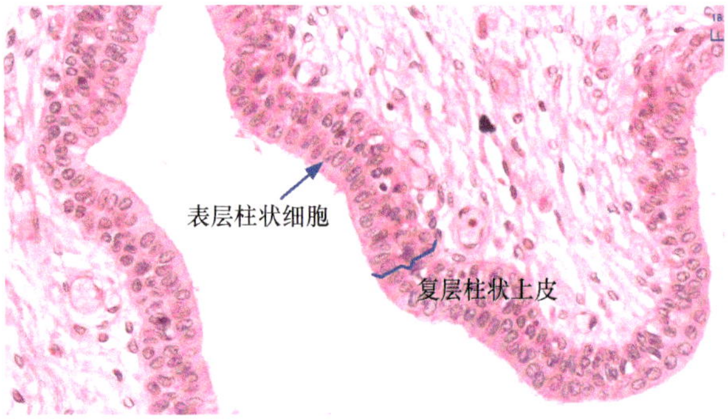

图 1-2-10 复层柱状上皮（男性尿道黏膜上皮，HE 染色）

（七）变移上皮

变移上皮（transitional epithelium）又称移行上皮。由浅层细胞、中间层细胞和基底细胞构成。主要分布于排尿管道，特点是细胞的形态和层数随器官功能状态的不同而发生改变。如膀胱空虚收缩时，细胞层数增多致上皮变厚，表层细胞呈大立方形，有 1 ～ 2 个胞核，可覆盖其深层的几个细胞，称盖细胞，其游离面胞质浓缩成壳层，防止尿液侵蚀。中间几层细胞呈多边形，基底细胞为立方形（图 1-2-11）。反之，膀胱充盈扩张时，细胞层数减少致上皮变薄，表层细胞呈扁平形（图 1-2-12）。

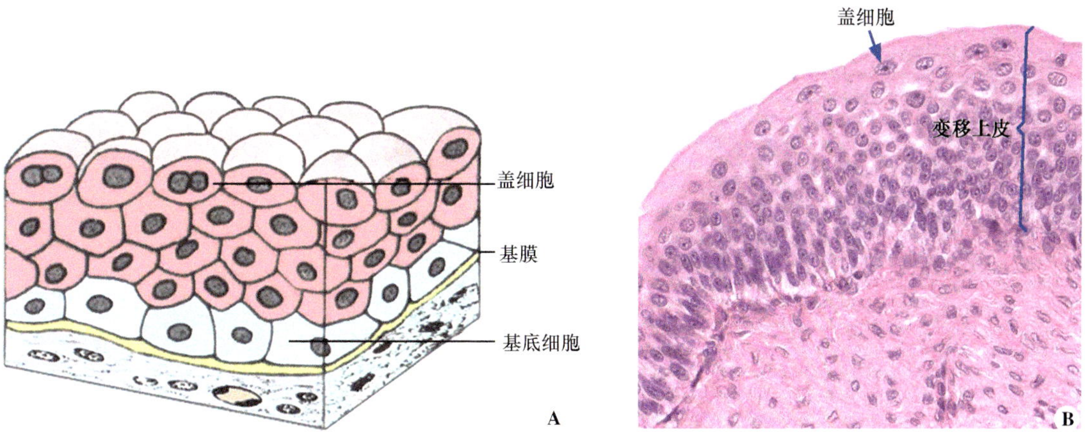

图 1-2-11　变移上皮（膀胱排空状态，A. 模式图；B. 实物图，HE 染色）

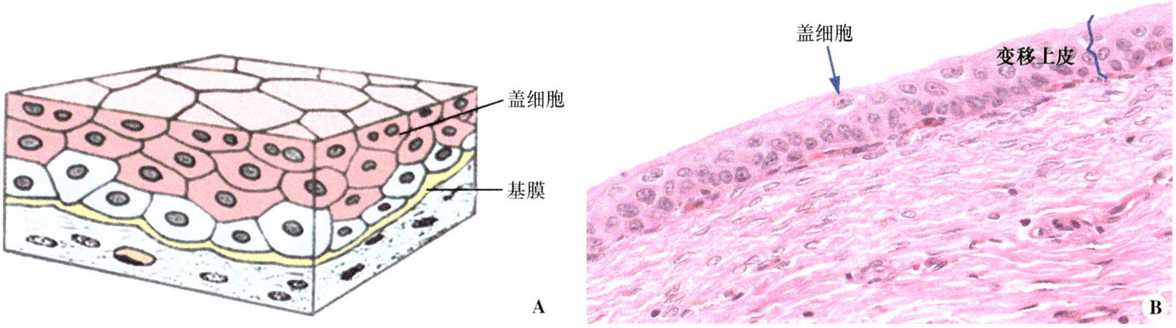

图 1-2-12　变移上皮（膀胱充盈状态，A. 模式图；B. 实物图，HE 染色）

二、上皮细胞的特殊结构

上皮细胞在各个面上常形成一些特殊结构以适应环境、功能的需要，也见于其他组织的细胞。

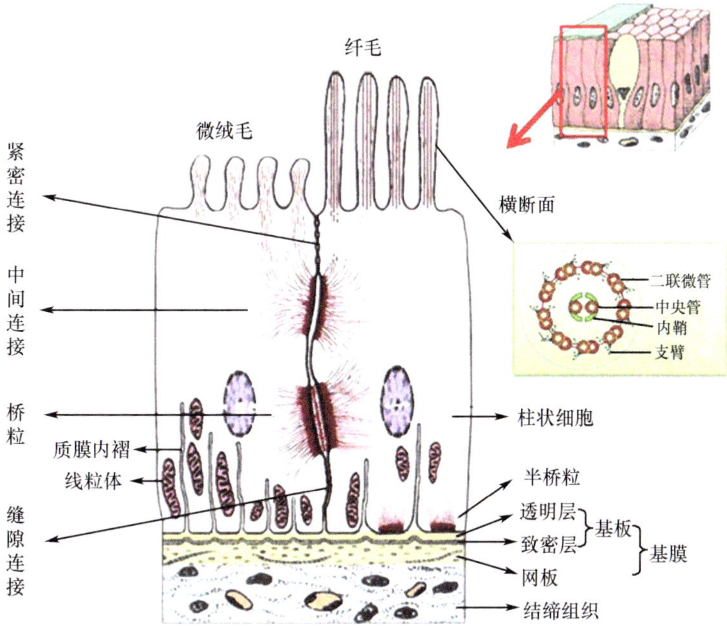

图 1-2-13　上皮细胞游离面、侧面和基底面特殊结构的模式图

（一）上皮细胞的游离面

1. 微绒毛（microvillus） 上皮细胞的胞膜和胞质共同向游离面伸出的微细指状突起。直径约 0.1 ～ 0.3 μm，光镜下看不见，HE 染色中仅在上皮细胞游离面见到薄薄一层淡红色结构，称纹状缘（striated border）（小肠上皮，图 1-2-6）或刷状缘（brush border）（肾近端小管上皮，图 1-16-9），实为许多整齐的微绒毛密集排列而成。电镜下，微绒毛表面为细胞膜，内部为胞质，含有许多纵行排列的微丝，微丝自微绒毛顶部下行到达微绒毛根部，附着于终末网（图 1-2-13，图 1-2-14）。功能是扩大细胞游离面的表面积，利于细胞的吸收功能。

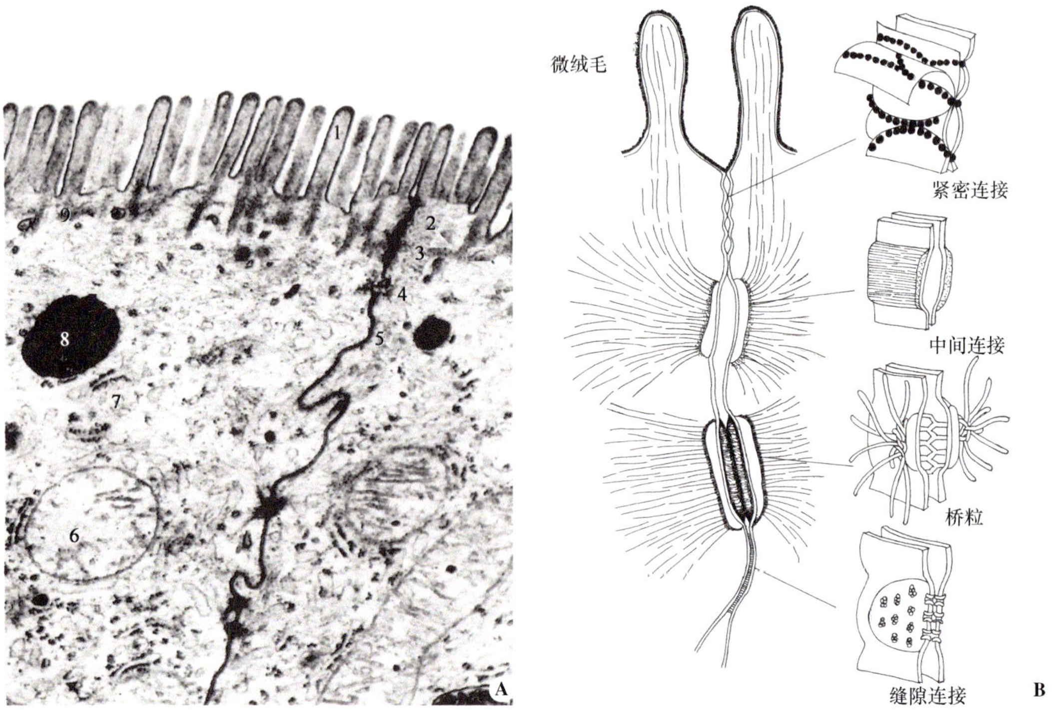

图 1-2-14 微绒毛和细胞连接（A. 透射电镜，B. 模式图）

1. 微绒毛；2. 紧密连接；3. 中间连接；4. 桥粒；5. 缝隙连接；6. 线粒体；7. 粗面内质网；8. 溶酶体；9. 终末网

2. 纤毛（cilium） 上皮细胞的胞膜和胞质共同向游离面伸出的较大突起。纤毛比微绒毛粗而长，直径约 0.2 ～ 0.5 μm，长约 5 ～ 10 μm，光镜下看得见（图 1-2-7）。电镜下，纤毛中央为两条单独的微管，周围为 9 组二联微管（即 9+2 结构）（图 1-2-13，图 1-2-15），根部有一个致密颗粒称基体，其结构与中心粒基本相同。微管可以相互滑动，致使纤毛能作节律性定向摆动，像风吹麦浪一样，将黏附在上皮表面的颗粒及其黏液向一定方向推送。

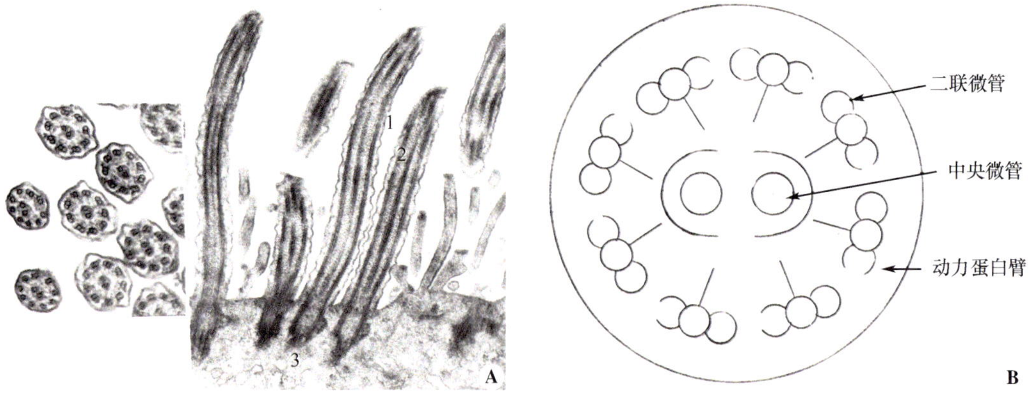

图 1-2-15 纤毛（A. 透射电镜；B. 纤毛横断面超微结构模式图）

3. 细胞衣（cell coat） 细胞膜的糖蛋白和糖脂向外伸出的糖链部分，为一薄层绒毛状结构，具有黏着、支持、识别、保护和物质交换等作用。

（二）上皮细胞的侧面

上皮细胞之间排列紧密，间隙很小，内含有少量糖蛋白等起黏合作用。在相邻上皮细胞的侧面上，还分化出一些特殊结构以加强细胞间的连接或相互沟通称细胞连接（cell junction），仅在电镜下观察到。细胞连接分布广泛，除上皮外，也存在于其他组织细胞，如心肌细胞、骨细胞和神经细胞之间。细胞连接可分为紧密连接、中间连接、桥粒和缝隙连接四种。

1. 紧密连接（tight junction） 又称闭锁小带（zonula occludens）。常见于单层柱状上皮和单层立方上皮。在细胞侧面的顶端箍状环绕细胞，常呈点状、斑状或带状。电镜技术及冰冻蚀刻法研究证明，相邻细胞膜外侧的膜蛋白颗粒相互对接，呈网格状融合，细胞间隙消失。未融合处有 10 ~ 15 nm 间隙存在。紧密连接除有机械性连接作用外，还在相邻细胞顶部形成了一道闭锁屏障，防止大分子物质通过细胞间隙进出（图 1-2-13，图 1-2-14）。

2. 中间连接（intermediate junction） 又称黏着小带（zonula adherens），常位于紧密连接下方，呈带状环绕着上皮细胞。电镜下，相邻细胞间有 15 ~ 20 nm 的间隙，其内含有低密度的丝状物连接相邻细胞膜，膜的胞质面有薄层致密物质和微丝附着，微丝参与组成终末网（图 1-2-13，图 1-2-14）。这种连接也见于心肌细胞间的闰盘。该连接除黏着作用外，还有保持细胞形状和传递细胞收缩力的作用。

3. 桥粒（desmosome） 又称黏着斑（macula adherens），位于中间连接的深部，呈大小不等的斑状。电镜下，连接区的细胞间隙约 20 ~ 30 nm，内有低密度丝状物，间隙中央有一条丝状物交织而成的致密中间线。两侧胞膜的胞质面有致密物质构成的附着板，许多直径约 10 nm 的张力丝附着于板上，并折返回胞质中，起固定和支持作用（图 1-2-13，图 1-2-14）。桥粒是上皮细胞间较为牢固的连接，多分布于易受机械性摩擦较多的皮肤、食管等部位的上皮。

4. 缝隙连接（gap junction） 又称通讯连接（communication junction），呈斑状。电镜下可见连接处的细胞膜高度平行，细胞间隙约 2 ~ 3 nm。冷冻蚀刻法证明，相邻细胞膜间有许多对应等距离的连接点，连接点由 6 个跨膜的亚单位蛋白颗粒围成，中央为直径约 2 nm 的小管。两相邻细胞膜上的蛋白颗粒彼此相对连接，中央相通的管腔成为细胞间进行某些小分子物质和离子交换的结构。在钙离子和其他因素作用下，管道可以开放或闭合。细胞间可借助这些管道进行小分子物质和离子交换，传递化学信息（图 1-2-13，图 1-2-14）。因此缝隙连接又称通讯连接（communication junction），同时缝隙连接处电阻低，便于传递电冲动。此种连接常见于心肌细胞、平滑肌细胞和神经细胞。

以上四种连接方式，如果有两种或两种以上连接同时存在，称为**连接复合体**（junctional complex）。细胞连接的存在和数量常随器官不同发育阶段和功能状态及病理变化而改变。

（三）上皮细胞的基底面

1. 基膜（basement membrane） 是上皮细胞基底面与深部结缔组织之间的一薄层均质膜，PAS 染色及镀银法可以显示。不同部位上皮的基膜厚薄不等，假复层纤毛柱状上皮和复层扁平上皮的基膜较厚，存在于毛细血管内皮下、肌细胞、脂肪细胞和 Schwann 细胞周围的基膜较薄。光镜下 HE 染色呈粉红色均质状，镀银染色呈黑色。电镜下，基膜由**基板**（basal lamina）和**网板**（reticular lamina）构成（图 1-2-13，图 1-2-17），基板是由上皮细胞分泌产生，厚 50 ~ 100 nm，可分为两层，紧贴上皮细胞基底面电子密度低的为透明层（lamina lucida）；其下面是电子密度高的致密层（lamina densa）。构成基板的主要成分为层黏连蛋白（laminin，LN）、纤维黏连蛋白（fibronectin，FN）和Ⅳ型胶原蛋白（collagen protein Ⅳ）等。网板是由结缔组织中成纤维细胞分泌产生的基质与网状纤维构成。基膜有支持、连接和固着细胞的作用，能引导上皮细胞移动并影响细胞的增殖分化。基膜还是半透膜，有利于上皮细胞与深部结缔组织进行物质交换。在恶性肿瘤转移过程中，肿瘤细胞先黏附于毛细血管基膜上，释放多种水解酶破坏基膜而出现转移。

2. 质膜内褶（plasma membrane infolding） 是上皮细胞基底面的胞膜向胞质内折叠形成，此处有丰富的线粒体。质膜内褶常见于肾小管等处，扩大细胞基底面的表面积，有利于水和电解质等物质的迅速转运，线粒体为转运过程提供能量（图 1-2-13，图 1-2-16）。

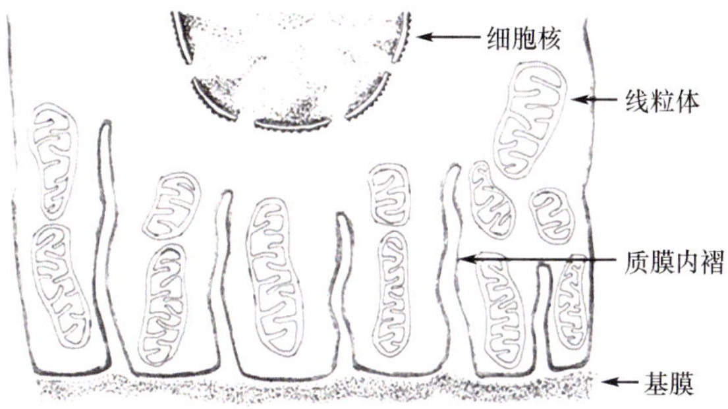

图 1-2-16 质膜内褶超微结构模式图

3. 半桥粒（hemidesmosome） 位于上皮细胞基底面与基膜之间，在上皮细胞胞质面有附着板，张力细丝附着于板上，折成袢状返回胞质(图 1-2-13，图 1-2-17）。该连接实为桥粒结构的一半，其作用是加固上皮细胞与基膜的连接。

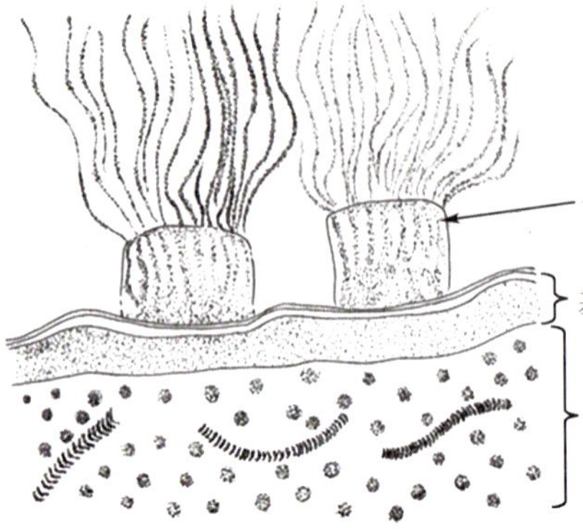

图 1-2-17 基膜与半桥粒超微结构模式图

第二节 腺上皮和腺

腺上皮（glandular epithelium）是以分泌功能为主的上皮。以腺上皮为主要成分构成的器官称为腺（gland）。

一、腺的发生和类型

腺上皮大多起源于由内胚层或外胚层分化的被覆上皮，也有来自中胚层分化的上皮。上皮细胞向深部的结缔组织分裂增殖形成细胞索，进而分化成两种不同结构的腺。其中在分化过程中形成导管，腺细胞的分泌物可经导管排出体表或器官腔内的腺，称为外分泌腺（exocrine gland），如汗腺、乳腺和唾液腺等。另一种不分化形成导管，腺细胞的分泌物直接释放入毛细血管或淋巴管，经循环运送到作用部位，称为内分泌腺（endocrine gland），如甲状腺、肾上腺和脑垂体等。

二、外分泌腺

外分泌腺可分为单细胞腺（unicellular gland）和多细胞腺（multicellular gland）。杯状细胞属单细胞腺。人体大部分外分泌腺为多细胞腺，一般由分泌部和导管构成。

（一）分泌部（secretory portion）

由单层腺细胞围成，常称为腺泡（acinus）。腺泡中央有腔，周围有基膜，基膜与腺泡之间还可见扁平的肌上皮细胞，其收缩有助于腺泡分泌。根据腺泡结构和分泌物性质的不同，一般分为浆液性腺泡、黏液性腺泡和混合性腺泡(图 1-2-18，图 1-2-19）。

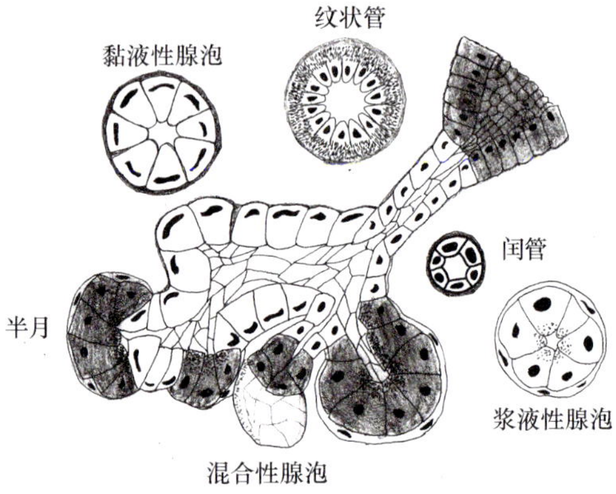

图 1-2-18 三种腺泡模式图

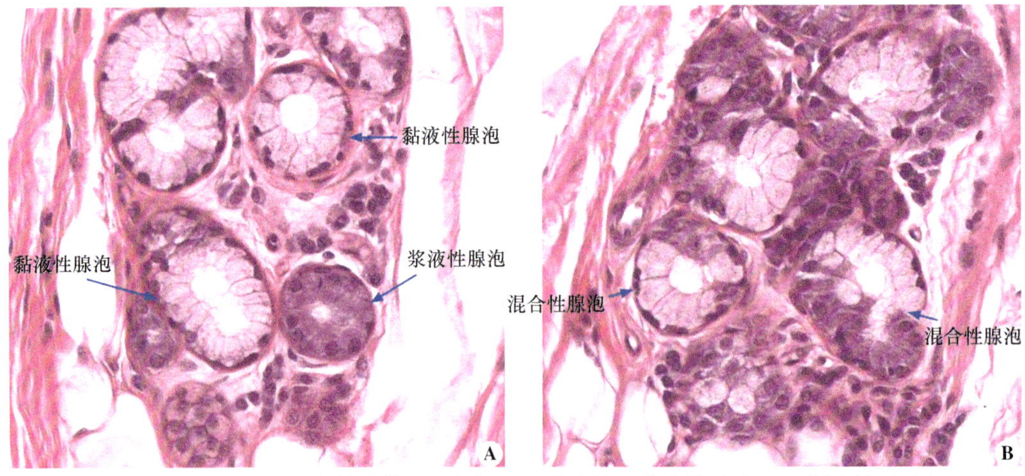

图 1-2-19 三种腺泡（气管腺体 HE 染色，A. 黏液性和浆液性腺泡；B. 混合性腺泡）

1. 浆液性腺泡（serous acinus） 由浆液性腺细胞（serous cell）围成，又称蛋白质分泌细胞（protein secretory cell）。HE 染色中，细胞呈锥体形，核圆，位于细胞基底部，胞质顶部有许多嗜酸性分泌颗粒，称酶原颗粒（zymogen granule），基底部胞质呈强嗜碱性（图 1-2-18，图 1-2-19）。电镜下，细胞基底部含丰富粗面内质网，核上方有发达高尔基复合体和电子密度高的分泌颗粒。其分泌物稀薄，含有丰富的酶类，具有消化作用。

2. 黏液性腺泡（mucous acinus） 由黏液性腺细胞（mucous cell）围成，又称糖蛋白分泌细胞。HE 染色中，细胞呈锥体形，核扁圆形，位于细胞基底部，胞质呈弱嗜碱性，胞质内充满黏原颗粒（mucinogen granule），黏原颗粒在切片制作中发生溶解而呈空泡状（图 1-2-18，图 1-2-19）。电镜下，细胞基底部有粗面内质网和游离核糖体，核上方有高尔基复合体和粗大的黏原颗粒。其分泌物较黏稠，含糖蛋白，与水结合成黏液（mucus），起润滑和保护作用。如杯状细胞是散在于上皮中的一种典型黏液分泌细胞。

3. 混合性腺泡（mixed acinus） 由黏液性腺泡和浆液性腺泡共同构成。常可以见到在黏液性腺泡的末端有几个浆液性细胞附着，在切片中呈月牙状，称浆半月（serous demilune）（图 1-2-18，图 1-2-19）。

（二）导管

由单层或复层上皮构成的直接与分泌部相通的管道，用于排出分泌物的通道，兼有分泌功能。分泌部的形状常为管状、泡状或管泡状。导管根据有无分支，将外分泌腺分为单腺和复腺。结合分泌部和导管特征，外分泌腺可分为单管状腺、复泡状腺和复管泡状腺等（图 1-2-20）。

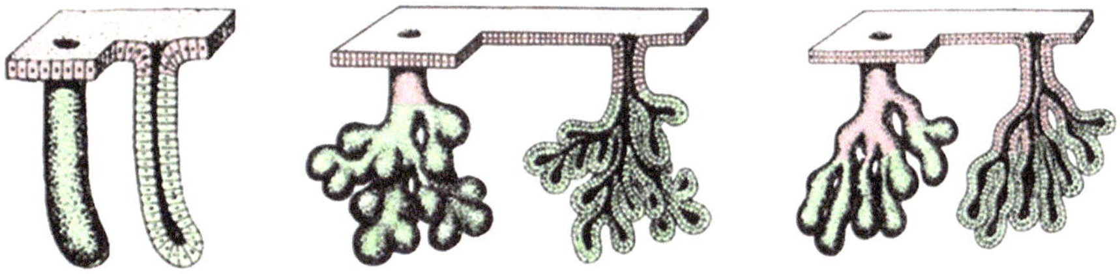

图 1-2-20　外分泌腺结构模式图

三、内分泌腺

内分泌腺结构不具有导管，腺细胞排列呈索状、团状或滤泡状，周围分布有丰富的毛细血管。腺细胞的分泌物（激素）直接释放入毛细血管或淋巴管而循环全身，以调节组织和器官的功能活动。内分泌腺细胞分为含氮激素细胞和类固醇激素细胞（见第 12 章 内分泌系统）。

思　考　题

（1）简述被覆上皮的类型、分布及其结构特点。

（2）试比较内皮和间皮、微绒毛和纤毛的概念、结构和功能。

（3）简述上皮细胞游离面、侧面和基底面的特殊结构有哪些及其功能。

（李　坪）

鳞状细胞癌

上皮组织肿瘤很常见，人体的恶性肿瘤大部分是来自于上皮组织的恶性肿瘤（又称为癌），对人类危害甚大。鳞状细胞癌（squamous cell carcinoma）简称鳞癌，常发生在鳞状上皮（即复层扁平上皮）被覆的部位，如皮肤、口腔、唇、喉、食管、子宫颈、阴道、阴茎等处。有些正常情况下不是鳞状上皮覆盖的支气管、膀胱等，也会发生鳞状上皮化生，然后再发展成癌。这些癌大体外观常呈菜花状、溃疡状。光镜下，一般在分化好的癌巢中央可出现层状角化物，称为角化珠或癌珠；细胞间可见细胞间桥（桥粒）。由于鳞癌有转移性，危及生命，因此早期发现是关键，并且治疗必须彻底。

第 3 章 固有结缔组织

内容提要

（1）结缔组织的分类及结构特点。
（2）疏松结缔组织的细胞形态特点。
（3）致密结缔组织、脂肪组织的结构特点。

结缔组织（connective tissue）是人体内分布最广泛、形式最多样的一种组织。由细胞和大量细胞间质组成。细胞间质包括无定形的基质、纤维和不断循环更新的组织液，构成细胞生存的微环境（microenvironment）。结缔组织具有连接、支持、营养、保护、防御和修复等多种功能。与上皮组织相比，结缔组织的细胞数量较少，细胞外基质相对较多，细胞无极性，散居于细胞间质内。广义的结缔组织，包括固有结缔组织、软骨组织、骨组织、血液。一般所说的结缔组织指固有结缔组织（connective tissue proper）。此外，介于疏松结缔组织和致密结缔组织之间的，纤维比较纤细，细胞较多，血管也较丰富的一些特殊类型的结缔组织，称为细密结缔组织，如消化管固有层的结缔组织。

结缔组织起源于胚胎时期的间充质（mesenchyme）。间充质由间充质细胞和大量基质构成。间充质细胞分化程度低，在胚胎时期能分化成各种结缔组织细胞、内皮细胞、平滑肌细胞等。基质为均质状物质，主要成分为蛋白多糖。成体结缔组织内仍保留少量未分化的间充质细胞。

固有结缔组织，按其结构和功能的不同分为疏松结缔组织、致密结缔组织、脂肪组织和网状组织。

第一节 疏松结缔组织

疏松结缔组织（loose connective tissue）的特点为细胞种类较多，纤维较少，排列稀疏（图 1-3-1），呈蜂窝状，又称蜂窝组织（areolar tissue）。疏松结缔组织在体内广泛分布，位于器官之间、组织之间以及细胞之间，起连接、支持、营养、保护、防御和修复等功能。

一、细 胞

疏松结缔组织的细胞包括成纤维细胞、巨噬细胞、肥大细胞、脂肪细胞、浆细胞、未分化的间充质细胞等，各类细胞的数量和分布随部位和功能状态而异，其中成纤维细胞是相对固定的细胞。

（一）成纤维细胞

成纤维细胞（fibroblast）是疏松结缔组织中的主要细胞，多附着在胶原纤维上。细胞扁平，形态不规则，体积较大，有较多突起，胞核较大，扁卵圆形，染色质疏松着色浅，核仁明显；胞质较丰富呈弱嗜碱性；光镜下，HE 染色细胞轮廓不清（图 1-3-1）。电镜下，可见胞质内含丰富的粗面内质网、游离核糖体和发达的高尔基复合体，其功能是合成和分泌细胞外基质，包括三种纤维和无定形基质（图 1-3-2）。

成纤维细胞处于功能静止状态时，称为纤维细胞（fibrocyte）。细胞较小，呈长梭形，细胞器不发达，核着色深，核仁不明显。当机体创伤修复时，需要合成大量的纤维和基质，此时静止状态的纤维细胞则转变为功能活跃的成纤维细胞，形成新的细胞外基质成分。

（二）巨噬细胞

巨噬细胞（macrophage）由血液内单核细胞穿出血管进入结缔组织后分化而成。细胞形态多样，随功能状态而改变，通常有钝圆形突起。在疏松结缔组织内的巨噬细胞又称为组织细胞（histiocyte），常沿胶原纤维散在分布，在炎症和异物等刺激下活化成游走的巨噬细胞。功能活跃者，细胞常伸出较长的伪足而形态不规则（图 1-3-1）。巨噬细胞胞核较小，卵圆形或肾形，多为偏心位，着色深，核仁不明显，胞质丰富，多呈嗜酸性，含空泡和异物颗粒。

电镜下，可见细胞表面有许多皱褶及微绒毛，胞质内含大量溶酶体、吞噬体、吞饮小泡、残余体及发达的高尔基复合体，细胞膜内侧还有较多微丝和微管（图 1-3-3）。这些结构与巨噬细胞的运动、吞噬和黏附性有关。

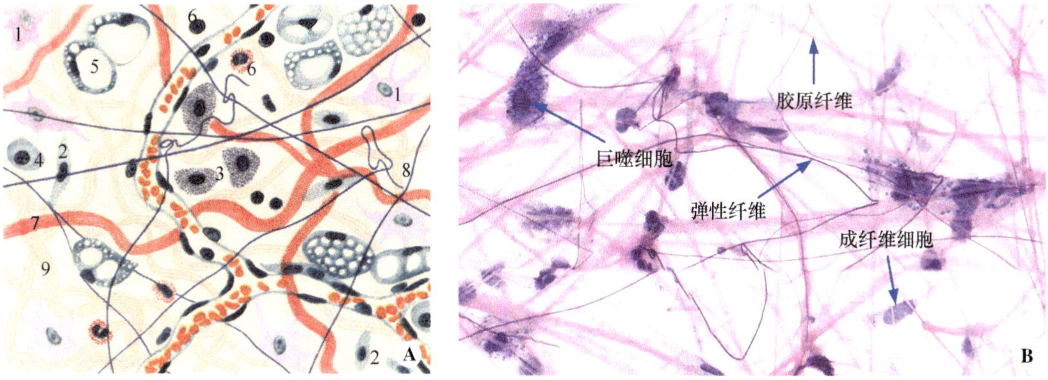

图 1-3-1　疏松结缔组织铺片（大网膜）（A. 模式图；B. 地衣红 + 甲苯胺蓝染色）

1. 成纤维细胞；2. 巨噬细胞；3. 肥大细胞；4. 浆细胞；5. 脂肪细胞；6. 白细胞；7. 胶原纤维；8. 弹性纤维；9. 网状纤维

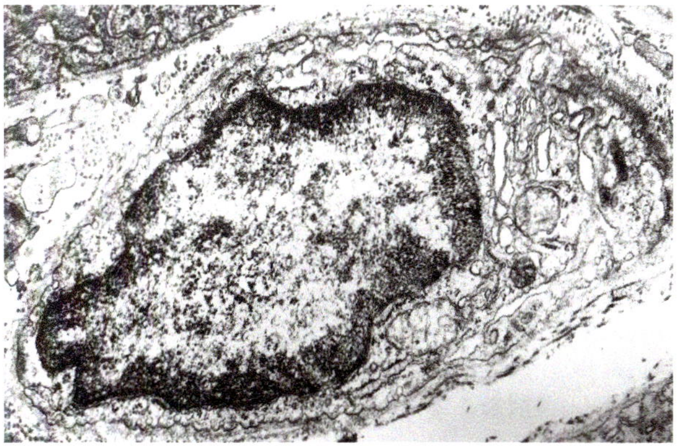

图 1-3-2　成纤维细胞超微结构（透射电镜）

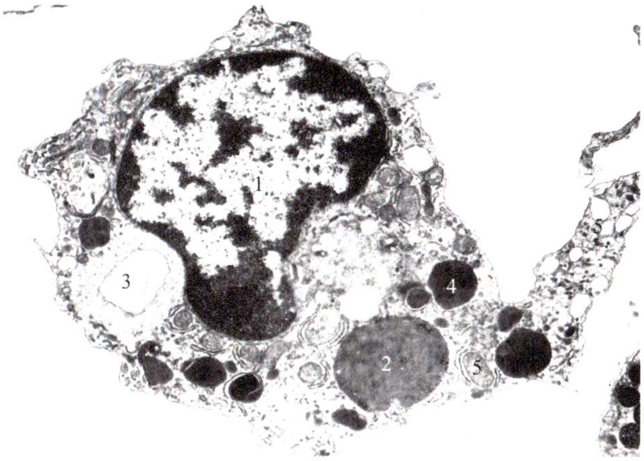

图 1-3-3　巨噬细胞超微结构（透射电镜）

1. 细胞核；2. 吞噬体；3. 吞饮泡；4. 溶酶体；5. 伪足

巨噬细胞有重要的防御功能，它具有趋化性、能吞噬和清除异物及衰老伤亡的细胞、分泌多种生物活性物质以及参与和调节人体免疫应答等功能。

1. 趋化性定向运动　巨噬细胞可沿某些化学物质（如机体某些部位发生炎性病变时，病变组织及病菌产生的一些化学物质）的浓度梯度进行定向移动，聚集到产生和释放这些化学物质的病变部位，这种特性称为趋化性。这类化学物质称为趋化因子，如补体 C5a、细菌的产物、炎症组织的变性蛋白等。在趋化因子的作用下，固定的巨噬细胞活化为游走的巨噬细胞。巨噬细胞行使多种功能，参与免疫应答。

2. 吞噬作用　巨噬细胞具有强大的吞噬能力。巨噬细胞经趋化性定向运动抵达病变部位时，即伸出伪足并黏附和包围细菌、异物、衰老伤亡的细胞等，进而摄入胞质内形成吞噬体或吞饮小泡。吞噬体、吞饮小泡与初级溶酶体融合，形成次级溶酶体，异物颗粒被溶酶体酶消化分解后，成为残余体。某些抗原物质（如细菌、病毒）等，必须先由血清内的识别因子（抗体或补体）包裹，才能被巨噬细胞识别和黏附（巨噬细胞膜上含有与识别因子特异性结合的膜受体）。此种吞噬作用称为特异性吞噬。而无需识别因子的中介，巨噬细胞直接黏附并吞噬如碳粒、粉尘等，则称为非特异性吞噬。

3. 分泌作用　巨噬细胞能合成和分泌数十种生物活性物质，如溶菌酶（lysozyme）、补体（complement）、多种细胞因子（如红细胞生成素、白细胞介素 -1）等。溶菌酶能消化细菌的细胞壁从而杀灭细菌；补体参与炎症反应及病原微生物的溶解等过程；红细胞生成素（erythro-poietin，EPO）可促进红细胞生成，白细胞介素 -1（interleukin-1）能刺激骨髓中白细胞的增殖并释放入血。

4. 抗原呈递作用　抗原（antigen，Ag）是一种生物分子，包括蛋白质、多肽、多糖等。巨噬细胞吞噬蛋白质性抗原后，对抗原物质进行加工或酶解处理再转变为抗原肽，并与巨噬细胞自身的主要组织相容性复合分子（major histo-compatibility complex molecules，MHC）结合，形成抗原肽 -MHC

分子复合物，运输到淋巴细胞表面，当淋巴细胞接触到抗原肽后，便受到激活，促使其增殖、分化、产生抗体或致敏淋巴细胞，进而发挥免疫效应。

（三）肥大细胞

肥大细胞（mast cell）是疏松结缔组织内较常见的细胞，在身体易于接触外界抗原的部位，如皮肤、呼吸道和消化道上皮下方的结缔组织内，肥大细胞特别多，常沿小血管和小淋巴管分布。细胞体积较大，呈圆形或卵圆形，胞核小而圆，多位于中央；胞质内充满粗大的嗜碱性和异染性颗粒，颗粒易溶于水，故在HE染色下细胞不易辨认（图1-3-1）。电镜下，可见肥大细胞内含有大量分泌颗粒，颗粒内含致密性物质，呈结晶体样或细粒状（图1-3-4）。

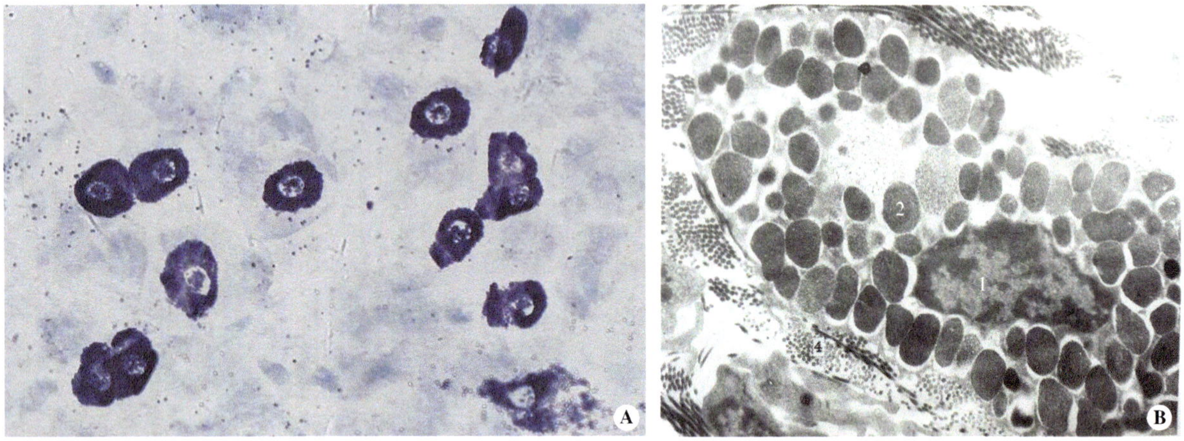

图1-3-4　肥大细胞（A. 台盼蓝染色；B. 透射电镜）

1. 细胞核；2. 分泌颗粒

肥大细胞的胞质内含有白三烯（leukotriene），颗粒内含有肝素（heparin）、组胺（histamine）和嗜酸性粒细胞趋化因子（eosinophil chemotactic factor）等物质。肝素具有抗凝血的作用。白三烯和组胺可使毛细血管扩张和通透性增加，促进血液循环，有利于血管中的细胞进入结缔组织，行使防御和免疫功能。

当白三烯和组胺增多时，可引起水和血浆蛋白分子渗出，导致组织水肿，出现荨麻疹；并使呼吸道黏膜水肿和支气管平滑肌收缩，引起支气管哮喘；严重者可使全身小动脉扩张而导致血压急剧下降，引起休克。这些局部或全身症状统称为过敏反应。嗜酸性粒细胞趋化因子可吸引血液中的嗜酸性粒细胞向过敏反应部位聚集，因嗜酸性粒细胞具有抗过敏的功能（见第5章），从而减轻过敏反应。能致肥大细胞释放白三烯和脱颗粒的抗原物质称为过敏原，常见的过敏原有花粉、某些药物及蛋白质等。肥大细胞释放颗粒内容物和白三烯所引起的过敏反应是一种特异性免疫反应，其反应与浆细胞、巨噬细胞协同完成。当过敏原（抗原）首次进入机体时，巨噬细胞即对其进行吞噬和处理，并将抗原信息呈递给B淋巴细胞。B淋巴细胞接受抗原信息的刺激后，转化为浆细胞；浆细胞产生抗体IgE。肥大细胞膜表面有能与IgE结合的受体，两者结合后，机体即处于致敏状态。当相同的过敏原再次侵入机体时，过敏原便可与肥大细胞膜上的IgE结合，形成抗原-抗体复合物，激活肥大细胞脱颗粒并释放白三烯，引起过敏反应（图1-3-5）。

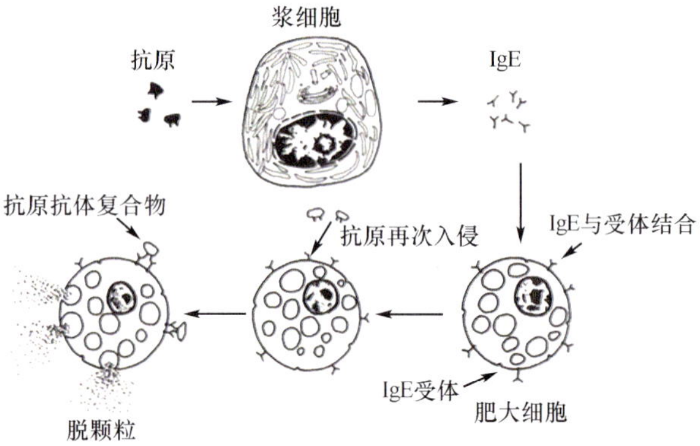

图1-3-5　肥大细胞脱颗粒机制

（四）脂肪细胞

脂肪细胞（fat cell）体积较大，直径100～200 mm，单个或成群存在。细胞体积大，常呈圆球形或相互挤压成多边形。胞质充满脂滴，胞质被推挤到细胞周缘，包绕脂滴。核被挤压成扁圆形，连同部分胞质呈新月形，位于细胞一侧。在HE染色标本中，脂滴被溶解，细胞呈空泡状。脂肪细胞有合成和贮存脂肪、参与脂质代谢的功能（图1-3-1，图1-3-14）。

（五）浆细胞

浆细胞（plasma cell）由血液中的B淋巴细胞接受抗原刺激后转化而来。具有合成、贮存与分泌抗体，参与体液免疫。浆细胞呈卵圆形或圆形，核圆形，多偏居细胞一侧，异染色质成粗块状沿核膜内面呈辐射状排列；胞质丰富，嗜碱性，核旁有一浅染区（图1-3-1，图1-3-6）。电镜下，可见浆细胞的胞质内有大量平行排列的粗面内质网、游离的核糖体及发达的高尔基复合体（图1-3-6），此为光镜下细胞质显示嗜碱性的原因。浆细胞在一般的结缔组织内很少，常出现在慢性炎症病原微生物易于侵入的部位，如消化管、呼吸道固有层的结缔组织中。

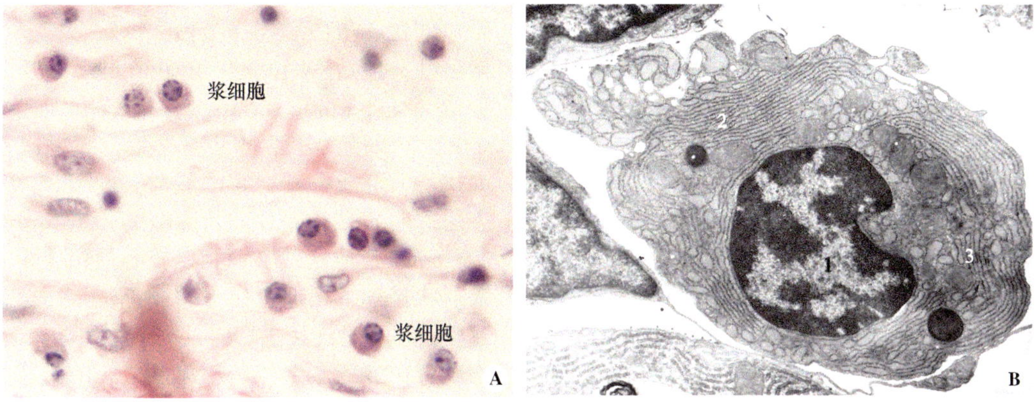

图1-3-6　浆细胞（A. 鼻息肉，HE染色；B. 透射电镜）

1. 细胞核；2. 粗面内质网；3. 高尔基复合体

（六）未分化的间充质细胞

未分化的间充质细胞（undifferentiated mesenchymal cell）在成体的结缔组织内还保留少量未分化的间充质细胞，分布在毛细血管周围，形状与纤维细胞相似，细胞呈梭形或星形。未分化的间充质细胞是成体结缔组织中的干细胞，保留着间充质细胞多向分化的潜能。在炎症和创伤时可增殖和分化为成纤维细胞、脂肪细胞及平滑肌细胞等。

（七）白细胞

白细胞（leukocyte，white blood cell，wbc）疏松结缔组织内常见数量不定的白细胞，这些细胞来自血液（具体形态结构见第5章血液），受趋化因子的引诱下，常以变形运动穿出毛细血管和微静脉，迁移到疏松结缔组织中，聚集于产生趋化因子的部位，参与免疫应答或炎症反应，如嗜酸性粒细胞、单核细胞、淋巴细胞等。在炎症的部位，大量中性粒细胞可穿出血管，行使防御功能（图1-3-1）。

二、细胞间质

细胞间质包括无定形的基质、纤维和不断循环更新的组织液。疏松结缔组织中含有3种纤维，即胶原纤维、弹性纤维和网状纤维。

（一）纤维

1. 胶原纤维（collagenous fiber）　数量最多，新鲜时呈白色，有光泽，故又名白纤维。HE染色呈嗜酸性，着浅红色。纤维粗细不等，直径1～20 μm，呈波浪形，并互相交织（图1-3-1）。电镜下，胶原纤维由直径20～200 nm的胶原原纤维（collagenous fibril）黏合而成。胶原原纤维有明暗相间的横纹，横纹周期为60～70 nm（图1-3-7）。其化学成分为Ⅰ型和Ⅲ型胶原蛋白，胶原蛋白（collagen）由成纤维细胞分泌，在细胞外聚合为胶原原纤维，再经少量黏合质黏结成胶原纤维。胶原纤维韧性大，抗拉力强，而弹性差。

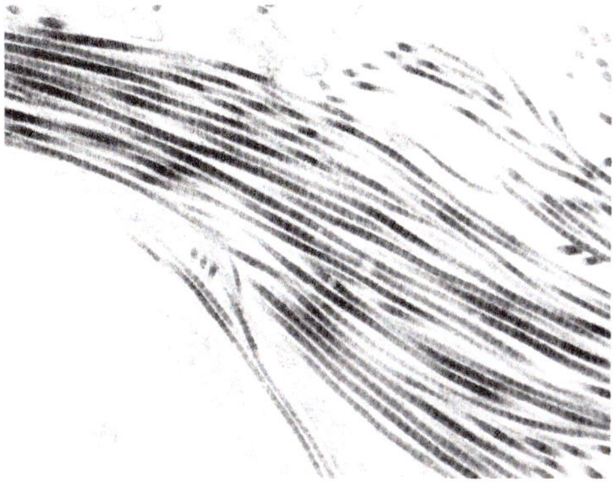

图1-3-7　胶原原纤维（透射电镜）

2. 弹性纤维（elastic fiber）　新鲜状态下呈黄色，故又名黄纤维。在HE染色标本中呈波浪状并交织成网，不易着色，但折光性强，常呈粉红色，因此不易与胶原纤维区分。但醛复红或地衣红能将弹性纤维染成紫色或棕褐色（图 1-1-3，图 1-3-8）。弹性纤维较细，有分支并互相交织成网，粗细不等（0.2 ～ 1.0 μm），表面光滑，断端常卷曲。电镜下，弹性纤维由弹性蛋白（elastin）和微原纤维（microfibril）束组成。弹性蛋白分子间借共价键广泛连接成网，其分子能任意卷曲，在外力的牵拉下，卷曲的弹性蛋白分子能伸展拉长 2.5 倍；外力消除后，弹性蛋白分子能迅速恢复为卷曲状态。弹性纤维富于弹性而韧性差，与胶原纤维交织在一起，使疏松结缔组织既有弹性又有韧性，有利于器官和组织保持形态位置的相对恒定，又具有一定的可变性。

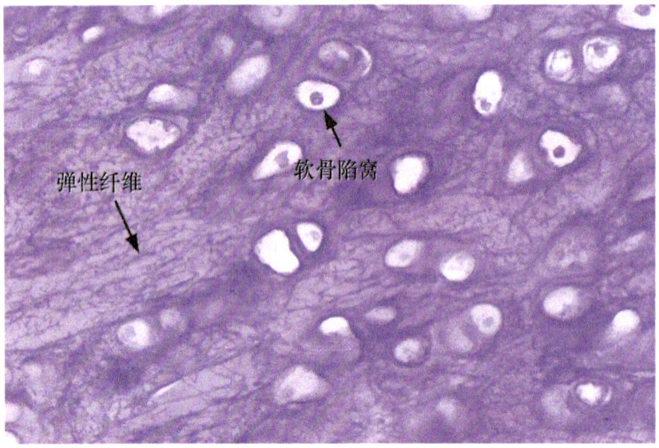

图 1-3-8　弹性软骨（醛复红染色）

3. 网状纤维（reticular fiber）　较细而短，直径 0.2 ～ 1.0 μm，分支多，交织成网。网状纤维主要由Ⅲ型胶原蛋白构成，表面被覆糖蛋白，HE 染色标本中，不着色，但用银染法，网状纤维呈棕黑色，故又称嗜银纤维（图 1-3-9）。电镜下网状纤维也有 60 ～ 70 nm 的周期性横纹。网状纤维在疏松结缔组织中数量极少，一般沿小血管分布，主要分布在网状组织及结缔组织与其他组织的交界处。在造血器官和淋巴器官，有较多的网状纤维，构成它们的支架。

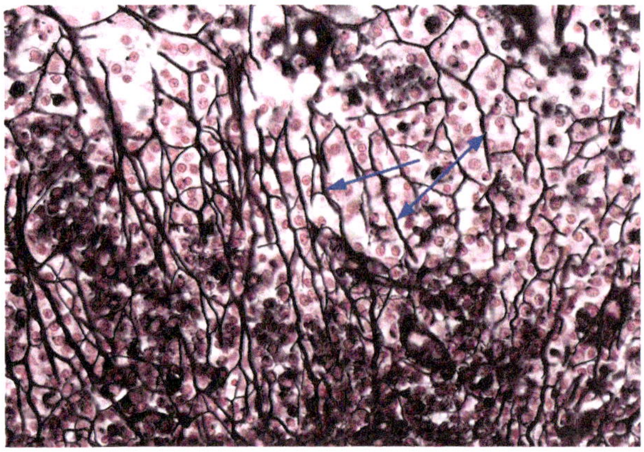
图 1-3-9　网状纤维（淋巴结，镀银染色）

（二）基质

基质（**ground substance**）呈无定形的凝胶状，填充在细胞和纤维之间，是一种由生物大分子构成的胶状物质，具有一定黏性。构成基质的大分子物质包括蛋白多糖和糖蛋白。

1. 蛋白多糖（proteoglycan）　由**蛋白质**和**糖胺多糖**（glycosaminoglycan，GAG）结合而成。蛋白质包括核心蛋白和连接蛋白，糖胺多糖又称氨基己糖多糖，包括透明质酸（hyaluronic acid）、硫酸软骨素（chondroitin sulfate）、硫酸角质素（keratin sulfate）、硫酸乙酰肝素等。蛋白多糖以透明质酸为核心，形成一种稳定的蛋白多糖聚合体。自然状态的透明质酸是一种曲折盘绕的长链大分子，长达 2.5 mm。其他糖胺多糖则以核心蛋白为中心向外呈辐射状排列，构成蛋白多糖亚单位，每个蛋白多糖亚单位再通过连接蛋白将其与透明质酸结合在一起，构成蛋白多糖聚合体，形成多微孔的筛状结构，称为分子筛（图 1-3-10）。分子筛只允许小于微孔的水和溶于水的营养物、代谢产物、激素、O_2、CO_2 等通过，便于血液与细胞之间进行物质交换。大于微孔的大分子物质则具有屏障作用，如细菌等不能通过，使基质成为限制细菌扩散的防御屏障。溶血性链球菌和癌细胞等分泌的透明质酸酶，能分解透明质酸，使分子筛的结构遭到破坏，破坏基质的防御屏障，致使癌细胞和细菌等能向四周蔓延扩散。蛋白多糖聚合体上还结合着许多亲水基团，能结合大量水分子，使基质呈均质凝胶状。

2. 结构性糖蛋白　基质中的结构性糖蛋白（structure glycoprotein）包括纤维黏连蛋白（fibronectin，FN）、层黏连蛋白（laminnin，LN）和软骨黏连蛋白（chondronectin）等，其中纤维黏连蛋白是基质中最主要的结构性糖蛋白，其分子表面具有与多种细胞、胶原纤维及蛋白多糖相结合的部位（即化学基团），因此纤维黏连蛋白是将这三种成分有机连接的媒介；纤维黏连蛋白还能黏附细菌等抗原物质，启动巨噬细胞对抗原物质的特异性吞噬作用。

3. 组织液（tissue fluid）　由从毛细血管动脉端渗出的水和一些小分子物质（氨基酸、葡萄糖和电解质等）组成，经过组织内的物质交换后，再通过毛细血管静脉端或毛细淋巴管吸收入血液或淋巴内。组织液是细胞摄取营养物质和排出代谢产物的中介，成为细胞赖以生存的内环境。正常情况下，组织液不断地生成，又不断地被吸收，始终不断地循环更新，从而保持动态平衡。一旦这种动态平衡遭到破坏，基质中的组织液含量就会增多或减少，组织液水分过度损失或积留，导致组织脱水或组织水肿。

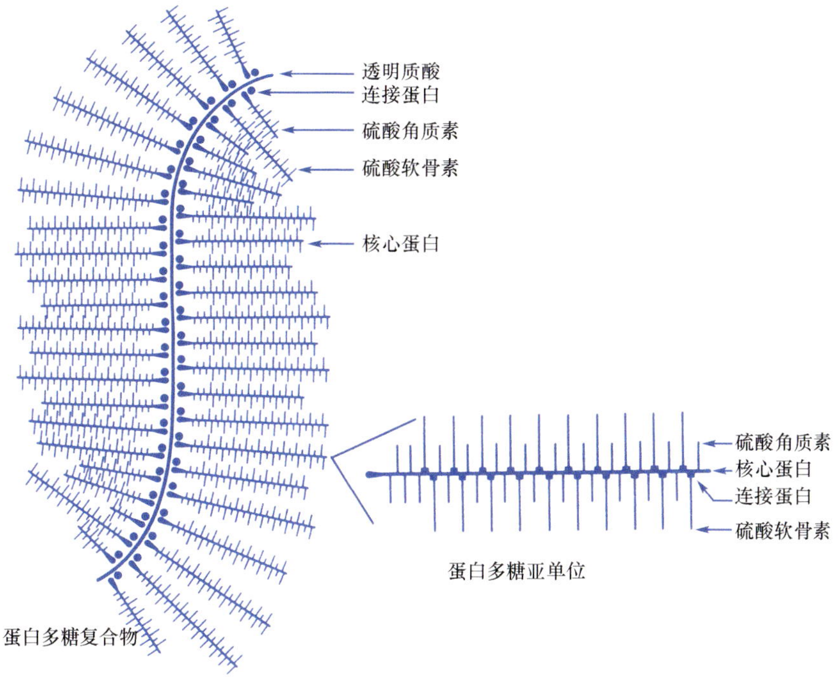

图 1-3-10 分子筛结构模式图

第二节 致密结缔组织

致密结缔组织（dense connective tissue）是一种以纤维为主要成分的固有结缔组织，纤维粗大，排列致密，以支持和连接为其主要功能。根据纤维的性质和排列方式，可区分为以下几种类型。

（一）规则的致密结缔组织

规则的致密结缔组织（dense irregular connective tissue）主要构成肌腱和腱膜。结构特点是大量密集成束的胶原纤维平行排列成束，纤维束之间有形态特殊的成纤维细胞，称为腱细胞（tendon cell），其胞体伸出多个突起插入纤维束之间，细胞边缘不清（图 1-3-11）。

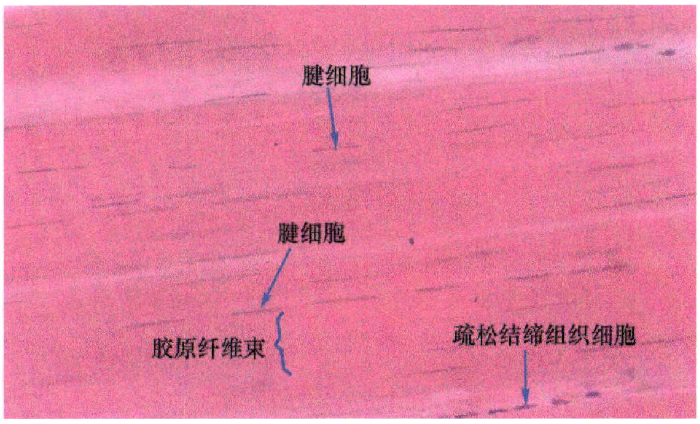

图 1-3-11 规则的致密结缔组织（肌腱，HE 染色）

（二）不规则的致密结缔组织

不规则的致密结缔组织（dense regular connective tissue）见于真皮、硬脑膜、巩膜及许多器官的被膜等，其特点是方向不一的粗大的胶原纤维彼此交织成致密的板层结构，纤维之间含少量基质和成纤维细胞（图 1-3-12）。

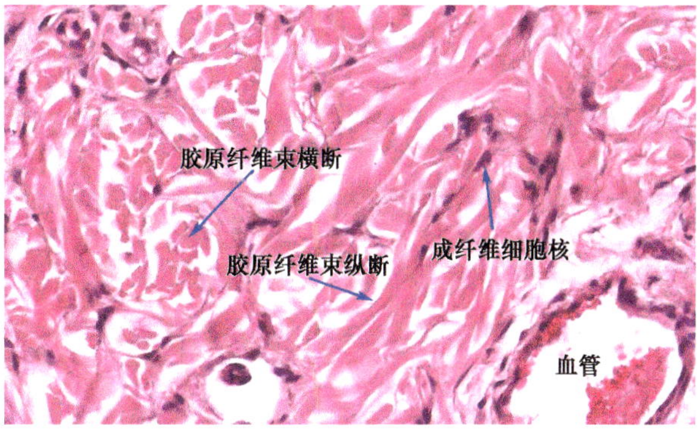

图 1-3-12 不规则的致密结缔组织（皮肤真皮，HE 染色）

（三）弹性组织

弹性组织（elastic tissue）是以弹性纤维为主的致密结缔组织。粗大的弹性纤维或平行排列成束，如项韧带和黄韧带，以适应脊柱运动；或编织成膜状，如弹性动脉中膜（图 1-3-13），以缓冲血流压力。

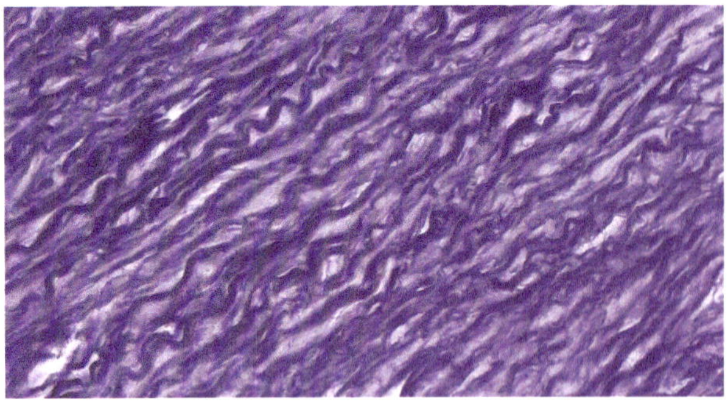

图 1-3-13　弹性组织（大动脉，醛复红染色）

第三节　脂肪组织

脂肪组织（adipose tissue）主要由大量群集的脂肪细胞构成，由疏松结缔组织分隔成许多脂肪小叶。根据脂肪细胞结构和功能的不同，脂肪组织可分为黄（白）色脂肪组织和棕色脂肪组织两种类型。

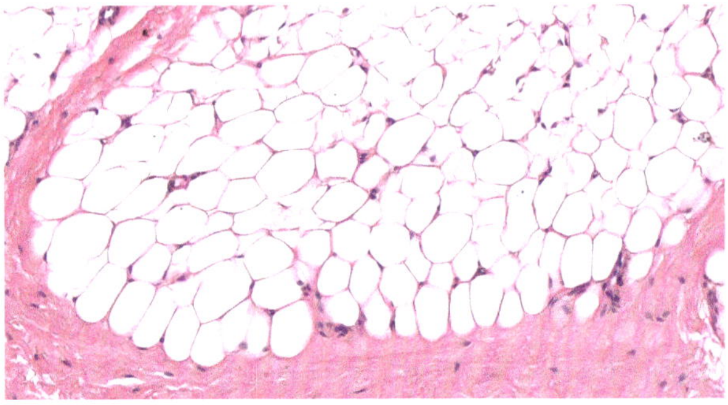

图 1-3-14 黄（白）色脂肪组织（HE 染色）

（一）黄（白）色脂肪组织

黄（白）色脂肪组织（yellow adipose tissue）新鲜时呈黄色（某些哺乳类动物为白色），即通常所说的脂肪组织。它由大量单泡脂肪细胞集聚而成。其脂肪细胞大多只含一个大脂滴，故又称单泡脂肪细胞（unilocular adipose cell）。单泡脂肪细胞呈圆形、椭圆形或多边形（图 1-3-14）。电镜下，可见脂肪细胞胞质中含有一个大的脂滴，无膜包裹。此外，还含有大量的线粒体、少量的游离核糖体及内质网等。黄色脂肪组织主要分布在皮下、骨骼肌之间、体腔和骨髓腔等处，约占成人体重的 10% ～ 20%，是体内最大的贮能库，参与能量代谢，并具有产生热量、维持体温、缓冲保护和支持填充等作用。

（二）棕色脂肪组织

棕色脂肪组织（brown adipose tissue）呈棕色，其特点是组织中有丰富的毛细血管，脂肪细胞内散在许多小脂滴，线粒体大而丰富，核圆形，位于细胞中央。这种脂肪细胞称为多泡脂肪细胞（multilocular adipose cell）。棕色脂肪组织在成人极少，仅见于肾周围。新生儿及冬眠动物较多，在新生儿主要分布在肩胛间区、腋窝及颈后部等处。棕色脂肪组织的主要功能是，在寒冷的刺激下，棕色脂肪细胞内的脂类分解、氧化，散发大量热能，而不转变为化学能。这一功能受交感神经调节。

第四节　网状组织

网状组织（reticular tissue）是造血器官和淋巴器官的基本组成成分，由网状细胞、网状纤维和基质构成（图 1-3-15，图 1-3-16）。

（一）网状细胞

网状细胞是有突起的星状细胞，相邻细胞的突起相互连接成网。胞核较大，圆或卵圆形，着色浅，常可见 1 ～ 2 个核仁。胞质较多，弱嗜碱性，电镜下可见大量的粗面内质网。网状细胞产生网状纤维。

（二）网状纤维

网状纤维分支交错，连接成网，并可深陷于网状细胞的胞体和突起内，成为网状细胞依附的支架。网状组织为淋巴细胞发育和血细胞发生提供适宜的微环境。

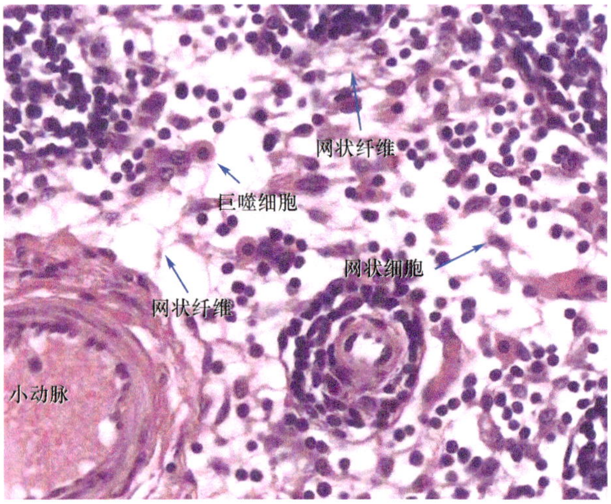

图 1-3-15　网状组织（淋巴结髓质，HE 染色）

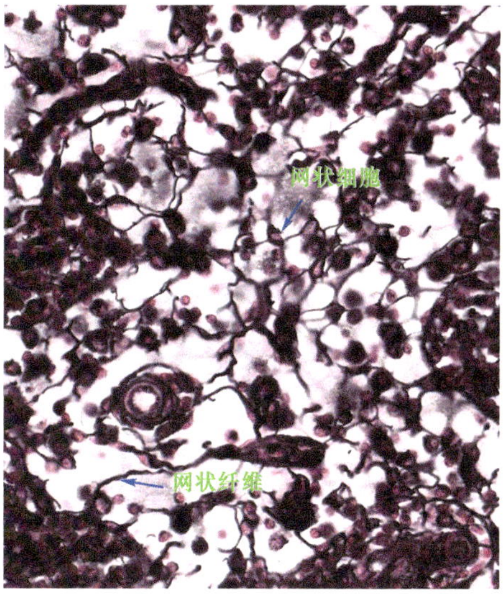

图 1-3-16　网状组织（淋巴结髓质，镀银染色）

思　考　题

（1）结缔组织的结构特点及功能？

（2）结缔组织中与机体免疫功能有关的细胞有哪些？

（3）临床上讲的蜂窝织炎与结缔组织有何关联？

（齐亚灵）

结缔组织病

泛指结缔组织受累的疾病，包括红斑狼疮、类风湿关节炎、硬皮病、皮肌炎、结节性多动脉炎、韦格纳肉芽肿、巨细胞动脉炎及干燥综合征等。结缔组织病具有某些临床、病理学及免疫学方面的共同特征，如多系统受累（即皮肤、关节、肌肉、心、肾、造血系统、中枢神经等可同时受累），病程长，病情复杂，可伴发热、关节痛、血管炎、血沉增快、γ 球蛋白增高等。

该病以疏松结缔组织黏液样水肿及纤维蛋白样变性为病理基础的一组疾病。病因不十分清楚，一般认为与遗传、免疫及病毒感染等有一定关系，是多因性疾病。随着免疫学的进展，发现多数结缔组织病均伴有免疫学的异常，如抑制性 T 细胞功能低下、体液免疫功能亢进，有些结缔组织病有自身抗体存在，故也将这组病归入免疫性疾病或自身免疫性疾病。

第 4 章 软骨和骨

内容提要

（1）软骨的一般结构和分类。
（2）软骨的生长方式。
（3）骨组织的构成。
（4）骨单位的结构和功能。
（5）骨外膜的结构和作用。
（6）长骨的一般组织学结构。
（7）骨发生的一般过程。

第一节 软 骨

软骨（cartilage）由软骨组织及周围的软骨膜构成。软骨组织由软骨细胞和细胞外基质即软骨基质构成。胎儿早期的躯干和四肢支架主要由软骨构成，至成体，软骨仅分布于关节面、椎间盘、某些骨连接部位、呼吸道及耳廓等处。软骨能承受压力和耐摩擦，有一定的支持和保护作用。

一、软骨组织

（一）软骨细胞

软骨细胞（chondrocyte）包埋于软骨基质中，其所在的腔隙，称**软骨陷窝**，紧靠软骨陷窝的软骨基质中硫酸软骨素较多，HE 染色呈强嗜碱性，称软骨囊。生活状态下软骨细胞几乎充满软骨陷窝，但在 HE 染色切片中，细胞因脱水收缩变成不规则的形状，使得软骨囊和细胞间出现较大的空隙。软骨细胞的大小、形状和分布与其成熟程度有关。软骨细胞在软骨内的分布有一定规律性，靠近软骨膜的软骨细胞较幼稚，体积小而扁，常单个分布；从软骨的边缘到中央，细胞逐渐成熟，体积增大，呈圆形或椭圆形，核小而圆，可见 1 ～ 2 个核仁，胞质弱嗜碱性（图 1-4-1），电镜下可见胞质内有丰富的粗面内质网和发达的高尔基复合体，还有糖原和脂滴，线粒体较少。软骨细胞主要以糖酵解方式获得能量。成熟的软骨细胞多成群分布，每群有 2 ～ 8 个细胞聚集一起，它们是由一个细胞分裂增生而来，故称**同源细胞群**（isogenous group）。同源细胞群中的细胞分别被软骨囊包裹（图 1-4-1）。

（二）软骨基质

软骨基质（cartilage matrix）由软骨细胞分泌，由纤维成分和无定型的基质组成。基质的化学成分与疏松结缔组织的相似，主要成分为蛋白多糖和水，还有一定量的蛋白质和糖蛋白（如连接蛋白、软骨黏连蛋白等），其中蛋白多糖的浓度很高，使软骨基质形成坚固的凝胶；蛋白多糖主要以糖胺多糖（glycosaminoglycans，GAG）的形式存在，GAG 是一类以含有氨基己糖的双糖为基本单位聚合而成的长链化合物，包括透明质酸、硫酸软骨素、硫酸角质素和硫酸乙酰肝素等，其中以硫酸软骨素含量最高，其在软骨基质中分布不均，在软骨陷窝周围分布较多，呈强嗜碱性，形似囊状包围软骨细胞，称**软骨囊**（cartilage capsule），纤维包埋于其中，其种类和含量因软骨类型而异。纤维使软骨具有韧性和弹性（图 1-4-1）。

二、软 骨 膜

除关节面的关节软骨外，软骨的表面均覆有**软骨膜**（perichondrium）。软骨膜是致密结缔组织，分内、外两层，外层纤维多，细胞少，血管少，主要起保护作用；内层纤维少，细胞多，血管多，其中有些小梭形细胞，称**骨祖细胞**，可增殖分化为**成软骨细胞**（chondroblast），进而形成软骨细胞，在软骨的生长和修复中起重要作用。软骨膜中含有血管、淋巴管和神经，为软骨组织提供营养（图 1-4-1）。

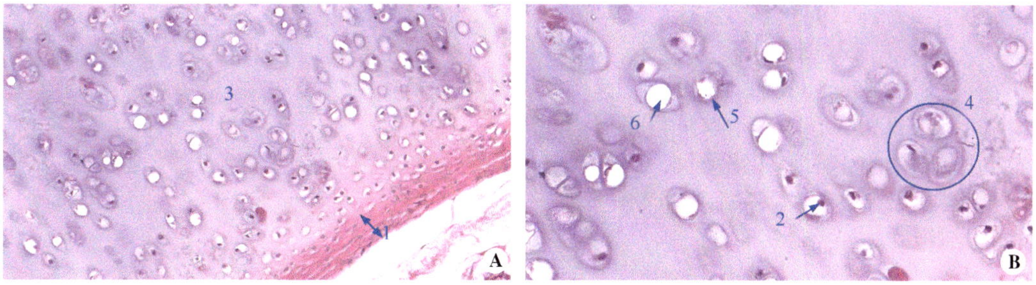

图 1-4-1　透明软骨（HE 染色，A：低倍；B：高倍）

1. 软骨膜；2. 软骨细胞；3. 软骨基质；4. 同源细胞群；5. 软骨囊；6. 软骨陷窝

三、软骨分类

根据软骨基质中纤维成分的不同，将软骨分为透明软骨、纤维软骨和弹性软骨。

（一）透明软骨

透明软骨（hyaline cartilage）分布较广，早期胚胎的骨架、成体的关节软骨、肋软骨及气管的软骨环都属于这种软骨。新鲜时呈半透明状，较脆，易折断。

透明软骨基质中无胶原纤维，但电镜下观察可见一些交织分布的胶原原纤维，由Ⅱ型胶原蛋白组成，嗜酸性。胶原原纤维直径为 10～20 nm，无横纹，折光率与基质相近，故在光镜下不易分辨。软骨基质内无血管，基质中含有大量的水分，使软骨在新鲜时呈乳白略带蓝色，半透明（图 1-4-1）。透明软骨具有较强的抗压性，也具有一定的弹性和韧性。

（二）弹性软骨

弹性软骨（elastic cartilage）分布于耳廓、外耳道、咽鼓管、会厌和喉软骨等处，结构与透明软骨相似，软骨细胞呈球形，单个或以同源细胞群的方式分布，同源细胞群的细胞数量大，为 2～4 个。软骨基质中胶原原纤维较少，含有大量交织成网的弹性纤维（图 1-4-2，图 1-4-3）。软骨中心的弹性纤维排列密集，软骨膜下的弹性纤维排列疏松，并与软骨膜的弹性纤维相连续。弹性软骨新鲜时呈黄色，具有较强的弹性。

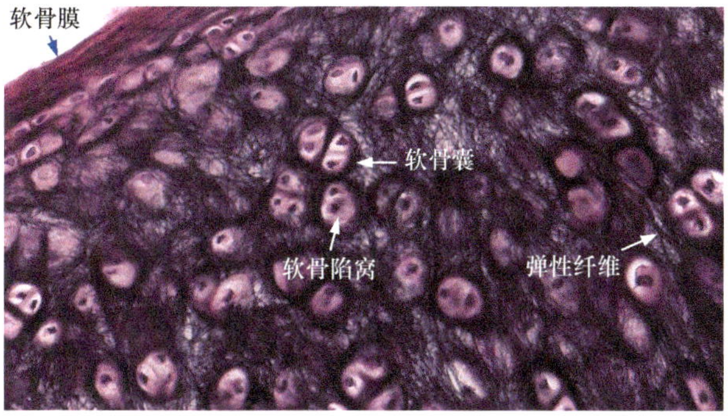

图 1-4-2　弹性软骨（地衣红染色）

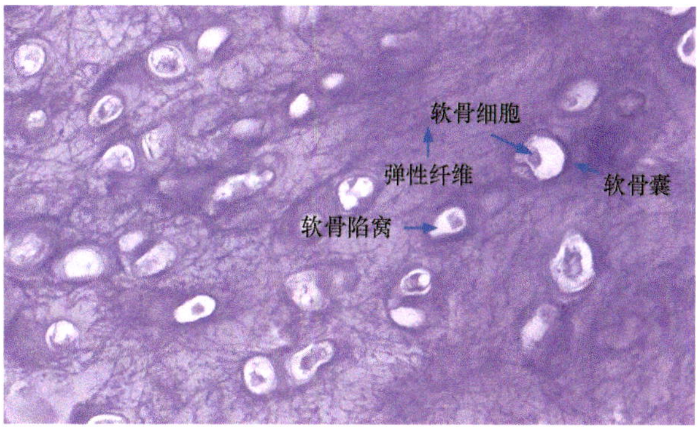

图 1-4-3　弹性软骨（醛复红染色）

（三）纤维软骨

纤维软骨（fibrocartilage）分布于椎间盘、关节盘、耻骨联合以及关节软骨的肌腱附着处，韧性大，新鲜时呈乳白色。纤维软骨与致密结缔组织连续处，两者之间无明显界限。纤维软骨的结构特点是软骨基质中含有大量平行或交错排列的胶原纤维束，由Ⅰ型胶原蛋白组成，故新鲜时呈乳白色。纤维束间的基质很少，软骨细胞小而少，成行分布于纤维束之间（图 1-4-4）。

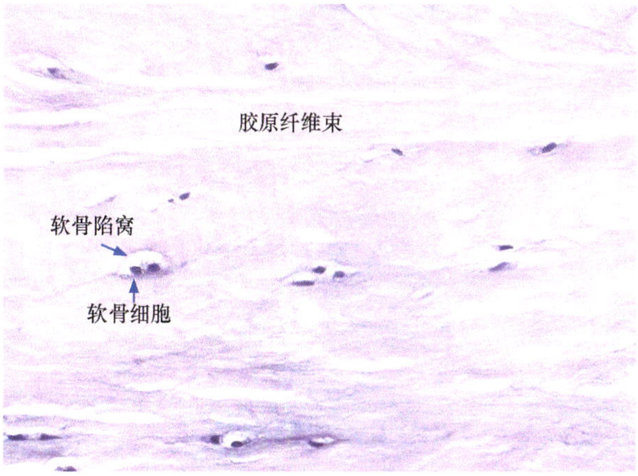

图 1-4-4　纤维软骨（HE 染色）

四、软骨的生长方式

1. 软骨内生长（endochondral growth） 又称间质性生长（interstitial growth）。基本过程是周边新生的软骨细胞不断增殖，细胞体积增大，并合成和分泌基质和纤维；深部的软骨细胞则继续分裂增殖，形成同源细胞群。

2. 软骨膜下生长（subchondral growth） 又称附加性生长（appositional growth）。基本过程是软骨膜内层的骨祖细胞不断分裂增殖，分化成为软骨细胞，软骨细胞进而产生新的基质和纤维；新生的软骨细胞不断附加在原有软骨的表面，使软骨从表面增大增粗。

第二节 骨

骨（bone）由骨组织、骨膜和骨髓等构成，具有支持、保护以及构成关节参与身体的运动等作用。骨组织还是人体的钙、磷贮存库。

一、骨 组 织

骨组织（osseous tissue）由多种细胞和钙化的细胞外基质构成。钙化的细胞外基质称为骨基质（bone matrix）。

（一）骨基质

骨基质由无机质（inorganic component）和有机质（organic component）构成，含水很少。

1. 无机质 又称骨盐（bone mineral），约占骨组织干重的65%，主要化学成分为钙、磷等，以羟基磷灰石 $[Ca_{10}(PO_4)_6(OH)_2]$ 结晶的形式存在，呈细针状，沿胶原原纤维长轴规则排列。

2. 有机质 由成骨细胞分泌形成，90%是胶原纤维，还有少量无定形基质。骨组织的胶原纤维约为人体胶原纤维总量的50%。无定形基质呈凝胶状，含多种蛋白聚糖，如骨钙蛋白、骨桥蛋白等，起黏合和调节骨钙化的作用。

骨组织中的胶原纤维分层排列，与骨基质紧密结合构成**骨板**（bone lamella）。同一骨板内的纤维相互平行，相邻骨板的纤维相互垂直，这种多层立体板状结构增强了骨的支持能力。

（二）骨组织的细胞

骨组织的细胞有骨祖细胞、成骨细胞、骨细胞和破骨细胞。其中骨细胞最多，位于骨基质内，其他几种细胞均位于骨组织的边缘（图1-4-5）。

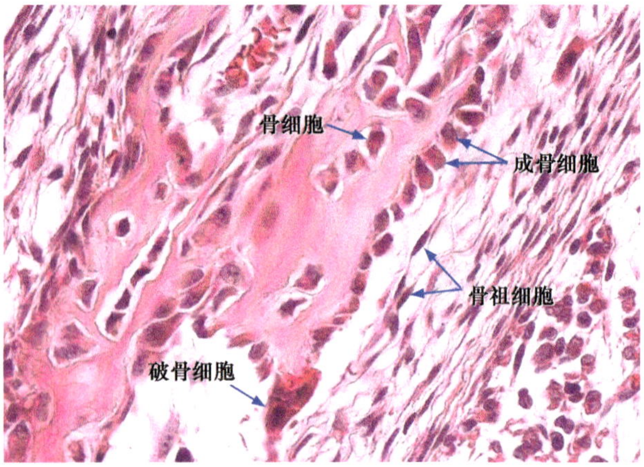

图1-4-5 骨组织的细胞（HE染色）

1. 骨祖细胞（osteoprogenitor cell） 位于骨膜内和骨组织的血管周围。细胞小，呈梭形，胞质弱嗜碱性，具有很强的增殖分化能力，可分化为成骨细胞（图1-4-5，图1-4-6）。

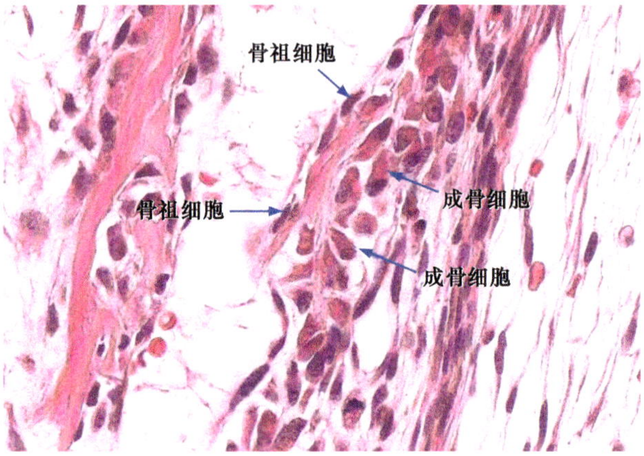

图1-4-6 骨祖细胞（HE染色）

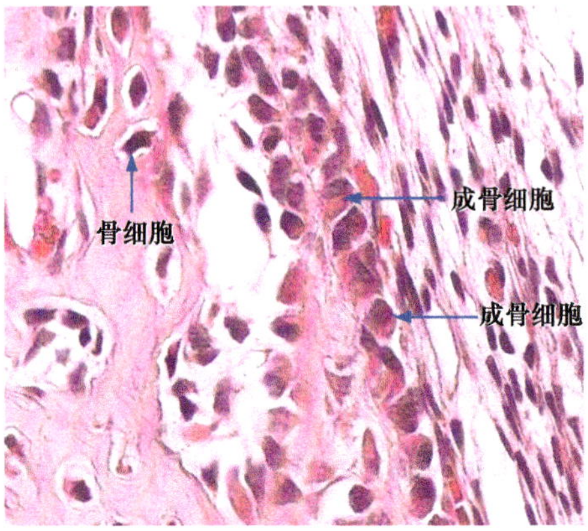

图1-4-7 成骨细胞（HE染色）

2. 成骨细胞（osteoblast） 成骨细胞主要来源于骨祖细胞，分布于骨组织表面，常排列成行。骨形成时期，活跃的成骨细胞胞体较大，立方形或矮柱状，表面有细小突起，与相邻细胞形成缝隙连接，核大而圆，核仁清晰，胞质呈强嗜碱性。电镜下可见丰富的粗面内质网、游离核糖体和高尔基复合体，分泌合成多种功能蛋白，调节骨组织的生长和代谢。当新骨形成停止时，成骨细胞转变为扁平状，其超微结构类似于成纤维细胞。成骨细胞合成和分泌胶原纤维和基质，在无钙盐沉积时期称为**类骨质**（osteoid）。类骨质钙化转变成骨基质。成骨细胞被骨基质包埋后成为骨细胞（图 1-4-5，图 1-4-6，图 1-4-7）。

3. 骨细胞（osteocyte） 骨细胞是一种多突起的细胞，埋于骨基质内，细胞体位于的腔隙称骨陷窝（bone lacuna），每个骨陷窝内仅有一个骨细胞。从骨陷窝伸出骨小管，骨细胞突起位于其中。骨细胞呈扁椭圆形，核呈卵圆形，细胞质呈强嗜碱性（图 1-4-7），电镜下可见广泛分布的粗面内质网，散在的游离核糖体，中等量的线粒体和较发达的高尔基复合体。相邻骨细胞的突起形成缝隙连接，骨小管彼此相通。骨陷窝和骨小管内含组织液，可营养骨细胞并带走代谢产物。

4. 破骨细胞（osteoclast） 数量少，常位于骨组织表面，由多个单核细胞融合而成，是一种多核巨细胞，胞体巨大，胞质嗜酸性，核 5 ～ 50 个或更多（图 1-4-8A），胞质内含有丰富的溶酶体和线粒体，有溶骨作用。功能活跃的破骨细胞有明显极性，紧贴骨组织侧的细胞膜和胞质分化形成皱褶缘区和亮区。皱褶缘区，电镜下为许多不规则的指状突起（图 1-4-8B）。皱褶缘深部胞质含大量溶酶体和吞饮泡。皱褶缘周围的胞质区稍隆起，形成亮区，富含微丝，缺乏其他细胞器，电子密度低，在溶骨时围绕皱褶缘形成封闭的溶骨微环境。

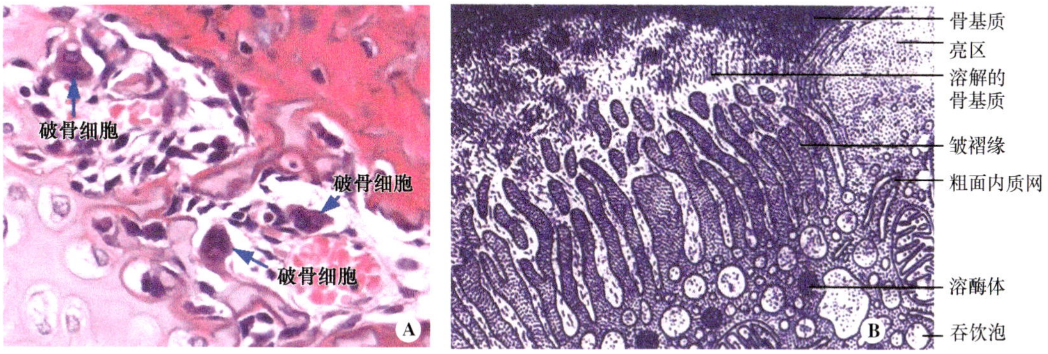

图 1-4-8 破骨细胞（A：HE 染色；B：超微结构模式图）

二、长骨的结构

长骨（long bone）由密质骨、松质骨、骨膜、关节软骨及骨髓等构成。

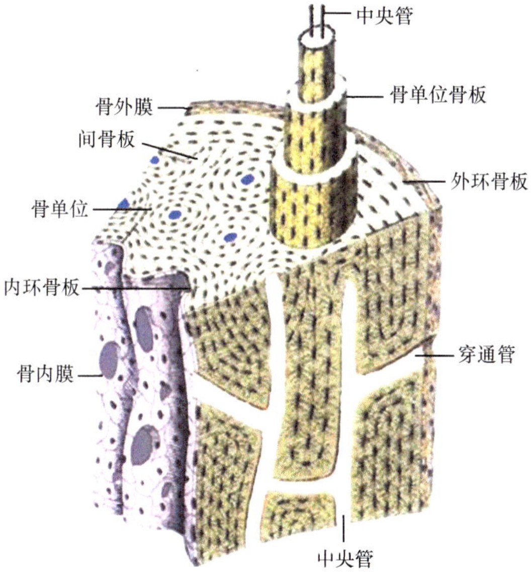

图 1-4-9 长骨骨干结构模式图

（一）骨密质

骨密质（compact bone）分布于骨干和骨骺的外侧面，骨板排列规律，按骨板的排列方式可分为环骨板、骨单位和间骨板。

1. 环骨板 是环绕骨干外表面和内表面的骨板，分别称为**外环骨板**（outer circumferential lamella）和**内环骨板**（inner circumferential lamella）。外环骨板厚，数层到十多层，较整齐。内环骨板薄，仅由几层骨板组成，不甚规则。横向穿越内、外环骨板的小管称穿通管（perforating canal），内含血管、神经、结缔组织和组织液（图 1-4-9，图 1-4-10）。

2. 骨单位（osteon） 又称哈弗斯系统（haversian system），位于内、外环骨板之间，数量最多，是长骨起支持作用的主要结构单位。骨单位呈纵行的圆筒状，由 4 ～ 20 层同心圆排列的骨单位骨板围绕中央管（central canal）而构成（图 1-4-9，图 1-4-11）。中央管与穿通管相通。骨单位内的骨小管相互通连，最内层的骨小管开口于中央管。相邻骨单位的骨小管不相通。

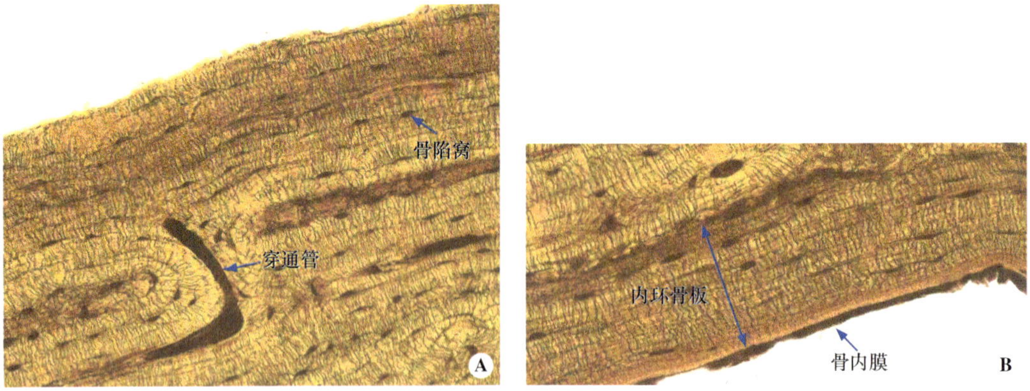

图 1-4-10　环骨板（硫堇染色，A：外环骨板；B：内环骨板）

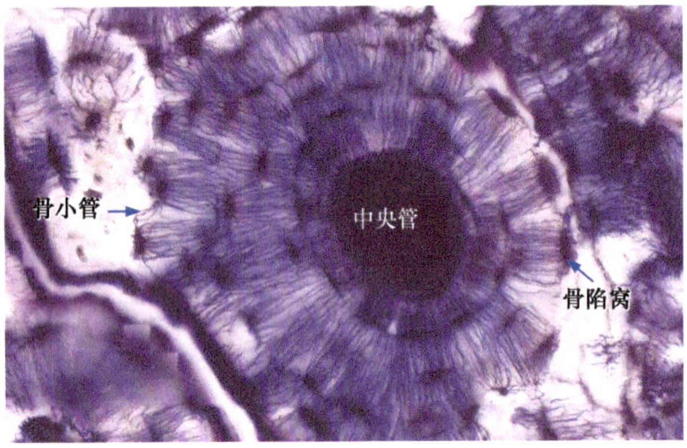

图 1-4-11　骨单位（大丽紫染色）

3. 间骨板（interstitial lamella）　是骨单位被吸收后残留的部分，位于骨单位之间或骨单位与环骨板之间，呈扇形或不规则形，其中无血管通道（图 1-4-9，图 1-4-12）。

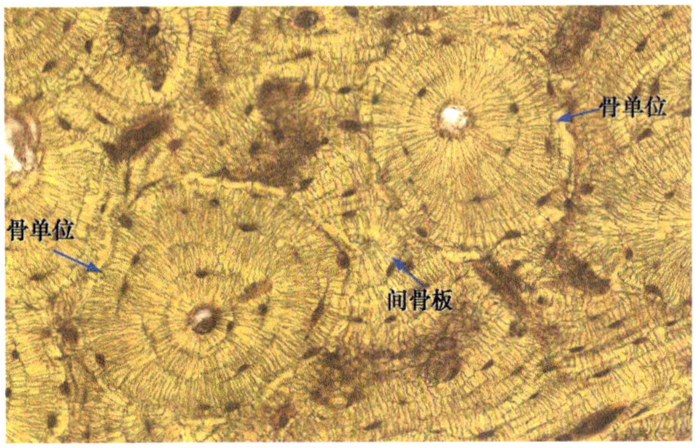

图 1-4-12　间骨板（硫堇染色）

（二）骨松质

骨松质（spongy bone）分布于长骨的骨骺和骨干的内侧面，多孔网状。数层骨板交错形成针状或片状骨小梁，骨小梁相互交错连接形成骨松质。

（三）骨膜

分为骨外膜和骨内膜，有保护和营养骨的作用，其中的骨原细胞还参与骨的生长和修复。

1. 骨外膜　位于长骨的外表面（除关节面外），分两层。外层是致密结缔组织，将骨外膜固定于骨；内层是薄层疏松结缔组织，含骨祖细胞、小血管、神经等。

2. 骨内膜　位于骨髓腔面、骨小梁的表面、穿通管和中央管的内表面，含骨原细胞及血管。

第三节　骨的发生

骨由胚胎时期的间充质发生，出生后继续生长和改建。骨的发生有两种方式，即膜内成骨和软骨内成骨。在骨的发生中，成骨和溶骨同时存在，保证骨组织的发生与个体的生长发育相适应。

一、膜内成骨

膜内成骨（intramembranous ossification）是胚胎过程中的结缔组织膜内的成骨过程。扁骨和不规则骨以此方式发生。在将要成骨的部位，间充质细胞增殖、密集成膜状，并分化为骨祖细胞，进而分化为成骨细胞，成骨细胞在此成骨，形成最早的骨组织，该部位称骨化中心。由骨化中心向四周扩展形成骨松质、骨密质和骨膜。

二、软骨内成骨

软骨内成骨（endochondral ossification）是由间充质先分化为软骨，然后软骨逐渐被骨组织取代。人体的四肢骨、躯干骨和部分颅底骨等以此方式发生。现以长骨为例，简述如下（图 1-4-13）。

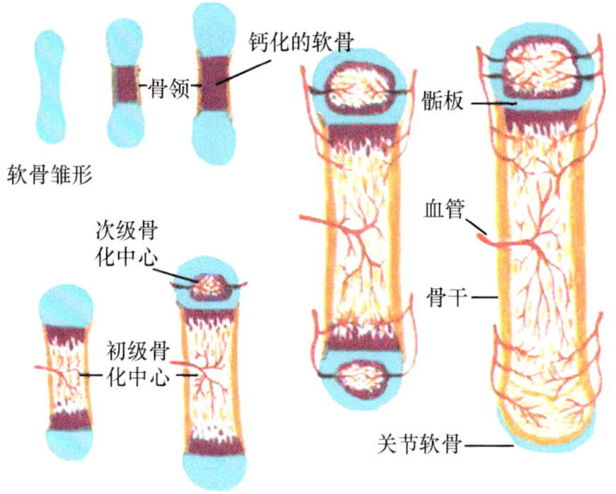

图 1-4-13　软骨内成骨示意图

（一）软骨雏形形成

在将要形成长骨的部位，间充质细胞聚集、分化形成透明软骨，其外形与将要形成的长骨相似，故称为软骨雏形（cartilage model）。

（二）骨领形成

在软骨雏形的中段周围部，血管长入，软骨膜内层的骨祖细胞增殖分化形成薄层初级骨松质，如领圈包绕，称为骨领（bone collar）。骨领表面的软骨膜称骨外膜。骨领以后改建成骨干的骨密质。

（三）初级骨化中心与骨髓腔形成

骨领形成的同时，软骨雏形中央的软骨细胞肥大并分泌碱性磷酸酶，使软骨基质钙化，软骨细胞退化死亡。骨外膜的血管连同间充质及骨祖细胞、破骨细胞等穿过骨领，进入退化的软骨区。软骨基质溶解吸收形成初级骨髓腔。骨祖细胞分化为成骨细胞，贴附于残留的软骨基质表面生成骨组织，形成过渡型骨小梁。这个区域称**初级骨化中心**（primary ossification center）。不久，过渡型骨小梁溶解吸收形成一个较大的骨髓腔。

（四）次级骨化中心与骨骺形成

一般在出生后数月至数年，长骨两端的软骨中央出现**次级骨化中心**（secondary ossification center）。形成过程与初级骨化中心相似，但骨化从中央向四周进行。最后大部分软骨被初级骨松质取代，骨干两端变成骨骺。骨骺关节面始终保留薄层透明软骨，即关节软骨。骨骺和骨干之间也保留一层软骨，称**骺板**（epiphyseal plate）。

三、骨的生长

（一）骨的加长

骺板是长骨继续加长的基础。骺板以软骨内成骨的过程进行成骨。到 17～20 岁时，骺板停止生长，骨组织取代，形成骺线，长骨不再加长。从骨骺端到骨髓腔之间，骺板依次分为 4 个区（图 1-4-14）：

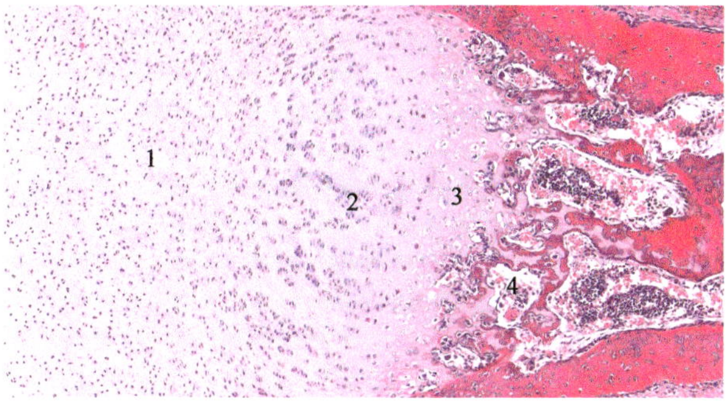

图 1-4-14　骺板软骨的生长和骨化过程（HE 染色）

1. 软骨贮备区；2. 软骨增生区；3. 软骨钙化区；4. 成骨区

1. 软骨贮备区　软骨细胞较小，分散存在，软骨基质弱嗜碱性（图 1-4-15）。

2. 软骨增生区　软骨细胞快速分裂，细胞变大，同源细胞群纵向排列成行（图 1-4-16）。

3. 软骨钙化区　软骨细胞肥大、退化死亡，软骨基质变薄、钙化，呈强嗜碱性（图 1-4-17）。

4. 成骨区　靠近骨髓腔。破骨细胞破坏和吸收钙化的软骨基质，成骨细胞在残留的软骨基质表面成骨，形成过渡型骨小梁。骨小梁之间为初级骨髓腔（图 1-4-18）。

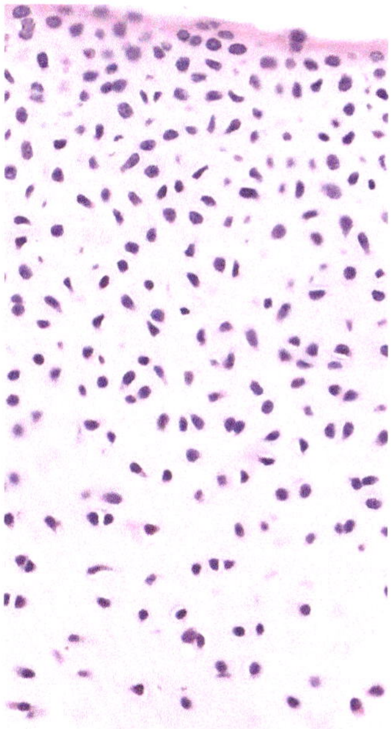

图 1-4-15　软骨贮备区（HE 染色）

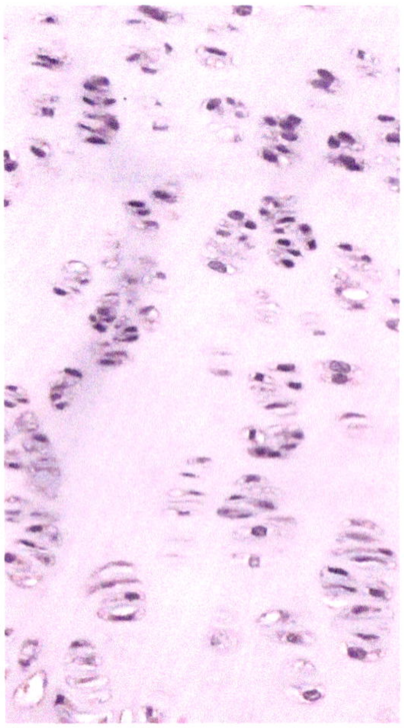

图 1-4-16　软骨增生区（HE 染色）

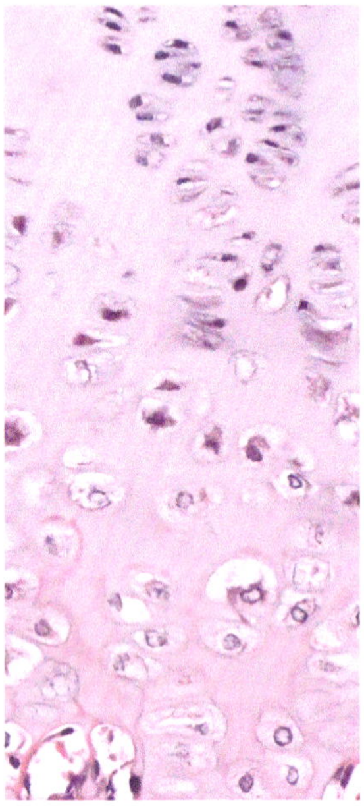

图 1-4-17　软骨钙化区（HE 染色）

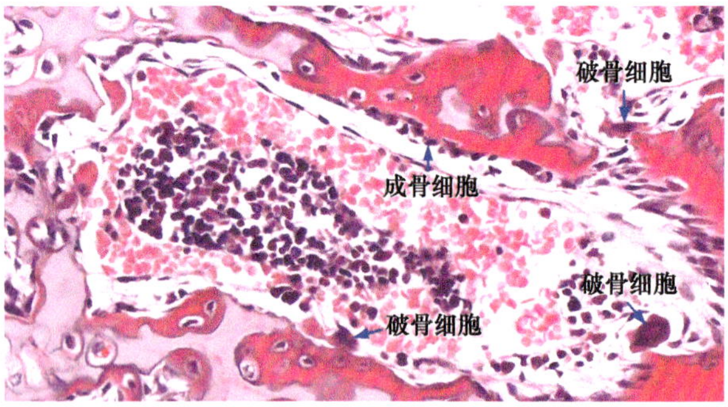

图 1-4-18　成骨区（HE 染色）

（二）骨的增粗

出生后，骨干骨密质中形成骨单位。旧的骨单位逐渐被分解吸收，新的骨单位不断形成。骨干表面的外环骨板不断增厚，骨干内表面骨组织被吸收，骨干逐渐增粗，骨髓腔扩大。

四、影响骨生长发育的因素

骨的生长发育除受先天的遗传因素控制外，还受后天的激素水平、维生素、生长因子和细胞因子等的影响。

（一）激素

生长激素和甲状腺激素可促进骺板软骨的生长，成年前这两种激素分泌过少，可导致身材矮小；生长激素分泌过多，可导致巨人症。性激素能增强成骨细胞的活动，参与骨的生长和成熟。此外，甲状旁腺激素、降钙素、糖皮质激素等都参与调节骨的生长。

（二）维生素

维生素 D 能促进肠道对钙和磷的吸收，提高血钙和血磷的水平，有利于类骨质的钙化。儿童期缺乏维生素 D 可引起佝偻病。

（三）生长因子和细胞因子

一些生长因子和细胞因子与骨的生长和改建密切相关，如转化生长因子 β 抑制破骨细胞的功能，刺激成骨细胞的生成。成纤维细胞生长因子也参与骨的生长。

思　考　题

（1）试述成骨细胞、骨细胞和破骨细胞在骨折愈合中发挥的作用。

（2）试说明环骨板、骨单位和间骨板相互之间的关系。

（崔志刚）

佝　偻　病

佝偻病即维生素 D 缺乏性佝偻病，是由于婴幼儿、儿童、青少年体内维生素 D 不足，引起钙、磷代谢紊乱，产生的一种以骨骼病变为特征的全身、慢性、营养性疾病。主要的特征是因维生素 D 不足使生长中的长骨干骺端软骨板和骨组织钙化不全。这一疾病的高危人群是 2 岁以内（尤其是 3 ～ 18 个月的）婴幼儿，可以通过摄入充足的维生素 D 得以预防。近年来，重度佝偻病的发病率逐年降低，但是北方佝偻病患病率高于南方，轻、中度佝偻病发病率仍较高。可以在体检时发现，也可能首发表现为低钙惊厥、生长迟缓、萎靡、易激惹或者婴儿期易于发生呼吸道感染。

第 5 章　血液与血细胞发生

内容提要

（1）血液的组成。
（2）血细胞的分类及正常值。
（3）各种血细胞的结构、功能及临床意义。
（4）红骨髓的结构。
（5）造血干细胞、造血祖细胞的概念。
（6）血细胞的发生过程。

第一节　血液的组成

血液（blood）为液态的结缔组织，循环流动在心血管系统内。成人血容量 5 L 左右，约占体重的 7% ～ 8%。血液由**血浆**（plasma）和**血细胞**（blood cell）组成。在抽取的新鲜血液中加入适量抗凝剂（肝素或枸橼酸钠），静置或离心沉淀后，血液可分出三层：上层淡黄色的为血浆；中间灰白色的薄层为白细胞和血小板；下层深红色的为红细胞（图 1-5-1）。

一、血　浆

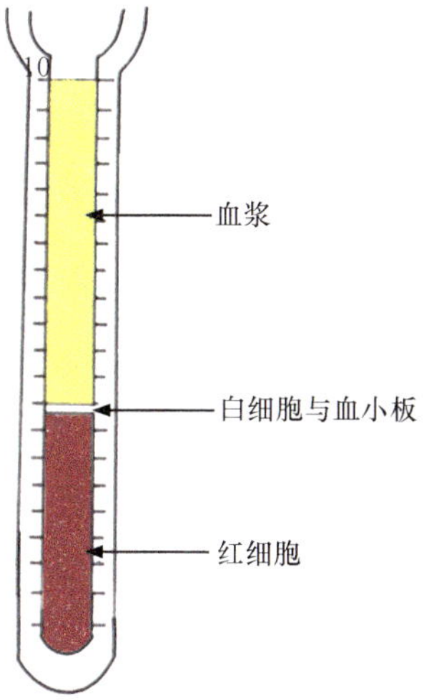

图 1-5-1　血浆和血细胞比容

血浆为淡黄色半透明的黏稠性液体，相当于细胞间质，约占血液容积的 55%，其主要成分是水（90%），其余为血浆蛋白（白蛋白、球蛋白、纤维蛋白原等）、脂蛋白、酶、糖、激素、维生素、无机盐和多种代谢产物等，除 γ 球蛋白由浆细胞产生外，白蛋白、纤维蛋白原和大多数球蛋白主要来自于肝脏。血浆 pH 7.3 ～ 7.4，比重 1.250 ～ 1.350，渗透压 313 mosm，有一定的黏滞性。血浆不仅是运载血细胞、营养物质、激素和全身代谢产物的循环液体，而且参与机体免疫反应、体温调节、体液调节、酸碱平衡与渗透压的维持，具有保持机体内环境稳定的功能。若无抗凝剂的情况下，将血液静置可见血浆中溶解状态的纤维蛋白原转变为不溶解的纤维蛋白，将血细胞及大分子血浆蛋白包裹起来，形成血凝块。血凝块静置后析出的淡黄色清亮液体，称**血清**（serum）。血清是血液临床生化检查的常用材料。

二、血　细　胞

血细胞（blood cell）包括红细胞、白细胞和血小板（图 1-5-2），它们悬浮于血浆中。血细胞约占血液容积的 45%。在正常生理情况下，各种血细胞有稳定的形态结构、数量和比例。血细胞形态结构的光镜观察，通常采用**瑞特**（Wright）或**吉姆萨**（Giemsa）**染色**的血涂片标本。临床上将血细胞形态、数量、比例和血红蛋白含量的测定称为**血象**。当机体出现疾病或异常情况时，血象常有显著改变，临床上将其作为疾病诊断和治疗的重要指标之一。血细胞分类及其正常值见表 1-5-1。

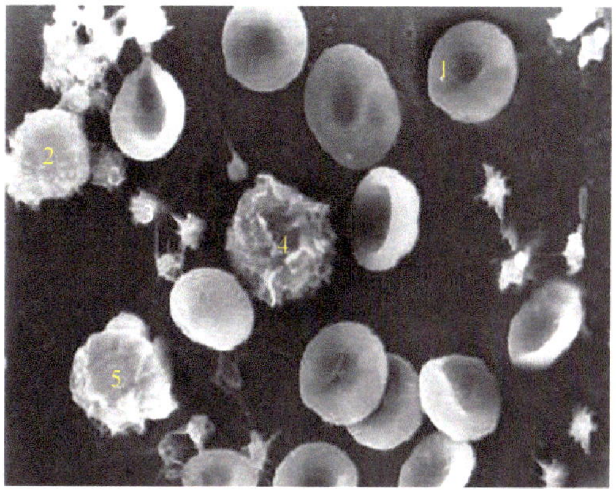

图 1-5-2　血细胞（扫描电镜）
1. 红细胞；2、4、5. 白细胞；3. 血小板

表 1-5-1　血细胞分类及其正常值

血细胞类型	正常值	白细胞分类	正常值
红细胞	男：（4.0 ~ 5.5）$\times 10^{12}$/L	中性粒细胞	50% ~ 70%
	女：（3.5 ~ 5.0）$\times 10^{12}$/L	嗜酸性粒细胞	0.5% ~ 3%
白细胞	（4.0 ~ 10）$\times 10^{9}$/L	嗜碱性粒细胞	0% ~ 1%
		单核细胞	3% ~ 8%
血小板	（100 ~ 300）$\times 10^{9}$/L	淋巴细胞	25% ~ 30%

（一）红细胞

红细胞（erythrocyte，red blood cell，RBC）为血细胞中数量最多的细胞，直径约 7 ~ 8.5 μm。成人红细胞正常值：男性为（4.0 ~ 5.5）$\times 10^{12}$/L，女性为（3.5 ~ 5.0）$\times 10^{12}$/L。肉眼观察，大量红细胞呈猩红色，未染色的单个红细胞在光镜下呈黄绿色。在血涂片中，红细胞中央薄，约 0.8 μm，染色较浅；周缘厚，约 2.6 μm，染色较深（图 1-5-3），多个红细胞常叠在一起呈串线状，称红细胞缗线。扫描电镜下观察，红细胞表面光滑呈双凹圆盘状（图 1-5-2），使细胞表面积增大，有利于细胞内外气体的交换。这种形态使红细胞具有较大的表面积，有利于细胞进行气体交换。

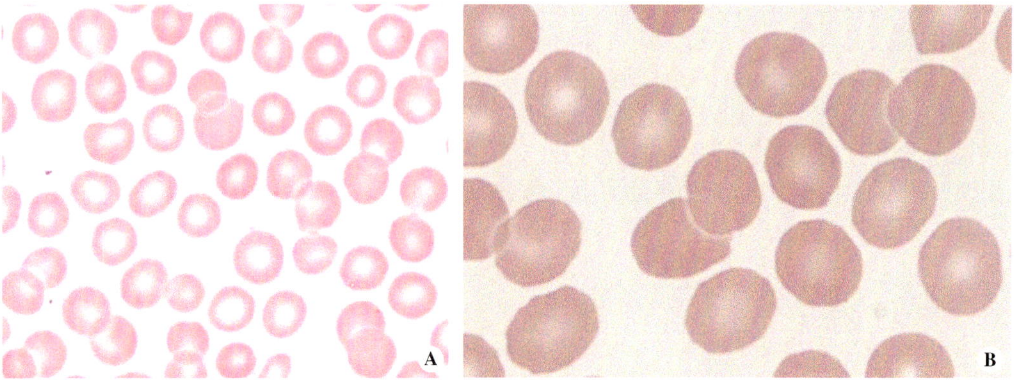

图 1-5-3　红细胞（人血涂片，A：Wright 染色；B：Giemsa 染色）

成熟的红细胞无细胞核，也无细胞器，胞质内充满了**血红蛋白**（hemoglobin，Hb）。血红蛋白是含铁的蛋白质，约占红细胞重量的 33%，易与酸性染料结合，呈橘红色。正常成年人红细胞中血红蛋白的正常值：男性约为 120 ~ 150 g/L，女性约为 110 ~ 140 g/L。血红蛋白具有结合与运输 O_2 和 CO_2 的功能。红细胞的主要生理功能是从肺部携带 O_2 输送至全身各处的组织，并带走组织和细胞所产生的大部分 CO_2，以保证机体正常的代谢平衡。血红蛋白还能与 CO 结合，其亲和力比 O_2 的大很多，并且结合后不易分离。煤气中毒时，因血红蛋白与大量 CO 结合，阻碍了其与 O_2 的结合，导致组织缺 O_2，严重时可引起死亡。

红细胞的数目及血红蛋白的含量可有生理性改变，如婴儿高于成人，运动时多于安静状态，高原地区居民大都高于平原地区居民。红细胞的形态和数目的改变、血红蛋白的质和量的改变超出正常范围，则为病理现象。临床上，当红细胞数少于 3×10^{12} / L 或血红蛋白低于 100 g/L 时，称为贫血（anemia）；患真性红细胞增多症时，红细胞增多达（7 ~ 10）$\times 10^{12}$ / L 或血红蛋白高达 180 ~ 240 g/L，血液黏滞性增加，血流缓慢，也可导致组织细胞缺氧。

红细胞具有一定的弹性和形态可变性。在红细胞的细胞膜内面有血影蛋白（spectrin）和多种膜骨架蛋白连接形成的网络状膜骨架，称**红细胞膜骨架**（erythrocyte membrane skeleton）。通过膜骨架蛋白间的相互作用，维持红细胞的正常形态。当红细胞通过比其自身直径小的毛细血管时，膜骨架结构可以变形，使红细胞顺利通过毛细血管，此后，在 ATP 的作用下，红细胞又恢复其独特的双凹圆盘状外形。

红细胞膜上有一种嵌入糖蛋白，决定个体的 ABO 血型。血型鉴定是安全输血的前提，在临床输血中具有重要意义。由于红细胞自身异常，如遗传性球形红细胞增多症，或红细胞外在环境异常，如血浆渗透压降低，均可导致红细胞膜破裂，血红蛋白逸出，称为溶血（hemolysis）；溶血后残留的红细胞膜囊称为血影（ghost）。

红细胞的平均寿命约为 120 天。红细胞无任何细胞器，不能合成新的蛋白质，只能进行有限的代谢过程，随时间的延长，其膜骨架蛋白变性，细胞的变形性降低，导致各种畸形红细胞形成，这些衰老的红细胞在经过脾和肝时被巨噬细胞吞噬清除。每天有大量新生红细胞从骨髓进入血液。这些刚进入血液的新生细胞有的尚残留部分核糖体，用煌焦油蓝染色呈蓝色细网状，称网织红细胞（reticulocyte）（图 1-5-4）。网织红细胞在血流中大约经过 24 ～ 48 小时达到完全成熟，核糖体消失。在成人，网织红细胞约占红细胞总数的 0.5% ～ 1.5%；新生儿较多，可达 3% ～ 6%。骨髓造血功能障碍的病人，网织红细胞计数降低；如果贫血患者的网织红细胞计数增加，说明治疗有效。因此，网织红细胞的计数有一定临床意义，它是贫血等某些血液病的诊断、疗效判断和预后估计的指标之一。

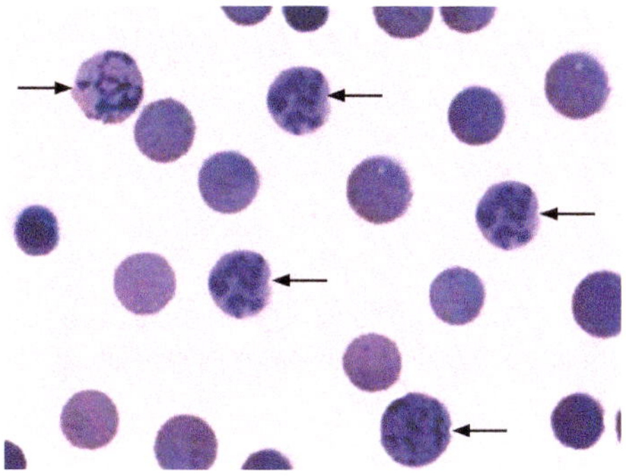

图 1-5-4　网织红细胞（煌焦油蓝活体染色）
→网织红细胞

（二）白细胞

白细胞（leukocyte，white blood cell，WBC）为无色、有核的球形细胞，体积比红细胞大，能做变形运动。它们从骨髓或其他淋巴器官入血后一般 24 小时内以变形运动方式穿出全身各处的毛细血管或微静脉管壁，进入结缔组织或淋巴组织，参与机体的防御和免疫功能。血液中白细胞正常值为（4.0 ～ 10）×10^9/L，无显著的性别差异。白细胞的数值，除了疾病因素可以引起变化外，亦受生理因素及其他因素影响：剧烈运动、寒冷、疼痛、恐惧等可致白细胞升高；冬天比夏天高，下午比清晨高；婴幼儿比成人高；妊娠亦可使白细胞升高。

根据白细胞胞质内有无**特殊颗粒**（specific granule），可将白细胞分成**有粒白细胞**（granulocytes）和**无粒白细胞**（agranulocytes）两大类。有粒白细胞根据颗粒的嗜色性分为三种，即中性粒细胞、嗜酸性粒细胞和嗜碱性粒细胞，它们均是不再分裂的终末分化细胞，寿命仅数天。无粒白细胞则有单核细胞和淋巴细胞两种，胞质内无特殊颗粒，但含有嗜天青颗粒。此外，血液中还有极微量其他过路细胞，如树突状细胞、肥大细胞的祖细胞等。白细胞的数量远较红细胞少，在某些疾病状态下，白细胞总数及各种白细胞的百分率皆可发生改变。

1. 中性粒细胞（neutrophilic granulocyte，neutrophil）中性粒细胞占白细胞总数的 50% ～ 70%，是数量最多的一种白细胞。直径 10 ～ 12 μm。细胞核着色较深，形态多样，有的呈腊肠状，称杆状核；有的呈分叶状，叶间有染色质丝相连，称分叶核，一般可分 2 ～ 5 叶，正常人 2 ～ 3 叶核所占比例较高（图 1-5-5）。通常情况下，杆状核比较幼稚；核分叶越多，表明细胞越衰老。当杆状与 2 叶核的细胞百分比增高时，称为核左移，常见于各种感染，特别是急性化脓性感染和白血病。当 4 ～ 5 叶核的细胞百分比增高时，称为核右移，核右移为造血功能衰退或缺乏造血物质所致。

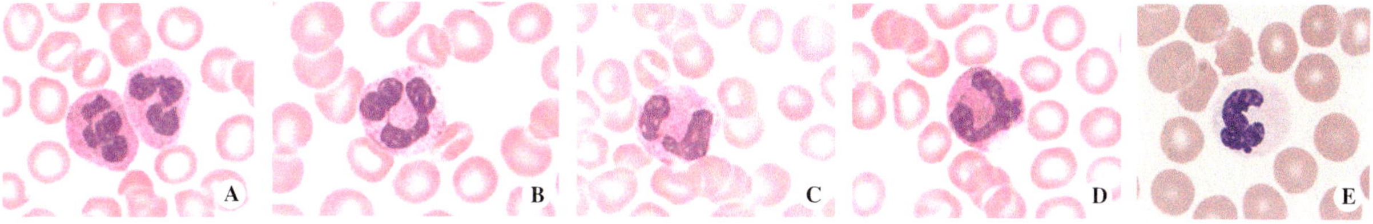

图 1-5-5　中性粒细胞（人血涂片，A ～ D：Wright 染色；E：Giemsa 染色）

中性粒细胞的胞质染成粉红色（Wright 染色），内有较多弥散分布的颗粒，为粉红色的特殊颗粒和淡紫色的嗜天青颗粒（图 1-5-6，图 1-5-7）。电镜下，特殊颗粒，约占颗粒总数的 80%，颗粒较小，呈哑铃形或椭圆形，内含碱性磷酸酶、吞噬素和溶菌酶等，具有杀灭细菌、溶解细菌表面糖蛋白的作用。嗜天青颗粒约占颗粒总数的 20%，颗粒较大，呈圆形或椭圆形，电子密度较高，它是一种溶酶体，内含酸性磷酸酶、髓过氧化物酶和多种酸性水解酶类等，能消化吞噬的细菌和异物等。

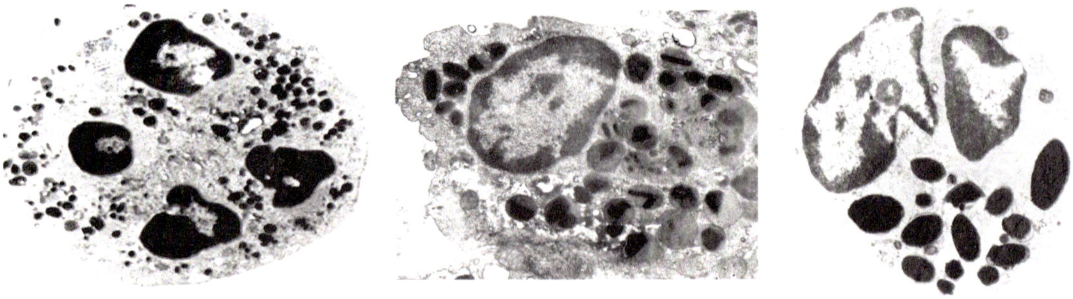

图 1-5-6　有粒白细胞超微结构（透射电镜）

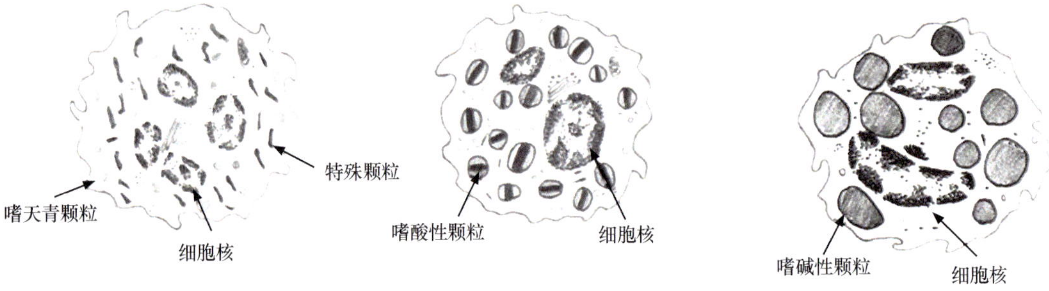

图 1-5-7　有粒白细胞超微结构模式图

中性粒细胞具有活跃的变形运动和吞噬功能，当机体某一部位受到细菌等病原微生物的侵犯时，中性粒细胞在趋化因子的作用下，以变形运动穿出微血管，聚集到细菌等侵犯部位，吞噬大量细菌，中性粒细胞在吞噬细菌后，自身也发生凋亡，或被巨噬细胞吞噬处理，成为脓细胞。因此，中性粒细胞在细菌性感染时起着重要的作用，其比例显著升高。中性粒细胞从骨髓进入血液，约停留 6 ～ 8 小时，之后穿出血管进入结缔组织，可存活 1 ～ 4 天即衰老、凋亡。

2. 嗜酸性粒细胞（eosinophilic granulocyte，eosinophil）　嗜酸性粒细胞占白细胞总数的 0.5% ～ 3%，直径 10 ～ 15 μm，核为分叶状，常分为两叶，胞质内充满粗大的嗜酸性颗粒，此颗粒分布均匀、橘红色并略带折光性（图 1-5-8）。电镜下，颗粒多呈圆形或椭圆形，有膜包被，膜被颗粒内有颗粒状基质和方形或长方形结晶体（图 1-5-6，图 1-5-7）。嗜酸性颗粒是一种特殊的溶酶体，含有酸性磷酸酶、芳基硫酸酯酶、过氧化物酶、组织蛋白酶、组胺酶、磷脂酶和大量主要碱性蛋白（major basic protein）等带正电荷的蛋白质，也是一种特化的溶酶体。

嗜酸性粒细胞也能做变形运动，穿越血管壁进入组织，并具趋化性，可吞噬抗原抗体复合物；可受肥大细胞释放的嗜酸性粒细胞趋化因子的作用，移行至发生过敏反应的部位。其释放的组胺酶能分解组胺、芳基硫酸酯酶能灭活白三烯，从而抑制机体过敏反应。嗜酸性粒细胞释放的阳离子蛋白还能杀灭进入体内的寄生虫。因此，在机体患过敏性疾病或寄生虫感染时，血液中的嗜酸性粒细胞数量增多。嗜酸性粒细胞在血液中一般仅停留数小时就进入结缔组织，特别是在消化管和呼吸管道黏膜固有层中此细胞尤为丰富，可存活 8 ～ 12 天。

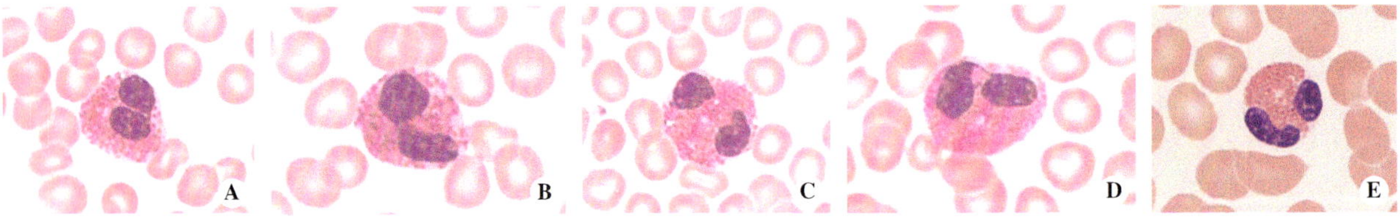

图 1-5-8　嗜酸性粒细胞（人血涂片，A ～ D：Wright 染色；E：Giemsa 染色）

3. 嗜碱性粒细胞（basophilic granulocyte，basophil）　嗜碱性粒细胞为数量最少的白细胞，占白细胞总数的 0% ～ 1%。直径约 10 ～ 12 μm，核分叶、不规则形或呈“S”形，染色较浅。胞质内充满大小不等的嗜碱性颗粒，此颗粒分布不均匀染成蓝紫色，常覆盖在细胞核上使核不易看清。颗粒具有异染性，甲苯胺蓝染色使其呈紫红色（图 1-5-9）。电镜下，颗粒数量少，大小、形态不规则（图 1-5-6，图 1-5-7）。嗜碱性颗粒属于分泌颗粒，内含肝素、组胺、嗜酸性粒细胞趋化因子，胞质内有白三烯。嗜碱性粒细胞在组织中可存活 12 ～ 15 天。

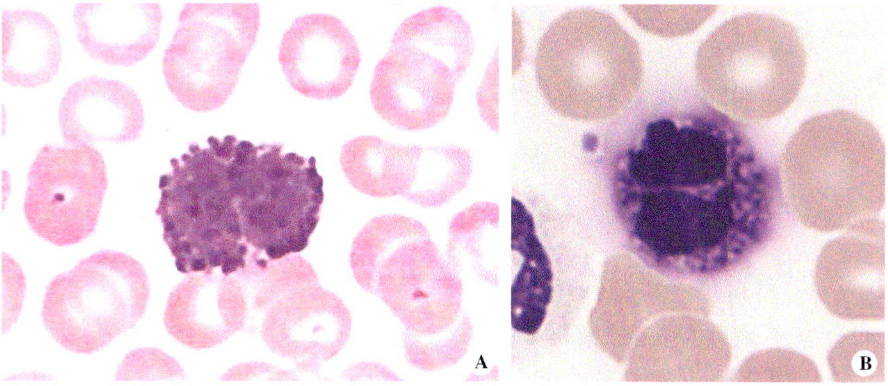

图 1-5-9　嗜碱性粒细胞（人血涂片，A. Wright 染色；B. Giemsa 染色）

4. 单核细胞（monocyte）　单核细胞占白细胞总数的 3% ～ 8%，是体积最大的白细胞，呈圆形或椭圆形，直径 14 ～ 20 μm，核可呈肾形、马蹄形、卵圆形或扭曲折叠的不规则形，染色质呈细而松散的网状，故着色浅。胞质丰富，常染成灰蓝色，内含许多细小的淡紫色嗜天青颗粒，颗粒内含有酸性磷酸酶、过氧化物酶等即特化的溶酶体（图 1-5-10）。电镜下，细胞表面有皱褶和微绒毛，胞质内有许多溶酶体、吞噬泡（图 1-5-12）。单核细胞是巨噬细胞的前身，具有活跃的变形运动、明显的趋化性和一定的吞噬功能。单核细胞在血流中停留 1 ～ 3 天后，进入结缔组织或其他组织，分化为各种类型的巨噬细胞。单核细胞的功能与巨噬细胞相似，能消灭侵入机体的细菌，吞噬异物颗粒，清除体内衰老、死亡的细胞，参与免疫应答。

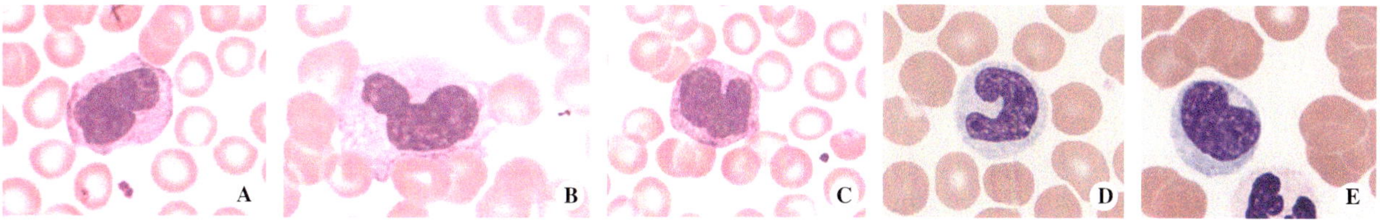

图 1-5-10　单核细胞（人血涂片，A ～ D：Wright 染色；D、E：Giemsa 染色）

5. 淋巴细胞（lymphocyte）　淋巴细胞占白细胞总数的 25% ～ 30%，直径 6 ～ 20 μm。按直径大小可分为小淋巴细胞（直径 6 ～ 8 μm）、中淋巴细胞（直径 9 ～ 12 μm）和大淋巴细胞（直径 13 ～ 20 μm）。外周血中以小淋巴细胞为主，也有少量中淋巴细胞存在，而大淋巴细胞主要分布于淋巴结、脾等淋巴器官和淋巴组织中，也称淋巴母细胞，血液中几乎不存在。光镜下，小淋巴细胞的核为圆形，占细胞的大部，一侧常有小浅凹，染色质致密呈粗块状，着色深。胞质很少，仅在核周形成一窄带，具有较强的嗜碱性，染成蔚蓝色，含少量嗜天青颗粒（图 1-5-11）。电镜下，胞质中含大量游离核糖体，少量粗面内质网，高尔基复合体和线粒体。中淋巴细胞和大淋巴细胞的核椭圆形，染色质较疏松，着色浅，胞质较多，可见少量嗜天青颗粒（图 1-5-12）。

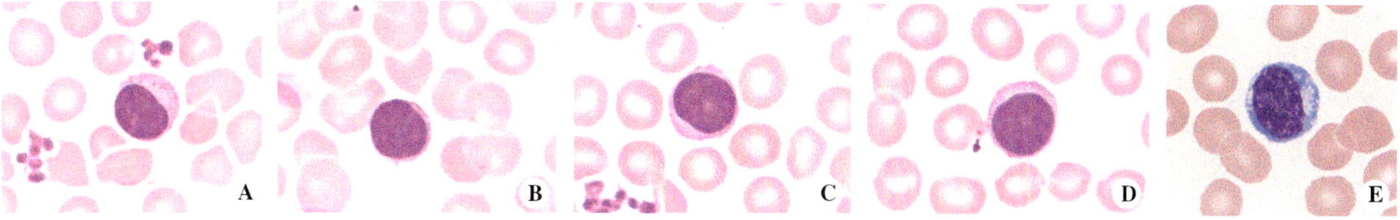

图 1-5-11　淋巴细胞（人血涂片，A ～ D：Wright 染色；E：Giemsa 染色）

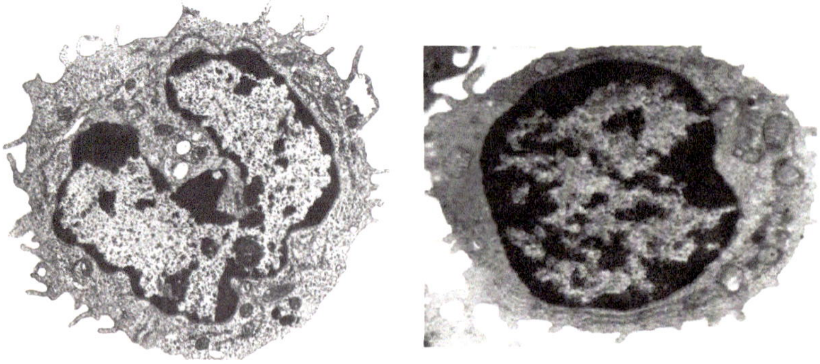

图 1-5-12　无粒白细胞超微结构（透射电镜）

根据淋巴细胞发生过程、细胞表面标志和免疫功能等的不同，可分为：①**胸腺依赖淋巴细胞**（thymus dependent lymphocyte，T 细胞）产生于胸腺，数量较多，占血液中淋巴细胞总数的 75%，参与机体的细胞免疫，如排斥异体移植物、抗肿瘤等；②**骨髓依赖淋巴细胞**（bone marrow dependent lymphocyte，B 细胞）产生于骨髓，占血液中淋巴细胞总数的 10% ～ 15%。此细胞受抗原刺激后增殖分化为浆细胞，产生抗体，参与机体的体液免疫；③自然杀伤细胞（nature killer cell，NK 细胞）发生于骨髓，约占 10%。NK 细胞能直接杀伤某些肿瘤细胞和病毒感染细胞。淋巴细胞是机体主要的免疫细胞，在防御疾病过程中发挥关键作用，其寿命从数天至数年不等。

（三）血小板

血小板（blood platelet）又称血栓细胞，是骨髓内巨核细胞脱落下来的胞质小块，故无细胞核，但有完整的细胞膜。在血液中的正常值为（100 ～ 300）$\times 10^9$/L。生活状态下，血小板呈双凸扁盘状，直径 2 ～ 4 μm。当受到机械或化学刺激时，可伸出细小突起，呈不规则形（图 1-5-2）。在血涂片上，呈圆形、椭圆形或不规则形，常成簇成群分布（图 1-5-13），血小板中央部分可见有密集的蓝紫色的嗜天青颗粒，称为**颗粒区**（granulomere）；周边部呈均质浅蓝色，称为**透明区**（hyalomere）。电镜下，血小板表面有 15 ～ 20 nm 厚的糖衣，微管在细胞周边形成环状，有利于保持血小板的形态。血小板内有开放小管系和致密小管系二套小管系统。开放小管系的管道与血小板表面连通，有利于颗粒内容物的释放。致密小管系位于透明区，呈电子致密的不规则封闭小管，相当于滑面内质网，有收集 Ca^{2+} 和合成前列腺素等功能。颗粒区有特殊颗粒、致密颗粒和少量溶酶体。特殊颗粒又称 α 颗粒，体积较大，直径 0.3 ～ 0.5 μm，圆形，电子密度中等，内含血小板因子Ⅳ、纤维蛋白原、凝血酶敏感蛋白等物质；致密颗粒又称 δ 颗粒，较小，直径约 0.25 ～ 0.3 μm，电子密度大，内含 5- 羟色胺（5-HT）、Ca^{2+}、肾上腺素等。透明区含有微丝和微管，以保持血小板的形态和参与变形（图 1-5-14）。

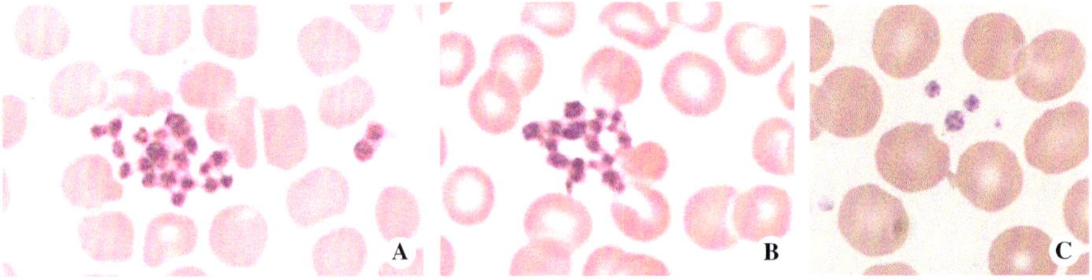

图 1-5-13　血小板（人血涂片，A、B：Wright 染色；C：Giemsa 染色）

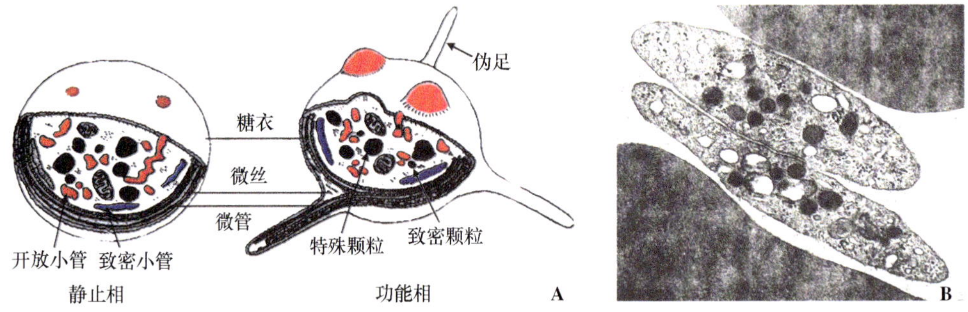

图 1-5-14　血小板超微结构（A：模式图；B：透射电镜）

血小板参与机体生理性止血和凝血过程。血小板颗粒内有与凝血有关的物质。当血管破损时，血小板受刺激，由静止相变为功能相，迅速发生变形，表面黏度增大，聚集于破损处形成血栓，堵塞破损的血管。同时，血小板释放颗粒内容物，使血浆内的凝血酶原转变为凝血酶，后者使可溶性的纤维蛋白原转变为丝状不溶性的纤维蛋白，将血细胞网罗在一起形成血凝块，与血小板一道构成更牢固的止血栓。血小板还有保护血管内皮、参与内皮修复、防止动脉硬化的作用。如果血液中血小板的数量显著减少或功能障碍时，可引起皮肤和黏膜出血等现象。血小板寿命为 7 ～ 14 天。

第二节　骨髓的结构和血细胞发生

体内各种血细胞都有一定的寿命，外周血中各种血细胞的不断衰老、死亡与骨髓血细胞的生成并释放入血之间保持着动态平衡，从而使外周血中各种血细胞的数量和比例保持相对恒定。若某些因素使血细胞生成与死亡的动态平衡失调，将导致疾病的发生。

人的血细胞最早是在胚胎卵黄囊壁的血岛生成。胚胎第 6 周，从卵黄囊迁入肝的造血干细胞开始造血，并持续至第 5 个月；继肝造血之后，脾也出现短暂造血功能。从胚胎第 4 个月至终生，骨髓成为主要的造血器官。

一、骨髓的结构

骨髓（bone marrow）位于骨髓腔中，是人体最大的造血器官。根据其颜色的不同，分为**红骨髓**（red bone marrow）和**黄骨髓**（yellow bone marrow）。胎儿及婴幼儿时期的骨髓都是红骨髓，大约从 5 岁开始，长骨干的骨髓腔内出现脂肪组织，并随年龄增长而逐渐增多，红骨髓即转变为黄骨髓。成人的红骨髓和黄骨髓约各占一半。红骨髓为造血组织，黄骨髓主要为脂肪组织。红骨髓主要分布在扁骨、不规则骨和长骨骺端的骨松质中，造血功能活跃。黄骨髓内仍有少量的幼稚血细胞，故仍保持着造血潜能，当机体需要时可转变为红骨髓进行造血。红骨髓主要由造血组织和血窦构成（图 1-5-15）。

（一）造血组织

造血组织主要由网状组织和造血细胞所组成。网状组织是造血组织的网架，由网状细胞和网状纤维构成。网孔中充满不同发育阶段的血细胞，少量造血干细胞，以及巨噬细胞、成纤维细胞、脂肪细胞、间充质细胞等骨髓基质细胞。

（二）血窦

血窦为管腔大、形态不规则的毛细血管，窦壁衬贴不连续的有孔内皮，内皮之间间隙较大，基膜不完整，成熟的血细胞经血窦进入血循环。

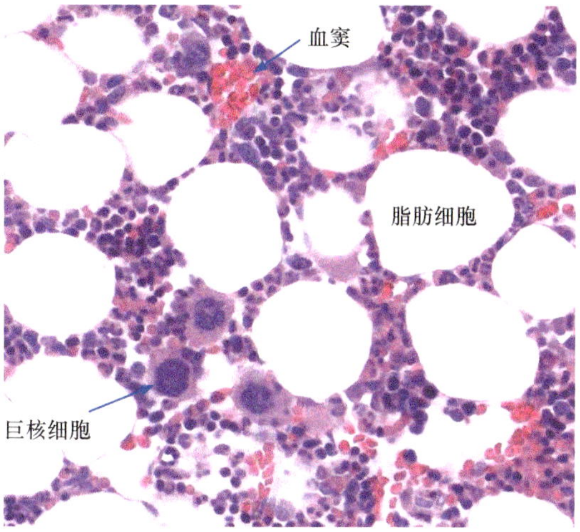

图 1-5-15　红骨髓（HE 染色）

造血诱导微环境（hemopoietic inductive microenvironment）是造血细胞赖以生存、增殖与分化的场所，主要由网状细胞、成纤维细胞、血窦内皮细胞、巨噬细胞、脂肪细胞等构成。它们不仅形成造血细胞生长的支架，产生细胞外基质，与造血细胞的黏附有关；并且分泌造血生长因子，调节造血细胞的增殖与分化。造血生长因子按功能的不同，可分为克隆刺激因子和白细胞介素两大类。在造血组织的不同区域，造血微环境不尽相同，每一特定区域适应某种造血细胞生成，并诱导其向特定方向分化。如幼稚红细胞常位于血窦附近，成群嵌附在巨噬细胞表面，构成幼红细胞岛（erythroblastic islet）；随着细胞的发育成熟而贴近并穿过血窦内皮，脱去胞核成为网织红细胞。幼稚粒细胞多远离血窦，也可与巨噬细胞或成纤维细胞形成细胞岛，当发育至晚幼粒细胞具有运动能力后，以变形运动接近并穿过窦壁进入血窦。巨核细胞常常紧靠血窦内皮间隙，胞质突起伸入窦腔，脱落形成血小板直接进入血窦。这种分布状况表明造血组织的不同部位构成不同的造血诱导微环境。若其改变，可导致机体造血功能的异常。

二、造血干细胞和造血祖细胞

（一）造血干细胞

也称**多能干细胞**（multipotential stem cell），是生成各种血细胞的原始细胞。造血干细胞的发现，最早是由 Till 和 McCullch 创立的小鼠脾集落生成实验首次证实造血干细胞的存在（图 1-5-16）。但至今仍不能仅用形态学来识别造血干细胞。一般认为它类似小淋巴细胞，胞质内除大量游离核糖体和少量线粒体外，无其他细胞器。目前，主要采用体内或体外培养中形成的各种类型的集落和造血干细胞表面抗原标志来分离、检测造血干细胞。造血干细胞具有如下特性：

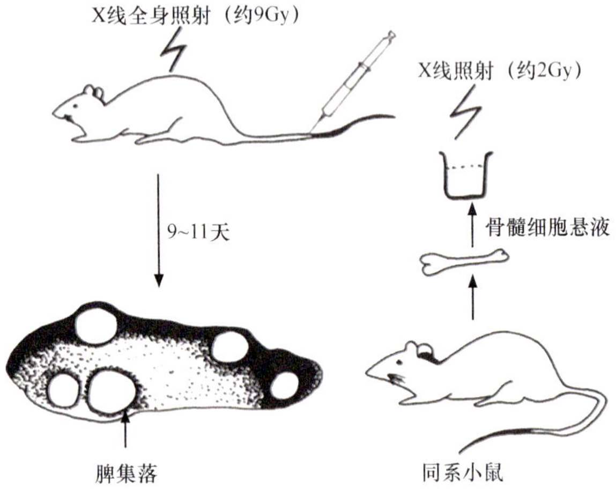

图 1-5-16　小鼠脾集落实验

1. 高度自我复制能力　即细胞进行不对称性有丝分裂产生两个子代细胞，其中一个分化为造血祖细胞，而另一个仍保持干细胞的全部特征不变，以保持造血干细胞恒定的数量和原有的特性。

2. 有很强的增殖潜能　正常生理状态下，多数造血干细胞处于 G_0 期静止状态，一旦机体需要，细胞可以反复分裂，大量增殖。

3. 有多向分化能力　在一些因素的作用下能分化形成各系造血祖细胞。

（二）造血祖细胞（hemopoietic progenitor cell，HPC）

由造血干细胞分化而来，是分化方向已经确定的细胞，也称**定向干细胞**（committed stem cell，CSC），一般来说，造血祖细胞已失去了自我更新的能力，其数量的恒定需依赖造血干细胞的增殖进行补充。但造血祖细胞仍保持高度的增殖能力，各系血细胞的大量扩增主要依靠造血祖细胞的增殖。

体外培养时，在不同的集落刺激因子（colony stimulating factor，CSF）作用下，分别分化为形态可辨认的各种幼稚血细胞，这些幼稚血细胞进一步成熟为具有特殊功能的各类终末血细胞。目前已证实的造血祖细胞分别为：①红细胞系造血祖细胞，在红细胞生成素（erythropoietin）作用下，生成红细胞；②巨核细胞系造血祖细胞，在血小板生成素（thrombopoietin）作用下形成巨核细胞集落，最终产生血小板；③粒细胞 - 单核细胞系造血祖细胞，在粒细胞 - 单核细胞集落刺激因子（granulocyte/monocyte colony stimulating factor，GM-CSF）、白细胞介素 -3 的作用下，形成中性粒细胞和单核细胞；④嗜酸性粒细胞系造血祖细胞，在嗜酸性粒细胞集落刺激因子（eosinophil colony stimulating factor，ECSF）的作用下，形成嗜酸性粒细胞；⑤嗜碱性粒细胞系造血祖细胞，在嗜碱性粒细胞集落刺激因子（basophil colony stimulating factor，BCSF）的作用下，形成嗜碱性粒细胞；⑥淋巴细胞系造血祖细胞，在胸腺内形成前 T 细胞，在骨髓形成前 B 细胞，进而分别分化为 T 细胞和 B 细胞。

三、血细胞发生的过程

血细胞的发生是一个连续的细胞增殖和分化过程，造血干细胞首先形成造血祖细胞，才进一步分化为形态上可以识别的各种血细胞。血细胞的分化发育是一个连续的变化过程，一般分为原始阶段、幼稚阶段（分为早、中、晚三期）和成熟阶段。

造血祖细胞在不同的集落刺激因子作用下，分别发育为各系原始细胞，经过数次有丝分裂，依次发育为早幼、中幼、晚幼细胞。晚幼细胞一般已失去分裂能力，继续发育为成熟细胞。在各系血细胞的发生过程中，其形态演变有以下共同的变化规律：①胞体由大变小，但巨核细胞则由小变大；②胞核由大变小，红细胞的核最后消失，粒细胞的核由圆形逐渐变成杆状乃至分叶，但巨核细胞的核由小变大呈分叶状，核内染色质由细疏逐渐变粗密，核的着色由浅变深，核仁由明显渐至消失；③胞质由少变多，胞质嗜碱性逐渐变弱，但单核细胞和淋巴细胞仍保持嗜碱性，胞质内的特殊结构或成分从无到有并逐渐增多，如红细胞中的血红蛋白、粒细胞中的特殊颗粒等；④细胞分裂能力从有到无，但淋巴细胞仍保持很强的潜在分裂能力。

（一）红细胞发生

红细胞发生历经原红细胞（proerythroblast）、早幼红细胞（bashilic erythroblast）、中幼红细胞（polychromatic normoblast）、晚幼红细胞（orthochromatic normoblast），后者脱去细胞核成为网织红细胞，最终成为成熟红细胞。巨噬细胞可吞噬晚幼红细胞脱出的细胞核。红细胞发生的基本过程即是细胞内血红蛋白的合成，铁质、叶酸和维生素 B_{12} 等是必需的。从原红细胞发育至网织红细胞释放到外周血的时间大约为 7 天（图 1-5-17）。

（二）粒细胞发生

三种粒细胞虽有各自的造血祖细胞，但它们的发育过程相同，都历经原粒细胞（myeloblast）、早幼粒细胞（promyelocyte）、中幼粒细胞（myelocyte）、晚幼粒细胞（metamyelocyte），进而分化为成熟的杆状核和分叶核粒细胞。粒细胞发育过程中的特征性变化是从早幼粒细胞阶段开始出现嗜天青颗粒，中幼粒细胞阶段出现特殊颗粒。从原粒细胞发育到成熟粒细胞大约需要 11 天（图 1-5-17）。

（三）单核细胞发生

单核细胞起源于粒细胞 - 单核细胞系造血祖细胞，经过原单核细胞（monoblast）和幼单核细胞（promonocyte），发育为单核细胞（图 1-5-17）。单核细胞形成时的特征性改变是细胞体积减小和细胞核切迹逐渐明显。从原单核细胞到单核细胞需要经过 3 次以上的细胞分裂。

（四）血小板发生

血小板由巨核细胞（megakaryocyte）胞质块脱落形成。巨核细胞系造血祖细胞经历原巨核细胞（megakaryoblast）、幼巨核细胞（promegakaryocyte）发育为巨核细胞（图 1-5-17）。原巨核细胞直径 15 ～ 50 μm，胞核常呈肾形，胞核嗜碱性强，染色均匀。幼巨核细胞的核经数次分裂，但胞体不分裂，形成的巨核细胞是多倍体细胞。巨核细胞呈不规则形，直径 35 ～ 150 μm，细胞核分叶状，胞质内有许多血小板颗粒，滑面内质网形成网状小管将胞质分隔成许多小区，每个小区即是一个未来的血小板。巨核细胞伸出细长的胞质突起沿着血窦壁伸入窦腔，其末端膨大脱落即成血小板。

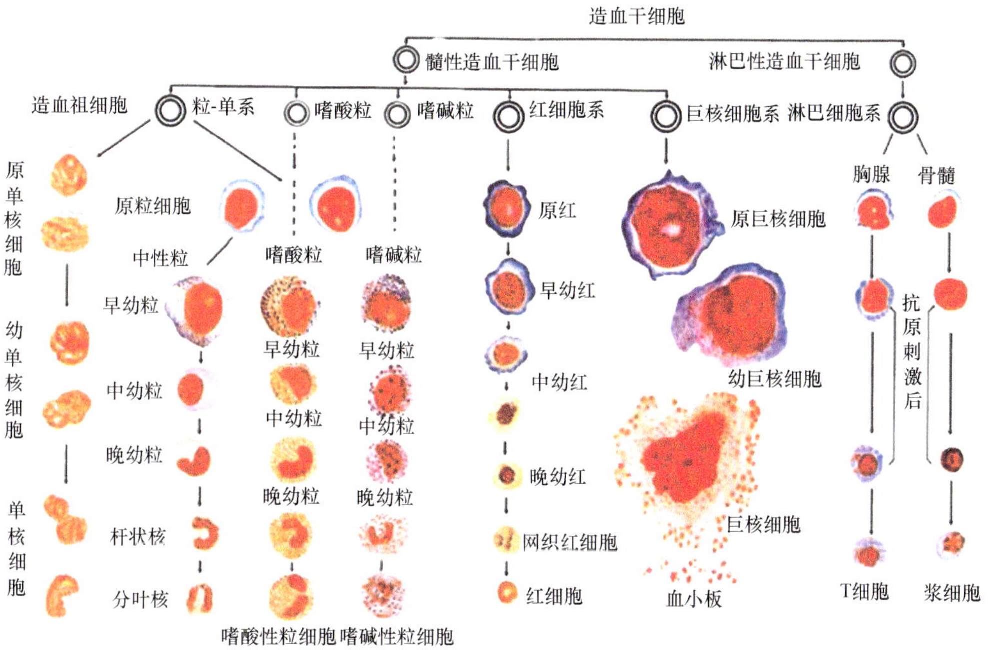

图 1-5-17　血细胞发生模式图

（五）淋巴细胞发生

淋巴细胞起源于淋巴造血干细胞。一部分淋巴干细胞经血流迁入胸腺，分化、发育为 T 细胞；另一部分在骨髓内发育为 B 细胞（图 1-5-17）。淋巴细胞在发育过程中分化成很多种淋巴细胞亚群，这些细胞形态结构的变化不明显，主要表现为细胞膜蛋白和功能状态的变化，故不易从形态上划分淋巴细胞亚群。

用骨髓涂片检查，分别观察红细胞、粒细胞、单核细胞、巨核细胞和淋巴细胞系各个阶段的形态结构特征，并分类计数，称**骨髓象**，是血液病诊断的重要依据。

四、骨髓 - 血屏障

骨髓内不断成熟的血细胞通过血窦壁进入血流，血窦壁成为造血组织和血液循环之间的特殊屏障结构，称为骨髓 - 血屏障（marrow-blood barrier）。血细胞通常通过直接穿越内皮细胞胞质的方式进入血窦，而不是经由内皮细胞之间。白细胞通过自身运动，穿越屏障，进入血窦；红细胞由于自身缺乏足够的运动能力，可能通过存在血窦壁上的压力梯度挤压进入血窦。巨核细胞伸出长突起，穿过血窦壁进入窦腔，其末端脱落，形成的血小板直接进入血窦。血细胞进入血窦受释放因子的控制。

这些因子包括补体 C3，糖皮质激素和雄激素等。

第三节 淋 巴

淋巴（lymph）是流动在淋巴管内的液体，由组织液渗入毛细淋巴管而形成。它单向性地从毛细淋巴管流向淋巴导管，最终汇入静脉。在流经淋巴结后，其中的细菌等异物被清除，并添加了淋巴细胞和抗体，有时还有单核细胞和粒细胞等成分。机体不同部位和不同生理情况下，淋巴的组成成分也有所变化，如肢体的淋巴清亮，小肠的淋巴因含大量脂滴而呈乳白色，称乳糜，肝的淋巴内含有大量血浆蛋白。淋巴是组织液回流的辅助渠道，在维持全身各部分组织液动态平衡中起重要作用。

思 考 题

（1）说明血液中各种成分数值变化的意义。

（2）临床上给患者做血常规检测有何意义？

（周劲松）

贫 血

贫血是指人体外周血红细胞容量减少，低于正常范围下限的一种常见的临床症状。由于红细胞容量测定较复杂，临床上常以血红蛋白（Hb）浓度来代替。基于不同的临床特点，贫血有不同的分类。如：按贫血进展速度分急、慢性贫血；按红细胞形态分大细胞性贫血、正常细胞性贫血和小细胞低色素性贫血；按血红蛋白浓度分轻度、中度、重度和极重度贫血；按骨髓红系增生情况分增生性贫血（如溶血性贫血、缺铁性贫血、巨幼细胞贫血等）和增生低下性贫血（如再生障碍性贫血）。临床上常从贫血发病机制和病因进行分类。

第 6 章 肌 组 织

内容提要

（1）骨骼肌、心肌、平滑肌的光镜结构、超微结构。
（2）骨骼肌纤维的收缩原理。

肌组织（muscle tissue）主要由**肌细胞**（muscle cell）构成，肌细胞之间有少量的结缔组织、血管、淋巴管和神经。肌细胞的形态呈细长纤维状，故又称为**肌纤维**（muscle fiber），肌纤维的细胞膜称**肌膜**（sarcolemma），细胞质称**肌质**（sarcoplasm），其中的滑面内质网称**肌质网**（sarcoplasmic reticulum），是储存与释放钙离子的细胞器。肌质内有许多与肌纤维平行排列的肌丝，它们是肌纤维收缩和舒张的物质基础。根据肌细胞的结构和分布，将肌组织分为三类：**骨骼肌**（skeletal muscle）、**心肌**（cardiac or heart muscle）和**平滑肌**（smooth muscle）。光镜下可见骨骼肌纤维和心肌纤维上有明暗相间的横纹，故又称横纹肌。骨骼肌的收缩受意识支配，属随意肌；心肌和平滑肌的收缩不受意识支配，为不随意肌。

肌组织均发生于胚胎时期的间充质。间充质细胞先分化为成肌细胞，成肌细胞再发育为成熟的肌细胞。

第一节 骨 骼 肌

骨骼肌一般通过肌腱附着于骨骼，也有少数不附着在骨骼上，如表情肌和食管壁的横纹肌。许多骨骼肌纤维被结缔组织结合在一起而构成一块肌肉。致密结缔组织包裹在整块肌肉的外面形成**肌外膜**（epimysium），肌外膜的结缔组织伸入肌内，将肌肉分割成大小不等的肌束，包裹在肌束外面的结缔组织，形成**肌束膜**（perimysium），分布在每条肌纤维周围的少量结缔组织称为**肌内膜**（endomysium）（图 1-6-1）。肌内膜含有丰富的毛细血管及神经纤维。结缔组织对骨骼肌纤维具有支持、连接、营养和功能调整作用。

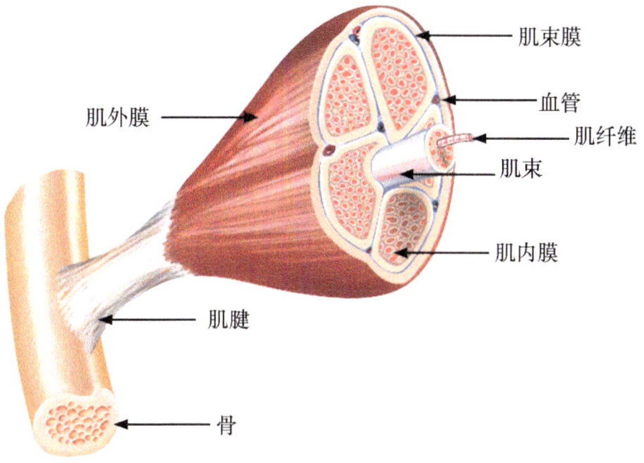

图 1-6-1 骨骼肌结构模式图

一、骨骼肌纤维的光镜结构

骨骼肌纤维呈细长圆柱状，直径约 10 ～ 100 μm，长短不一，一般为 1 ～ 40 mm。一条骨骼肌纤维含有几十个甚至几百个细胞核，紧贴肌膜内面，核呈扁椭圆形，核染色质较少，着色较浅（图 1-6-2）。肌质内含有大量与肌纤维长轴平行排列的**肌原纤维**（myofibril），每条肌原纤维都有明、暗相间的带，分别称为**明带**（light band）和**暗带**（dark band），暗带易被铁苏木精深染，明带着色较浅。在偏振光显微镜下明带呈单折光性，为**各向同性**（isotropic），因此又称 I 带（I band）；暗带呈双折光性，为**各向异性**（anisotropic），因此又称 A 带（A band）。I 带和 A 带交替排列，相邻肌原纤维的 I 带和 A 带都整齐地排列在同一平面上，从而使肌纤维呈现出明暗相间的周期性横纹（图 1-6-3）。在 A 带中央有一条明亮的窄带称 H 带，H 带中央有一条深色的 M 线。I 带中央有一条深色的 Z 线。相邻两条 Z 线之间的一段肌原纤维称**肌节**（sarcomere），每个肌节都由 1/2 I 带 +A 带 +1/2 I 带组成，是骨骼肌收缩和舒张的基本结构与功能单位（图 1-6-4，图 1-6-5）。肌静止时，暗带的长度为 1.5 μm，明带的长度为 1 μm，因此，肌节长 2.5 μm。

此外，在骨骼肌的肌膜和基膜之间还有一种扁平有突起的细胞，称**肌卫星细胞**（muscle satellite cell）。肌卫星细胞是储留在骨骼肌组织中的生肌干细胞，参与骨骼肌纤维的再生。

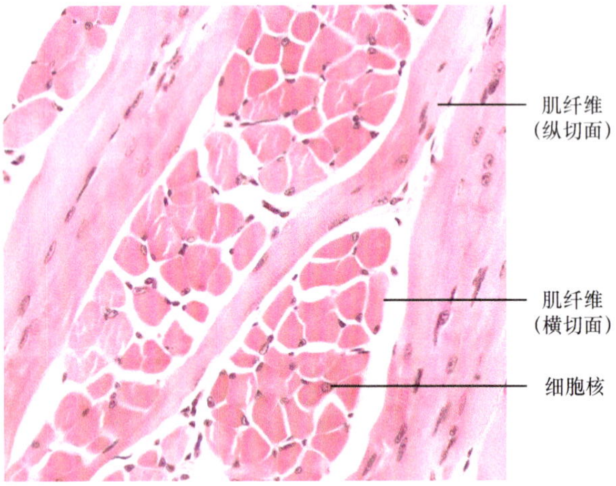

图 1-6-2　骨骼肌纤维（兔舌，HE 染色）

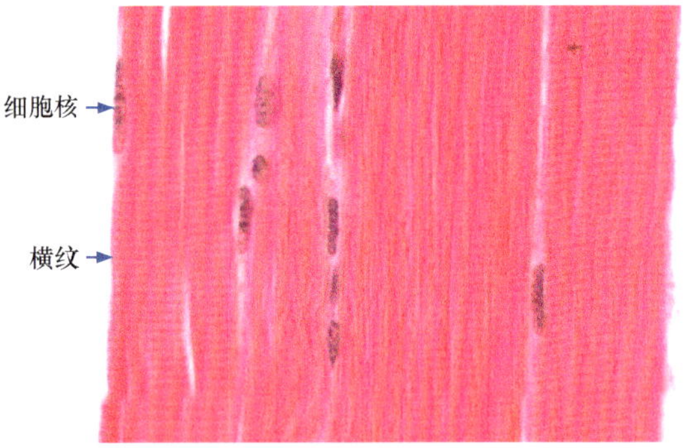

图 1-6-3　骨骼肌纤维纵切面（HE 染色）

二、骨骼肌纤维的超微结构

（一）肌原纤维

每一条肌原纤维由大量粗、细肌丝平行排列组成。粗肌丝位于肌节的 A 带，中央借 M 线固定，两端游离。细肌丝位于 Z 线的两侧，一端固定于 Z 线，另一端游离，插入粗肌丝之间，直达 H 带的外缘（图 1-6-4，图 1-6-5）。因此，I 带内只有细肌丝，H 带内只有粗肌丝，而除 H 带以外的 A 带内既有粗肌丝又有细肌丝（图 1-6-4）。在肌原纤维横切面上，可见一条粗肌丝周围均匀排列着 6 条细肌丝，而一条细肌丝周围只有 3 条粗肌丝。

粗肌丝由许多**肌球蛋白**（myosin）分子有序排列组成。肌球蛋白形如豆芽，分为头和杆两部分，在头和杆之间可以屈曲转动。在一条粗肌丝中，肌球蛋白分子的杆朝向粗肌丝的中央，而头部则朝向粗肌丝的两端，并突出于粗肌丝表面形成**横桥**（cross bridge）。肌球蛋白的头部具有 ATP 酶的活性以及与肌动蛋白结合的能力，当头部与细肌丝的肌动蛋白接触时，ATP 酶被激活，分解 ATP 并释放能量，使横桥发生屈伸运动，牵拉细肌丝滑动。

细肌丝由**肌动蛋白**（actin）、**原肌球蛋白**（tropomyosin）和**肌钙蛋白**（troponin）组成（图 1-6-4）。肌动蛋白是细肌丝的结构蛋白，由许多球形的肌动蛋白单体连成串珠状链，并相互缠绕成双股螺旋链。每个肌动蛋白单体都有一个能与肌球蛋白头部相结合的位点。原肌球蛋白和肌钙蛋白属于调节蛋白，在肌动蛋白与肌球蛋白的相互作用中起调节作用。原肌球蛋白由较短的双股螺旋多肽链组成，分子首尾相接形成长链，当肌纤维舒张时，嵌于肌动蛋白双股螺旋链的浅沟内，恰好盖在肌动蛋白单体与肌球蛋白头部相结合的位点上。肌钙蛋白由三个球形亚单位组成，分别简称为 TnT、TnC 和 TnI。TnT 是和原肌球蛋白相结合的亚单位。TnC 是能与 Ca^{2+} 相结合的亚单位。TnI 是抑制肌动蛋白和肌球蛋白相互作用的亚单位。

（二）横小管

横小管（transverse tubule）又称 T 小管，是肌膜向细胞内凹陷形成的横向走行的小管。人和哺乳类动物骨骼肌纤维的横小管位于明、暗带交界处，同一水平面的横小管分支吻合环绕每条肌原纤维，横小管开口于肌细胞表面，其功能是将肌膜的兴奋快速地传到肌纤维内部（图 1-6-6）。

（三）肌质网

肌质网（sarcoplasmic reticulum）是肌质内特化的滑面内质网，位于相邻两条横小管之间，包绕在肌原纤维的周围。肌质网中部的小管，大致呈纵向排列，相互连通，故又称**纵小管**（longitudinal tubule，L 小管）。位于横小管两侧的肌质网膨大呈囊状，称**终池**（terminal cisternae），每条横小管及其两侧的终池共同组成**三联体**（triad）。肌质网具有贮存、释放 Ca^{2+} 的作用。肌质网膜上有丰富的钙泵和钙通道。钙泵是 Ca^{2+}、Mg^{2+}-ATP 酶，能逆浓度梯度将肌质中的 Ca^{2+} 泵入肌质网内储存。当肌质网膜接受兴奋时，钙通道开放，使肌质网内储存的 Ca^{2+} 释放到肌质（图 1-6-6）。

此外，肌原纤维之间有大量线粒体、糖原及少量脂滴，肌质中还有能与氧结合的肌红蛋白，可为线粒体提供在产生 ATP 过程中所需的氧。

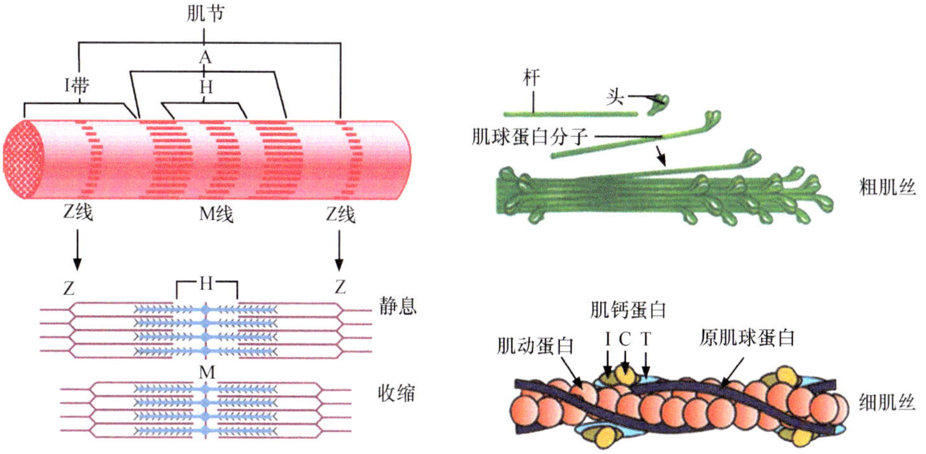

图 1-6-4　骨骼肌肌原纤维超微结构及肌丝结构模式图

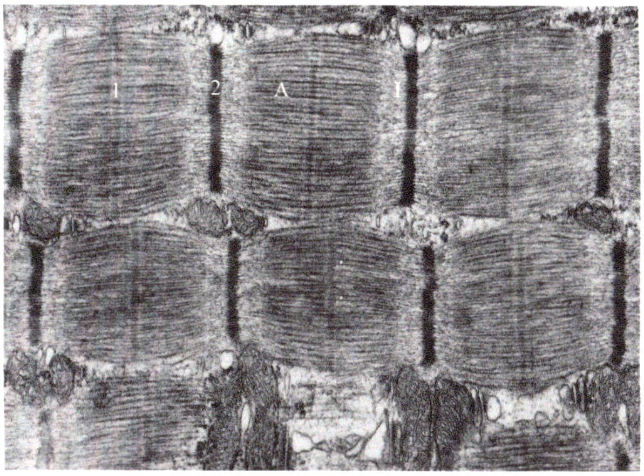

图 1-6-5　骨骼肌肌原纤维超微结构（透射电镜）

1. M 线；2. Z 线；A. 暗带；I. 明带

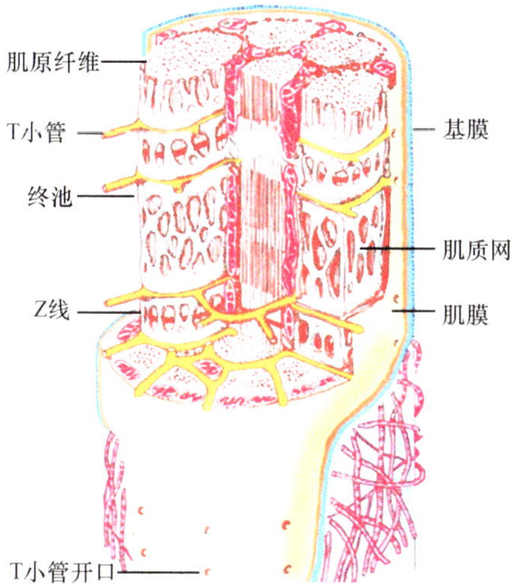

图 1-6-6　骨骼肌纤维立体超微结构示意图

三、骨骼肌纤维的收缩机制

骨骼肌纤维的收缩机制为“肌丝滑动”原理。其过程大致如下：①运动神经末梢将神经冲动传递给肌膜；②肌膜的兴奋经横小管迅速传向终池，使终池释放 Ca^{2+} 到肌质内；③肌钙蛋白 TnC 与 Ca^{2+} 结合后发生构型改变，进而使原肌球蛋白位置也随之变化，暴露出肌动蛋白上与肌球蛋白头部的结合位点，二者迅速结合；④肌球蛋白头 ATP 酶被激活，分解 ATP 并释放能量，肌球蛋白的头及杆发生屈动，将肌动蛋白拉向 M 线；⑤细肌丝向 M 线滑动的结果：肌节中 I 带变窄，H 带变窄甚至消失，A 带长度不变。肌节缩短，肌纤维收缩（图 1-6-7）；⑥收缩结束后，肌质内 Ca^{2+} 被泵入肌质网内，肌质内 Ca^{2+} 浓度降低，肌钙蛋白与 Ca^{2+} 解离并恢复原来构型，原肌球蛋白恢复原位又掩盖住肌动蛋白位点，肌球蛋白头与肌动蛋白脱离接触，肌节恢复原来的长度，骨骼肌处于松弛状态，完成了一次**收缩周期**（contraction cycle）。

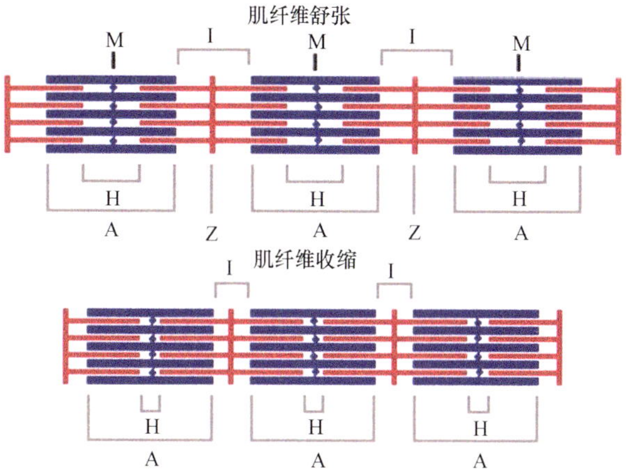

图 1-6-7　骨骼肌纤维收缩时肌节结构变化示意图

四、骨骼肌纤维的类型

人的骨骼肌含有三种类型的肌纤维，即红肌纤维、白肌纤维和中间型肌纤维。

（一）红肌纤维

红肌纤维（red fiber）又称为Ⅰ型纤维，肌纤维内富含肌红蛋白（myoglobin）和线粒体，故呈暗红色。红肌纤维较细，能量来源主要靠有氧氧化。红肌纤维收缩反应慢，收缩力较弱但持续时间较长，也称慢缩纤维。

（二）白肌纤维

白肌纤维（white fiber）又称为Ⅱ型纤维，肌纤维内肌红蛋白和线粒体较少，呈淡红色。白肌纤维较粗，能量来源主要靠无氧酵解。白肌纤维收缩快，收缩力较强但持续时间较短，故称快缩纤维。

（三）中间型肌纤维

结构和功能特点介于前两者之间。

每块肌肉均含有三型肌纤维。以保持姿势为主要功能的肌肉含有较多的红肌纤维，从事快速高灵敏动作的肌肉则以白肌纤维为主。每一块肌肉三型肌纤维构成比例不同。在某些疾病，三型肌纤维的比例变化对临床诊治有一定意义。

第二节　心　　肌

心肌主要分布在心脏和邻近心脏的大血管根部，其收缩具有自动节律性，缓慢而持久，不易疲劳。

一、心肌纤维的光镜结构

心肌纤维呈短柱状，有分支，相互连接成网。心肌纤维的连接处称为**闰盘**（intercalated disk），在HE及铁苏木素染色标本中呈深染的线性结构。心肌纤维有1～2个核，呈卵圆形，位于细胞中央。肌质较丰富，内含线粒体、糖原、少量脂滴和脂褐素。脂褐素随年龄增长而增多。肌质中也呈现明暗相间的周期性横纹，但不如骨骼肌纤维的横纹明显（图1-6-8，图1-6-9）。

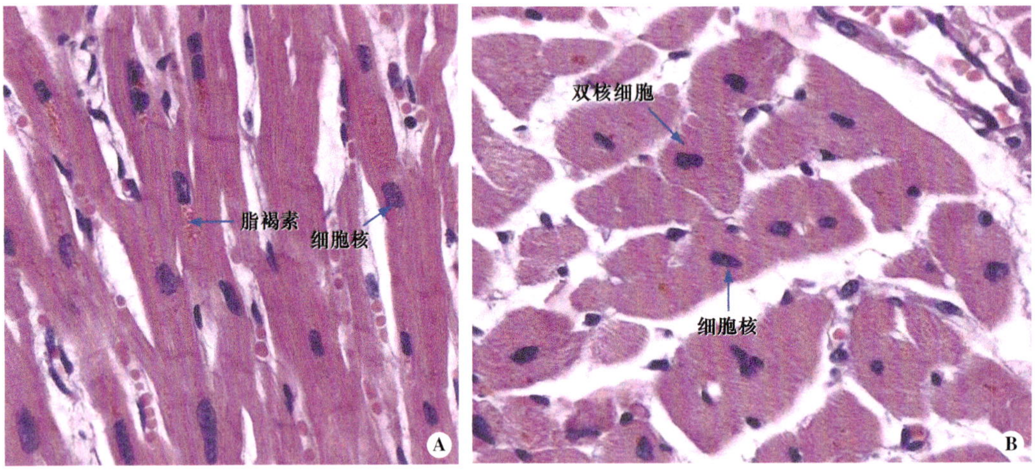

图1-6-8　心肌纤维（HE染色，A：纵切面；B：横切面）

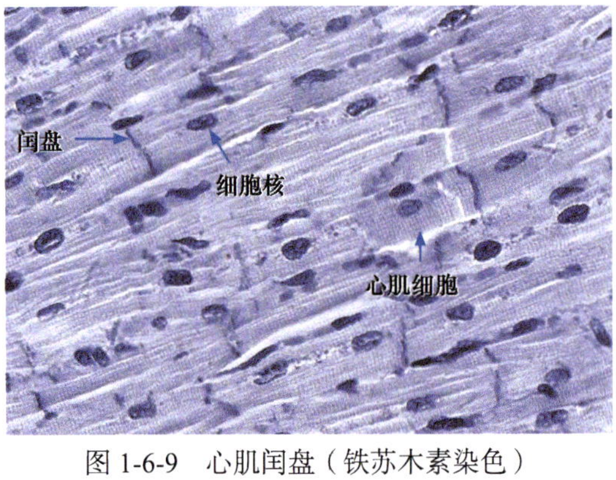

图1-6-9　心肌闰盘（铁苏木素染色）

二、心肌纤维的超微结构

心肌纤维的超微结构与骨骼肌类似，但有以下特点（图1-6-10，图1-6-11）：①肌原纤维粗细不等、界限不明显，这是由于肌丝被少量肌浆和大量纵行排列的线粒体分隔成粗、细不等的肌丝束，以致横纹也不如骨骼肌的明显；②横小管较粗，位于Z线水平；③肌质网较稀疏，纵小管不发达，终池较少且扁而小，横小管两侧的终池往往不同时存在，多见横小管与一侧的终池紧贴形成**二联体**（diad），三联体极少见，故心肌纤维的贮存Ca^{2+}能力较低，收缩前需从细胞外摄取Ca^{2+}；④闰盘位于Z线水平，常呈阶梯状，在连接的横位部分，有中间连接和桥粒，起牢固的连接作用；纵位部分为缝隙连接，便于细胞间化学信息的交流和电冲动的传导，以保证心肌纤维收缩的同步性和协调性。此外，心房肌纤维除有收缩功能外，还有内分泌功能，可分泌心房利钠尿多肽或称心钠素，具有排钠、利尿和扩张血管、降低血压的作用。

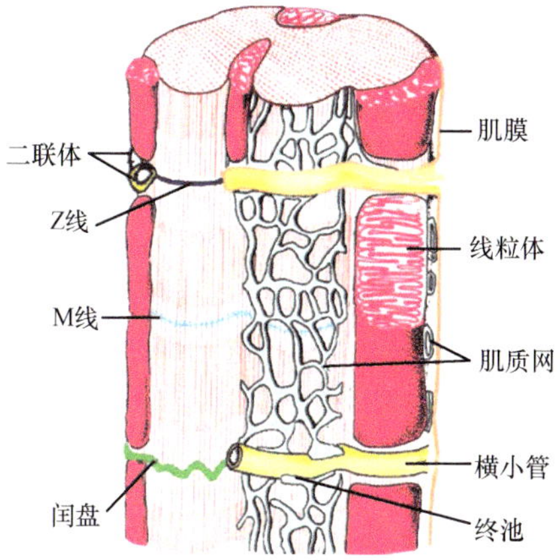

图 1-6-10　心肌纤维超微立体结构模式图

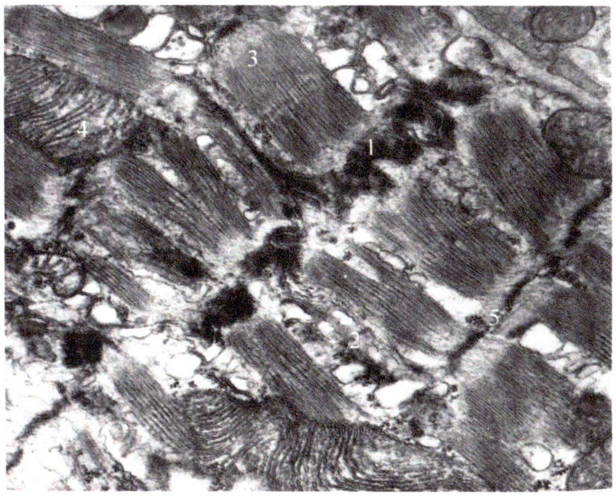

图 1-6-11　心肌纤维超微结构（透射电镜）

1. 闰盘；2. 肌浆网；3. 肌丝束；4. 线粒体；5. Z 线

第三节　平　滑　肌

平滑肌广泛分布于血管壁和内脏器官，又称内脏肌。通常相互成层排列，其收缩呈阵发性，缓慢而持久。

一、平滑肌纤维的光镜结构

平滑肌纤维呈长梭形，细胞核一个，呈长椭圆形或杆状，位于细胞中央，细胞收缩时，核扭曲呈螺旋状，肌质无肌原纤维，因此无横纹。肌纤维长短不一，如小血管壁上的平滑肌纤维短，约 20 μm，而妊娠末期的子宫平滑肌纤维可长达 500 μm。平滑肌纤维绝大部分平行成束或成层排列（图 1-6-12）。

二、平滑肌纤维的超微结构

平滑肌纤维的肌质内含有粗肌丝和细肌丝，不形成肌节的结构，细肌丝呈花瓣状环绕在粗肌丝周围，粗肌丝则均匀分布于细肌丝之间。粗肌丝呈圆柱形，表面有成行排列的横桥，相邻的两行横桥摆动方向相反。若干条粗肌丝和细肌丝聚集成肌丝单位，又称收缩单位。肌膜向内凹陷只形成小凹，不形成横小管。平滑肌的细胞骨架系统比较发达，主要由密斑、密体和中间丝构成。密斑和密体都是电子密度高的小体，密斑位于肌膜下，为扁平斑块状，是细肌丝的附着点。密体位于肌质中，为梭形小体，是细肌丝和中间丝的共同附着点。中间丝连于密斑、密体之间，构成菱形的细胞骨架。平滑肌纤维之间有较发达的缝隙连接（图 1-6-13，图 1-6-14）。

三、平滑肌纤维的收缩机制

平滑肌纤维的收缩也是以“肌丝滑动”原理进行的。由于每个收缩单位是由粗肌丝和细肌丝组成，它们的一端借细肌丝附着于肌膜的内面，这些附着点呈螺旋形。肌丝单位大致与平滑肌长轴平行，但有一定的倾斜度。粗肌丝没 M 线，表面的横桥有半数沿着相反方向摆动，所以当肌纤维收缩时，不但细肌丝沿着粗肌丝的全长滑动，而且相邻的细肌丝的滑动方向是相对的。因此平滑肌纤维收缩时，粗、细肌丝的重叠范围大，肌纤维呈螺旋形扭曲而变短和增粗。

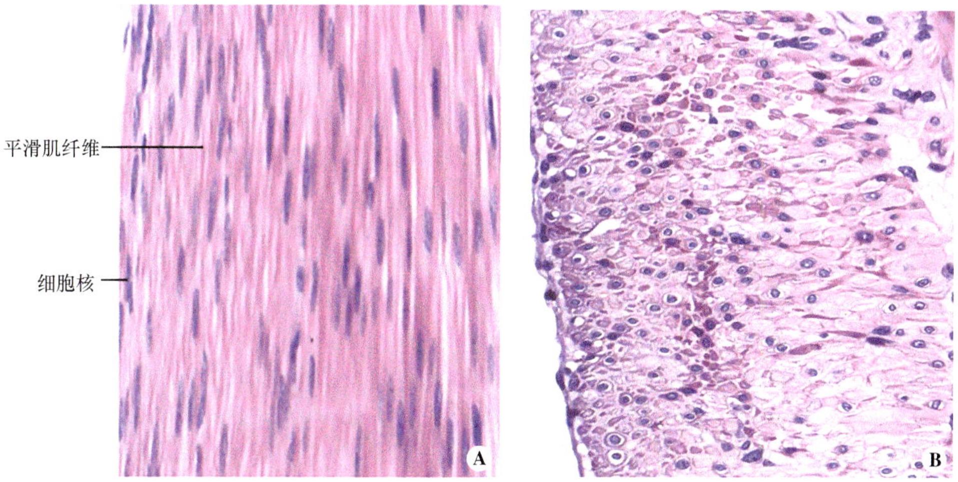

图 1-6-12　平滑肌纤维（HE 染色，A：纵切面；B：横切面）

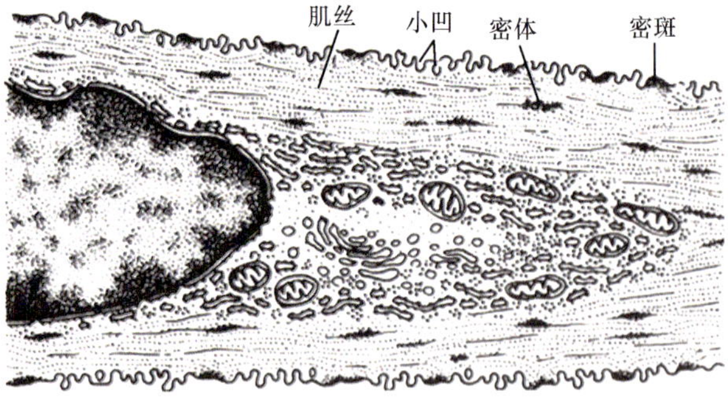

图 1-6-13　平滑肌纤维超微结构模式图

图 1-6-14　平滑肌纤维超微结构（透射电镜）

思　考　题

（1）说明骨骼肌纤维的光镜结构特点。

（2）试述心肌纤维的结构。

（李跃萍）

肌　萎　缩

肌萎缩是指横纹肌营养障碍，肌肉体积较正常缩小，肌纤维变细甚至消失。男性成人肌纤维直径在 35 μm 以下，女性成人肌纤维直径在 28 μm 以下者，诊断为肌萎缩。肌肉活体病理组织学检查是肌萎缩诊断的重要手段之一。根据肌萎缩的原因不同，可分为神经源性肌萎缩和肌源性肌萎缩。

神经源性肌萎缩与肌源性肌萎缩晚期的肌肉病理表现为均有大片萎缩，这时两者不易鉴别。重症肌无力主要病理表现为肌纤维稍萎缩，成群分布多见。淋巴细胞在萎缩肌纤维周围的聚集称为淋巴漏。萎缩性肌强直的主要病理改变为肌纤维大小不等，肌纤维内形成肌浆质块。周期性麻痹时，肌肉病理表现为空泡性肌病，发作期明显。多发性肌炎组织学上可见间质性炎症及肌纤维的坏死和再生。

第 7 章 神经组织

内容提要

（1）神经组织的构成。
（2）神经元（神经细胞）的形态、类型及其结构和功能。
（3）突触的分类，化学性突触的超微结构和功能。
（4）神经胶质细胞的类型、结构特点和功能。
（5）神经纤维的结构与类型、神经的结构。
（6）神经末梢的类型及功能。

神经组织（nervous tissue）是神经系统的主要成分，主要由**神经细胞**（nerve cell）和**神经胶质细胞**（neuroglial cell）组成。神经细胞又称**神经元**（neuron），是神经系统的结构和功能单位；神经元之间通过**突触**彼此互相联系形成复杂的神经网络，具有感受刺激，整合信息和传导冲动的功能，有些神经元还有内分泌功能。神经胶质细胞也称神经胶质或胶质细胞，遍布于神经元之间，对神经元起支持、营养、保护和分隔等作用。近年的研究显示神经胶质细胞也参与神经元的一些生理活动。此外，神经组织中的神经干细胞，由于具有向神经细胞和神经胶质细胞分化的潜能，其研究和应用正日益受到广泛重视。

第一节 神 经 元

神经元是高度分化且具有突起的细胞，其形态多种多样，但都可分为胞体和突起两部分。突起分树突和轴突两种（图 1-7-1，图 1-7-2，图 1-7-3），树突主要接受刺激并将兴奋传至胞体；而轴突主要是传导神经冲动。

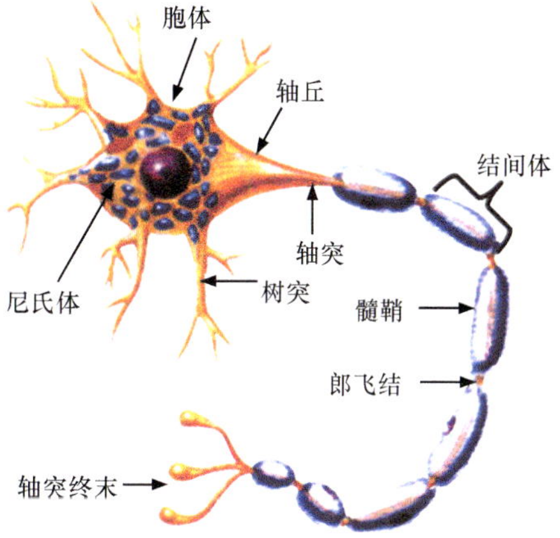

图 1-7-1 运动神经元结构模式图

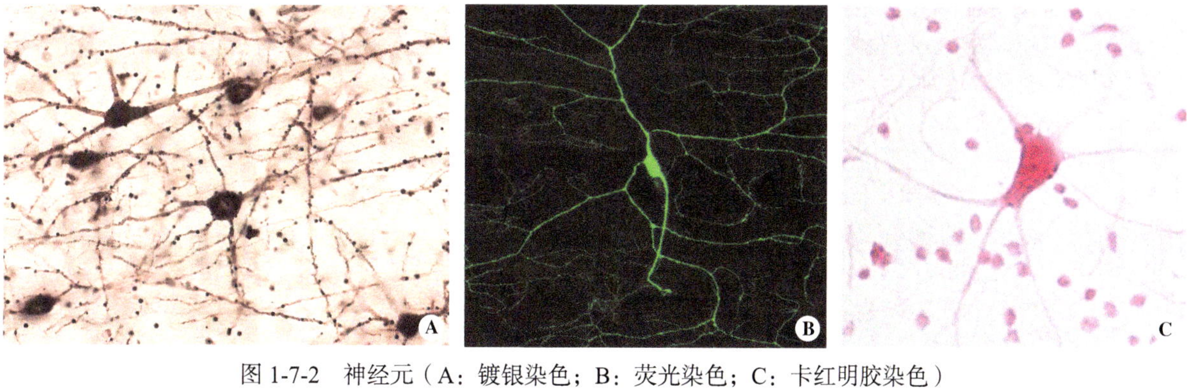

图 1-7-2 神经元（A：镀银染色；B：荧光染色；C：卡红明胶染色）

一、神经元的结构

（一）胞体

神经元的胞体（soma）是细胞的营养和代谢中心，其形态多样，有锥体形、星形、梨形、梭形或球形等（图 1-7-2，图 1-7-3，图 1-7-5，图 1-7-6，图 1-7-7）；其大小差异很大，直径 5 ～ 150 μm。胞体主要分布在脑和脊髓的灰质及神经节内。

1. 细胞膜 神经元的细胞膜是可兴奋膜，静止时表现出膜外为正、膜内为负的跨膜电位差，即静息电位，当受到特定刺激时能产生明显的电位变化（即动作电位或神经冲动），并能沿细胞膜向周围传播。神经元的细胞膜与其他细胞相似，也是脂质双层膜性结构，膜上镶嵌有不同功能的膜蛋白。神经元细胞膜的性质与其所含有的膜蛋白种类、数量、结构和功能有关。有些膜蛋白是特异的化学信息的**受体**（receptor），有些膜蛋白则属于**离子通道**（ionic channel），在受到电刺激时开放的离子通道称**电位门控通道**，而某种化学物质与受体结合时才开放的离子通道称**化学门控通道**。离子通道对神经元接受刺激和传导冲动起重要作用。此外，神经元细胞膜表面还有神经 - 细胞黏连分子等糖蛋白和神经节苷脂等糖脂，它们与细胞识别、连接等活动有关。

2. 细胞核 大多数神经元只有一个细胞核。核多位于胞体中央，大而圆，常染色质多，故着色浅，呈空泡状，核仁大而明显。

3. 细胞质 神经元胞体的细胞质称核周质（perikaryon），与轴突和树突内的细胞质相通连，但有差异。核周质内除含有一般细胞器如发达的高尔基复合体，丰富的线粒体、滑面内质网及溶酶体、脂褐素外，其特征性结构为尼氏体和神经原纤维。

（1）尼氏体（Nissl body）：尼氏体又称**嗜染质**，呈强嗜碱性的斑块状或颗粒状（图 1-7-1，图 1-7-3），分布在核周质，并延伸入树突内。在一些大神经元如脊髓前角运动神经元内，尼氏体更丰富，呈斑块状，有如虎皮样结构。而在小脑浦肯野细胞、脊神经节神经元等的胞质内，尼氏体呈细颗粒状。电镜观察，尼氏体由许多平行排列的粗面内质网及游离核糖体构成，没有明显的边界。尼氏体是神经元合成蛋白质的部位，合成的蛋白质包括复制细胞器所需的蛋白质和产生神经递质有关的酶等。在不同功能状态下，神经元尼氏体的数量和形态是不同的。因此，尼氏体的形态结构可作为判定神经元功能状态的一种标志。

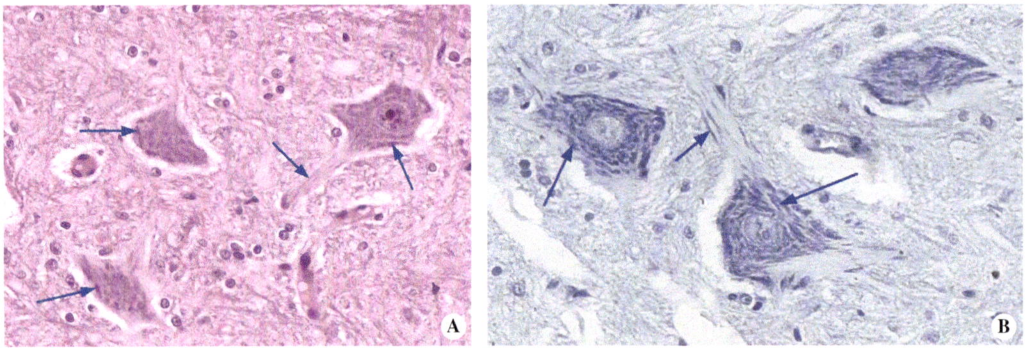

图 1-7-3 尼氏体（脊髓前角运动神经元，A：HE 染色；B：甲苯胺蓝染色）
→尼氏体

（2）神经原纤维（neurofibril）：神经原纤维在 HE 染色切片无法辨认。在镀银染色切片中，神经原纤维被染成棕黑色的细丝并相互交织成网（图 1-7-4），接近胞突处，分别集中伸入树突和轴突内平行排列。电镜观察，神经原纤维是由神经丝、微丝和微管聚集排列成束而成。神经丝是神经元内的中间丝，直径约 10 nm，介于微丝和微管之间，由 3 种（低分子量、中分子量和高分子量）神经丝蛋白亚单位组成。微丝粗约 7 nm，是肌动蛋白聚合而成的细丝。微管的直径约 25 nm，壁厚约 6 nm，构成神经元的细胞骨架（cytoskeleton），既具有支持作用，还参与胞质内的物质转运活动。微管蛋白是组成微管的主要成分，由 α 和 β 微管蛋白组成异二聚体。此外，还有一些称为微管相关蛋白（microtubule-associated proteins）的其他蛋白质也参与微管结构装配，对神经元突起形成具有重要作用。神经元的树突和轴突内含有不同类型的微管相关蛋白，用免疫组织化学方法可以借此区分树突和轴突。

（3）滑面内质网：神经元的滑面内质网也十分发达，可参与合成脂质和固醇等。有的滑面内质网紧靠细胞膜下形成较宽阔的扁平囊，称膜下池（hypolemmal cistern），是神经元的特征之一，可能与从膜进入细胞内的离子的运输有关。

（4）高尔基复合体：神经元内有高度发达的高尔基复合体围绕胞核，并可伸至一级树突分支内，轴突内无高尔基复合体。高尔基复合体参与生成含肽类或其他递质的神经分泌颗粒，将生成的递质和某些特异性的酶，连同载体蛋白，以囊泡的形式送至轴突。

（5）脂褐素（lipofuscin）：脂褐素呈棕黄色颗粒状，随年龄增长而增多，其内容物为溶酶体消化时残留的物质，多为异物、脂滴或退变的细胞器。

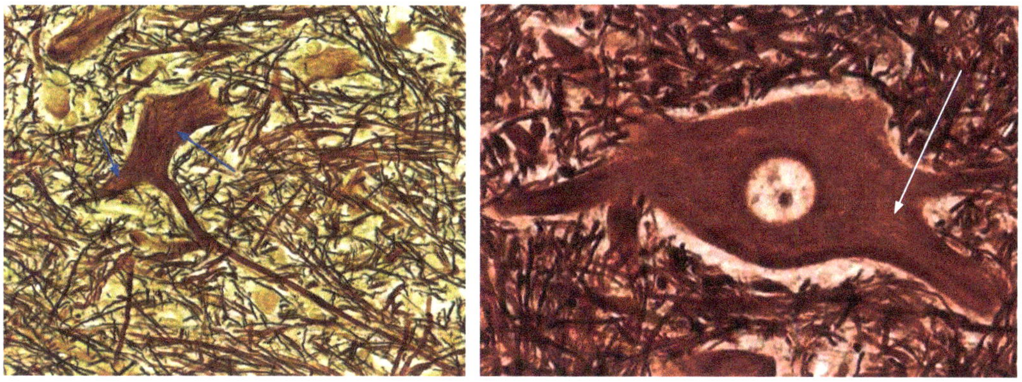

图 1-7-4　神经原纤维（脊髓前角运动神经元，镀银染色）

→神经原纤维

（二）突起

神经元的突起（process）是神经元胞体的延伸部分，其长短、数量与形态因不同神经元而异。根据其形态结构和功能的差异，神经元的突起可分为树突和轴突（图 1-7-1，图 1-7-5）。

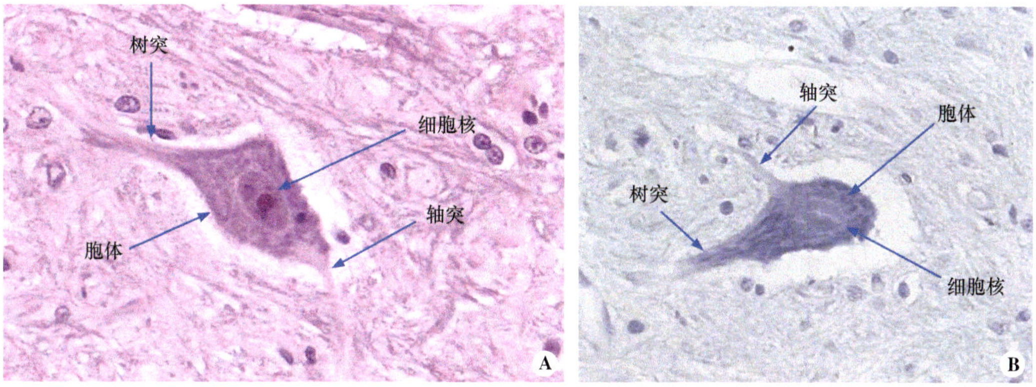

图 1-7-5　脊髓前角运动神经元（A：HE 染色；B：甲苯胺蓝染色）

1. 树突　神经元有一个或多个**树突**（dendrite），比较短，形如树枝状，从胞体发出后反复分支（图 1-7-5，图 1-7-6）。树突表面常有许多棘状突起，称为**树突棘**（dendritic spine）。树突棘是神经元接受信息的主要部位，树突的分支和树突棘越多，接受的信息越多。树突内的结构与核周质的结构基本相似，也含有尼氏体、神经原纤维及滑面内质网等细胞器。树突的功能主要是接受刺激，并将兴奋传向胞体。树突的分支和众多的树突棘可有效地扩大神经元接受刺激的表面积。

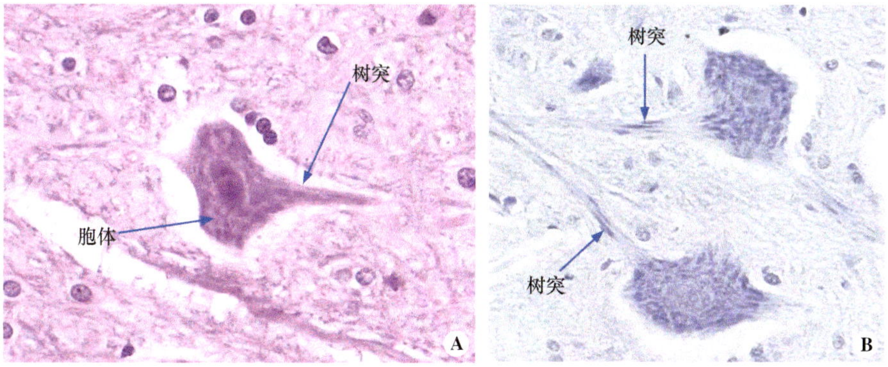

图 1-7-6　树突（脊髓前角运动神经元，A：HE 染色；B：甲苯胺蓝染色）

2. 轴突　一个神经元一般只有一个轴突（axon）。轴突细而长，长者可达 1 m 以上，神经元的胞体越大，其轴突越长。轴突表面光滑，直径均一，分支较少且多呈直角分出。轴突末端分支较多并形成轴突终末（图 1-7-1）。光镜下胞体发出轴突的部位常呈圆锥形，称轴丘（axon hillock）。轴丘及轴突内均无尼氏体，故染色浅（图 1-7-5，图 1-7-7），借此可以区分树突和轴突。轴突表面的胞膜称轴膜（axolemma），内含的胞质称轴质（axoplasm），轴质内有大量与轴突长轴平行排列的微管和神经丝，并含有微丝、线粒体、滑面内质网和小泡，但无粗面内质网和高尔基复合体，故不能合成蛋白质。轴突的功能是传导神经冲动，神经冲动在轴丘处轴膜发生，并沿轴膜向轴突终末传递。

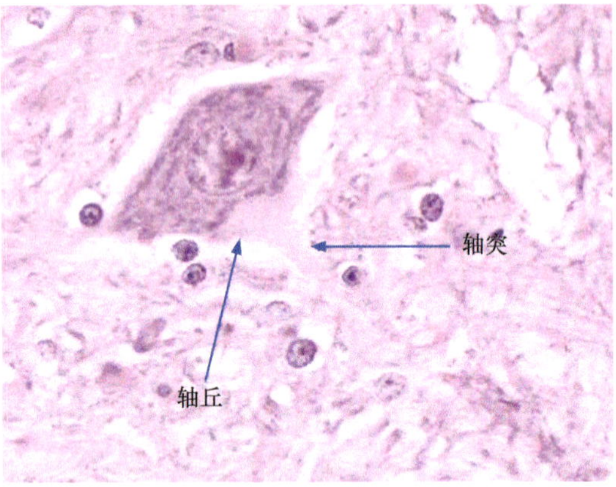

图 1-7-7　轴突（脊髓前角运动神经元，HE 染色）

轴突内物质的流动称轴质流（axoplasmic flow），轴突内的物质运输称**轴突运输**（axonal transport），它是一种双向运输。轴膜更新所需的蛋白质、合成神经递质所需的酶、含神经递质的小泡及线粒体由胞体向轴突终末的运输称为顺向轴突运输。反之，轴突终末内的代谢产物或由轴突终末摄取的物质，如蛋白质、神经营养因子以及一些小分子物质等由轴突末端逆向转运到胞体，称逆向轴突运输。在某些原因（脊髓灰质炎、狂犬病及破伤风等）而感染时，病毒或毒素可通过逆向运输侵犯神经元胞体。

二、神经元的分类

神经元种类繁多，根据其形态、功能及释放神经递质种类的不同，常有以下几种方法对其分类。

（一）按神经元突起数量分类

1. 多极神经元（multipolar neuron）　具有两个以上的突起，一个轴突和多个树突，如大脑皮质和脊髓前角运动神经元（图 1-7-8，图 1-7-9）。

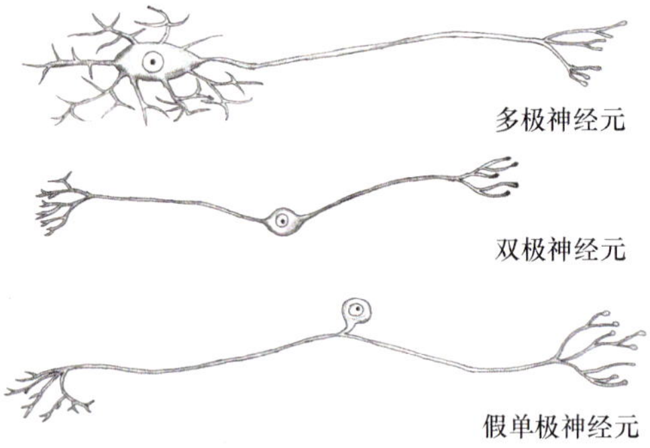

图 1-7-8　神经元分类模式图

2. 双极神经元（bipolar neuron），有两个突起，即一个树突和一个轴突，如耳蜗神经节和视网膜的双极神经元（图 1-7-8，图 1-7-9）。

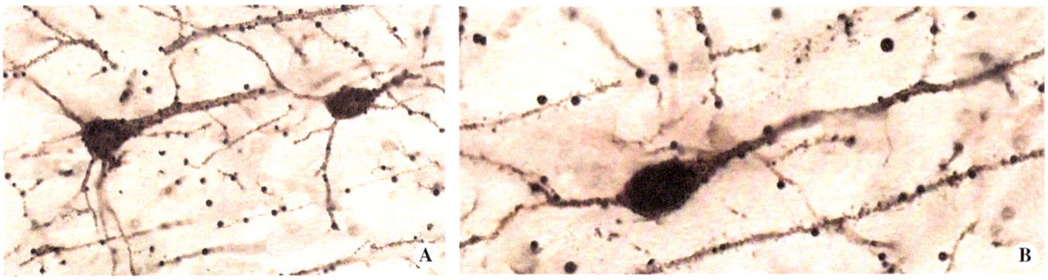

图 1-7-9　大脑皮质神经元（大脑皮质，镀银染色，A：多极神经元；B：双极神经元）

3. 假单极神经元　假单极神经元（psudounipolar neuron）如脑神经和脊神经节细胞，从胞体发出一个突起（图 1-7-8，图 1-7-10），但在距胞体不远处呈“T”形分为两支，一支进入中枢称中枢突（central process），另一支分布到外周组织或器官，称周围突（peripheral process）。按神经冲动的传导方向，假单极神经元的中枢突为轴突，周围突为树突，但因周围突细而长，在形态上与轴突相似，故也称轴突。

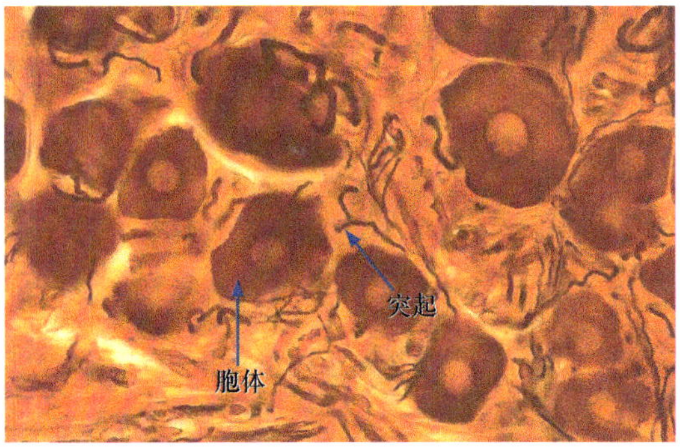

图 1-7-10　假单极神经元（脊神经节，镀银染色）

（二）按神经元轴突的长短分类

1. Golgi Ⅰ型神经元 胞体大，轴突较长，最长可长达 1 m 以上。

2.Golgi Ⅱ型神经元 胞体较小，轴突较短，最短的轴突可短至仅数微米。

（三）按神经元的功能分类

1. 感觉神经元（sensory neuron） 又称传入神经元（afferent neuron），多为假单极神经元，胞体位于脑脊神经节内，构成周围神经的传入神经，可接受体内、外刺激并将信息传入中枢（图 1-7-11）。

2. 运动神经元（motor neuron） 又称传出神经元（efferent neuron），一般为多极神经元，胞体主要位于中枢神经系统灰质和自主神经节内，负责把神经冲动传递给肌细胞和腺细胞，支配肌肉的运动和腺细胞的分泌（图 1-7-11）。

3. 中间神经元（interneuron） 又称联络神经元，主要为多极神经元，位于前两种神经元之间，起信息加工和传递作用。动物进化程度越高，中间神经元的数量越多，在中枢神经系统内构建成复杂的神经元网络。人类的中间神经元约占神经元总数的 99% 以上（图 1-7-11）。

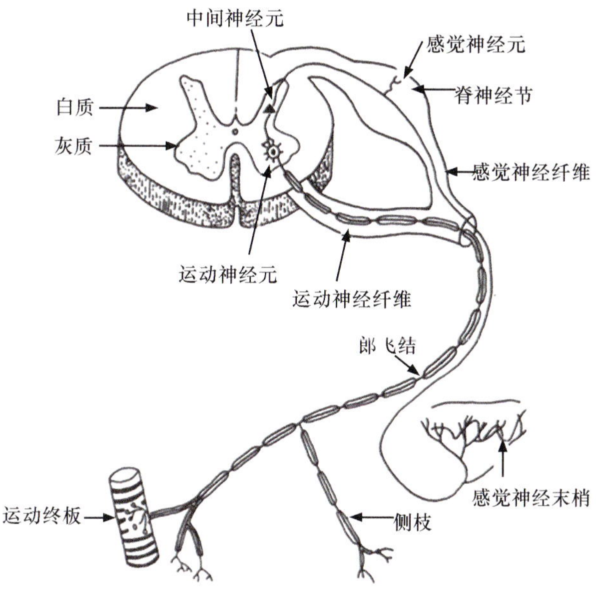

图 1-7-11 感觉、运动、中间神经元的关系模式图

（四）按神经元释放的神经递质或调质分类

根据神经元释放的神经递质或神经调质（neuromodulator）的种类不同，神经元可分为：

1. 胆碱能神经元（cholinergic neuron） 释放乙酰胆碱。

2. 去甲肾上腺素能神经元（noradrenergic neuron） 释放去甲肾上腺素。

3. 胺能神经元（aminergic neuron） 释放 5- 羟色胺或多巴胺等。

4. 肽能神经元（peptidergic neuron） 释放 P 物质、脑啡肽等肽类神经递质或调质。

5. 氨基酸能神经元（amino acidergic neuron） 释放谷氨酸、γ- 氨基丁酸、甘氨酸等氨基酸神经递质。

第二节 突 触

突触（synapse）是神经元与神经元之间，或神经元与效应细胞（肌细胞，腺细胞）之间的一种特化的细胞连接，是神经元传递信息的功能部位。神经元之间借助突触彼此相互联系，构成机体复杂的神经网络（neural network），实现神经系统的各种功能活动。因此，突触是一种细胞连接方式，最常见的连接是一个神经元的轴突终末与另一个神经元的树突、树突棘或胞体连接，分别构成轴 - 树突触（axodendritic synapse）、轴 - 棘突触（axospinous synapse）或轴 - 体突触（axosomatic synapse）；此外，还有轴 - 轴（axoaxonal）、树 - 树（dendrodendritic）突触等（图 1-7-12）。通过突触连接形成的庞大而复杂的神经网络通路，神经元得以完成神经系统的各种神经传导活动。根据传导信息的方式不同，可把突触分为电突触和化学性突触两类。电突触通过缝隙连接以电讯号方式传导冲动，多存在于低等动物；化学性突触是以释放神经递质作为信息传递的媒介，通常所说的突触是指化学性突触。

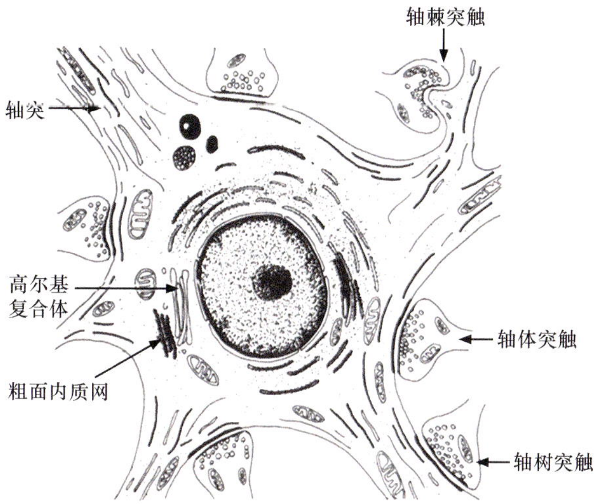

图 1-7-12 神经元及其突触超微结构模式图

一、化学性突触的结构

电镜下，化学性突触由突触前成分、突触间隙和突触后成分三部分组成（图 1-7-13，图 1-7-14）。

突触前、后成分彼此相对的细胞膜特化增厚、胞质面附有一些致密物质，分别称为突触前膜和突触后膜，两膜之间的狭窄间隙称为突触间隙。包括突触前膜、突触后膜及突触间隙的完整结构称为突触小体（synaptosome，图 1-7-15）。

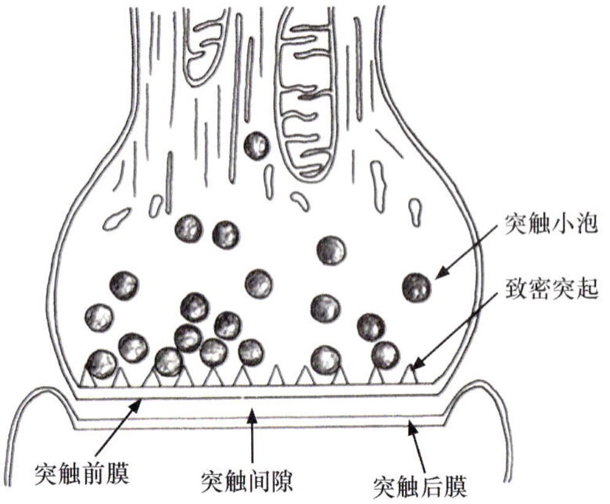

图 1-7-13　化学性突触超微结构模式图

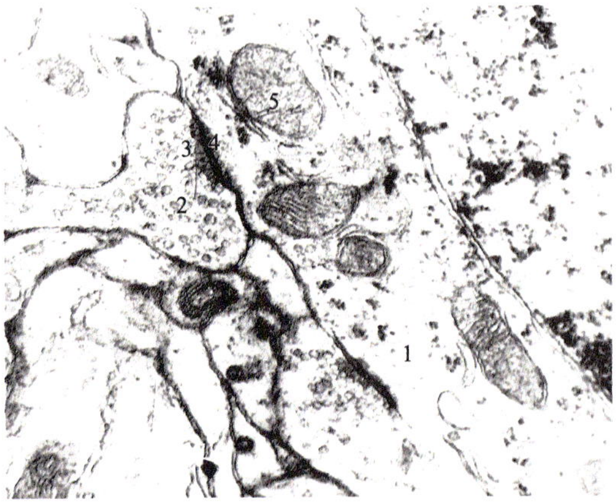

图 1-7-14　化学性突触超微结构（透射电镜）

1. 胞体；2. 突触小泡；3. 突触前膜；4. 突触后膜；5. 线粒体

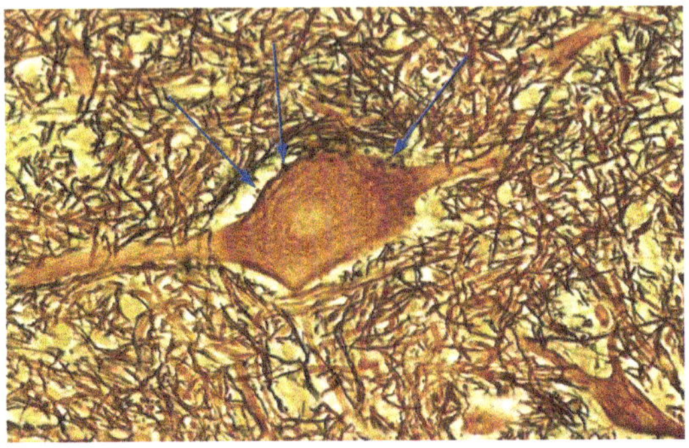

图 1-7-15　突触扣结（脊髓前角运动神经元，镀银染色）

→突触扣结

（一）突触前成分

突触前成分（presynaptic element）一般是神经元轴突终末的膨大部分，包括突触前膨大和突触前膜（presynaptic membrane）两部分。在银染标本上，突触前成分呈现棕褐色球状膨大附着在另一神经元的树突或胞体上，称突触扣结（synaptic bouton）。电镜下，突触扣结内含许多突触囊泡（synaptic vesicle）及少量线粒体、滑面内质网、微管、微丝等。突触囊泡呈圆形或扁平状，内含有神经递质或神经调质，根据其大小和有无致密核心，可分为小清亮囊泡（small clear vesicle）、小颗粒囊泡（small ganular vesicle）和大颗粒囊泡（large granular vesicle）。突触小囊泡直径 40 ～ 60 nm，大突触囊泡直径可达 200 nm。含乙酰胆碱的突触囊泡多为小圆形清亮状，含氨基酸类递质的多呈扁平清亮状，含胺类递质的则呈小颗粒状，而含肽类递质的往往是大颗粒囊泡。突触囊泡表面附有一种称作突触素 Ⅰ（synapsin Ⅰ）的突触小泡相关蛋白，它将突触囊泡与细胞骨架相连。突触前膜胞质面附有一些致密物质，因此比一般细胞膜略厚。此外，突触前膜胞质面还含有电子密度高、排列规则的锥形致密突起（dense projection）突入胞质内，突起间容纳突触囊泡。

（二）突触间隙

突触间隙（synaptic cleft）是位于突触前膜和突触后膜之间的细胞外狭小间隙，宽约 15 ～ 30 nm。间隙内含有糖蛋白和一些横跨间隙的细丝，并含有消化、水解突触囊泡内神经递质的酶。

（三）突触后成分

突触后成分（postsynaptic element）是另一神经元与突触前膜相对应的细胞膜部分，主要为突触后膜（postsynaptic membrane）。突触后膜胞质面附有致密物质，称突触后致密物（postsynaptic density，PSD），因此突触后膜较一般细胞膜明显增厚，膜上含有能与突触前成分释放的神经递质或调制特异性结合的受体。根据突触前后膜致密物质厚度差异的大小，突触可分为Ⅰ型和Ⅱ型突触。Ⅰ型突触的突触后膜附着的致密物质明显较突触前膜厚，二者不对称，突触间隙较宽（30nm），因此也称非对称性突触（asymmetric synapse）。Ⅱ型突触前后膜致密物质较少，与突触前膜厚度相近，突触间隙较窄（20 nm），称对称性突触（symmetric synapse）。

二、化学性突触的功能

突触前膜富含电位门控通道，突触后膜则富含受体和化学门控通道。当神经冲动沿轴膜传至突触前膜时，即触发前膜上的电位门控钙通道开放，细胞外的 Ca^{2+} 进入突触前成分，在 ATP 参与下，使突触素Ⅰ磷酸化。磷酸化的突触素Ⅰ与突触囊泡的亲和力降低，突触囊泡因此与细胞骨架分离而移向突触前膜，并与突触前膜锚定（docking）、融合（fusion），通过出胞作用将神经递质释放到突触间隙内。其中部分神经递质与突触后膜上的相应受体结合，引起与受体偶联的化学门控通道开放，使相应离子进出，改变突触后膜内、外离子的分布，致使突触后神经元膜电位发生变化，引起突触后神经元发生兴奋或抑制，进而影响所支配的效应细胞的活动。使突触后膜发生兴奋的突触，称兴奋性突触（exitatory synapse），而使突触后膜发生抑制的称抑制性突触（inhibitory synapse）。突触的兴奋或抑制决定于神经递质及其受体的种类。有人认为，Ⅰ型突触是兴奋性突触，Ⅱ型突触是抑制性突触。结合在突触后膜受体上的神经递质或调质在产生效用后立即被突触间隙内相应的水解酶所水解、灭活，或被再摄取入突触前成分内被分解，其作用被迅速消除，以保证突触传递的灵敏性。

三、突触可塑性

突触不是固定、静止的结构，甚至在发育成熟的神经系统内突触都能发生适应性变化。突触在形态和传递效能上的改变称为突触可塑性（synaptic plasticity）。

突触形态的可塑性改变可表现为突触数目及突触界面曲率的改变，树突棘形态及数量的改变，突触后致密物厚度、长度、面积的改变，突触前囊泡的重新分布和小泡数目的变化，前后相对膜面积的大小的改变和突触传递点即活性区数目的变化等。

突触传递效能上的可塑性改变可表现为长时程增强（long term potentiation，LTP），即特定的神经元活动所引起的突触效应持续增强和长时程抑制（long-term depression，LTD），即突触强度的使用性抑制，包括不同的突触修饰引起的效应降低。

第三节　神经胶质细胞

神经胶质细胞简称神经胶质（neuroglia）或胶质细胞（glial cell），与神经元数目之比约为10 ∶ 1～50 ∶ 1。胶质细胞也具有突起，但不分树突和轴突，也无传导神经冲动的功能。用HE等普通染色只能显示胶质细胞的核和少量胞质，但可用银染方法和免疫组织化学方法显示其全貌。神经胶质细胞除具有支持、营养、保护及绝缘作用外，还参与髓鞘形成，传递和处理神经信息等多种功能。根据胶质细胞分布位置的不同，可分中枢神经系统和周围神经系统的胶质细胞两类。

一、中枢神经系统的胶质细胞

（一）星形胶质细胞

星形胶质细胞（astrocyte）是胶质细胞中体积最大、数量最多的细胞。胞体有突起呈星形，核圆形或卵圆形、较大、染色浅，胞质的特点是含有许多交错排列的神经胶质丝（neuroglial filament），组成胶质丝的蛋白质称胶质原纤维酸性蛋白（glial fibrillary acidic protein，GFAP）。用免疫细胞化学方法能特异性地显示出这类细胞。按神经胶质丝的含量及突起的形状，可分为纤维性星形胶质（fibrous astrocyte）细胞和原浆性星形胶质细胞（protoplasmic astrocyte）两种（图1-7-16，图1-7-17），前者突起长而直，分支较少，表面光滑。胞质中含许多神经胶质丝，主要分布在白质；后者突起粗而短，分支多，表面不光滑。含神经胶质丝较少，主要分布在灰质。

星形胶质细胞的突起呈放射状走行，一部分突起充填在神经元胞体及其突起之间，起支持和分隔神经元的作用。一部分胶质细胞的突起末端则膨大形成脚板（foot plate）或终足（end foot），贴附在毛细血管壁上，参与血-脑屏障的构成，或伸到脑和脊髓的表面形成胶质界膜（glia limitans）。星形胶质细胞能合成和分泌神经营养因子，维持神经元的正常功能活动并刺激其突起的生长。同时，星形胶质细胞对维持神经元微环境的稳定和调节代谢过程起重要作用。当中枢神经系统损伤时，星形胶质细胞迅速分裂增殖，以形成胶质瘢痕形式进行修复。

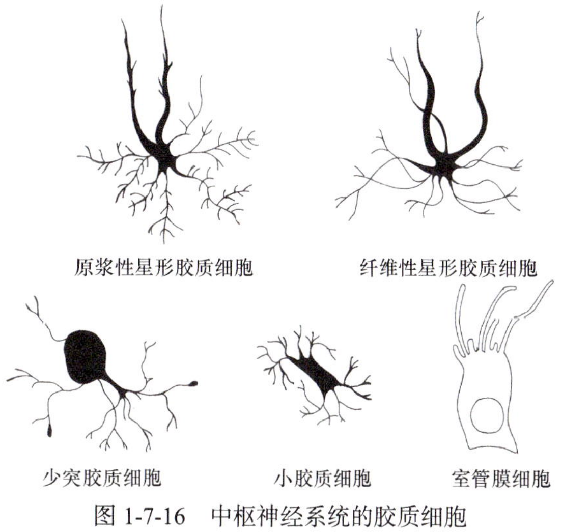

图1-7-16　中枢神经系统的胶质细胞

（二）少突胶质细胞

少突胶质细胞（oligodendrocyte）分布于灰质及白质内，位于神经元胞体及神经纤维的周围，在银染标本中突起比星形胶质细胞小而少（图1-7-16，图1-7-18），但用显示其特异性标志物半乳糖脑苷脂（galactocerebroside）的免疫组织化学方法染色，其突起并不是很少，而且分支极多。少突胶质细胞是中枢神经系统的髓鞘形成细胞，其突起末端扩展成扁平薄膜，包卷神经元的轴突形成髓鞘。

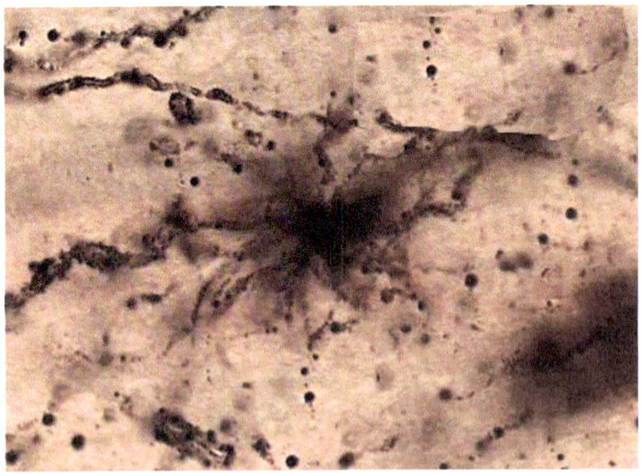

图 1-7-17　星形胶质细胞（大脑皮质，镀银染色）

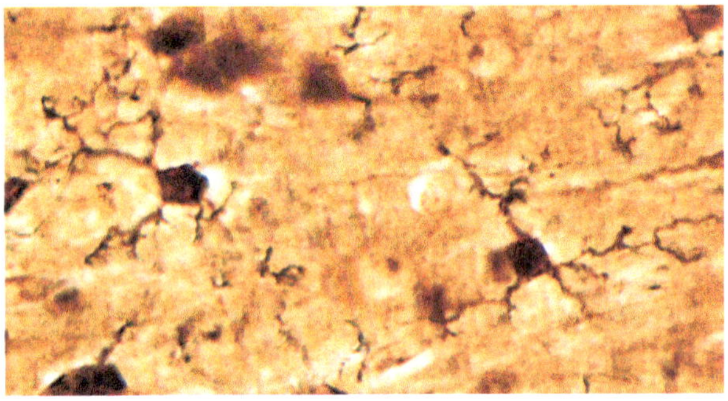

图 1-7-18　少突胶质细胞（大脑皮质，镀银染色）

（三）小胶质细胞

小胶质细胞（microglia）是胶质细胞中最小的一种，分布于灰质及白质内，胞体较小，呈长椭圆形，常以胞体长轴的两端伸出两个较长突起，反复分支，其表面有小棘突。胞核小，呈椭圆形或三角形，染色较深（图 1-7-16，图 1-7-19）。小胶质细胞属于单核吞噬细胞系统，来源于血液中的单核细胞。在正常情况下，小胶质细胞是静止的，但在中枢神经受损时，可转变为巨噬细胞，清除细胞碎屑及退化变性的髓鞘。此外，小胶质细胞还具有免疫功能，是中枢神经系统的抗原呈递细胞和免疫效应细胞。

（四）室管膜细胞

室管膜细胞（ependymal cell）是被覆于脑室和脊髓中央管腔面的一层立方形或柱状细胞。由该细胞构成的单层上皮称室管膜。细胞游离面有微绒毛或纤毛（图 1-7-16，图 1-7-20），纤毛的摆动有助脑脊液的流动。室管膜细胞具有支持和保护作用，分布自脉络丛的室管膜细胞还参与脑脊液形成。

二、周围神经系统的胶质细胞

（一）施万细胞

施万细胞（Schwann cell）又称神经膜细胞（neurolemmal cell）。细胞呈薄片状包卷在神经纤维轴突的周围（图 1-7-23），形成髓鞘和神经膜，是周围神经系统的髓鞘形成细胞。此外，施万细胞还能分泌神经营养因子，对神经纤维的生长及再生起诱导作用。

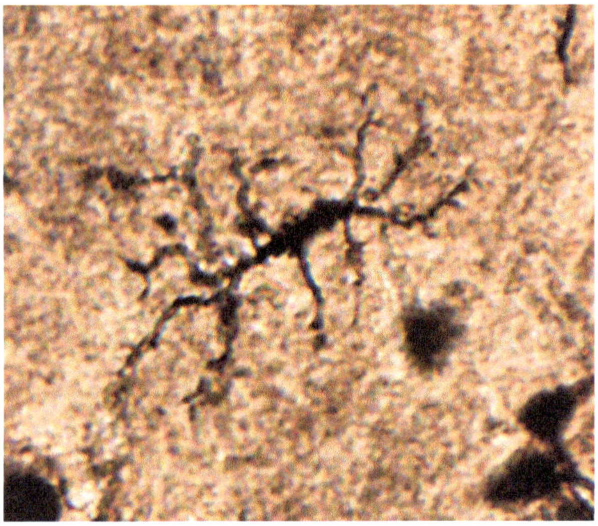

图 1-7-19　小胶质细胞（大脑皮质，镀银染色）

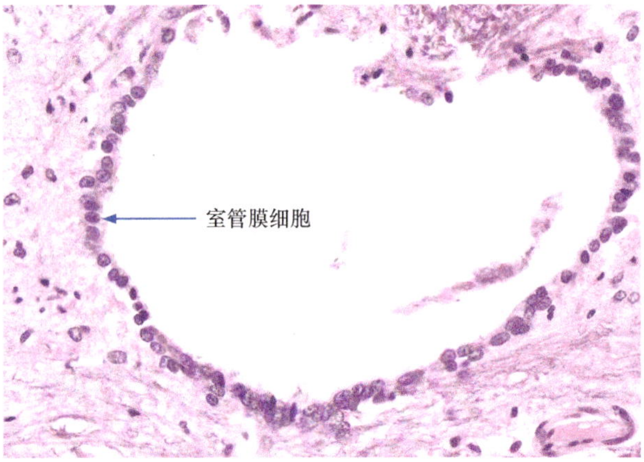

图 1-7-20　室管膜细胞（脊髓中央管，HE 染色）

（二）卫星细胞

卫星细胞（satellite cell）又称被囊细胞（capsular cell），细胞扁平或立方形，核圆或卵圆形，染色较深（图 1-7-21）。卫星细胞包绕在神经节细胞周围，对神经节细胞具有营养和保护作用。

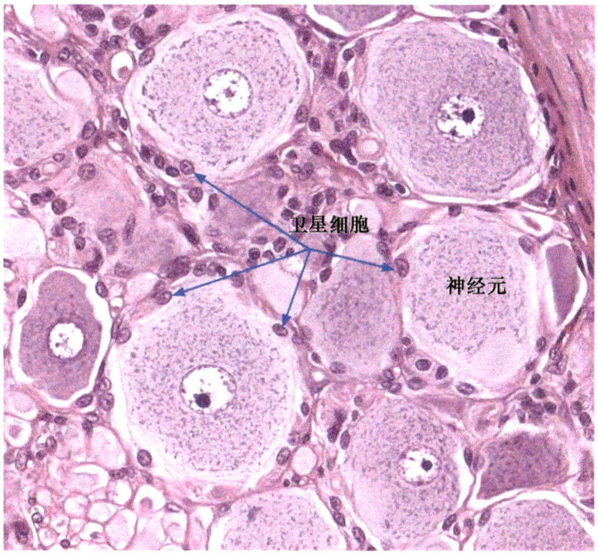

图 1-7-21　卫星细胞（脊神经节，HE 染色）

第四节　神经纤维和神经

一、神经纤维

神经纤维（nerve fiber）主要构成中枢神经系统的白质和周围神经系统的脑神经、脊神经和自主神经，它是由神经元的长轴突和包在其周围的神经胶质细胞所构成。根据神经胶质细胞是否形成髓鞘，神经纤维可分为有髓神经纤维（myelinated nerve fiber）和无髓神经纤维（unmyelinated nerve fiber）两类。

（一）有髓神经纤维

1. 周围神经系统的有髓神经纤维　施万细胞是周围神经系统的髓鞘形成细胞。施万细胞呈长筒状，多个施万细胞一个接一个套在轴突外面形成髓鞘，髓鞘呈节段性包卷轴突，形似藕节，相邻节段间无髓鞘，轴膜裸露，可发生膜电位变化，该缩窄处称郎飞结（Ranvier node）（图 1-7-1，图 1-7-22）。相邻两个郎飞结之间的一段称结间体（internode）。每一结间体的髓鞘是由一个施万细胞形成。

在有髓神经纤维形成过程中，伴随轴突一起生长的施万细胞表面出现一条纵沟（图 1-7-23A），轴突陷于沟内，沟两边的细胞膜相贴融合形成轧突系膜（图 1-7-23B），此后轴突系膜不断伸长并包卷轴突形成髓鞘（图 1-7-23C，图 1-7-23D）。电镜下可见每一个结间体的髓鞘是由一个施万细胞的双层胞膜呈同心圆反复环绕轴突所构成的明暗相间的板层样结构。髓鞘的化学成分主要是髓磷脂和蛋白质，类脂含量很高，约占 80%，新鲜时呈亮白色。在 HE 染色标本制作时，因类脂被有机溶剂溶解，仅见少量残留的染成浅红色的网状蛋白质（图 1-7-22A）。在锇酸固定和染色的标本上，髓鞘呈黑色（图 1-7-22B），在其纵切面上可见数个呈漏斗形的斜裂，称施 - 兰切迹（Schmidt-Lantermann incisure），由施万细胞围绕轴突缠绕过程中残留在髓鞘板层内的胞质形成，是施万细胞内、外边缘胞质相通的螺旋性通道。在髓鞘外面包有神经膜，神经膜由基膜及其施万细胞最外面的一层细胞膜构成。

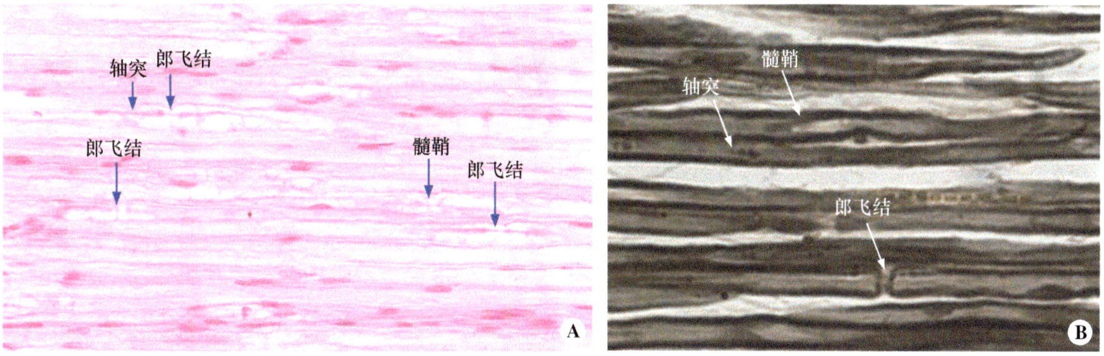

图 1-7-22　有髓神经纤维（A：HE 染色；B：锇酸染色）

2. 中枢神经系统的有髓神经纤维　其基本结构与周围神经系统的有髓神经纤维相同，但形成髓鞘的细胞是少突胶质细胞（图 1-7-24）。相邻少突胶质细胞的突起不像施万细胞一样靠拢排列，故郎飞结较宽。一个少突胶质细胞有多个突起呈扁平薄膜状分别包卷多个轴突，其胞体位于神经纤维之间。神经纤维的外表面没有基膜包裹，髓鞘内也无施 - 兰切迹。髓鞘有保护和绝缘作用，可防止神经冲动的扩散。

（二）无髓神经纤维

周围神经系统的无髓神经纤维由较细的轴突和包在它外面的施万细胞组成。施万细胞为不规则的长柱状，表面有数量不等、深浅不一的纵沟，轴突位于沟内。电镜下可见一个施万细胞可形成多处质膜凹陷分别包绕多条轴突，但施万细胞的膜不形成髓鞘包裹它们，故无郎飞结（图 1-7-25）。中枢神经系统的无髓神经纤维轴突没有髓鞘包裹，是裸露的。完全裸露的神经纤维走行在有髓神经纤维或神经胶质细胞之间。

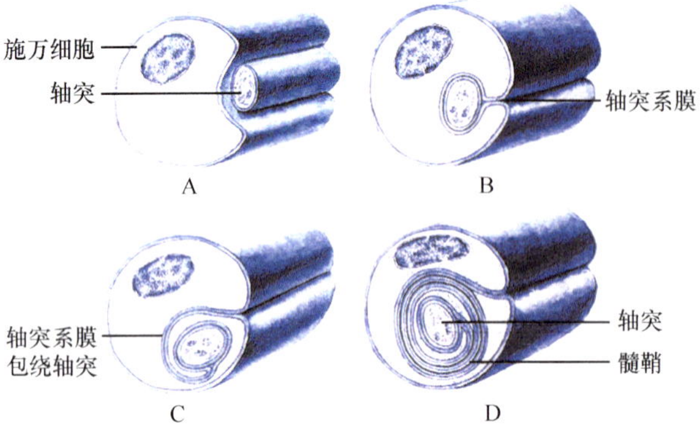

图 1-7-23　周围神经纤维髓鞘形成示意图

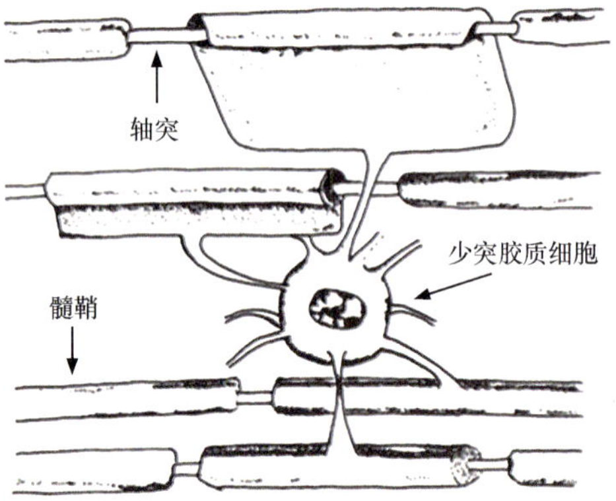

图 1-7-24　少突胶质细胞与中枢有髓神经纤维关系模式图

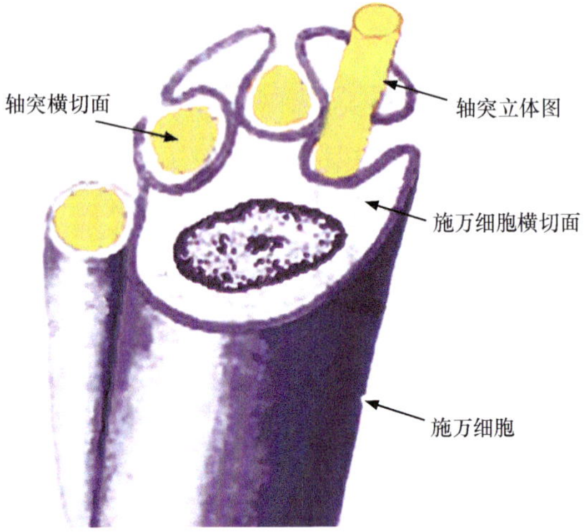

图 1-7-25　周围神经系统无髓神经纤维形成模式图

神经纤维的功能是传导神经冲动。有髓神经纤维的髓鞘含有丰富的类脂而具有疏水性，电阻大，因此，髓鞘在组织液和轴膜之间起保护和绝缘作用，可防止神经冲动的扩散。神经冲动的传导是在轴膜上进行的。在轴突起始段产生的神经冲动，必须通过郎飞结处的轴膜传导，从一个郎飞结跳到另一个郎飞结，故神经传导速度极快，大部分脑、脊神经属于有髓神经纤维。无髓神经纤维因无髓鞘和郎飞结，神经冲动传导是沿着轴突进行连续性传导的，故其传导速度比有髓神经纤维慢得多。

二、神　　经

周围神经系统的神经纤维集合在一起，外包结缔组织、血管和淋巴管构成的条索状结构称神经（nerve）。包裹在神经外面的致密结缔组织称神经外膜。神经内的神经纤维又被结缔组织分隔成大小不等的神经纤维束，包裹神经纤维束的结缔组织称神经束膜。而包绕在每条神经纤维周围的结缔组织称神经内膜（图 1-7-26）。

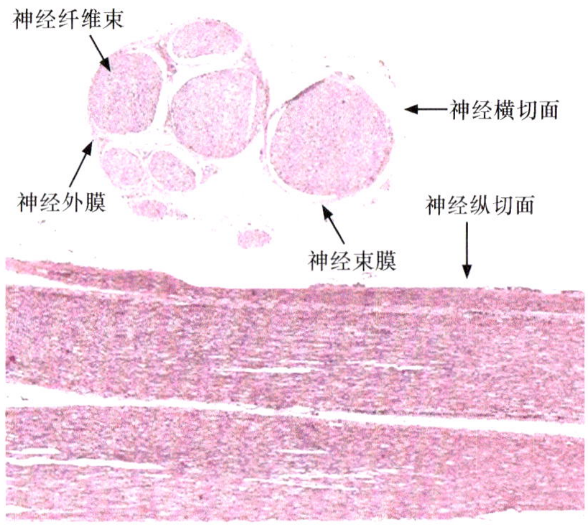

图 1-7-26　坐骨神经（HE 染色）

第五节　神经末梢

神经末梢（nerve ending）是指周围神经纤维的终末部分终止于其他组织或器官中所形成的特化结构。按功能可分为感觉神经末梢和运动神经末梢两大类。

一、感觉神经末梢

感觉神经末梢（sensory nerve ending）是感觉神经元（假单极神经元）周围突的终末部分，该终末与周围其他结构共同组成感受器（receptor）。它能接受体内外环境的各种刺激，并将刺激转化为神经冲动传向中枢，产生感觉。感觉神经末梢按其结构又可分为游离神经末梢和有被囊神经末梢两类。

（一）游离神经末梢

游离神经末梢（free nerve ending）是感觉神经

元周围突的终末部分失去髓鞘后反复分支而成（图1-7-27），广泛分布在表皮、角膜和毛囊等的上皮细胞间，或分布在骨膜、关节囊、肌腱、牙髓等各种结缔组织中，能感受冷、热、疼痛和轻触的刺激。

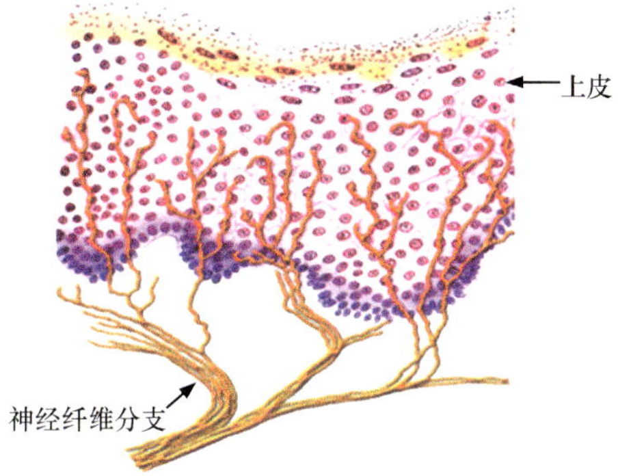

图 1-7-27　游离神经末梢模式图

（二）有被囊神经末梢

此类神经末梢有结缔组织被囊包裹，形成特定的结构，但它们大小不一，形态多样种类很多，常见的有三种类型：

1. 触觉小体（tactile corpuscle）　触觉小体呈卵圆形，长轴与皮肤表面垂直，外包有结缔组织被囊，小体内有很多横列的扁平细胞（图 1-7-28）。有髓神经纤维进入小体前失去髓鞘穿入被囊内，盘绕在扁平细胞之间。触觉小体位于皮肤真皮乳头内，主要分布在手指掌面皮肤，尤以触觉灵敏的指尖、口唇处最为丰富。触觉小体可感受触觉。

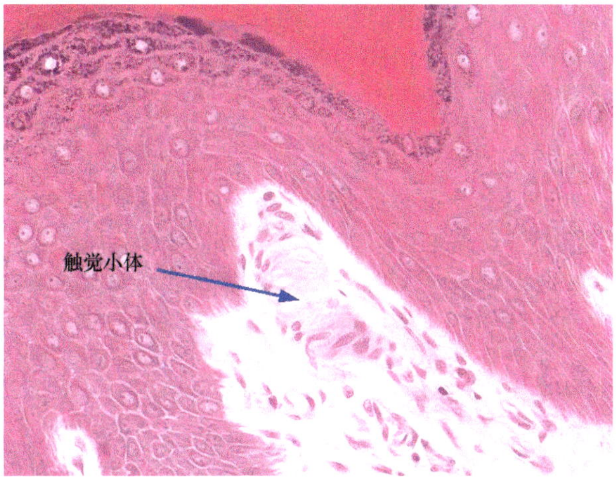

图 1-7-28　触觉小体（指皮，HE 染色）

2. 环层小体（lamellar corpuscle）　环层小体体积较大，呈圆形或卵圆形，小体的被囊由数十层扁平细胞呈同心圆排列组成，小体中央为一均质状的圆柱体，有髓神经纤维失去髓鞘后，裸露的轴突伸入圆柱体内（图 1-7-29）。环层小体分布在皮下组织、肠系膜、韧带和关节囊等处，感受压觉和振动觉。

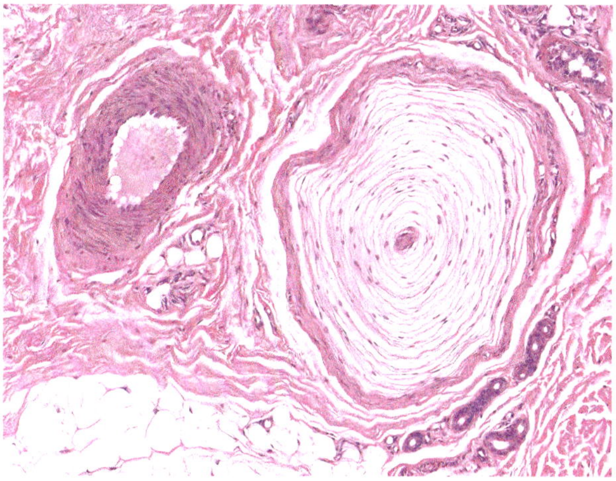

图 1-7-29　环层小体

3. 肌梭（muscle spindle）　肌梭是分布在全身骨骼肌的梭形小体。表面有结缔组织被囊，内含若干条较细的骨骼肌纤维，称**梭内肌纤维**（intrafusal muscle fiber）。梭内肌纤维的中段肌浆较多，肌原纤维较少，肌纤维的细胞核排列成串并聚集在肌纤维中央而使中段膨大。感觉神经纤维进入肌梭前失去髓鞘，其轴突细支分别呈环状包绕梭内肌纤维中段的含核部分。而运动神经纤维的末端分支则分布于梭内肌纤维的两端。肌梭是一种本体感受器，能敏锐地感受骨骼肌肌纤维的伸缩、牵拉变化，因此，肌梭在调控骨骼肌的活动中起重要作用。

二、运动神经末梢

运动神经末梢（motor nerve ending）是运动神经元传出神经纤维的终末结构，它分布于肌组织及腺体内，支配肌纤维的收缩，调节腺细胞的分泌。可分为躯体和内脏运动神经末梢两类。

（一）躯体运动神经末梢

躯体运动神经末梢（somatic motor nerve ending）是分布于骨骼肌内的运动神经末梢。神经元胞体位于脊髓灰质前角或脑干。胞体发出的长轴突构成的有髓神经纤维抵达骨骼肌时失去髓鞘，其轴突反复分支，每一分支终末形成葡萄状膨大（图1-7-30），与一条骨骼肌纤维建立突触连接，此连接区域呈椭圆形板状隆起，称运动终板（motor end plate）或称神经肌连接。一个运动神经元及其所支配的全部骨骼肌纤维称为一个运动单位（motor unit）。一个运动神经元支配肌纤维数量越少，运动单位越小，产生的动作越精细，如面部和手指的神经支配。

图 1-7-30 运动终板（氯化金染色）

运动终板实际上是一种化学性突触。电镜下，运动终板处的骨骼肌纤维表面凹陷成浅槽，运动神经末梢的轴突终末嵌入浅槽内，槽底的肌膜即突触后膜，突触后膜上有乙酰胆碱的受体。轴突终末内有许多含乙酰胆碱的突触小泡（图 1-7-31）。当神经冲动到达运动终板时，轴突终末释放乙酰胆碱到突触间隙，并作用于突触后膜（肌膜）上的乙酰胆碱受体，致使肌膜兴奋，经横小管系统传导至整个肌纤维，引起肌纤维收缩。

（二）内脏运动神经末梢

内脏运动神经末梢（visceral motor nerve ending）分布于心肌、内脏和血管的平滑肌、腺体等处，是由自主神经节或神经丛发出的无髓神经纤维末梢，轴突较细并反复分支，其轴突终末常成串珠状膨大，称膨体（varicosity），黏附于平滑肌纤维表面或穿行于腺细胞之间，与效应细胞建立突触结构。电镜下可见膨体内含有许多突触小泡和线粒体，小泡内神经递质释放后通过弥散方式作用于效应细胞膜上的受体，引起平滑肌的收缩和腺体的分泌。

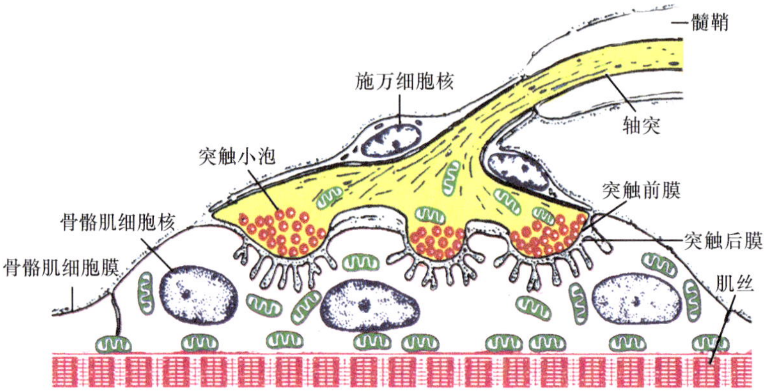

图 1-7-31 运动终板超微结构模式图

思 考 题

（1）试述神经元的结构及其功能。

（2）试述化学性突触的超微结构及信息传递过程。

（赵文杰）

阿尔茨海默病

阿尔茨海默病（AD）是一种起病隐匿的进行性发展的神经系统退行性疾病。临床上以记忆障碍、失语、失用、失认、视空间技能损害、执行功能障碍以及人格和行为改变等全面性痴呆表现为特征。以老年斑、神经原纤维缠结和神经元缺失为主要病理特征。老年斑的主要成分是 β 淀粉样蛋白，高浓度 β 淀粉样蛋白对成熟神经元有神经毒性作用，β 淀粉样蛋白沉积是 AD 脑胆碱能神经元缺失的主要致病因素，β 淀粉样蛋白沉积的范围与神经损伤和认知功能缺损密切相关。NFT 以成对螺旋丝样结构（paired helical filament，PHF）存在，且 NFT 的数量与患者痴呆的程度呈正相关。组成 PHF/INFT 唯一的必需成分是 tau 蛋白。AD 患者脑中 tau 蛋白呈过度的磷酸化，进而失去了与正常微管结合、促进微管装配的功能，导致神经元结构及功能改变。上述病理性改变发生在与学习记忆以及认知有关的新皮质、海马和基底前脑的胆碱能系统。

目前，关于 AD 发病机制的学说很多，主要包括基因学说、神经递质功能障碍、线粒体功能异常、氧化应激损伤、突触可塑性降低、神经细胞凋亡、头部外伤等方面。但是，每一种发病机制都未能完全解释 AD 的发生和发展，因此推测，AD 的发生发展可能是多种机制相互作用的结果。

第 8 章　神经系统

内容提要

（1）大脑、小脑、脊髓的结构及功能。
（2）血 - 脑屏障。
（3）神经节的结构。

神经系统主要由神经组织组成，分为中枢神经系统和周围神经系统两部分，前者包括脑和脊髓，后者由神经节和神经构成。中枢神经系统的实质可分为灰质和白质。**灰质**（gray matter）是神经元胞体集中的区域；**白质**（white matter）主要由神经纤维和胶质细胞组成，无神经元胞体。在脑，灰质位于表层，故又称**皮质**（cortex），白质位于皮质的内侧或脑的深层，也称**髓质**（medulla）。一部分灰质在白质内形成细胞团，称**神经核**。在脊髓，灰质位于中央，而白质位于周边。神经节是周围神经系统中神经元胞体集中的部位，包括**脑脊神经节**（cerebrospinal ganglia）和**自主神经节**（autonomic ganglia）。神经可分为脑脊神经和自主神经。

神经系统的功能活动通过神经元之间复杂的网络联系而实现。神经系统具有反射、联系、整合和调节等复杂功能，对体内、外各种刺激做出迅速、完善的适应性反应，并与内分泌系统相辅相成，直接或间接调控机体各器官、系统的活动。

第一节　大脑皮质

大脑皮质（cerebral cortex）位于整个脑组织的表面，分左右两半球，中间以胼胝体相连。大脑皮质由排列有序的神经元、神经胶质细胞和神经纤维构成，有 150 亿～200 亿个神经元。

一、大脑皮质神经元

大脑皮质神经元数量多，种类丰富，均为多极神经元，按其细胞的形态可分为锥体细胞、颗粒细胞和梭形细胞三大类（图 1-8-1）。这些神经元以分层方式排列，各层细胞间通过突触而形成复杂的联系。

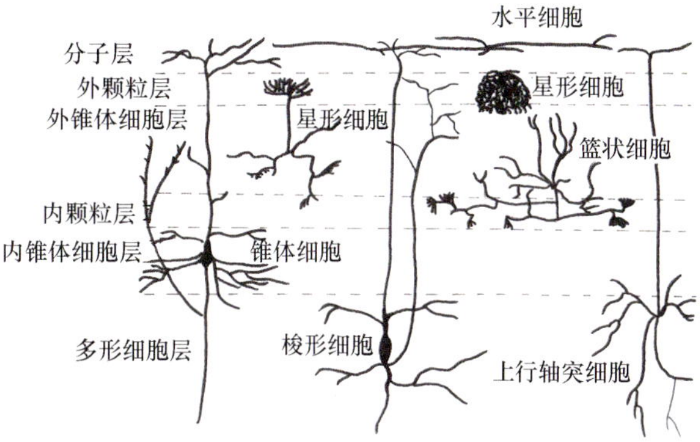

图 1-8-1　大脑皮质神经元的种类和分布示意图

（一）锥体细胞

锥体细胞（pyramidal cell）是大脑皮质的主要投射神经元，依据胞体大小不同，分为大、中、小 3 型。多数锥体细胞呈锥体形（图 1-8-2），从锥体形的尖端发出一条较粗的称为主树突的突起，该突起伸向皮质的表层，沿途不断发出许多小斜行侧支并分支成簇，称**终末簇**（terminal tuft）。在锥形细胞底部还发出一些基树突，沿水平方向扩展，距离不等地走向白质，其分支更多。所有树突上都有丰富的树突棘，棘的数量随至胞体的距离增加而增加。轴突自细胞底部中央与主树突相对的位置上发出，细而均匀，长短不一，短者走行在所在皮质范围内，与邻近细胞形成突触联系，而长者则离开皮质，参与组成下行至脑干和脊髓的投射纤维，或走行至同侧及对侧的不同皮质区形成联合纤维。

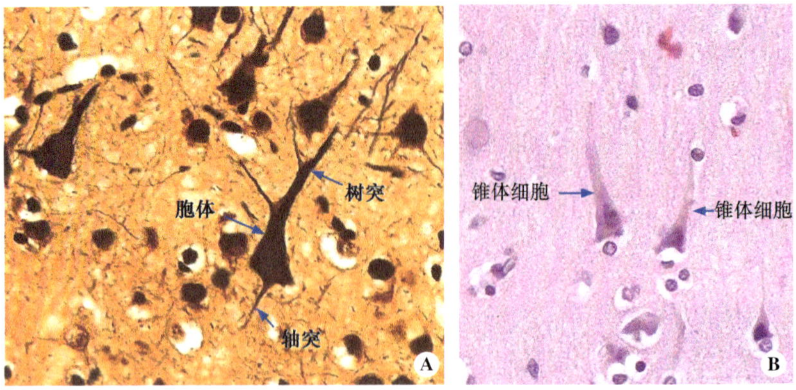

图 1-8-2　大脑皮质锥体细胞（A：镀银染色；B：HE 染色）

（二）颗粒细胞

颗粒细胞（granular cell）是大脑皮质中数量最多的一类神经元，胞体较小，呈颗粒状，根据细胞形态及突起走行，可细分为星形细胞（spiny stellate cell）、水平细胞（horizontal cell）、篮状细胞（basket cell）、上行轴突细胞（ascending axonic cell）等多个亚类（图 1-8-1），其中以星形细胞数量最多。星形细胞有许多树突从胞体呈放射状发出使细胞外形成星状，但没有主树突。放射状树突表面有大量树突棘，与从丘脑来的传入纤维终末形成兴奋性突触。星形细胞的轴突多数很短，终止于附近的锥体细胞或梭形细胞。少数星形细胞的轴突较长，可上行至皮质表面与锥体细胞顶树突及其分支或与水平细胞建立突触联系。水平细胞的树突和轴突与皮质表面平行分布，与锥体细胞顶树突联系。篮状细胞的树突表面仅有少量或没有树突棘，其轴突分支向水平方向伸展，呈篮状或网状包绕锥体细胞胞体及主树突起始段，形成突触。上行轴突细胞也称 Matinotti 细胞，是一种小型的多极神经元，其树突短，有分支，并有树突棘。其轴突垂直上行至皮质表面，沿途发出水平方向伸展的分支。颗粒细胞是大脑皮质中参与构成皮质内信息传递局部微环路的中间神经元，有兴奋性和抑制性之分，主要接受其他部位的传入信息，并加以处理后传递给锥体细胞和梭形细胞。

（三）梭形细胞

在大脑皮质中，梭形细胞（fusiform cell）数量较少，大小不一，胞体为梭形，树突自胞体的上下两端发出（图 1-8-1，图 1-8-3），上端树突多行至皮质表面，而下端树突则走行至皮质的深层。轴突起自下端树突的主干，其终末分支与锥体细胞形成突触。部分梭形细胞胞体较大，为投射神经元，主要分布在皮质深层，属 Golgi Ⅰ型神经元，其轴突较长，向下延伸进入白质，组成投射纤维或联合传出纤维。

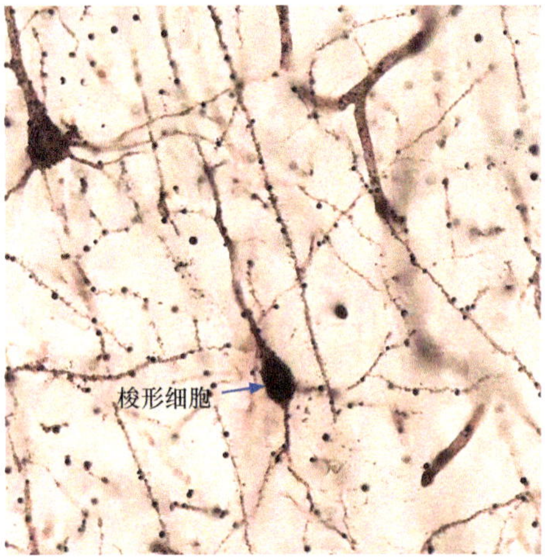

图 1-8-3　大脑皮质梭形细胞（镀银染色）

二、大脑皮质的分层

大脑皮质的神经元分布呈层状，但各层之间分界不明显。在尼氏染色的标本中，根据神经元的大小、形态和排列密度的不同，除个别脑区外，大脑皮质由浅层至深层依次分为分子层、外颗粒层、外锥体细胞层、内颗粒层、内锥体细胞层和多形细胞层 6 层（图 1-8-4）。

（一）分子层

分子层（molecular layer）位于大脑皮质最浅层，神经元小而少，主要由水平细胞和星形细胞构成，并有来自深层锥体细胞和梭形细胞的顶树突、上行轴突细胞的垂直轴突以及来自同侧和对侧大脑半球及皮质区外（丘脑等脑区）的传入纤维。

（二）外颗粒层

外颗粒层（external granular layer）含有许多星形细胞、篮状细胞等颗粒细胞和少量小型锥体细胞的胞体，其中的树突、轴突和邻近层的锥体细胞顶树突等交织形成神经毡，来自深层细胞的轴突在此形成广泛的突触连接和复杂的皮质内回路。

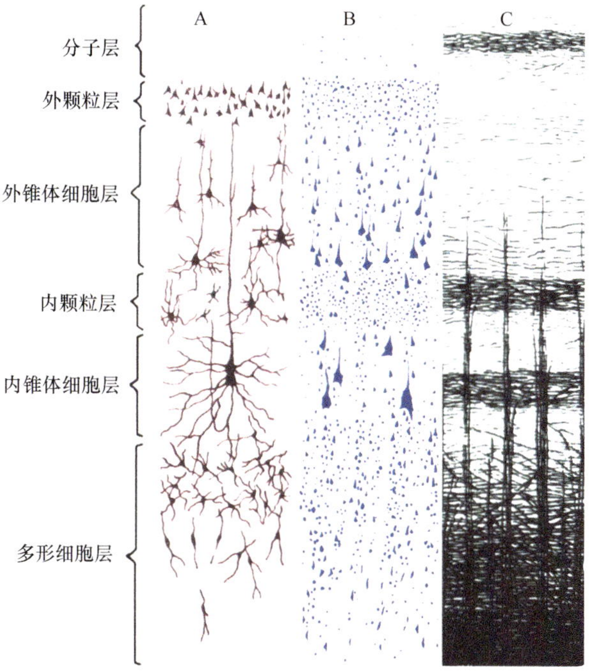

图 1-8-4 大脑皮质分层结构模式图

A：神经元形态（镀银染色）；B：6层结构（尼氏染色）；C：神经纤维的分布（锇酸染色）

（三）外锥体细胞层

外锥体细胞层（external pyramidal layer）主要由许多中型锥体细胞组成，并含有少量颗粒细胞。此层可分为深浅两个亚层，锥体细胞从浅层到深层逐渐增大。细胞的顶树突进入分子层，轴突进入髓质，组成联合纤维。

（四）内颗粒层

内颗粒层（internal granular layer）主要由密集排列的星形细胞组成，含有少量小锥体细胞。许多颗粒细胞的短轴突在此层内分支，与来自其他皮质区和皮质下区或邻近层的神经纤维形成突触。

（五）内锥体细胞层

内锥体细胞层（internal pyramidal layer）主要由中型和大型锥体细胞组成，还有篮状细胞和上行轴突细胞等颗粒细胞。在中央前回运动区，此层有巨大锥体细胞，胞体高 120 μm，宽 80 μm，称 Betz 细胞，其顶树突伸到分子层，轴突进入髓质，形成投射纤维，下行到达脑干和脊髓，组成投射纤维。

（六）多形细胞层

多形细胞层（polymorphic layer）含有多种类型细胞，以梭形细胞为主。梭形细胞的长轴与皮质表面垂直，胞体较大的树突可延伸到分子层，胞体较小的树突则分布在本层或仅上行到内颗粒层，其轴突形成投射纤维和联合纤维。

在大脑的不同区域，皮质的这六层结构存在有差异，各层的厚度及细胞组成均表现出局域性特征。如中央前回（运动皮质）的第 4 层不明显，第 5 层较发达。视皮质在第 4 层特别发达，第 5 层细胞较小。

三、大脑皮质神经元的联系和功能

神经元的联系也称**神经元回路**（neuronal circuit），指神经元通过突触联系形成各种信息传导通路。大脑皮质是神经系统最高级的中枢，其神经元回路十分复杂。

大脑皮质的 1～4 层主要接受传入信息。来自丘脑的感觉传入纤维主要进入第 4 层与星形细胞形成突触，星形细胞的轴突又与其他细胞建立广泛的联系。来自同侧或对侧皮质的联合纤维进入第 2 层、第 3 层，与锥体细胞形成突触。大脑皮质的传出纤维分为投射纤维和联合纤维 2 种。投射纤维主要起自第 5 层的锥体细胞和第 6 层的大梭形细胞，下行至脑干及脊髓。联合纤维起自第 3 层、5 层、6 层的锥体细胞和梭形细胞，分布于皮质的同侧及对侧脑区。皮质的第 2 层、3 层、4 层细胞主要与各层细胞相互联系，构成复杂的局部神经微环路。各种信息传入大脑皮质，通过局部回路的传递和处理，对信息进行分析、整合和贮存，产生知觉、学习和记忆等高级神经活动，然后经锥体细胞将信息传出，产生相应的效应。

有研究表明，大脑皮质神经元的排列呈纵向柱状与皮质表面垂直，这种结构称垂直柱（vertical column），可能是皮质结构和功能的基本单位。皮质的这种柱形结构贯穿皮质全层，由传入纤维、中间神经元和传出神经元相互连接在一起，实际上构成一个复杂的皮质内局部神经回路或传入–传出信息的整合单位。传入冲动首先进入Ⅳ层，并通过突触与Ⅲ、Ⅱ层细胞联系，再由Ⅲ层和Ⅱ层细胞在柱内垂直扩布，最后由Ⅲ、Ⅴ、Ⅵ层细胞发出传出冲动离开大脑皮质。据认为，同一垂直柱内的所有神经元都对同一感觉类型发生反应，并具有相同或相似的感受野。

大脑皮质神经元的结构、分布及其形成的突触联系的数量和范围并不是一成不变的，当机体的内外环境发生变化或在功能训练的基础上，皮质神经元原有的结构及其形成的突触联系可出现一定程度的改变，这种现象称为皮质可塑性（cortical plasticity）。大脑皮质的可塑性变化实际上是神经元的可塑性变化。发育时期的大脑皮质可塑性较大，成年大脑已发育成熟，其可塑性则较小。

第二节 小脑皮质

小脑位于颅后窝，由中间缩窄的小脑蚓和两侧膨隆的小脑半球构成。小脑表面可见许多大致平行的浅沟，将小脑分成许多横行的叶片，每个小叶片均由表层的皮质和深层的髓质（白质）构成。髓质内有灰质块构成的神经核。小脑皮质的结构较大脑皮质简单，每个叶片的结构基本相同。

一、小脑皮质的神经元和分层

小脑皮质由星形细胞、篮状细胞、浦肯野细胞、颗粒细胞和高尔基细胞 5 种细胞组成，由表及里可明显地分为分子层、浦肯野细胞层和颗粒层（图 1-8-5）。

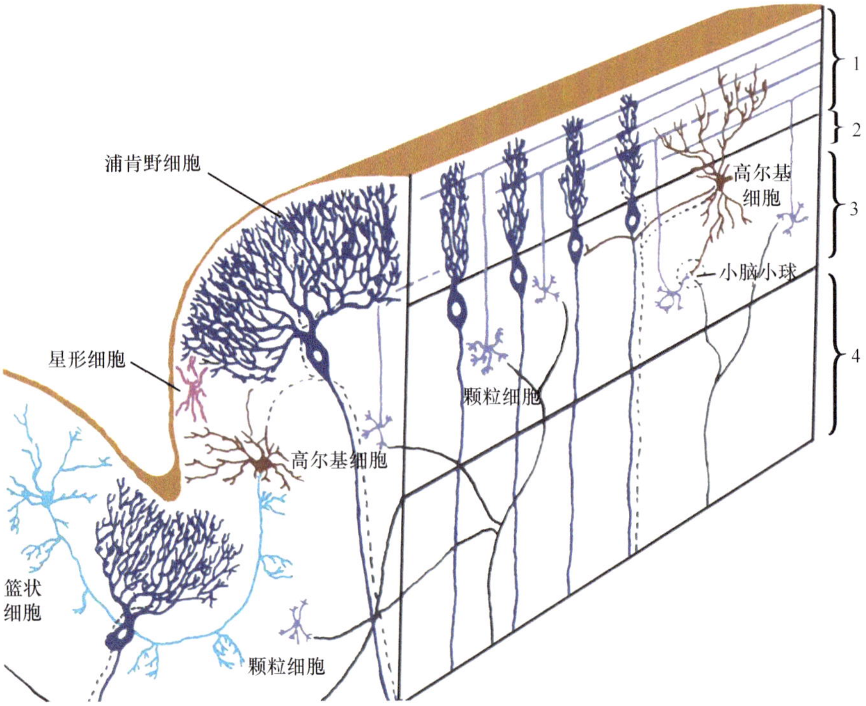

图 1-8-5 小脑皮质内神经元类型和分布

1. 分子层；2. 浦肯野细胞层；3. 颗粒层；4. 小脑髓质

（一）分子层

分子层（molecular layer）较厚，主要由神经纤维组成，而神经元的数量较少，呈分散排列（图 1-8-5，图 1-8-6，图 1-8-7）。分子层中的神经元主要包括两种，一种是星形细胞，其胞体小，分布于皮质浅层，突起多而短，轴突沿小脑叶片横面走行，并与浦肯野细胞的树突系形成突触联系。另一种是篮状细胞，胞体较大，分布于深层，轴突较长，其走向与小脑叶片长轴垂直，沿途发出许多侧支，其末端包绕浦肯野细胞的胞体并与之形成多个突触。

（二）浦肯野细胞层

浦肯野细胞层（Purkinje cell layer）由排列规则、形态相似的单行浦肯野细胞（Purkinje cell）胞体组成（图 1-8-6）。浦肯野细胞也称梨状细胞，是小脑皮质中最大的一种神经元，胞体呈梨形，从顶端发出 2 ～ 3 条粗大的主树突伸向分子层，主树突沿途发出很多分支，形如扁柏树叶状或扇形，铺展在与小脑叶片长轴垂直的平面上（图 1-8-7，图 1-8-8）。在树突 3 级以上分支上有许多树突棘，与传入纤维构成广泛的突触联系。浦肯野细胞接受传入小脑的全部信息。浦肯野细胞的轴突在与主树突相对的方向从胞体底部发出，离开胞体不远便形成有髓神经纤维，穿过深层皮质进入髓质，组成小脑皮质唯一的传出纤维，终止于小脑内部的神经核团。1 个浦肯野细胞的轴突约形成 500 个终末膨大，约与小脑深部核群 35 个神经元形成突触。颗粒细胞胞体很小，核呈圆形或椭圆形，染色深。从胞体上发出 4 ～ 5 个短树突，树突末端分支成爪状末梢。轴突上行进入分子层呈“T”形分支，与小脑叶片长轴平行，称平行纤维（parallel fiber）。平行纤维穿过浦肯野细胞的扇形树突，每条平行纤维可与 400 多个浦肯野细胞的树突棘建立突触。

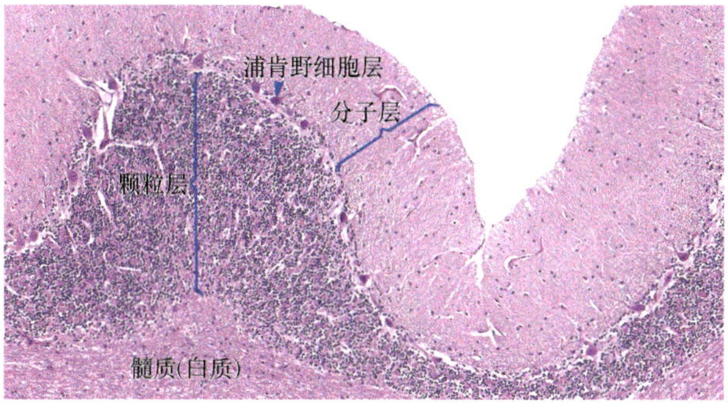

图 1-8-6　小脑（HE 染色）

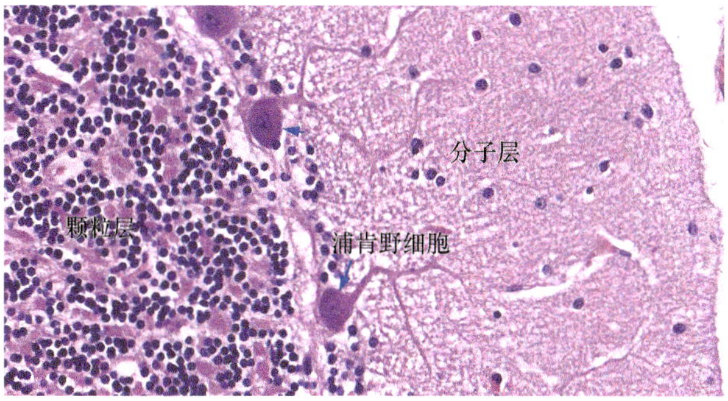

图 1-8-7　小脑皮质（HE 染色）

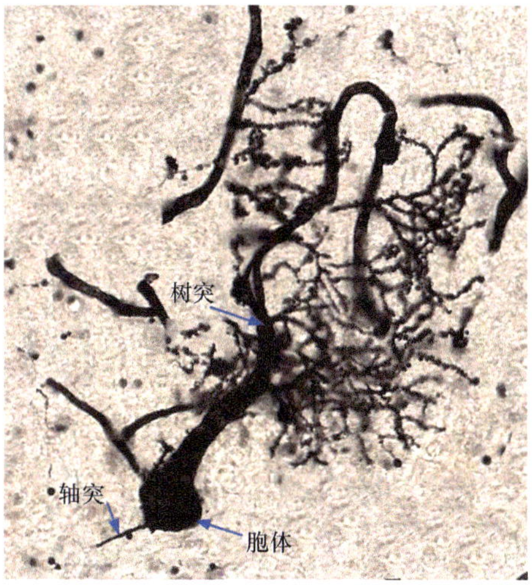

图 1-8-8　浦肯野细胞（镀银染色）

（三）颗粒层

颗粒层（granular layer）由密集的颗粒细胞和一些高尔基细胞（Golgi cell）组成（图 1-8-5，图 1-8-6，图 1-8-7）。但一条平行纤维只与一个浦肯野细胞的一个树突棘形成突触连接。浦肯野细胞的分支繁多，而一个浦肯野细胞的扇形树突有 20 万～30 万条平行纤维通过，因此一个浦肯野细胞可同时接受 20 万～30 万个颗粒细胞的支配和影响。高尔基细胞主要位于颗粒层浅层，数量较少，其胞体较大，树突分支较多，树突棘较少，大部分分支伸入分子层向各方向伸展，与平行纤维接触。轴突仅分布在颗粒层内，分支丛密，与颗粒细胞的树突形成突触（图 1-8-5）。

二、小脑皮质神经元的联系

小脑的 5 种神经元中，只有浦肯野细胞属于传出神经元。颗粒细胞是谷氨酸能的兴奋性神经元，其他神经元都是 γ - 氨基丁酸（GABA）能的抑制性神经元。小脑的传入纤维有三种：其中攀缘纤维（climbing fiber）、苔藓纤维（mossy fiber）和去甲肾上腺素能纤维。攀缘纤维和苔藓纤维以谷氨酸为递质，是兴奋性神经纤维，而去甲肾上腺素能纤维以去甲肾上腺素为递质，属于抑制性神经纤维。攀缘纤维主要起源于延髓的下橄榄核，纤维较细，它进入小脑皮质后与浦肯野细胞的树突及树突棘形成突触。一条攀缘纤维与一个浦肯野细胞的树突可形成 300 多个突触，故一条攀缘纤维的神经冲动可引起一个浦肯野细胞强烈兴奋。苔藓纤维起源于脊髓和脑干的核群，纤维较粗，进入小脑皮质后纤维末端分支膨大呈苔藓状。每一膨大的末端可与多个颗粒细胞的树突、高尔基细胞的轴突或近端树突形成复杂的突触群，形似小球，故称小脑小球（cerebellar glomerulus）（图 1-8-9）。一条苔藓纤维的分支可分布于多个小脑叶片内，约可兴奋 800 多个颗粒细胞，每个颗粒细胞的平行纤维又与 400 多个浦肯野细胞间建立有突触联系，因此，一条苔藓纤维可引起几十万个浦肯野细胞兴奋从而产生具有放大效应的浦肯野细胞兴奋作用。攀缘纤维和苔藓纤维均可以把来自小脑外的神经冲动传到小脑皮质，并最终对浦肯野细胞产生兴奋作用，所不同的是，攀缘纤维直接强烈地兴奋单个浦肯野细胞，而苔藓纤维则通过颗粒细胞的平行纤维间接兴奋数十万个浦肯野细胞。攀缘纤维的侧支及颗粒细胞的平行纤维还可以与小脑内颗粒细胞、篮细胞和高尔基细胞等抑制性中间神经元接触形成突触，并通过这些抑制性中间神经元的介导对浦肯野细胞产生抑制作用，从而对小脑的精细调节功能产生重要的意义。去甲肾上腺

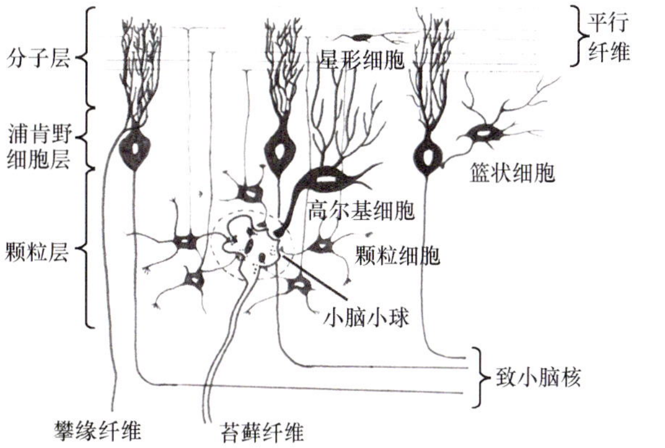

图 1-8-9　小脑皮质神经元与传入纤维的关系

素能纤维分别起源于蓝斑核和中缝核，自髓质进入皮质，分布于皮质各层，与浦肯野细胞胞体及其树突形成突触，分别通过去甲肾上腺素和5-羟色胺抑制浦肯野细胞的活动。

第三节　脊　　髓

脊髓位于椎管内，呈圆柱形，前后稍扁，外包被膜。脊髓两旁发出许多成对的脊神经分布到全身皮肤、肌肉和内脏器官。在横切面上，脊髓中央为中央管（central canal），内衬室管膜上皮；灰质在中央管的周围，主要由神经细胞和纵横交错的无髓神经纤维组成；白质位于灰质的外面，主要由上行和下行有髓神经纤维组成（图1-8-10）。脊髓的主要功能是传导上、下行神经冲动和进行反射活动。

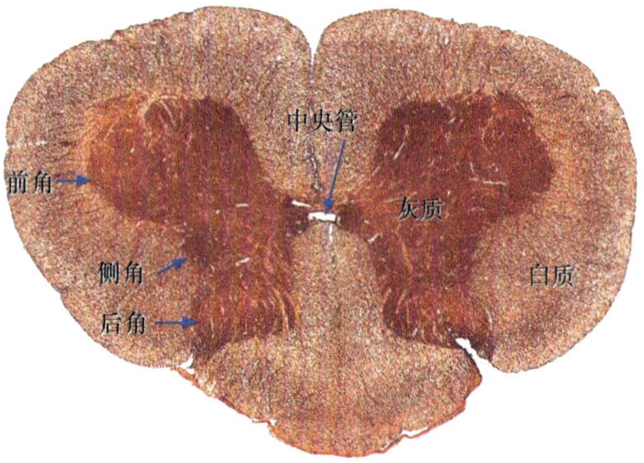

图1-8-10　脊髓横切面（硝酸银）

一、脊髓灰质

脊髓灰质纵贯脊髓全长，横切面呈蝴蝶形，分为前角和后角，前、后角之间为中间带，第2胸段脊髓至第1腰段脊髓的中间带向侧方突起，形成侧角。

（一）前角

前角内含有多极运动神经元，多为躯体运动神经元，其中大者称为α运动神经元，其胞体的平均直径超过25 μm；核周质内尼氏体典型，呈斑片状；核大而圆，核仁明显；轴突粗而长，分布到骨骼肌（梭外肌），其末梢与骨骼共同形成运动终板。小者称为γ运动神经元，胞体直径在15～25 μm左右，轴突较细，支配肌梭的梭内肌纤维。α、γ神经元均以乙酰胆碱作为神经递质。在脊髓前角内还有一种抑制性中间神经元，称为闰绍细胞（Ranshaw cell），这种细胞能以甘氨酸作为神经递质，通过其短轴突与α运动神经元建立突触联系，并对其功能活动产生抑制作用。

（二）后角

脊髓后角内的神经元类型复杂，多为小型神经元。这些神经元主要接受感觉神经元中枢突（脊神经后根）的传入冲动，其中有一类神经元具有长轴突，在白质中形成上行投射纤维束到达脑干、小脑和丘脑，称为束细胞（tract cell）或投射神经元。

（三）侧角

侧角内含有中型多极神经元，为交感神经的节前神经元，其轴突形成节前纤维终止于交感神经节，并与其中的节细胞建立突触。侧角节前神经元亦为胆碱能神经元。

此外，脊髓灰质内还有许多中间神经元，其轴突长短不一，在脊髓内与前角和后角内的神经元建立联系。其中的短轴突神经元只与同节段内的束细胞和运动神经元建立联系，而长轴突的神经元则可伸至脊髓白质内，并在其中上下穿行一个或数个节段，终止于相邻或较远脊髓节段的同侧或对侧神经元。

二、脊髓白质

白质的主要结构为各种纵行的神经纤维，多数为有髓神经纤维。这些纤维包括来自脊神经节细胞经后根进入脊髓的传入纤维，起自脊髓灰质神经元将传入的感觉信息上传至脊髓以上结构的上行传导束，起自脊髓以上不同脑区将运动信息下传至脊髓的下行传导束，起自脊髓神经元且终止于脊髓，完成节段内及节段间联系的纤维及起自脊髓前角和侧角经前根传出脊髓的运动纤维。

第四节　神　经　节

神经节可分为脑脊神经节（cerebrospinal ganglia）和自主神经节（autonomic ganglia）两类，后者进一步分为交感神经节和副交感神经节。神经节多为卵圆形，外包结缔组织被膜。神经节内的神经元称为节细胞，其突起形成神经纤维，卫星细胞及其外面的基膜包绕在节细胞胞体周围。此外，节内还有大量神经纤维及少量结缔组织和血管。

一、脑脊神经节

脑神经节分布于某些脑神经干上，而脊神经节是脊髓两侧脊神经背根上的膨大结构，两者均属于感觉性神经节。脑脊神经节内的神经元为假单极神经元，其胞体为圆形或卵圆形，大小不等，含有细小分散的尼氏体。胞核圆形，体积较大，位居胞体中央，染色较浅，核仁明显（图 1-8-11）。一个突起从胞体上发出，其根部在胞体附近盘曲，然后形成“T”形分支，一支走向中枢称为中枢突，另一支称周围突，经脑脊神经分布到外周组织，其终末形成感觉神经末梢。脑脊神经节突起形成的神经纤维平行排列成束，将神经元胞体分隔成群。在神经元胞体及突起起始部外面有一层卫星细胞包裹，在突起分支处改由施万细胞包裹，参与形成有髓神经纤维。

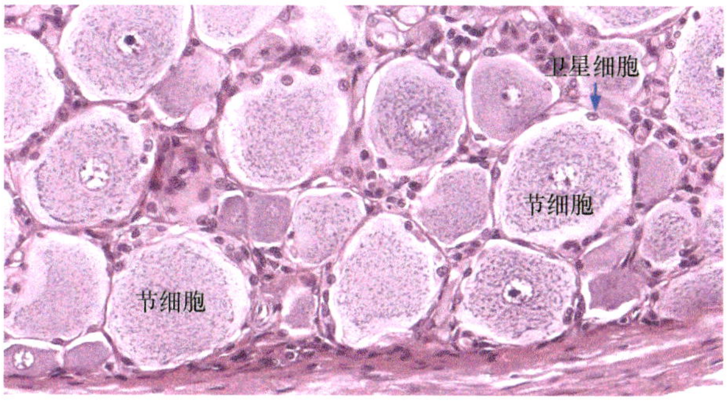

图 1-8-11　脊神经节

二、自主神经节

自主神经节分为交感和副交感神经节两种，其中交感神经节位于脊柱两旁及前方，副交感神经节则位于器官附近或器官内。自主神经节中的神经节细胞为自主神经系统的节后神经元，属于多极运动神经元，其胞体较感觉神经节细胞的胞体小，散在分布。胞核常偏居胞体一侧，部分细胞含有双核，胞质内的尼氏体呈细颗粒状均匀分布（图 1-8-12）。神经元周边的卫星细胞较少，不完全地包绕胞体和突起。与脑脊神经节不同，自主神经节内的纤维主要为无髓神经纤维，并有节前和节后纤维之分。节前纤维和节细胞的胞体和树突建立突触联系，而节后纤维则离开神经节，其末梢形成内脏运动神经末梢，支配平滑肌、心肌和腺体的活动。

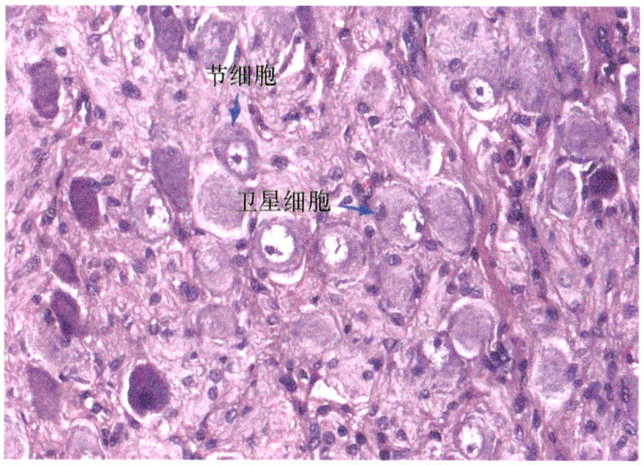

图 1-8-12　交感神经节

在交感神经节内，节细胞可分为体积较大的主节细胞（principal ganglion cell）和体积较小的小强荧光细胞（small intensely fluorescence cell，SIF）。主节细胞占多数，其中多数为肾上腺能神经元，少数为胆碱能神经元。SIF 细胞为中间神经元，其轴突终末与主节细胞形成突触，内含多巴胺和去甲肾上腺素，因用甲醛蒸气处理时，在紫外线下呈现强的荧光而得名。副交感神经节的节细胞为胆碱能神经元。在自主神经节内，除了肾上腺素能和胆碱能神经元外，还有肽能神经元。

第五节　脑脊膜、脉络丛、脑脊液

脑脊膜是包在脑和脊髓外表面的结缔组织膜，从外向内依次分为**硬膜**（dura mater）、**蛛网膜**（arachnoid）和**软膜**（pia mater）。硬膜由致密结缔组织构成，厚而坚硬，分为硬脑膜和硬脊膜两部分。硬膜与蛛网膜之间的狭窄间隙称硬膜下腔（subdural space），内含少量液体。蛛网膜由薄层疏松结缔组织构成，结缔组织纤维形成许多小梁将蛛网膜与其下方的软膜相连，二者之间有较大的腔隙，称蛛网膜下腔（subarachnoid space），腔内充满脑脊液。蛛网膜的内外表面和小梁表面均衬以单层扁平上皮。软膜紧贴脑和脊髓的表面，为一层富含血管的疏松结缔组织，其外表面也覆盖有单层扁平上皮。软膜的血管供应脑和脊髓的营养，但软膜与血管之间仍有间隙，称血管周隙（perivascular space），与蛛网膜下腔相通，内含脑脊液。小血管在脑实质内分支形成毛细血管后，其周围的结缔组织消失，只有胶质膜包裹。

脉络丛（choroid plexus）是由富含血管的软膜与室管膜（ependyma）共同向脑室内突出而形成的皱襞状结构，见于第三、四脑室顶部和部分侧脑室壁。脉络丛上皮由一层立方形或矮柱形的室管膜细胞组成，具有分泌功能。上皮下为基膜与结缔组织，结缔组织内含丰富的有孔型毛细血管和巨噬细胞。脉络丛的主要功能是生成脑脊液。

脑脊液（cerebrospinal fluid）是由脉络丛上皮细胞分泌的一种无色透明的液体，位于脑室、脊髓中央管、蛛网膜下腔和血管周隙中，其蛋白质成分很少，但有较高浓度的 Na^+、K^+ 的和 Cl^-，并有少许脱落细胞和淋巴细胞。在成年男性，脑脊液的量约为 100ml。脑脊液由脉络丛上皮不断分泌产生（每天约为 800 ml），同时又不断通过蛛网膜粒（蛛网膜突入颅静脉窦内的绒毛状突起）渗入矢状窦，回流入血，形成脑脊液循环。脑脊液的主要功能是营养和保护脑和脊髓，脑脊液还是脑和血液之间进行物质交换的中介。

第六节　血 - 脑屏障

一些物质在身体其他部位容易从血液渗透到组织液，但在脑和脊髓组织却受到限制或不能渗入，这是由于在脑和脊髓内存在不同的屏障结构。

在血液与脑脊液之间存在血 - 脑脊液屏障（blood-cerebrospinal fluid barrier，BCB），由脉络丛毛细血管内皮及其基膜以及脉络丛上皮细胞共同构成，其中脉络丛上皮细胞之间的紧密连接构成屏障的主要结构。该屏障可选择性阻止某些物质进入脑脊液，使脑脊液保持稳定的成分而不同于血液。

在脑脊液和脑组织之间也存在选择性阻止某些物质由脑脊液进入脑组织的屏障结构，称脑脊液 - 脑屏障（cerebrospinal fluid-brain barrier），主要由脑表面的软膜 - 胶质膜和脑室的室管膜构成。

介于血液与脑实质之间的屏障结构称血 - 脑屏障（blood-brain barrier），该屏障结构主要由脑毛细血管的内皮细胞、血管基膜和星形胶质细胞突起末端扩大的脚板共同构成。脑毛细血管属于连续型毛细血管，其内皮细胞之间存在紧密连接，内皮细胞外侧有完整的基膜、周细胞及星形胶质细胞突起的脚板包绕，其中内皮细胞及其间的紧密连接是血 - 脑屏障的主要结构（图 1-8-13）。血 - 脑屏障能阻止多种物质，如毒素、某些药物等进入脑内，但由于细胞膜上存在许多蛋白质构成的不同类型的转运器（transporter），能识别特定分子并转运它们，因此营养物质和代谢产物能顺利通过血 - 脑屏障，脑组织内环境保持相对稳定。在不同脑区，血 - 脑屏障的特性存在有一定差异，如下丘脑第三脑室周围和延髓后缘区等处的室周器官，血 - 脑屏障比较薄弱，毛细血管壁对许多物质的通透性高于脑的其他部分。在一些病理情况下，如脑肿瘤、血管性脑水肿等，血 - 脑屏障的通透性会增大，丧失屏蔽作用，可导致脑内微环境自稳态的破坏。

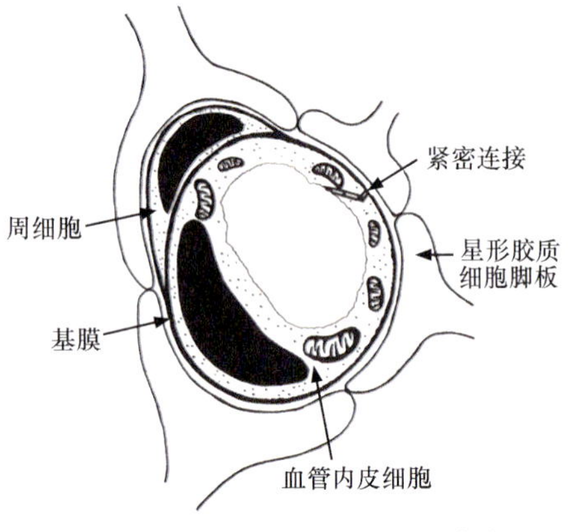

图 1-8-13　血 - 脑屏障超微结构模式图

思　考　题

（1）血 - 脑屏障结构和功能？
（2）大脑皮质神经元的分类和结构？
（3）小脑皮质神经元的结构和功能？

（王景霞　邓　萌）

脑　膜　炎

脑膜炎（meningitis）系指软脑膜的弥漫性炎症性改变。脑膜炎绝大部分由病原体引起，由脑膜炎双球菌引起的流行性脑膜炎是其中最主要的类型；少数由刺激性化学药品（如普鲁卡因、氨甲蝶呤）引起。脑膜炎有 3 种基本类型：化脓性脑膜炎，淋巴细胞性脑膜炎（多由病毒引起），慢性脑膜炎（可由结核杆菌、梅毒螺旋体、布氏杆菌及真菌引起）。细菌性脑膜炎是一种特别严重的疾病需及时治疗，如果治疗不及时，可能会在数小时内死亡或造成永久性的脑损伤。病毒性脑膜炎虽比较严重但大多数人能完全恢复，少数遗留后遗症。脑膜炎可累及硬脑膜、蛛网膜和软脑膜。硬脑膜炎多继发于颅骨感染。自从抗生素广泛应用以来，硬脑膜炎发病率已大为减少。软脑膜炎则颇为常见，包括蛛网膜和软脑膜炎症。因此，目前脑膜炎实际上是指软脑膜炎而言。

第 9 章　循环系统

内容提要

（1）血管壁的一般结构。
（2）大、中、小、微动脉的结构特点。
（3）静脉结构特点。
（4）毛细血管的基本结构及分类。
（5）心脏壁结构及心脏传导系统的组成。

循环系统（circulatory system）是连续而密闭的管道系统，包括心血管系统和淋巴管系统两部分。心血管系统由心脏、动脉、毛细血管和静脉组成。心脏是输送血液的泵，其搏出的血液经动脉流到毛细血管，血液在毛细血管与周围组织进行物质交换，毛细血管汇合成静脉，将物质交换后的血液回流到心脏。淋巴管系统是一个辅助的管道系统，由毛细淋巴管，淋巴管和淋巴导管组成。循环系统的功能主要是参与气体交换、运输营养物质和代谢产物、温度调控、激素分布和免疫功能等，一些细胞还具有内分泌功能。

第一节　血管壁的一般结构

各段血管由于功能不同，其管壁的微细结构也有所不同。但动、静脉管壁都有着共同的结构特点，从内向外分为三层，即内膜、中膜和外膜（图 1-9-1）。

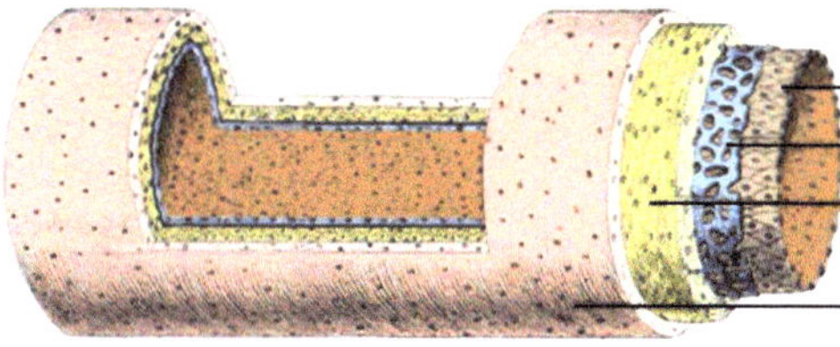

图 1-9-1　血管壁一般结构模式图

一、内　膜

内膜（tunica intima）位于管壁的最内层，在血管壁三层结构中最薄，由内皮和内皮下层组成。

（一）内皮

内皮为衬贴于血管腔面的单层扁平上皮，表面光滑，便于血液流动。内皮细胞长轴多与血流方向一致，细胞核位于中央，核所在的部位略隆起。细胞基底面附着于基膜上，内皮细胞和基膜构成通透性屏障，液体、气体和大分子物质可选择性地透过此屏障。内皮细胞超微结构的主要特点是：

1. 胞质突起（cytoplasmic process）　内皮细胞游离面向管腔伸出胞质突起，突起的形态多样，呈绒毛状、片状、瓣状或圆柱状等。突起中可见质膜小泡。胞质突起增大了内皮细胞的表面积，有助于内皮细胞的吸收作用及物质转运作用。胞质突起还对血液的流体力学有影响，如垂体门脉系统内皮细胞高度发达的瓣状突起，可能具有类似瓣膜的作用。血流较快的大血管的胞质突起使近腔面的血流形成涡流，减缓血流速度，有利于物质交换。

2. 质膜小泡（plasmalemmal vesicle）　直径 60 ～ 70 nm。这些小泡是由细胞游离面或基底面的细胞膜凹陷形成，然后与细胞膜脱离，经胞质移向对面，又与细胞膜融合，将小泡内所含物质吐出，故质膜小泡具有向血管内、外输送物质的作用。质膜小泡还可能作为膜储备，备用于血管的扩张或延长。

3. W-P 小体（Weibel-Palade body）　又称**细管小体**（tubular body），是一种外包单位膜的杆状细胞器，长约 3 μm，直径约 0.1 ～ 0.3 μm。内含 6 ～ 26 条直径约 15 nm 的平行细管，包埋于中等电子密度的基质中。离心脏越近的血管，其内皮细胞内的 W-P 小体越多。免疫细胞化学方法证明 W-P 小体显示第Ⅷ因子相关抗原（factor Ⅷ related antigen，F Ⅷ RAg）阳性反应，故认为它参与 F Ⅷ RAg 的制造和储存。F Ⅷ RAg 本身不参与凝血反应，而是当血管内皮有缺损时，使血小板附着在内皮下的胶原纤维上。

内皮细胞内还有微丝，使细胞具有收缩功能。5-羟色胺、组胺和缓激肽均可刺激微丝收缩，改变细胞间隙的宽度和细胞连接的紧密程度，影响和调节血管的通透性。

内皮细胞具有复杂的酶系统，能合成与分泌多种生物活性物质，如组织纤溶酶原激活物和前列腺素（prostaglandin，PG），以及内皮素（endothelin）和一氧化氮等因子。内皮细胞表面有血管紧张素转换酶，能使血浆中的血管紧张素Ⅰ转变为血管紧张素Ⅱ，使血管收缩。内皮细胞还能降解5-羟色胺、组胺和去甲肾上腺素等。

（二）内皮下层

内皮下层（subendothelial layer）是位于内皮下的薄层结缔组织，内含少量胶原纤维、弹性纤维，有时有少许纵行平滑肌。内膜一般无血管，其营养由血管腔内血液直接渗透供给。

有的动脉的内皮下层深面还有一层由弹性蛋白构成的**内弹性膜**（internal elastic membrane），膜上有许多小孔。在血管横切面上，因血管壁收缩，内弹性膜常呈波浪状，是内膜与中膜的分界。

二、中　膜

中膜（tunica media）位于内膜与外膜之间，其厚度及组成成分因血管种类不同而有差异。大动脉以弹性膜为主，之间有少许平滑肌；中、小动脉和静脉主要由平滑肌组成。血管平滑肌较细，常有分支，肌纤维间有中间连接和缝隙连接。许多学者认为血管平滑肌是成纤维细胞的亚型，可产生胶原纤维、弹性纤维和基质。在病理状况下，动脉中膜的平滑肌增生，移入内膜并产生结缔组织成分，使内膜增厚，这是动脉硬化发生的重要病理过程。血管平滑肌细胞可与内皮细胞形成肌内皮连接，通过此连接与血液或内皮细胞进行信息交流。

三、外　膜

外膜（tunica adventitia）由疏松结缔组织组成，其中含有较多螺旋状或纵向排列的弹性纤维和胶原纤维。管壁较厚的血管的外膜中，都有营养血管壁的小血管，称**营养血管**（vasa vasorum），其分支形成毛细血管，分布到外膜和中膜。部分动脉的中膜和外膜交界处，有数层由密集的弹性纤维组成的**外弹性膜**（external elastic membrane）。

第二节　动　　脉

根据动脉管径的大小将其分为大动脉、中动脉、小动脉和微动脉四级，随着管径逐渐减小，管壁各层也发生组织成分与厚度的变化（结构是逐渐改变的，其间并没有明显的分界线），其中以中膜的变化最大。

一、大　动　脉

大动脉（large artery）包括主动脉、肺动脉、无名动脉、颈总动脉、锁骨下动脉和髂总动脉等。大动脉的管壁中有多层弹性膜和大量弹性纤维，故又称**弹性动脉**（elastic artery）。大动脉管壁结构特点如图1-9-2所示。

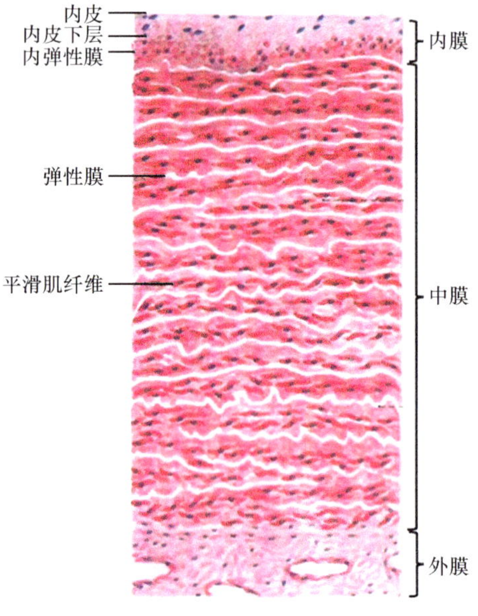

图1-9-2　大动脉仿真图

（一）内膜

由内皮、内皮下层及内弹性膜构成。内皮下层较厚，为疏松结缔组织，内含纵行的胶原纤维和少量的平滑肌。**内弹性膜**（internal elastic membrane）因与中膜的弹性膜相移行，故内膜与中膜无明显分界（图1-9-3）。

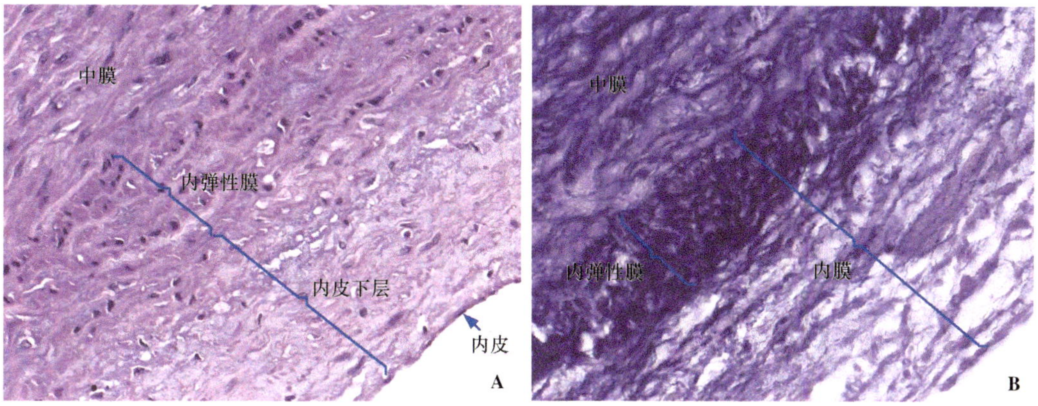

图 1-9-3　大动脉（A：HE 染色；B：醛复红染色）

（二）中膜

成人大动脉的中膜很厚，主要由 40 ～ 70 层环形排列的**弹性膜**（elastic membrane）构成（图 1-9-3，图 1-9-4）。各层弹性膜之间由弹性纤维相连，弹性膜之间还有环形平滑肌纤维、少量胶原纤维和基质。中膜基质的主要成分为硫酸软骨素。血管平滑肌是成纤维细胞的亚型，在动脉发育中，平滑肌纤维可产生胶原纤维、弹性纤维和基质。在病理状况下，动脉中膜的平滑肌可移入内膜增生并产生结缔组织，使内膜增厚，是动脉硬化发生的重要病理过程。

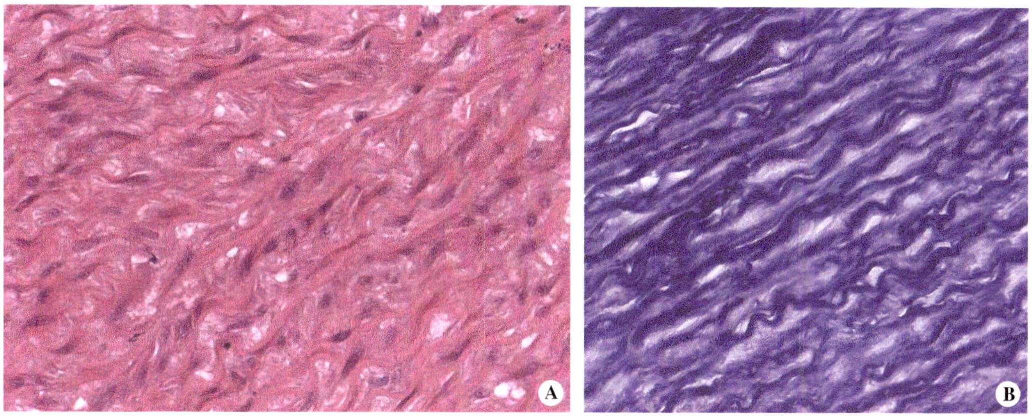

图 1-9-4　大动脉中膜（A：HE 染色；B：醛复红染色）

（三）外膜

较薄，由结缔组织构成，其中含螺旋状或纵向分布的弹性纤维和胶原纤维。血管壁的结缔组织细胞以成纤维细胞为主，当血管受损伤时，成纤维细胞具有修复外膜的能力。**外弹性膜**（external elastic membrane）不明显。外膜中有小的营养血管、神经束及脂肪细胞等。

二、中　动　脉

除大动脉外，解剖学中有名称的动脉大多为**中动脉**（medium-sized artery）。中动脉管壁的平滑肌十分丰富，故又名**肌性动脉**（muscular artery）。平滑肌的收缩和舒张，能改变管径的大小，可调节各器官的血流量。

（一）内膜

是三层膜中最薄的一层。内皮下层薄，内弹性膜明显，为内膜和中膜的分界，在血管横切面上呈波浪状（图 1-9-5，图 1-9-6）。

（二）中膜

中膜较厚，主要由 10 ～ 40 层环形排列的平滑肌纤维组成，其间有少量弹性纤维、胶原纤维和基质（图 1-9-5）。

（三）外膜

外膜的厚度与中膜大致相等，由疏松结缔组织构成，有较多神经纤维伸入中膜平滑肌，调节血管的舒张与收缩。多数中动脉的中膜与外膜交界处有明显的外弹性膜（图 1-9-5）。

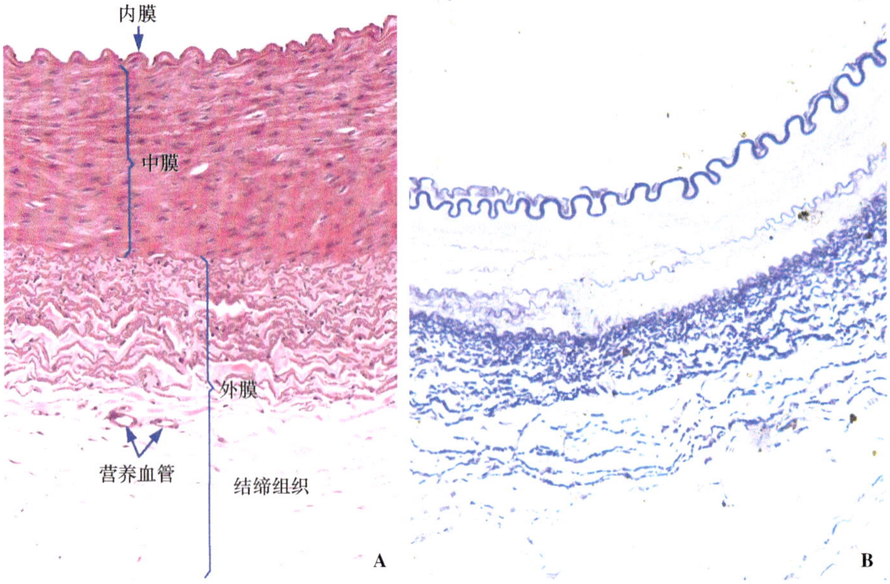

图 1-9-5　中动脉（A：HE 染色；B：醛复红染色）

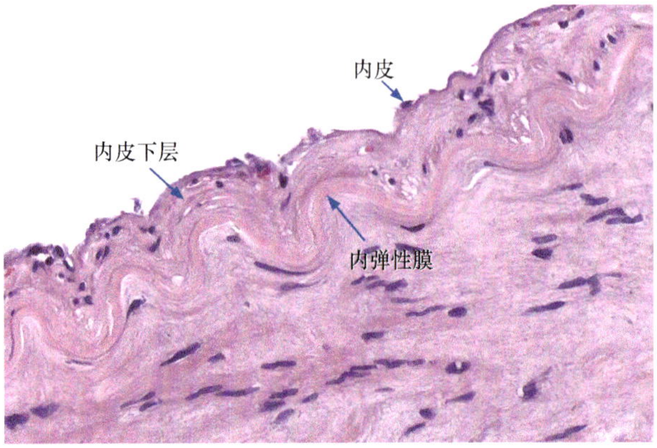

图 1-9-6　中动脉内膜（HE 染色）

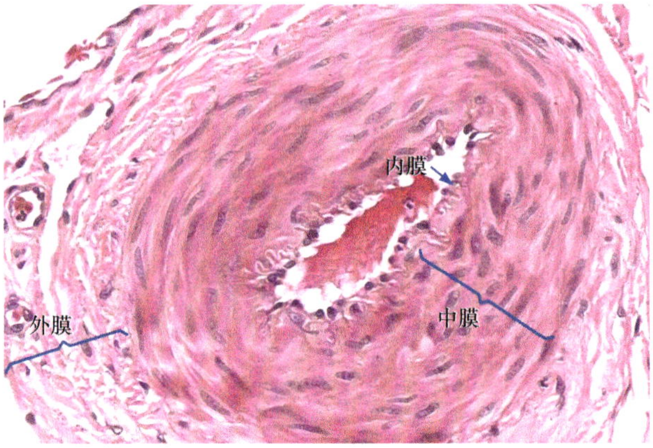

图 1-9-7　小动脉（HE 染色）

三、小动脉和微动脉

（一）小动脉

管径 0.3 ～ 1mm 的动脉称**小动脉**（small artery），也属肌性动脉。小动脉形成粗细不等的几级分支，较大的小动脉，内膜有明显的内弹性膜，中膜有几层平滑肌，外膜厚度与中膜相近，一般无外弹性膜（图 1-9-7）。

（二）微动脉

管径在 0.3 mm 以下的动脉称**微动脉**（arteriole）。内膜无内弹性膜，中膜仅由 1 ～ 2 层平滑肌构成，外膜很薄（图 1-9-8）。

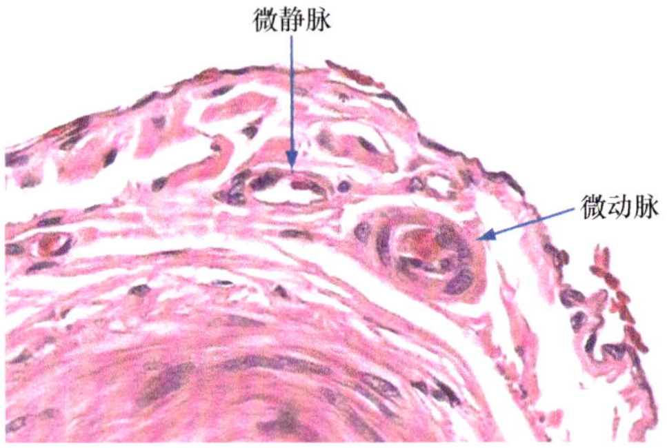

图 1-9-8　微动脉与微静脉（HE 染色）

四、动脉管壁结构与功能的关系

大动脉管壁富于弹性，当心室收缩射血时管壁扩张，心室舒张时管壁回缩，起着辅助泵的作用，在心室舒张期将血液继续向前推进，使血流保持连续性。中动脉平滑肌发达，平滑肌的收缩和舒张使血管管径缩小或扩大，可调节分配到身体各部和各器官的血流量。小动脉和微动脉的舒缩，能显著地调节器官和组织内的血流量，正常血压的维持在相当大程度上取决于外周阻力，而外周阻力的变化主要在于小动脉和微动脉平滑肌收缩的程度，它们都受到神经和多种体液因子的调节。

五、动脉管壁的特殊感受器

血管壁内有一些特殊的感受器，如颈动脉体、主动脉体和颈动脉窦等。

颈动脉体位于颈总动脉分支处管壁的外面，是直径约 2 ～ 3 mm 的不甚明显的扁平小体，主要由排列不规则的许多上皮细胞团索组成，细胞团或索之间有丰富的血窦。颈动脉体是感受动脉血氧、二氧化碳含量和血液 pH 变化的化学感受器，可将信息传入中枢，对心血管系统和呼吸系统进行调节。

主动脉体在结构和功能上与颈动脉体相似。

颈动脉窦为颈总动脉分支和颈内动脉起始部的膨大部分。此处血管壁的中膜甚薄，外膜中有丰富的来源于舌咽神经的游离神经末梢，接受血压升高时血管壁扩张的刺激，在生理学上称其为压力感受器，参与血压的调节。

第三节　静　　脉

静脉起自毛细血管的静脉端，由细至粗逐级汇合，不断接受属支，管径逐渐增粗，管壁也逐渐增厚。根据管径的大小，静脉分为微静脉、小静脉、中静脉和大静脉四级，但静脉管壁结构的变化比动脉大，甚至一条静脉的各段也常有较大的差别。与伴行动脉相比，静脉具有以下结构特点：①管腔大而不规则，管壁的平滑肌和弹性组织不如动脉丰富，结缔组织成分较多，故切片标本中静脉管壁常呈塌陷状；②管壁大致也可分内膜、中膜和外膜三层，但三层膜分界不明显，内膜薄，中膜不发达，外膜较厚；③直径大于 2 mm 的静脉常有静脉瓣。

（一）微静脉

微静脉（venule）管腔不规则，管径为 50 ～ 200μm，内皮外的平滑肌不完整或无平滑肌，外膜薄（图 1-9-8）。与毛细血管直接相连的微静脉称**毛细血管后微静脉**（postcapillary venule），其管壁结构与毛细血管相似，但管径略粗，相邻内皮细胞之间的间隙较大，故通透性较强，在物质交换中起着重要作用。淋巴组织和淋巴器官内的毛细血管后微静脉还具有特殊的结构和功能。

（二）小静脉

小静脉（small vein）管径在 200 μm 以上，内皮外有较完整的平滑肌纤维。较大的小静脉中膜可有一至数层平滑肌，外膜也逐渐增厚（图 1-9-9）。

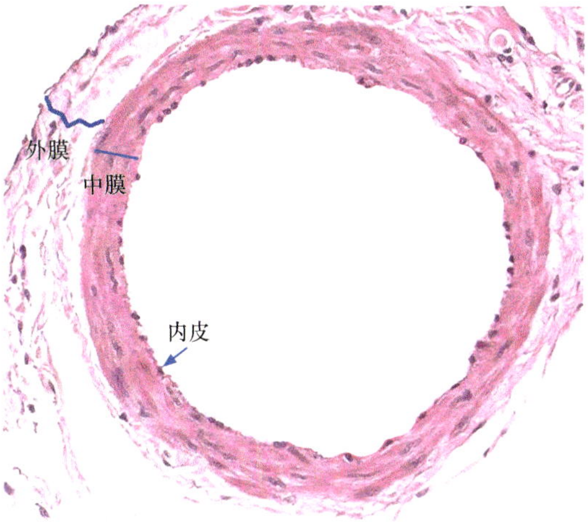

图 1-9-9　小静脉（HE 染色）

（三）中静脉

除大静脉以外，凡有解剖学名称的静脉都属于中静脉（medium-sized vein）。管径为 2 ～ 9mm，内膜薄，内弹性膜不明显。中膜明显薄于其相伴行的中动脉，环形平滑肌纤维层数少，分布稀疏。外膜相对较厚，主要由结缔组织组成，无外弹性膜（图 1-9-10）。

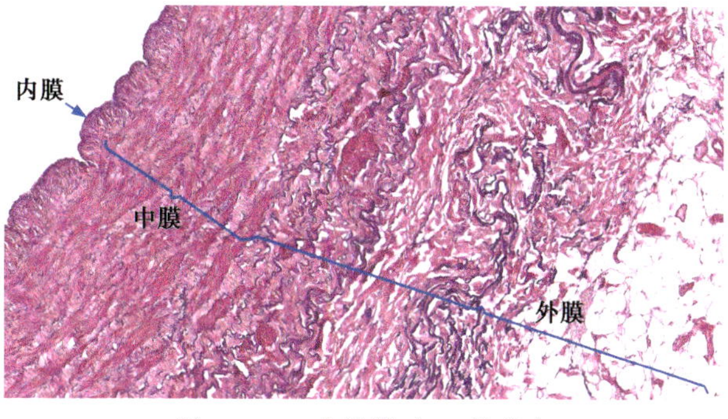

图 1-9-10　中静脉（HE 染色）

中动脉和中静脉的区别见表 1-9-1。

表 1-9-1　中动脉、中静脉的区别

	中动脉	中静脉
管腔	规则	不规则
管壁	厚	薄
内弹性膜	明显	不明显
中膜平滑肌	10 ～ 40 层	3 ～ 5 层
外弹性膜	有	无
静脉瓣	无	有

（四）大静脉

大静脉（large vein）管径在 10 mm 以上，内膜较薄，无内弹性膜。中膜很不发达，有少量排列疏松的环形平滑肌，有时甚至无平滑肌。外膜则较厚，由结缔组织和纵行平滑肌束组成。

（五）静脉瓣

管径在 2 mm 以上的静脉，管壁内膜常向管腔内凸入形成彼此相对的两个半月形薄片，称静脉瓣（valves of vein）。其表面覆以内皮，内部为含有弹性纤维的结缔组织，根部与管壁内膜相连，其游离缘朝向血流方向。静脉瓣的作用是使血液流向心脏，防止血液逆流。

第四节　毛细血管

毛细血管（capillary）是管径最细，分布最广的血管，管径一般为 6 ～ 8 μm，其分支彼此吻合成网。不同组织和器官的毛细血管疏密程度差别很大，一般代谢旺盛的组织和器官，如骨骼肌、心肌、肺、肾等，毛细血管网丰富；而代谢较低的组织和器官，如韧带、骨、肌腱等，毛细血管网则较稀疏。

一、毛细血管的结构

毛细血管管壁由一层内皮细胞和基膜构成，基膜外有少许结缔组织。细的毛细血管横切面仅由一个内皮细胞围成，较粗的毛细血管由 2 ～ 3 个内皮细胞围成，基膜只有基板。在内皮细胞与基膜之间散在有一种扁平而有突起的细胞，紧贴在内皮细胞的外面，称**周细胞**（pericyte），细胞周围也有自身的基膜（图 1-9-11）。周细胞的功能尚不清楚，有人认为它们具有支持作用和收缩功能；也有人认为周细胞是未分化的细胞，在血管生长或再生时，可分化为内皮细胞、平滑肌纤维和成纤维细胞。

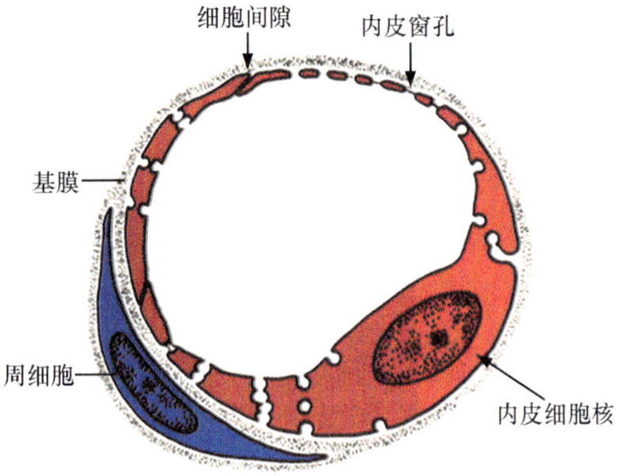

图 1-9-11　毛细血管结构模式图

二、毛细血管的分类

在光镜下，各种组织和器官中的毛细血管结构相似。但在电镜下，根据内皮细胞的结构特点，可将毛细血管分为三种类型。

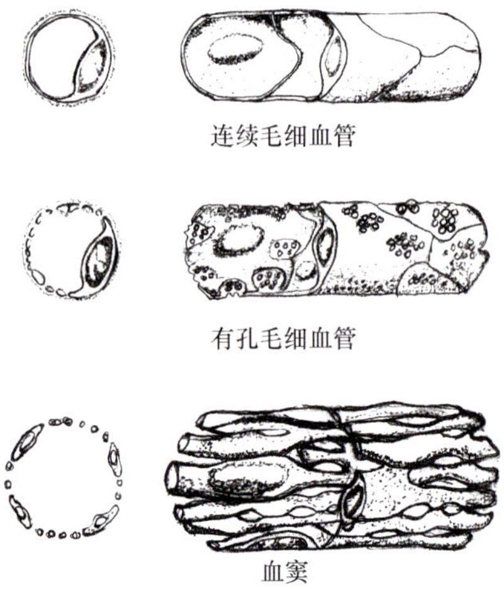

图 1-9-12　毛细血管分类模式图

（一）连续毛细血管

连续毛细血管（continuous capillary）特点为内皮细胞相互连续，相邻细胞之间有紧密连接，细胞基底面有完整的基膜（图 1-9-12，图 1-9-13）。胞质内含有大量质膜小泡。质膜小泡在细胞游离面或基底面形成，然后转运到对侧，以胞吐方式释放内容物。此类毛细血管主要分布于结缔组织、肌组织、胸腺皮质、肺和中枢神经系统等处，参与屏障性结构的组成。

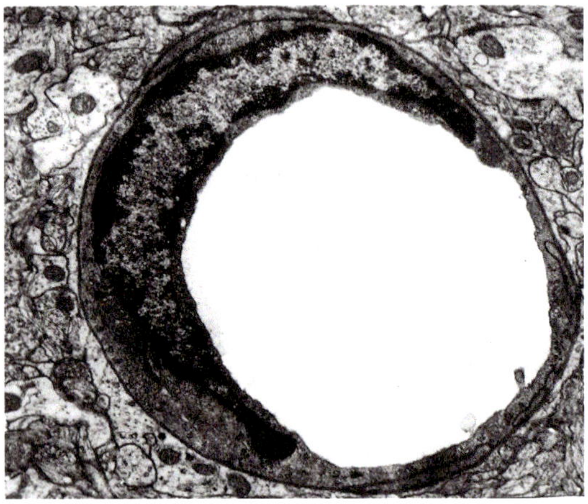

图 1-9-13　连续毛细血管（透射电镜）

（二）有孔毛细血管

有孔毛细血管（fenestrated capillary）特点是内皮细胞相互连续，相邻细胞之间有紧密连接，细胞基底面有完整的基膜。内皮细胞不含核的部分很薄，并有许多贯穿细胞的小孔，孔的直径一般为60～80nm，部分器官的毛细血管的小孔上有4～6 nm隔膜封闭（图1-9-12，图1-9-14）。此类毛细血管主要分布于肾血管球、胃肠黏膜和一些内分泌腺等处。

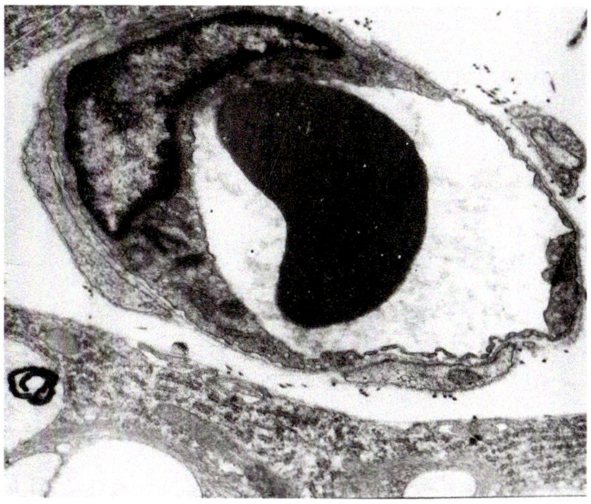

图1-9-14　有孔毛细血管（透射电镜）

（三）血窦

血窦（sinusoid）又称**窦状毛细血管**（sinusoid capillary），特点是管腔较大，管壁薄，形状不规则，直径可达40 μm。血窦的内皮细胞之间常有较大的间隙，故又称**不连续毛细血管**（discontinuous capillary）（图1-9-12，图1-12-12）。血窦主要分布于肝、脾、骨髓及某些内分泌腺中。不同器官内的血窦结构差异较大，如肝脏内的血窦内皮细胞有孔、细胞间隙较大，无基膜；脾血窦内皮细胞呈纵行排列的长杆状，细胞之间有较大间隙，基膜不完整，血细胞可穿越。某些内分泌腺的血窦内皮细胞有孔，细胞外有完整的基膜。

三、毛细血管与物质交换

毛细血管广泛分布于各器官和组织内，具有管壁薄、面积大、血流速度缓慢、通透性强等特点，是血液与周围组织进行物质交换的主要部位。研究表明，氧、二氧化碳和一些脂溶性物质等，以简单扩散的方式透过内皮细胞；液体及一些大分子物质，如血浆蛋白、激素、抗体等通过吞饮小泡、内皮细胞的孔或内皮细胞之间的间隙，由毛细血管内皮的一侧运至另一侧。毛细血管除物质交换功能外，在某些物质的合成与代谢和抗血栓形成中起重要作用。

毛细血管的通透性可受许多因素的影响，在生理或病理情况下都可有很大变化，如组胺、5-羟色胺、酸性代谢产物局部堆积以及温度升高等，都可使毛细血管通透性增强。维生素C缺乏时，基膜和胶原纤维的形成受阻，使其减少或消失，从而引起毛细血管性出血。

微循环

微循环（microcirculation）是指从微动脉到微静脉之间的血液循环，是血液循环的基本功能单位。由于各组织和器官的功能不同，微循环的组成和排列方式各有特点。但一般都包括下述几部分。

1. 微动脉　微动脉管壁环行平滑肌的舒缩，可调节微循环的血流量，起到“总闸门”的作用。

2. 毛细血管前微动脉和中间微动脉　微动脉的分支称**毛细血管前微动脉**（precapillary arteriole），后者进一步分支为**中间微动脉**（metaarteriole），其管壁平滑肌稀疏。

3. 真毛细血管　即通称的毛细血管，由中间微动脉分支形成，相互吻合成网，其行程迂曲，血流缓慢，是实现物质交换的主要部位。在真毛细血管（true capillary）的起点，有少许环行平滑肌组成的毛细血管前括约肌（precapillary sphincter），是调节微循环的“分闸门”。

4. 直捷通路（thoroughfare channel）　直捷通路又称通血毛细血管，是中间微动脉与微静脉直接相通的部分，为距离最短的毛细血管，管径略粗。它是经常开放的血液通路，其特点是直而短，血流速度快，流量大，血液与组织之间的物质交换较少。

5. 动静脉吻合（arteriovenous anastomosis）　动静脉吻合是微动脉发出的、直接与微静脉相通的血管。管壁较厚，有较发达的纵行平滑肌层和丰富的血管运动神经末梢。动静吻合多处于收缩状态，当机体处于应激状态时开放，微动脉的血液经此直接流入微静脉。动静脉吻合主要分布于指、趾、唇和鼻等处的皮肤及某些器官内，是调节局部组织血流量的重要结构。

6. 微静脉　一般情况下，微循环的血流大部分由微动脉经中间微动脉和直捷通路迅速进入微静脉，只有小部分流经真毛细血管。当组织处于功能活跃时，毛细血管前括约肌开放，大部分血流经真毛细血管网进行充分的物质交换。

第五节　心　　脏

心脏是血液循环的动力中心，心壁很厚，主要由心肌构成。心肌的规律性收缩推动血液在血管中循环。

一、心脏壁的结构

心脏壁也可分为三层，由内向外依次为心内膜、心肌膜和心外膜（图1-9-15）。

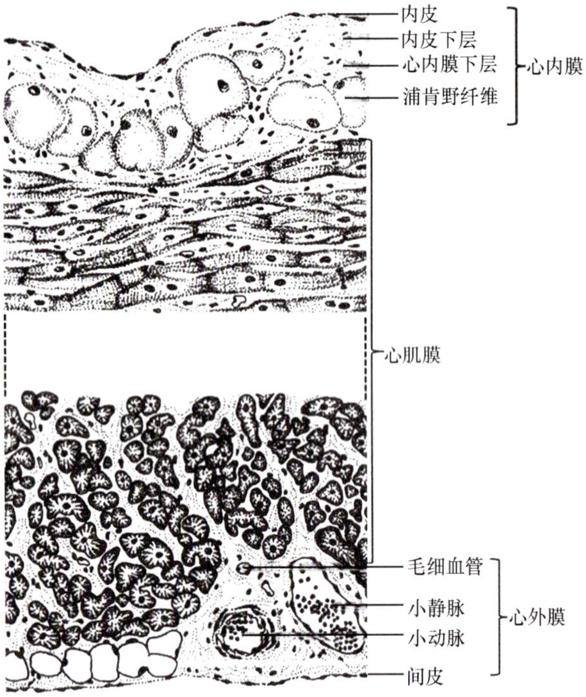

图 1-9-15　心壁结构仿真图

（一）心内膜

心内膜（endocardium）由**内皮**和**内皮下层**组成（图 1-9-15）。内皮与相连的大血管内皮相连续。内皮下层可分内、外两层：内层薄，为成纤维细胞、胶原纤维和弹性纤维构成的细密结缔组织，含少量平滑肌；外层靠近心肌膜，又称**心内膜下层**（sub-endocardial layer），由较疏松的结缔组织组成，含小血管和神经。在心室的内膜下层内有浦肯野纤维（图 1-9-16）。

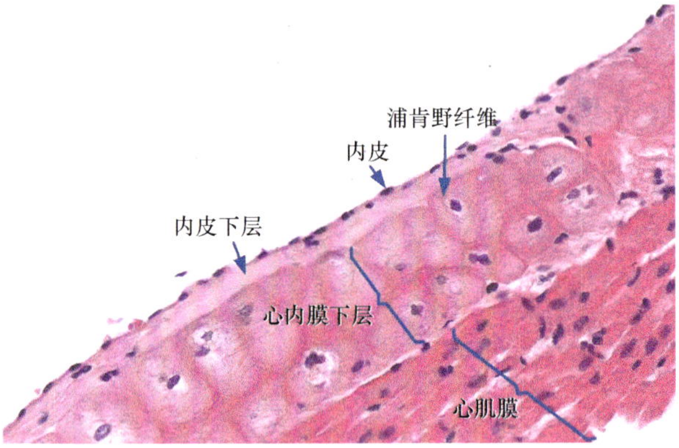

图 1-9-16　心内膜（HE 染色）

（二）心肌膜

心肌膜（myocardium）是心壁中最厚的一层，主要由心肌构成。心室壁的心肌膜比心房壁的厚，尤以左心室的心肌膜最厚。心肌纤维呈螺旋状排列，大致可分为内纵、中环和外斜三层，肌纤维间的结缔组织中有丰富的毛细血管（图 1-9-17）。

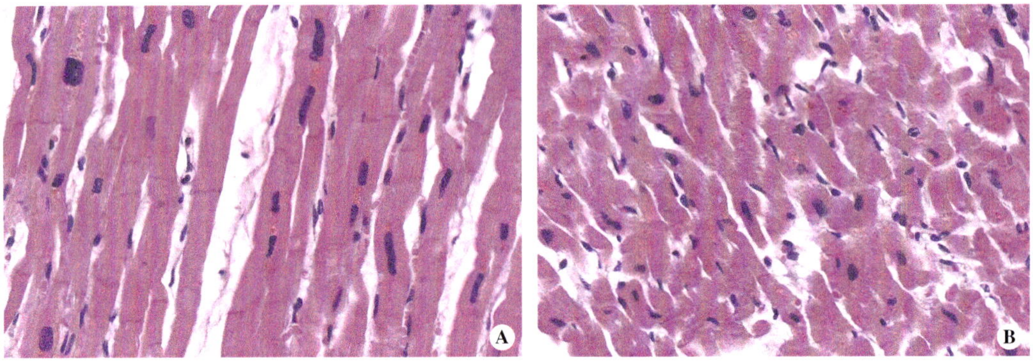

图 1-9-17　心肌膜（HE 染色，A：纵切面；B：横切面）

心室和心房的心肌纤维结构和功能基本相同，但也各有一些特点。心室肌纤维粗且长，心房肌纤维较短而宽。电镜下，部分心房肌纤维内可见电子致密的膜包颗粒，称**特殊心房颗粒**（specific atrial granule），颗粒内含**心房钠尿肽**（atrial natriuretic peptide）或称心钠素，具有很强的利尿、排钠、扩张血管和降血压的作用。

心房肌和心室肌不相连续，两者之间有致密结缔组织构成的坚实的支架结构，称**心骨骼**（cardiac skeleton），为心肌纤维附着处。老年人心骨骼组织的某些区域可钙化，甚至可骨化。

（三）心外膜

心外膜（epicardium）即心包的脏层，为浆膜，其外表面被覆以间皮，间皮内面为薄层结缔组织，内含血管、神经，并常有脂肪组织（图 1-9-18）。心包膜的壁层与脏层之间为心包腔，内有少量液体，使腔面光滑而湿润，有利于心脏的搏动。

（四）心瓣膜

心瓣膜（cardiac valve）位于心脏的房室孔和动脉口处，是心内膜向心腔内凸起形成的薄片状结构。瓣膜表面覆以内皮，内部为薄层致密结缔组织，并与心骨骼相连。瓣膜游离缘由纤维索与乳头肌相连，防止瓣膜反转。

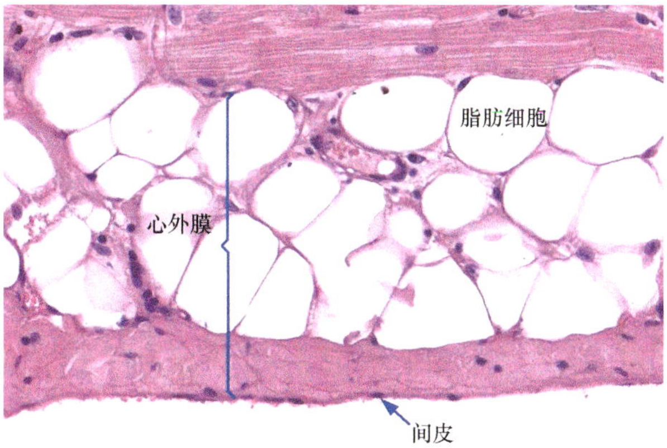

图 1-9-18　心外膜（HE 染色）

心瓣膜的功能是阻止心房和心室收缩时血液倒流。某些疾病侵犯心瓣膜时，其内胶原纤维增生，使瓣膜变硬、变短或变形，有时瓣膜可被胶原纤维粘连在一起，以致瓣膜不能正常地开放和关闭。

二、心脏的传导系统

心脏的传导系统由特殊的心肌纤维组成，其功能是产生和传导冲动，使心房肌和心室肌有节律地舒张与收缩。该系统包括：窦房结、房室结、房室束及其各级分支。除窦房结位于右心房心外膜深部外，其余各部分均分布在心内膜下层，结缔组织将它们与心肌膜隔开。心脏传导系统由三种类型细胞组成，即起搏细胞、移行细胞和浦肯野纤维，这些细胞聚集成结或束，受交感和副交感神经的支配（图 1-9-19）。

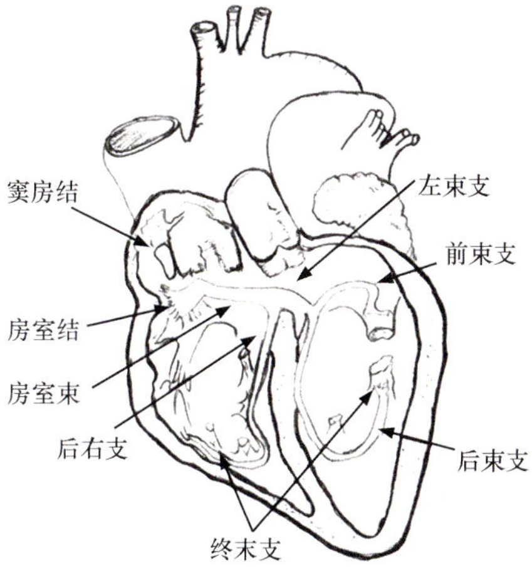

图 1-9-19　心肌传导系统模式图

（一）起搏细胞

起搏细胞（pacemaker cell）简称 P 细胞，分布于窦房结和房室结的中央部。细胞较小，呈梭形或多边形，胞质内细胞器较少，有少量肌原纤维和吞饮小泡，含糖原较多。P 细胞是心肌兴奋的起搏点。

（二）移行细胞

移行细胞（transitional cell）主要分布于窦房结和房室结的周边及房室束内，起传导冲动的作用。移行细胞的结构介于起搏细胞和心肌纤维之间，比心肌纤维细而短，胞质内所含的肌原纤维较 P 细胞多。

（三）浦肯野纤维

浦肯野纤维（Purkinje fiber）又称束细胞，组成房室束及其分支。这种细胞比心肌纤维短而粗，中央有 1 ～ 2 个细胞核。胞质含丰富的线粒体和糖原，肌原纤维较少，多位于细胞周边，相邻细胞间有较发达的闰盘相连。此种细胞能快速传导冲动，房室束分支末端的浦肯野纤维与心肌纤维相连，将冲动传至心室各处，引发心室肌同步舒缩（图 1-9-16）。

第六节　淋巴管系统

人体除中枢神经系统、软骨、骨、骨髓、胸腺、胎盘等处没有淋巴管分布外，其余组织和器官大多有淋巴管。毛细淋巴管以盲端起始于组织内，逐渐汇集形成粗细不等的淋巴管，最后以淋巴导管通入静脉。淋巴管内流动的液体为淋巴（lymph），其成分主要是水、电解质、少量蛋白质和淋巴细胞。

（一）毛细淋巴管

毛细淋巴管（lymphatic capillary）与毛细血管相比，管腔大而不规则，管壁很薄，仅由一层内皮细胞构成，无周细胞。电镜下，内皮细胞间隙较宽，基膜不连续或无基膜，故毛细淋巴管通透性较大，大分子物质较易进入（图 1-9-20）。

（二）淋巴管

淋巴管（lymphatic vessel）包括粗细不等的多级分支。淋巴管的结构与中、小静脉相似，但淋巴管管腔大，管壁更薄，管壁由内皮、少量平滑肌和结缔组织构成。淋巴管也有丰富的瓣膜，每个瓣膜处的管壁常呈轻度扩张而使其外形呈结节状或串珠状。

（三）淋巴导管

淋巴导管（lymphatic duct）是最大的淋巴管，包括胸导管和右淋巴导管。其结构与大静脉相似，但管壁薄，三层膜分界不明显，内膜由内皮和几层弹性纤维及胶原纤维组成，在内膜与中膜交界处，弹性纤维比较致密，形成类似内弹性膜的结构，中膜平滑肌较发达，外膜较薄，含纵行平滑肌和胶原纤维，也有小营养血管。

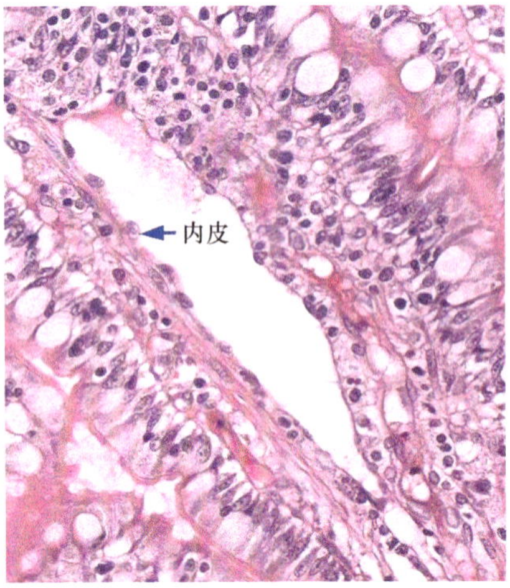

图 1-9-20 毛细淋巴管（小肠绒毛中央乳糜管，HE 染色）

思 考 题

（1）简述毛细血管的分类、结构特点及分布。

（2）试比较大、中、小、微动脉的结构特点及其与功能的关系。

（3）试述心壁的结构特点。

（李 尧）

动脉粥样硬化

动脉粥样硬化病理特点是受累动脉病变从内膜开始。一般先有脂质和复合糖类积聚、出血及血栓形成，纤维组织增生及钙质沉着，并有动脉中层的逐渐蜕变和钙化，病变常累及弹性及大中等肌性动脉，一旦发展到足以阻塞动脉腔，则该动脉所供应的组织或器官将缺血或坏死。由于在动脉内膜积聚的脂质外观呈黄色粥样，因此称为动脉粥样硬化。

动脉粥样硬化的症状主要决定于血管病变及受累器官的缺血程度，主动脉粥样硬化常无症状，冠状动脉粥样硬化者，若管径狭窄达75%以上，则可发生心绞痛、心肌梗死、心律失常，甚至猝死。脑动脉硬化可引起脑缺血、脑萎缩，或造成脑血管破裂出血。肾动脉粥样硬化常引起夜尿、顽固性高血压、严重者可有肾功能不全。肠系膜动脉粥样硬化可表现为饱餐后腹痛便血等症状。下肢动脉粥样硬化引起血管腔严重狭窄者可出现间歇性跛行、足背动脉搏动消失，严重者甚至可发生坏疽。

第 10 章 免疫系统

内容提要

（1）免疫系统的组成和功能。
（2）单核吞噬细胞系统的概念、组成与功能。
（3）弥散淋巴组织和淋巴小结的构造及其功能。
（4）中枢淋巴器官与周围淋巴器官的组成及功能。
（5）胸腺的结构及功能。
（6）淋巴结的结构及功能。
（7）脾的结构及功能。
（8）扁桃体的结构及功能。

免疫系统（immune system）是人体内重要的防御系统，由免疫细胞、淋巴组织、淋巴器官等组成。免疫系统能够识别自我和非已的抗原，通过适应性和先天性免疫反应，消除外来异体物质（抗原）和监视、清除身体内衰老细胞及突变细胞，从而保持机体内环境的稳定，即在体内实现免疫防御、免疫监视和免疫稳定的生理功能；另一方面，也可引起超敏反应、自身免疫性疾病、肿瘤及移植排斥反应等病理性结果。

第一节 主要的免疫细胞

免疫细胞（immune cell）主要是指能识别抗原、产生免疫应答的 T 细胞、B 细胞和 NK 细胞等淋巴细胞，此外，还包括浆细胞、粒细胞、肥大细胞、抗原呈递细胞及单核吞噬细胞系统的细胞。

一、淋巴细胞

淋巴细胞（lymphocyte）分为三种类型：①胸腺依赖淋巴细胞（T 细胞），包括辅助性 T 细胞、细胞毒性 T 细胞和调节性 T 细胞。辅助性 T 细胞能识别抗原，分泌多种细胞因子，既能辅助 B 细胞活化，产生抗体，又能辅助细胞毒性 T 细胞产生细胞免疫应答。艾滋病病毒可选择性破坏辅助性 T 细胞，而使患者免疫功能缺欠，导致机会性感染和肿瘤的发生率增加。细胞毒性 T 细胞是细胞免疫的主要细胞，可以直接杀伤靶细胞，在抗病毒、抗肿瘤和异体器官移植排斥反应中发挥重要的作用。调节性 T 细胞常在免疫应答后期增多，它能减弱或抑制 T、B 细胞的活性，调节免疫应答的强度。②骨髓依赖淋巴细胞（B 细胞），在抗原刺激下形成大量浆细胞，合成和分泌抗体，主要执行体液免疫功能。③自然杀伤性淋巴细胞（NK 细胞），被称为大颗粒淋巴细胞，可直接杀伤靶细胞，具有广谱的抗感染和抗肿瘤的杀伤作用，是非特异性免疫的重要组成部分。

二、巨噬细胞和单核吞噬细胞系统

骨髓的多能干细胞发育形成血液中的单核细胞，后者穿过血管内皮进入组织内，分化成为巨噬细胞。巨噬细胞在体内分布广，且具有强大的吞噬功能。

1972 年世界卫生组织将单核细胞及由单核细胞分化而来的具有吞噬功能的细胞，统称为单核吞噬细胞系统，包括单核细胞、疏松结缔组织和淋巴组织中的巨噬细胞、肝 Kupffer 细胞、神经组织中的小胶质细胞、肺巨噬细胞以及浆膜腔巨噬细胞等，它们的共性是具有强大的吞噬能力，不同组织器官中的巨噬细胞又有不同的形态和功能特点（表 1-10-1）。

表 1-10-1　单核吞噬细胞系统

来源	细胞名称	分布
幼单核细胞（骨髓）→单核细胞（血液）→（组织）	巨噬细胞	结缔组织、免疫系统等
	破骨细胞	骨组织
	库普弗细胞	肝
	尘细胞	肺
	交错突细胞	淋巴结和脾
	朗格汉斯细胞	皮肤表皮、食管上皮等
	小胶质细胞	神经组织

三、抗原呈递细胞

体内具有捕获、吞噬和处理抗原，并将抗原呈递给特异性淋巴细胞，激发T细胞活化、增殖的一类细胞，统称为抗原呈递细胞（antigen presenting cell，APC）。这类细胞广泛分布于人体与外界接触部位及淋巴组织内，根据细胞能否表达主要组织相容性复合体（major histocompatibility complexes，MHC）的Ⅱ类分子和其他参与T细胞激活的协同刺激分子，可将APC分为专职和非专职性两种。前者包括单核吞噬细胞系统、树突状细胞、B细胞等；后者包括成纤维细胞、内皮细胞和上皮细胞（如小肠上皮细胞及微皱褶细胞）等，非专职性APC在其被活化后也能表达MHC-Ⅱ类分子，将抗原肽呈递给T细胞。

树突状细胞（dendritic cell，DC）在体内数量较少，但分布较广，细胞的共同特点是具有树突状突起、细胞核形态不规则。DC的命名多与其分化来源及组织分布有关，主要包括血液中DC；表皮及消化管上皮内郎格汉斯细胞；淋巴内的面纱细胞；心、肺、肝和肾等器官结缔组织中的间质DC（interstitial DC）以及淋巴组织和淋巴器官中的交错突细胞，这些细胞高水平表达MHC-Ⅱ类分子，与巨噬细胞相比吞噬能力较弱，但抗原呈递能力强。分布于淋巴小结中的滤泡树突状细胞虽具有多突起的细胞形态，但在本质上与上述DC明显不同（详见滤泡树突状细胞）。

第二节　淋巴组织

淋巴组织（lymphoid tissue），又称免疫组织（immune tissue）是以网状细胞和网状纤维为支架，网眼中充满大量的淋巴细胞和一些巨噬细胞、浆细胞、肥大细胞等。淋巴组织分为弥散淋巴组织和淋巴小结两类。

一、弥散淋巴组织

弥散淋巴组织（diffuse lymphoid tissue）无固定的形态，与周围的结缔组织无明显分界。弥散淋巴组织中除一般毛细血管和毛细淋巴管外，还有**毛细血管后微静脉**（postcapillary venule），其特征是内皮为单层立方或矮柱状，故又称**高内皮微静脉**（high endothelial venule），是淋巴细胞由血液进入淋巴组织的重要通道（图1-10-8）。当弥散淋巴组织受抗原刺激时，可出现淋巴小结（图1-10-13）。

二、淋巴小结

淋巴小结（lymphoid nodule）又称**淋巴滤泡**（lymphoid follicle），呈圆形或椭圆形，境界清晰，通常直径为0.2～1.0 mm，主要含有大量的B细胞，尚有少量T细胞和巨噬细胞。淋巴小结的形态结构随生长发育程度和免疫功能状态而经常处于动态变化之中。抗原刺激与否及抗原刺激程度均影响到淋巴小结出现的数量和形态结构，因此淋巴小结是反映体液免疫应答的重要形态学标志。通常淋巴小结有两种类型：初级淋巴小结（primary lymphoid nodule），见于未受刺激的淋巴小结，体积较小，是由分布均匀并密集的小淋巴细胞所组成；次级淋巴小结（secondary lymphoid nodule），周围有扁平的网状细胞，境界清楚，在小结的中央部分染色较浅，常见细胞分裂像，可产生淋巴细胞，故称生发中心（germinal center）。当受到抗原刺激时，生发中心迅速增大，并有大量巨噬细胞聚集。

在发育充分及免疫应答活跃的次级淋巴小结的中央有明显的**生发中心**，多呈圆形或椭圆形，直径约0.1～1.0 mm，是有极性的结构，由内向外可分为暗区和明区。**暗区**（dark zone）是生发中心的内侧份，主要由幼稚的大淋巴细胞密集而成，胞质嗜碱性强，故染色较深，在大淋巴细胞之间也可见吞噬碎屑的巨噬细胞和浆细胞；**明区**（light zone）是生发中心的外侧份，含有较多的网状细胞、巨噬细胞、滤泡树突细胞和中等大的淋巴细胞，这些淋巴细胞是由暗区的大淋巴细胞转化而来，细胞分布松散，故着色较淡；在生发中心的顶部及周围有一层密集的小淋巴细胞称为**帽**（cap）或**小结帽**，这些小淋巴细胞多为记忆性B细胞和浆细胞前身，着色较深，形似新月。小结帽多位于淋巴流入的方向，或朝向抗原进入的方向，为最先接触抗原的部位（图1-10-1）。生发中心的滤泡树突细胞（follicular dendritic cell，FDC）自胞体发出许多细长且有分支的突起，胞质嗜酸性，对5-核甘酸酶呈阳性反应，核多呈椭圆形。与一般DC不同，FDC不表达MHC-Ⅱ类分子，却有大量Fc受体和C3受体，可以抗原抗体复合物的形式将抗原聚集于细胞表面，形成被覆小体，后者脱落后可被周围的B细胞内吞，经处理呈递给Th细胞，Th细胞活化后，可进一步调控B细胞的分裂分化，因此 FDC 在 B 细胞的活化和调节体液免疫应答中起重要作用。

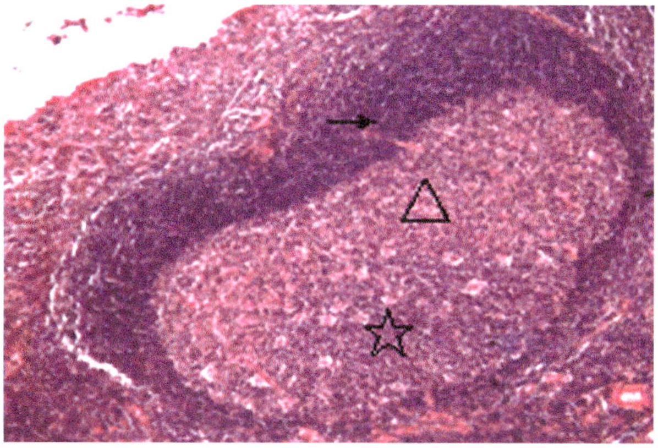

图 1-10-1　淋巴结中的次级淋巴小结（HE 染色）
→小结帽；△明区；☆暗区

淋巴小结除分布在独立的淋巴器官外，还分布于消化管、呼吸道及泌尿生殖管道的黏膜中，根据存在的形式，淋巴小结又可分为两种类型：单独存在的称为孤立淋巴小结（solitary lymphoid nodule）；在扁桃体、小肠 Peyer 板及阑尾等，则有 10 ～ 40 个淋巴小结成群存在，称为集合淋巴小结（aggregated lymphoid nodules）。随着机体的生理或病理状态不同，淋巴组织的形态经常处于动态变化之中。

第三节　淋巴器官

淋巴器官（lymphoid organ）是以淋巴组织为主要成分的器官，又称免疫器官。根据发生、结构和功能的不同，可分为两类：①**中枢淋巴器官**（central lymphoid organ），包括胸腺和骨髓，在胚胎时期出现较早；其发生与功能不受抗原刺激的影响，出生前已基本发育完善；它是造血干细胞增殖、分化成为 T、B 细胞的场所，并向周围淋巴器官不断输送淋巴细胞，促进周围淋巴器官的发育；不直接参加机体的免疫应答。②**周围淋巴器官**（peripheral lymphoid organ），包括淋巴结、脾、扁桃体等，这些器官出现较晚，接受和容纳由中枢淋巴器官迁来的淋巴细胞；在抗原刺激下，器官内的淋巴细胞增殖分化，产生效应性 T 细胞或浆细胞，参与免疫应答。因此，周围淋巴器官是免疫活性细胞定居、增殖及发生免疫应答的重要部位。

一、胸　　腺

胸腺（thymus）是中枢淋巴器官。胸腺的大小和结构随年龄的增长有明显改变。胸腺在胚胎期至两岁内发育最快（10 ～ 15 g）。两岁至青春期仍继续增大（30 ～ 40 g），但速度减慢，青春期以后胸腺退变萎缩（约 10 g），大部分被脂肪组织所替代。

（一）胸腺的结构

胸腺是实质性器官，表面包有结缔组织被膜，它与胸腺内结缔组织形成的小叶间隔（interlobular septum）相连。小叶间隔将胸腺分成许多不完全分隔的小叶，其直径约为 1 ～ 2 mm。胸腺内除大量的胸腺细胞外，尚有一些胸腺的基质细胞（thymic stromal cell）包括胸腺上皮细胞、树突状细胞、巨噬细胞、嗜酸性粒细胞、肥大细胞、成纤维细胞等，它们参与构成胸腺细胞发育分化的微环境。小叶周边部的胸腺细胞密集，染色较深，称为皮质，中央部染色较浅，称为髓质。由于小叶间隔不完整，相邻小叶的髓质相互通连（图 1-10-2）。

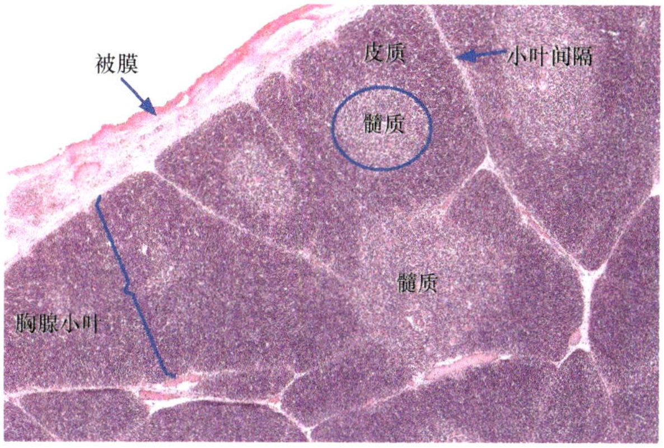

图 1-10-2　幼儿胸腺（HE 染色）

1. 皮质（cortex）　主要以胸腺上皮细胞（thymic epithelial cell）为支架，含有密集的胸腺细胞和少量巨噬细胞等。胸腺上皮细胞有两种（图 1-10-3）：①分布在被膜下及小叶间隔表面的为单层扁平的上皮细胞，故也称为被膜下上皮细胞（subcapsular epithelial cell），将胸腺内的微环境与外界相隔；②其余的上皮细胞均为星形，称为星形上皮细胞（stellate epithelial cell），通常称为上皮性网状细胞（epithelial reticular cell）。细胞核较大，呈圆形，着色较浅，胞质内含有许多张力丝。相邻星形上皮细胞的突起以桥粒相连，形成海绵状结构，孔隙间充满淋巴细胞及巨噬细胞。在胸腺内，尚有一种特殊细胞，具有上皮细胞的特征，称为胸腺哺育细胞（thymic nurse cell），直径约 30 ～ 50 μm，为较大的圆形或卵圆形细胞，胞质内含有数个胸腺细胞，此种细胞一般难以和被膜下上皮细胞区别。

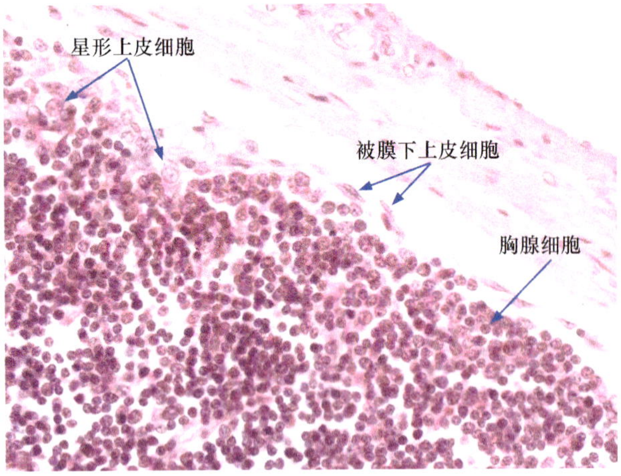

图 1-10-3　胸腺皮质（HE 染色）

胸腺细胞（thymocyte）即胸腺内分化发育的前 T 细胞（图 1-10-3），是由骨髓中的造血干细胞经血流进入胸腺后分裂分化而来。靠近被膜下及小叶间隔周围皮质浅层的胸腺细胞较大而幼稚，常见分裂象；皮质深层的胸腺细胞较小而成熟，并常见退化的胸腺细胞。在皮质内增殖的胸腺细胞大部分（约 95%）凋亡，被巨噬细胞吞噬，仅小部分成熟为 T 细胞（初始 T 细胞），并穿入位于皮质与髓质交界处的毛细血管后微静脉，经血流迁移到周围淋巴器官的特定区域。

2. 髓质（medulla）　含有较多的胸腺上皮细胞，少量初始 T 细胞，故染色较浅，髓质常见椭圆形或不规则形的**胸腺小体**（thymis corpuscle）或称 Hassall 小体，直径约 20 ～ 50μm，由数层扁平的胸腺上皮细胞呈同心圆状排列而成（图 1-10-4）。胸腺小体外周的细胞较幼稚，细胞核清晰，胞质嗜酸性；小体中心的细胞核消失，已变性解体。小体内还常见巨噬细胞、嗜酸性粒细胞和浸润的淋巴细胞。胸腺小体的上皮细胞不分泌激素，其功能尚不太明确。

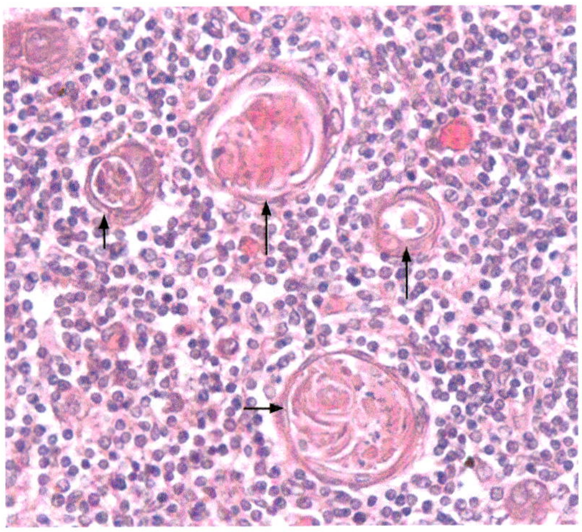

图 1-10-4　胸腺小体（HE 染色）

3. 血 - 胸腺屏障　血液内的大分子物质不易进入胸腺皮质，皮质内的胸腺细胞不受外来抗原的影响，在相对稳定的内环境中发育，这是因为胸腺皮质内的毛细血管及其周围结构具有独特的屏障作用，称为**血 - 胸腺屏障**。血 - 胸腺屏障主要由下列结构组成：①连续毛细血管内皮，内皮细胞间有完整的紧密连接；②完整的内皮基膜；③血管周隙（其中有巨噬细胞等）；④胸腺上皮细胞的基膜；⑤连续的胸腺上皮细胞层（图 1-10-5）。

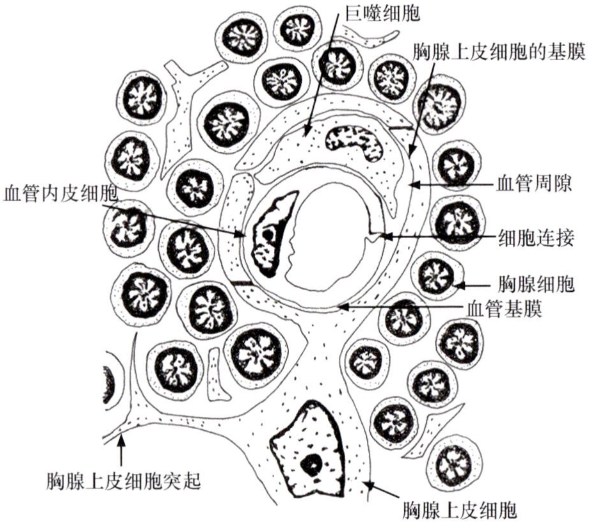

图 1-10-5　血 - 胸腺屏障模式图

（二）胸腺的功能

胸腺的主要功能是产生和培育 T 细胞，经皮质和髓质交界处的毛细血管后微静脉入血，经血循环进入周围淋巴器官和淋巴组织。若将新生小鼠的胸腺切除，宿主成年之后因缺乏 T 细胞而使淋巴结和脾脏的胸腺依赖区不能发育，丧失细胞免疫应答能力，不能排斥异体移植物，机体产生抗体的能力也显著降低。如在出生后数周切除胸腺，则对免疫功能影响不显著，因为出生后已有大量的 T 细胞播散到周围淋巴器官，已能完成一定的免疫功能。若对已切除胸腺的新生小鼠进行胸腺移植，则免疫功能可以得到明显改善。

胸腺基质细胞、细胞因子及黏附分子共同构成了胸腺内不同部位的微环境，其中胸腺上皮细胞可分泌胸腺素（thymosin）和胸腺生成素（thymopoietin），诱导胸腺细胞分化；还可分泌多种细胞因子，参与胸腺细胞分化和迁移；表达 MHC 分子，介导对胸腺细胞的阳性选择和阴性选择，对胸腺细胞的发生及成熟起重要作用。胸腺内的巨噬细胞尚可分泌 IL-1、IL-6 等细胞因子，参与构成胸腺内微环境，促进胸腺细胞的增殖与分化。

二、淋 巴 结

淋巴结(lymphoid node)位于淋巴循环的路径中，成群分布于肠系膜、肺门、腹股沟、颈部以及腋窝等部位，是滤过淋巴和进行免疫应答的重要场所。全身淋巴结总计约 300 ～ 600 个。

（一）淋巴结的结构

淋巴结多呈扁平豆形或卵圆形，其大小及内部结构与机体的免疫功能状态密切相关。淋巴结的一侧凹陷，称为淋巴结门(hilus)，其中有输出淋巴管、血管以及神经等出入。

淋巴结的表面有薄层致密结缔组织构成的被膜（capsule），有数条输入淋巴管穿入被膜，进入被膜下窦。被膜和淋巴结门的结缔组织向淋巴结实质内伸入，形成许多小梁（trabecula），构成淋巴结的粗支架，小梁粗细不等，互相连结成网，其间有网状组织分布，构成淋巴结的微细支架。淋巴结的实质可分为两部分，即周围部分为皮质，染色较深；中央部分为髓质，染色较浅(图 1-10-6，图 1-10-7)。皮质与髓质的结构相互通连，二者无明显分界。在皮质和髓质内均有淋巴窦贯通。

1. 皮质（cortex） 位于被膜下方，由浅层皮质、深皮质以及皮质淋巴窦所组成。

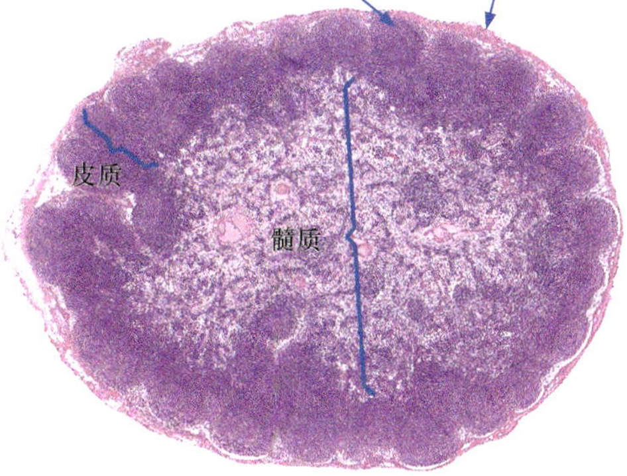

图 1-10-6 淋巴结整体结构剖面图（HE 染色）

（1）浅层皮质（peripheral cortex）：主要含淋巴小结和薄层弥散淋巴组织。受到抗原刺激后，此层增厚，出现淋巴小结增多、增大，多为次级淋巴小结，小结帽朝向被膜侧。小结帽和暗区之间有清晰的明区。淋巴小结主要为 B 淋巴细胞分布区，尚有 Th 细胞、巨噬细胞和滤泡树突状细胞等，是最先接受抗原刺激和 B 淋巴细胞增殖分化的部位，与体液免疫功能强弱密切相关。分布在淋巴小结之间的弥散淋巴组织，与淋巴结深部皮质相连，主要为 T 细胞分布区（图 1-10-1，图 1-10-6，图 1-10-7）。

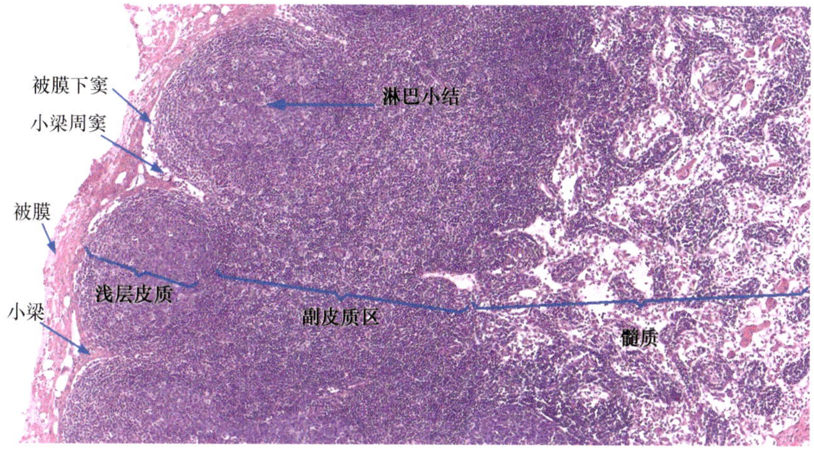

图 1-10-7 淋巴结（HE 染色）

（2）深皮质（deep cortex）：又称**副皮质区**（paracortical zone），是在浅层皮质和髓质之间的区域，为较大片的弥散淋巴组织，无明显界限（图 1-10-7），主要由密集的 T 细胞所构成，并有散在的网状细胞。其中有 T 细胞分布区所特有的一种细胞，称为交错突细胞（interdigitating cell），是树突状细胞的一种，该细胞的胞体较小，胞质染色淡，界限不清，细胞器较少；核呈分叶状。此细胞有许多宽阔的突起，其末端钝圆呈指状，突起伸入相邻的淋巴细胞之间，且相互交错。细胞周围有许多辅助性 T 细胞，细胞表面表达大量的 MHC- Ⅱ类分子，无吞噬能力，但具有较强的抗原提呈能力，并可诱导 T 细胞分裂分化或释放淋巴因子，引起细胞免疫应答。

淋巴结的每一深皮质区，多与一条或数条输入淋巴管相对应，当细胞免疫功能活跃时，细胞分裂增多，此区迅速增大，故深皮质区也称深层皮质单位（deep cortex unit）。深层皮质单位是呈半球形的区域，较平的面朝向多个淋巴小结，一般对应 5 ～ 10 个淋巴小结，球形面朝向髓质。深皮质单位尚可分为中央区和周围区。中央区是形成深皮质单位的主要部分，细胞密集，含有大量T细胞和一些交错突细胞等，周围区为包围中央区的一层较稀疏的淋巴组织，由T和B细胞组成。此区还分布有许多毛细血管后微静脉和淋巴窦盲端。毛细血管后微静脉内皮细胞呈立方形或矮柱状，常见淋巴细胞穿越管壁现象。此处是血液内淋巴细胞进入淋巴结实质的重要通道（图1-10-8）。放射性同位素标记淋巴细胞作动态示踪观察，证明血液内的淋巴细胞是以变形运动穿过内皮间隙或内皮细胞进入深皮质区的。深皮质区淋巴细胞通过髓质淋巴窦的盲端进入淋巴管道。当细胞免疫功能活跃时，深皮质区扩大，毛细血管后微静脉肿胀；反之，在胸腺发育不全或作胸导管引流时，深皮质区明显缩小。

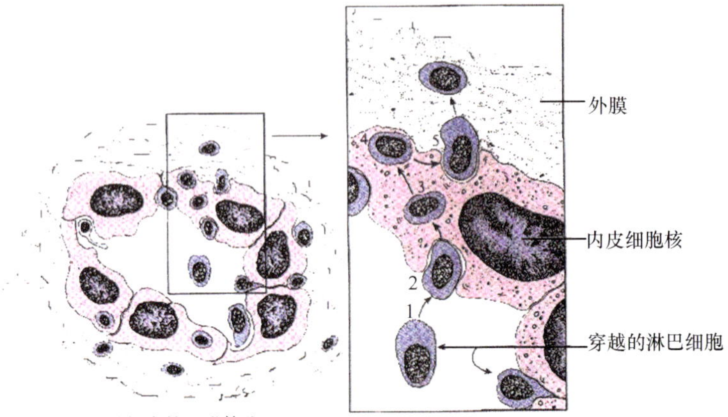

图1-10-8　副皮质区再循环淋巴细胞穿越毛细血管后微静脉模式图

（3）皮质淋巴窦：位于被膜下方和小梁周围，分别称被膜下窦（subcapsular sinus）和小梁周窦（cortical sinus）。被膜下窦的窦腔较宽，小梁周窦较窄。从被膜下窦呈放射状向髓质延续成髓窦（图1-10-9）。

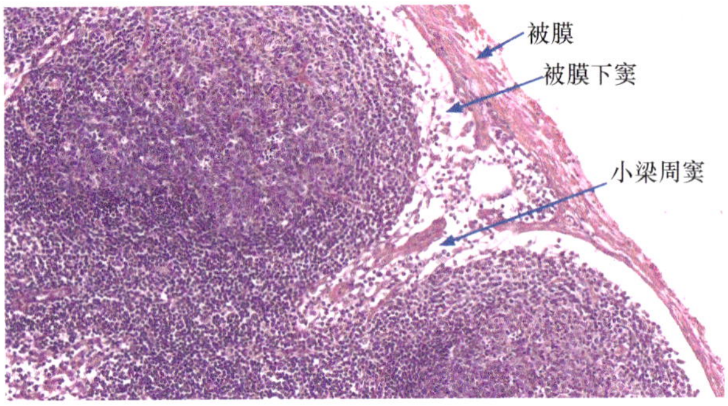

图1-10-9　皮质淋巴窦（HE染色）

2. 髓质　位于淋巴结的中央部，由髓索和髓窦组成（图1-10-10）。髓质的淋巴组织排列呈索状，称为**髓索**（medullary cord），粗细不等并相互连接成网，髓索周围有扁平的内皮细胞与淋巴窦相邻。髓索内主要有B细胞和浆细胞还有巨噬细胞、肥大细胞和嗜酸性粒细胞。当体液免疫应答活跃时，髓索可增粗扩大，髓索内浆细胞显著增多。健康人的髓索内浆细胞较少。在髓索之间或髓索与小梁之间的淋巴窦为**髓窦**（medullary sinus），窦腔较宽大，互相通连成网状，腔内巨噬细胞较多，故有较强的滤过功能。

3. 淋巴窦（lymphoid sinus）　是淋巴结内淋巴流动的通道，根据分布的部位而有不同的名称，与输入及输出淋巴管相通连。淋巴窦的管壁是由连续性单层扁平内皮构成，分别分布于被膜下方，以及小梁、淋巴小结和髓索的表面，适于淋巴细胞自由通过。内皮的外面有薄层基质、少量网状纤维和一层扁平的网状细胞。淋巴窦内有许多网状细胞和网状纤维，相互交织成网，支撑着淋巴窦，巨噬细胞附于其上或游离于窦腔内。淋巴在窦内流动缓慢，有利于巨噬细胞清除病原微生物、异物及抗原物质等。除淋巴细胞和巨噬细胞外，窦内偶见面纱细胞（veiled cell），它实际上是淋巴管道中的一种树突状细胞，由表皮内的朗格汉斯细胞吞噬抗原后，携带抗原经输入淋巴管进入淋巴结后形成的，细胞的面纱即为薄膜状突起。面纱细胞进入淋巴结后，逐渐转移至副皮质区，即成交错突细胞。

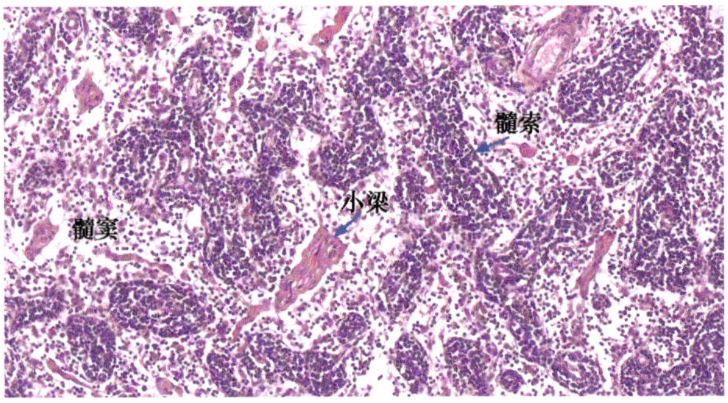

图1-10-10　淋巴结髓质（HE染色）

淋巴液由输入淋巴管流入被膜下窦，经小梁周围的小梁周窦再流入髓窦，最后经1～2条输出淋巴管流出。

（二）淋巴细胞再循环

周围淋巴器官和淋巴组织中的淋巴细胞经淋巴管、静脉进入血循环周流全身，再经毛细血管后微静脉回到周围淋巴器官和淋巴组织内，如此不断循环，称淋巴细胞再循环（recirculation of lymphocyte）。参加再循环的淋巴细胞大部分位于淋巴器官内，相当于血液中淋巴细胞总数的50倍左右，称为淋巴细胞再循环库（lymphocyte recirculating pool）。此外，其他器官的弥散淋巴组织中也有毛细血管后微静脉，该处的淋巴细胞也参与再循环。

淋巴细胞经过不断的再循环，从一个淋巴器官转移到另一个淋巴器官或淋巴组织中，其生理意义在于传递抗原信息，有利于发现、识别抗原和肿瘤细胞，促进免疫细胞间的协作，使免疫功能大为提高。流经再循环库的多为寿命较长的记忆性淋巴细胞。T细胞循环一周约需18～24小时，B细胞约需30小时。

（三）淋巴结的功能

1. 滤过淋巴液　淋巴液内的异物或细菌，一旦进入淋巴结内，由于淋巴窦内有网状组织并迂曲走行，淋巴液流速缓慢，窦内的巨噬细胞可将其吞噬而清除。清除率与机体的免疫状态及病原微生物的种类有关，对细菌的清除率一般为99%，而对病毒和癌细胞较差。

2. 参与免疫应答　当受到抗原刺激后，即产生体液免疫和细胞免疫。最初可出现巨噬细胞吞噬抗原，将信息传递给淋巴细胞。体液免疫应答时，淋巴小结增大，生发中心B细胞分裂增殖，母细胞化，髓索变粗，浆细胞增多，产生抗体。细胞免疫应答时，副皮质区明显扩大，T细胞分裂增殖，母细胞化，产生大量效应性T细胞。淋巴结内的淋巴细胞约60%是T细胞，40%是B细胞。

三、脾

脾（spleen）是人体最大的免疫器官，位于血循环的经路上。脾的大小和结构的改变可反映机体的免疫状态。

（一）脾的结构

脾的结构与淋巴结有相似之处，也主要由淋巴组织构成，但脾无皮质与髓质之分，分为白髓、边缘区和红髓；脾内无淋巴窦，而有许多血窦（图1-10-11）。

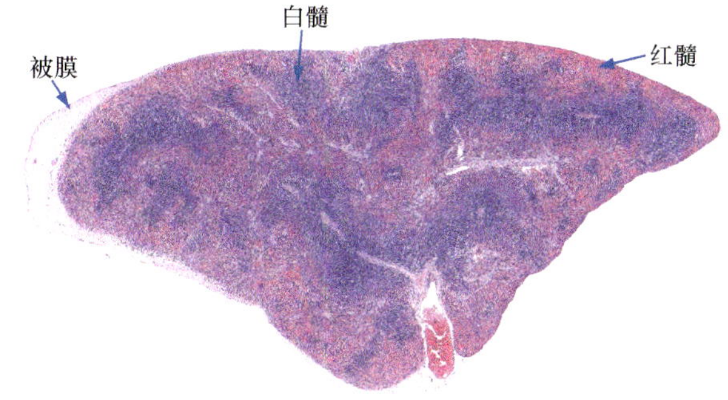

图1-10-11　脾整体结构剖面图（HE染色）

1. 被膜与小梁　脾的表面有由致密结缔组织和平滑肌形成的较厚的**被膜**，其游离面有间皮被覆。被膜与脾内的**小梁**相连，小梁形成索状分支，互相吻合，连接成粗的网架。被膜和小梁内平滑肌及弹性纤维的伸缩可调节脾的容积和血量（图1-10-12）。

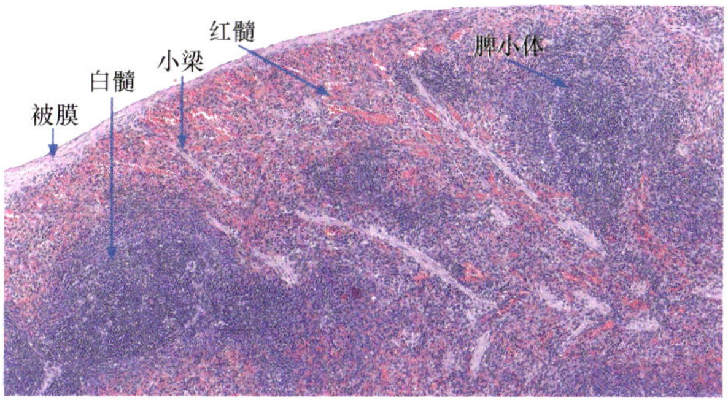

图1-10-12　脾（低倍，HE染色）

2. 白髓（white pulp）　在新鲜脾的切面上呈散在的白色点状，它是由密集的淋巴细胞组成，沿中央动脉周围分布。**白髓**分为**动脉周围淋巴鞘**和**淋巴小结**两部分。①**动脉周围淋巴鞘**（periarterial lymphatic sheath）是环绕在中央动脉周围的弥散淋巴组织，主要是T细胞、少量巨噬细胞和交错突细胞等构成。此区相当于淋巴结的副皮质区，在细胞免疫应答时可增大变厚；②淋巴小结又称**脾小体**（splenic corpuscle），与淋巴结内的结构相似，主要由B细胞组成。当抗原刺激引起免疫应答时，脾小体增多，出现于动脉周围淋巴鞘的一侧，此时中央动脉常偏向一侧（图1-10-12，图1-10-13，图1-10-14）。

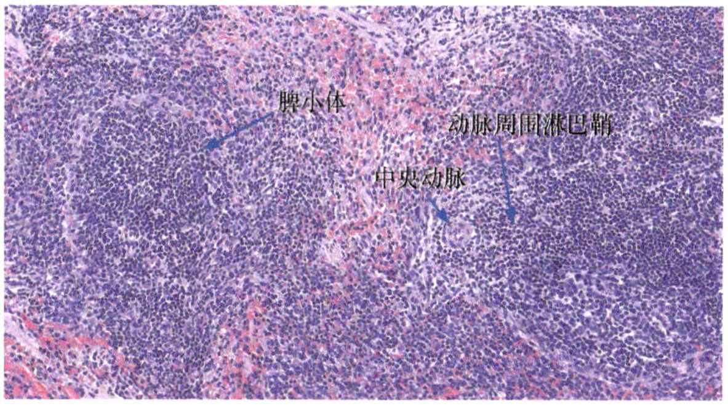

图1-10-13　脾白髓（HE染色）

3. 边缘区（marginal zone） 位于白髓与红髓的交界处，宽约 100 ～ 500 μm。该区的淋巴细胞较白髓稀疏，比红髓密集，含有 B 细胞和 T 细胞，以 B 细胞为主，也有巨噬细胞和浆细胞。中央动脉的分支离开白髓进入边缘区分支形成许多毛细血管，并开口于此区的淋巴组织内，或开口于边缘区的**边缘窦**。边缘区是淋巴细胞从血液进入淋巴组织的重要通道，这是脾首先接触抗原并引起免疫应答的重要部位。

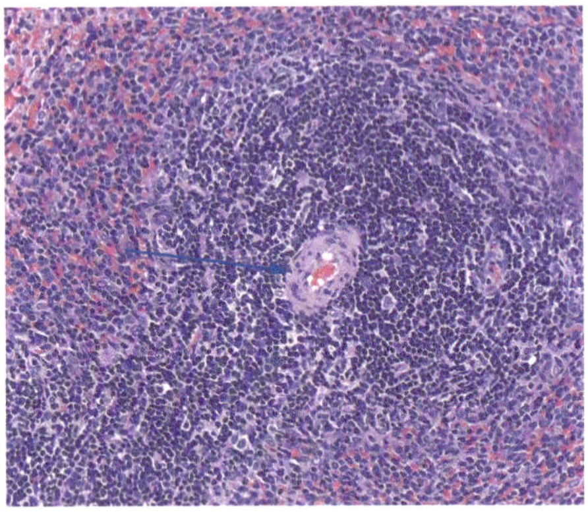

图 1-10-14 中央动脉（脾白髓，HE 染色）

4. 红髓（red pulp） 位于被膜下、小梁周围及白髓之间，占脾的 2/3，因含大量血细胞故在新鲜脾切面上呈红色。**红髓**可分为**脾索**及**脾血窦**（图 1-10-15）。

（1）脾索（splenic cord）：由富含血细胞的淋巴组织索构成。脾索宽窄不等，互相连接，与血窦相间排列。脾索内含有许多 B 细胞、浆细胞、巨噬细胞及各种血细胞。巨噬细胞可吞噬异物、衰老的红细胞及血小板。脾索对滤过血液和产生抗体有重要作用。

（2）脾血窦（splenic sinusoid）：宽约 12 ～ 40 μm，形状不规则，相互吻合成网，位于脾索之间。窦壁由长杆状内皮细胞纵向排列而成，细胞间隙 2 ～ 5 μm，内皮外基膜不完整，网状纤维环绕血窦，形成栅栏状多缝隙结构，有利于血细胞的穿透。窦壁附近有较多的巨噬细胞，其突起可通过内皮间隙伸向窦腔。

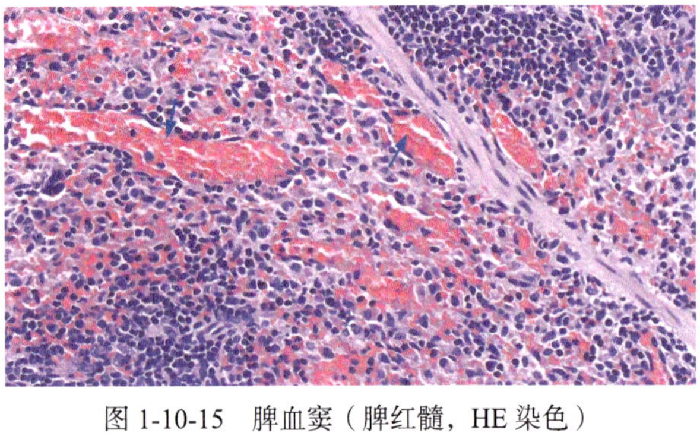

图 1-10-15 脾血窦（脾红髓，HE 染色）

（二）脾的血液循环

脾动脉由脾门入脾，分支为小梁动脉（trabecular artery）。小梁动脉再分支进入白髓为中央动脉（central artery）。中央动脉的主支穿出白髓，分成许多直行分支，互不吻合，形似笔毛，称笔毛动脉（penicillar artery），进入脾索。笔毛动脉由髓动脉、鞘动脉和动脉毛细血管三段组成，毛细血管末端开口于脾索或直接与脾窦相连。脾窦汇合成髓静脉，进入小梁成为小梁静脉，最后成为脾静脉，由脾门出脾。脾血液循环的特点是：①开放式；②脾血窦通透性高，这为脾有效的过滤血液提供了结构基础。

（三）脾的功能

1. 造血 胚胎时期脾能产生各种血细胞，出生后只产生淋巴细胞。

2. 贮血 人脾可贮血约 40 ml，当机体需要时，被膜和小梁内平滑肌收缩，迅速将所贮的血液排入血循环。

3. 滤血 脾索和边缘区是滤血的重要结构，其中的大量巨噬细胞能及时清除血内异物、衰老的红细胞及血小板。当脾大或功能亢进时，红细胞破坏过多，可导致贫血。脾切除术后，血液中异形衰老红细胞会大量增多。

4. 免疫 脾内含有各类淋巴细胞，其中 B 细胞约占 60%，T 细胞占 40%，还有少量 NK 细胞等，因此血源性抗原如细菌、疟原虫和血吸虫等刺激时可产生相应的免疫应答，脾的体积和内部结构也发生变化。体液免疫应答时，淋巴小结增多增大，脾索内浆细胞增多；细胞免疫应答时，动脉周围淋巴鞘显著增厚。

四、扁 桃 体

扁桃体（tonsil）是机体最常接触抗原引起免疫应答的淋巴器官，有腭扁桃体、咽扁桃体及舌扁桃体，它们与咽黏膜内多处分散的淋巴组织共同组成咽淋巴环，构成机体的第一道重要防线。小儿的扁桃体较发达。腭扁桃体最大，呈扁卵圆形，表面被覆复层扁平上皮，上皮向固有层深陷，形成 10 ～ 22 个分支的扁桃体隐窝。隐窝周围的固有层内有许多生发中心明显的淋巴小结和弥散淋巴组织（图 1-10-16），隐窝上皮内含有淋巴细胞、巨噬细胞、浆细胞和郎格汉斯细胞，故称隐窝浸润上皮（crypt infiltrated epithelium）。上皮内有许多相互通连的孔隙，淋巴细胞就充塞于这些通道内。咽腔内的抗原物质易进入上皮间隙。在上皮细胞之间也可见微皱褶细胞。弥散淋巴组织中可见高内皮围成的毛细血管后微静脉，是淋巴细胞进入扁桃体的主要途径。

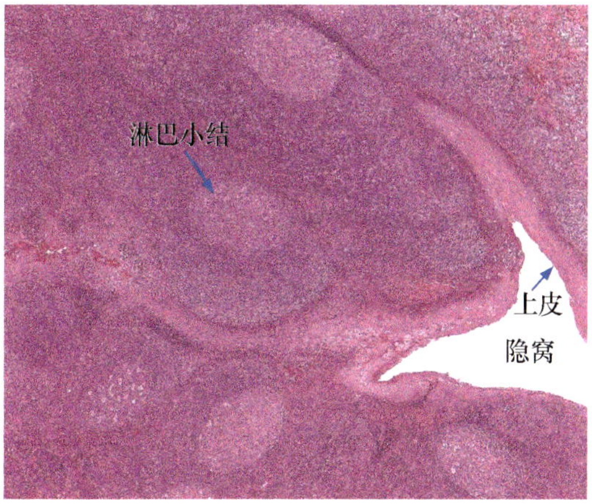

图 1-10-16　腭扁桃体（HE 染色）

咽扁桃体和舌扁桃体体积较小，结构和组成与腭扁桃体相似。咽扁桃体无隐窝，舌扁桃体也仅有一个浅隐窝，故较少引起炎症。成年的咽扁桃体和舌扁桃体多萎缩退化。扁桃体的主要功能是对抗原的刺激引起相应的免疫应答。

思　考　题

（1）试述中枢淋巴器官与周围淋巴器官的特点。

（2）试述淋巴结和脾的结构与功能的异同点。

（3）试述淋巴细胞再循环的过程及意义。

（刘慧雯）

为什么感染部位的淋巴结会肿大？

人体有三道防御屏障：①皮肤，消化道、呼吸道和泌尿生殖道黏膜淋巴组织，扁桃体；②淋巴管通路上的淋巴结；③血液循环路径上的脾脏。

如果患上呼吸道感染（如流感），颈部的淋巴结可能会肿大，部分原因是由于淋巴结中淋巴细胞的增殖，此外还由于在活化的淋巴结中，辅助 T 细胞产生的细胞因子募集额外的巨噬细胞，可能导致髓窦堵塞的倾向，结果导致液体滞留在淋巴结内，引起更进一步的肿胀，当入侵者被击溃后，就不再有足够的抗原来保持 B 细胞和 T 细胞的激活状态，此时，大多数 B 细胞和 T 细胞由于衰竭或者缺乏刺激而死亡，淋巴结的肿胀也因此而消退。

第 11 章 皮 肤

内容提要

（1）皮肤的组成和生理功能。
（2）表皮的分层及角化过程。
（3）非角质形成细胞。
（4）皮肤附属器。

皮肤（skin）覆盖在身体表面，是人体面积最大的器官，面积为 1.2 ～ 2.0 m^2；同时皮肤是人体单个器官中最重的器官，约占体重的 16%。皮肤由表皮和真皮构成，借皮下组织与深层组织相连（图 1-11-1）。毛、皮脂腺、汗腺和指（趾）甲等是胚胎时期由表皮衍生的皮肤附属结构，称为皮肤附属器。皮肤与外界环境直接接触，发挥着重要的屏障作用，能阻挡病原微生物和异物的侵入，还可以防止体液的丢失。皮肤内有丰富的感觉神经末梢，能感受外界的多种刺激。而且皮肤在体温调节方面也发挥着重要的作用。

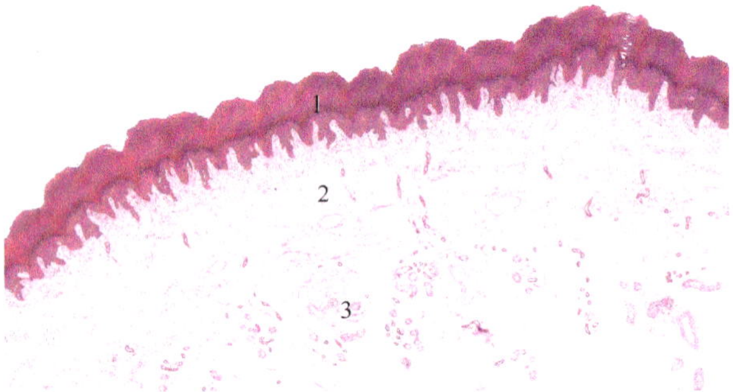

图 1-11-1 皮肤（HE 染色）
1. 表皮；2. 真皮；3. 皮下组织

第一节 表 皮

皮肤的表面可见皮纹，在指端掌面形成指纹，其形态因人而异并终身不变，对法医学的研究具有一定的实用价值。

表皮（epidermis）位于皮肤的表层，由角化的复层扁平上皮组成。人体各部位的表皮厚薄不一，一般厚 0.07 ～ 0.12 mm，眼睑的皮肤最薄，约为 0.04 mm；手掌和足底最厚，约为 0.8 ～ 1.5 mm。构成表皮的细胞分为两类，一类是**角质形成细胞**（keratinocyte），是表皮的主体细胞，占表皮细胞的绝大多数；另一类是**非角质形成细胞**，数量少，散布于角质形成细胞之间，包括黑素细胞、朗格汉斯细胞和梅克尔细胞，这些细胞虽然与表皮的角化没有关系，但它们都具有各自的特殊功能（图 1-11-2）。

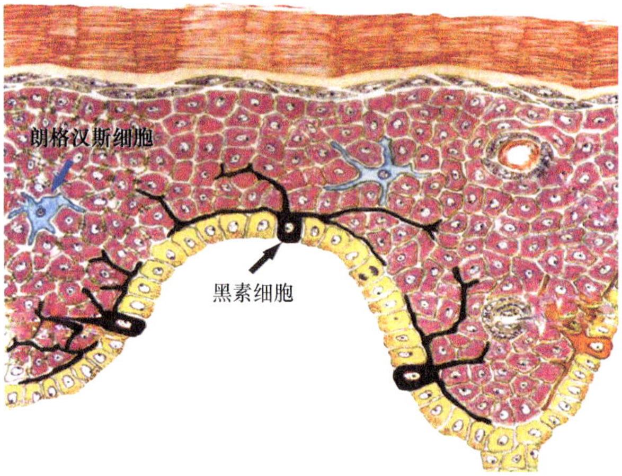

图 1-11-2 非角质形成细胞分布模式图

一、表皮的分层和角化

手掌和足跟处的厚表皮的结构较典型，从基底到表面可分为五层：基底层、棘层、颗粒层、透明层和角质层。

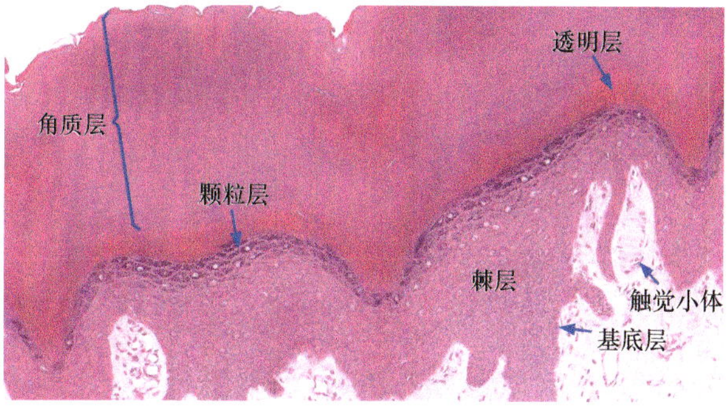

图 1-11-3　指皮（低倍，HE 染色）

（一）基底层

基底层（stratum basale）位于表皮的最深层，附着于基膜上，与深层结缔组织的连接面弯曲不平，扩大了两者的接触面积。基底层由一层矮柱状或立方形细胞组成（图 1-11-3，图 1-11-4），被称作**基底细胞**（basal cell）。基底细胞，胞核相对较大，呈圆形，核仁明显，常见有丝分裂象；胞质较少，内含丰富的游离核糖体，故在 HE 染色的标本上呈强嗜碱性。细短成束的角蛋白丝，散在分布于细胞质中，因具有很强的张力，故也称为张力丝。相邻的基底细胞之间借桥粒相连；细胞基底面借半桥粒与基膜相连。基底细胞是未分化的幼稚细胞，具有活跃的增殖、分化能力。新生的细胞向表层推移，逐渐分化成其余几层表皮细胞。

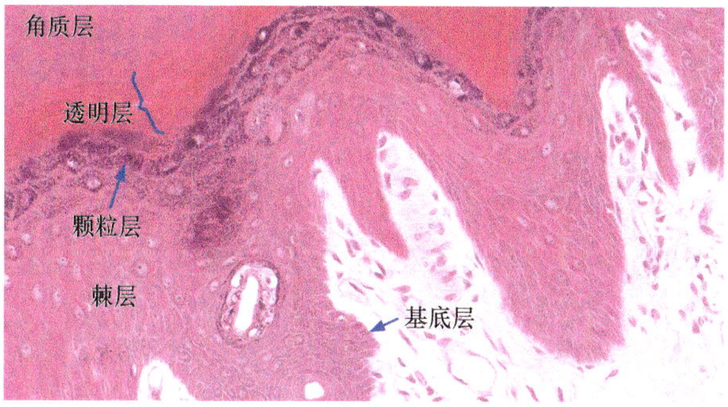

图 1-11-4　指皮（高倍，HE 染色）

（二）棘层

棘层（stratum spinosum）在基底层上方，由 5～10 层细胞组成（图 1-11-3，图 1-11-4）。此层的细胞因为表面有许多细短的棘状突起，故得名棘细胞。棘细胞体积较大，呈多边形，向浅层渐趋变扁；胞核较大，圆形或椭圆形，位于细胞中央，染色浅，核仁明显；胞质丰富，呈嗜碱性；电镜下，相邻棘细胞突起彼此紧密结合，以桥粒相连。胞质内有许多游离的核糖体和成束分布的角蛋白丝。胞质中还可见明暗相间的**板层颗粒**（lamellated granule），有膜包被，其内主要含有糖脂、非酯化固醇及溶酶体酶。颗粒内容物以胞吐的方式排放到细胞间隙。

基底层干细胞不断进行分裂，新生成的细胞向上方移动，在到达棘层深部时再分裂 2～3 次，即失去分裂能力。故表皮基底层和棘层深层构成了表皮的生发层（stratum germinativum）。

（三）颗粒层

颗粒层（stratum granulosum）位于棘层的上方，约有 3～5 层较扁的梭形细胞组成（图 1-11-3，图 1-11-4）。细胞的主要特点是，胞核和细胞器趋于退化；胞质中除板层颗粒外，又出现了许多形状不规则、强嗜碱性的**透明角质颗粒**（keratohyalin granule），电镜下，透明角质颗粒无包膜包被，呈致密均质状，常可见角蛋白丝伸入颗粒中。颗粒的来源不明，主要成分为富含组氨酸的蛋白质。有膜包被的板层颗粒进一步增多，与细胞膜相融合，将所含的内容物释放到细胞间隙，在细胞膜外形成多层膜状结构，构成阻止物质透过表皮的主要屏障。

（四）透明层

透明层（stratum lucidum）位于颗粒层的上方（图 1-11-3，图 1-11-4），只在无毛的厚表皮中明显可见。由 2～3 层扁平梭形细胞组成，细胞界限不清；胞核和细胞器均已消失；胞质内充满角蛋白丝。在 HE 染色切片上，细胞呈透明的均质状，呈强嗜酸性，折光性强。

（五）角质层

角质层（stratum corneum）位于表皮的最浅层（图 1-11-3，图 1-11-4），由多层极扁平的角化细胞组成。为完全角化的死细胞，已无胞核和细胞器，胞质完全被角蛋白所充填。HE 染色，细胞均质状，呈嗜酸性。电镜下，胞质中充满密集粗大的角蛋白丝束，浸埋在均质状的基质中。角蛋白丝与均质状物质的复合物称角蛋白，角蛋白是角质细胞的主要成分。细胞表面皱折不平，相邻细胞互相嵌合，细胞间隙中充满板层颗粒释放的脂质物质。靠近表面的细胞间的桥粒解体，细胞彼此连接不牢，逐渐脱落形成皮屑。

身体大部分的表皮不同于手足的厚表皮，表皮非常薄。棘层、颗粒层及角质层细胞的层数都比较少，只有几层细胞，无透明层。

表皮由基底层到角质层的结构变化，反映了角质形成细胞增殖、分化、向表层逐层推移，形成角质细胞，并最终脱落的动态过程；同时也反映了角质形成细胞逐渐形成角蛋白，参与表皮角化的过程。表皮角蛋白形成，角质细胞不断脱落和更新，其更新周期约为 3～4 周。表皮基底层细胞的增殖速度与角质层表面细胞的脱落保持动态平衡，使表皮各层得以保持正常的结构和厚度。

二、非角质形成细胞

（一）黑素细胞

黑素细胞（melanocyte）是生成黑色素的细胞。人体黑素细胞分为两型，树突型和非树突型，前者可以将黑素体输送给其他细胞，而后者合成的黑素体只留在合成部位，如视网膜等。皮肤的黑素细胞为树突型，胞体多散在分布于基底细胞之间，其细长树状突起，伸入到基底层与棘层的细胞之间，在HE染色切片不易辨认，需特殊染色（图1-11-2，图1-11-5）。胞质内含有特征性有膜包被的黑素体，这种小体由高尔基复合体生成。小体内含有酪氨酸酶，日照时，紫外光的作用促进酪氨酸酶活性增强，能将酪氨酸转化为黑色素。黑素体充满色素后成为黑素颗粒。黑素颗粒移入黑素细胞突起末端，输送到各层的角质形成细胞内。黑色素为棕黑色物质，它是决定皮肤颜色的一个重要因素。不同种族皮肤颜色的差异是由细胞中黑素颗粒的大小、数量和颗粒内色素的含量决定。黑种人的黑素颗粒多而大，色素含量高；而白种人的黑素颗粒小而少，色素含量低；黄种人介于两者之间。黑色素能吸收和散射紫外线，可保护表皮深层的幼稚细胞不受辐射损伤。

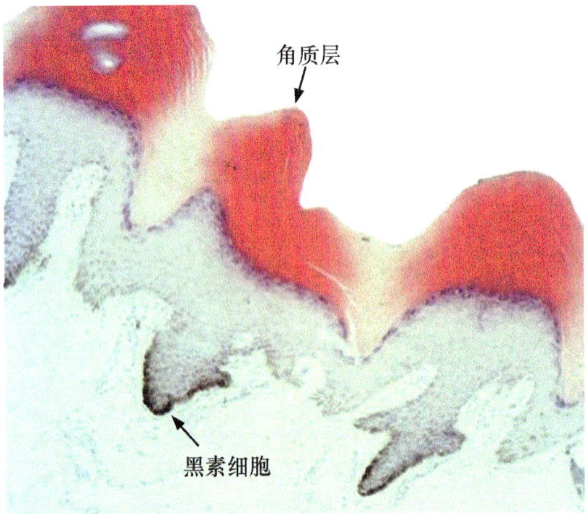

图1-11-5　黑素细胞（特染）

（二）朗格汉斯细胞

朗格汉斯细胞（Langerhans cell）是1868年德国学者朗格汉斯用氯化金浸染皮肤首先发现的，细胞呈树突状，为非色素形成细胞。朗格汉斯细胞由胚胎期骨髓发生，以后迁移到皮肤内，散在于棘细胞之间，在HE染色切片上不易辨认，用氯化金浸染法染色可见细胞具有树枝状突起。这些突起穿插于棘层细胞之间（图1-11-2）。电镜下，可见胞质内有特征性的伯贝克颗粒，颗粒呈杆状或网球拍形。朗格汉斯细胞的表面标志与巨噬细胞相似，能吞噬表皮内的异物，捕捉和处理侵入皮肤的抗原，并将抗原呈递给淋巴细胞。朗格汉斯细胞在对表皮癌变细胞的免疫监视中也发挥重要的作用。

（三）梅克尔细胞

梅克尔细胞（Merkel cell）是1875年德国学者Friedrich Merkel首先描述的一种特殊的表皮细胞。梅克尔细胞，数目少，它们常单个散在分布于全身表皮基底层或表皮-真皮连接处，在手掌表皮、毛囊、甲床上皮、口腔和生殖道黏膜上皮较多见。梅克尔细胞有指状突起伸入到角质形成细胞之间，在HE染色标本上不易辨认，需用特殊染色法显示。电镜显示该细胞顶部有几个较粗短的突起伸入角质形成细胞之间，与相邻的角质形成细胞借桥粒相连接，细胞基底面与盘状的感觉神经末梢相接触。细胞核常有深小凹或呈分叶状，核仁不明显。胞质内常有许多有膜包被的致密颗粒，颗粒多聚集在与神经末梢相接触的一侧。梅克尔细胞的功能尚不清楚，可能是一种感受触觉刺激的感觉上皮细胞，此细胞较多的分布于指尖，可能为接受刺激的感觉细胞。

第二节　真　　皮

真皮（dermis）位于表皮下面，由致密结缔组织组成，与表皮牢固连接（图1-11-1）。真皮深部与皮下组织接连，二者没有清楚的界限。身体各部位真皮的厚薄不均，一般厚1～2 mm。真皮层分为乳头层和网织层。

一、乳　头　层

乳头层（papillary layer）为紧邻表皮的薄层疏松结缔组织，向表皮底部突出形成许多真皮乳头，使表皮与真皮的连接面扩大，有利于两者牢固连接，并便于表皮从真皮的血管获得营养。乳头层毛细血管丰富，有许多游离神经末梢，在手指等触觉灵敏的部位常有触觉小体（图1-11-3，图1-11-6）。

二、网　织　层

网织层（reticular layer）位于乳头层下方，较厚，由致密结缔组织组成，是真皮的主要组成部分，与乳头层无清楚的界限。大量粗大的胶原纤维交织成网，并有许多弹性纤维，使皮肤具有较大的韧性和弹性。此层内有许多血管、淋巴管和神经，深部常见环层小体（图1-11-7）。

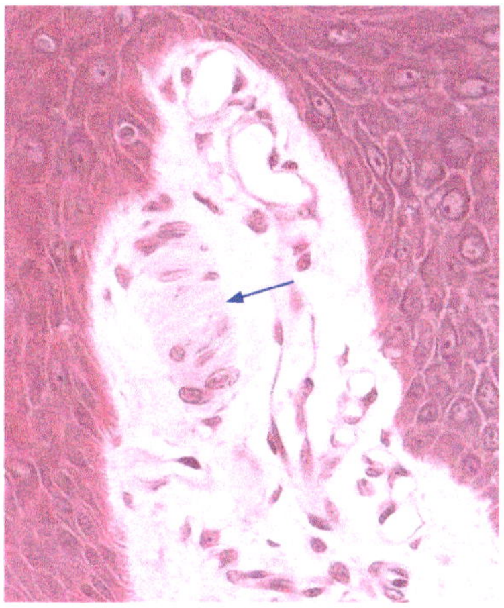

图 1-11-6　触觉小体（HE 染色）

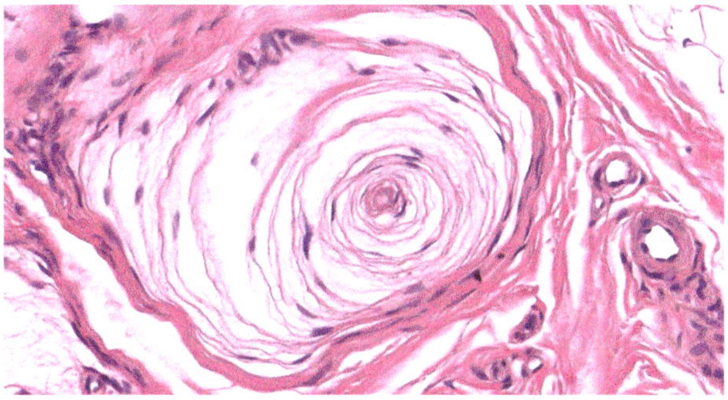

图 1-11-7　环层小体（HE 染色）

第三节　皮下组织

皮下组织（hypodermis）由疏松结缔组织组成，即解剖学中所称的浅筋膜，位于真皮下方（图 1-11-1），将皮肤与深部的组织连接在一起，并使皮肤有一定的移动性。皮下组织并不属于皮肤，因与皮肤密切相关，因此在本章中叙述。此层含有脂肪组织，除起着保温、缓冲作用外，还有保持皮肤张力丰满体形的作用。脂肪组织过多，可致肥胖症。营养不良时，若动用脂肪功能，则可致皮肤弹性下降，若动用组织蛋白，则可使细胞停止生长分裂而致皮肤干燥。成人皮下组织内的脂肪组织主要为黄色脂肪。棕色脂肪在成人很少，新生儿含量较多，占体重的 2% ～ 5%，主要存在于肩胛区和腋窝等处，出生后一年开始减少。皮下组织的厚度因个体、年龄、性别和部位而不同。一般以腹部、臀部最厚。眼睑、阴茎和阴囊等部位皮下组织最薄，不含脂肪组织。皮下组织疏松，血管丰富，故临床上常将药物注入此层，称为皮下注射。

第四节　皮肤附属器

一、毛

毛是哺乳类动物的特征之一，人体皮肤除了手掌和足跟等部位外，大部分都长有毛。毛的长短粗细不一，头发、胡须和腋毛等较粗、较长，并富含黑色素；其余部位的毛细软而短，含色素少，称为毫毛（vellus hair）。不同种族的人的毛的数目和形状有明显的差别，白种人毛最多，黄种人毛最少，黑种人则介于两者之间。

（一）毛的结构

毛分为毛干、毛根和毛球三部分。伸在皮肤外面的叫毛干，埋在皮肤内的称毛根（图 1-11-8），毛干和毛根都是由排列规则的角化细胞组成，细胞内充满角蛋白，并含有数量不等的黑素颗粒。毛根被包裹在毛囊内。毛囊分为内外两层，内层属上皮性根鞘，与表皮相延续；外层属于结缔组织性根鞘，由致密结缔组织构成。在毛囊的下端，毛根和上皮性根鞘合为一体，膨大形成球状，称毛球。毛球的上皮细胞为幼稚的干细胞，称为毛母质细胞。毛球的底面向内凹陷，下方的结缔组织呈乳头状，深入其中，称毛乳头（图 1-11-8），内含丰富的毛细血管和神经。毛球是毛和毛囊的生长点，毛乳头对毛的生长起诱导作用。毛和毛囊斜长在皮肤内，与皮肤表面成钝角的一侧，有一束平滑肌连接毛囊和真皮，称竖毛肌（图 1-11-9），受交感神经支配，收缩时使毛竖立。

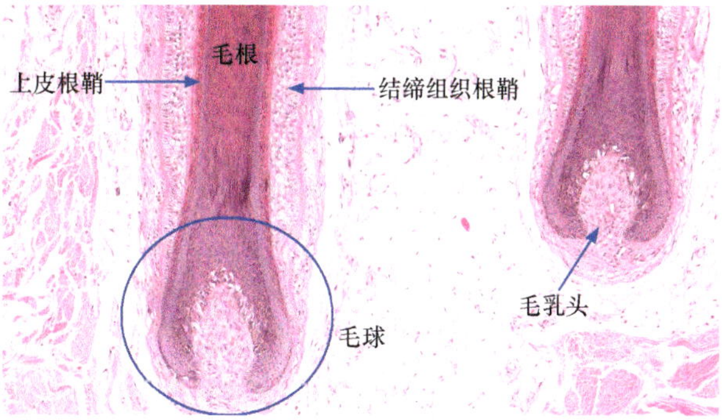

图 1-11-8　毛发（HE 染色）

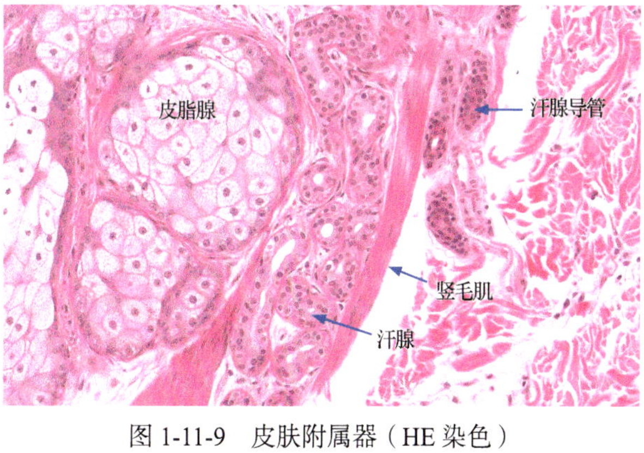

图 1-11-9　皮肤附属器（HE 染色）

（二）毛的生长和更新

毛有一定的生长周期，身体各部位毛的生长周期长短不等，有的数月，有的数年，其中以头发生长最长，可达 4～6 年。毛的生长周期分为生长期和静止期。生长期的毛囊长，毛球和毛乳头也大。此时毛母质细胞分裂活跃，使毛生长。转入静止期，也即是换毛的开始，毛球和毛乳头缩小萎缩，毛母质细胞停止增殖，毛根与毛囊连接不牢，此时毛发容易脱落。在下一个生长周期开始时，在毛囊底端形成新的毛球和毛乳头开始新毛生长，新毛沿原有毛囊内生长，将旧毛推出，旧毛脱落，新毛伸到皮肤外面。

毛发的颜色决定于毛干内角质细胞所含黑色素的含量和种类。棕黑或黑色的毛含有真黑素体；红色毛含有褐黑素体；灰发和白发，其毛球中黑素细胞少，黑素体内含色素也少。

二、皮　脂　腺

皮脂腺（sebaceous gland）多位于毛囊和竖毛肌之间，为泡状腺（图 1-11-9）。由一个或几个囊状腺泡与一个共同的短导管构成。导管为复层扁平上皮，与毛囊上皮相连续，大多开口于毛囊上段，也有的直接开口于皮肤表面，如口、外阴等。腺泡周边是一层较小的幼稚细胞，有活跃的分裂能力，生成新的腺细胞。一部分新生的腺细胞胞质中形成的脂滴逐渐增多，并向腺泡中心移动。腺泡中心的细胞较大，呈多边形，胞质内充满脂滴，核固缩，细胞器消失。最后，细胞解体，连同所含脂滴一起通过导管排出，即为皮脂，有润滑皮肤以及抑制细胞的作用。皮脂内含有 7- 脱氢胆固醇，经日光紫外线照射形成维生素 D。皮脂腺的分泌受性激素的调节，故青春期皮脂腺分泌活跃。皮脂腺分泌过多致腺管阻塞时易形成粉刺。

三、汗　　腺

（一）外泌汗腺

外泌汗腺（eccrine sweat gland）即小汗腺，遍布于全身皮肤中，手掌、足和腋窝最多。汗腺是单曲管状腺，由分泌部和导管组成（图 1-11-10）。分泌部盘曲成团，位于真皮深部和皮下组织中。分泌部由单层矮柱状或锥体形细胞组成，胞质呈弱嗜碱性，核圆形或椭圆形，靠近细胞的基膜，基膜明显。在腺细胞与基膜之间有肌上皮细胞，其收缩时有助于排出分泌物。导管由两层立方形细胞组成，从真皮深部上行穿过表皮，开口于皮肤表面的汗孔。腺细胞分泌的汗液除含有大量的水分外，还含有钠、钾、氯、乳酸盐和尿素等。汗液分泌是身体散热的主要方式，有调节体温、湿润皮肤和排出代谢废物的作用。

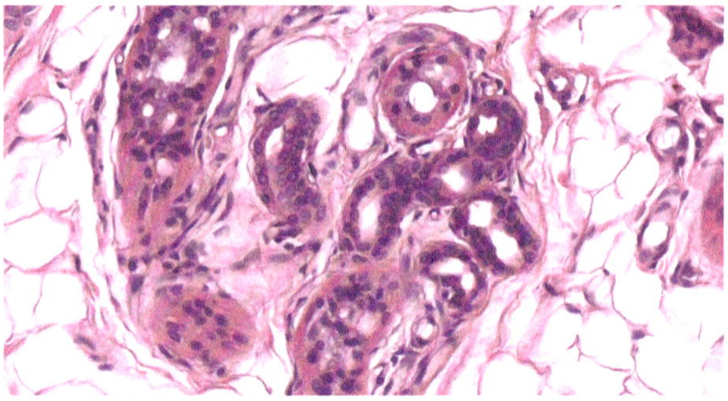

图 1-11-10　汗腺（HE 染色）

（二）顶泌汗腺

顶泌汗腺（apocrine sweat gland）又称大汗腺。主要分布在腋窝、乳晕和会阴等处。顶泌汗腺为分支管状腺，由分泌部和导管部组成，位于真皮和皮下组织。分泌部为粗管，管腔大，盘曲成团。腺细胞呈立方形，胞核圆形，胞质内含有许多分泌颗粒和溶酶体，呈嗜酸性。腺细胞与基膜之间也有肌上皮细胞。导管部由两层立方细胞组成，开口于毛囊上段。大汗腺的分泌物为较黏稠的乳状液，含蛋白质、脂类和碳水化合物等，被细菌分解后产生特殊的气味，即所谓的狐臭（腋臭）。大汗腺的分泌也受性激素的调节，于青春期分泌最为活跃，至老年时逐渐退化。

思　考　题

（1）角化的形成过程？
（2）毛发的生长机制？

（崔志刚）

白　化　病

白化病是由于酪氨酸酶缺乏或功能减退引起的一种皮肤及附属器官黑色素缺乏或合成障碍所导致的遗传性白斑病。患者视网膜无色素，虹膜和瞳孔呈现淡粉色，怕光。皮肤、眉毛、头发及其他体毛都呈白色或黄白色。白化病属于家族遗传性疾病，为常染色体隐性遗传，常发生于近亲结婚的人群中。

第 12 章　内分泌系统

内容提要

（1）甲状腺、甲状旁腺、肾上腺、脑垂体的结构特点及功能。

（2）下丘脑与脑垂体之间的关系。

内分泌系统（endocrine system）是机体重要的调节系统，与神经系统相辅相成，他们共同维持内环境的稳定，调节机体的生长发育和各种代谢，控制生殖，影响行为等。内分泌系统由内分泌腺和分布于其他器官内的内分泌细胞所组成。内分泌腺的共同结构特点是：腺细胞排列成索状、网状、团状或围成滤泡状，没有导管，毛细血管丰富。内分泌细胞的分泌物称为激素（hormone）。大多数内分泌细胞分泌的激素是通过血液循环作用于远处的特定细胞。少部分内分泌细胞分泌的激素可直接作用于邻近的细胞，称为旁分泌（paracrine）。有的内分泌细胞分泌的激素作用于自身的相应受体，称为自分泌（autocrine）。另外，有的神经元分泌的激素也可沿轴突经轴浆运输至所连接的组织，如神经垂体，这种方式称为神经分泌（neurocrine）。每种激素作用的特定器官或特定细胞，称为这种激素作用的靶器官（target organ）或靶细胞（target cell）。靶细胞具有与相应激素结合的受体，激素与受体结合后产生效应。

内分泌细胞分泌的激素按照其化学性质的不同分为含氮激素（包括氨基酸衍生物、胺类、肽类和蛋白质类激素）和类固醇激素两大类。机体绝大部分内分泌细胞为含氮激素分泌细胞，超微结构特点与蛋白质分泌细胞相似，即胞质内含有与合成激素相关的粗面内质网和高尔基复合体，以及分泌颗粒。类固醇激素分泌细胞仅包括肾上腺皮质和性腺的内分泌细胞，其超微结构特点是，胞质内含有与合成类固醇激素相关的丰富的滑面内质网，线粒体较多，其嵴多呈管状，含较多脂滴，为激素合成的原料；无分泌颗粒，类固醇激素具有脂溶性，通过胞膜直接扩散出细胞。

人体主要的内分泌腺有：甲状腺、甲状旁腺、肾上腺、脑垂体、松果体等。

第一节　甲　状　腺

甲状腺位于甲状软骨内，分为左右两叶，中间以峡部相连。峡部横跨第二、三气管软骨的前方，正常人在吞咽时甲状腺随喉上下移动。成人甲状腺重约 25 g，老年人的甲状腺逐渐萎缩。甲状腺由薄层结缔组织被膜包裹，结缔组织伸入，将腺实质分成许多大小不等的小叶。甲状腺实质由大量甲状腺滤泡和滤泡旁细胞组成，滤泡间有少量结缔组织和丰富的毛细血管。

一、甲状腺滤泡

甲状腺滤泡（thyroid follicle）大小不等，直径 0.02 ～ 0.9 mm，呈圆形或不规则形。滤泡由单层立方的滤泡上皮细胞（follicular epithelial cell）围成，滤泡腔内充满透明的胶质（colloid）。滤泡可因功能状态不同而有大小、形态差异。在功能活跃时，滤泡上皮细胞增高，可见细胞分裂象，腔内胶质减少；反之，细胞变矮呈扁平状，腔内胶质增多。胶质是滤泡上皮细胞的分泌物，即碘化的甲状腺球蛋白，在切片上呈均质状，嗜酸性，PAS 反应阳性。胶质边缘常见空泡，是滤泡上皮细胞吞饮胶质所致（图 1-12-1）。

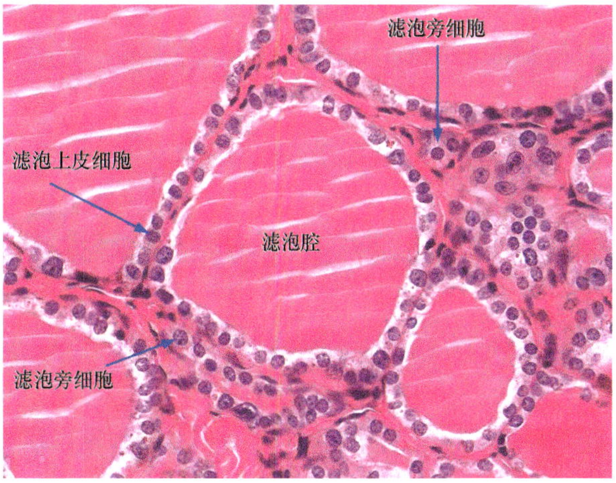

图 1-12-1　甲状腺（HE 染色）

电镜下，滤泡上皮细胞游离面有微绒毛，胞质内有较发达的粗面内质网和较多的线粒体，高尔基复合体位于核上区，溶酶体散在于胞质中。细胞顶部胞质内有大小和电子密度都不同的小泡，有的是含甲状腺球蛋白的分泌颗粒，有的是从滤泡腔重吸收的胶质小泡。滤泡上皮细胞基底面有完整的基膜，邻近的结缔组织内富含有孔毛细血管和毛细淋巴管。

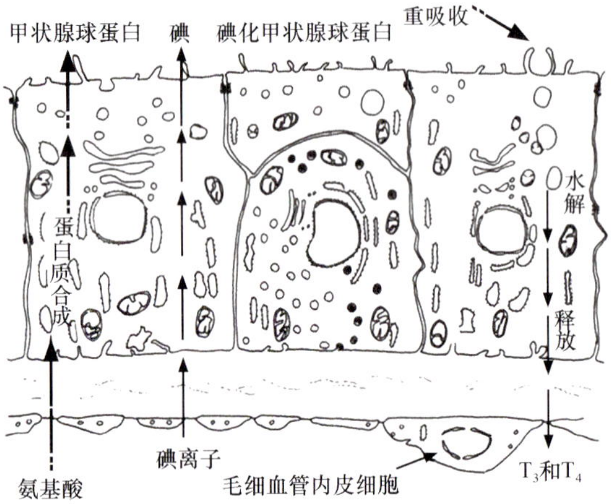

图 1-12-2　甲状腺滤泡上皮细胞超微结构及激素合成与分泌示意图

滤泡上皮细胞合成和分泌甲状腺激素（thyroxine），包括四碘甲腺原氨酸（T_4）和三碘甲腺原氨酸（T_3），前者又称甲状腺素（thyroxine）。甲状腺激素的形成要经过合成、碘化、贮存、重吸收、分解和释放等多个步骤。滤泡上皮细胞从血液中摄取氨基酸，在粗面内质网合成甲状腺球蛋白，至高尔基复合体加糖并包装成为分泌颗粒，再以胞吐方式排放到滤泡腔内。滤泡上皮细胞基底面的细胞膜上有碘泵，可从血中摄取碘离子。在过氧化物酶的催化下活化，进入滤泡腔与甲状腺球蛋白结合形成碘化的甲状腺球蛋白，以胶质形式贮存于滤泡腔内。在腺垂体分泌的促甲状腺素作用下，滤泡上皮细胞将碘化的甲状腺球蛋白重吸收入胞质，形成胶质小泡。胶质小泡与溶酶体融合，溶酶体的蛋白水解酶将碘化的甲状腺球蛋白分解为大量的 T_4 和少量的 T_3。T_3 和 T_4 经细胞基底部释放入毛细血管（图 1-12-2）。

T_3 和 T_4 的主要功能是增进机体的新陈代谢，提高神经兴奋性，促进生长发育，尤其对婴幼儿的骨骼和中枢神经系统的发育影响很大。甲状腺功能低下时，甲状腺素减少，在胎儿和婴幼儿，不仅身材矮小，而且脑发育障碍，导致呆小症；在成人则引起新陈代谢率减低、毛发稀少、精神呆滞和黏液性水肿。甲状腺功能亢进时，甲状腺素增多，出现明显的中枢神经系统兴奋性增高的表现，同时引起心血管、消化等系统功能的紊乱。

二、滤泡旁细胞

滤泡旁细胞（parafollicular cell），常单个散布在滤泡上皮细胞之间，或成群分布于滤泡间的结缔组织内。细胞稍大，在 HE 染色标本中胞质着色略淡（图 1-12-1），银染法可见胞质内有嗜银颗粒（图 1-12-3）。电镜下，滤泡上皮细胞之间的滤泡旁细胞位于基板上，细胞顶部被邻近的滤泡上皮细胞覆盖。滤泡旁细胞内含有发达的粗面内质网和高尔基复合体及许多膜包的分泌颗粒。滤泡旁细胞的形态、大小、数量和分布随动物的种属而有差别，人、猴、鼠等的滤泡旁细胞为卵圆形，以小的细胞群分布于滤泡间。而猫狗等动物的滤泡旁细胞则呈圆形或卵圆形，在滤泡之间积聚形成大的细胞团。人的滤泡旁细胞多分布于甲状旁腺周围的甲状腺内，而在鼠类则多分布于甲状腺中央部。细胞以胞吐方式释放颗粒内的**降钙素**。

降钙素（calcitonin）是一种多肽，可促进成骨细胞的活动，使骨盐沉积于类骨质，并抑制肾小管和胃肠道对钙的吸收，从而使血钙降低。近年研究发现，滤泡旁细胞还可合成和分泌降钙素基因相关肽（calcitonin gene related peptide，CGRP）。哺乳类滤泡旁细胞内还含有生长抑素、去甲肾上腺素、P 物质和血管活性肠肽（vasoactive intestinal peptide，VIP）等。

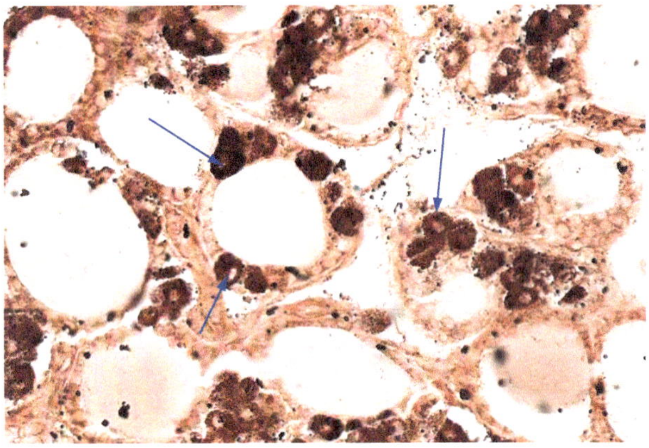

图 1-12-3　甲状腺滤泡旁细胞（镀银染色）

→滤泡旁细胞

第二节　甲状旁腺

甲状旁腺（parathyroid gland）为扁圆形棕黄色小体，位于甲状腺左右两叶的背面，上下各一对。有时藏于甲状腺实质内，每个重约 35 ～ 50 mg。腺体表面有结缔组织被膜，被膜的结缔组织携带血管、淋巴管和神经伸入腺内，成为小梁，将腺分为不完全的小叶。腺细胞排列成索或团状，其间含有少量的结缔组织和丰富的毛细血管。腺细胞有主细胞和嗜酸性细胞两种。

一、主　细　胞

主细胞（chief cell）构成腺实质的主体。主细胞体积较小，呈圆形或多边形，核圆，位于细胞中央，HE 染色标本中，胞质着色浅（图 1-12-4）。电镜下可见胞质内粗面内质网较多，高尔基复合体较发达，并有膜被颗粒，还有一些糖原和脂滴。主细胞可合成和分泌甲状旁腺素（parathyroid hormone），以胞吐方式释放入毛细血管内。甲状旁腺素是调节血钙水平的最重要激素，它有升高血钙和降低血磷含量的作用。

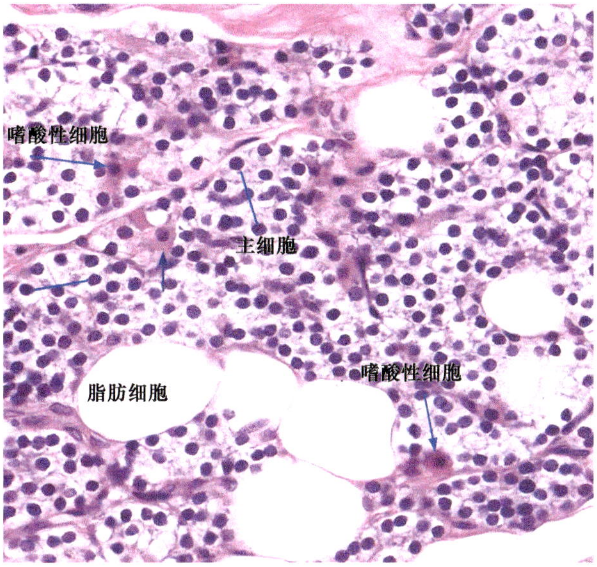

图 1-12-4　甲状旁腺（HE 染色）

甲状旁腺激素是肽类激素，主要功能是影响体内钙与磷的代谢，作用于破骨细胞，从骨动员钙，使骨盐溶解，血液中钙离子浓度增高，同时还作用于肠及肾小管，使钙的吸收增加，从而使血钙升高。机体在甲状旁腺激素和降钙素的共同调节下，维持血钙的稳定。若甲状旁腺分泌功能低下，血钙浓度降低，出现手足抽搐症；如果功能亢进，则引起骨质过度吸收，容易发生骨折。甲状旁腺功能失调会引起血中钙与磷的比例失常。若外科切除甲状腺时不慎，误将甲状旁腺摘除，可引起严重的低血钙。钙离子对维持神经和肌肉组织正常兴奋性起重要作用，血钙浓度降低时，神经和肌肉的兴奋性异常增高，可发生低血钙性手足搐搦，严重时可引起呼吸肌痉挛而造成窒息。

二、嗜酸性细胞

人从 7～10 岁才开始出现**嗜酸性细胞**（oxyphilic cell），并随着年龄的增长而增多，常单个散在或成群分布于主细胞之间。该细胞体积较大，核小而固缩，染色深，胞质内含有许多嗜酸性颗粒（图 1-12-4）。电镜下可见嗜酸性颗粒为线粒体，其他细胞器均不发达，糖原和脂滴也少，且无分泌颗粒。该细胞的功能目前尚不清楚。

第三节　肾　上　腺

肾上腺（adrenal gland）位于两侧肾脏的上方，左右各一，左肾上腺呈半月形，右肾上腺为三角形。成人的每侧肾上腺重 4～5 g。肾上腺表面包有结缔组织被膜。被膜发出少量结缔组织伴随血管和神经深入实质内。肾上腺的实质由周围的皮质和中央的髓质两部分构成（图 1-12-5）。皮质来自中胚层，腺细胞具有分泌类固醇激素细胞的超微结构特点，分泌类固醇激素；髓质来自外胚层，腺细胞具有分泌含氮激素细胞的超微结构特点，分泌儿茶酚胺类激素。皮质和髓质在发生、结构与功能上均不相同，实际上是两种内分泌腺。

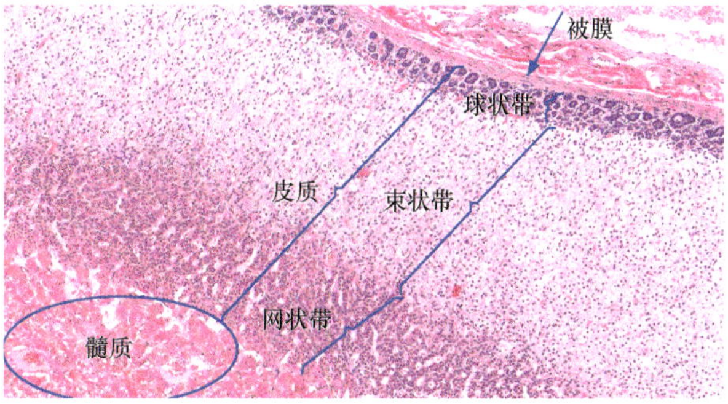

图 1-12-5　肾上腺（HE 染色）

一、皮　　质

皮质较厚，位于表层，约占肾上腺体积的 80%～90%，由皮质细胞、窦状毛细血管和少量结缔组织构成。根据细胞的形态结构和其排列方式等特征，将皮质自外向内分为 3 个带，即球状带、束状带和网状带，三个带之间无明显界限（图 1-12-5）。

（一）球状带

球状带（zona glomerulosa）紧贴被膜下，较薄，约占皮质总体积的 15%。细胞较小，呈矮柱状或多边形，核小染色深，胞质少，内含少量细小脂滴。细胞排列成球、团状，细胞团之间为窦状毛细血管和少量结缔组织（图 1-12-5，图 1-12-6）。球状带细胞分泌盐皮质激素（mineralocorticoid），主要是醛固酮（aldosterone），可促进肾远曲小管和集合小管重吸收 Na^+ 及排除 K^+，同时也刺激胃黏膜吸收 Na^+，使血中 Na^+ 浓度升高，K^+ 浓度降低，维持血容量于正常水平。盐皮质激素的分泌受肾素 - 血管紧张素系统的调节。

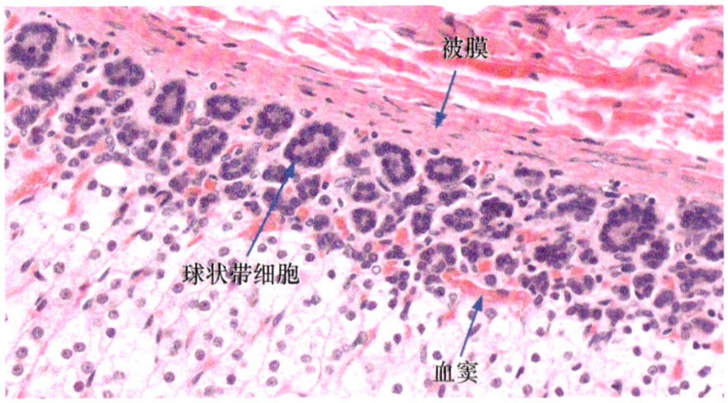

图 1-12-6　肾上腺皮质球状带（HE 染色）

（二）束状带

束状带（zona fasiculata）位于球状带的深部，是皮质中最厚的部分，约占皮质总体积的 78%。细胞体积大，呈多边形，核圆形，着色浅，胞质内富含脂滴，在 HE 染色标本中，脂滴被溶解，故胞质成泡沫状。腺细胞排列成单行或双行的细胞索，索间为窦状毛细血管和少量结缔组织（图 1-12-5，图 1-12-7）。束状带细胞分泌糖皮质激素（glucocorticoid），主要为皮质醇（cortisol）和皮质酮（corticosterone），可促使蛋白质及脂肪分解并转变为糖（糖异生），还有抑制免疫应答（破坏淋巴细胞，减少淋巴细胞循环等）及抗炎症反应（抑制巨噬细胞、白细胞趋化性；稳定溶酶体膜等）等作用。束状带细胞功能活动受腺垂体细胞分泌的促肾上腺皮质激素（ACTH）的调控。

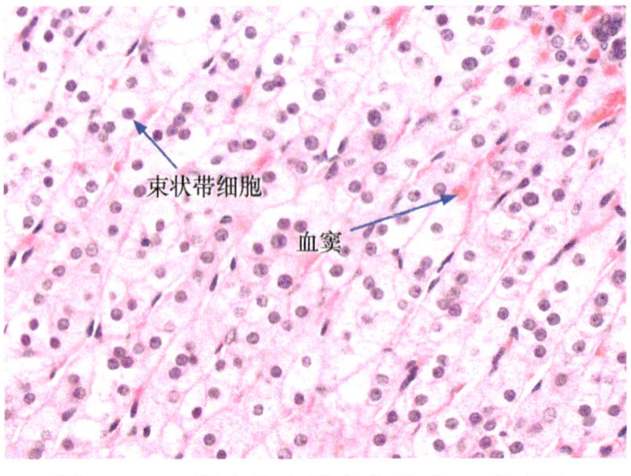

图 1-12-7　肾上腺皮质束状带（HE 染色）

（三）网状带

网状带（zone reticularis）位于皮质的最内层，紧靠髓质，占皮质总体积的 7%，细胞较小，形态不规则，核小，染色深，有时核有固缩现象。胞质内含少量脂滴和较多脂褐素，故细胞染色较深。网状带细胞排列成索并相互吻合成网，其间为窦状毛细血管和少量结缔组织（图 1-12-5，图 1-12-8）。网状带细胞主要分泌雄激素、少量的雌激素和糖皮质激素，过多的糖皮质激素会导致脸部的肥胖。网状带细胞的功能活动亦受腺垂体细胞分泌的促肾上腺皮质激素的调控。

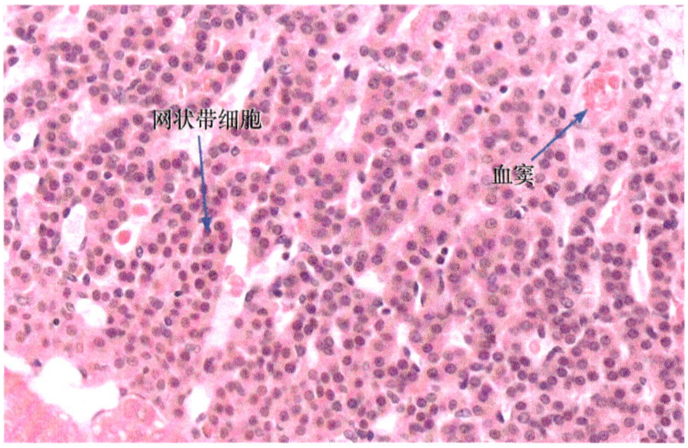

图 1-12-8　肾上腺皮质网状带（HE 染色）

肾上腺皮质细胞分泌的激素均属于类固醇激素，都具有类固醇激素分泌细胞（steroid secreting cell）的超微结构特点，网状带细胞含有更为典型的管状嵴线粒体。

二、髓　　质

髓质位于肾上腺的中央，主要由排列成索或团的髓质细胞组成，细胞团索间为窦状毛细血管和少量结缔组织。髓质细胞体积较大，呈多边形，如用含铬盐的固定液固定标本，胞质内出现黄色的嗜铬颗粒，故髓质细胞又称为**嗜铬细胞**（chromaffin cell）（图 1-12-9）。另外，髓质内还有少量的交感神经节细胞，胞体较大，散在分布于髓质内（图 1-12-10）。

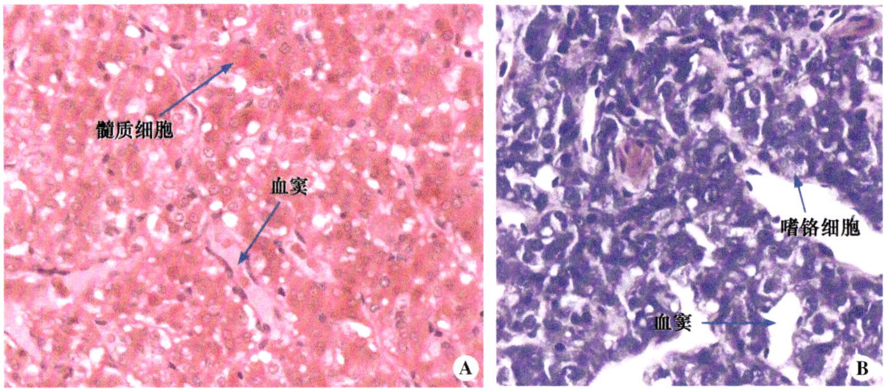

图 1-12-9　肾上腺髓质（A.HE 染色；B. 特染）

电镜下，根据胞质内颗粒的不同，可将髓质细胞分为两种：一种为**肾上腺素细胞**，其分泌颗粒的电子密度低，颗粒内含有**肾上腺素**（adrenaline），此种细胞数量多，约占髓质细胞的 80% 以上。另一种为**去甲肾上腺素细胞**，其分泌颗粒的电子密度高，颗粒内含有去甲肾上腺素（noradrenaline）。肾上腺素和去甲肾上腺素均为儿茶酚胺类物质，其分泌受交感神经调控。交感神经节前纤维兴奋时，其末梢释放乙酰胆碱作用于髓质细胞，引起激素的释放。

肾上腺素是肾上腺髓质的主要激素，其生物合成主要是在髓质嗜铬细胞中首先形成去甲肾上腺素，然后进一步经苯乙胺 -*N*- 甲基转移酶的作用，使去甲肾上腺素甲基化形成肾上腺素，其化学本质为儿茶酚胺。

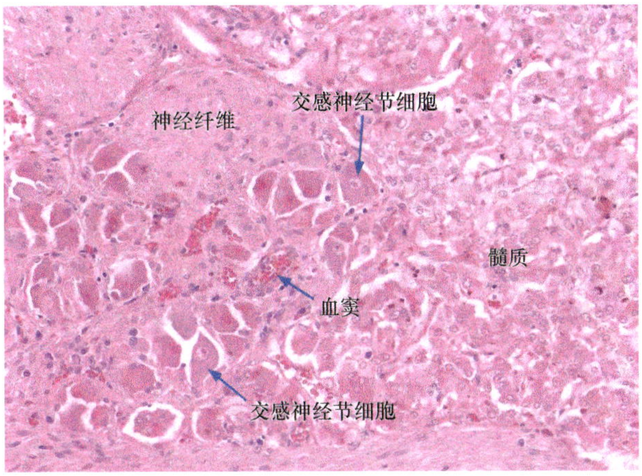

图 1-12-10　肾上腺髓质（交感神经节细胞，HE 染色）

肾上腺素能使心肌收缩力加强、兴奋性增高，传导加速，心输出量增多。对全身各部分血管的作用，不仅有作用强弱的不同，而且还有收缩或舒张的不同。例如对皮肤、黏膜和内脏（如肾脏）的血管呈现收缩作用，而对冠状动脉和骨骼肌血管呈现扩张作用等。肾上腺素还可松弛支气管平滑肌及解除支气管平滑肌痉挛。利用其兴奋心脏收缩血管及松弛支气管平滑肌等作用，可以缓解心跳微弱、血压下降、呼吸困难等症状。

去甲肾上腺素是一种血管收缩药和正性肌力药。药物作用后心排血量可以增高，也可以降低，其结果取决于血管阻力大小、左心功能的好坏和各种反射的强弱，例如颈动脉压力感受器的反射。

三、肾上腺的血管分布

肾上腺动脉进入被膜后，大部分分支进入皮质，形成窦状毛细血管网，经皮质进入髓质，与髓质毛细血管通连。少数小动脉分支穿越皮质直接进入髓质，形成窦状毛细血管。髓质内的毛细血管汇成小静脉，多条小静脉汇合成一条中央静脉，经肾上腺静脉出肾上腺。从上述血管走行路径可以看出，肾上腺的大部分血液是经皮质到达髓质，故进入髓质的血液含有皮质激素，其中糖皮质激素可增强肾上腺素细胞内的 *N*- 甲基转移酶的活性，使去甲肾上腺素迅速甲基化为肾上腺素。

第四节　垂　　体

垂体（hypophysis）为一椭圆形小体，体积约 0.5 cm × 1 cm × 1 cm，重约 0.5 g，位于颅底蝶鞍垂体窝内，外包结缔组织被膜。垂体由**腺垂体**（adenohypophysis）和**神经垂体**（neurohypophysis）两部分组成，前者来自胚胎口凹外胚层上皮，后者由间脑底部的神经外胚层向腹侧突出的神经垂体芽发育而成。**腺垂体**又分为**远侧部**、**中间部**和**结节部** 3 部分；**神经垂体**分为**神经部**和**漏斗**两部分，漏斗与下丘脑相连。远侧部又称前叶，神经部和中间部又称后叶（图 1-12-11）。

- 垂体
  - 腺垂体
    - 远侧部(前叶)
    - 结节部
    - 中间部
  - 神经垂体
    - 神经部
    - 漏斗
      - 正中隆起
      - 漏斗柄

（中间部、神经部：后叶）

一、腺　垂　体

（一）远侧部

远侧部（pars distalis）是构成腺垂体的主要部分，腺细胞排列成团索状，细胞间有丰富的窦状毛细血管和少量结缔组织。HE 染色标本中，根据腺细胞的嗜色性，可将其分为嗜色细胞（chromophil cell）和嫌色细胞（chromophobe cell）两大类。嗜色细胞又分为嗜酸性细胞和嗜碱性细胞两种，电镜下均具有分泌含氮激素细胞的结构特征。根据分泌的激素不同，可进一步对腺细胞进行分类，并以所分泌的激素来命名（表 1-12-1，图 1-12-12，图 1-12-13）。

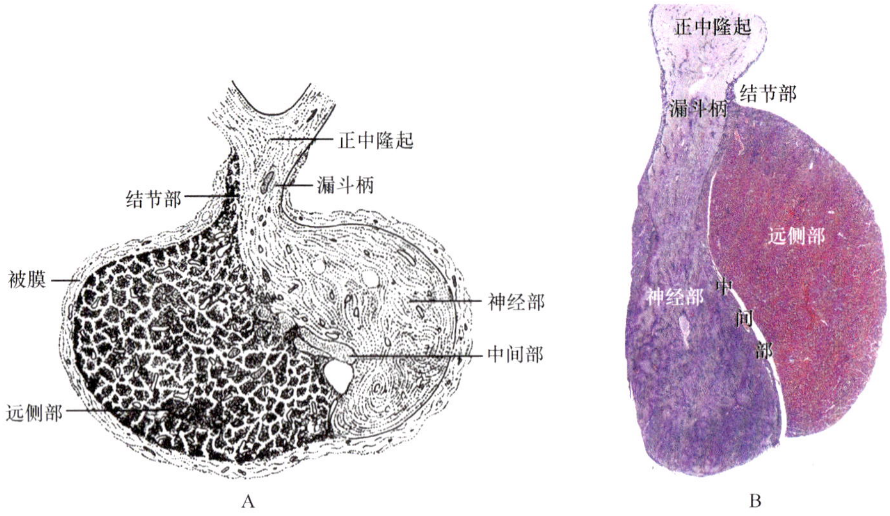

图 1-12-11 垂体结构（A：模式图；B：实物图，HE 染色）

表 1-12-1 腺垂体远侧部细胞类型及功能

细胞类型	激素	HE 染色	功能
生长激素细胞 somatotropin	生长激素 Growth hormone，GH	嗜酸性细胞	刺激长骨生长；促进蛋白质、脂肪和糖代谢。
催乳激素细胞 prolactin cell	催乳激素 Prolactin（PRL）	嗜酸性细胞	促进乳腺发育；刺激乳腺泌乳。
促肾上腺皮质激素细胞 ACTH cell	促肾上腺皮质激素 ACTH	嗜碱性细胞	刺激肾上腺皮质束状带分泌糖皮质激素
促甲状腺激素细胞 TSH cell	促甲状腺激素 TSH	嗜碱性细胞	促进甲状腺滤泡上皮生长；刺激甲状腺滤泡上皮合成和分泌甲状腺激素
促性腺激素细胞 gonadotroph	卵泡刺激素 FSH	嗜碱性细胞	促进卵泡发育；刺激睾丸支持细胞分泌雄激素结合蛋白。
	黄体生成素 LH		刺激排卵；促进黄体发育；刺激睾丸间质细胞分泌雄激素。

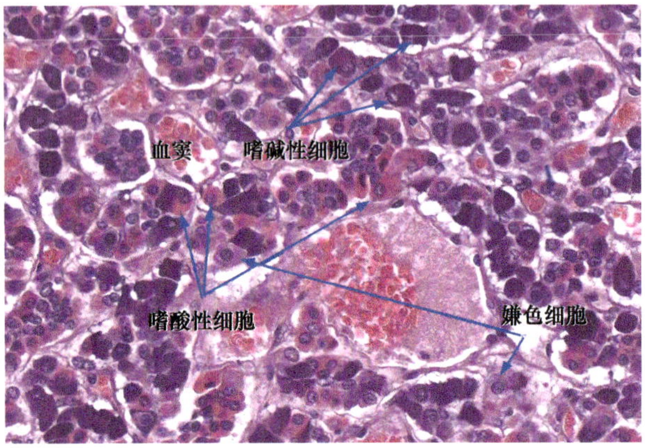

图 1-12-12 腺垂体远侧部（HE 染色）

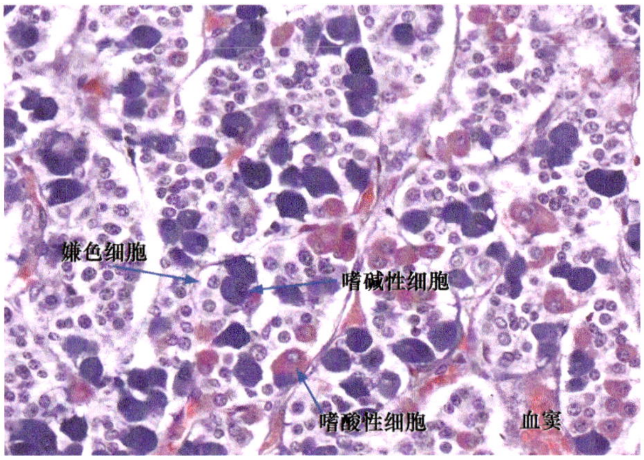

图 1-12-13 腺垂体远侧部（Mann 氏甲基蓝伊红法染色）

1. 嗜酸性细胞 嗜酸性细胞数量较多，约占远侧部腺细胞总数的 40%，呈圆形或卵圆形，胞质内含许多粗大的嗜酸性颗粒（图 1-12-12，图 1-12-13）。根据所分泌的激素不同，嗜酸性细胞又分两种：

（1）生长激素细胞（somatotroph）：数量较多，常聚集成群。电镜下，见胞质内含大量电子密度高的分泌颗粒。该激素分泌生长激素（somatotrophin，growth hormone，GH），能促进生长发育，它能刺激骺软骨的生长，使骨增长。幼年时期，该激素分泌不足，可导致垂体侏儒症，分泌过多则引起巨人

症。成人时期，该激素分泌过多则发生肢端肥大症。生长激素还能促进蛋白质、脂类和糖代谢

（2）催乳激素细胞（mammotroph，lactotroph）：男女两性的垂体均有此种细胞，但在女性较多。在正常生理情况下，胞质内分泌颗粒的直径小于 200 nm；而在妊娠和哺乳期，分泌颗粒的直径可增大至 600 nm 以上，颗粒呈椭圆形或不规则形。妊娠和授乳期妇女含有大量催乳激素细胞，而非妊娠和非授乳期的妇女，此细胞数量少。催乳激素细胞分泌催乳激素（prolactin），促进乳腺发育和乳汁分泌。

2. 嗜碱性细胞 嗜碱性细胞数量较少，约占远侧部腺细胞总数的 10%。细胞大小不等，呈椭圆形或多边形，胞质内含嗜碱性颗粒（图 1-12-12，图 1-12-13）。嗜碱性细胞又可分为 3 种：

（1）促甲状腺激素细胞（thyrotroph，thyroid stimulating hormone cell，TSH cell）：细胞呈多角形，胞质内颗粒较小，直径 100 ～ 150 nm，分布在边缘。此细胞分泌促甲状腺激素（thyrotropin 或 thyroid stimulating hormone，TSH），能促进甲状腺滤泡的发育和甲状腺激素的合成和释放。

（2）促性腺激素细胞（gonadotroph）：细胞大，呈圆形或椭圆形，胞质内颗粒大小中等，直径 250 ～ 400 nm。这种细胞分泌卵细胞刺激素（follicle stimulating hormone，FSH）和黄体生长素（luteinizing hormone，LH）卵泡刺激素在女性可促进卵泡发育，在男性则刺激生精小管的支持细胞合成雄激素结合蛋白，并促进精子的发生。黄体生成素在女性促进排卵和黄体形成，在男性则刺激睾丸间质细胞分泌雄激素，故又称间质细胞刺激素（interstitial cell stimulating hormone，ICSH）。当儿童的促性腺激素分泌亢进时，可发生性早熟；分泌低下则导致肥胖性生殖无能症。近年来应用电镜免疫细胞化学法，发现 FSH 和 LH 这两种激素在同一细胞共存，称这种细胞为 FSH/LH 细胞。故认为腺垂体存在三种促性腺激素细胞，即 FSH 细胞、LH 细胞和 FSH/LH 细胞。

（3）促肾上腺皮质激素细胞（corticotroph，ACTH cell）：呈多角形，胞质内的分泌颗粒大，直径 400 ～ 550 nm，此细胞分泌促肾上腺皮质激素（adrenocorticotropin，ACTH）和促脂素（lipotropin，lipotropic hormone，LPH），前者能促进肾上腺皮质束状带分泌糖皮质激素，后者作用于脂肪细胞，促进分解脂肪产生脂肪酸。

3. 嫌色细胞 嫌色细胞数量多，约占远侧部腺细胞总数的 50%，细胞体积小，呈圆形或多角形，胞质少，着色浅，细胞界限不清（图 1-12-12，图 1-12-13）。电镜下，部分嫌色细胞内含有少量分泌颗粒，因此认为这些细胞可能是嗜色细胞的初期阶段，或是脱颗粒的嗜色细胞。其余大多数嫌色细胞具有长的分支突起，并伸入腺细胞之间起支持作用。

（二）中间部

位于远侧部和神经部之间的狭窄部分。人垂体的中间部退化，由嫌色细胞、嗜碱性细胞和一些大小不等含胶质的滤泡构成。其功能不详。鱼类和两栖类中间部发育良好，能分泌黑素细胞刺激素（melanocyte stimulating hormone，MSH），可促进和调节皮肤黑色素的生成和扩散，使皮肤颜色变深（图 1-12-14）。

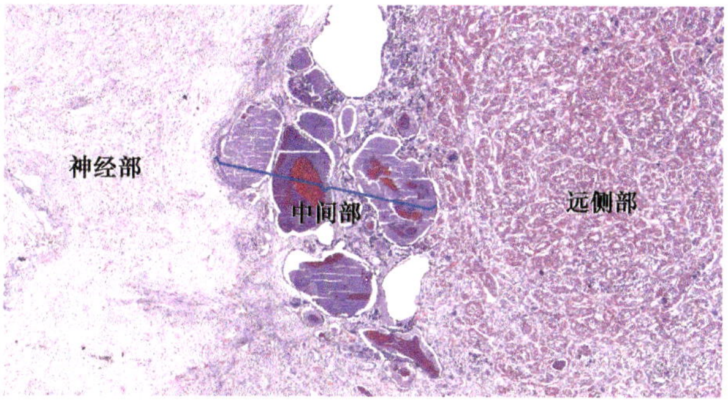

图 1-12-14 中间部（Mann 氏甲基蓝伊红法染色）

（三）结节部

结节部包围着神经垂体的漏斗柄，前方较厚，后方薄或缺如（图 1-12-11）。此部含有丰富的纵行毛细血管，腺细胞多呈索状排列于血管之间。细胞较小，主要是嫌色细胞，还有少量嗜酸性细胞和嗜碱性细胞。此处的嗜碱性细胞分泌促性腺激素。

（四）垂体门脉系统

腺垂体主要由大脑基底动脉发出的垂体上动脉供应血液。垂体上动脉从结节部上端进入神经垂体的漏斗，在该处形成袢样的窦状毛细血管网，称第一级毛细血管网。毛细血管网下行，在结节部汇集形成数条垂体门微静脉，并继续下行进入远侧部，再度形成窦状毛细血管网，称第二级毛细血管网。垂体门微静脉及其两端的毛细血管网共同构成垂体门脉系统（hypophyseal portal system）。远侧部的毛细血管最后汇集成小静脉注入垂体周围的静脉窦（图 1-12-15）。

（五）腺垂体与下丘脑的关系

下丘脑视上区和结节区（如弓状核等）的核团内的一些神经元，具有内分泌功能，称为神经内分泌细胞。这些细胞的轴突伸至神经垂体的漏斗，所分泌的各种激素，经轴突运输，释放入漏斗处的第一级毛细血管，继而经垂体门微静脉输送至远侧部的第二级毛细血管网，调节远侧部各种腺细胞的

分泌活动（图 1-12-15）。这些激素可分为两类：一类促进腺细胞的分泌，称释放激素（releasing hormone，RH）；另一类抑制腺细胞的分泌，称释放抑制激素（GRH）。下丘脑通过所分泌的释放激素和释放抑制激素，经垂体门脉系统，调节腺垂体内各种细胞的分泌活动，被称为下丘脑腺垂体系（表 1-12-2）。

垂体远侧部分泌的“促激素”作用于它们的靶器官，如甲状腺、肾上腺、睾丸和卵巢等，这些器官产生的激素除了作用于它们各自的靶器官发挥其调节功能外，还反过来影响腺垂体和下丘脑的分泌活动，这种调节称为反馈性调节，通过反馈调节维持机体内环境的相对稳定和正常的生理活动。

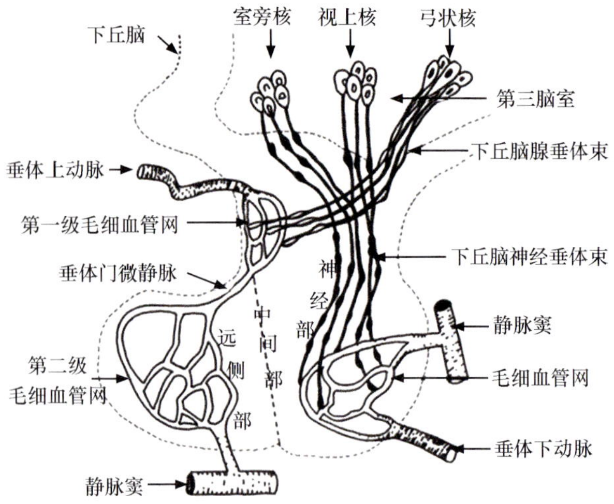

图 1-12-15　垂体门脉系统模式图

表 1-12-2　下丘脑的释放激素和释放抑制激素及其功能

激素名称		功　能
催乳激素释放激素（PRH）		促进乳腺发育和乳汁分泌
促性腺激素释放激素（GnRH）	卵泡刺激素（FSH）	促进女性卵泡的发育，刺激男性生精小管的支持细胞合成雄激素结合蛋白，以促进精子的发生
	黄体生成素（LH）	促进女性排卵和黄体形成，刺激男性睾丸间质细胞分泌雄激素
促甲状腺激素释放激素（TRH）		促进甲状腺激素的合成和释放
促肾上腺皮质激素释放激素（CRH）		控制肾上腺皮质，促进肾上腺皮质激素合成和释放，促进肾上腺皮质细胞增生
黑素细胞刺激素释激素（MSRH）		控制黑色素细胞，促进黑色素合成
生长抑素（SOM）		抑制生长发育，抑制蛋白质合成及骨骼生长
催乳激素释放抑制激素（PIH）		抑制乳腺发育和乳汁分泌
黑素细胞刺激释放抑制激素（MSIH）		抑制黑色素的合成

二、神经垂体

神经垂体包括正中隆起、漏斗柄和神经部，主要由大量无髓神经纤维和神经胶质细胞组成，并含有丰富的窦状毛细血管和少量网状纤维。

（一）神经部

神经部有大量无髓神经纤维、轴突终末和胶质细胞，并含有丰富的毛细血管（图 1-12-11，图 1-12-14，图 1-12-16）。下丘脑的视上核和室旁核的神经内分泌细胞的轴突组成下丘脑垂体束，经漏斗下行，直抵神经部，是神经部神经纤维的主要来源。这些神经内分泌细胞除具有一般神经元的结构外，胞体内还含有许多分泌颗粒沿轴突运输到神经部，在轴突沿途或终末，分泌颗粒常大量聚集，使轴突呈串珠样膨大。在光镜下，神经部内可见大小不等的嗜酸性团块，称**赫令体**（Herring body）。神经部的胶质细胞又称**垂体细胞**（pituicyte），分布在无髓神经纤维周围。细胞形状、大小不一，并有突起附于毛细血管壁上。垂体细胞有多种功能，除了支持营养、吞噬保护外，还可能释放一些物质，促进新生神经纤维的生长，并引导神经纤维的再生。另外，垂体细胞还参与调节神经纤维的活动和激素的释放。

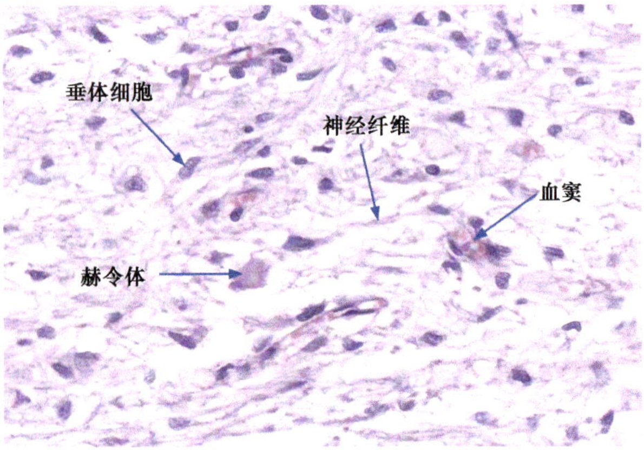

图 1-12-16　神经垂体（HE 染色）

（二）漏斗

漏斗包括正中隆起和漏斗柄两部分。漏斗上半部分以正中隆起与下丘脑相连，下半部分以漏斗柄与神经部相连，故神经垂体与下丘脑在结构和功能上有着直接联系。

（三）神经垂体及其与下丘脑的关系

下丘脑前区的两个神经核团称视上核和室旁核，核团内含有大型神经内分泌细胞，其轴突经漏斗直抵神经部，是神经部无髓神经纤维的主要来源（图 1-12-15）。室旁核和视上核的神经内分泌细胞合成和分泌抗利尿激素（antidiuretic hormone，ADH）和缩宫素（oxytocin，又称催产素）。这两种激素的分泌颗粒经下丘脑 - 垂体束运输到达垂体神经部，在此贮存，进而释放入窦状毛细血管内，再随血循环到达靶器官和靶细胞发挥作用。因此，下丘脑与神经垂体是一个整体，两者之间的神经纤维构成下丘脑神经垂体束。抗利尿激素的主要作用是促进肾远曲小管和集合管重吸收水，使尿量减少；抗利尿素分泌若超过生理剂量，可导致小动脉平滑肌收缩，血压升高，故又称加压素。

第五节　松　果　体

松果体（pineal body）又称脑上腺，呈扁圆锥形，以细柄与间脑相连。松果体表面包以软脑膜，腺实质主要由松果体细胞、神经胶质细胞和无髓神经纤维等组成。

一、松果体细胞

松果体细胞（pinealocyte）是构成松果体的主要细胞，约占腺实质细胞总数的 90%。松果体细胞胞体为多边形，核大、不规则，一个或数个核仁，胞质少，弱嗜碱性。电镜下，胞质内线粒体和游离核糖体较多，高尔基复合体较发达；还常见小圆形分泌颗粒，颗粒内含褪黑激素（melatonin）。此外，胞质内尚有一种特征性的结构，称为突触带（synaptic ribbon），它由电子致密的杆状体和周围的许多小泡组成。在哺乳动物，突触带多数分布于相邻松果体细胞相互接触处，或松果体细胞与细胞外间隙或脑脊液相接触的部位，其数目有昼夜节律变化，与褪黑激素量的节律变化平行。因此推测，突触带可能作为交感神经递质去甲肾上腺素的受体，起细胞间“通讯”作用，使众多的松果体细胞同步活动；突触带还与褪黑激素的合成和贮存有关。松果体细胞体伸出几个长的突起，末端有球状膨大，多终止在毛细血管壁和第三脑室附近。

二、神经胶质细胞

神经胶质细胞主要为星形胶质细胞，位于松果体细胞之间，约占实质细胞总数的 5%。胶质细胞胞体较小，核小着色深。

三、脑　　砂

脑砂（brain sand）是在成人松果体内常见的一种特征性的结构。它是松果体细胞分泌物钙化而成的同心圆结构，其意义不明，有人认为脑砂随年龄增长而增多，可能与衰老有关。

四、松果体的主要功能

在哺乳动物，松果体的主要功能是分泌褪黑激素，褪黑激素参与下丘脑 - 垂体 - 性腺轴的调节，具有抑制生殖的作用。褪黑激素还有抗紧张、抗高血压、抗衰老、抗肿瘤、增强免疫力和促进睡眠的作用，在其分泌不足时，可能会引起睡眠紊乱、情感障碍、易患肿瘤等。松果体的活动表现出明显的昼夜节律、月节律和年节律。松果体活动的昼夜节律表现为：白天几乎不分泌褪黑激素，而夜间显著增加。影响昼夜节律的主要生理因素是光照。目前认为，下丘脑视上核是控制昼夜节律的主要神经核团，又称节律活动调节器。松果体接收颈上交感神经节和来自中枢神经系统的神经支配。

第六节　弥散神经内分泌系统

除上述内分泌腺外，机体其他许多器官内还存在大量散在的内分泌细胞，这些细胞分泌多种激素或激素样物质，在调节机体生理活动方面起很重要的作用。Pearse（1966 年）描述了这些细胞，它们具有共同的细胞化学特性和超微结构特点，都能摄取胺前体，在细胞内脱羧后产生胺类物质，故将这些细胞统称为摄取胺前体脱羧细胞（amine precursor uptake and decarboxylation cell，APUD 细胞）。

随着 APUD 细胞研究的不断深入，发现许多 APUD 细胞不仅产生胺，而且还产生肽，有的细胞则只产生肽；并发现神经系统内的许多神经元也合成和分泌与 APUD 细胞相同的胺和（或）肽类物质。因此，目前将这些具有内分泌功能的神经元（称分泌性神经元）和 APUD 细胞统称为弥散神经内分泌系统（diffuse neuroendocrine system，DNES），故 DNES 是在 APUD 基础上的进一步发展和扩充，它把神经系统和内分泌系统两大调节系统直接联系起来构成一个整体，共同完成调控机体生理活动的功能。

被归类到 DNES 的细胞已达 50 多种，分中枢和周围两大部分。中枢部分包括下丘脑 - 垂体轴的细胞和松果体细胞，周围部分包括胃、肠、胰、呼吸道、泌尿生殖管道的内分泌细胞、甲状腺滤泡旁细胞、甲状旁腺主细胞、肾上腺髓质细胞，以及交感神经节内的小强荧光细胞、血管内皮细胞、胎盘内分泌细胞和部分心肌细胞与平滑肌细胞等。

思考题

（1）呆小症和侏儒症产生的原因及区别是什么？

（2）为什么说下丘脑与脑垂体是结构和功能的统一体？

（王淑英）

脑垂体瘤与巨人症

垂体瘤可以按照肿瘤的大小和激素分泌的功能不同来分类。根据肿瘤大小的不同，垂体瘤分为垂体微腺瘤（肿瘤的直径小于 1 cm）和垂体腺瘤（肿瘤直径大于等于 1 cm）。根据分泌激素的不同，又可以分为激素分泌性垂体瘤和无功能腺瘤。

其中生长激素细胞腺瘤主要表现为分泌生长激素过多。未成年病人可发生生长过速，甚至发育成巨人。成人以后为肢端肥大的表现。如面容改变，额头变大，下颌突出、鼻大唇厚、手指变粗、穿鞋戴帽觉紧，数次更换较大的型号，甚至必须特制，有的病人并有饭量增多，毛发皮肤粗糙，色素沉着，手指麻木等。重者感全身乏力，头痛关节痛，性功能减退，闭经不育，甚至并发糖尿病。

第13章 消 化 管

内容提要

（1）消化管的一般组织结构。
（2）食管的组织结构。
（3）胃的组织结构特点。
（4）小肠的组织结构特点。
（5）大肠及阑尾的组织结构特点。

消化系统由消化管和消化腺两部分组成。消化管是从口腔至肛门的连续性管道,依次分为口腔、咽、食管、胃、小肠（十二指肠、空肠、回肠）、大肠、阑尾及肛门，与消化腺共同担负对食物的物理性消化和化学性消化,将大分子物质分解为小分子物质,吸收入血，供机体代谢活动所需。消化管主要功能为消化、吸收及排泄等。

第一节 消化管壁的一般组织结构

消化管（digestive canal）属于中空器官，各段在结构和功能上虽有各自的特点，除口腔和咽外，食管、胃、小肠和大肠管壁的结构基本相似，均可分为四层。由内向外一般分为黏膜层、黏膜下层、肌层和外膜（图 1-13-1）。

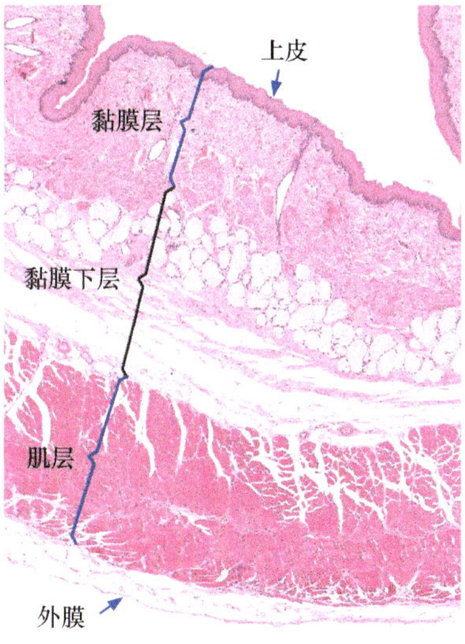

图 1-13-1 消化管一般结构（食管，HE 染色）

一、黏 膜

黏膜（mucosa）为管壁的最内层，由上皮、固有层和黏膜肌层组成,是消化管各段结构差异最大、功能最重要的部分。

（一）上皮

上皮衬在消化管腔的内表面，上皮类型依部位和功能不同而异。口腔、咽、食管及肛管等处的黏膜上皮为复层扁平上皮，具有保护功能。胃、小肠和大肠等处的黏膜上皮为单层柱状上皮，参与食物的消化和吸收。上皮与管壁内腺体上皮相连。

（二）固有层

固有层（lamina propria）位于上皮深层，由疏松结缔组织构成，细胞成分较多，纤维较细密，含丰富的毛细血管和毛细淋巴管。胃、小肠和大肠在此层中分布有大量的腺体和淋巴组织。

（三）黏膜肌层

黏膜肌层（muscularis mucosa）一般为内环行、外纵行排列的薄层平滑肌，其收缩可促进黏膜内腺体分泌物的排出和血液运行,并有利于物质吸收与转运。

二、黏膜下层

黏膜下层（submucosa）由疏松结缔组织构成，含小动脉、小静脉、淋巴管和黏膜下神经丛（plexus submucosus）。**黏膜下神经丛**主要由副交感神经构成,可调节黏膜肌的运动及腺体分泌。食管及十二指肠的黏膜下层内分别有食管腺和十二指肠腺。食管、胃和小肠等部位的黏膜与黏膜下层共同向管腔内突起，形成纵行或环行的**黏膜皱襞**（plica），扩大了黏膜的表面积。

三、肌　层

肌层（muscularis）位于黏膜下层的深层，较厚。口腔、咽、食管上段和肛门处的肌层为骨骼肌，其余大部分为平滑肌。肌层一般分为内环行、外纵行两层，其间有由副交感神经构成的**肌间神经丛**（plexus myentericus），可调节肌层的运动。

四、外　膜

外膜是消化管壁的最外层，分为纤维膜和浆膜两种。**纤维膜**（fibrosa）由薄层结缔组织构成，主要分布于食管和大肠末段，与毗邻器官的结缔组织相连，起固定作用；**浆膜**（serosa）由薄层结缔组织及其外的间皮共同构成，主要分布于胃、大部分小肠和大肠，表面光滑有利于胃肠等器官的蠕动。

第二节　口　腔

一、口腔黏膜的一般结构

口腔黏膜仅由上皮和固有层两层组成，无黏膜肌层。上皮仅在硬腭部可见角化，口腔底部的上皮菲薄，通透性高，有利于某些化学物质（如治疗心绞痛用的口含硝酸甘油等）的吸收。固有层结缔组织突向上皮形成乳头，富含毛细血管，故新鲜黏膜呈红色。可见许多感觉神经末梢，还有小唾液腺和大量的结缔组织中的细胞成分。

二、舌

舌（tongue）为肌性器官，由表面的黏膜和深部的舌肌组成。舌肌由纵行、横行及垂直走行的骨骼肌纤维束交织构成，肌纤维终止部位的黏膜固有层结缔组织较致密，舌断面肉眼可见一层半透明状软骨样结构，镜下为中等粗细交错排列的胶原纤维，称为舌肌腱膜（aponeurosis linguae），厚约 0.5mm，此为舌灵活而有力运动的结构基础。黏膜由复层扁平上皮与固有层组成，舌背面黏膜上皮为角化的复层扁平上皮。舌根部黏膜内有许多淋巴小结，构成舌扁桃体。

（一）舌乳头

舌背部黏膜上皮与固有层共同突出形成许多乳头状隆起，称**舌乳头**（lingual papillae）。在人类主要有丝状乳头、菌状乳头、轮廓乳头三种；而兔及其他哺乳动物舌体后部侧缘还存在一种叶状乳头。舌乳头及上皮内均含有丰富的神经末梢。

1. 丝状乳头　数目最多，遍布于舌背。乳头呈圆锥形，浅层上皮细胞角化脱落，外观呈现白色，称舌苔。舌苔的厚薄与色泽可作为身体健康状况的一个指征（图 1-13-2A）。

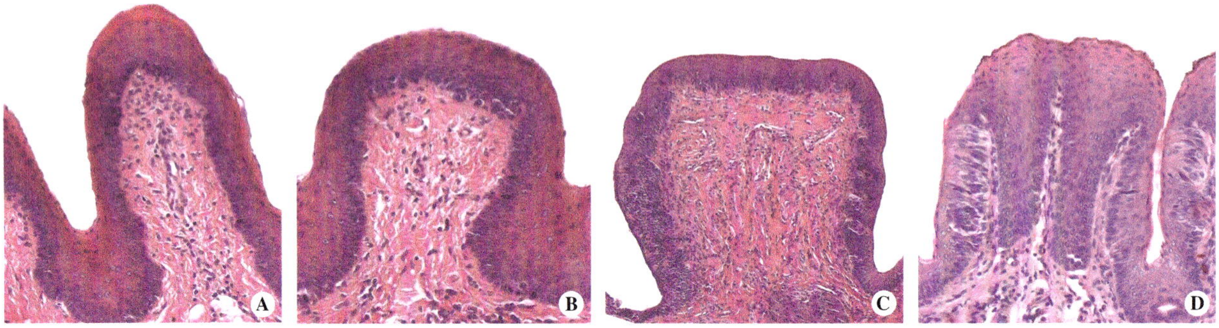

图 1-13-2　舌乳头（HE 染色，A：丝状乳头；B：菌状乳头；C：轮廓乳头；D：叶状乳头）

2. 菌状乳头　数目较少，多位于舌尖与舌缘，散在分布于丝状乳头之间。乳头呈蘑菇状，上皮不角化，含有味蕾。固有层内含有丰富的毛细血管，肉眼观察呈现红色（图 1-13-2B）。

3. 轮廓乳头　较大，有 10 余个，位于舌界沟前方。乳头顶端平坦，周围黏膜凹陷形成环沟，沟两侧的上皮内有较多的味蕾。固有层中有较多开口于沟底的浆液性味腺。味腺分泌稀薄液体，不断冲洗味蕾表面的食物残渣，有利于味蕾不断接受味觉刺激（图 1-13-2C）。

4. 叶状乳头　位于舌体后方侧缘，形如叶片整齐排列。叶状乳头之间有沟，其两侧上皮有丰富的味蕾，沟底有浆液性味腺开口（图 1-13-2D）。

（二）味蕾

味蕾（taste bud）为卵圆形小体，主要分布于菌状乳头和轮廓乳头（图 1-13-3）。成人的舌有 2000 ～ 3000 个味蕾。味蕾是味觉感受器，由明细胞、暗细胞和基细胞 3 种细胞组成，均位于上皮基膜上。

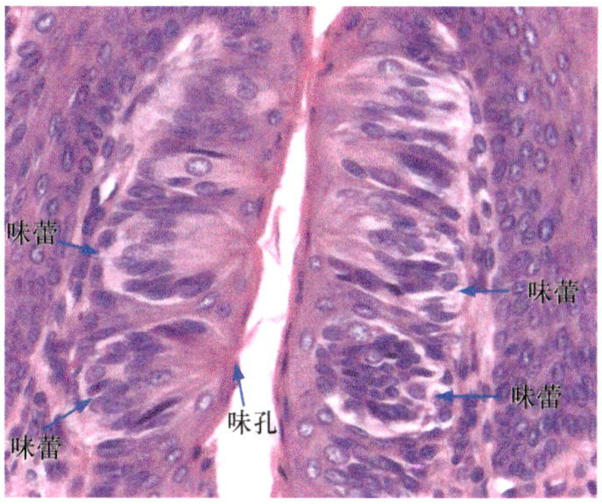

图 1-13-3　味蕾（舌，HE 染色）

三、牙

牙（tooth）为人体最坚硬的组织。人的一生中，牙分为乳牙和恒牙，二者均来源于胚外间充质（ectomesenchyme）。乳牙 20 个，生后 7 个月至 2 周岁全部萌出，6 ～ 12 周岁间逐渐脱落，被恒牙替代。因人的 4 个第三磨牙大多埋在牙槽窝内不萌出，所以，成人的恒牙一般为 28 个，最多 32 个。牙的主要功能为咀嚼食物、承受颌力、维持面部的形态；尽管切齿、犬齿及臼齿的形状明显不同，但均可分三部分，露在外面的为牙冠，埋在牙槽骨内的为牙根，两者交界部为牙颈。牙中央有牙髓腔和开口于牙根底部的牙根孔，腔内充满牙髓。牙组织由牙本质、釉质及牙骨质构成（图 1-13-4）。牙根周围的牙周膜、牙槽骨骨膜及牙龈统称牙周组织，具有固定和支持牙的作用。

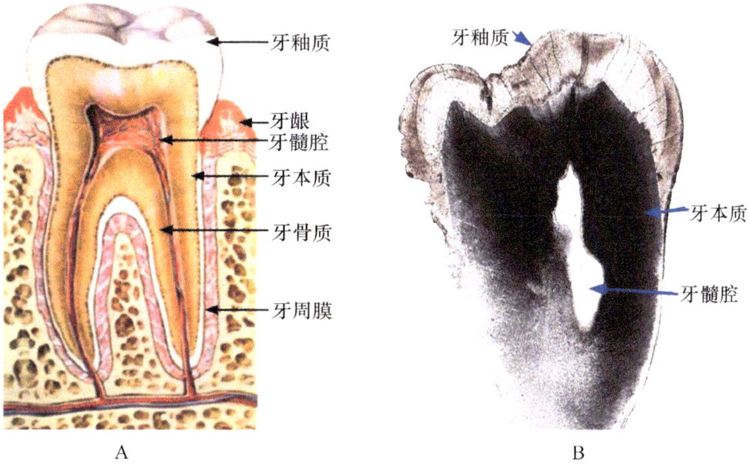

图 1-13-4　牙（A：模式图；B：牙膜片）

（一）牙本质

牙本质（dentin）包绕牙髓腔，构成牙的主体。牙本质主要由牙本质小管与间质构成。牙本质小管为微细管道，从牙髓腔面向周围呈放射状走行，有分支吻合。牙本质的内表面有一层成牙本质细胞，其突起伸入牙本质小管，称牙本质纤维。牙本质小管之间的物质为间质，由胶原原纤维与钙化的基质构成。

（二）牙釉质

牙釉质（enamel）包在牙冠部的牙本质表面，牙釉质是人体内最坚硬的结构，其中无机物约占 96%，主要成分为羟基磷灰石结晶，有机物和水很少。由釉柱和极少量的间质构成，釉柱可以看作为长柱体形，向牙冠表面呈放射状紧密排列，愈向表面直径愈粗。因釉质的形成是非连续性的，生长期与静止期交替进行，在牙磨片标本上可见以牙尖为中心呈暗褐色的弧线，称釉质生长线（incremental line），系静止期的表现，故在发育不良的牙尤为明显；在釉质表面生长线呈环行平行排列，该部位釉质疏松多孔，有利于釉质从口腔摄取氟化物，此为含氟的牙膏具有预防龋齿作用的可能结构基础。

（三）牙骨质

牙骨质（cementum）包在牙根部的牙本质外面，组成及结构与骨组织相似。为一层较薄的骨组织，除不含血管外，具有板层骨的一些特点。生理情况下，牙骨质不发生吸收，但根尖部的牙骨质可继续增生，以弥补颌面因咀嚼磨损失去的釉质，维持牙体的正常长度和冠根的适当比例。在哺乳动物牙骨质发育较好，附着于它的牙周韧带可使牙体紧系在牙槽骨上。

（四）牙髓

牙髓（dental pulp）为疏松结缔组织，位于牙髓腔内，被坚硬的牙本质所包围，为一种特殊的结缔组织，内含自牙根孔进入的血管、淋巴管及神经纤维，对牙本质和釉质具有支持营养作用，并参与牙的形成、发育、损伤修复、感受刺激及保护等功能。牙髓与牙本质间为一层排列整齐的成牙本质细胞，是牙髓内最具特征的细胞，其长的胞质突起伸至牙本质小管内，并可见一些感觉神经末梢穿过成牙本质细胞间进入牙本质小管。

（五）牙周膜

牙周膜（periodontal membrane）也称**牙周韧带**（periodontal ligament），位于牙骨质与牙槽骨之间的致密结缔组织，约 0.15 ～ 0.38 mm 宽。内含较致密的胶原纤维束，有一定的排列方向，即一端埋入牙骨质，另一端伸入牙槽骨，将两者牢固连接。老年人的牙周膜常常萎缩，引起牙齿松动与脱落。

（六）牙龈

牙龈（gingiva）为牙周组织的外周部分，包绕着牙颈部和覆盖在牙槽骨的口腔黏膜面，由复层扁平上皮和含血管、神经的固有层组成。老年人的牙龈和牙周膜常萎缩，牙颈外露，是牙松动或脱落的主要原因。

第三节　食　　管

食管（esophagus）管壁较厚，腔面有 7 ～ 10 条纵行皱襞，故横切面管腔呈不规则形状，食物通过时皱襞暂时消失（图 1-13-5）。

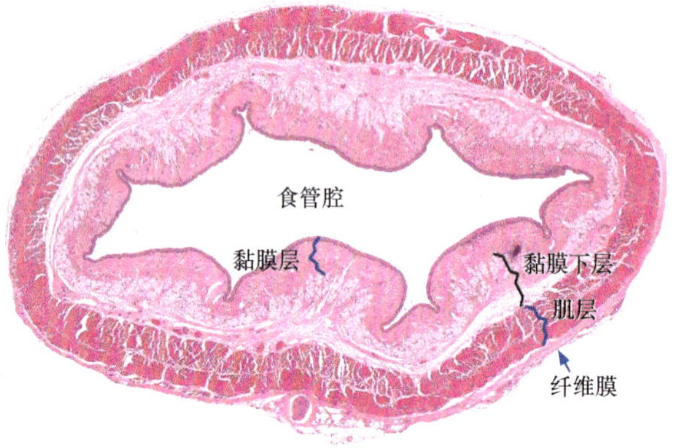

图 1-13-5　食管横切面（HE 染色）

一、黏　　膜

黏膜上皮为未角化的复层扁平上皮（图 1-2-8，图 1-13-6，图 1-13-7）。在食管下端与胃贲门部交界处，移行为单层柱状上皮，分界明显，此处是食管癌的好发部位。固有层为疏松结缔组织，并形成乳头突向上皮。食管上、下端的固有层内有少量**黏液腺**，其形状和分泌物特性与胃的贲门腺相似，称为食管贲门腺。**黏膜肌层**较为发达，主要由纵行平滑肌组成。

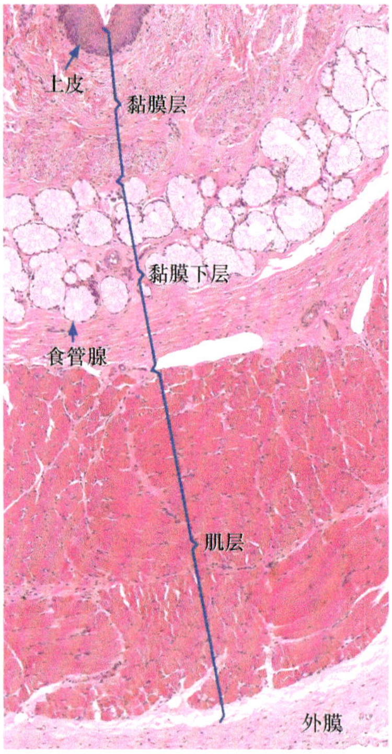

图 1-13-6　食管壁的结构（HE 染色）

二、黏膜下层

黏膜下层由疏松结缔组织构成。含有较多的黏液性**食管腺**（esophageal glands），其导管穿过黏膜开口于食管腔。食管腺周围常有较密集的淋巴细胞，可见淋巴小结、浆细胞，另外，含有丰富的静脉丛，特别是食管下段血管尤为丰富、为临床门静脉高压、上消化道大出血的易发部位（图 1-13-6，图 1-13-8）。

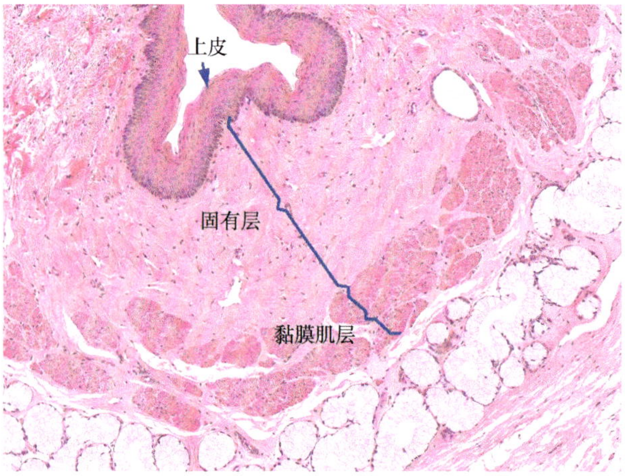

图 1-13-7　食管黏膜层（HE 染色）

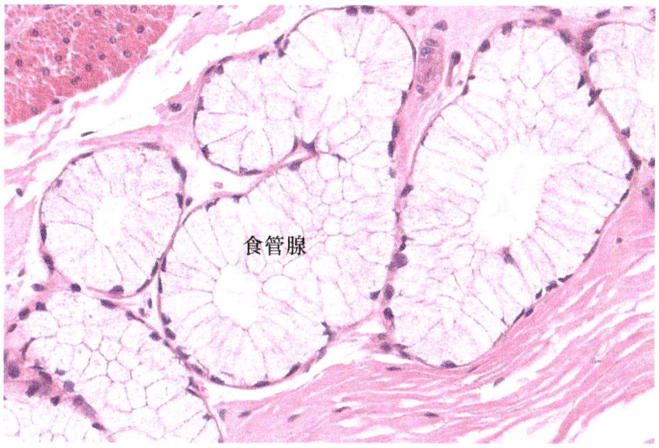

图 1-13-8　食管黏膜下层（HE 染色）

三、肌　　层

肌层分内环行和外纵行两层。食管上 1/3 段为骨骼肌，中 1/3 段为骨骼肌和平滑肌混合而成，下 1/3 段为平滑肌（图 1-13-6）。食管上、下两端的环行肌稍增厚，分别形成食管上、下括约肌（upper/lower esophageal sphincter），具有防止吞咽时食物自食管反流入咽及阻止胃内容物反流等作用。

四、外　　膜

外膜为纤维膜，含有神经、血管和淋巴管（图 1-13-6）。

第四节　胃

胃可暂时贮存食物，能够初步消化食物中的蛋白质，吸收部分水份、无机盐和醇类。胃壁由黏膜、黏膜下层、肌层和浆膜组成（图 1-13-9）。胃空虚时腔面可见许多纵行皱襞，充盈时皱襞几乎消失。

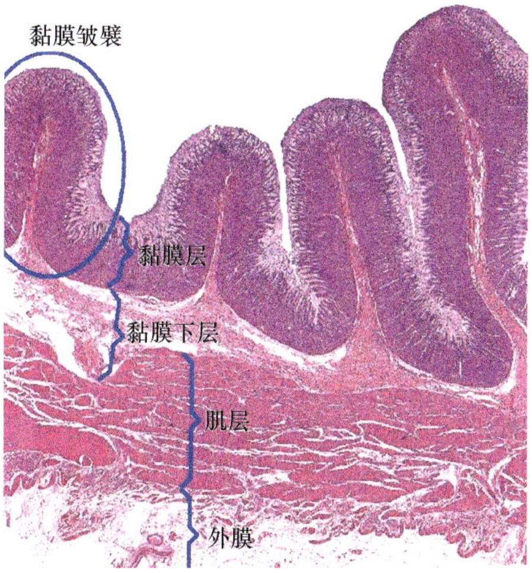

图 1-13-9　胃壁结构（HE 染色）

一、黏　　膜

胃黏膜较厚，呈浅红色。黏膜表面有许多浅沟，将黏膜分成许多直径 2 ～ 6 mm 的**胃小区**（gastric area）。黏膜表面上皮下陷形成不规则的小凹陷，称**胃小凹**（gastric pit），约 350 万个。每个胃小凹底部有 3 ～ 5 条胃腺的开口（图 1-13-10，图 1-13-11）。

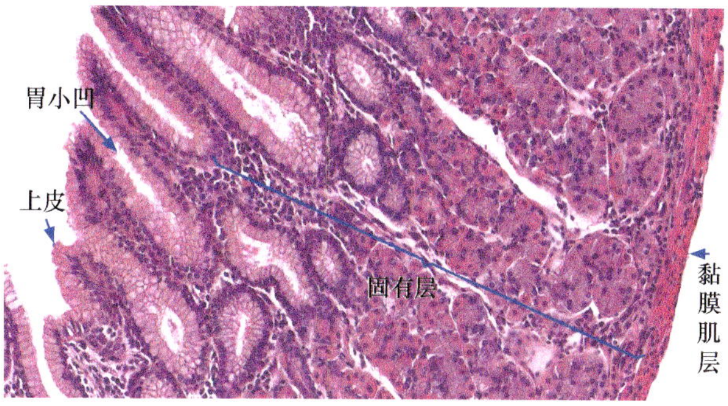

图 1-13-10　胃黏膜（HE 染色）

（一）上皮

上皮为单层柱状上皮，主要由表面黏液细胞组成（surface mucous cell）。细胞核呈椭圆形，位于细胞基底部。顶部的细胞质内充满黏原颗粒，在 HE 染色切片上着色浅淡以至透明，细胞间存在紧密连接（图 1-13-11）。此细胞分泌含高浓度 HCO_3^- 的不可溶性黏液，覆盖于上皮表面，形成厚 0.25 ～ 0.5 mm 的黏液层，与细胞间紧密连接一起构成**胃黏膜屏障**，又称**黏液 - 碳酸氢盐屏障**，可防止胃酸及胃蛋白酶对上皮细胞的侵蚀，对胃壁具有保护作用。另外，在胃小凹底部存在一些体积较小的未分化细胞（干细胞）；该细胞具有较旺盛的增殖能力，表面黏液细胞不断脱落，3 ～ 5 天更新一次，由干细胞增殖补充。正常胃黏液细胞上皮不存在杯状细胞，如果出现这种细胞，病理学上称此现象为胃的肠上皮化生，为胃癌的前期表现。

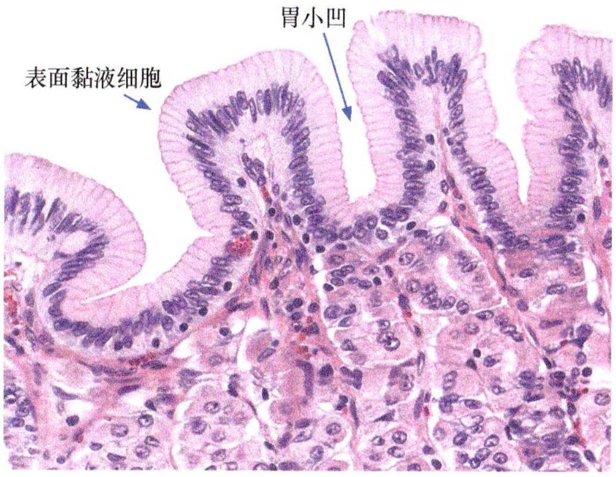

图 1-13-11　胃黏膜上皮（HE 染色）

（二）固有层

固有层为富含纤维及细胞的结缔组织，充满大量紧密排列的**胃腺**（gastric gland）。根据其所在部位及结构的不同，可将胃腺分为胃底腺、贲门腺和幽门腺。

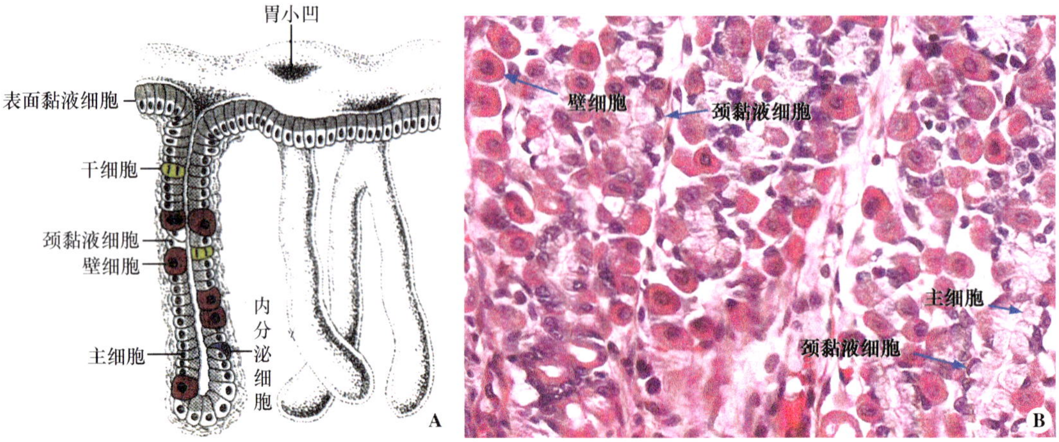

图 1-13-12 胃底腺（A：模式图；B：HE 染色）

1. 胃底腺（fundic gland） 又称**泌酸腺**（oxyntic gland）。分布于胃底和胃体部，是胃黏膜中数量最多、功能最重要的腺体。胃底腺呈分支管状，每一腺体可分为颈、体、底 3 部分。胃底腺主要由壁细胞、主细胞、颈黏液细胞、内分泌细胞和未分化细胞 5 种细胞组成（图 1-13-12）。

（1）壁细胞（parietal cell）：又称**泌酸细胞**（oxyntic cell）。主要分布在胃底腺的体部和颈部。细胞体积大，多呈圆锥形。细胞核圆而深染，居中，有的可见双核；细胞质呈明显嗜酸性。电镜下，可见壁细胞游离面的细胞膜向细胞内凹陷形成迂曲分支的细胞内分泌小管，并在腔面和细胞顶部形成微绒毛。细胞内分泌小管周围的细胞质内含有表面光滑的小管和小泡，称为微管泡系统。壁细胞的这种特异性结构在细胞的不同分泌时相呈显著差异。在分泌时相，细胞内分泌小管开放，微绒毛增多并变长，微管泡系统的管泡数量则急剧减少；在非分泌时相，细胞内分泌小管多不与腺腔相通，微绒毛短而稀疏，微管泡系统极为发达。这表明微管泡系统实际上是细胞内分泌小管膜的贮备形式。壁细胞的细胞质内还含有大量线粒体，而其他的细胞器较少。

壁细胞的主要功能是合成和分泌盐酸。壁细胞的细胞质内含大量的碳酸酐酶，使碳酸解离生成 H^+。H^+ 被主动运输到细胞内分泌小管，Cl^- 经微管泡系统也被运输到细胞内分泌小管，H^+ 和 Cl^- 在小管内结合成盐酸后进入腺腔。盐酸是构成胃液的重要成分，能激活胃蛋白酶原，使其转变为胃蛋白酶，并为其活性提供所需的酸性环境，以对蛋白质进行初步分解；盐酸还有杀菌作用。人的壁细胞还能**分泌内因子**（intrinsic factor），在胃腔中与食物中的维生素 B_{12} 结合成复合物，使维生素 B_{12} 在肠道内不被水解酶分解，以促进维生素 B_{12} 的吸收。

（2）主细胞（chief cell）：又称**胃酶细胞**（zymogenic cell）。数量最多，主要分布于胃底腺的体部和底部。细胞呈柱状或锥形，细胞核圆形，位于细胞基底部；细胞质基部呈强嗜碱性，顶部充满酶原颗粒。电镜下，可见细胞核周围还有丰富的粗面内质网，核上方有发达的高尔基复合体，顶部细胞质还有大量的酶原颗粒。主细胞分泌**胃蛋白酶原**（pepsinogen），在盐酸的作用下转变为有活性的胃蛋白酶，初步消化蛋白质。

（3）颈黏液细胞（mucous neck cell）：数量较少，位于胃底腺的颈部，呈柱状或烧瓶状，夹在其他细胞之间。细胞核呈扁圆形，位于细胞基部，顶部细胞质内含有较多的黏原颗粒，HE 染色较浅。细胞分泌黏液参与胃液的形成。

（4）内分泌细胞：种类多，主要为肠嗜铬细胞（enterochromaffin cell，EC 细胞）和 D 细胞。EC 细胞分泌的组胺，具有强烈促进壁细胞泌酸的功能；D 细胞主要分泌生长抑素（somatostatin，SOM），直接抑制壁细胞的分泌，也可通过抑制 EC 细胞的分泌间接抑制壁细胞的泌酸功能。

（5）未分化细胞：又称**干细胞**（stem cell），分布于胃底腺颈部与胃小凹深部，在常规标本中不易辨认。未分化细胞具有活跃的增殖能力，可增殖分化为表面黏液细胞和胃底腺的其他细胞。

2. 贲门腺（cardiac gland） 分布于贲门部，为分支管状腺。主要由黏液细胞组成，分泌黏液。

3. 幽门腺（pyloric gland） 分布于幽门部，为分支多而弯曲、腺腔较大的管状腺。主要由黏液细胞组成，内有较多的内分泌细胞。幽门腺中有很多 **G 细胞**，产生**胃泌素**（gastrin），可刺激壁细胞分泌盐酸，还能促进胃肠黏膜增生。

三种腺体的分泌物统称为胃液，成人每日分泌量为 1.5 ～ 2.5 L，pH 为 0.9 ～ 1.5，除含有盐酸、胃蛋白酶、内因子、黏蛋白外，还有大量水、Na^+、K^+、Cl^- 等离子成分。

（三）黏膜肌层

黏膜肌层由内环行和外纵行两层平滑肌组成。平滑肌收缩有助于胃腺分泌物的排出（图 1-13-10）。

胃黏膜的自我保护机制 胃液中含高浓度盐酸，H^+浓度高出血液 300 万～ 400 万倍，腐蚀力极强，胃蛋白酶又能分解蛋白质，但胃黏膜却不会被自我消化。研究发现胃黏膜表面存在黏液 - 碳酸氢盐屏障（mucus-bicarbonate barrier），即胃上皮表面覆盖一层黏液层，厚 0.25 ～ 0.5 mm，由不可溶性黏液凝胶构成，含大量 HCO_3^-，凝胶层将上皮与胃蛋白酶隔离，且高浓度的 HCO_3^- 使局部 pH 为 7 左右，既抑制了胃蛋白酶的活性，又能中和 H^+，形成的 H_2CO_3 被黏膜上皮细胞的碳酸酐酶迅速分解为 H_2O 和 CO_2。此外，胃上皮的快速更新也被认为是胃抵御损伤的机制之一。正常情况下，胃酸的分泌量和黏液 - 碳酸氢盐屏障保持平衡，胃酸分泌过多或黏液产生减少，屏障受到破坏，可导致胃组织的自我消化，形成胃溃疡。

二、黏膜下层

由疏松结缔组织构成，富含血管、淋巴管和神经。

三、肌　　层

肌层较厚，由内斜行、中环行和外纵行 3 层平滑肌组成，环行肌在贲门和幽门部增厚，分别形成贲门括约肌和幽门括约肌。

四、外　　膜

外膜为浆膜，由结缔组织和间皮构成。

第五节　小　　肠

小肠（small intestine）是消化管中最长的一段，是消化和吸收营养物质的重要部位。小肠分为十二指肠、空肠和回肠三段。肠壁均由黏膜、黏膜下层、肌层和外膜组成（图 1-13-13）。

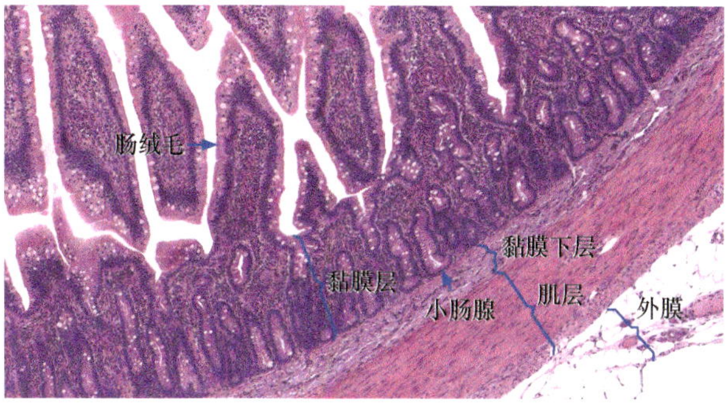

图 1-13-13　小肠管壁结构（空肠，HE 染色）

一、黏　　膜

小肠腔面有许多**环形皱襞**（plica circulares），由黏膜层与黏膜下层向肠腔内突出形成，以十二指肠降部和空肠上段最发达。在皱襞的表面，上皮和固有层向肠腔面隆起，形成的指状突起，称**肠绒毛**（intestinal villus）（图 1-13-14），绒毛长 0.5 ～ 1.5 mm，形状不一。绒毛在十二指肠呈宽大的叶状，在空肠如长指状，在回肠则为短的锥体形。环行皱襞和肠绒毛使小肠黏膜表面积扩大，达 20 m^2，有利于消化和吸收。肠绒毛表面被覆单层柱状上皮，中轴为固有层。肠绒毛根部的上皮下陷至固有层形成单管状的肠腺（intestinal glands），长约 320 ～ 450 μm，直接开口于肠腔，故绒毛与肠腺的上皮相连续。在小肠上皮细胞的间隙，可见散在分布的淋巴细胞。

（一）上皮

为单层柱状上皮。绒毛上皮由吸收细胞、杯状细胞和少量内分泌细胞组成，在肠腺除上述细胞外，还有潘氏细胞和干细胞。

1. 吸收细胞（absorptive cell） 数量最多，约占 90%。细胞呈高柱状，核椭圆形位于基底部。HE 染色细胞质呈粉红色，细胞游离面有约 1 ～ 1.5 μm 厚的深染层，称纹状缘（图 1-13-14）。电镜证明它是由吸收细胞游离面的细胞膜和细胞质的一部分向管腔内突形成的指状突起，称微绒毛。每个细胞有 2000 ～ 3000 根微绒毛，密集而规则排列，每根长 1 ～ 1.4 μm，直径 80 nm，使细胞游离面的面积进一步扩大约 30 倍；另外，微绒毛表面存在一层细胞衣，厚 0.1 ～ 0.5 μm，由细胞膜内镶嵌蛋白的胞外部分组成，其中有双糖酶和肽酶以及吸附的胰蛋白酶、胰淀粉酶等，是消化吸收的重要部位。

吸收细胞的胞质内有丰富的滑面内质网，含多种酶类，可将细胞吸收的甘油一酯和脂肪酸合成甘油三酯，再与胆固醇、磷脂及载脂蛋白结合，在高尔基体形成乳糜微粒，经细胞侧面释出，进入中央乳糜管后输出，此为脂肪吸收和转运的方式。相邻细胞顶部有紧密连接，可阻止肠腔内物质由细胞间隙进入组织。除消化吸收作用外，吸收细胞也参与分泌性免疫球蛋白A（IgA）的释放过程；十二指肠和空肠上段的吸收细胞还合成分泌肠致活酶（enterokinase），能够激活胰蛋白酶原，使之转变为具有活性的胰蛋白酶，后者是食物中蛋白质消化的主要酶。成人小肠每天吸收8～9 L水、100 g脂肪、50～100 g蛋白以及数百克的碳水化合物均由吸收细胞完成。

2. 杯状细胞（goblet cell） 为单细胞腺，散在于吸收细胞间，从十二指肠至回肠末端，杯状细胞逐渐增多。核矮柱状，偏向基部（图1-13-14），核上方胞质内高尔基体发达，含大量电子密度较低、有膜包裹的分泌颗粒，以胞吐方式排出黏液至肠黏膜表面，分泌物为PAS染色阳性，具有润滑和保护作用。分泌后的细胞顶部常见较深的凹陷，但细胞表面的质膜仍保持完整。

3. 内分泌细胞 种类很多，其分泌物对胆囊和胰腺功能具有促进作用，而对胃则有抑制作用。最终效果主要是促进了碱性的胆汁和胰液中和胃酸，并为胰酶的消化作用提供碱性环境。

4. 潘氏细胞（Paneth cell） 分布于小肠腺底部，常三五成群位于腺底部。细胞呈锥体形，细胞核椭圆形，位于细胞的基部，细胞顶部胞质内充满粗大的嗜酸性颗粒。电镜下该细胞具有合成分泌蛋白质的超微结构特点，分泌颗粒含肠防御素（enteric defensins，又称隐窝蛋白cryptdins）、溶菌酶、磷脂酶A_2及生长因子等，对肠道微生物有一定的杀菌作用。Paneth细胞寿命为3～4周，由干细胞增殖分化补充。（图1-13-15）。

5. 干细胞 位于肠腺下半部，分散于其他细胞之间，细胞不断地分裂增殖并向上方移动，补充脱落的吸收细胞和杯状细胞。干细胞也可分化为潘氏细胞和内分泌细胞。肠绒毛上皮细胞的更新周期为3～6天。

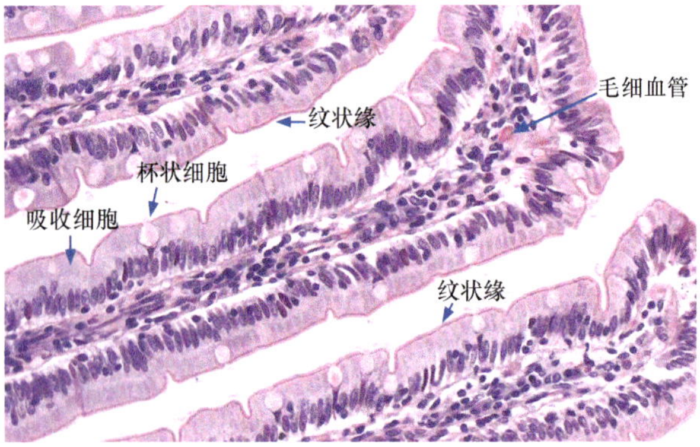

图1-13-14 肠绒毛（HE染色）

（二）固有层

在细密的结缔组织中含有大量的肠腺、丰富的淋巴细胞、浆细胞、巨噬细胞和肥大细胞等。固有层随上皮向肠腔内突出形成绒毛中轴，内有1～2条纵行毛细淋巴管，称**中央乳糜管**（central lacteal）（图1-9-20），周围含有丰富的有孔毛细血管（图1-13-14）。中央乳糜管腔较大，内皮细胞间隙宽，无基膜，通透性好，吸收的脂类物质进入中央乳糜管，沿淋巴管道输送入血液，而吸收的氨基酸、单糖、维生素等物质主要经毛细血管进入血液。绒毛中轴内散在纵行分布的平滑肌，收缩时可改变绒毛的形态，有利于血液、淋巴的运行。

小肠绒毛根部的上皮下陷至固有层，形成许多**小肠腺**（small intestinal gland），直接开口于肠腔。肠腺除吸收细胞、杯状细胞和内分泌细胞外，还有潘氏细胞（图1-13-15）和干细胞。固有层中除小肠腺和淋巴细胞外，还有淋巴小结。在回肠，数个淋巴小结常集合在一起形成集合淋巴小结（图1-13-16），可穿过黏膜肌层抵达黏膜下层；淋巴组织在十二指肠、空肠常形成孤立淋巴小结。患肠伤寒时，细菌常侵入集合淋

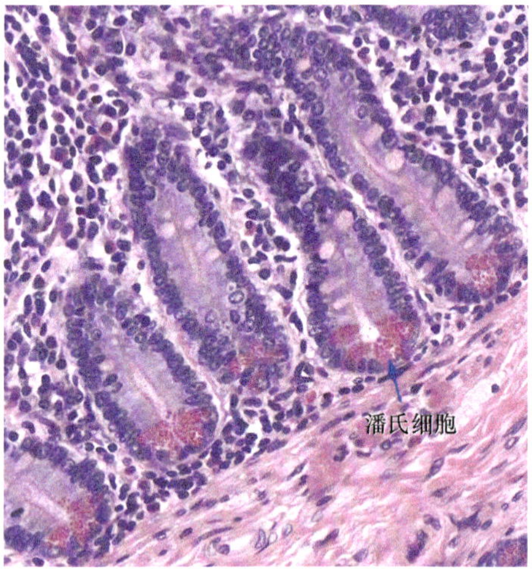

图1-13-15 小肠腺（HE染色）

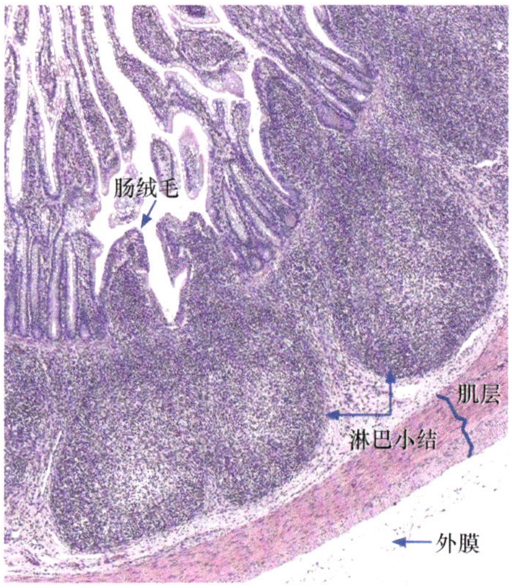

图1-13-16 回肠（HE染色）

巴小结，引起局部溃疡，若溃疡过深则可并发肠穿孔。

（三）黏膜肌层

由内环行、外纵行两层平滑肌组成。

二、其他各层的结构

黏膜下层为含有较多血管和淋巴管的疏松结缔组织。十二指肠的黏膜下层内有大量**十二指肠腺**（duodenal gland）（图 1-13-17），为复管泡状黏液腺，其导管开口于小肠腺底部。十二指肠腺分泌的碱性黏液（pH 8.2 ～ 9.3），可中和酸性的胃内容物，保护十二指肠黏膜免受酸性胃液的侵蚀。十二指肠腺还能产生表皮生长因子（epidermal growth factor），释入肠腔可促进小肠上皮细胞的增殖以及黏膜的损伤修复。肌层由内环行和外纵行两层平滑肌组成。外膜除部分十二指肠壁为纤维膜外，其余均为浆膜，三段小肠结构的区别见表 1-13-1。

小肠上皮及腺体的分泌物统称小肠液，成人每日分泌量为 1 ～ 3 L，pH 7.6 左右，除含上述分泌物外，还有大量水、Na^+、K^+、Cl^-、HCO_3^- 等离子成分。

表 1-13-1　三段小肠的区别

名称	十二指肠	空肠	回肠
绒毛	叶状（宽大）	指状（细长）	短小而稀少
杯状细胞	少	渐多	多
淋巴小结	孤立	孤立	集合
十二指肠腺	有	无	无

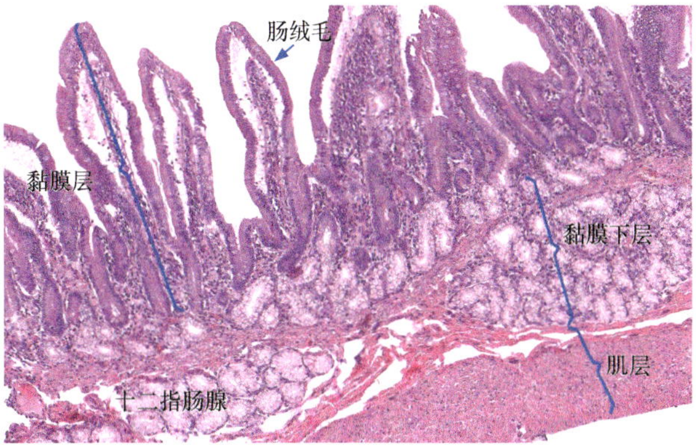

图 1-13-17　十二指肠（HE 染色）

第六节　大　　肠

大肠（large intestine）分为盲肠、阑尾、结肠、直肠和肛管，主要功能是吸收水分和电解质，将食物残渣形成粪便排出体外。大肠壁也分为黏膜、黏膜下层、肌层和外膜。大肠黏膜不形成环形皱襞和肠绒毛。

一、盲肠、结肠与直肠

盲肠、结肠与直肠这三部分大肠的组织学结构基本相同（图 1-13-18）。皱襞较少，无绒毛，肠腺多，杯状细胞多。

（一）黏膜

上皮为单层柱状上皮，由吸收细胞和杯状细胞组成。固有层内有密集的**大肠腺**（large intestinal gland），腺上皮内含吸收细胞、大量杯状细胞、少量干细胞和内分泌细胞，无潘氏细胞。固有层内可见较多的淋巴小结。黏膜肌层为内环行、外纵行两层平滑肌。

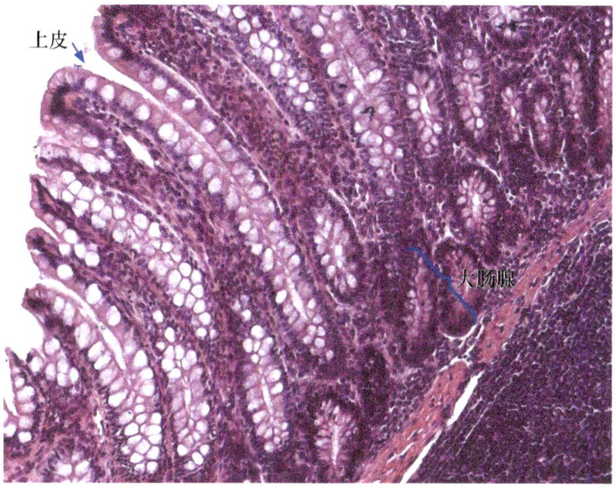

图 1-13-18　结肠（HE 染色）

（二）黏膜下层

为疏松结缔组织，内有小动脉、小静脉和淋巴管，可见成群的脂肪细胞。

（三）肌层

由内环行和外纵行两层平滑肌组成。内环行肌节段性局部增厚，形成结肠袋（haustra）；外纵行肌局部增厚形成三条结肠带（taenia coli），带间的纵行肌菲薄，甚至缺如。

（四）外膜

浆膜或纤维膜。在盲肠、横结肠、乙状结肠为浆膜；升结肠与降结肠的前壁为浆膜，后壁为纤维膜；直肠上 1/3 段的大部、中 1/3 段的前壁为浆膜，余为纤维膜。外膜结缔组织中常有脂肪细胞聚集构成的肠脂垂（appendices epiploicae）。

二、阑　　尾

阑尾（appendix）似小手指状的器官，长约 2 ～ 8

cm。管壁结构与结肠基本相似，但略厚，管腔小而不规则，肠腺短而少，无绒毛（图 1-13-19）。上皮、固有层及肠腺的结构与前述的大肠相似，但杯状细胞甚少，腺底部可见 Paneth 细胞，每个腺约 5~10 个，较小肠腺多。固有层内淋巴组织极其丰富，形成集合淋巴小结，可见生发中心，大量的淋巴小结可连续成层，并突入黏膜下层，致使黏膜肌层不完整，组织结构类似扁桃体，故有“肠扁桃”之称。肌层很薄，外覆浆膜。目前认为阑尾并非只是退化的器官，其上皮具有选择性吸附吞饮细菌和病毒能力，上皮下淋巴组织主要参与消化管的黏膜免疫防御反应。消化管的结构特点见表 1-13-2。

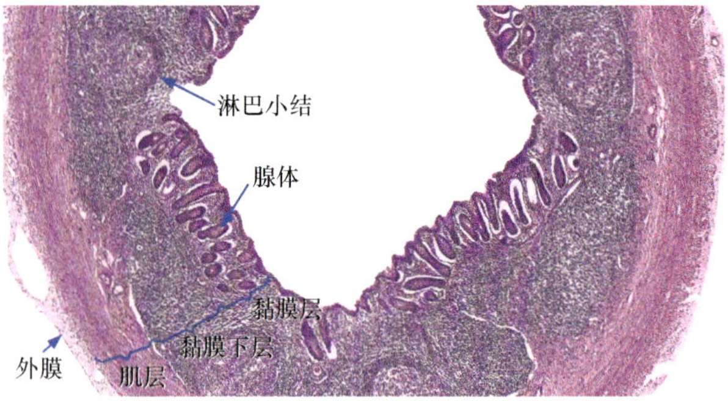

图 1-13-19　阑尾

表 1-13-2　各段消化管壁的结构特点

	食管	胃	小肠	结肠	阑尾
上皮	复层扁平无杯状细胞	单层柱状，无杯状细胞	单层柱状，空、回肠有较多杯状细胞	单层柱状，大量杯状细胞	单层柱状，少量杯状细胞
腺体	黏膜下层有食管腺	固有层有胃底腺、贲门腺、幽门腺	固有层有小肠腺；十二指肠 黏膜下层有十二指肠腺	固有层的大肠腺排列紧密，杯状细胞多	肠腺短而少
肌层	内环行、外纵行。上段骨骼肌、中段骨骼肌和平滑肌、下段平滑肌	内斜行、中环行、外纵行平滑肌	内环行、外纵行平滑肌	内环行、外纵行平滑肌，后者形成三条结肠带	薄，内环行、外纵行平滑肌

第七节　消化管壁的特殊结构及功能

一、消化管的淋巴组织及其免疫功能

消化管与体外环境直接相通，常有许多病毒、细菌和寄生虫（卵）等病原微生物随饮食进入，消化管淋巴组织也称肠相关淋巴组织（gut-associated lymphoid tissue，GALT），包括上皮内淋巴细胞、固有层内散在的淋巴细胞和淋巴小结、肠系膜淋巴结，以及浆细胞、巨噬细胞、树突状细胞等，是抵御它们的第一道免疫防线。

（一）微皱褶细胞

在肠黏膜的孤立和集合淋巴小结表面，黏膜向肠腔呈圆顶状隆起，此部位无绒毛和小肠腺，上皮内散在分布一种微皱褶细胞（microfold cell，M 细胞），因其游离面有微皱褶而得名，可能由吸收细胞转化而来。M 细胞的胞质少，表面的微绒毛短小稀疏，基底面的质膜内陷形成较多的穹隆状凹腔，内含多个淋巴细胞；光镜下难以与吸收细胞区别，所以，只能根据其基底部是否包含淋巴细胞推断。电镜下可见胞质中有丰富的囊泡，溶酶体非常少，且不含酸性蛋白酶，推测 M 细胞摄取的肠腔内抗原物质不被降解，而以囊泡形式转运并传递给下方的淋巴细胞，后者进入固有层淋巴小结将抗原信息传递给其他淋巴细胞，然后进入肠系膜淋巴结内增殖、分化为幼浆细胞。

（二）共同黏膜免疫系统

经肠道内病原微生物致敏的 B 淋巴细胞分化为幼浆细胞后，通过淋巴细胞再循环，大部分返回消化管黏膜内，转变为浆细胞，产生 IgA。IgA 与吸收细胞基底面和侧面膜内的一种称为分泌片的镶嵌糖蛋白结合，形成分泌性 IgA（sIgA）。sIgA 被吸收细胞内吞入胞质，继而从游离面释入肠腔，特异性地与抗原结合，降低抗原物质与上皮细胞的黏着和进入，发挥抑制细菌增殖，中和病毒等作用。另外，部分被肠道抗原致敏的幼浆细胞经淋巴细胞再循环途径，可分布于呼吸道和女性生殖道的黏膜以及唾液腺、乳腺等器官转变为浆细胞，产生的 IgA 发挥相似的免疫效应，使消化管黏膜免疫成为全身免疫防御的重要组成部分，故有学者将上述黏膜组织内由浆细胞介导的免疫应答称为共同黏膜免疫系统（common mucosal immune system）。

二、胃肠的内分泌细胞

在胃、小肠和大肠的上皮及肠腺中散在分布四十余种内分泌细胞，以胃幽门部和十二指肠上段最多，总量超过所有内分泌腺腺细胞的总和，约为 3×10^9 个，可以说胃肠道是体内最大、最复杂的内分泌器官，所分泌的激素主要作为局部激素，除协调消化管自身的消化吸收功能外，亦参与调节胃肠平滑肌的生理功能。

（一）胃肠内分泌细胞的形态与分类

胃肠内分泌细胞主要位于肠隐窝的中下部，绒毛上皮处少，形态为不规则的锥体形，基底部附于基膜上，其特点是底部胞质中含大量分泌颗粒，故也称基底颗粒细胞（basal granular cell）。电镜下分为开放型（open type）和闭合型（closed type）两类。开放型细胞顶部可达腔面，细胞的游离面有微绒毛伸向管腔内，也称为“消化道味觉细胞”，能够感受胃肠道内食物、消化液及酸碱度变化的刺激，具有化学感受器的功能；而闭合型细胞多呈梭形，沿基膜分布，细胞伸出较长突起，达相邻细胞，属于旁分泌（paracrine）型细胞。

（二）几种常见的胃肠内分泌细胞

1.EC 细胞 最多，因染色类似肾上腺髓质的嗜铬细胞而冠名，分泌的 5- 羟色胺能够促进黏液分泌和平滑肌收缩；高渗葡萄糖和霍乱毒素等可使 EC 细胞的颗粒大量释放，引起腹泻。

2.G 细胞 数量次之，含有较粗大的圆形颗粒，因其分泌胃泌素而得名；主要分布在胃的幽门部，少数存在于十二指肠，产生的胃泌素具有非常强的刺激胃底腺分泌盐酸的作用。该细胞功能亢进，易引起消化性溃疡，而胃泌素分泌不足，可导致胃酸缺乏、消化不良。

3.D 细胞 与胰岛 D 细胞形态相似而得名，细胞基底的突起较长，与附近的 G 细胞或壁细胞相接触，具有明显的旁分泌性质。D 细胞广泛分布于胃肠道，以胃窦部居多，与 G 细胞在此部位的数量比约为 1 ： 3，分泌的 SOM 可抑制 G 细胞释放胃泌素，进而降低壁细胞分泌盐酸。SOM 对其他多种胃肠激素的分泌也有抑制作用。

4.I 细胞 合成分泌胆囊收缩素 - 促胰酶素（cholecystokinin~pancreozymin，CCK-PZ），具有促进胆囊收缩、胆汁排出以及胰腺腺泡分泌胰酶等作用。

5.S 细胞 所含颗粒小而圆，产生的促胰液素（secretin），能刺激胰导管上皮细胞分泌水和碳酸氢盐，增加胰液分泌量；I 细胞和 S 细胞主要分布在十二指肠和空肠，当酸性食糜从胃排入肠腔时，可刺激二者的分泌，使碱性的胰液和胆汁分泌增加，达到中和胃酸，为胰酶发挥消化作用提供碱性环境的目的。

思　考　题

（1）试述消化管壁的一般结构。
（2）试述各段消化管的特征性结构。
（3）叙述小肠黏膜的结构特点。
（4）请分辨图 1-13-20A、B、C 代表小肠的哪一段。

（张　辉）

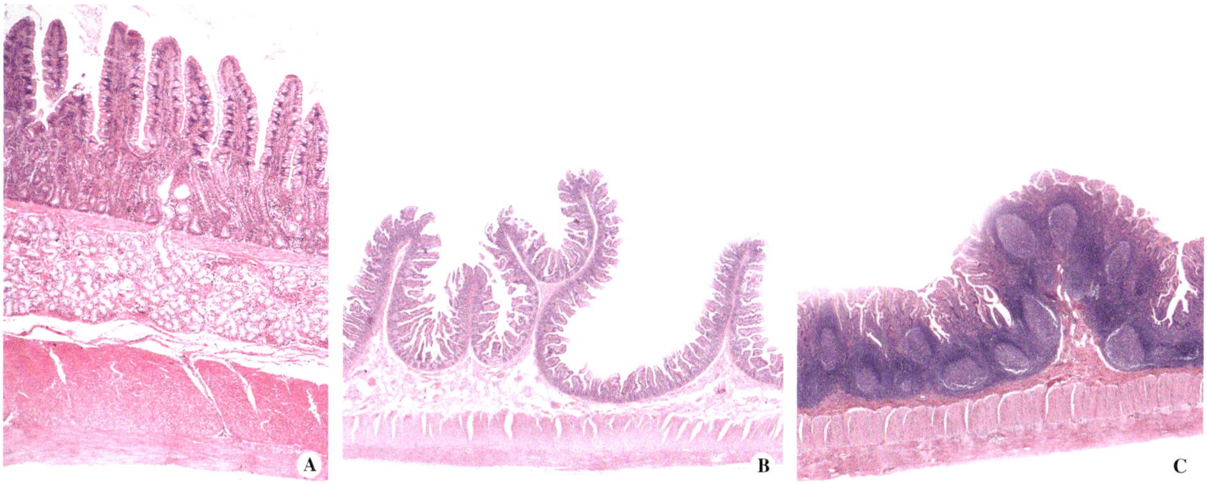

图 1-13-20　三段小肠（HE 染色）

溃疡病

溃疡病是胃黏膜被胃酸、胃蛋白酶消化所致。患者壁细胞数量为常人的2倍左右。幽门螺旋杆菌感染时，分泌尿素酶、蛋白酶、磷脂酶及过氧化物酶等破坏胃黏膜上皮细胞及胃黏膜功能，损害胃酸分泌调节，引起胃酸分泌增加，引起胃黏膜发生改变，乃至溃疡。

第14章 消 化 腺

内容提要

（1）肝的组织结构及功能。
（2）肝血循环的途径。
（3）肝小叶和肝门管区的组成及结构特点。
（4）胆汁的产生部位和排出途径。
（5）胰的组织结构及功能。

消化腺（digestive gland）是分泌消化液的腺体。包括独立于消化管外的大消化腺（如肝、胰、唾液腺）和一些分布于消化管壁内散在的小消化腺（如食管腺、胃腺和肠腺等）。大消化腺是独立的器官，属外分泌腺，分泌物经导管排至消化管内，对从外界摄取的食物进行消化。此外，有的消化腺还具有内分泌和其他功能。

第一节 唾 液 腺

唾液腺位于口腔周围，包括腮腺、下颌下腺和舌下腺。它们分泌的唾液经导管进入口腔。

一、唾液腺的一般结构

唾液腺为复管泡状腺，外覆结缔组织被膜，被膜深入腺实质将其分为许多小叶，血管、淋巴管和神经也同时进入腺内，构成腺的间质。腺实质由腺泡和导管构成。根据腺细胞的结构和分泌物的不同，腺泡分为三种类型：浆液性腺泡、黏液性腺泡和混合性腺泡（图 1-14-1）。导管从连接腺泡至开口于口腔，依次分为闰管、分泌管、小叶间导管和总导管。闰管由单层扁平或立方上皮围成。分泌管为单层柱状上皮，细胞核位于细胞顶部，胞质嗜酸性，细胞基部由于存在较多的质膜内褶及线粒体，光镜下呈现纵纹的结构，因而又称纹状管。小叶间导管和总导管位于小叶间结缔组织内，管径粗大，由假复层柱状上皮围成（图 1-14-1）。近开口处其上皮与口腔上皮相延续。

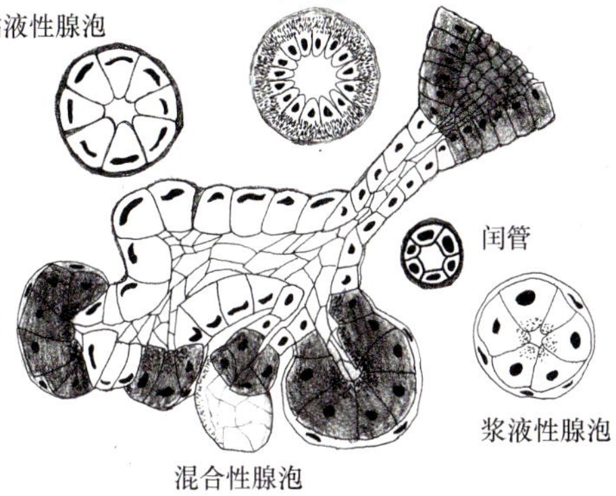

图 1-14-1 唾液腺腺泡和导管结构模式图

（一）腺泡

腺泡（alveoli）呈管泡状或泡状，由单层锥体形或立方形腺细胞围成，腺细胞外有一层基膜，腺泡中央有腔，为腺的分泌部。在腺细胞和基膜之间存在肌上皮细胞，它的收缩有利于腺泡分泌物的排出。根据腺细胞的结构和分泌物的不同，腺泡分为浆液性、黏液性和混合性腺泡三种类型（图 1-14-1）。

1. 浆液性腺泡（serous alveoli） 由浆液性腺细胞组成。细胞核呈椭圆形，位于基部。在 HE 染色切片中，顶部细胞质内含有嗜酸性分泌颗粒，基部细胞质呈较强的嗜碱性。浆液性腺细胞分泌物为较稀薄的浆液，含少量黏液和淀粉酶（图 1-2-19A）。

2. 黏液性腺泡（mucous alveoli） 由黏液性腺细胞组成。细胞核呈扁圆形，位于基部，细胞质着色浅，顶部细胞质内含有大量的黏原颗粒。黏液性腺细胞分泌较黏稠的黏液（图 1-2-19A）。

3. 混合性腺泡（mixed alveoli） 由浆液性腺细胞和黏液性腺细胞组成（图 1-2-19B）。腺泡以黏液性腺泡为主，少量浆液性腺泡附于腺泡末端，切片上呈半月形，称半月。

（二）导管

导管（duct）有分支，末端与腺泡相连。导管分为闰管、分泌管、小叶间导管和总导管四段。

1. 闰管（intercalated duct） 短而细，与腺泡相连，管壁为单层立方或单层扁平上皮。

2. 分泌管（secretory duct） 又称纹状管，与闰管相连，管腔大、管径粗，管壁为单层柱状上皮，细胞核呈圆形，位于细胞的顶部；细胞质嗜酸性。分泌管细胞能分泌 Na^+，排出 K^+，可重吸收或排出水，因此可调节唾液中的电解质含量和唾液量。

3. 小叶间导管和总导管 分泌管汇合成小叶内导管，再汇合成小叶间导管，最后汇合成总导管，开口于口腔。

二、三大唾液腺的结构特点

（一）腮腺

腮腺（parotid gland）为纯浆液性腺，闰管长而纹状管短。其分泌物稀薄，含大量淀粉酶（图 1-14-2）。

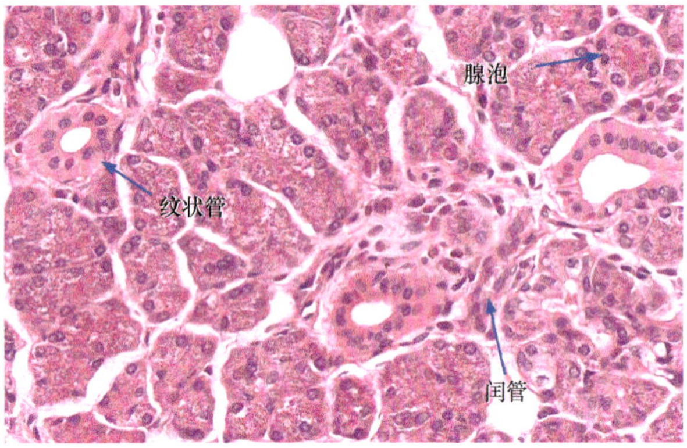

图 1-14-2 腮腺（HE 染色）

（二）下颌下腺

下颌下腺（submandibular gland）为混合性腺，浆液性腺泡多，黏液性和混合性腺泡少。闰管短而不明显，分泌管多发达。分泌物含淀粉酶较少，黏液较多（图 1-14-3）。

（三）舌下腺

舌下腺（sublingual gland）为混合性腺，以黏液腺和混合腺为主。无闰管，纹状管较短。分泌物以黏液为主（图 1-14-4）。

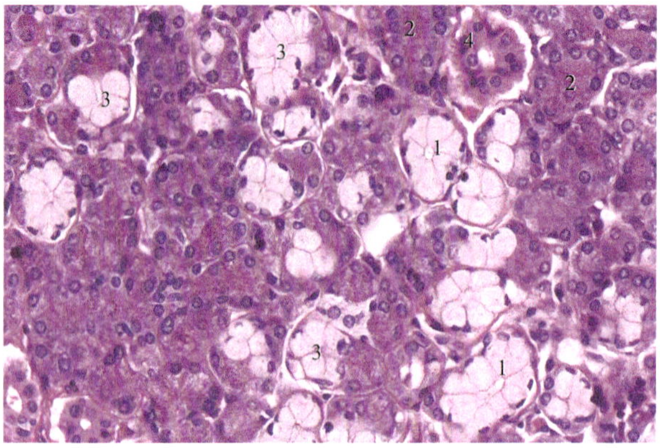

图 1-14-3 下颌下腺（HE 染色）

1. 黏液性腺泡；2. 浆液性腺泡；3. 混合性腺泡；4. 纹状管

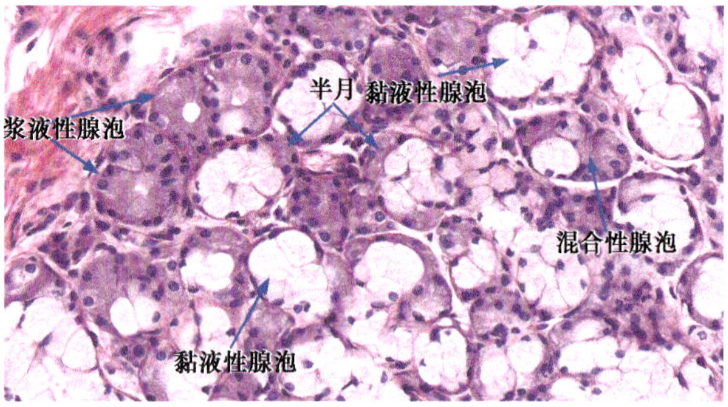

图 1-14-4 舌下腺（HE 染色）

唾液为三种唾液腺分泌物的混合。来自下颌下腺的分泌物占 70%，腮腺占 25%，舌下腺占 5%。唾液中的淀粉酶可分解食物中的淀粉，水和黏液起润滑口腔的作用，此外，唾液中还含有溶菌酶和干扰素等具有防御作用的成分。

第二节 胰 腺

胰腺（pancreas）表面覆以薄层结缔组织构成的被膜，结缔组织伸入腺内将实质分隔为许多胰腺小叶。胰实质由外分泌部和内分泌部组成（图 1-14-5）。外分泌部分泌胰液，含多种消化酶，在消化食物中起重要作用；内分泌部分泌激素，参与糖代谢的调节。

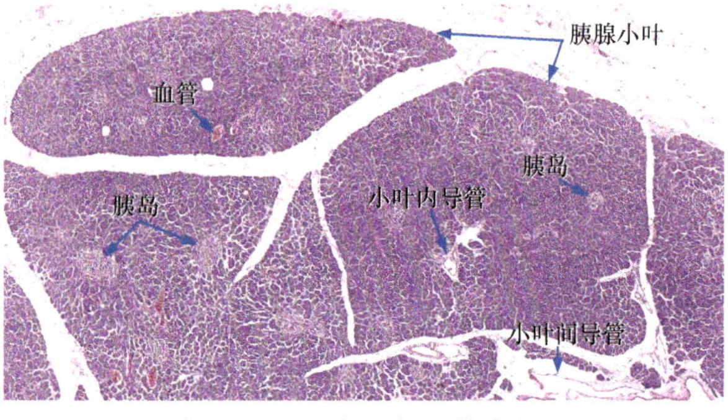

图 1-14-5 胰腺（HE 染色）

一、外分泌部

胰腺外分泌部为纯浆液性复管泡状腺，由腺泡和导管组成。外分泌部分泌的胰液经导管排入十二指肠。

（一）腺泡

腺泡为浆液性腺泡。腺细胞呈锥体形，细胞核圆形位于细胞基部。基部细胞质嗜碱性强，顶部细胞质内有嗜酸性的酶原颗粒（图 1-14-6，图 1-14-7）。电镜下可见细胞基部含丰富的粗面内质网和发达的高尔基复合体；酶原颗粒内含多种酶，腺细胞主要分泌胰蛋白酶原、胰脂肪酶、胰淀粉酶、胰糜脂肪酶等，同时还分泌一种胰蛋白酶抑制因子，能阻止胰蛋白酶原在胰腺内被激活，防止胰腺自溶。正常情况下，胰腺内的消化酶以酶原形式存在而不具活性。在某些病理情况下，由于蛋白酶原在胰腺内激活，胰腺组织自我消化，可引起胰腺炎。

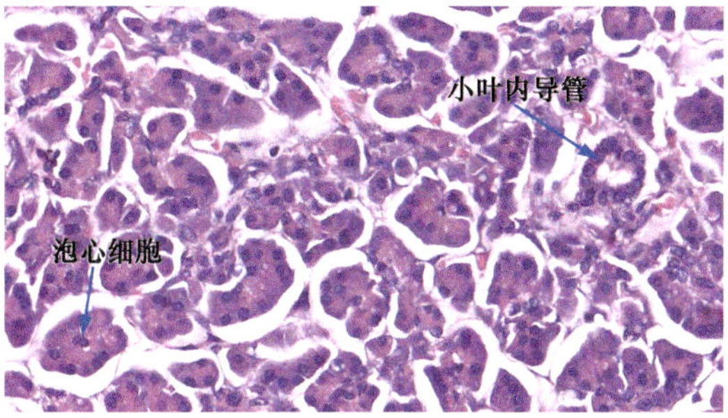

图 1-14-6　胰腺外分泌部（HE 染色）

胰腺腺泡外有基膜，基膜与腺细胞之间无肌上皮细胞。腺泡腔内有些扁平或立方形细胞，称**泡心细胞**（centroacinar cell）。

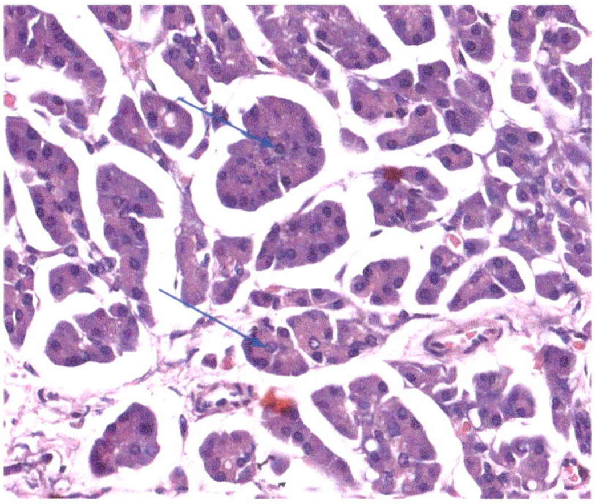

图 1-14-7　泡心细胞（胰腺腺泡，HE 染色）

（二）导管

导管起始于闰管。闰管较长，管径细，一端伸入腺泡腔内，与泡心细胞相连，泡心细胞和闰管上皮细胞为扁平或立方的细胞，细胞较小，胞质染色浅，核圆形或卵圆形。胰腺无分泌管。闰管的另一端逐渐汇合形成小叶内导管（图 1-14-8），小叶内导管在小叶间结缔组织内汇合成小叶间导管（图 1-14-9），后者再汇合成一条胰管，贯穿胰全长，在胰头部与胆总管汇合，开口于十二指肠大乳头。导管上皮具有分泌水和电解质的功能，分泌物参与胰液的组成。

胰液是重要的消化液，成人每天约分泌 1500～3000 ml，为碱性液体，能中和进入小肠的胃酸。胰液除含胰蛋白酶、胰糜蛋白酶、胰脂肪酶、胰淀粉酶和核糖核酸酶等多种酶外，还含丰富的电解质。

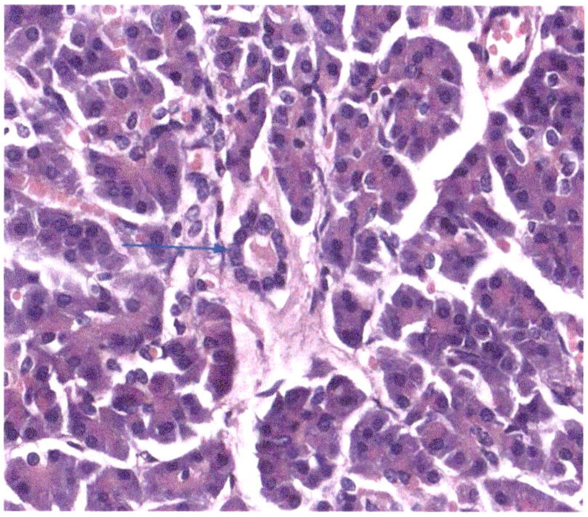

图 1-14-8　小叶内导管（HE 染色）

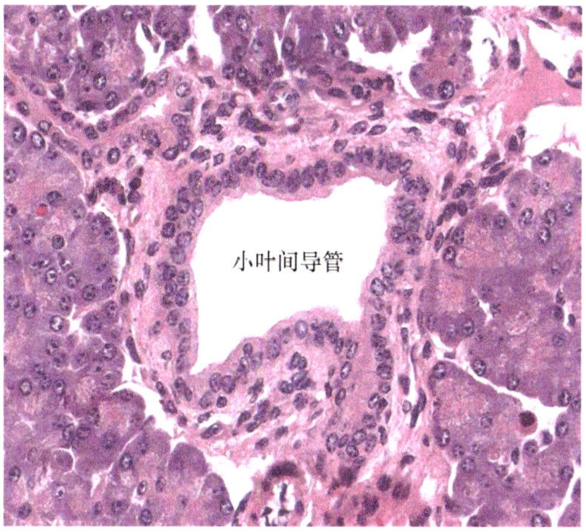

图 1-14-9　小叶间导管（HE 染色）

二、内分泌部

胰的内分泌部又称为**胰岛**（pancreas islet）。胰岛是由内分泌细胞组成的球形细胞团，散在分布于腺泡之间，大小不等，分布不均，胰尾部较多，HE 染色中着色浅淡。胰岛细胞呈团索状分布，细胞间有丰富的有孔毛细血管（图 1-14-5，图 1-14-10）。

胰岛的内分泌细胞有多种类型，人类主要有A、B、D、PP四种细胞。在HE染色切片中不易区分，目前主要用特殊染色及免疫组织化学法进行区分。

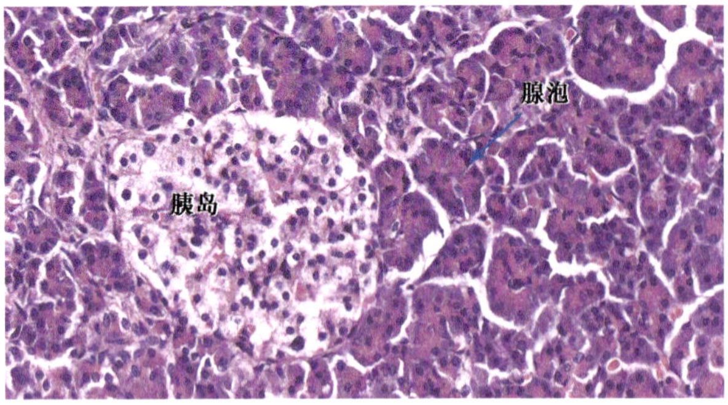

图 1-14-10　胰岛（HE 染色）

（一）A 细胞

A 细胞约占胰岛细胞总数的20%，细胞体积较大，多分布在胰岛周边部（图 1-14-11A）。电镜下可见细胞内含有粗大的分泌颗粒。A 细胞分泌**高血糖素**（glucagon），促进肝糖原分解为葡萄糖，并抑制糖原合成，使血糖升高。

（二）B 细胞

B 细胞数量较多，约占胰岛细胞总数的75%，细胞体积较小，主要位于胰岛的中央部（图 1-14-11B）。电镜下可见细胞内分泌颗粒大小不一。B 细胞分泌**胰岛素**（insulin），主要促进肝细胞、脂肪细胞等吸收血液内的葡萄糖，合成糖原或转化为脂肪储存，使血糖浓度降低。胰岛素和高血糖素的协同作用维持血糖浓度的相对恒定。若胰岛素分泌不足，血糖升高，并从尿中排出，即为**糖尿病**。

（三）D 细胞

D 细胞数量较少，约占胰岛细胞总数的5%，散在分布于A、B 细胞之间（图 1-14-11C）。电镜下可见较大的分泌颗粒。D 细胞分泌**生长抑素**（somatostatin），可直接作用于A 细胞或B 细胞，抑制A 细胞和B 细胞的分泌活动。

（四）PP 细胞

PP 细胞数量很少，主要位于胰岛的周边部。PP 细胞分泌**胰多肽**（pancreatic polypeptide），具有抑制胃肠运动、胰液分泌以及胆囊收缩的作用。

除以上细胞外，胰岛内还含有少量的其他细胞，如分泌血管活性肠肽的 D_1 细胞等。

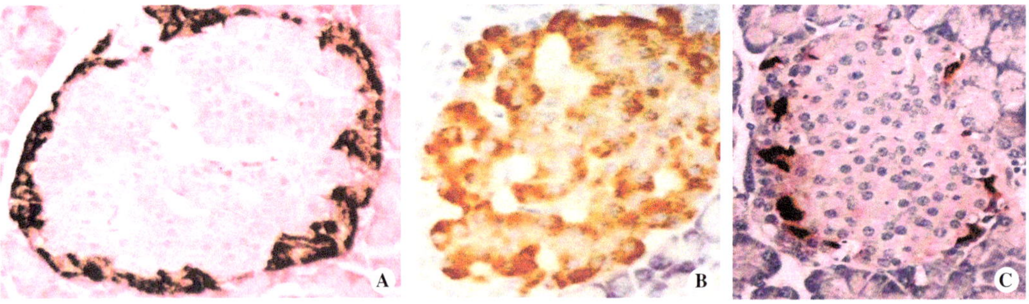

图 1-14-11　胰岛细胞（免疫组化）

A. 胰岛 A 细胞；B. 胰岛 B 细胞；C. 胰岛 D 细胞

第三节　肝

肝（liver）是人体最大的腺。肝表面大部分覆盖浆膜，其下方为一层富于弹性纤维的致密结缔组织。肝门部的结缔组织随肝动脉、门静脉和肝管进入肝内，并将实质分成许多肝小叶。肝小叶之间为各种管道集合处。

肝产生胆汁，胆汁经胆管输入十二指肠，参与脂类食物的消化；肝还能合成多种蛋白质及脂类物质直接分泌入血，参与机体的多种物质代谢。此外，肝具有解毒功能，在胚胎期还具有造血功能。因此，肝是一个具有多种生理功能的消化腺。

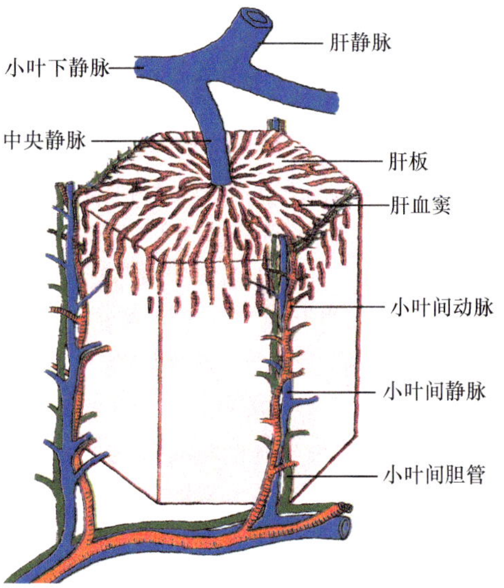

图 1-14-12　肝小叶立体结构模式图

一、肝 小 叶

肝小叶（hepatic lobule）是肝的基本结构单位。成人肝约有 50 万～ 100 万个肝小叶。肝小叶呈多角棱柱体，宽约 0.7 mm 高约 2 mm。肝小叶周边为少量结缔组织围绕，使相邻小叶彼此分隔（图 1-14-12）。人肝的小叶间结缔组织较少，因此肝小叶间的分界并不明显（图 1-14-13）。每一肝小叶中央有一条静脉穿行，称中央静脉（central vein）。以中央静脉为中心，肝板和肝血窦向周围呈放射状排列。肝板为肝细胞单层排列成板状的结构。肝血窦为肝板之间的间隙。相邻的肝板互相吻合连接。肝板的断面呈索状，又称为肝索（图 1-14-14）。

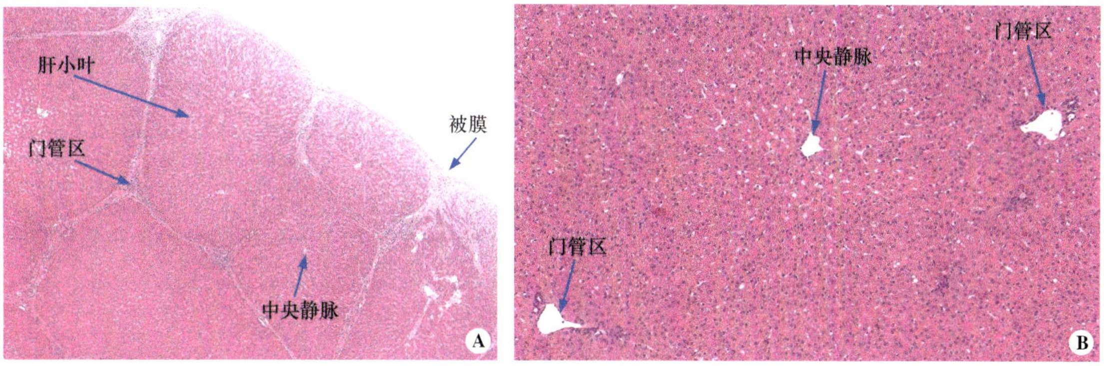

图 1-14-13　肝小叶（HE 染色，A. 猪肝；B. 人肝）

（一）中央静脉

中央静脉（central vein）位于肝小叶的中央，是肝血窦在肝小叶中轴汇成的一条静脉，管壁不完整，由内皮和少量结缔组织构成，有开口与肝血窦相连通。血窦中的血液均流向中央静脉，几个相邻肝小叶的中央静脉再汇合成小叶下静脉（图 1-14-14）。

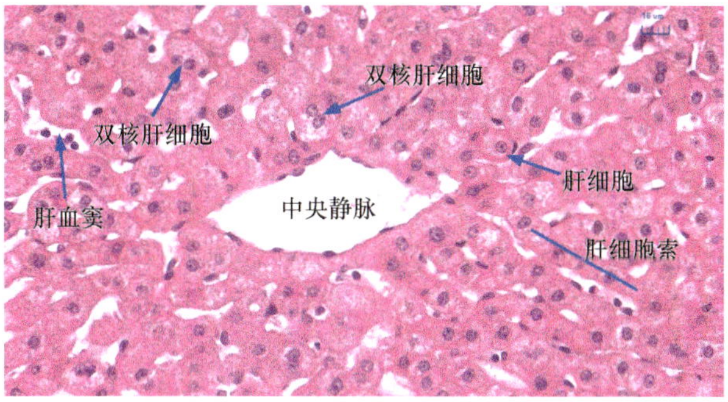

图 1-14-14　肝小叶（人肝，HE 染色）

（二）肝细胞

肝细胞（hepatocyte）是构成肝小叶的主要组成部分，占肝内细胞总数的 80%。肝细胞体积大，直径约 15 ～ 30 μm；细胞呈多面体形，核大而圆，居中，染色较浅，一些细胞有双核，核仁 1 ～ 2 个（图 1-14-14）。每个肝细胞有 3 种不同的功能面，即血窦面、胆小管面和肝细胞连接面（图 1-14-15，图 1-14-16）。此外，多倍体肝细胞数量较多，一般认为双核和多倍体细胞的功能比较活跃，并与肝细胞潜在的强大再生能力有关。肝细胞胞质丰富，含较多的糖原颗粒（图 1-1-11，图 1-14-17）。HE 染色的标本中多呈嗜酸性，胞质内尚有少量散在的嗜碱性团块。

肝细胞具有复杂的生物化学功能，与其内含有丰富的细胞器及包涵物密切相关。电镜下，可见粗面内质网常成群分布，其附近有密集的核糖体，构成了肝细胞内的蛋白质合成基地，可合成血浆白蛋白、凝血酶原、纤维蛋白酶原和脂蛋白等。滑面内质网分布广泛，膜上有多种酶系，与胆汁合成、脂类代谢、糖代谢、激素代谢和解毒等作用相关。高尔基复合体较为发达，参与蛋白质的加工包装及胆汁的排泌。微体参与解毒作用。此外，肝细胞还含有丰富线粒体，为肝细胞代谢提供充分的能量。

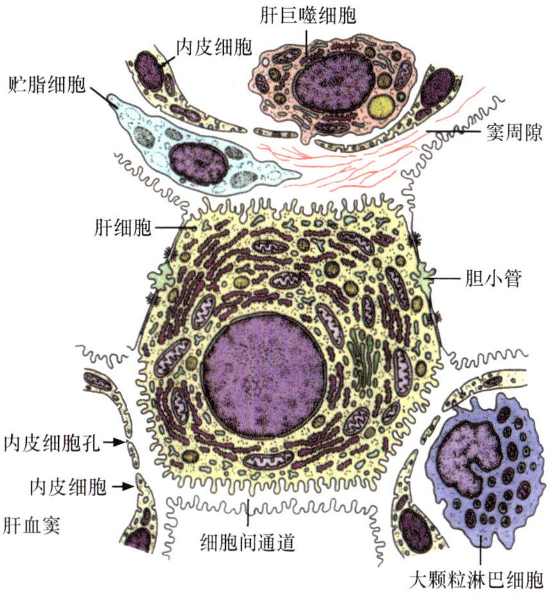

图 1-14-15　肝细胞与肝血窦、窦周隙及胆小管关系模式图

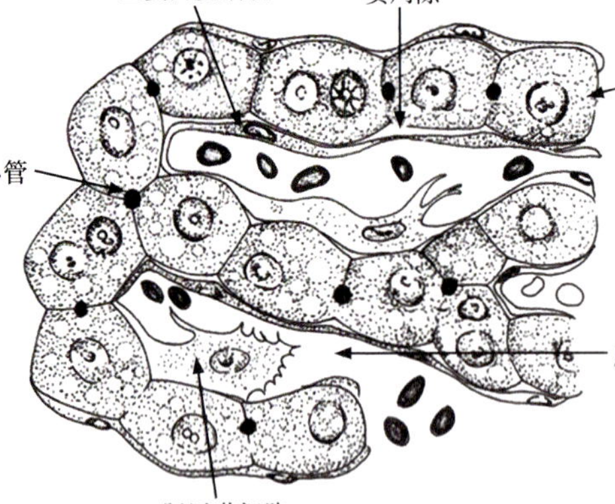

图 1-14-16　肝细胞索与肝血窦位置关系模式图

肝细胞虽然更新非常缓慢，但却有着强大的再生能力。手术切除部分肝组织或肝受损，剩余的肝细胞会迅速分裂增殖，使原体积恢复。通常再生的肝组织仍具有完整的组织结构，但长期的肝细胞反复损伤，肝细胞不断地再生并同时伴随着结缔组织的增生，导致肝硬化，使肝功能丧失。

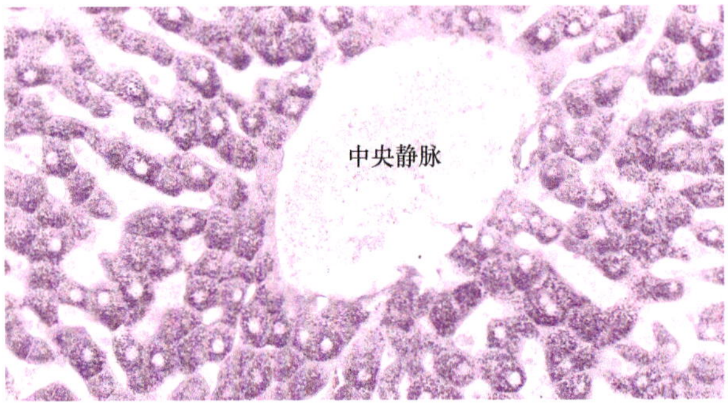

图 1-14-17　肝糖原（PAS 染色）

（三）肝血窦

肝血窦（hepatic sinusoid）位于肝板之间，腔大而不规则。窦壁由一层扁平的内皮细胞围成，内皮外无基膜，仅见散在的网状纤维（图 1-14-15，图 1-14-16）。

1. 内皮细胞　内皮细胞的胞质有大小不等的窗孔，窗孔无隔膜覆盖。内皮细胞连接松散，常有细胞间隙，内皮外无基膜（图 1-14-15，图 1-14-16，图 1-14-18）。因此，肝血窦内皮具有很高的通透性，有利于肝细胞和血液间的物质交换，除血细胞和乳糜微粒外，血浆的各种成分均可自由出入。

2. 肝巨噬细胞（hepatic macrophage）　又称**库普弗细胞**（Kupffer cell）。细胞体积较大，形态不规则，常以突起附着在肝血窦内表面（图 1-14-15，图 1-14-16，图 1-14-19）。电镜下，细胞表面有大量皱褶和微绒毛。肝巨噬细胞可清除由胃肠道经肝门静脉进来的病毒、细菌和异物，也可吞噬衰老的红细胞，还能处理抗原，参与免疫应答。

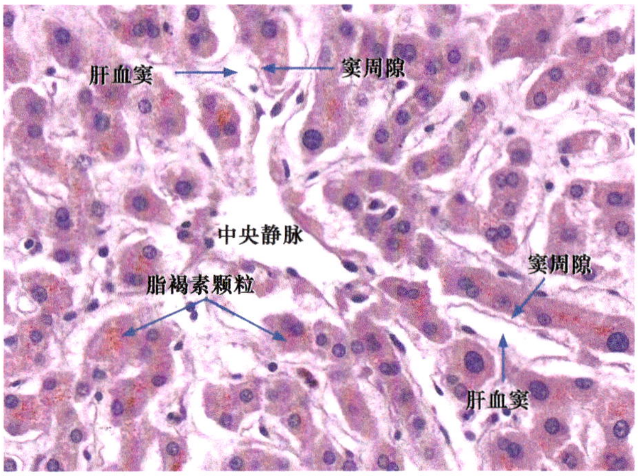

图 1-14-18　肝血窦（HE 染色）

肝门静脉和肝动脉的血液分别经小叶间静脉和小叶间动脉注入肝血窦，由于在血窦内血流缓慢，血浆得以与肝细胞进行充分的物质交换，然后汇入中央静脉。

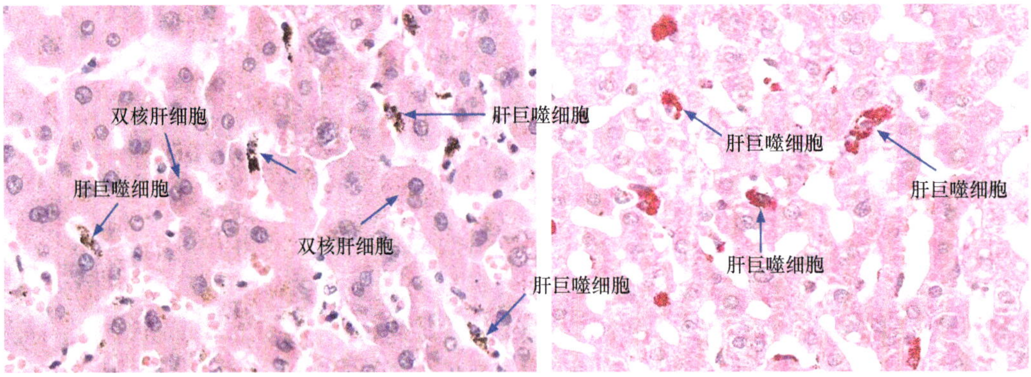

图 1-14-19　肝巨噬细胞（大鼠腹腔注射墨水，HE 染色）

（四）窦周隙

窦周隙（perisinusoidal space）又称狄氏腔（Disse space），为肝血窦内皮与肝板之间的狭小间隙，宽约 0.4 μm（图 1-14-15，图 1-14-16，图 1-14-18），

光镜下不易辨认。由于肝血窦内皮通透性大，故窦周隙充满血浆，肝细胞血窦面的大量微绒毛便浸泡在血浆内，因此，窦周隙是肝细胞与血液之间进行物质交换的场所。窦周隙内还有散在的网状纤维和**贮脂细胞**（fat-storing cell）。贮脂细胞形态不规则，胞质内含有许多大小不等的脂滴，主要功能是贮存脂肪和维生素 A。机体摄取的维生素 A 大部分储存在贮脂细胞内。在正常肝中，贮脂细胞具有多种功能，如摄取、储存和释放维生素 A；合成和分泌细胞外基质蛋白和蛋白多糖；分泌多种生长因子和细胞因子；此外，在前列腺素和血栓素 A2（thromboxane A2）作用下，贮脂细胞可对血窦腔大小起调节作用。在慢性肝炎、慢性酒精中毒等肝脏病，贮脂细胞异常增殖，肝内纤维增多，可导致肝硬化。

（五）胆小管

胆小管（bile canaliculi）是相邻肝细胞的细胞膜局部凹陷而成的微细管道，胆小管管腔狭小，直径约 1 ～ 2 μm。用镀银、ATP 酶等方法可显示胆小管呈网格状（图 1-14-20），行走在肝板内。管壁由肝细胞膜围成（图 1-14-15）。电镜下，可见肝细胞胆小管面有许多微绒毛突入管腔中，肝细胞分泌的胆汁由此排入胆小管。胆小管周围相邻的肝细胞膜形成紧密连接，可封闭胆小管周围的细胞间隙，防止胆汁外溢至细胞间或窦周间隙。当胆道阻塞引起胆小管内压力升高，或肝细胞的病变时，均可破坏肝细胞间的连接，胆汁溢出并经窦周隙进入血窦，形成黄疸。

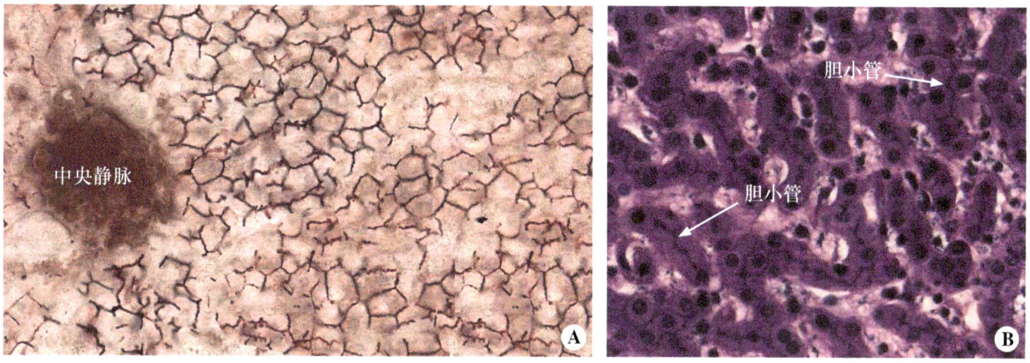

图 1-14-20　胆小管（A. 镀银染色；B.Kopsch 染色）

二、门　管　区

在相邻肝小叶之间的结缔组织内，常伴行小叶间动脉、小叶间静脉及小叶间胆管三种管道，该区域称为**门管区**（portal area）（图 1-14-21）。每个肝小叶周围有 3 ～ 4 个门管区。

（一）小叶间静脉

是肝门静脉的分支，管壁由内皮、少量散在平滑肌和结缔组织构成。壁薄，腔大而不规则。

（二）小叶间动脉

是肝固有动脉的分支，管壁由内皮和数层环行平滑肌构成。壁厚，腔小而圆。

（三）小叶间胆管

管壁为单层立方或柱状上皮，向肝门方向汇集，最后形成左、右肝管出肝。

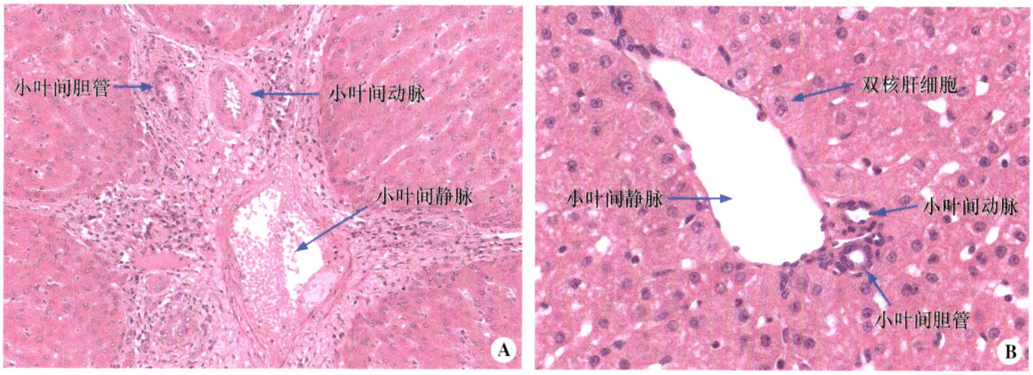

图 1-14-21　肝门管区（HE 染色，A. 猪肝；B. 人肝）

三、肝的血循环及胆汁排除途径

（一）肝血循环

肝有肝门静脉和肝动脉两套血管，在肝门处入肝后反复分支。

1. 门静脉系统 门静脉在肝门处分为左右两支，入肝后再分支并穿行于小叶间，构成小叶间静脉。小叶间静脉再分成小支将血液注入肝血窦。门静脉是肝的功能血管，主要收集来自胃肠静脉和脾静脉的血液，将肠道吸收的物质输入肝内进行代谢和转化，来自门静脉的血液占肝血供的 66% ～ 75%。

2. 动脉系统 肝动脉是肝的营养血管，入肝后与门静脉分支伴行，构成小叶间动脉并进一步分支，一部分血液供应被膜、间质和胆管，另一部分血液注入肝血窦，为肝细胞提供充足的氧气。

肝由门静脉和肝动脉双重供血。肝血窦内含来自门静脉和肝动脉的混合血液，血液由小叶周边流向中央，汇入中央静脉。若干中央静脉汇合成小叶下静脉，单独走行于小叶间结缔组织。小叶下静脉再汇成肝静脉，出肝后入下腔静脉。

肝门静脉 ——→ 小叶间静脉 ↘
肝动脉 ——→ 小叶间动脉 ↗ 肝血窦 → 中央静脉 → 小叶下静脉 → 肝静脉 → 下腔静脉

（二）肝内胆汁排出的途径

肝细胞分泌的胆汁首先排入胆小管内，由肝小叶中央流向周边。在正常成人，肝每天可分泌胆汁约 500 ml。胆小管于肝小叶的边缘处汇入短而小的赫林管（Herring canal，肝闰管），赫林管较细，直径约 15 μm，由立方上皮围成，细胞着色浅。赫林管出肝小叶后汇入小叶间胆管；小叶间胆管向肝门方向汇集形成左右肝管出肝，进入肝总管（肝外胆管）。

肝细胞分泌胆汁→胆小管→小叶间胆管→左、右肝管→肝总管

第四节 胆囊与胆管

一、胆 囊

胆囊壁由黏膜、肌层和外膜组成。黏膜形成许多高而有分支的皱襞，充满胆汁时，皱襞大部分消失。皱襞之间的上皮向固有层凹陷形成黏膜窦，是细菌和异物易于存留的部位。黏膜上皮为单层柱状，核位于基部，细胞游离面有许多短的微绒毛，近顶端胞质有少量黏原颗粒。上皮细胞主要的功能是吸收水分和电解质，并分泌少量黏液。肌层由内纵外环两层平滑肌组成。外膜较厚，大部分为浆膜（图 1-14-22）。

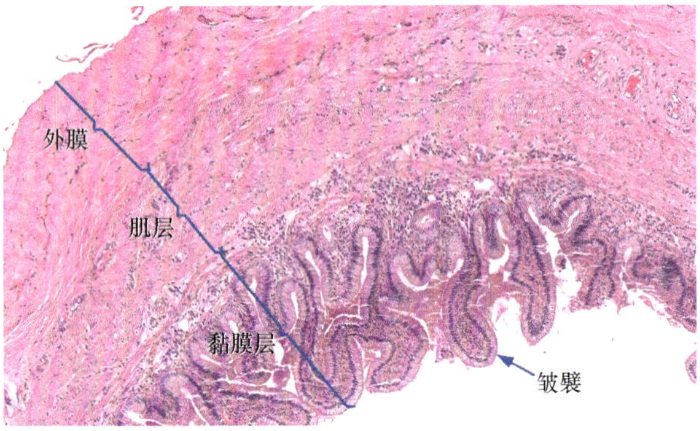

图 1-14-22 胆囊（HE 染色）

二、胆 管

分肝内胆管和肝外胆管，肝内胆管包括胆小管、赫林管、小叶间胆管及左右肝管。肝外胆管包括肝总管、胆囊管和胆总管，管壁分为黏膜、肌层和外膜三层。上皮为单层柱状，固有层很薄，其外环绕着不明显的平滑肌，胆总管接近十二指肠处平滑肌逐渐增厚形成括约肌。外膜为薄层结缔组织。

思 考 题

（1）肝小叶的结构功能？
（2）黄疸型肝炎黄疸产生的原因？
（3）试叙述急性胰腺炎的诱因。
（4）试述胰岛的结构及功能。

（齐亚灵）

病毒性肝炎

病毒性肝炎是由多种肝炎病毒引起的以肝脏病变为主的一种传染病。临床上以食欲减退、恶心、上腹部不适、肝区痛、乏力为主要表现。部分病人可有黄疸发热和肝大伴有肝功能损害。有些病人可慢性化，甚至发展成肝硬化，少数可发展为肝癌。

病毒性肝炎的病原学分型，目前已被公认的有甲、乙、丙、丁、戊五种肝炎病毒，分别写作 HAV、HBV、HCV、HDV、HEV，除乙型肝炎病毒为 DNA 病毒外，其余均为 RNA 病毒。

第 15 章 呼吸系统

内容提要

（1）呼吸道的一般结构。
（2）鼻前庭部、呼吸部和嗅部的结构特点及功能。
（3）喉的结构特点。
（4）气管和支气管的结构和功能。
（5）肺的结构特点和功能。

呼吸系统（respiratory system）包括鼻、咽、喉、气管、主支气管和肺等器官。从鼻腔到肺内的肺泡，是连续而分支的管道系统。从鼻腔到肺内的终末细支气管为导气部，是气体出入的通道；肺内余下的管道 - 从肺内的呼吸性细支气管至末端的肺泡为呼吸部，是气体交换的场所。呼吸系统的主要功能是进行气体交换，即借助血液摄入氧气，排出二氧化碳。同时鼻有嗅觉，喉有发音功能。

第一节 呼吸道的一般结构

呼吸道管壁由内向外包括黏膜、黏膜下层、外膜三层结构。

一、黏　　膜

呼吸道黏膜由内向外又分为上皮和固有层。

（一）上皮

大部分是假复层纤毛柱状上皮，上皮细胞主要有五种类型：柱状细胞、杯状细胞、基细胞、刷细胞和小颗粒细胞。

（二）固有层

位于上皮深面，两者间有基膜相隔。固有层由细密结缔组织构成，其内含有较多的弹性纤维，还有淋巴组织，前者增加管壁的弹性，后者能增强局部免疫功能。

二、黏膜下层

由疏松结缔组织构成，与固有层没有明显界线，除含血管、淋巴管和神经外，还有混合腺，腺体分泌物经导管排入管腔。

三、外　　膜

由疏松结缔组织构成，其中含有软骨或骨，构成管壁支架，保持气道畅通。

第二节 鼻　　腔

鼻是呼吸道的起始部，兼具呼吸和嗅觉两项功能。鼻腔的内表面为黏膜，由上皮和固有层组成。黏膜下方为软骨、骨和骨骼肌。根据鼻黏膜的部位和功能分为前庭部、呼吸部、嗅部三个部分。

一、前　庭　部

前庭部（vestibular region）是鼻腔入口处。黏膜表面为未角化的复层扁平上皮，近外鼻孔处上皮出现角化，与皮肤表皮相移行，此处生有鼻毛，可阻挡空气中的尘埃等异物。上皮深面的固有层为细密结缔组织，内有毛囊、皮脂腺和汗腺，其深层与鼻的软骨膜相连。

二、呼　吸　部

呼吸部（respiratory region）包括下鼻甲、中鼻

甲、鼻道和鼻中隔中下部的黏膜，占鼻黏膜的大部分，因富含血管而呈淡红色。上皮为假复层纤毛柱状上皮，杯状细胞较多，基膜清晰可见。固有层的疏松结缔组织内含有混合性的鼻腺（nasal gland）、丰富的静脉丛以及多种细胞，如浆细胞、嗜酸性粒细胞和弥散的淋巴细胞，有时可见淋巴小结。

鼻中隔前部和下鼻甲处上皮细胞的纤毛快速摆动，可将黏着有细菌、灰尘等异物的黏液向咽部摆动，经口腔咳出。此处的固有层中静脉丛丰富，对吸入的空气具有加温加湿作用，当此处损伤时容易出血或充血导致鼻塞。

鼻旁窦黏膜与呼吸部黏膜相延续，结构相同，只是上皮细胞稍矮，夹有少量杯状细胞。固有层较薄，所含腺体较少。鼻腔发炎时，可蔓延到鼻旁窦。

三、嗅　　部

嗅部（olfactory region）位于鼻中隔上部两侧、上鼻甲及鼻腔顶部，活体观察呈浅黄色。嗅黏膜由嗅上皮和固有层组成。嗅上皮为假复层柱状上皮，由支持细胞、嗅细胞和基细胞组成，无杯状细胞（图 1-15-1）。

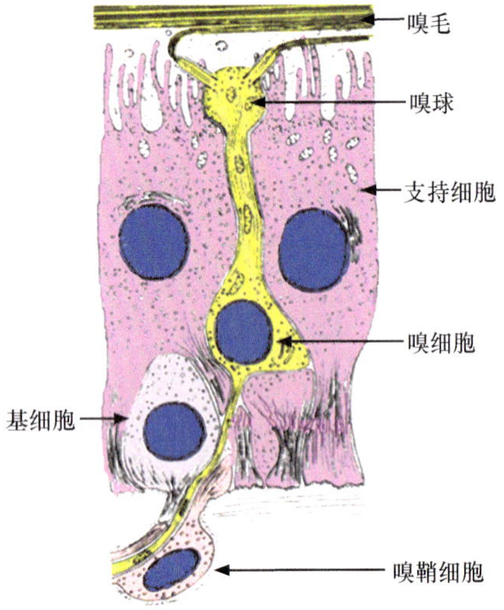

图 1-15-1　嗅黏膜上皮细胞超微结构模式图

（一）支持细胞

支持细胞（supporting cell）数量较多，呈高柱状，顶部宽大，基部细小。细胞核呈卵圆形，位于细胞的上部，胞质内有较多线粒体，常见黄色色素颗粒。游离面有许多微绒毛，其侧面与相邻的嗅细胞以桥粒相连。支持细胞有支持和分隔嗅细胞的作用。

（二）嗅细胞

嗅细胞（olfactory cell）呈梭形，夹在支持细胞之间，为双极神经细胞。核圆，位于细胞中部，着色较浅。树突细长，伸至上皮表面，其末端膨大，称嗅泡。从嗅泡放射状发出 10 ～ 30 根纤毛，称嗅毛（olfactory cilia）。嗅毛是嗅觉感受器，有不同的受体，浸于嗅腺的分泌物中，感受不同的化学物质的刺激。从嗅细胞基部发出细长的轴突，穿过基膜进入固有层内，与神经胶质细胞形成无髓神经纤维束即嗅神经。嗅神经进入中枢神经系统的嗅球，产生不同的嗅觉。

（三）基细胞

基细胞（basal cell）胞体较小，细胞呈锥体形或圆形，位于嗅上皮基底部，具有干细胞的功能，可增殖分化为嗅细胞和支持细胞。

固有层为薄层结缔组织，与骨膜相连接，其内有许多浆液性腺称嗅腺（olfactory gland）。嗅腺导管短，开口于上皮表面，分泌的浆液可清洁上皮，以保持嗅细胞感受刺激的敏感性。还能溶解空气中的化学物质，刺激嗅毛，产生不同的嗅觉。固有层内除嗅腺外，还有血管、淋巴管和嗅神经。

第三节　喉

喉上接咽，下连气管，它既是气体通道，又是发音器官。喉以软骨为支架，软骨之间以韧带和肌肉相连。会厌表面为黏膜，内部为会厌软骨（弹性软骨）。会厌舌面及喉面上部的黏膜上皮为复层扁平上皮，内有味蕾，喉面基部为假复层纤毛柱状上皮。固有层的疏松结缔组织中有较多弹性纤维，并有混合性腺和淋巴组织。

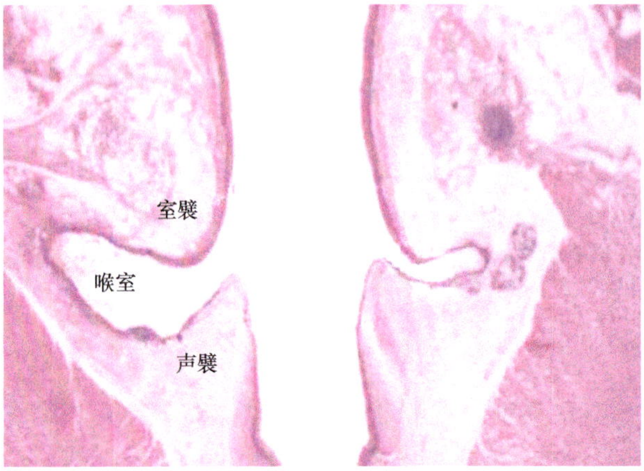

图 1-15-2　喉（HE 染色）

喉侧壁黏膜形成两对皱襞，上为室襞，下为声襞，二者之间为喉室（图 1-15-2）。室襞与喉室的黏膜及黏膜下层结构相似。其上皮为假复层纤毛柱状，夹有杯状细胞。固有层和黏膜下层为疏松结缔组织，含有许多混合性腺和淋巴组织。声襞即声带，其较薄的游离缘为膜部，膜部覆有复层扁平上皮，固有层较厚，可分为三层：浅层为疏松结缔组织，炎症时易发生水肿；中层和深层以弹性纤维和胶原纤维为主，二层共同构成声韧带。大量弹性纤维与表面平行排列，形成了致密板状结构，称声韧带。固有层下方的骨骼肌为声带肌，收缩时可使声襞变短、松弛。声襞、声韧带、声带肌共同构成声带，是发音的主要结构。声带振动主要发生在膜部。声带的基部为软骨部，软骨部黏膜结构与室襞相仿。喉室部的固有层及黏膜下层含有丰富的混合性腺和淋巴组织。

第四节　气管和主支气管

一、气　　管

气管是以 16 ～ 20 个半环状气管软骨为支架的管道，气管与支气管的管壁结构相似，由内向外依次分为黏膜、黏膜下层和外膜（图 1-15-3）。

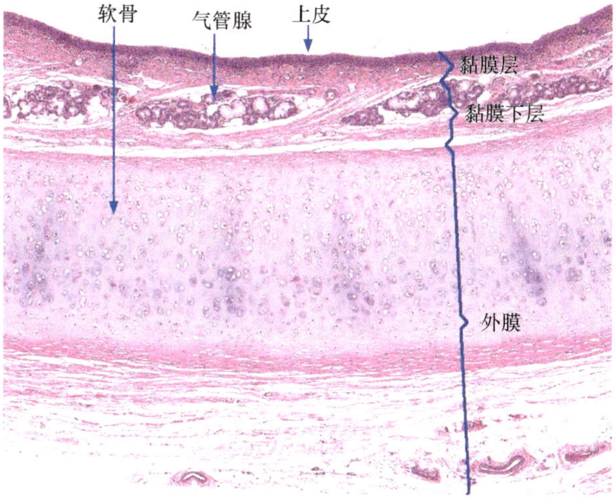

图 1-15-3　气管（HE 染色）

（一）黏膜

黏膜由上皮和固有层构成，其间基膜明显。

1. 上皮　为假复层纤毛柱状上皮，由纤毛细胞、杯状细胞、基细胞、刷细胞和小颗粒细胞组成（图 1-15-4，图 1-15-5，图 1-15-6）。

（1）纤毛细胞（ciliated cell）：数量最多，呈柱状，游离面有密集的纤毛，每个细胞约有 300 根，纤毛向喉部快速摆动，将黏液及其黏附的尘粒、细菌等异物推向咽部咳出，净化吸入的空气。

（2）杯状细胞：较多，形态与肠黏膜杯状细胞相同。分泌的黏蛋白，与混合性腺的分泌物在上皮表面共同形成黏液屏障，黏附吸入空气中的尘粒和细菌，溶解吸入的 SO_2 等有毒气体。慢性支气管炎患者的纤毛运动能力减弱，同时，杯状细胞和黏膜下层腺细胞分泌增多，可积聚成痰，阻塞气道。

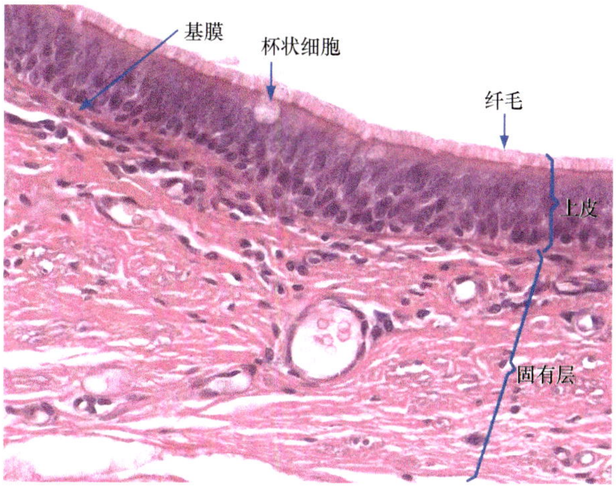

图 1-15-4　气管黏膜（HE 染色）

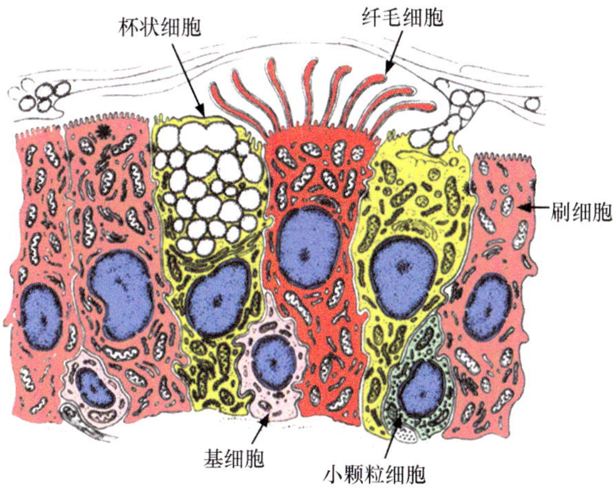

图 1-15-5　气管上皮超微结构模式图

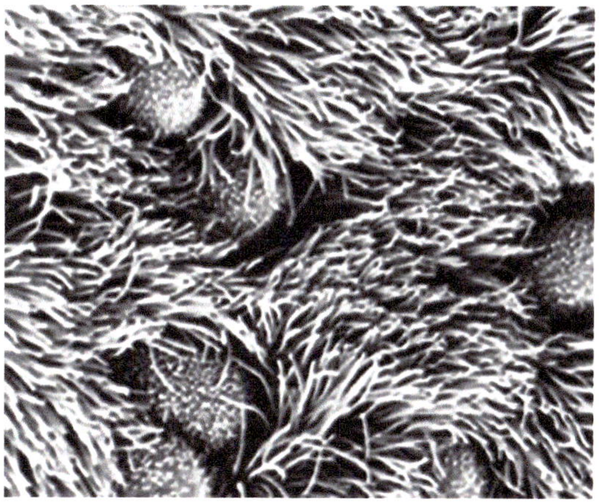

图 1-15-6　气管上皮（扫描电镜）

（3）基细胞：位于上皮基部，胞体较小，呈锥体形，是一种未分化的干细胞，可增殖分化成其他上皮细胞。在上皮中还可见梭形细胞，它们是处于分化过程中的细胞。衰老的纤毛细胞和杯状细胞会不断脱落。

（4）刷细胞（brush cell）：呈柱状，散在分布，数目较少,其游离面有排列整齐的微绒毛,形如毛刷，故名刷细胞。目前，刷细胞的功能尚未定论。有报道，在刷细胞基部有与感觉神经末梢形成的突触，故认为该细胞可能有感受刺激的作用。

（5）小颗粒细胞（small granulated cell）：属于神经内分泌细胞（neuroendocrine cell），胚胎时期散布于各部呼吸道黏膜上皮内，呈锥形，出生后数量减少，分布范围变小，单个或成团分布在上皮深部。细胞质内有许多分泌颗粒，能分泌 5-HT 等物质，可调节呼吸道平滑肌的收缩和腺体的分泌。

2. 固有层 光镜下可见上皮与固有层之间有明显的基膜（图 1-15-4）。固有层结缔组织中有较多弹性纤维，也常见淋巴组织、浆细胞和肥大细胞等，具有免疫防御功能。其中的浆细胞与上皮细胞联合产生分泌型 IgA（sIgA），释放在上皮表面，能破坏或抑制吸入的抗原性物质，杀灭细菌、病毒，增强局部免疫功能。sIgA 分泌量因人而异，缺少 sIgA 的人（如新生儿）易发生呼吸道感染。

（二）黏膜下层

由疏松结缔组织构成，与固有层和外膜之间无明显界限。除含有较多混合性腺，也称气管腺外，还有血管、淋巴管和神经以及淋巴组织和浆细胞（图 1-15-7）。

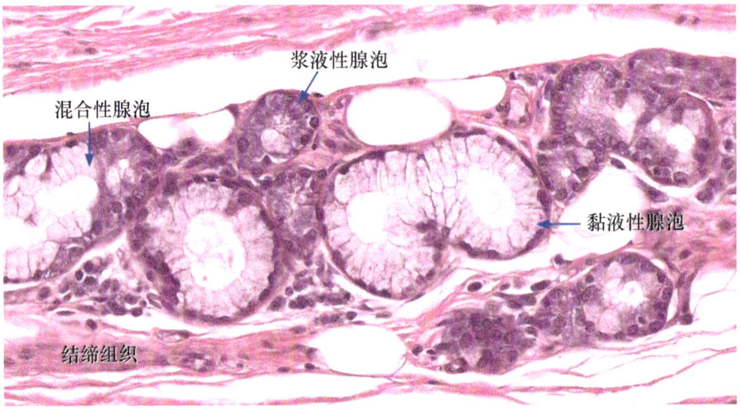

图 1-15-7　气管黏膜下层（HE 染色）

（三）外膜

较厚，主要由 16 ～ 20 个“C”形的透明软骨环和疏松结缔组织构成（图 1-15-8），软骨环之间以弹性纤维组成的膜状韧带相连接，他们共同构成管壁的支架，使气管保持通畅并有一定弹性。气管后壁软骨环的缺口处为膜性部，其中有弹性纤维组成的韧带、平滑肌束和较多的气管腺。咳嗽反射时平滑肌收缩，气管腔缩小，利于清除痰液。

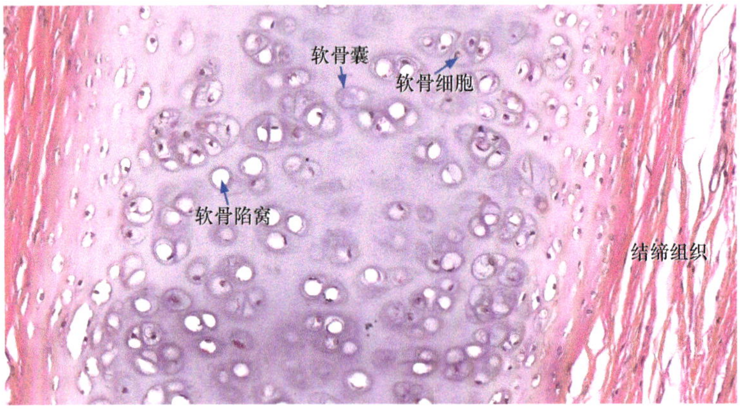

图 1-15-8　气管外膜（HE 染色）

二、主支气管

主支气管管壁构造与气管相似，随着管腔向下逐渐变小，管壁变薄，三层分界不明显；环状软骨逐渐变为不规则的软骨片，而平滑肌纤维逐渐增多，呈螺旋形排列。主支气管经肺门入肺，分支为叶支气管。

第五节 肺

肺表面覆以光滑的浆膜（胸膜脏层），由间皮和结缔组织构成，可分泌少量浆液。浆膜深部的结缔组织深入肺内，将肺分成许多小叶。肺组织可分为实质和间质两部分，实质即肺内支气管的各级分支及其终末的大量肺泡，其间的结缔组织、血管、淋巴管和神经等构成间质。从主支气管（第1级）入肺门后反复分支至肺泡大约有24级分支。主支气管经肺门进入肺内，依次分支为叶支气管（第2级）、段支气管（第3～4级）、小支气管（第5～10级）、细支气管（第11～13级）、终末细支气管（第14～16级）、呼吸性细支气管（第17～19级）、肺泡管（第20～22级）、肺泡囊（第23级）和肺泡（第24级）。因主支气管反复分支呈树枝状，又称支气管树。其中，从叶支气管至终末细支气管为肺的导气部，从呼吸性细支气管以下各段均不同程度地出现肺泡，为肺的呼吸部。每个细支气管连同它的分支和肺泡构成一个肺小叶（pulmonary lobule）（图1-15-9）。肺小叶呈锥形，尖朝向肺门，底向肺表面，各肺小叶间以结缔组织相隔，在肺表面可见肺小叶底部轮廓，直径1～2.5 cm。每叶肺有50～80个肺小叶，它们是肺的结构单位。临床上常见累及若干肺小叶的炎症，称小叶性肺炎。

肺实质可分为两部分：导气部和呼吸部。

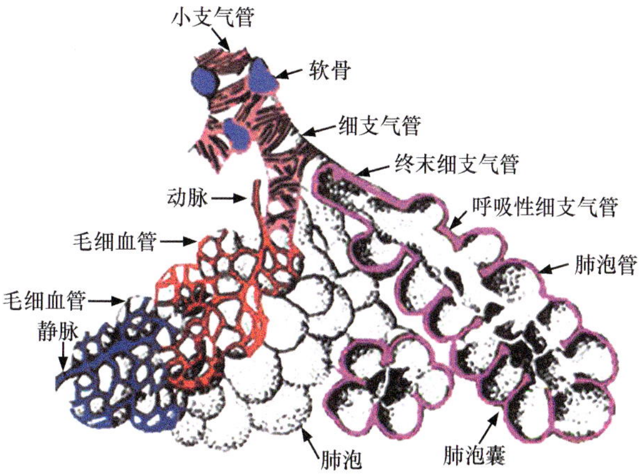

图1-15-9 肺小叶组成模式图

一、肺导气部

随着支气管不断分支，管径渐小，管壁渐薄，结构渐趋简单。

（一）叶支气管至小支气管

管壁结构与主支气管相似。上皮为假复层纤毛柱状上皮，但随管径变小，管壁逐渐变薄，三层结构分界不明显。上皮仍为假复层纤毛柱状，但由厚逐渐变薄；杯状细胞、腺体、软骨片逐渐减少，平滑肌相对增多，呈现为不成层的环形平滑肌束（图1-15-10）。

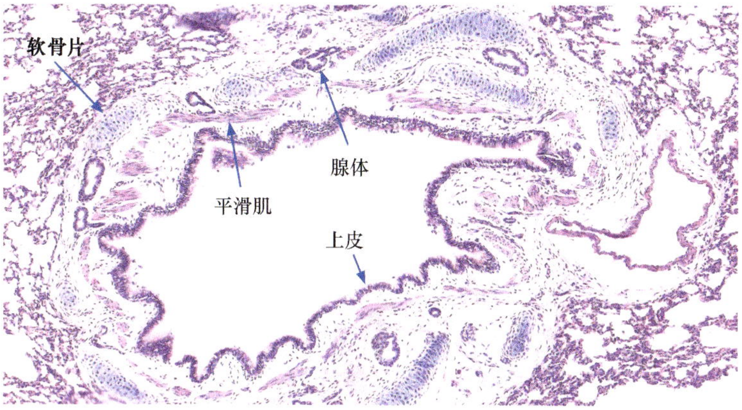

图1-15-10 小支气管（HE染色）

（二）细支气管

细支气管（bronchiole）管径小于5 mm，上皮由起始段的假复层纤毛柱状上皮逐渐变为单层纤毛柱状上皮，杯状细胞、软骨片、腺体逐渐减少或消失；环形平滑肌更为明显，黏膜常向管腔内突出形成纵行皱襞（图1-15-11）。

（三）终末细支气管

终末细支气管（terminal bronchiole）的上皮为单层柱状，杯状细胞、软骨片、腺体完全消失，形成完整的环形平滑肌层，黏膜皱襞明显。此时，肺内导气部由软骨为支架的管道逐渐变为肌性管道，以适应肺功能的需要。细支气管和终末细支气管的平滑肌可在自主神经的支配下收缩或舒张，能调节进出肺小叶的气体流量。若平滑肌痉挛性收缩，使管腔变细，气流量减少，可引起呼吸困难（图 1-15-12）。

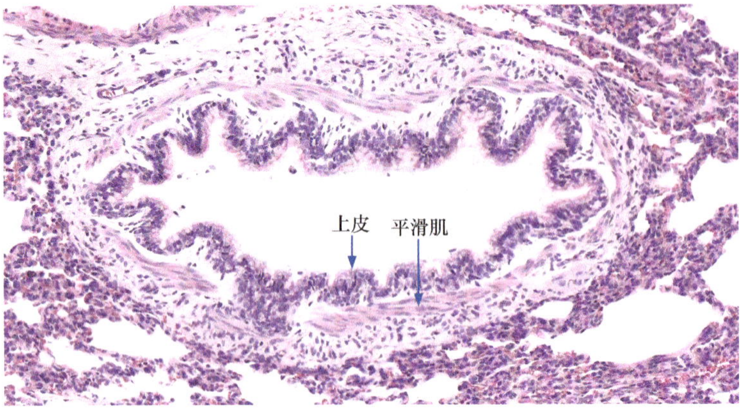

图 1-15-11　细支气管（HE 染色）

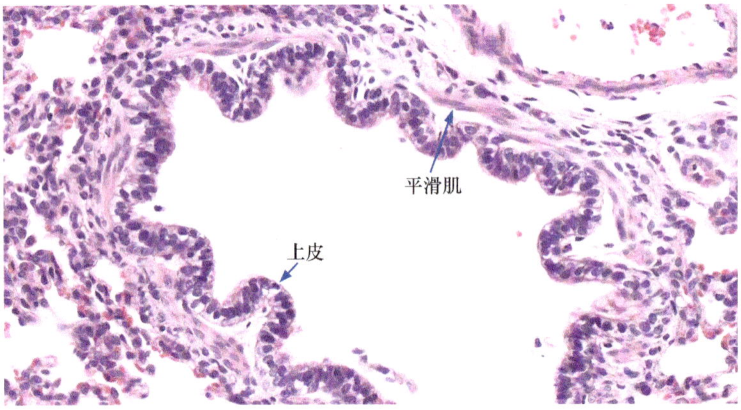

图 1-15-12　终末细支气管（HE 染色）

终末细支气管上皮中的主要细胞为无纤毛的克拉拉细胞（Clara cell），这种细胞在小支气管即已出现，之后逐渐增多。光镜下，细胞为柱状，游离面呈圆顶状凸向管腔，细胞质染色浅(图 1-15-13A)；电镜下，可见顶部胞质内含有发达的滑面内质网和较多的分泌颗粒（图 1-15-13B）。滑面内质网有解毒功能，可对吸入的有毒物质如二氧化氮等进行生物转化。分泌颗粒以胞吐方式释放一种类表面活性物质，在上皮表面形成一层保护膜。分泌物中含有蛋白水解酶可分解管腔中的黏液，有利于排出分泌物，保持呼吸道通畅。

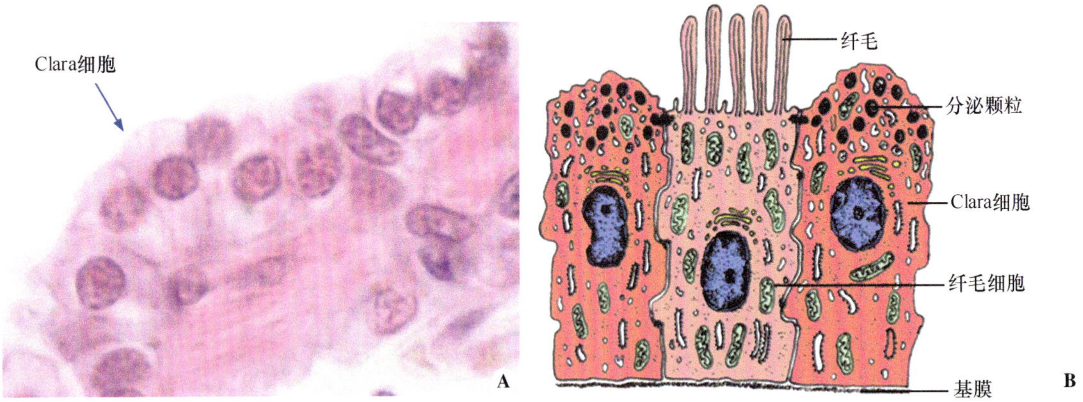

图 1-15-13　Clara 细胞（A.HE 染色；B. 模式图）

呼吸道上皮内散在着类似胃肠的内分泌细胞，在胎儿及新生儿的肺内较成人的多，细胞呈三角形，顶端较细不达管腔，胞质的基部含有嗜银颗粒，故属基底颗粒细胞（basal granular cell）。颗粒内含5-羟色胺等物质，它可使平滑肌收缩，从而调节肺内的血流量。

近年来研究证明，从支气管到终末细支气管的上皮内，尤其在近分支处的上皮内，散在一些孤立的特化细胞团，细胞之间分布着传入及传出神经末梢，称神经上皮小体（neuroepithelial body）。小体由两种细胞组成：一种是起支持作用的变形的Clara细胞；另一种是神经分泌细胞，细胞的基部含有小的分泌颗粒，当缺氧或血内碳酸过高时，以胞吐方式释放颗粒内的5-羟色胺等，可使细支气管平滑肌收缩，毛细血管扩张，从而调节肺泡毛细血管的血循环，并影响肺泡腔内的气体充盈程度。

二、肺呼吸部

呼吸部在终末细支气管以下，包括呼吸性细支气管、肺泡管、肺泡囊和肺泡，因为各段均有能进行气体交换的肺泡，所以称为呼吸部。

（一）呼吸性细支气管

呼吸性细支气管（respiratory bronchiole）是导气部过渡到呼吸部的管道。管壁上出现少量肺泡，故具有换气功能。黏膜上皮由单层柱状上皮逐渐移行为单层立方上皮，无杯状细胞，有克拉拉细胞和少许纤毛细胞，上皮下有散在的环形平滑肌及弹性纤维；在肺泡开口处，上皮进一步变薄，移行为单层扁平上皮（图1-15-14）。

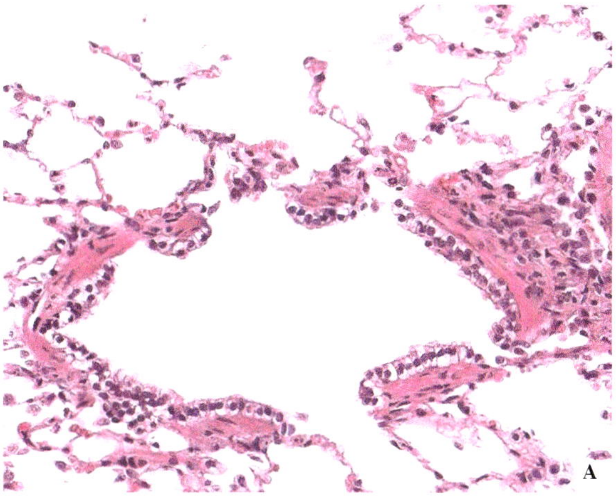

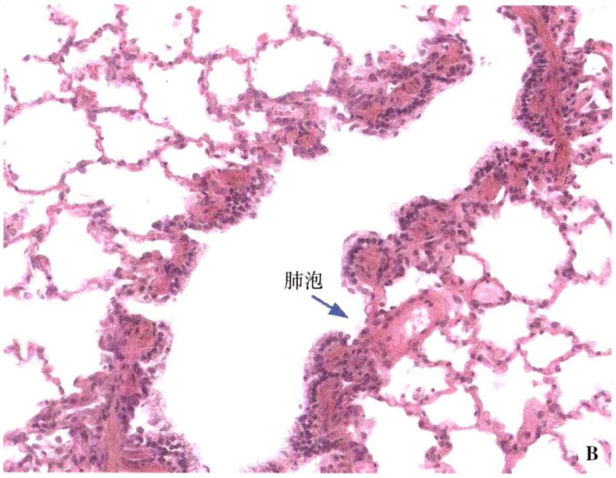

图1-15-14　呼吸性细支气管（HE染色，A. 横切面；B. 纵切面）

（二）肺泡管

肺泡管（alveolar duct）是呼吸性细支气管的分支，每个呼吸性细支气管约分成2～3个肺泡管，每个肺泡管壁上有许多肺泡（大约20～60个），故其自身的管壁组织很少，在切片上呈现为一系列相邻肺泡开口之间的结节状膨大。光镜下，结节状膨大的表面覆有单层立方上皮或单层扁平上皮，上皮深部是少量被横切的平滑肌束及弹性纤维（图1-15-15）。

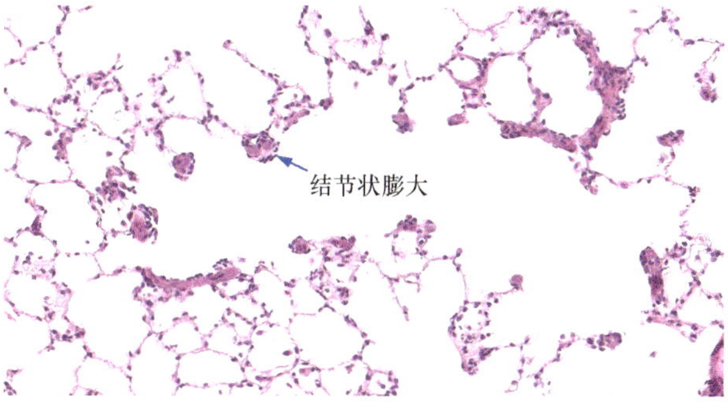

图1-15-15　肺泡管（HE染色）

（三）肺泡囊

肺泡囊（alveolar sac）与肺泡管相连，为数个肺泡的共同通道，结构与肺泡管相似，但在相邻肺泡开口处无平滑肌，故无结节状膨大（图1-15-16）。

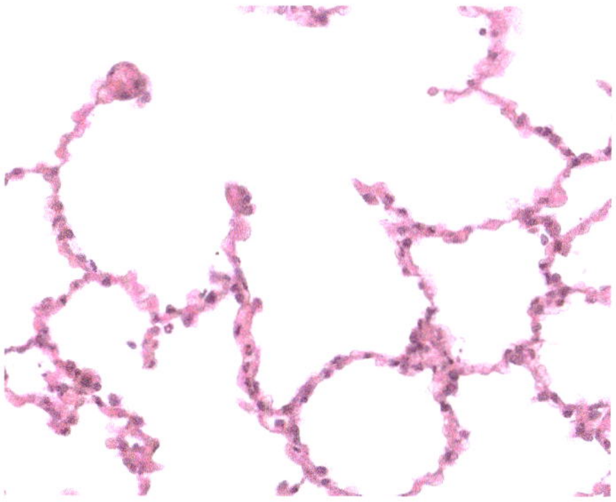

图1-15-16　肺泡囊（HE染色）

（四）肺泡

肺泡（pulmonary alveolus）呈半球形小囊状，直

径 200～250 μm，开口于肺泡囊、肺泡管及呼吸性细支气管，是进行气体交换的场所。成人肺有 3 亿～4 亿个肺泡，深吸气时总表面积可达 140 m^2。肺泡壁很薄，由单层肺泡上皮组成。相邻肺泡之间的薄层结缔组织称为肺泡隔（图 1-15-17，图 1-15-18）。

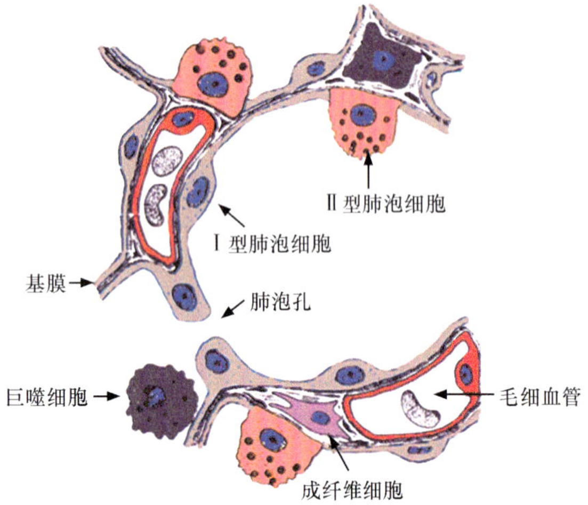

图 1-15-17　肺泡与肺泡隔模式图

1. 肺泡上皮　由Ⅰ型肺泡细胞和Ⅱ型肺泡细胞组成（图 1-15-18）。

（1）Ⅰ型肺泡细胞（type Ⅰ alveolar cell）：又称扁平肺泡细胞（squamous alveolar cell），细胞数量少，占肺泡上皮细胞总数的 25%。细胞扁平，覆盖了肺泡约 95% 的表面积，是气体交换的部位。细胞核扁圆形，细胞含核部分略厚，凸向肺泡腔面，其余部分扁平菲薄，仅 0.2 μm，于光镜下难以辨认。电镜下，胞质内细胞器不发达，含有较多吞饮小泡（图 1-15-19），小泡内有细胞吞入的微小粉尘和表面活性物质，并能将它们转运到肺间质内清除。Ⅰ型肺泡细胞为气体交换提供了一个广而薄的面，使气体易于通过。相邻肺泡上皮细胞之间均有紧密连接和桥粒，以防止组织液渗入到肺泡腔。

Ⅰ型肺泡细胞无增殖能力，损伤后由Ⅱ型肺泡细胞增殖分化补充。

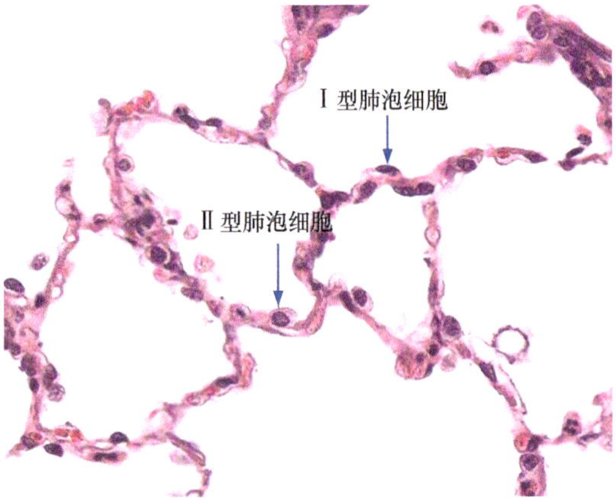

图 1-15-18　肺泡（HE 染色）

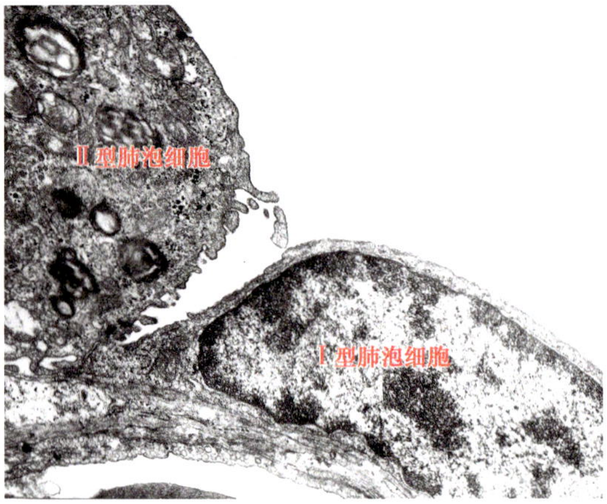

图 1-15-19　Ⅰ型肺泡细胞（透射电镜）

（2）Ⅱ型肺泡细胞（type Ⅱ alveolar cell）：又称颗粒肺泡细胞（granular alveolar cell），细胞数量多，约占肺泡上皮细胞总数的 75%，占肺泡表面积的 5%，散在于Ⅰ型肺泡细胞之间，凸向肺泡腔。光镜下，细胞呈圆形或立方形，核圆，胞质染色浅（图 1-15-18），呈泡沫状。电镜下，细胞游离面有短小的微绒毛，胞质内有丰富的线粒体、溶酶体、有发达的粗面内质网和高尔基复合体，核上方可见较多电子密度高、大小不一、直径约 0.5～2.0 μm 的分泌颗粒。分泌颗粒外包薄膜，内含磷脂，呈同心圆或平行排列的板层状结构，称嗜锇性板层小体（osmiophilic lamellar body）。板层小体内容物为磷脂，主要为二棕榈酰卵磷脂（dipalmitoyl lecithin，DPL），此外还有蛋白质和糖胺多糖等。细胞以胞吐方式将内容物释放到肺泡内表面，铺展形成一层液体状薄膜，薄膜表层为磷脂，深层为含蛋白质和糖类的液体，称肺泡表面活性物质（pulmonary surfactant，PS），有降低肺泡表面张力及稳定肺泡形态等作用（图 1-15-20）。当呼气时肺泡缩小，肺泡表面活性物质密度增高，使肺泡表面张力减小，可防止肺泡萎陷；当吸气时肺泡扩大，肺泡表面活性物质密度降低，使肺泡表面张力增大，防止肺泡过度膨胀。某些疾病引起肺泡表面活性物质分泌减少或被破坏变性，均可导致肺泡萎陷而发生呼吸困难。如过度通气可造成表面活性物质缺乏，吸入毒气可直接破坏 DPL。新生儿透明膜病是因为Ⅱ型肺泡细胞发育不良，表面活性物质合成和分泌障碍，致使肺泡表面张力增大，胎儿出生后肺泡不能扩张，出现新生儿呼吸窘迫症。表面活性物质也存在于小气道内，可保持小气道在呼气末处于开放状态。

Ⅱ型肺泡细胞有分化为Ⅰ型肺泡细胞的潜能，具有修复作用。

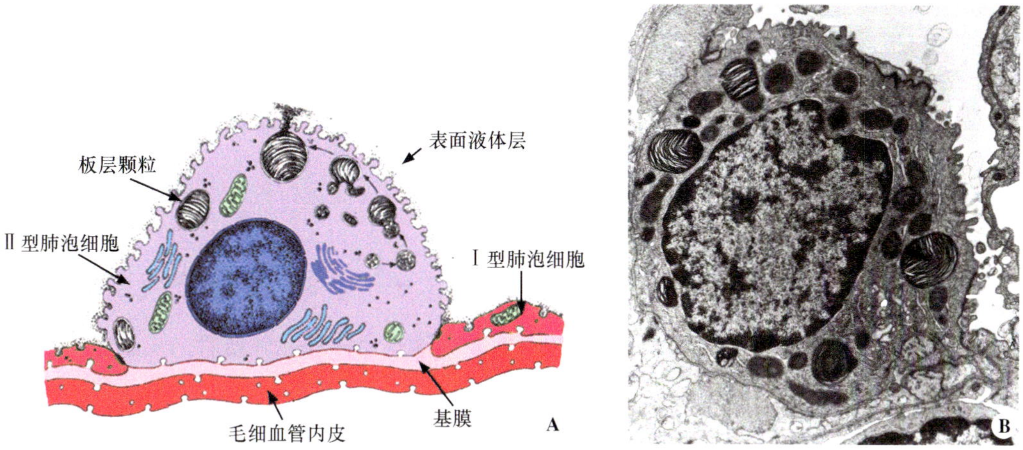

图 1-15-20　Ⅱ型肺泡细胞超微结构（A. 模式图；B. 透射电镜）

2. 肺泡隔（alveolar septum）　相邻肺泡之间的薄层结缔组织构成肺泡隔，内含密集的连续毛细血管和丰富的弹性纤维（图 1-15-17，图 1-15-21）。弹性纤维有助于肺泡扩张之后的回缩。某些老年人可因弹性纤维退化变性，使得肺泡回缩较差，呼气时残留气体增加，影响呼吸功能，久之易形成肺气肿。此外，肺泡隔内还有成纤维细胞、肺巨噬细胞、浆细胞、肥大细胞等。

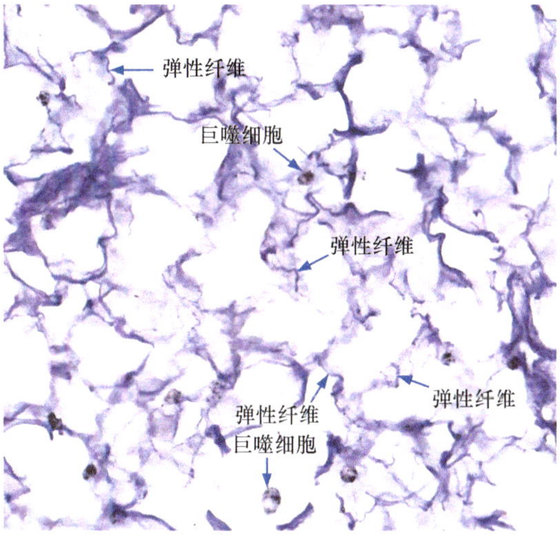

图 1-15-21　肺弹性纤维（地衣红染色）

3. 肺泡孔（alveolar pore）　在一些相邻肺泡之间有直径为 10 ～ 15 μm 的小孔，称肺泡孔（图 1-15-17），它是相邻肺泡间的气体通路。肺泡孔的数目随年龄而增加。当某个终末细支气管或呼吸性细支气管阻塞时，可通过肺泡孔建立侧支通道。但在肺部感染时，肺泡孔也易成为炎症迅速蔓延的渠道。

4. 气 - 血屏障（blood air barrier，BAB）　肺泡腔内的氧与肺泡隔内的毛细血管血液中的 CO_2 进行气体交换所通过的结构。它包括肺泡表面液体层、Ⅰ型肺泡细胞、融合了的肺泡上皮基膜和毛细血管内皮基膜、毛细血管内皮（图 1-15-17）。气 - 血屏障很薄，总厚度约为 0.2 ～ 0.5 μm，有利于气体分子迅速通过。临床上急、慢性炎症引起的炎性细胞浸润、渗出或增生均会影响正常的气体交换功能。

三、肺间质和肺巨噬细胞

肺内结缔组织及其中的血管、淋巴管和神经为肺的间质。肺间质主要分布于支气管树的周围，随支气管树分支增加而间质逐渐减少。肺间质内有较多的弹性纤维和巨噬细胞。

肺巨噬细胞（pulmonary macrophage，PM）：由单核细胞演化而来，数量较多，广泛分布于肺间质，尤以肺泡隔内为多，也可游走进入肺泡腔。肺巨噬细胞体积较大，具有活跃的吞噬功能，可吞噬肺泡腔或肺间质内的尘粒、细菌等异物，发挥重要的免疫防御功能，对肺的净化起重要作用。吞噬了较多尘粒的肺巨噬细胞称尘细胞（dust cell），光镜下可见其胞质内有被吞噬的棕黑色颗粒（图 1-15-22）。吞噬了异物的肺巨噬细胞，一部分经呼吸道随黏液排出，也可沉积在肺间质内，还可进入肺淋巴管，再迁移至肺门淋巴结。

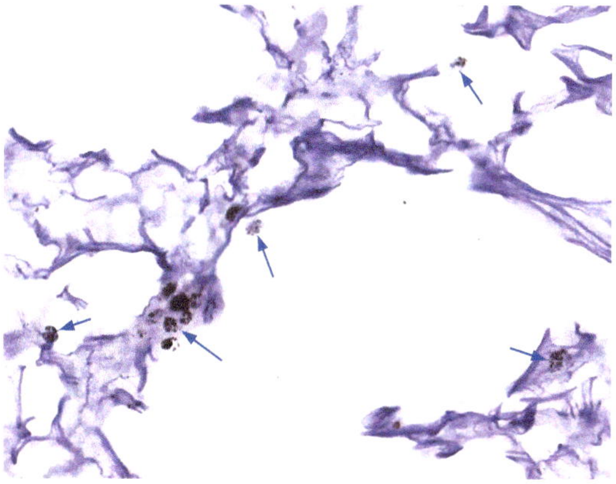

图 1-15-22　肺巨噬细胞（地衣红染色）

→肺巨噬细胞

在心衰肺淤血时，大量红细胞穿过毛细血管壁进入肺间质内，可被巨噬细胞吞噬，此时肺巨噬细胞胞质中含大量血红蛋白分解产物——铁血黄素颗粒，称为心衰细胞。

四、肺的血管、淋巴管和神经

（一）肺的血管

肺的血液供应来源有两支：

1. 肺动脉　是肺的功能性血管，管径较粗，为弹性动脉。肺动脉从右心室发出，至肺门进入肺内后不断分支，与各级支气管伴行，直至肺泡，在肺泡隔内形成毛细血管网进行气体交换。气体交换后汇集成小静脉单独走行于肺小叶间结缔组织中，起初不与肺动脉伴行，小静脉再次汇集成较大的静脉时，沿支气管与肺动脉伴行，最终汇合成肺静脉，出肺门回到左心房。

2. 支气管动脉　是肺的营养性血管，管径较细，发自胸主动脉或肋间动脉，其分支与支气管伴行入肺，沿途于导气部各级分支的管壁内形成毛细血管网，营养各段管壁组织。终末分支主要分布于呼吸性细支气管周围，部分分支形成肺泡隔毛细血管网，管壁内的毛细血管一部分汇入肺静脉，另一部分则形成支气管静脉，与支气管伴行，经肺门出肺。支气管动脉还分支供应肺淋巴结、肺浆膜、肺血管壁和肺的结缔组织。

（二）淋巴管

肺内淋巴管分为两组：一组为浅层淋巴管丛，起于胸膜下结缔组织即肺浆膜内，淋巴管丛最后汇合成几支较大淋巴管，注入肺门淋巴结。另一组为深层淋巴管丛，它始于小叶间结缔组织内毛细淋巴管网，分布于肺支气管树的管壁内，以及肺动脉和肺静脉的周围，最后汇合成几支淋巴管，伴随肺静脉向肺门方向走行，注入肺门淋巴结。在走行中深层淋巴管与浅层淋巴管有吻合，前者可将淋巴液流入后者，而不能逆流，因后者有瓣膜存在。

（三）神经

肺的传出神经纤维（交感神经和副交感神经）和传入神经纤维在肺门形成肺丛，然后入肺，沿着支气管管壁进行分支。传出神经末梢分布在支气管树平滑肌、血管平滑肌和腺体，交感神经纤维为肾上腺素能神经，兴奋时使支气管平滑肌松弛，血管平滑肌收缩，腺体分泌受到抑制；副交感神经为胆碱能神经，兴奋时使支气管平滑肌收缩，血管平滑肌弛缓，腺体分泌增强。肺内也有感觉神经纤维，肺泡上皮附近和支气管树管壁黏膜内有感觉神经末梢分布，神经纤维出肺后走行于迷走神经内，将肺内的刺激传入大脑的呼吸中枢。

五、肺的非呼吸功能

肺不仅能进行气体交换，它还有重要的非呼吸功能。

（一）参与多种物质代谢及转化作用

这主要体现在肺血管内皮细胞上，此处的血管内皮与其他器官的血管内皮相比较，虽无结构上的差异，但具有明显的酶活性特点。如血管内皮上的转移酶可灭活缓激肽，并能使血浆中的血管紧张素Ⅰ转变为血管紧张素Ⅱ，经神经系统的作用，使小动脉收缩，升高血压。肺血管内皮还含有单胺氧化酶，它能分解其他器官释放入血的5-羟色胺和去甲肾上腺素。

（二）分泌功能

参与前列腺素、组胺、白三烯及其他介质的合成和释放，调节血流中这些物质的水平，从而参与全身的生理动态平衡。

思考题

（1）光镜下气管壁的组织结构是什么？

（2）什么是气-血屏障？由哪些结构组成？

（3）肺呼吸部由几部分构成？光镜下各自的结构特点是什么？

（4）试叙述肺泡上皮的光镜及电镜结构。

（刘春玲）

矽　肺

矽肺（silicosis）是危害最严重的一种职业病，由于长期吸入含游离二氧化硅（SiO_2）粉尘微粒，引起肺间质纤维化甚至矽肺结节。矿石中含有较多的SiO_2，长期从事开矿、采石作业、坑道作业及在石英粉厂、玻璃厂、耐火材料厂、陶瓷厂、搪瓷厂等环境里生产作业的工人易患本病。该病特点是发展缓慢，一般为5～10年，长者可达20年。即使脱离矽尘作业后，病变仍然继续缓慢发展。矽肺早期即有肺功能损害，但因肺的代偿而往往无症状，随着病变发展逐渐出现不同程度的呼吸和心功能障碍，严重时影响肺功能，丧失劳动能力。

第16章 泌尿系统

内容提要

（1）泌尿系统的组成。

（2）肾的一般结构及肾实质的构成、肾单位的组成、肾小体的结构特点及功能、滤过膜的组成和意义、各段肾小管和集合管的结构特点和功能、肾小球旁器的组成和功能。

（3）排尿管道的组成及结构特点。

泌尿系统（urinary system）由肾、输尿管、膀胱和尿道组成，主要功能是通过生成和排出尿液排泄机体的代谢产物。肾不仅是产生尿液的器官，还参与调节机体的水和电解质平衡，并具有内分泌功能，可分泌多种生物活性物质，如肾素、促红细胞生成素、前列腺素等，对维持机体的正常生理活动起重要作用；其余器官为排尿管道。

第一节 肾

一、肾的一般结构

肾的形状似蚕豆，外缘隆起，内缘中部凹陷，称肾门，肾动脉、肾静脉、神经、淋巴管和输尿管由此出入。肾表面包被致密结缔组织被膜，肾实质分为皮质和髓质，肾内结缔组织、血管、神经和淋巴管等构成肾间质（图 1-16-1）。

在冠状剖面上，肾皮质位于浅表，由**髓放线**（medullary ray）和**皮质迷路**（cortical labyrinth）组成。髓质位于深层，由 10 ～ 18 个**肾锥体**（renal pyramid）组成。肾锥体在切面上呈三角形，其尖端钝圆，突入肾小盏内，称**肾乳头**，乳头管开口于此处。锥体的主要结构为集合管。从肾锥体的底部呈辐射状深入皮质的条纹，即髓放线，其间的皮质称皮质迷路，由肾小球、近曲小管和远曲小管构成。每条髓放线及其周围的皮质迷路构成一个**肾小叶**。每个肾锥体与相连的皮质构成一个**肾叶**。部分皮质伸入至肾锥体间，称为**肾柱**（图 1-16-1）。

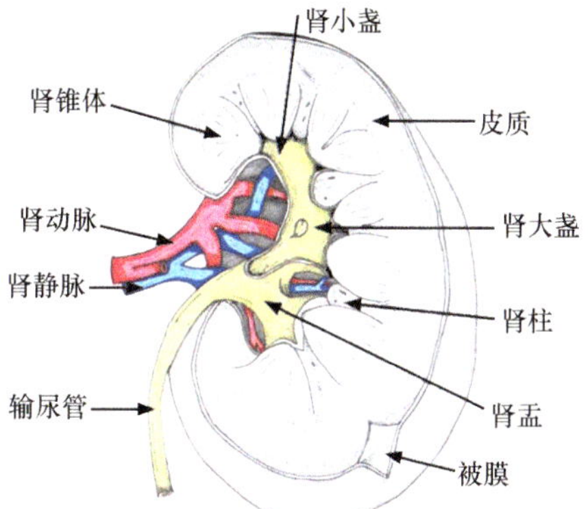

图 1-16-1　肾脏冠状切面结构模式图

二、肾实质

肾实质由大量的**肾单位**（nephron）和**集合管**（collecting duct）组成。每个肾单位包括一个肾小体和一条与之相连的肾小管。肾小管和集合管都是单层上皮性管道，合称泌尿小管。肾小体和肾小管的曲部位于皮质迷路和肾柱内，肾小管的直部和集合管位于髓放线和肾锥体内（图 1-16-2，图 1-16-3，表 1-16-1）。

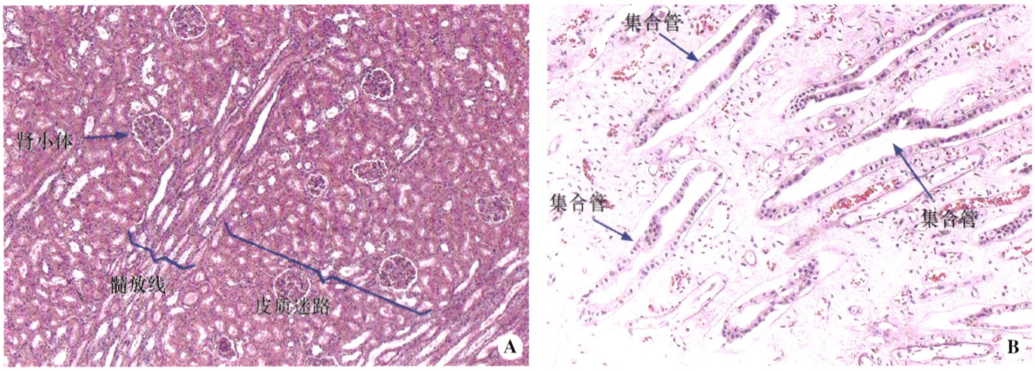

图 1-16-2　肾实质（HE 染色，A. 肾皮质；B. 肾髓质）

表 1-16-1　肾实质的组成和各段的位置

- 肾实质
  - 肾单位
    - 肾小体（皮质迷路、肾柱）
      - 血管球
      - 肾小囊
    - 肾小管
      - 近端肾小管
        - 近曲小管(皮质迷路、肾柱)
        - 近直小管
      - 细段
      - 远端肾小管
        - 远直小管
        - 远曲小管(皮质迷路、肾柱)
      - 近直小管、细段、远直小管 → 髓袢(髓放线、肾锥体)
  - 泌尿小管
    - 肾小管
    - 集合管
      - 弓形集合管(皮质迷路)
      - 直集合管(髓放线、肾锥体)
      - 乳头管(肾乳头)

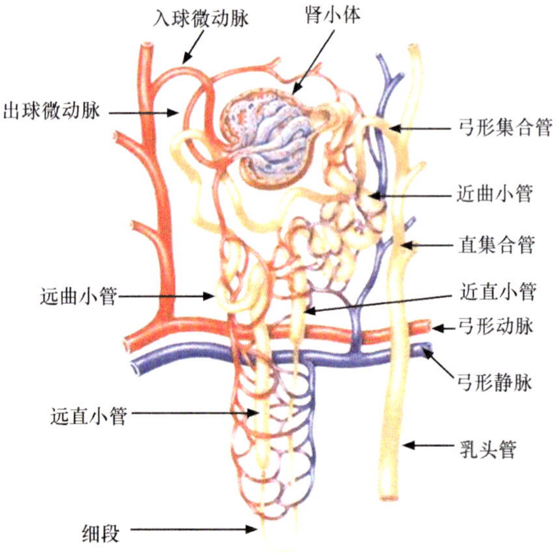

图 1-16-3　肾实质组织结构模式图

（一）肾单位

肾单位包括**肾小体**（renal corpuscle）和**肾小管**（renal tubule）两部分，是肾的结构与功能的基本单位。每个肾有 100 万个以上的肾单位。根据肾小体在皮质内的位置，肾单位又分为浅表肾单位和髓旁肾单位。浅表肾单位数量多，约占肾单位总量的 85%，其肾小体位于皮质的中层和浅层，体积较小，髓袢短，仅达髓质外带；浅表肾单位在尿液形成中起重要作用。髓旁肾单位数量较少，约占肾单位总量的 15%，其肾小体位于皮质的深层，靠近肾锥体，体积较大，髓袢长，可伸达乳头；髓旁肾单位对尿液浓缩有重要作用。

1. 肾小体　似球形，故又称**肾小球**（图 1-16-4，图 1-16-5），直径约 200 μm，由**血管球**（glomerulus）和**肾小囊**（renal capsule）两部分组成。每个肾小体有两极，血管出入端称血管极，与肾小管相连的一端称尿极。

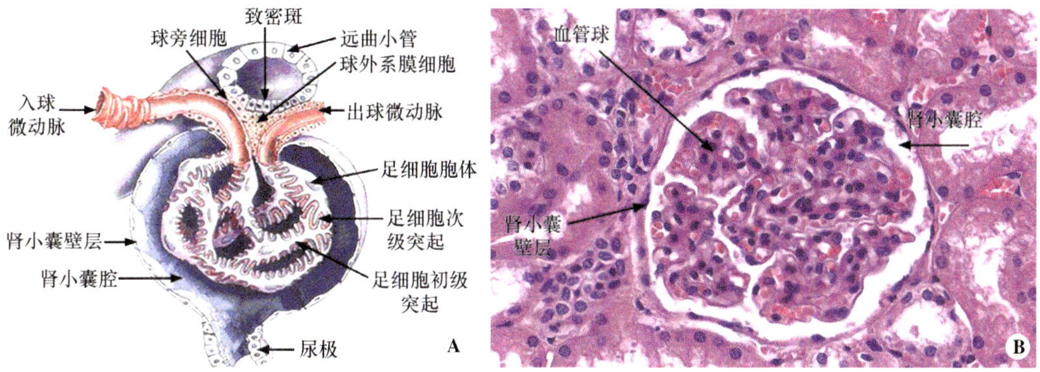

图 1-16-4　肾小体（A. 模式图；B. HE 染色）

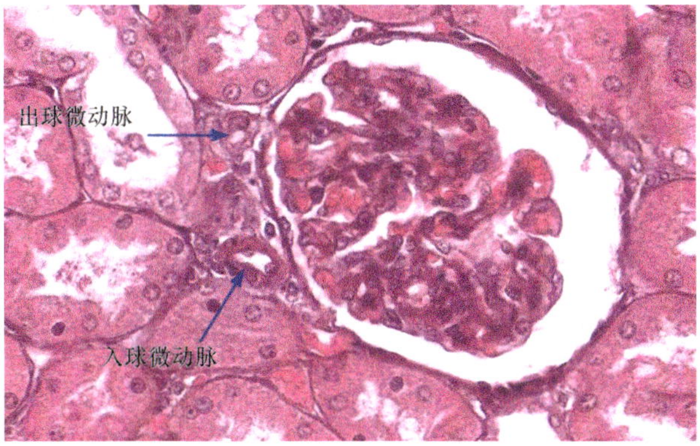

图 1-16-5　肾小体（HE 染色）

（1）血管球：是位于肾小囊内的一团蟠曲的毛细血管，由入球微动脉从血管极处入肾小体内，先分成 4 ～ 5 支，每支再分支形成许多相互吻合的毛细血管袢，继而再汇合成一条出球微动脉从血管极处出肾小体（图 1-16-4，图 1-16-5）。入球微动脉粗、短，出球微动脉细、长，因此，血管球内血压高；当血液流经血管球时，大量的水和小分子物质易于滤出到肾小囊腔。此外，在内皮细胞的游离面覆一层带负电荷、富含唾液酸的糖蛋白（细胞衣），构成了肾小球毛细血管壁电荷屏障的重要组成部分，能阻碍带负电荷的血浆蛋白滤过，对血液中的物质起选择性通透作用。

电镜下，血管球毛细血管为有孔型，孔上无隔膜覆盖，血管壁通透性大，有利于滤过功能。内皮基底面除与系膜接触部位外，均有基膜，由中间厚的致密层和两侧薄的内疏松层及外疏松层组成。基膜富含带负电荷的硫酸类肝素，是肾小球滤过膜电荷屏障的重要组成，也是阻碍血浆蛋白滤过的重要结构。

血管系膜（mesangium）又称**球内系膜**（intraglomerular mesangium），位于血管球毛细血管之间，主要由**系膜细胞**（mesangial cell）和系膜基质组成。系膜细胞形态不规则，细胞突起可伸至内皮与基膜之间，或经内皮细胞之间伸入毛细血管腔内。系膜细胞的核较小，染色较深，胞质内有较发达的粗面内质网、高尔基复合体、溶酶体和吞噬泡等，有时还可见有少量分泌颗粒；胞体和突起内有微管、微丝和中间丝。目前认为系膜细胞为特化的平滑肌细胞，能合成基膜和系膜基质的成分，还可吞噬和降解沉积在基膜上的免疫复合物，以维持基膜的通透性，并参与基膜的更新和修复。系膜细胞的收缩活动可调节毛细血管的管径以影响血管球内血流量；还可分泌肾素和酶等生物活性物质，可能与血管球内血流量的局部调节有关。正常情况下的系膜细胞更新缓慢，但在病理情况下（如肾炎时），细胞增生活跃，吞噬和清除作用也增强。系膜基质填充在系膜细胞之间，在血管球内起支持和通透作用。血管系膜内还可见少量巨噬细胞。

（2）肾小囊：又称 Bowman 囊，为包绕在血管球外面的凹陷的双层囊，外层为肾小囊壁层，是单层扁平上皮，在肾小体的尿极与近曲肾小管上皮相连续，在血管极处反折为肾小囊内层。内层为脏层，脏层细胞有许多大小不等的突起，称**足细胞**（podocyte）。足细胞体积较大，胞体凸向肾小囊腔，核染色较浅，胞质内有丰富的细胞器。在扫描电镜下，可见从胞体伸出几个大的初级突起，继而再分成许多指状的次级突起，相邻的次级突起相互穿插成指状相嵌，形成栅栏状，紧贴在毛细血管基膜外面（图 1-16-4，图 1-16-6，图 1-16-7）。突起之间有直径约 25 nm 的裂隙，称**裂孔**（slit pore），孔上覆盖一层厚 4 ～ 6nm 的**裂孔膜**（slit membrane）（图 1-16-7）。突起内含较多微丝，微丝收缩可使突起活动而改变裂孔的宽度，以调节血管球的滤过。足细胞还具有稳定肾小球结构的作用。肾小囊脏、壁两层之间的腔隙为肾小囊腔，与肾小管腔相通，容纳原尿。

（3）滤过屏障：肾小体类似一个滤过器，当血液流经血管球毛细血管时，其内血压较高，血浆内部分物质经有孔毛细血管内皮、基膜和足细胞裂孔膜滤入肾小囊腔（图 1-16-6，图 1-16-7）。这三层结构称为**滤过屏障**（filtration barrier）或**滤过膜**（filtration membrane）。滤入肾小囊腔的滤液称原尿（滤液），原尿除不含大分子的蛋白质外，其成分与血浆相似。滤过膜的三层结构分别对血浆成分具有选择性通透作用。一般情况下，分子量 7 万以下的物质可通过滤过膜，如葡萄糖、多肽、尿素、电解质和水等，而大分子物质则不能通过或被选择性通透，这取决于被通透物质的大小、电荷性质和分子形状等因素。

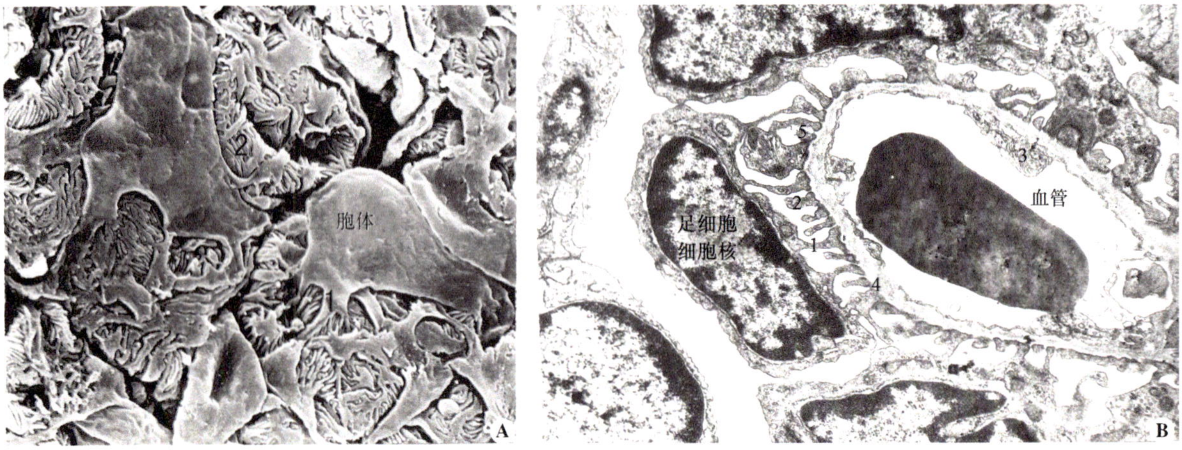

图 1-16-6　足细胞（A. 扫描电镜；B. 透射电镜）

1. 初级突起；2. 次级突起；3. 血管内皮；4. 基膜；5. 裂孔膜

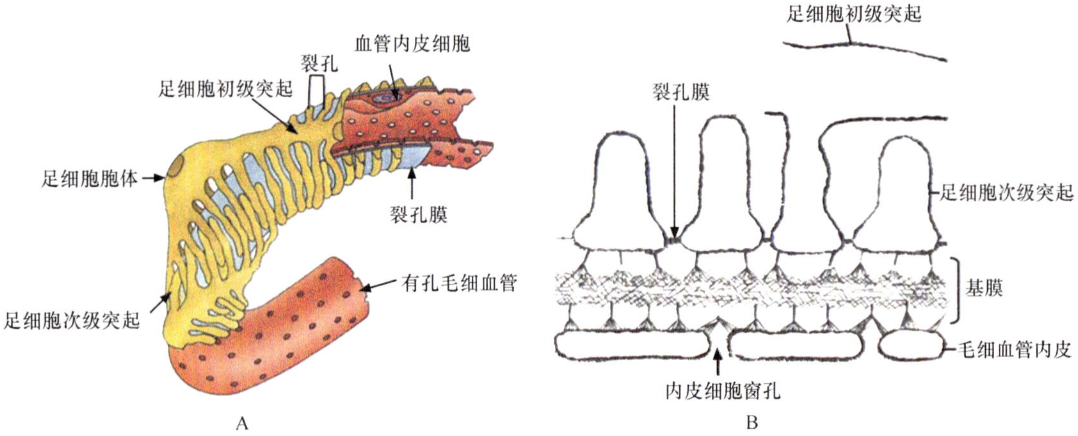

图 1-16-7　滤过屏障结构模式图（A. 立体结构；B. 纵切面）

成人一昼夜可形成原尿约180 L。若滤过膜损伤，血液中的大分子物质，如血浆蛋白甚至血细胞均可通过滤过膜漏出，出现蛋白尿和血尿。当系膜细胞清除了基膜中的沉积物，并与内皮细胞重建新的基膜后，滤过膜的功能重新恢复。

2. 肾小管　是单层上皮性小管，上皮外有基膜和少量结缔组织，具有重吸收原尿和排泌功能。肾小管包括近端小管、细段和远端小管三部分（图 1-16-3，图 1-16-8，图 1-16-10）。近端小管与肾小囊相连，远端小管连接集合小管。肾小管有重吸收原尿中的某些成分和分泌等作用。

（1）近端小管：**近端小管**（proximal tubule）是肾小管中最长、最粗的一段，长约 14 mm，约占肾小管总长的一半，管径 50 ～ 60 μm，分曲部和直部两段。近端小管曲部，称**近曲小管**（proximal convoluted tubule），位于皮质迷路内，起于肾小体尿极，迂曲行于肾小体附近。生理情况下，原尿不断进入近曲小管内。光镜下，管腔小而不规则，管壁上皮细胞为立方形或锥体形，胞体较大，细胞分界不清，胞质嗜酸性，胞核呈球形，位于近基底部；上皮细胞腔面有紧密排列的刷状缘，细胞基部有纵纹（图 1-16-8）。电镜下，可见刷状缘由大量密集而排列整齐的微绒毛组成（图 1-16-9），细胞基部胞膜内陷成发达的质膜内褶，内褶之间有许多纵向排列的杆状线粒体，形成光镜下的纵纹，相邻细胞的侧面发出侧突，呈指状交叉，故光镜下细胞分界不清。高大的微绒毛使细胞游离面的表面积大为扩大，此处有丰富的碱性磷酸酶和 ATP 酶等，与细胞的重吸收功能有关；侧突和质膜内褶使细胞侧面及基面与间质之间的物质交换面积增大。近端小管直部是曲部的延续，直行于髓放线和锥体内，其结构与曲部基本相似，但上皮细胞较矮，微绒毛、侧突和质膜内褶等不如曲部发达。

近端小管的上述结构特点使其具有良好的吸收功能，它是原尿重吸收的主要场所。原尿中几乎全部的葡萄糖、氨基酸和蛋白质以及大部分水、离子和尿素等均在此重吸收。此外，近端小管还向腔内分泌 H^+、NH_3、肌酐和马尿酸等，还能转运和排出血液中的酚红和青霉素等药物。临床常利用马尿酸或酚红排泄试验，来检测近端肾小管的功能状态。

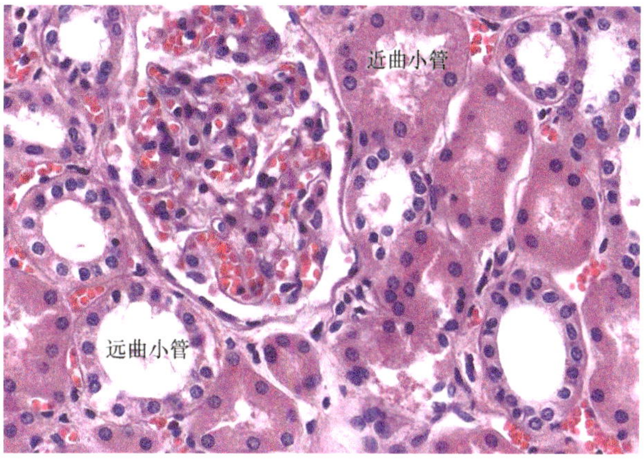

图 1-16-8　近曲小管与远曲小管（肾皮质，HE 染色）

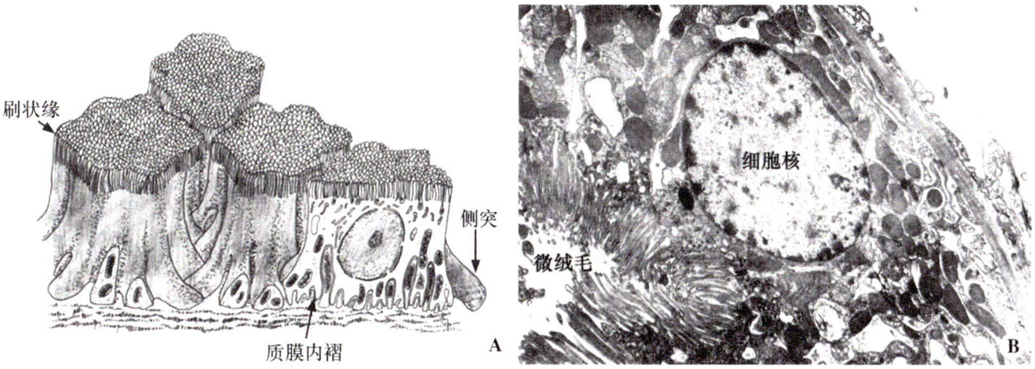

图 1-16-9　肾近端小管曲部上皮细胞超微结构（A. 模式图；B. 透射电镜）

（2）细段：**细段**（thin segment）位于髓放线和肾锥体内。浅表肾单位的细段较短，髓旁肾单位细段长。细段管径细，直径 10 ～ 15 μm，管壁为单层扁平上皮，细胞含核部分突向管腔，胞质着色较浅，无刷状缘。电镜下，上皮细胞游离面有少量短微绒毛，基底面有少量内褶。细段上皮甚薄，有利于水和离子通透。

（3）远端小管：**远端小管**（distal tubule）包括远端小管直部和曲部（图 1-16-8，图 1-16-10）。管腔较大而规则，管壁上皮细胞呈立方形，细胞体

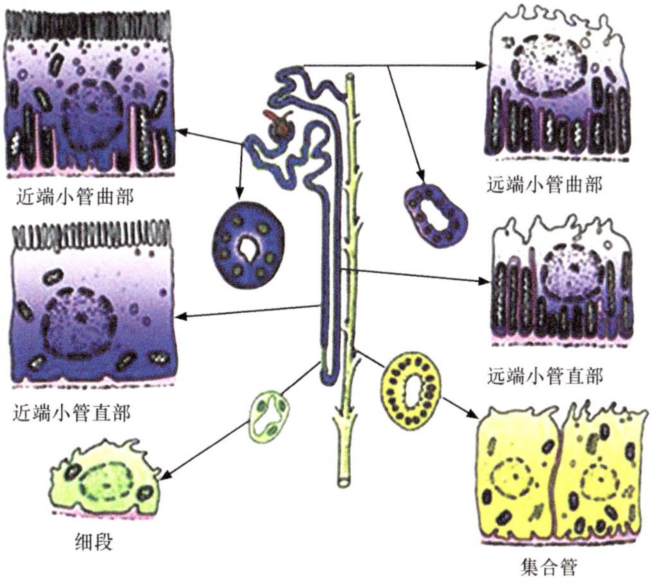

图 1-16-10　泌尿小管各段上皮细胞超微结构模式图

积较近端小管的小，着色浅，细胞分界较清楚，核位于中央；细胞游离面无刷状缘，基部纵纹较明显。远端小管直部，称**远直小管**（distal straight tubule），管径约 30 μm，长约 9 mm，经锥体和髓放线上行至皮质，是髓袢升支的重要组成部分。电镜下，细胞表面有少量短而小的微绒毛，基部质膜内褶发达，长的内褶可伸达细胞顶部，质膜内褶间的线粒体细长。远直小管能主动重吸收 Na^+，水不能通透，使小管内液呈低渗状态；而重吸收的 Na^+排至间质，使间质呈高渗状态，在尿液浓缩中起重要作用。远端小管曲部，称**远曲小管**（distal convoluted tubule），位于皮质迷路内，直径 35 ～ 45 μm，长 4.6 ～ 5.2 mm，其超微结构与直部相似，但质膜内褶和线粒体不如直部发达。远曲小管是离子交换的重要部位，细胞有吸收水、Na^+和排出 K^+、H^+和 NH_3 等作用，对维持体液的酸碱平衡起重要作用。肾上腺皮质分泌的醛固酮能促进此段重吸收 Na^+和排出 K^+；垂体后叶分泌的抗利尿激素能促进此段对水的重吸收，使尿液浓缩，尿量减少。

髓袢（medullary loop）又称 Henle 袢，是由近端小管直部、细段和远端小管直部共同形成的“U”形袢状结构。髓袢长短不一，与肾小体在皮质的位置相关。髓旁肾单位的髓袢长，最长的可达乳头部，浅表肾单位的髓袢短，最短的只存在髓放线中，髓袢吸收水分和离子，在泌尿过程中起着重要作用。

（二）集合管

集合管包括弓形集合管（皮质集合管）、直集合管（髓质集合管）和乳头管（图 1-16-3，图 1-16-11），全长 20 ～ 38 mm。整个集合管的管径逐渐增粗，上皮细胞由单层立方渐变成单层柱状。乳头管处的上皮细胞为高柱状。细胞胞质清亮，细胞界限清楚。集合管可重吸收水，保钠排钾，使尿液进一步浓缩，并和远曲小管一样受醛固酮和抗利尿激素的调节。此外，集合管还可受心房钠尿肽的作用，减少对水的重吸收，使尿量增多。

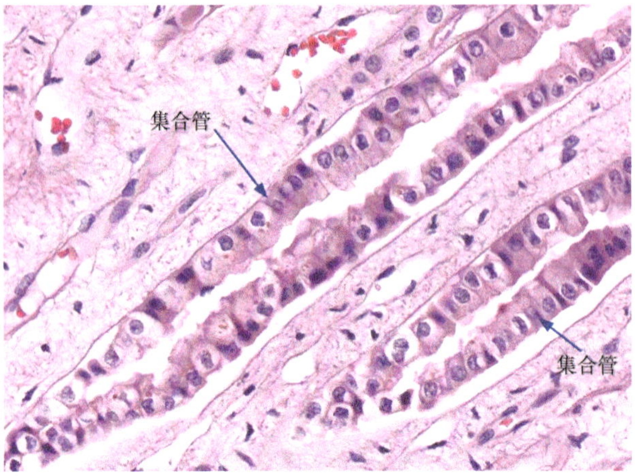

图 1-16-11　集合管（HE 染色）

综上所述，肾小体形成的原尿，经过肾小管和集合管后绝大部分水、营养物质和无机盐被重吸收入血，部分离子也在此进行交换。肾小管上皮细胞还排出机体部分代谢物质，最后形成浓缩的终尿，经乳头管排入肾小盏，终尿量为每天 1 ～ 2 L，仅占原尿的 1% 左右。因此，肾脏通过泌尿过程，不仅排出了机体的代谢废物，而且对维持机体水、电解质平衡和内环境稳定起重要作用。

（三）球旁复合体

球旁复合体（juxtaglomerular complex）又称肾小球旁器，由球旁细胞、致密斑和球外系膜细胞组成，位于肾小体的血管极处（图 1-16-4，图 1-16-12）。

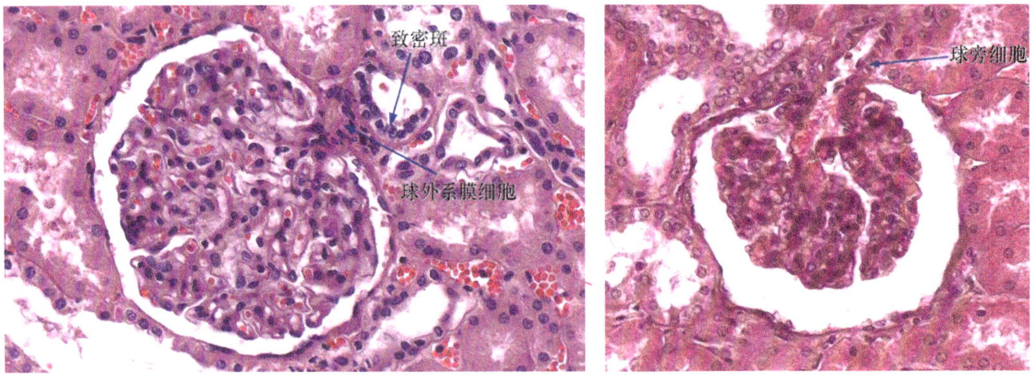

图 1-16-12　球旁复合体（HE 染色）

1. 球旁细胞　入球小动脉行至近肾小体血管极处，其管壁平滑肌演变成上皮样细胞，称**球旁细胞**（juxtaglomerular cell）。该细胞体积较大，呈立方形，胞质弱嗜碱性，富含分泌颗粒，颗粒内含肾素。球旁细胞与内皮细胞之间无基膜，紧密相贴，分泌物易于释放入血。肾素是一种酸性蛋白酶，可以激活血管紧张素原成为血管紧张素 Ⅰ，后者在血管紧张素转换酶的作用下生成血管紧张素 Ⅱ，两者都可收缩血管平滑肌，使血压升高。血管紧张素还可刺激肾上腺皮质分泌醛固酮，促进肾远曲小管和集合管吸收水、Na^+和排出K^+。

2. 致密斑 远端肾小管近肾小体的血管极处细胞增高，变窄，形成一个椭圆形斑，称**致密斑**（macula alensa）。光镜下细胞着色浅，细胞核椭圆，排列紧密，位于细胞顶部。致密斑是一种离子感觉器，能敏感地感受远端小管内的Na^+浓度的变化，当Na^+浓度降低时，将信息传递给球旁细胞，使球旁细胞释放肾素增加；反之，则释放肾素减少。

3. 球外系膜细胞 **球外系膜细胞**（extraglomerular mesangial cell）也称极垫细胞。位于入球微动脉、出球微动脉和致密斑之间的三角形区域内。细胞较小，有小突起，染色浅淡。其与球旁细胞、出入球微动脉平滑肌及球内系膜细胞间有缝隙连接，可能在球旁复合体的功能活动中起信息传递作用。

三、肾的血液循环

肾动脉经肾门入肾后，分为数支叶间动脉，在肾柱内上行至皮质与髓质交界处，横行分支为弓形动脉。弓形动脉分出若干小叶间动脉，呈放射状走行于皮质迷路内。小叶间动脉沿途向两侧分出许多入球微动脉进入肾小体，形成血管球，再汇合成出球微动脉。出球微动脉离开肾小体后，又分支形成球后毛细血管网，分布在肾小管周围。毛细血管网依次汇合成小叶间静脉、弓形静脉和叶间静脉，它们与相应动脉伴行，最后形成肾静脉出肾（图 1-16-3，表 1-16-2）。

表 1-16-2 肾的血液循环

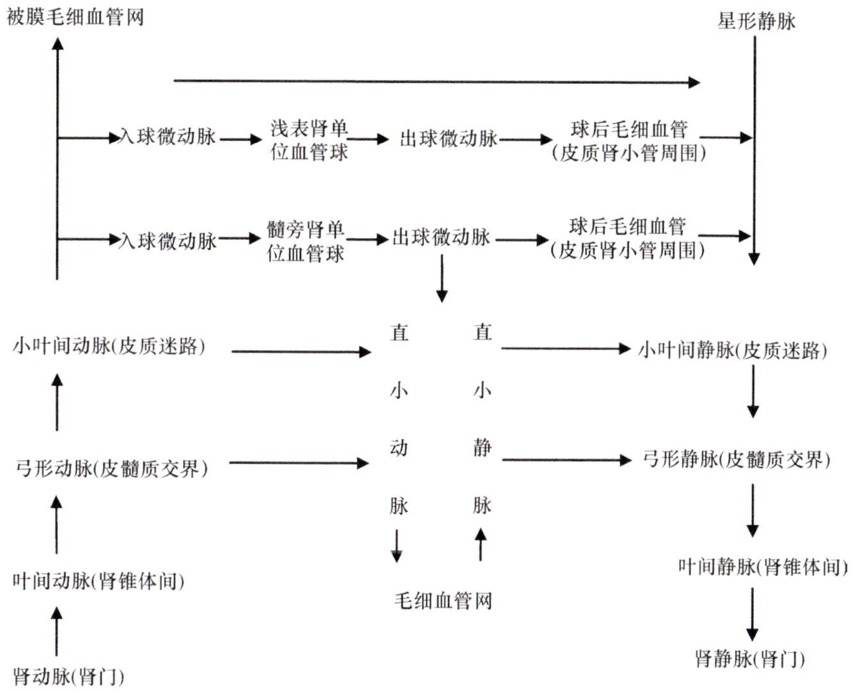

肾的血液循环有如下特点：①肾动脉直接由腹主动脉分支，血流量大，流速快；②血管球内血压高，有利于原尿的形成；③二次形成毛细血管，由于血液流经血管球时大量水分被滤出，使分布于肾小管周围的球后毛细血管内血液胶体渗透压高，有利于原尿的重吸收；④髓质内的直小血管袢与肾单位袢伴行，有利于肾小管和集合管的重吸收和尿液浓缩；⑤肾血流量的 90% 供应皮质，进入血管球后被滤过。

第二节 排尿管道

排尿管道包括输尿管、膀胱及尿道。其组织结构基本相似，均由黏膜、肌层和外膜组成。其中黏膜由上皮和固有层结缔组织构成，黏膜上皮为变移上皮（尿道除外）；肌层均为平滑肌，膀胱的肌层较厚；外膜除膀胱顶部为浆膜外，其余均为纤维膜。

一、输 尿 管

输尿管左右各一，是细长形的肌性管道。位于腹后壁腹膜之后，起自肾盂，终于膀胱。全长约 20 ～ 30 cm，管径 0.5 ～ 1.0 cm。管壁有较厚的平滑肌层，能进行节律性的蠕动，使尿液流入膀胱。输尿管全长有 3 个狭窄部位：上狭窄在肾盂与输尿管移行处；中狭窄在小骨盆上口越髂血管处；下狭窄在穿膀胱壁处。此三个狭窄常是结石滞留的部位。

输尿管的黏膜形成多条纵行的皱襞，故管腔呈星形（图 1-16-13）。黏膜表面的变移上皮较厚，有 4～5 层细胞，扩张时则变为 2～3 层，基膜不明显。输尿管上 2/3 段的肌层为内纵、外环两层平滑肌，下 1/3 段为内纵、中环和外纵三层平滑肌（图 1-16-14）。输尿管斜穿膀胱壁，开口处黏膜折叠成瓣。当膀胱充盈时，输尿管壁和瓣膜受压封闭，可防尿液返流。外膜为疏松结缔组织。

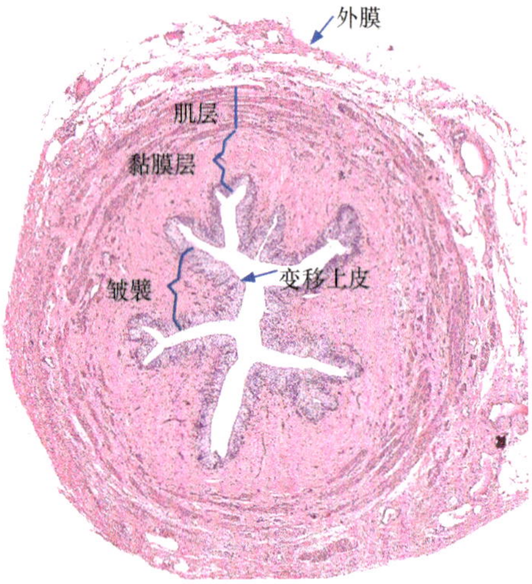

图 1-16-13　输尿管横断面（HE 染色）

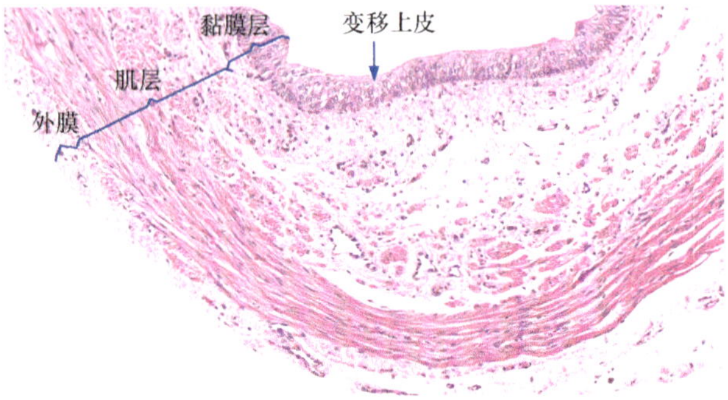

图 1-16-14　输尿管（HE 染色）

二、膀　　胱

膀胱为贮存尿液的锥体形囊状肌性器官，位于小骨盆腔的前部。其大小、形状、位置及壁的厚薄均随贮尿的多少而变化，一般成人膀胱的容量为 300～500 ml。膀胱空虚时，黏膜面呈现许多皱襞，底部有一个三角形的平滑区，称膀胱三角，其中两侧角为左、右输尿管口，下角为尿道内口。两输尿管口之间有呈横向隆起的黏膜皱襞，称输尿管门襞，是寻找输尿管口的重要标志。膀胱三角是膀胱镜检时的重要标志，也是结石，结核和肿瘤等的好发部位。

膀胱黏膜表面被覆变移上皮，其细胞形态及层数随膀胱的胀缩而变化。膀胱空虚时上皮细胞约 8～10 层，表层的细胞大，呈矩形，可见双核（图 1-2-11，图 1-16-15B），膀胱充盈时上皮细胞仅 3～4 层，细胞也变扁；细胞近游离面的细胞质较为浓密，可防止膀胱内尿液的侵蚀（图 1-2-12，图 1-16-15A）。固有层连于黏膜与肌层之间，但在膀胱三角区缺少固有层。肌层厚，称为膀胱逼尿肌，由内纵、中环和外纵三层平滑肌束组成；当膀胱内尿液达到一定数量时，产生尿意，逼尿肌收缩，尿经尿道排出体外。膀胱顶部为浆膜，其余各部均为纤维膜。

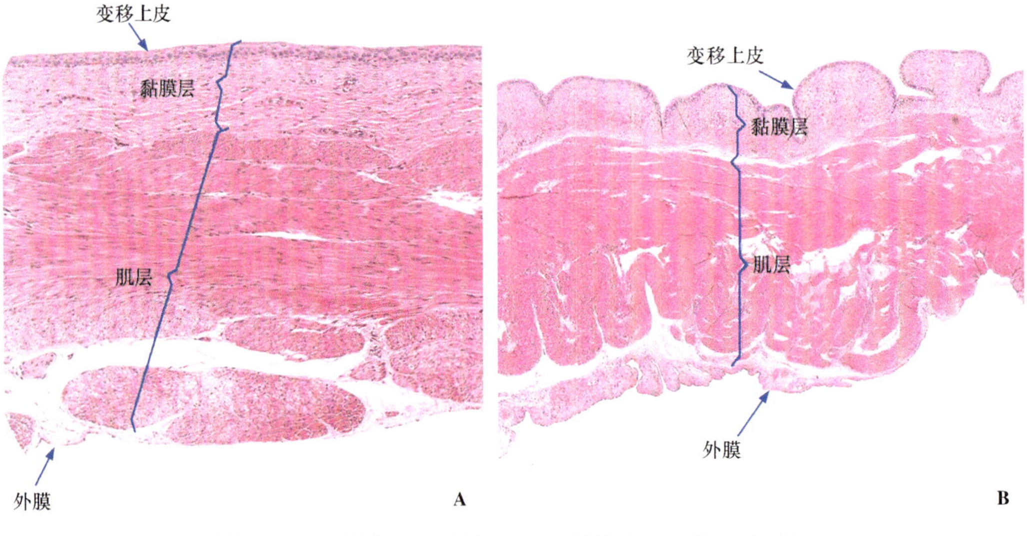

图 1-16-15　膀胱（HE 染色，A. 充盈状态；B. 排空状态）

思 考 题

（1）试述肾小体的结构，原尿形成时通过的组织结构。

（2）比较近端肾小管与远端肾小管的结构与功能。

（3）球旁复合体由几部分构成，其各自功能如何？

（4）肾的血液循环有何特点，与肾功能有什么关系？

（贾书花）

急性肾功能衰竭

急性肾功能衰竭是一种由多种病因引起的急性肾损害，如失血、脱水、创伤、感染及心衰等原因，造成有效血循环量减少，肾血液灌注量和滤过率显著降低，可在数小时至数天内使肾单位调节功能急剧减退，以致不能维持体液电解质平衡和排泄代谢产物，导致高血钾、代谢性酸中毒及急性尿毒症综合征，患者常伴有少尿或无尿。肾小管功能未受影响时，称为功能性急性肾功能衰竭；如严重缺血使肾小管上皮变性坏死，则造成器质性肾功能不全。

第17章 眼与耳

内容提要

（1）眼球壁各层及屈光装置的结构与功能。
（2）视网膜的结构和功能。
（3）房水循环途径。
（4）内耳迷路的组织结构。
（5）壶腹嵴、椭圆囊斑、球囊斑及螺旋器的结构与功能。

眼与耳属于人体的感觉器官，由感受器及其辅助装置共同组成。

第一节 眼

眼（eye）是视觉器官，具有自动调焦、屈光成像和感光等功能，包括**眼球**（eyeball）及其附属器官。眼球是眼的核心部分，近似圆球体，由眼球壁和眼内容物组成。附属器官包括眼睑、眼眶、眼外肌、结膜和泪器等，起支持、保护和运动等作用。

- 眼球壁
  - 纤维膜
    - 角膜（前 1/6）
    - 巩膜（前 5/6）
  - 血管膜
    - 虹膜
    - 睫状体
    - 脉络膜
  - 视网膜

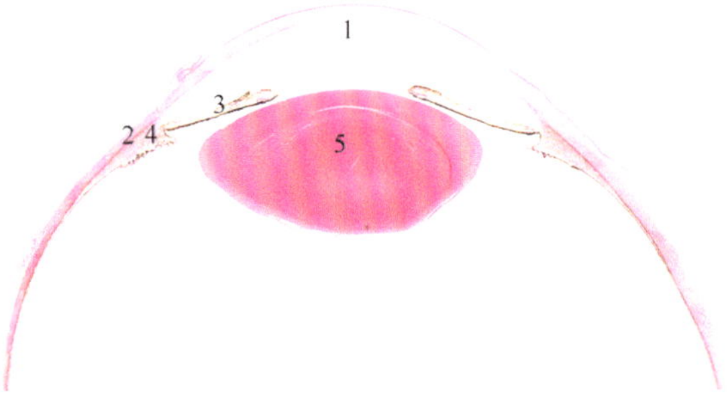

图 1-17-1　眼球前部（HE 染色）

1. 角膜；2. 巩膜；3. 虹膜；4. 睫状体；5. 晶状体

一、眼球壁

眼球壁分为 3 层，从外至内依次为：纤维膜、血管膜及视网膜。纤维膜由致密结缔组织构成，质地较硬，其中前 1/6 为角膜，后 5/6 为巩膜。血管膜主要由疏松结缔组织构成，其中含大量的血管和色素细胞，有营养和遮光作用，从前至后依次为虹膜基质、睫状体基质和脉络膜（图 1-17-1）。视网膜位于眼球壁的最内层，根据有无感光功能，将其分为盲部和视部。

（一）纤维膜

纤维膜（fibrous tunic）为眼球壁的最外层，由角膜和巩膜组成（图 1-17-1）。

1. 角膜（cornea）　为透明的圆盘状结构，弯曲度大于眼球外壁的其他部分，故略向前方突出。角膜中央较薄，周围较厚。角膜内不含血管和淋巴管，营养由房水和角膜缘的血管以渗透的方式供应。角膜具有丰富的游离神经末梢，因此感觉非常敏锐。从前至后角膜分为 5 层结构（图 1-17-2）。

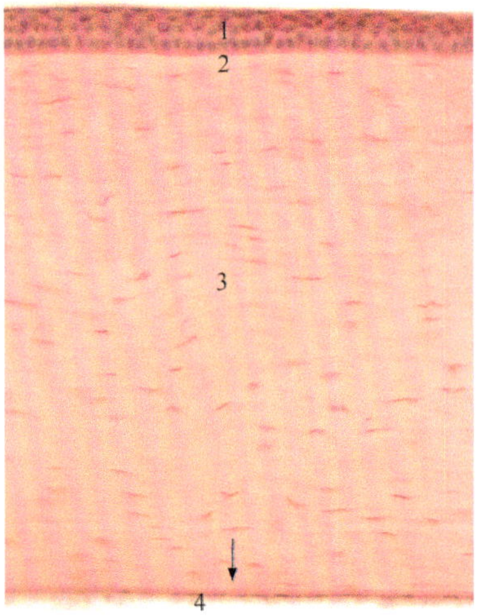

图 1-17-2　角膜高倍（HE 染色）

1. 角膜上皮；2. 前界层；3. 角膜基质；4. 角膜内皮；↓后界层

（1）角膜上皮（corneal epithelium）：是未角化的复层扁平上皮，由 5 ～ 6 层排列整齐的细胞组成。上皮表面有泪液膜覆盖，表面 1 ～ 2 层为扁平细胞，故角膜表面平整光滑。中间 3 层为多边形细胞。角膜基部平坦，基底层为一层矮柱状细胞，具有一定的增殖能力，角膜上皮更新较快，平均 7 天即可更新一次。上皮内有丰富的游离神经末梢。

（2）前界层（anterior limiting lamina）：为一层透明的均质膜，由较细的胶原原纤维和基质构成。前界层无再生能力，角膜溃疡时常易穿透。

（3）角膜基质（corneal stroma）：是角膜最厚的一层，约占角膜厚度的 9/10，主要由多层与表面平行的胶原板层组成。胶原板层由粗细一致的胶原原纤维平行排列而成，相邻各层纤维互相垂直，形成晶格样结构，具有抗损伤及抗变形能力。每层之间夹有少量扁平多突起的成纤维细胞，能产生基质和纤维，参与角膜损伤的修复。

（4）后界层（posterior limiting lamina）：也是一层均质膜，略薄于前界层，韧性较强，损伤后可由角膜内皮再生。

（5）角膜内皮（corneal endothelium）：由单层扁平上皮或立方上皮构成，内皮细胞具有合成和分泌蛋白质的功能，参与后界层的形成。

角膜内无血管和黑素细胞，基质中的胶原原纤维粗细均一且排列规则，含有适量相对恒定的水分，致使各成分的折光率一致，这些是构成角膜透明的主要因素。

2. 巩膜（sclera） 呈瓷白色，俗称“眼白”，由致密结缔组织构成，其中含有大量粗大的胶原纤维，与弹性纤维交织成网，还含有少量血管、神经、成纤维细胞及色素细胞等。巩膜厚而坚韧，既是维持眼球外形结构的支架，也具有保护功能。巩膜前部的外表面覆有球结膜。

3. 角膜缘（corneal limbus） 为角膜与巩膜交界的带状移行区域。此处通常是临床眼球前部手术的进入之处。角膜缘环绕角膜周边。近年发现角膜缘基底层的细胞具有干细胞特征，他们不断增殖，向角膜中央方向迁移，补充角膜基底层细胞。因此，临床上现已开展角膜缘移植术，治疗某些严重的眼球表面疾病。

角膜缘内侧有环形的巩膜静脉窦（scleral venous sinus）。在眼球矢状切面上，窦腔呈较大而不太规则的长条形，腔内充满房水。巩膜静脉窦内侧为网格状的小梁网（trabecular meshwork），由角膜基质纤维、后界膜和角膜内皮向后扩展而成。小梁网由小梁和小梁间隙构成。小梁间隙与巩膜静脉窦相通，两者是房水回流的必经之路（图 1-17-3，1-17-4）。在巩膜静脉窦内侧的巩膜组织略向前突，称巩膜距。

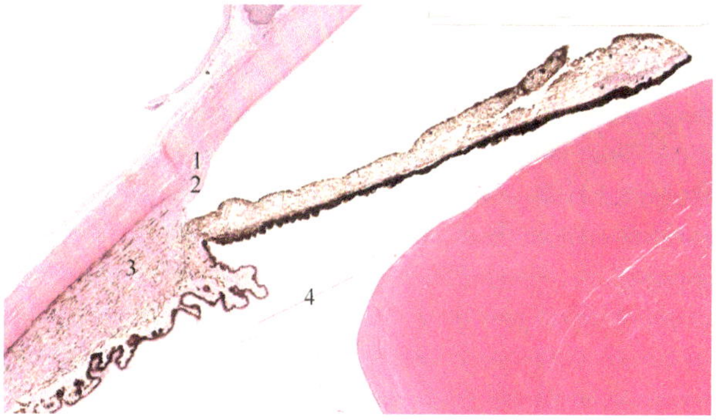

图 1-17-3 眼球前部（HE 染色）

1. 巩膜静脉窦；2. 小梁网；3. 睫状体；4. 睫状小带

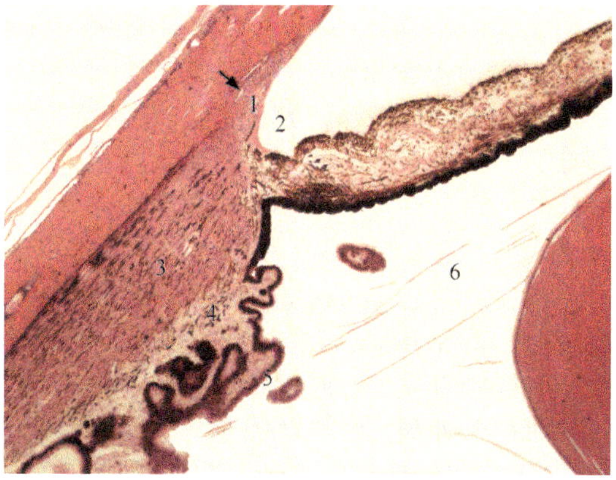

图 1-17-4 眼球前部（HE 染色）

1. 小梁网；2. 前房角；3. 睫状肌；4. 睫状体基质；5. 睫状体上皮；6. 睫状小带；↓巩膜静脉窦

（二）血管膜

血管膜（vascular tunic）位于纤维膜内侧，由疏松结缔组织、丰富的血管和色素细胞构成。自前向后依次为虹膜、睫状体和脉络膜。

1. 虹膜（iris） 是位于角膜和晶状体之间的扁圆盘状薄膜，中央圆形开口叫**瞳孔**（pupil），周边与睫状体相连。虹膜将眼房分隔为前房和后房，前、后房内的房水借瞳孔相通（图 1-17-3，图 1-17-4）。虹膜自前向后分为前缘层、虹膜基质和虹膜上皮（图 1-17-5）。

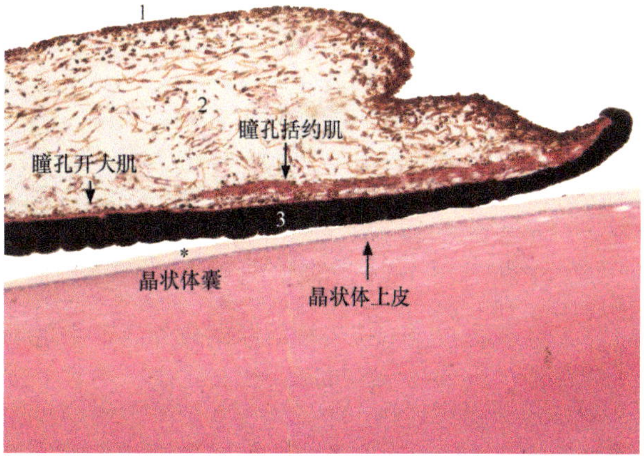

图 1-17-5 虹膜与晶状体（HE 染色）

1. 虹膜前缘层；2. 虹膜基质；3. 虹膜色素上皮

（1）前缘层（anterior border layer）为一层不连续的成纤维细胞和黑素细胞。

（2）虹膜基质（iris stroma）较厚，为含大量黑素细胞和血管的疏松结缔组织。黑素细胞形态不规则，呈星形或圆形，胞质内充满黑素颗粒。在靠近瞳孔缘的虹膜基质中有一束宽带状平滑肌，环形围绕瞳孔，称瞳孔括约肌，收缩时使瞳孔缩小。

（3）虹膜上皮（iris epithelium）由前后两层细胞构成。前层特化为肌上皮细胞，以瞳孔为中心呈放射状分布，称为瞳孔开大肌，收缩时使瞳孔开大。后层为立方形或矮柱状色素上皮，细胞较大，胞质内充满色素颗粒。

2. 睫状体（ciliary body）　位于虹膜与脉络膜之间，在眼球矢状切面上大致呈三角形（图 1-17-3）。睫状体前部较厚，其上伸出**睫状突**（ciliary process），其表面有睫状小带与晶状体相连。睫状体后部渐平坦，终止于锯齿缘。睫状体自外向内可分为睫状肌、基质和上皮（图 1-17-4）。

（1）睫状肌（ciliary muscle）是睫状体的主要组成成分，为平滑肌，密集分布于睫状体的外 2/3 区域。肌纤维有纵行、放射状和环形三种走向。纵行睫状肌位于外侧，紧靠巩膜走行，前端附着于巩膜距，后端附着于脉络膜。放射状睫状肌位于中间，前端也附着于巩膜距，后端止于睫状体内侧份。环形睫状肌分布于睫状体前部。

（2）基质为富含血管和黑素细胞的结缔组织，主要分布在睫状体内侧和睫状突内。

（3）上皮分为两层，均为立方上皮。外层上皮细胞内含有粗大的色素颗粒。内层为矮柱状非色素上皮细胞，胞质不含色素颗粒，认为此层上皮具有分泌房水、形成玻璃体和睫状小带的功能。

睫状体的前内侧伸出约 70 个呈放射状排列的睫状突，睫状突与晶状体之间通过细丝状的睫状小带相连。睫状小带呈纤维状，由大量微原纤维通过蛋白聚糖粘合而成。睫状小带一端连于睫状体，一端插入晶状体内，具有悬挂固定晶状体的作用。睫状肌收缩时，睫状体突向前方内侧，睫状小带松弛；反之则紧张，借此使晶状体的位置和曲度发生改变，从而调节焦距。长时间看近物，睫状肌处于持续收缩状态而易疲劳，时间久了睫状肌受损不能完全复原，导致眼的中、远距离视力减退，成为近视眼。

3. 脉络膜（choroid）　占血管膜的大部分，约为血管膜的后 2/3 部分，位于巩膜与视网膜之间，为富含血管和黑素细胞的疏松结缔组织。从内向外分为玻璃膜、脉络膜毛细血管层和脉络膜固有层。玻璃膜与视网膜相贴，为均质透明的薄膜，由纤维和基质组成。

（三）视网膜

视网膜（retina）为眼球壁的最内层。衬于睫状体和虹膜内面者（即两者的上皮层），没有感光作用，称视网膜盲部；衬于脉络膜内面者，有感光作用，称视网膜视部，两部在锯齿缘相移行。

视网膜是高度特化的神经组织。主要由 4 层组成，由外向内依次是色素上皮层、视细胞层、双极细胞层和节细胞层（图 1-17-6）。

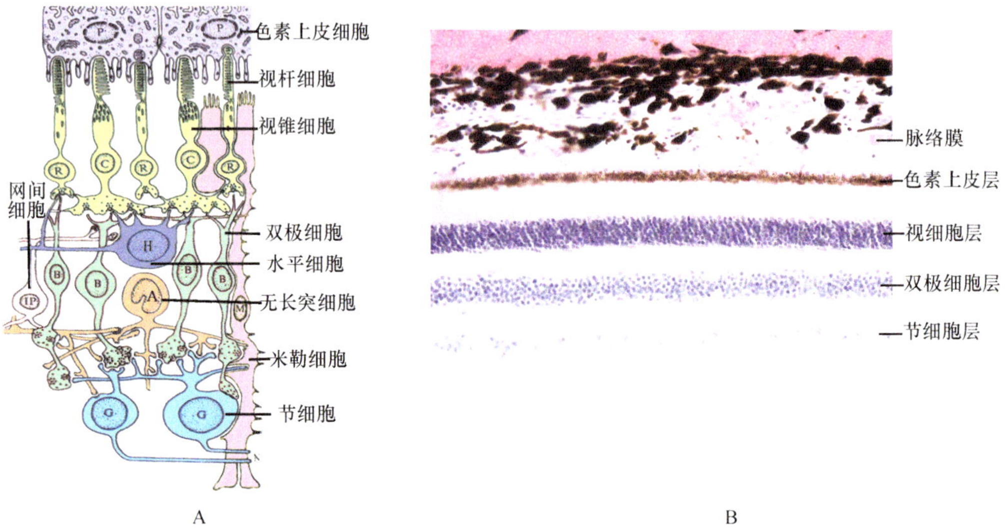

图 1-17-6　视网膜（A. 模式图；B. HE 染色）

1. 色素上皮层　位于视网膜的最外层，由**色素上皮细胞**（pigment epithelial cell）构成。色素上皮细胞呈立方或矮柱状，胞质内含有大量黑素颗粒和吞噬体。黑素颗粒可防止强光对视细胞的损害，吞噬体内可见被吞入的视细胞膜盘。色素上皮细胞可贮存维生素 A，具有保护和营养视细胞的功能，参与视细胞外节膜盘的更新。

2. 视细胞层　**视细胞**（visual cell）又称**感光细**

胞，是感受光线的感觉神经元。根据外侧突起的形状又将视细胞分为**视杆细胞**（rod cell）和**视锥**（cone cell）细胞两种，均属双极神经元，由胞体、外突（树突）和内突（轴突）三部分构成。胞体略微膨大，是细胞核所在部位。外突中段有一缩窄而将其分为内节和外节。外节较细，为感光部分，含有平行层叠的扁平状膜盘（membranous disc），它们由外节基部一侧的胞膜不断向胞质内陷而成，为外节内的感光部分。内节紧邻胞体，是合成感光物质和供能的部分。内节与外节之间有一细茎相连（图 1-17-7）。内突末端主要与双极细胞形成突触联系。

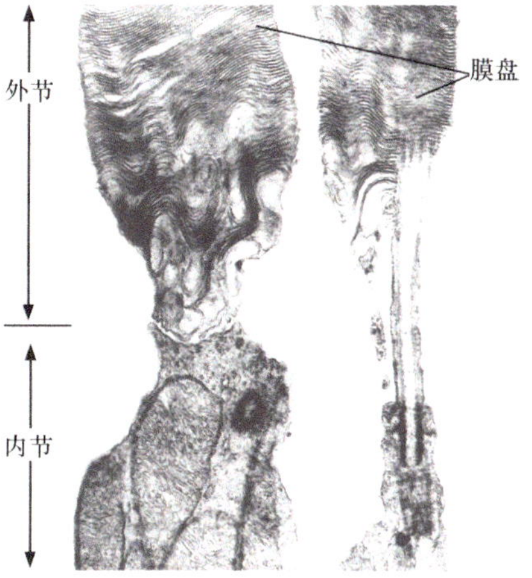

图 1-17-7 视锥细胞与视杆细胞（透射电镜）

视杆细胞：其外突呈细杆状，称为视杆，主要分布在视网膜的周围部，感受弱光。视杆细胞较细长，核较小，染色深。视杆细胞外节膜盘与细胞表面分离而独立，其上镶嵌有视紫红质，由 11- 顺视黄醛和视蛋白组成，能感受弱光，没有色觉。维生素 A 是合成 11- 顺视黄醛的原料，当机体维生素 A 不足时，导致视紫红质合成减少，引起弱光视力减退或夜盲症。

视锥细胞：其外突呈圆锥形，称为视锥，多分布在视网膜中部的黄斑处。视锥细胞较视杆细胞粗大，核较大，染色较浅。视锥细胞外节的膜盘大部分与胞膜相连，其上的感光物质称视色素，能感受强光和颜色。视锥细胞有三种，分别感受红、绿、蓝三种颜色。当三种感光色素接受不等量刺激时，会看到丰富的色彩；当三种感光色素受等量刺激时，感受到的是白色。

3. 双极细胞层 **双极细胞**（bipolar cell）是连接视细胞和节细胞的纵向联络神经元。双极细胞的树突与视细胞的轴突形成突触，轴突与节细胞的树突形成突触。双极细胞可分为两类：一类可与多个视细胞和节细胞形成突触联系，一类只与一个视锥细胞和一个节细胞形成突触联系，称为侏儒双极细胞。侏儒双极细胞较少，位于视网膜中央凹边缘。

双极细胞层内还有多种其他中间神经元，例如水平细胞、无长突细胞和网间细胞。这些细胞在视网膜内参与形成局部环路，参与视觉信号的转导与调控。

4. 节细胞层 **节细胞**（ganglion cell）位于视网膜的最内层，是较大的多级神经元，大多单层排列，其树突与双极细胞的轴突形成突触，轴突很长，向眼球后极汇聚，形成视神经乳头穿过巩膜筛板出眼球，构成视神经。大的节细胞可与多个双极细胞形成突触联系，胞体较小的侏儒节细胞只和一个侏儒双极细胞联系，该双极细胞也仅与一个视锥细胞联系，构成一对一的视觉通路，精确地传导视觉。

视网膜中也有各种神经胶质细胞，如星形胶质细胞、少突胶质细胞和小胶质细胞（图 1-17-6）。在视网膜内的神经胶质细胞中，有一种大的呈柱状的胶质细胞，称放射状胶质细胞，也称**米勒**（Müller）细胞。米勒细胞胞体呈细长不规则形状，几乎贯穿神经层，其细胞核位于双极细胞层，胞体向内外两侧延伸，外侧端穿插在感光细胞间，于视细胞内节处彼此相互连接形成保护性的膜。内侧端伸至视网膜的最内层，相互连接形成胶质界膜。米勒细胞具有支持、营养、保护和绝缘等作用。

黄斑（macula lutea）：位于眼球后极正对视轴处的视网膜部，是视网膜后极的一浅黄色区域，呈椭圆形，直径约 1 ～ 3mm。黄斑中央凹陷称中央凹，此处视网膜最薄，厚度仅 0.1mm，只有色素上皮细胞和视锥细胞两层细胞（图 1-17-8，图 1-17-9）。双极细胞和节细胞均斜向周围排列。此处视锥细胞与双极细胞均一对一联系，故视觉最敏锐而精确。

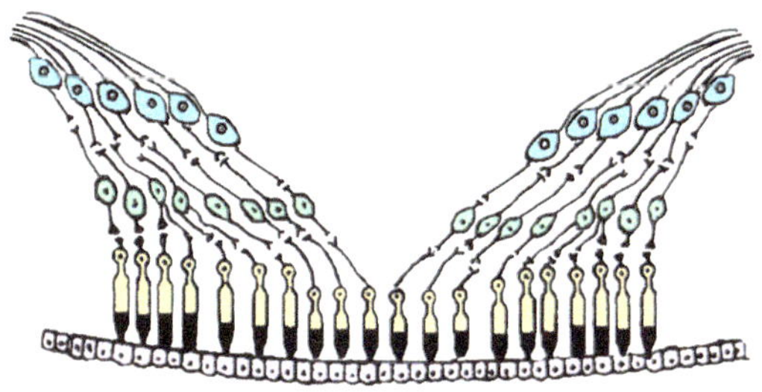
图 1-17-8 黄斑模式图

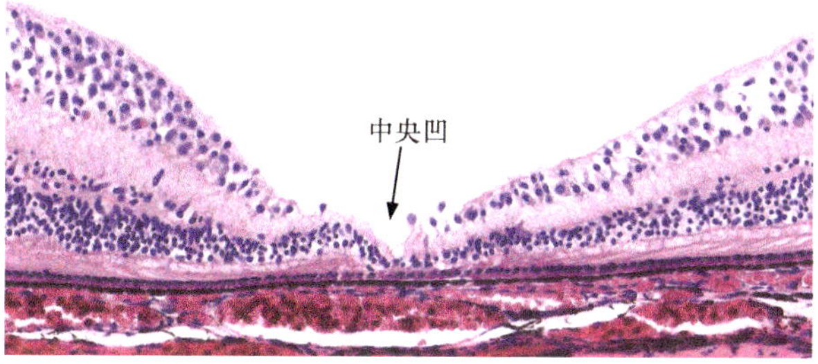

图 1-17-9 黄斑（HE 染色）

视盘（optic disc）又称视神经乳头，在黄斑鼻侧约 3 mm 处，圆盘状，直径约 1.5 mm，呈乳头状隆起，其中央凹陷（图 1-17-10）。视盘为神经纤维汇集区，此处没有视细胞，无感光作用，故称盲点。

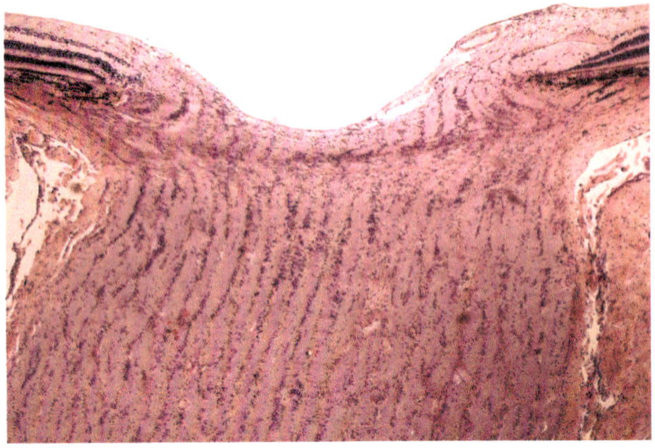

图 1-17-10　视神经乳头（HE 染色）

二、眼内容物

眼内容物包括房水、晶状体和玻璃体，均无色透明，与角膜共同组成眼的屈光系统。眼球内腔被虹膜分隔为前房和后房，二者之间通过虹膜中央的瞳孔相通。

（一）晶状体

晶状体（lens）为具有弹性的双凸透明体（图 1-17-1），是眼球中重要的屈光装置，由睫状小带悬挂于虹膜后方的玻璃体窝内（图 1-17-3）。晶状体表面为一层具有弹性和韧性的薄膜，称为晶状体囊，由基膜及胶原原纤维组成。囊内由晶状体上皮和纤维构成（图 1-17-5）。

晶状体上皮位于晶状体的前面，为单层立方上皮，到近赤道部则变长逐渐移行为晶状体纤维。其周边称为皮质，中央部纤维较硬称为晶状体核。老年人晶状体弹性减退，透明度降低，甚至混浊形成老年性白内障。

（二）玻璃体

玻璃体（vitreous body）充满在晶状体与视网膜之间的腔内，外包透明的薄膜，称玻璃体膜，内含透明胶状液体，水分占 99%，含少量胶原原纤维、透明质酸及玻璃蛋白等。自视神经乳头至晶状体后方有一贯穿的小管，是胚胎时期玻璃体动脉的残迹，称玻璃体导管，如果生后还有血液通过，则产生“飞蚊症”。

（三）房水

房水（aqueous humor）为充满前房和后房的透明液体，由睫状体血管内的血液渗透及非色素上皮分泌而成。房水从后房经瞳孔流入前房，经前房角处的小梁网入巩膜静脉窦，再由睫状前静脉导出。房水具有屈光作用，并可营养晶状体和角膜以及维持眼压。正常情况下，房水的产生和排出保持动态平衡。如果房水回流受阻，会引起眼压增高，导致视力受损，称青光眼。

三、眼的附属器

附属器包括眼睑、结膜、泪腺和眼外肌等，对眼起保护、遮盖和运动等作用

1. 眼睑（eyelid）　在医学上，眼皮被称为眼睑，为薄板状结构。自外向内依次分为皮肤、皮下组织、肌层、睑板和睑结膜五层（图 1-17-11）。

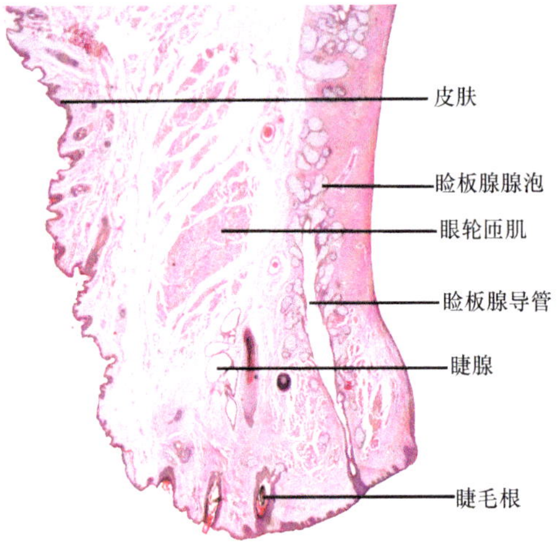

图 1-17-11　眼睑（HE 染色）

（1）皮肤：薄而柔软，近睑缘处有 2 ～ 3 列睫毛，睫毛根部有小的皮脂腺，称为睑缘腺或 Zeis 腺，感染时易形成睑腺炎。

（2）皮下组织：为薄层疏松结缔组织，易发生水肿或淤血。

（3）肌层：主要为骨骼肌，还有少量平滑肌。

（4）睑板：由致密结缔组织构成，坚硬如软骨，是眼睑的支架。睑板内有许多平行排列的腺体，称睑板腺。睑板腺导管开口于睑缘，分泌物具有润滑作用。

（5）睑结膜：为薄层黏膜，由上皮和固有层构成。上皮为复层柱状，有少量杯状细胞。固有层为薄层结缔组织。

2. 泪器　是浆液性复管状腺，腺上皮为单层立方或柱状，胞质内有分泌颗粒。泪器分泌的泪液经

导管排至结膜上穹窿部，起润滑清洁角膜的作用。

第二节 耳

耳（ear）是位听器官，由外耳、中耳和内耳组成。外耳和中耳传导声波。内耳感受位置觉和听觉。

一、外　耳

外耳包括耳廓、外耳道和鼓膜三部分。

（一）耳廓

耳廓（auricle）由弹性软骨外包薄层皮肤构成。

（二）外耳道

外耳道（external auditory meatus）内表面覆盖薄薄的皮肤，皮肤内的耵聍腺能分泌耵聍粘附异物。外耳道将声波传递给鼓膜。

（三）鼓膜

鼓膜（tympanic membrane）位于外耳道底部，为椭圆形半透明薄膜。鼓膜分三层，最外层为复层扁平上皮，与外耳道的表皮连续；中层为结缔组织，主要由胶原纤维束组成，与鼓膜的振动有关；内层为黏膜层，由单层扁平上皮和薄层疏松结缔组织构成。鼓膜像一面鼓，随声波一起震动，将声波传递给中耳。

二、中　耳

中耳包括鼓室和咽鼓管（图 1-17-12）。

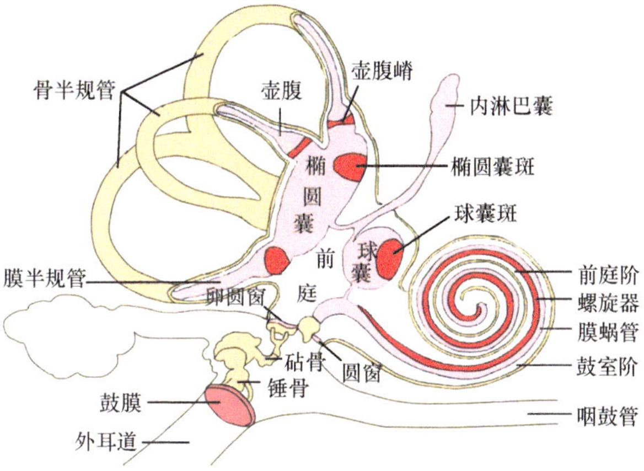

图 1-17-12　中耳和内耳模式图

（一）鼓室

鼓室（tympanic cavity）为一不规则的腔，内有 3 块听小骨。腔面及听小骨表面均衬以黏膜，由单层扁平上皮及固有层的结缔组织组成。鼓膜的震动带动听小骨运动。

（二）咽鼓管

咽鼓管（pharyngotympanic tube）是鼓室与咽腔间的连通管道，前 2/3 为软骨部，黏膜表面为假复层纤毛柱状上皮，固有层结缔组织中含有混合腺和淋巴细胞。后 1/3 为骨部，表面被覆单层柱状上皮。咽鼓管的管腔只有在吞咽、呵欠或在口鼻闭合的情况下才被动开放。

三、内　耳

内耳位于颞骨岩部内，是一系列结构复杂的弯曲管道，故又称迷路，包括**骨迷路**（osseous labyrinth）和**膜迷路**（membranous labyrinth）。骨迷路由前至后分为**耳蜗**、**前庭**和**半规管**三部分，它们依次连通，内壁上都衬以骨膜。膜迷路悬系在骨迷路内，形态与骨迷路相似，相应地分为膜蜗管、膜前庭和膜半规管三部分，三者相通。膜迷路管壁的黏膜由单层立方上皮或单层扁平上皮和固有层构成，某些部位的黏膜增厚，上皮细胞特化形成感受器。

膜迷路和骨迷路之间的间隙称外淋巴间隙，内充满外淋巴，可能来自骨膜毛细血管渗出或者蛛网膜下隙的脑脊液。膜迷路的腔内充满内淋巴，由膜蜗管的血管纹产生。

（一）耳蜗、膜蜗管及螺旋器

1. 耳蜗（cochlea）　像一个蜗牛壳，中央为锥体形骨质的蜗轴，蜗轴由松质骨构成，内有耳蜗神经节。骨蜗管和套嵌其内的膜蜗管围绕蜗轴盘旋两周半（图 1-17-13）。骨蜗管被膜蜗管分隔为上下两部分，上方为**前庭阶**，与前庭相连，下方为**鼓室阶**，借圆窗与鼓室相隔，两者在蜗顶处经蜗孔相通。

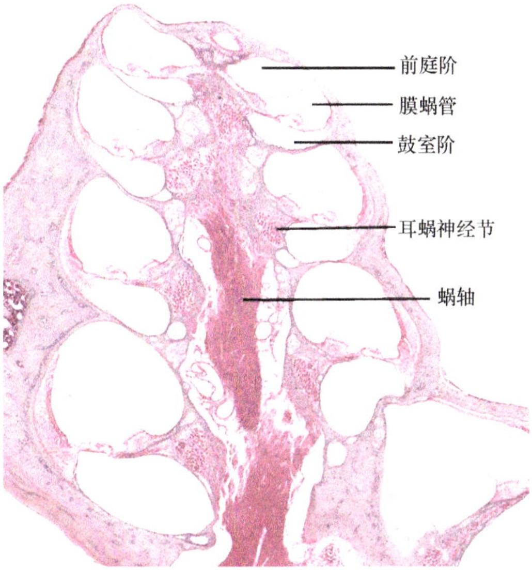

图 1-17-13　豚鼠耳蜗纵切面（HE 染色）

2. 膜蜗管（membranous cochlear duct） 横切面呈三角形，又称**中间阶**，由上、外和下侧三个壁构成。上壁为**前庭膜**，由两层单层扁平上皮夹一层基板组成。外侧壁黏膜较厚，上皮内含有毛细血管网，该上皮称**血管纹**，与内淋巴的产生有关。血管纹下方为增厚的骨膜，称**螺旋韧带**。下壁由骨螺旋板和基底膜及螺旋器共同构成。骨螺旋板是蜗轴的骨组织向外侧延伸而成的薄板，其起始处的骨膜增厚，突入膜蜗管形成**螺旋缘**（图 1-17-14），其表面的细胞分泌形成一胶质膜称**盖膜**。基底膜为薄层结缔组织膜，内侧与骨螺旋板相连，外侧与螺旋韧带相连。基底膜中含有大量的胶原细丝束，称**听弦**，听弦从蜗轴向外呈放射状排列。从蜗底至蜗顶，基底膜逐渐增宽，听弦由短变长，因此，蜗底部的基底膜能与高频振动发生共振，蜗顶的基底膜能与低频振动发生共振。基底膜的上皮增厚特化形成螺旋器，螺旋器上方覆盖着由螺旋缘向蜗管中伸出的盖膜。

3. 螺旋器（spiral organ） 又称 Corti 器，是听觉感受器，由蜗管下壁的上皮高度分化而成，呈螺旋状走行。上皮由支持细胞和毛细胞组成（图 1-17-14，图 1-17-15）。

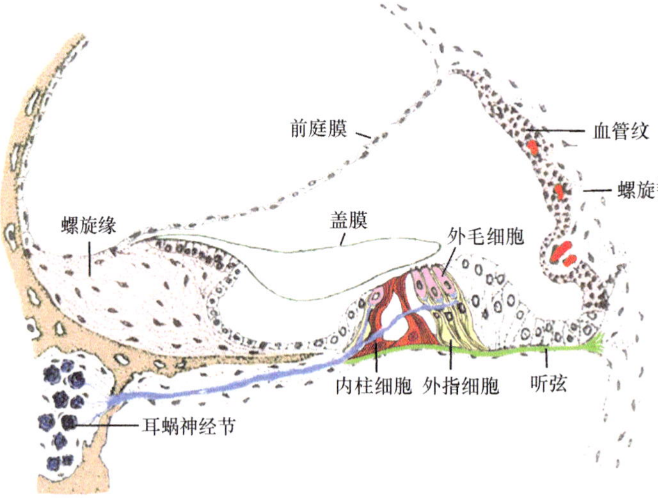

图 1-17-14 膜蜗管与螺旋器模式图

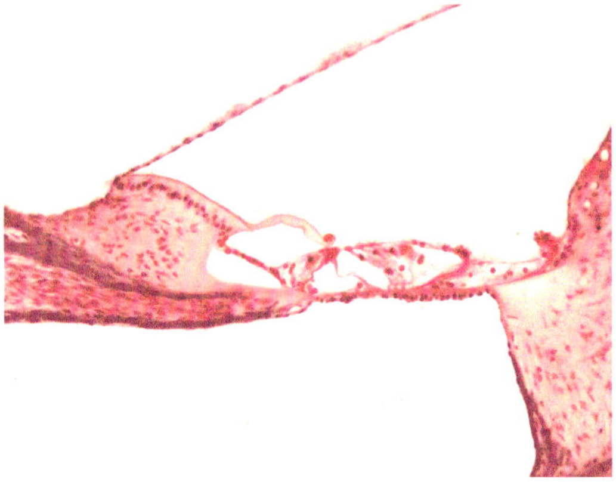

图 1-17-15 膜蜗管与螺旋器（HE 染色）

（1）支持细胞有**柱细胞**（pillar cell）和**指细胞**（phalangeal cell）两种。柱细胞基部较宽，排列于基膜上，底部相接，排列为内、外两行，分别称内柱细胞和外柱细胞。内、外柱细胞在基底部和顶部彼此连接，细胞中部分离，围成一个三角形的内隧道。内柱细胞内侧有一列指细胞，为内指细胞，外柱细胞外侧有 3～4 列指细胞，为外指细胞。指细胞呈杯状，一侧伸出一个指状突起抵达螺旋器的游离面，顶部凹陷内托着一个毛细胞。

（2）毛细胞 是感受声音刺激的细胞，分为 1 列内毛细胞和 3～4 列外毛细胞，胞体分别位于内指细胞、外指细胞胞体顶部的凹陷内。毛细胞游离面有数十到上百根粗而长的微绒毛，称静纤毛，外侧的静纤毛较内侧的逐排增高。内毛细胞的静纤毛呈“V”形排列，外毛细胞的静纤毛呈“W”形排列（图 1-17-16）。外毛细胞中较长的静纤毛插入盖膜的胶质中。毛细胞底部胞质与耳蜗神经节细胞的树突末端形成突触。液体的流动会使毛细胞的纤毛摆动，引起毛细胞兴奋，信息经毛细胞底部传递给耳蜗神经，借此传至中枢，产生听觉。

图 1-17-16 豚鼠螺旋器顶部扫描电镜图

听觉产生的过程：由外耳道传入的声波使鼓膜振动，经听骨链传至前庭窗，引起前庭阶外淋巴振动，再经前庭膜使膜蜗管的内淋巴振动，导致基底膜振动。前庭阶外淋巴的振动也经蜗孔传到鼓室阶，引起基底膜及其螺旋器共振，由于基底膜内含有不同长度和直径的听弦，从而引起与声波频率相应的听弦发生共振，使得毛细胞的静纤毛因与盖膜的位置变化而弯曲，引起毛细胞兴奋，释放神经递质，信息经耳蜗神经传至中枢，产生听觉。

（二）前庭、膜前庭及位觉斑

1. 前庭（vestibule） 位于骨迷路的中部，为一膨大的腔，前方与耳蜗相通，后方连接 3 个半规管。

2. 膜前庭 由椭圆囊和球囊组成。

3. 位觉斑（maculae acustica） 椭圆囊外侧壁和球囊前壁的黏膜局部增厚呈斑块状，分别称椭圆囊斑（macula utriculi）和球囊斑（macula sacculi），两者互相垂直，均为位觉感受器，故又合称位觉斑（图 1-17-17，图 1-17-18）。

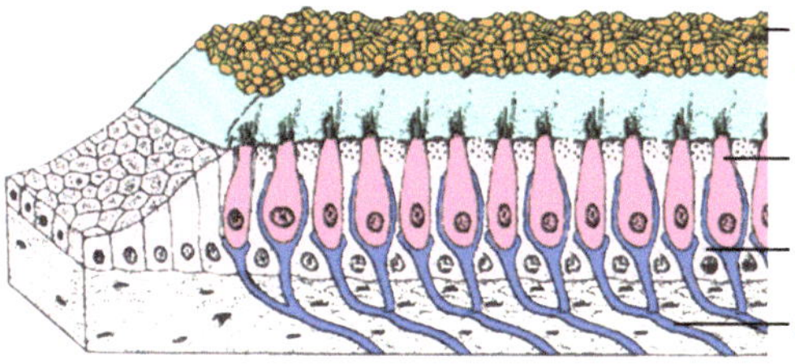

图 1-17-17 位觉斑结构模式图

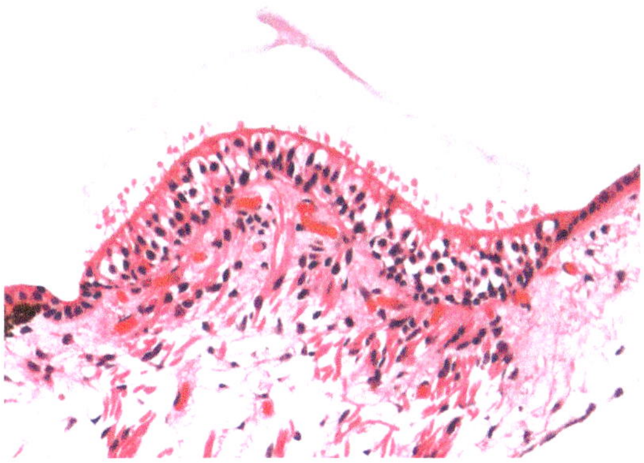

图 1-17-18 位觉斑（HE 染色）

位觉斑表面平坦，上皮为高柱状，由支持细胞和毛细胞组成。支持细胞分泌胶状的糖蛋白，在位觉斑表面形成位砂膜，内有细小的碳酸钙结晶颗粒，即位砂。

毛细胞位于支持细胞之间，细胞顶部有 40 ～ 80 根静纤毛和一根动纤毛，呈阶梯状排列，最长的静纤毛一侧有一根较长的动纤毛，离动纤毛越远的静纤毛越短，皆插入位砂膜内。毛细胞基底部与前庭传入神经末梢形成突触联系（图 1-17-17）。

由于球囊斑和椭圆囊斑互相垂直，位砂的比重大于内淋巴，这样无论头处于任何位置，位砂膜可在直线变速运动或其重力作用下，与毛细胞胞体的位置发生相对移动，从而使纤毛弯曲，毛细胞兴奋，并将兴奋经传入神经末梢传递入脑。位觉斑感受身体的直线变速运动和静止状态。

（三）半规管、膜半规管及壶腹嵴

1. 半规管 骨性半规管位于内耳的后外侧，分为上、后、外侧三个互相垂直的半环形骨管，每个半规管与前庭相连处各形成一个膨大的壶腹。相应的膜半规管及其壶腹套嵌其内。

2. 壶腹嵴 由膜性壶腹底部黏膜局部增厚形成横行的嵴状隆起，称**壶腹嵴**（crista ampullaris）（图 1-17-19）。壶腹嵴的上皮也由支持细胞和毛细胞组成，其动纤毛和静纤毛的数量和排列情况与位觉斑类似。支持细胞分泌的糖蛋白形成圆锥状的帽状结构，称**壶腹帽**（cupula），动纤毛和静纤毛插入壶腹帽基部。前庭神经中的传入纤维末梢分布于毛细胞的基部。壶腹嵴也是位觉感受器，感受身体或头部的旋转变速运动。由于 3 个半规管互相垂直排列，不管身体或头部向哪个方向旋转，都会有半规管内淋巴流动使壶腹帽倾斜，使毛细胞兴奋，兴奋经前庭神经传入中枢。

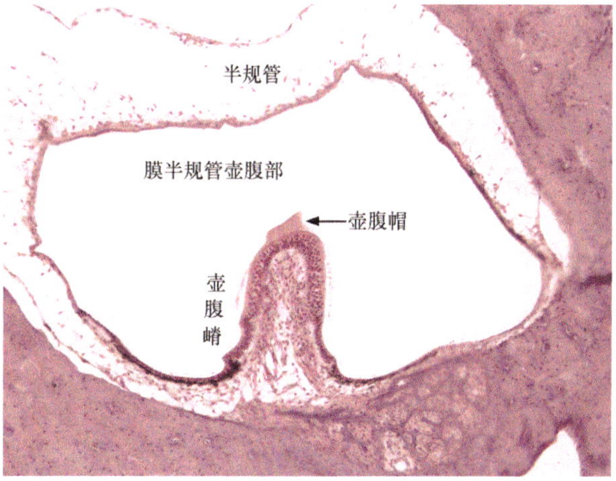

图 1-17-19 壶腹嵴（HE 染色）

思 考 题

（1）角膜为什么是透明的?

（2）精确看到物体并能够分辨颜色的视网膜的相关组织结构是什么？

（3）听觉感受器由什么组成？

（刘佳梅　刘　颖）

角膜移植

歌手姚贝娜于2015年1月16日因乳腺癌病逝，年仅33岁。虽然她离开了这个世界，但她将一双明亮清澈的眼睛留在了人间。姚贝娜的眼角膜成功移植给了深圳、成都的两位眼疾患者，为他们带来了光明。角膜移植的高成功率源于角膜本身不含血管，处于“免疫赦免”地位，不会导致移植后的免疫排斥反应。角膜移植方式主要有全板层移植(穿透性角膜移植)、板层角膜移植和角膜内皮移植，具体采用哪种移植方式，要看病变侵害到角膜的哪一层。一些引起患者严重视力受损甚至是失明的角膜疾病，通过进行角膜移植的方法，可以完全治愈，帮助这些不幸的患者远离痛苦。

第 18 章　男性生殖系统

内容提要

（1）男性生殖系统的组成。
（2）睾丸的一般结构。
（3）精子的发生过程。
（4）支持细胞的形态、结构和功能。
（5）血 - 睾屏障的位置、组成和意义。
（6）睾丸间质细胞的形态、结构和功能。
（7）附睾的结构和功能；前列腺的形态结构和功能。

男性生殖系统（male reproductive system）由内生殖器和外生殖器组成。内生殖器包括睾丸、生殖管道和附属腺。睾丸为男性生殖腺，能产生精子，分泌雄激素；生殖管道（附睾、输精管、射精管和尿道）可贮存、营养和运输精子；附属腺（前列腺、精囊腺和尿道球腺）和生殖管道的分泌物与精子共同构成精液。外生殖器为阴囊和阴茎（图 1-18-1）。

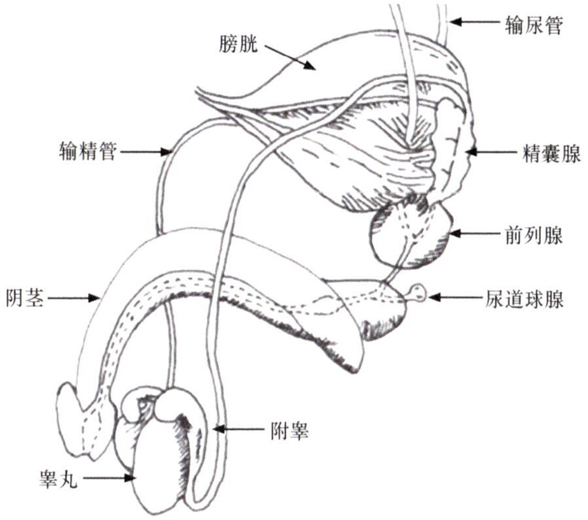

图 1-18-1　男性生殖系统组成模式图

第一节　睾　　丸

睾丸既是产生男性生殖细胞的生殖器官，又是产生性激素的内分泌腺。睾丸悬吊在阴囊中，左右各一。成人的睾丸呈椭圆形，长约 4.5 cm，宽约 2.5 cm，厚约 3.0 cm，重约 12g。睾丸表面覆以浆膜，即鞘膜脏层，深部为致密结缔组织构成的白膜（tunica albuginea），白膜在睾丸后缘增厚并突向睾丸内形成**睾丸纵隔**（mediastinum testis）。睾丸纵隔的结缔组织发出许多放射状的睾丸小隔伸入睾丸实质，将其分成约 250 个锥体形睾丸小叶，每个小叶内有 1 ～ 4 条弯曲细长的生精小管（seminiferous tubule），**生精小管**在近睾丸纵隔处变为短而直的**直精小管**。直精小管进入睾丸纵隔后相互吻合形成**睾丸网**。生精小管之间为疏松结缔组织，称睾丸间质（图 1-18-2，图 1-18-3）。

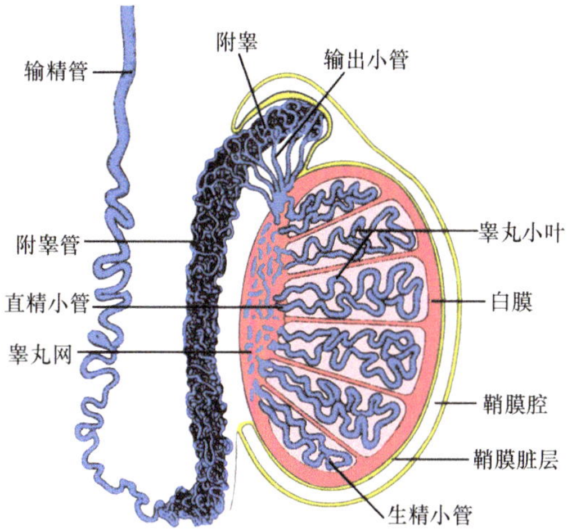

图 1-18-2　睾丸与附睾结构模式图

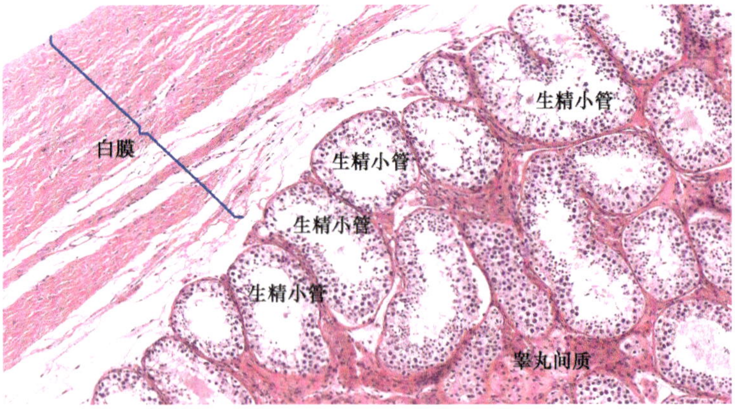

图 1-18-3　睾丸（HE 染色）

一、生精小管

生精小管是极度弯曲的上皮性管道，两端汇入直精小管（图 1-18-2）。每条生精小管长约 30 ～ 80 cm，直径 150 ～ 250 μm，管壁厚 60 ～ 80 μm。成人的一侧睾丸中生精小管的总长度可达 255 m。

生精小管主要由复层的生精上皮（spermatogenic epithelium）构成。生精上皮由支持细胞和 5 ～ 8 层生精细胞（spermatogenic cell）组成，生精上皮的基底面上有一层很薄的基膜，其外面有胶原纤维和肌样细胞（myoid cell）构成。不同种类的动物，肌样细胞的层数也不同。如啮齿类动物只有一层肌样细胞，而在猴和人则有 3 ～ 4 层肌样细胞。肌样细胞呈扁平形，胞质中含有丰富的肌动蛋白微丝，能进行节律性收缩，肌样细胞收缩时有助于精子的排出（图 1-18-3，图 1-18-4，图 1-18-5）。

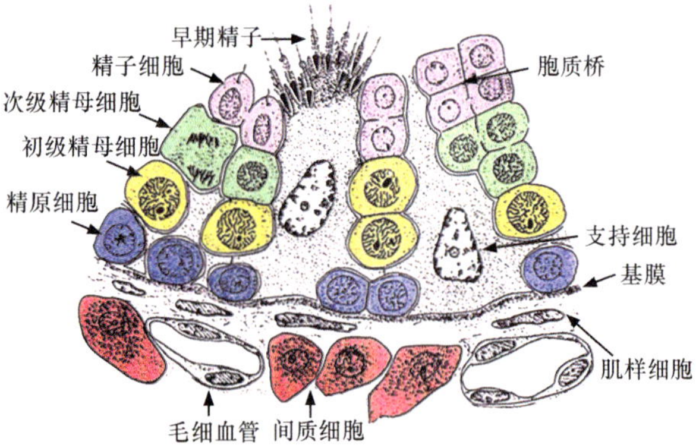

图 1-18-4　生精上皮与睾丸间质细胞结构模式图

（一）生精细胞

生精细胞包括精原细胞、初级精母细胞、次级精母细胞、精子细胞和精子，它们自生精小管的基底部至管腔面依次排列为 5 ～ 8 层（图 1-18-5，图 1-18-6）。青春期前的生精小管中只有支持细胞和精原细胞。青春期开始，在垂体促性腺激素的作用下，生精细胞不断分裂增殖，形成精子，故在生精小管的壁中可见不同发育阶段的、排列有序的生精细胞。从精原细胞至形成精子的过程称精子发生（spermatogenesis）。此过程经历了精原细胞的增殖、精母细胞的减数分裂和精子的形成 3 个阶段（图 1-18-6）。

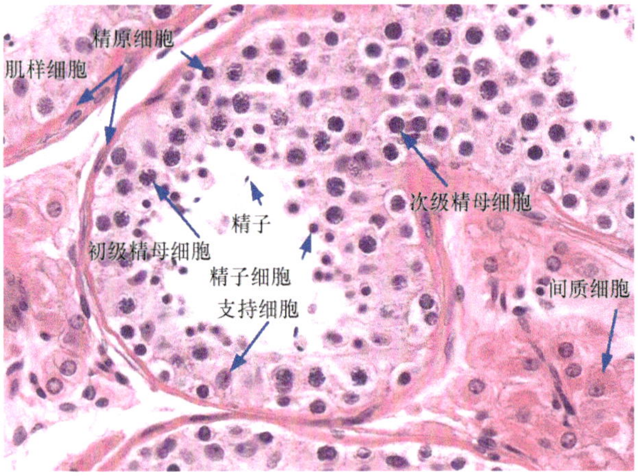

图 1-18-5　生精小管与睾丸间质（HE 染色）

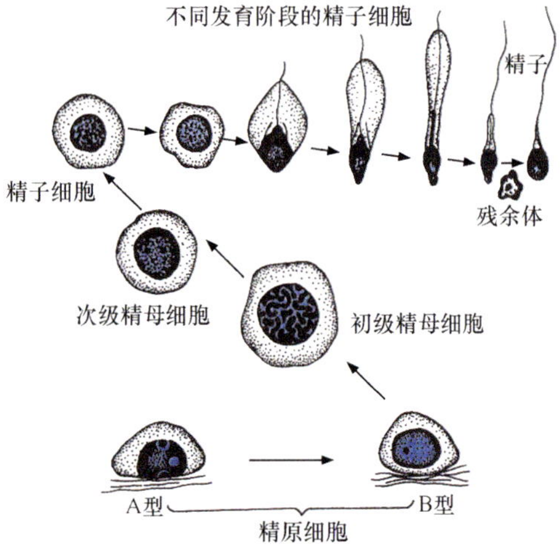

图 1-18-6　精子发生示意图

1. 精原细胞　是生精上皮中最幼稚的生精细胞，位于生精上皮的基膜上（图 1-18-4，图 1-18-5），胞体呈圆球形，直径约 12 μm，胞质染色较淡。精原细胞分 A、B 两型。A 型精原细胞的核呈椭圆形，有 1 ～ 2 个核仁。A 型精原细胞是生精细胞中的干细胞，经过不断地分裂增殖，一部分分化为 B 型精原细胞，另一部分继续作为干细胞。B 型精原细胞核圆，核膜上附有较粗的染色质颗粒。青春期开始，B 型精原细胞经过数次分裂后，体积增大，分化为初级精母细胞，并移向精原细胞的管腔侧。

2. 初级精母细胞（primary spermatocyte）　由精原细胞发育形成并移向近管腔面，体积较大呈圆形，直径约 18 μm（图 1-18-4，图 1-18-5）。核大而圆，分裂间期的初级精母细胞停留时间甚短，很快即进入分裂期。其分裂前期可长达 22 天以上，因此，在切片上可以看到大量的处于分裂前期的初级精母细胞。初级精母细胞的染色体核型为 46，XY。细胞经过 DNA 复制后（4n DNA），进行第一次减数分裂，形成 2 个次级精母细胞。

3. 次级精母细胞（secondary spermatocyte）　由初级精母细胞分裂而来，位置更靠近腔面（图 1-18-4，图 1-18-5）。细胞圆形，直径约 12μm，胞质较少，核圆，染色深，染色体核型为 23，X 或 23，Y（2n DNA）。次级精母细胞不进行 DNA 复制，迅速进入第二次减数分裂，形成两个精子细胞。由于次级精母细胞存在时间较短，约 6 ～ 8h，故在生精小管切面中不易见到。

减数分裂（meiosis）又称成熟分裂，只见于生殖细胞的发育过程。经过两次减数分裂后的生殖细胞，染色体数目减半，由二倍体细胞变成了单倍体细胞。

4. 精子细胞（spermatid）　由次级精母细胞分裂而来，位置更靠近管腔，圆形或椭圆形，直径约 8 μm，核圆，染色质致密（图 1-18-4，图 1-18-5）。精子细胞是单倍体，染色体核型为 23，X 或 23，Y（1n DNA）。细胞不再分裂，它经过复杂的形态变化，由圆形变为蝌蚪形的精子，这一过程称精子形成（spermiogenesis）（图 1-18-7）。

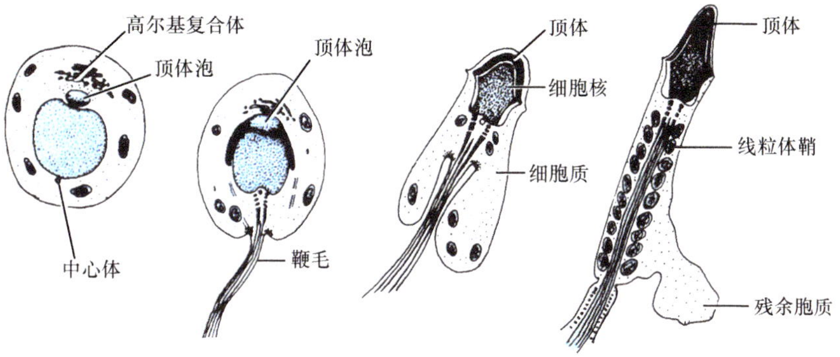

图 1-18-7　精子形成模式图

精子形成的主要变化过程为：①细胞核染色质高度浓缩，成为精子头部的主要结构；②高尔基复合体形成顶体泡，呈帽状覆盖在核的前半部，成为顶体（acrosome）；③中心粒移到顶体的相对侧，其中一个中心粒的微管伸长，形成轴丝，成为精子尾部的主要结构；④线粒体从细胞周边集中到尾部近段的周围并盘绕成螺旋形的线粒体鞘；⑤多余的细胞质聚集于尾侧，逐渐形成残余体，最后脱落。

5. 精子　人的**精子**（spermatozoon）形似蝌蚪，长约 60 μm，分为头和尾两部分（图 1-18-8，图 1-18-9）。头部嵌入支持细胞的顶部胞质中，尾部游离于生精小管腔内。头部正面观呈卵圆形，侧面观呈梨形，长 4 ～ 5 μm。头主要为高度浓缩的细胞核，核的前 2/3 有**顶体**覆盖。顶体是一种特殊的溶酶体，内含多种水解酶，如顶体素、磷酸酯酶、透明质酸酶等，在受精过程中具有重要作用。尾部分为颈段，中段，主段和末段四部分。尾部细长，又称鞭毛，是精子运动的主要装置，构成尾部全长的轴心是轴丝，由 9+2 排列的微管组成。轴丝外有 9 根纵行外周致密纤维。颈段有中心粒。中段在轴丝外侧包有线粒体鞘，是精子的能量供应中心。主段最长，外周致密纤维外方有纤维鞘，这两种结构均辅助精子运动。末段短，其内仅有轴丝。

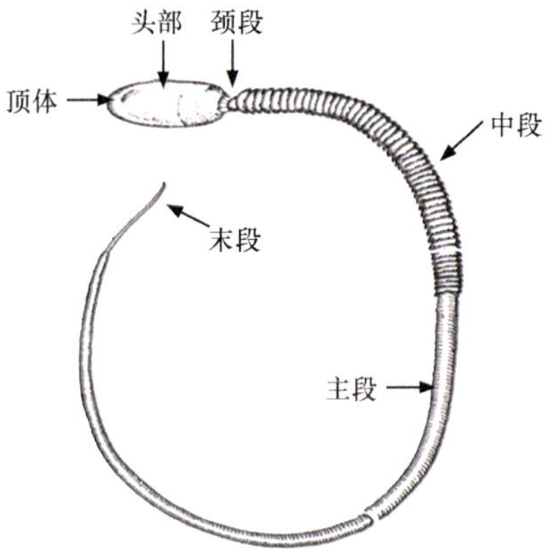

图 1-18-8　精子结构模式图

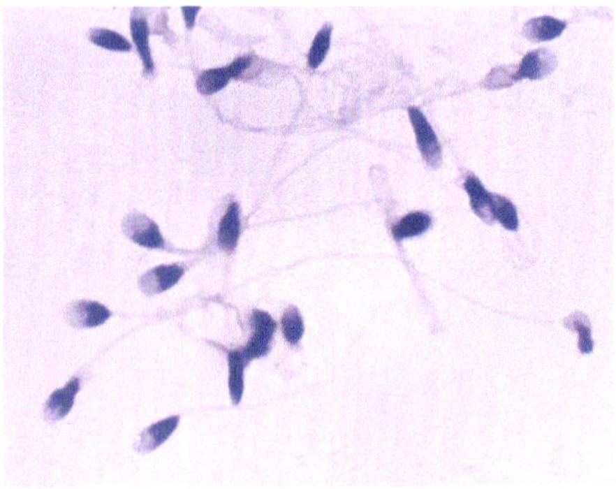

图 1-18-9　精液涂片

从精原细胞发育精子，在人约需 64 ± 4.5 天。但在睾丸的切片中，可见生精小管不同断面具有不同的发育阶段的生精细胞的组合。这是因为各段生精小管的精子发生并不是同步的。同时，来自于同一精原细胞的各级生精细胞的胞质并未完全分开，细胞间有胞质桥（intercellular cytoplasmic bridge）相连，形成一个同步发育的同源细胞群。胞质桥的存在有利于细胞间信息传递，保证同源生精细胞同步发育。

精子发生和形成须在低于体温 2 ～ 3℃的环境中进行，故隐睾患者因精子发生障碍而不育。精子发生的过程可因遗传、环境、物理及化学等多种因素的影响造成精子成熟障碍，出现无精、少精、弱精和畸形精子等问题，也可导致男性不育。此外，精子表面存在膜抗原，是精子发生、成熟过程的重要标志分子，与受精和胚胎的早期发育关系密切，涉及精子获能、精卵识别、顶体反应、穿过透明带、精卵融合等多方面，而且其中部分抗原还可诱导机体产生相应的自身抗体，影响精子的受精能力，是导致免疫性不育的主要原因。在有生育力男子的精液中畸形精子可占 20% ～ 40%，其原因不明，但机体感染、创伤、辐射、内分泌失调等可增加畸形精子的数量，若超过 40%，可致不育。

（二）支持细胞

支持细胞又称 Sertoli 细胞。是一种外形不规则的长锥体形细胞，基底面位于基膜上，顶端直达管腔，侧面和管腔面上有很多不规则的凹窝，窝中镶嵌着各级生精细胞。固光镜下细胞轮廓不清楚。细胞核呈卵圆形或三角形、染色浅，核仁明显。电镜下可见胞质中含有大量的杆状线粒体，丰富的滑面内质网和粗面内质网，高尔基复合体较大，溶酶体呈多种形态。微丝、微管也较丰富，多见于细胞核上部，排列规则，与细胞长轴平行。成人的支持细胞不再分裂。数量恒定，在每个生精小管的横断面上有 8 ～ 11 个。

相邻支持细胞侧面近基部的胞膜形成紧密连接，将生精上皮分成基底室（basal compartment）和近腔室（adluminal compatrment）两部分。基底室位于生精上皮基膜和支持细胞紧密连接之间，内有精原细胞；近腔室位于紧密连接上方，与生精小管管腔相通，内有精母细胞、精子细胞和精子。生精小管与血液之间有血 - 睾屏障（blood-testis barrier），其组成包括间质的毛细血管内皮及其基膜、结缔组织、生精上皮基膜和支持细胞紧密连接。紧密连接是构成血 - 睾屏障的主要结构。

支持细胞具有支持、营养、保护、转运、吞噬和分泌等多方面的功能，具体功能如下：①对生精细胞起支持、保护和营养作用；②吞噬和消化精子形成过程中脱落下来的残余胞质。③在卵泡刺激素的作用下，合成分泌雄激素结合蛋白（androgen binding protein，ABP）和抑制素（inhibin），前者可与雄激素结合，提高生精小管内雄激素的水平，以利于精子发生；后者可反馈性地抑制腺垂体分泌卵泡刺激素；④其参与构成的血 - 睾屏障可阻止某些物质进出生精上皮，还能防止精子抗原物质逸出生精小管外而发生自体免疫反应，以保持精子发生微环境的稳定；⑤支持细胞可分泌少量液体，有助于精子的运送。同时，胞质内微丝和微管的收缩可使不断成熟的生精细胞向腔面移动。

二、睾丸间质

生精小管之间的疏松结缔组织为睾丸间质。间质内富含血管和淋巴，还有一种特殊的、成群或单个分布的细胞为睾丸间质细胞（testicular interstitial cell），又称 Leyding 细胞，细胞较大，圆形或多边形，胞质嗜酸性，核圆居中，染色较淡，核仁明显（图 1-18-3，图 1-18-4，图 1-18-5），具有分泌类固醇激素细胞的超微结构特点。自青春期起，在黄体生成素的作用下，睾丸间质细胞开始分泌雄激素（androgen）。雄激素可促进男性生殖器官的发育和精子的发生，维持男性第二性征和性功能。

青春期后，生精小管的生精过程必需在雄性激素的作用下才能进行，生精上皮中的激素水平比体液和其他器官组织中的浓度要高得多。精囊腺、前列腺、尿道球腺等附属性腺和附睾管、输精管的重要功能也必须在雄性激素的作用下才能完成。

三、直精小管和睾丸网

直精小管很短，一端与生精小管相连，另一端通向位于睾丸纵膈中的睾丸网。在生精小管接近睾丸纵隔时，管壁上的生精细胞逐渐减少，最后只剩支持细胞铺衬，管径变小，直至过渡到直精小管（图 1-18-10）。直精小管是由单层立方或低柱状上皮构成的短管，连接生精小管与睾丸网，管壁薄，管径细，因此在切片上不易查见（图 1-18-11）。

直精小管进入睾丸纵膈并分支吻合呈管状的管道，称为睾丸网（图 1-18-12）。管腔大而不规则，管壁由单层立方或低柱状上皮组成，周围的结缔组织中血管丰富。睾丸网的一侧与直精小管相接，另一侧与输出小管相连。

电镜观察，可见睾丸网的上皮细胞的游离面上有短的微绒毛和一根较长的纤毛伸入管腔，能够摆动。

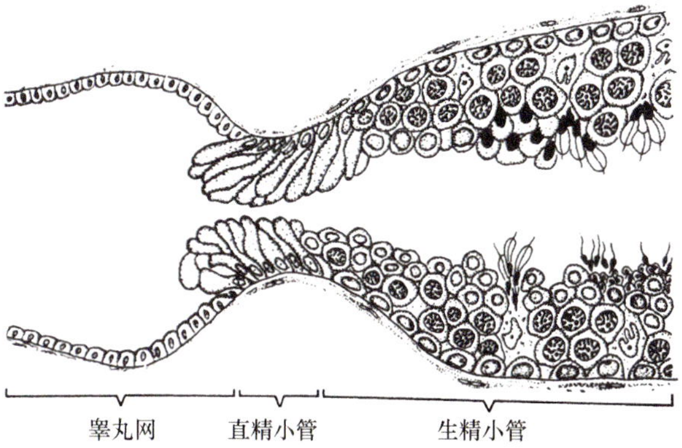

图 1-18-10　生精小管、直精小管和睾丸网关系模式图

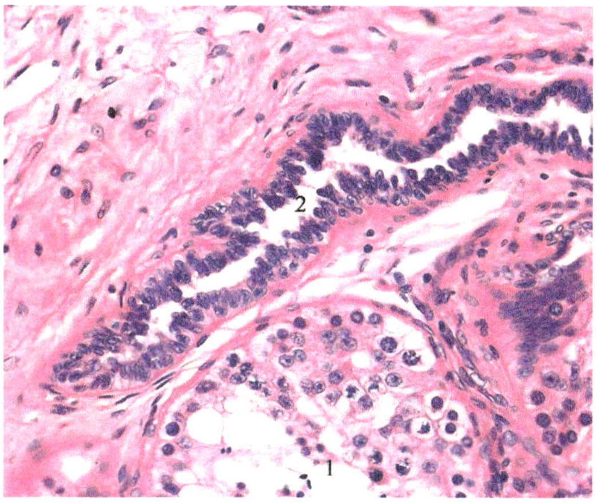

图 1-18-11　直精小管（HE 染色）

1. 生精小管；2. 直精小管

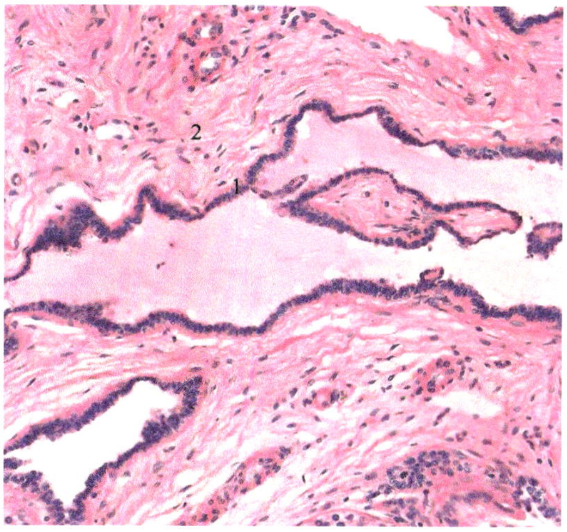

图 1-18-12　睾丸网（HE 染色）

1. 睾丸网上皮；2. 结缔组织

直精小管和睾丸网是输送精子的管道。管内缓缓流动着少量液体，称睾网液。精子随睾网液的流动而被输送到附睾管。睾网液一部分由生精小管管壁上的支持细胞的分泌，一部分由间质组织中的组织液通过血 - 睾屏障渗透而来。睾网液中含有丰富的离子，尤其是钾离子，但钠离子和碳酸氢盐的含量比等渗血浆中的含量低；睾网液中含有丰富的葡萄糖、谷氨酸盐、乳酸、肌醇和高浓度的睾酮。这些成分对精子的正常存活都是必需的。

第二节　排精管道

睾丸外的排精管道包括附睾、输精管、射精管和男性尿道。

一、附　　睾

附睾位于睾丸的后外侧，由输出小管和附睾管组成。附睾可分为头、体、尾三段，头部主要由输出小管构成，体部和尾部由附睾管组成（图 1-18-2）。

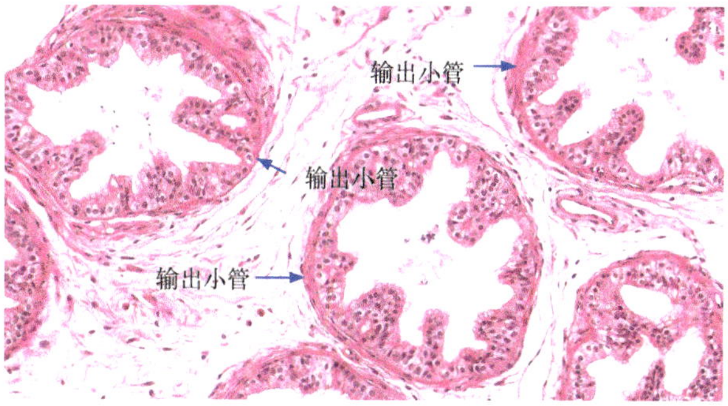

图 1-18-13　输出小管（HE 染色）

1. 输出小管　**输出小管**（efferent duct）位于睾丸的后上方，共有 8～12 条，一端连于睾丸网，一端通入附睾管。管腔不规则，上皮由高柱状纤毛细胞群及低柱状细胞群相间排列成波浪状（图 1-18-13），高柱状细胞的游离面上有纤毛向附睾方向摆动，推动精子向附睾方向移动。高柱状细胞还有分泌功能。低柱状细胞核靠近基部，核仁明显，胞质中含大量溶酶体及吞饮小泡，有消化和吸收功能。低柱状细胞的游离面有少量的微绒毛，在微绒毛之间有质膜内褶。上皮的基部有明显的基膜，基膜外面有薄层环行平滑肌和富含血管的结缔组织。环行平滑肌的节律性收缩是精子向附睾方向转运的动力之一。

2. 附睾管　**附睾管**（epididymal duct）是一条长而高度盘曲的小管，构成附睾的体和尾，并与输出小管共同构成附睾头，长约 4～6 m。附睾管的黏膜上皮为假复层纤毛柱状（图 1-18-14），由主细胞和基细胞组成。基细胞呈小锥体形，位于上皮深层。附睾管头部的主细胞呈高柱状，向尾部逐渐变低，至附睾尾端变为低柱状或立方上皮。主细胞的游离面有成簇的静纤毛，附睾管头部主细胞的静纤毛可长达 80 μm，附睾管尾部主细胞的静纤毛只有 40 μm 长。静纤毛的电镜结构与微绒毛相同，静纤毛之间有很多质膜内褶，细胞的顶端胞质中含有大量吞饮小泡和多泡体。胞质中还有许多大的溶酶体、丰富的粗面内质网、滑面内质网和发达的高尔基复合体。主细胞具有吸收和分泌功能。不仅可吞噬并消化精子脱落下来残余胞质或衰老精子，还参与附睾管中的甘油磷酸胆碱、肉毒碱、卡尼汀和唾液酸等重要成分的分泌。精子在附睾内停留 8～17 天，发生一系列形态结构和生理代谢等方面的变化，获得运动能力，达到功能上的成熟。

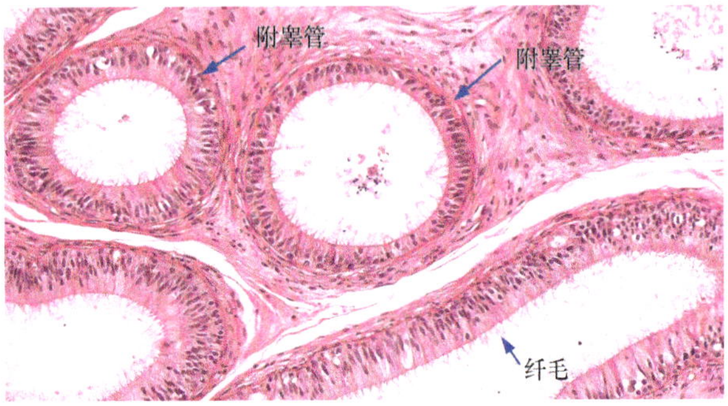

图 1-18-14　附睾管（HE 染色）

精子自睾丸至附睾的转运是靠管腔内睾丸液的单向流动实现的。生精小管周围的肌样细胞和输出小管平滑肌细胞的收缩，输出小管上皮纤毛的摆动，输出小管和附睾管上皮细胞吸收睾丸液产生的管腔内静水压梯度差共同作用促使睾丸液从生精小管缓慢地流向附睾，精子随之被转运到附睾管，精子自睾丸运行到附睾尾端需要 2 周左右。贮存在附睾尾部的精子可存活 1～2 个月。

二、输精管和射精管

输精管为输送精子的管道，长 45～60 cm，直径 2.5 cm，上端接附睾管，下端膨大成壶腹，与精囊腺汇合后成射精管，射精管穿过前列腺而汇入尿道的前列腺部（图 1-18-1）。输精管的管壁厚、管腔窄，管壁由黏膜层、肌层和外膜构成（图 1-18-15）。黏膜上皮为假复层柱状；固有层为富含弹性纤维的细密结缔组织，黏膜层形成多条纵行皱襞。肌层很厚，由平滑肌构成，内层为较薄的纵行平滑肌，外层为较厚的纵行平滑肌，中层最厚，为环形平滑肌，外膜为富含血管和神经的疏松结缔组织。输精管能进行自动节律性收缩，强度和频率自起始端往下逐渐增强。输精管的节律性收缩受去甲肾上腺素的控制和调节。输精管各段收缩强度和频率的差异，是由于各段所含去甲肾上腺素的浓度不同而引起的。平时输精管的自动节律性收缩是肌层中交感神经规律性地释放去甲肾上腺素的结果，射精时的节律性强收缩则是由于交感神经同步大量释放去甲肾上腺素而引起的。

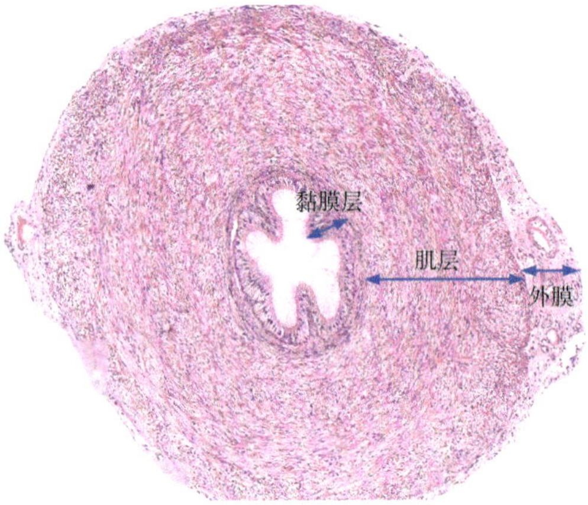

图 1-18-15　输精管（HE 染色）

在输精管穿入前列腺之前，精囊腺与其汇合，穿入前列腺实质，开口于尿道前列腺部。穿行于前列腺内的这一段输精管道，叫射精管。射精管的黏膜上皮为假复层柱状，在开口处变为变移上皮。黏膜形成许多皱襞。固有层中富含平滑肌并有静脉丛分布。

三、男性尿道

男性尿道既是排尿管道又是排精管道。尿道分为三段：第一段位于前列腺内，称前列腺部，长约3～4 cm；第二段位于尿生殖三角中，称膜部，长约1 cm；第三段位于尿道海绵体中，称海绵体部，长约15 cm，是三段中最长的一段（图1-18-1，图1-18-16）。尿道壁分三层：黏膜层、肌层和外膜。尿道的黏膜上皮三段各异，大部分前列腺部的上皮为变移上皮，与膀胱的变移上皮相延续，尿道膜部和前列腺部的一小部分为假复层柱状上皮；尿道海绵体部大部为复层柱状上皮，只在近尿道外口处为复层鳞状上皮，与龟头表面的上皮相延续。在尿道海绵体部，黏膜上皮局部下陷，形成尿道腺（Littri腺）。上皮的深面为细密结缔组织构成的固有膜，富含弹性纤维和血管，还有散在的平滑肌纤维。尿道壁的中层为肌层，由平滑肌构成，不发达，分布也不规则，于前列腺部和膜部为内纵外环排列，于海绵体部只有一层很薄的环行平滑肌。尿道壁的最外层为疏松结缔组织构成的外膜（图1-18-17）。

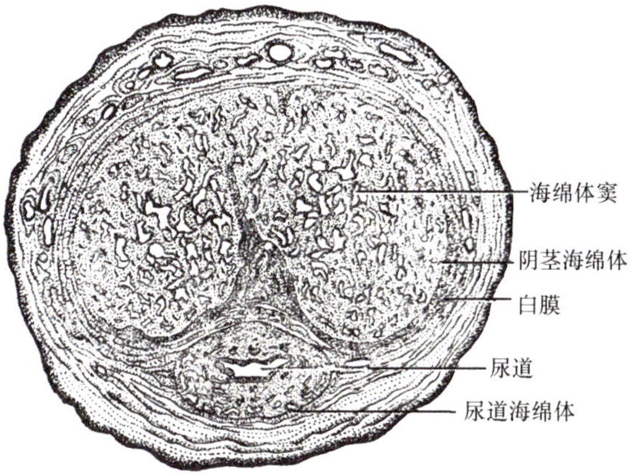

图1-18-16　阴茎横切面结构模式图

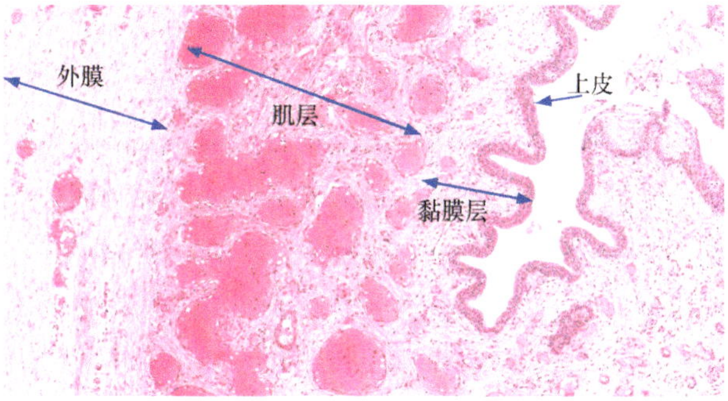

图1-18-17　男性尿道（HE染色）

第三节　附属腺体

男性生殖器的附属腺包括精囊腺、前列腺和尿道球腺等。

一、精囊腺

精囊腺位于膀胱后面，左右各一，由一对高度蟠曲的小管构成（图1-18-1）。每条小管长达15 cm，管径3～4 mm。精囊腺的大小，形状、结构特点及功能状况等都有着明显的年龄性变化，并受男性激素的调节。

精囊腺的壁分为三层，从内向外分别为黏膜层、肌层和外膜（图1-18-18）。黏膜层形成很多皱襞，皱襞分支并相互交织成网，致使管腔呈蜂窝状。这样就大大地增加了腺体的分泌面积。黏膜上皮为假复层柱状，高柱状细胞的表面有少量的微绒毛，其细胞核呈圆形、位于细胞基部，胞质中有丰富的线粒体和粗面内质网，核上区有发达的高尔基复合体，顶部胞质中含有很多分泌颗粒，溶酶体和脂褐素也较多。基细胞一般位于柱状细胞的基部之间，基细胞的核上方有一对中心粒，靠近表层的基细胞从中心粒发出一条鞭毛，伸入管腔中。肌层由内环、外纵排列的两层平滑肌构成，两肌层之间含有神经丛和小的交感神经节。外层为疏松结缔组织，内含丰富的血管。

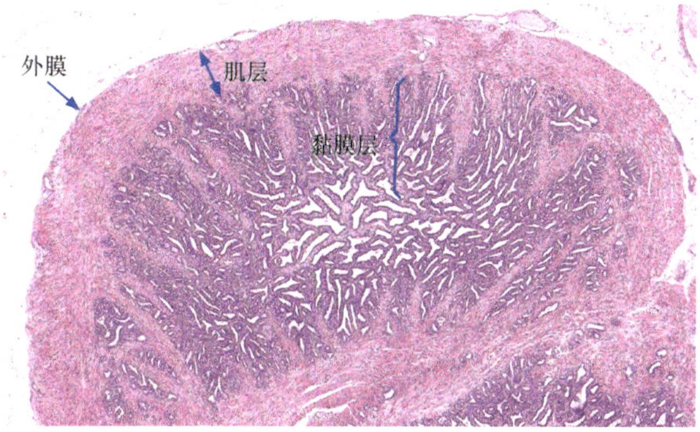

图1-18-18　精囊腺（HE染色）

精囊腺的分泌物是精液的重要组成成分，弱碱性、粘稠、浅黄色，内含丰富的果糖和精液凝固酶（或精囊酶Vesiculase），还含有大量的前列腺素。

二、前列腺

前列腺是男性附属腺中最大的一个，呈栗子形，位于膀胱的后下方，包绕着尿道的起始部（图1-18-1）。尿道前列腺部的后壁下陷，致使尿道的横断面呈"八"字形。尿道后壁突入尿道腔形成一嵴状隆起，称尿道嵴，尿道嵴两侧的尿道部分称尿道窦。前列腺被结缔组织与平滑肌构成的被膜所包绕，被膜中的结缔组织和平滑肌与腺体内的结缔组织和平滑肌相延续。腺体内的结缔组织和平滑肌占腺实质的1/3以上，构成了腺体的支架，平滑肌的收缩可促进分泌物的排出。腺组织由30～50个管泡状腺及15～30条导管组成，导管直接开口于尿道前列腺部的精阜两侧。腺泡上皮多为单层柱状或假复层柱状，部分区域可出现单层立方或单层扁平上皮。

上皮的形态及功能状况与雄性激素的水平有关。前列腺的腺腔较大，腺上皮表面形成很多皱襞，因而腺腔很不规则（图 1-18-19）。腺上皮细胞的基底部之间有少数基细胞。腺上皮细胞的胞质中有丰富的粗面内质网，并常常扩大成池；线粒体小而少，溶酶体也较少，核上区有发达的高尔基复合体，顶部胞质中有大量的分泌颗粒。腺腔中常常有同心圆的板层小体，由浓缩的分泌物所形成，称为前列腺凝固体（prostatic concretion），如有钙盐沉积，则称为前列腺结石，这种结构随年龄增长而增多。

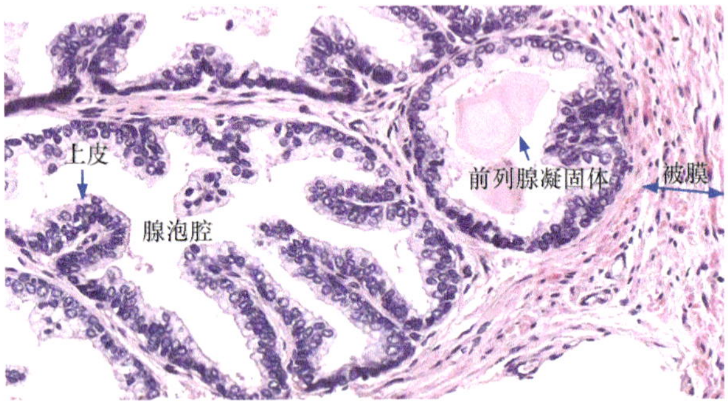

图 1-18-19　前列腺（HE 染色）

腺组织在前列腺中的排布有着一定的规律性。腺组织以尿道为中心，大体排列成内、中，外三个环形区带（图 1-18-20）。内带位居尿道周围，故称黏膜腺，腺体短小，开口于尿道周围；中间带位于尿道周围组织的外部，故称黏膜下腺；外带位居最外侧，是前列腺的主要组成部分，叫主腺。黏膜下腺和主腺的导管只开口于尿道窦。在 40 岁之后，黏膜腺和黏膜下腺常常呈结节状增生而压迫尿道，可导致尿道部分性地或完全性地阻塞。前列腺癌通常发生于主腺。

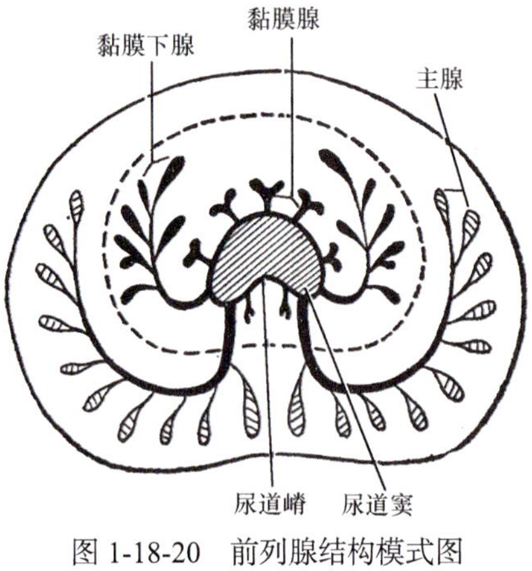

图 1-18-20　前列腺结构模式图

前列腺的分泌物是精液的重要组成成分，为乳白色稀薄的液体，有特殊的气味，呈弱碱性，内含丰富的柠檬酸和酸性磷酸酶，还有较多的蛋白水解酶和纤维蛋白溶酶，这些酶与精液的液化有关。

三、尿道球腺

尿道球腺为一对管泡状腺，位居尿道球的后上方，开口于尿道膜部两侧，大小如豌豆（图 1-18-1）。腺体被结缔组织分隔成许多小叶，小叶间的结缔组织中含有相当数量的平滑肌。腺泡为复管胞状腺，其导管也有分泌功能。腺泡上皮的形态随功能状况而异，有的呈扁平形，有的呈立方形或柱状。导管上皮为单层柱状，但在接近开口的部位，上皮变为假复层柱状。导管上皮的基底部有基膜，基膜外有结缔组织包绕，结缔组织的外面还有薄层平滑肌。尿道球腺的分泌物清亮而粘稠，内含半乳糖、半乳糖胺（galactosamine）、半乳糖醛酸、唾液酸、甲基戊糖，还含有 ATP 酶和 5- 核苷酸酶。尿道球腺的分泌物也是精液的组成成分。

思　考　题

（1）哪些结构参与精液的生成？
（2）男性不育症发生的原因是什么？
（3）为什么老年人易患前列腺肥大？

（刘玉荣）

精子抗体与不孕

不孕的原因很多，有研究表明约 30% ～ 40% 的不孕与免疫性抗体有关。即在精子、精浆、宫颈粘液中发现抗精子抗体而造成不孕。这种由免疫学因素造成的不孕统称为“免疫不孕”。免疫性不孕已经被认为是不孕的主要原因之一。精子抗原一旦接触机体的免疫系统，可引起体液及细胞免疫。体液免疫表现为产生精子抗体。正常男性血 - 睾屏障将抗原与免疫系统严格隔离，不致自身免疫。双侧或单侧血睾屏障受到暂时或永久破坏，可导致抗原接触免疫系统，引起免疫反应。实验发现，家兔在生殖道内有创伤时性交，可导致体内产生精子抗体。人类在患有子宫内膜炎或子宫出血时性交，亦可产生精子抗体。目前，体内抗精抗体的检测已经成为诊断治疗不育症的重要临床检测项目。

第 19 章　女性生殖系统

内容提要

（1）卵巢的结构与功能。
（2）卵泡的发育和成熟过程。
（3）各阶段卵泡的结构特点。
（4）排卵的概念、时间及过程。
（5）黄体的形成与退化。
（6）黄体的功能。
（7）闭锁卵泡。
（8）输卵管的结构。
（9）子宫壁的结构。
（10）子宫内膜的周期性变化及与卵巢的关系。
（11）乳腺的结构。

女性生殖系统（female reproductive system）包括卵巢、输卵管、子宫、阴道和外生殖器（图 1-19-1）。卵巢能够分泌性激素并产生卵细胞；输卵管是输送卵子和受精的部位；子宫是产生月经和孕育胎儿的器官；乳腺分泌乳汁，是哺育婴儿的器官，且受女性激素的影响，故也列入本章叙述。

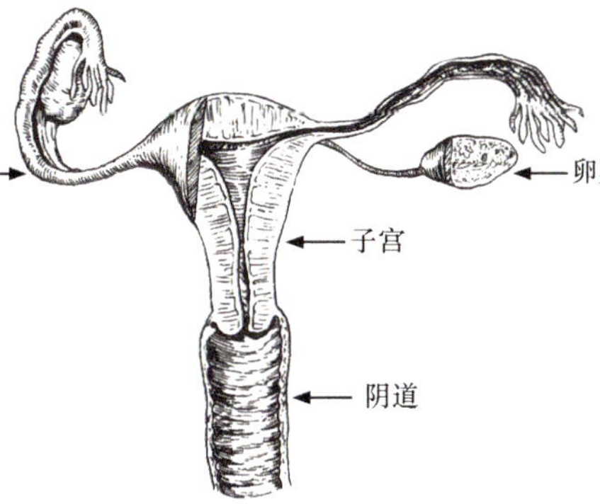

图 1-19-1　女性生殖系统组成模式图

女性生殖器官的结构与功能有明显的年龄变化。10 岁前生殖器官生长迟缓，之后生殖器官和乳腺开始发育，至青春期时发育迅速，卵巢开始排卵并分泌性激素，第二性征出现、月经来潮，开始具有生育能力。女性生育期可维持 30 余年。至更年期（45 ～ 55 岁）时卵巢功能逐渐减退，月经渐停止，生殖器官逐渐萎缩。进入绝经期后，卵巢退变，不再排卵。

第一节　卵　　巢

卵巢（ovary）具有产生卵细胞和分泌性激素的功能，是女性的生殖腺。其为实质性器官，一侧有血管、神经和淋巴管出入，称为卵巢门部。在卵巢表面覆盖单层扁平或立方的表面上皮（superficial epithelium），上皮下方有薄层致密结缔组织，称为白膜（tunica albuginea）。在白膜下，卵巢结构分为外周的皮质和中央的髓质两部分，二者之间无明确的分界。卵巢皮质较厚，主要含有不同发育阶段的卵泡及黄体、白体等结构（图 1-19-2，图 1-19-3），卵泡间的结缔组织中含有较多梭形的基质细胞和网状纤维；髓质少，由疏松结缔组织构成，含较多的血管、淋巴管等（图 1-19-4）。近卵巢门处的结缔组织中有少量平滑肌束和门细胞。卵巢门细胞（hilus cell）结构与睾丸间质细胞相似，直径 14 ～ 15 μm，呈多边形或卵圆形，胞质嗜酸性。门细胞可分泌雄激素。

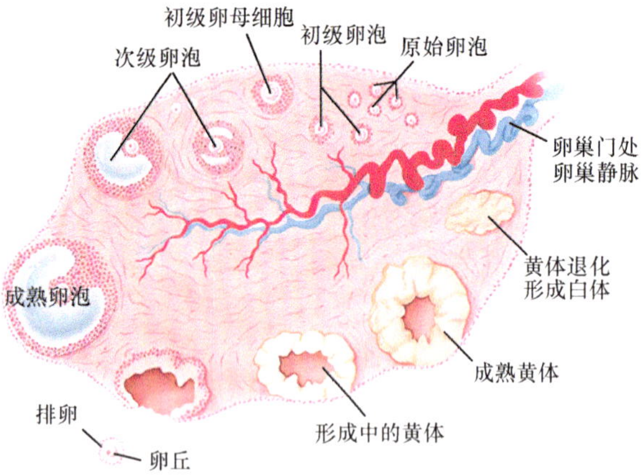

图 1-19-2　卵巢结构模式图

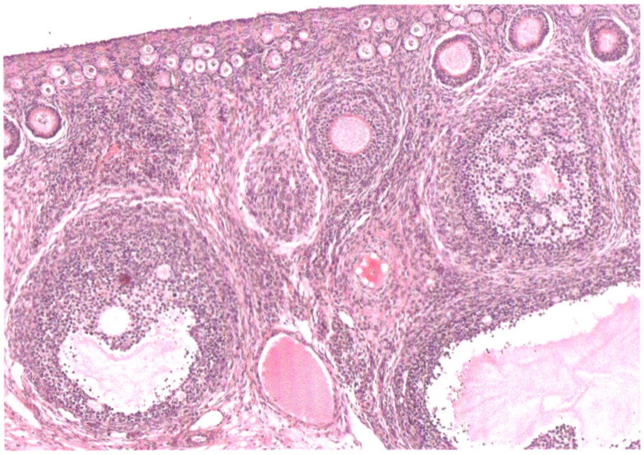

图 1-19-3　卵巢皮质（HE 染色）

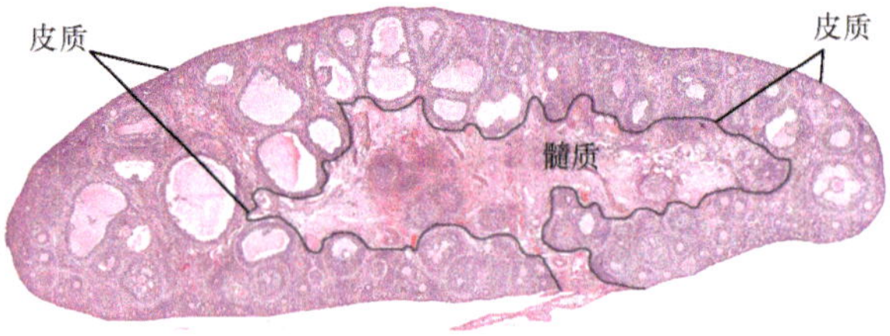

图 1-19-4　卵巢髓质（HE 染色）

一、卵泡的发育与成熟

卵泡（ovarian follicle）呈球形，是由中央的一个**卵母细胞**（oocyte）和其周围包绕的多个**卵泡细胞**（follicular cell）构成。

卵泡的生长发育为一连续过程，分为原始卵泡、初级卵泡、次级卵泡和成熟卵泡四个阶段，初级卵泡和次级卵泡又合称生长卵泡。随卵泡发育，其结构可发生一系列变化。女婴出生时，卵巢中仅有原始卵泡；在青春期前，卵泡偶有发育，但都不能发育为成熟卵泡；自青春期开始，在脑垂体分泌的促性腺激素作用下，卵泡开始生长，通常每隔 28 天左右，会有一个卵泡发育成熟并排卵。

（一）原始卵泡

原始卵泡（primordial follicle）位于卵巢皮质的浅层，数量多，体积小，是由中央的一个**初级卵母细胞**（primary oocyte）和周围一层扁平的卵泡细胞构成（图 1-19-2，图 1-19-3，图 1-19-5）。初级卵母细胞呈圆形，体积大，直径约 30 ～ 40 μm，细胞核大而圆，染色质稀疏，核仁明显，胞质嗜酸性。电镜下，胞质内含有丰富的线粒体、高尔基复合体和板层状排列的滑面内质网。初级卵母细胞由胚胎时期的**卵原细胞**（oogonia）分裂分化产生，随即进行第一次减数分裂，并长期停留在分裂前期，直至排卵前完成第一次成熟分裂。卵泡细胞体积小，扁平形，细胞核扁圆，染色较深，与周围结缔组织之间有较薄的基膜，对卵母细胞具有支持和营养作用。

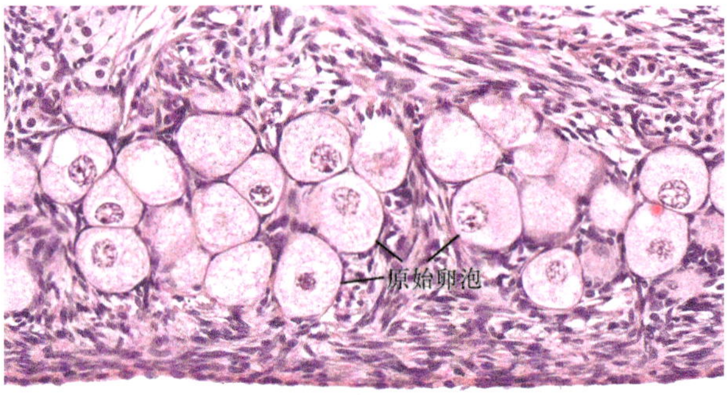

图 1-19-5　原始卵泡（HE 染色）

（二）生长卵泡

进入青春期后，卵巢在脑垂体分泌的卵泡刺激素（FSH）的作用下，一些原始卵泡陆续生长发育为**生长卵泡**（growing follicle）。此期卵泡的主要变化是卵母细胞增大，卵泡细胞增殖。生长卵泡可分为初级卵泡和次级卵泡两个阶段。

1. 初级卵泡　由原始卵泡发育为**初级卵泡**（primary follicle）（图 1-19-2，图 1-19-6，图 1-19-7）时，其中央的初级卵母细胞体积增大，核也变大，核仁深染，胞质内粗面内质网、游离核糖体等细胞器增多，在靠近质膜的胞质中还出现皮质颗粒。皮质颗粒为一种溶酶体，所含的酶在受精时发挥重要作用。同时初级卵母细胞外面的卵泡细胞由扁平形变成立方形或柱状，且由一层增殖为多层（5 ～ 6 层）。于初级卵泡后期，在初级卵母细胞和最内层的卵泡细胞之间出现一层较厚的均质状、折光性强的嗜酸性膜，称为**透明带**（zona pellucida）。透明带富含糖蛋白，是由初级卵母细胞和卵泡细胞共同分泌形成，主要由三种糖蛋白（zona protein，ZP）分子构成，即 ZP1、ZP2 和 ZP3，其中 ZP3 为精子受体，受精时能促进精子与卵细胞间的相互识别和特异性结合。电镜下，初级卵母细胞的微绒毛和卵泡细胞的细突起伸入到透明带中，它们之间形成缝隙连接和桥粒连接，这些结构有利于卵泡细胞输送营养物质给卵母细胞及彼此的信息沟通和功能协调。随着卵泡的生长，外周结缔组织中的梭形基质细胞亦增殖分化，密集围绕卵泡周围形成**卵泡膜**（follicular theca）。这样初级卵泡体积增大，移向皮质深部。

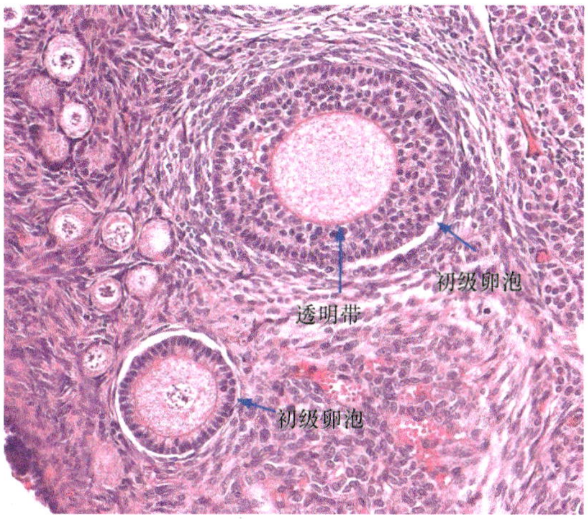

图 1-19-6　初级卵泡（HE 染色）

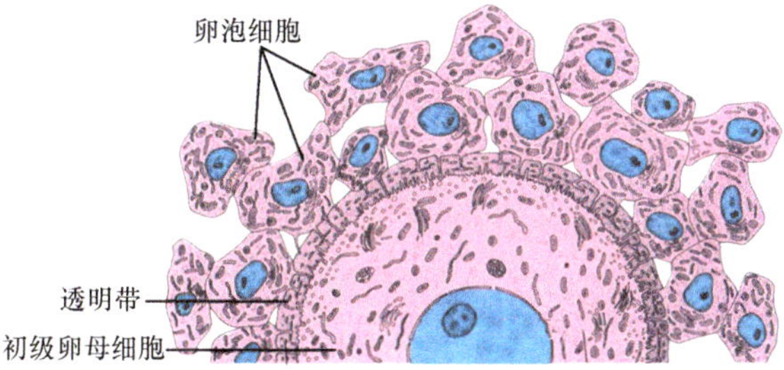

图 1-19-7　卵母细胞、透明带与卵泡细胞关系模式图

2. 次级卵泡　初级卵泡继续发育，在卵泡细胞间出现卵泡腔时，即为**次级卵泡**（secondary follicle），其体积进一步增大，直径达 10 ～ 20 mm。从初级卵泡发育到次级卵泡，结构变化表现为：①初级卵母细胞继续增大，直径可达 125 ～ 150 μm，透明带变厚。②卵泡细胞增殖至 6 ～ 12 层。③在卵泡细胞间出现一些不规则的小腔隙，并逐渐融合成一个大腔，称卵泡腔，腔内充满卵泡液。因此次级卵泡又可称为**囊状卵泡**（vesicular follicle）。卵泡液是由卵泡细胞分泌的液体和卵泡膜血管的渗出液组成，除含有营养成分外，还有垂体分泌的促性腺激素和卵泡细胞所分泌的类固醇激素及多种生物活性物质，有助于卵泡的发育。④随着卵泡液的增多、卵泡腔的不断扩大，初级卵母细胞及其周围的卵泡细胞移向卵泡腔一侧，并突入卵泡腔形成**卵丘**（cumulus oophorus）（图 1-19-2，图 1-19-8，图 1-19-9），其中紧靠透明带的一层卵泡细胞为柱状，呈放射状排列，称**放射冠**（corona radiata）。⑤此时卵泡壁称为**颗粒层**（stratum granulosum），是由多层密集排列的、体积较小的卵泡细胞构成，卵泡细胞又可称作**颗粒细胞**。⑥卵泡膜分化为内、外两层。内层含有丰富的毛细血管和由基质细胞分化形成的卵泡膜细胞，**膜细胞**（theca cell）呈多边形或梭形，具有分泌类固醇激素细胞的结构特点，即丰富的滑面内质网、管状嵴线粒体和较多的脂滴；外层含纤维多，血管少，并有少量平滑肌。

（三）成熟卵泡

次级卵泡在 LH 的作用下，发育为**成熟卵泡**（mature follicle）。此时卵泡液急剧增多，卵泡腔变得更大，使卵泡体积增大，直径可达 20 mm 以上，占据皮质全层且向卵巢表面突出，由于颗粒细胞的

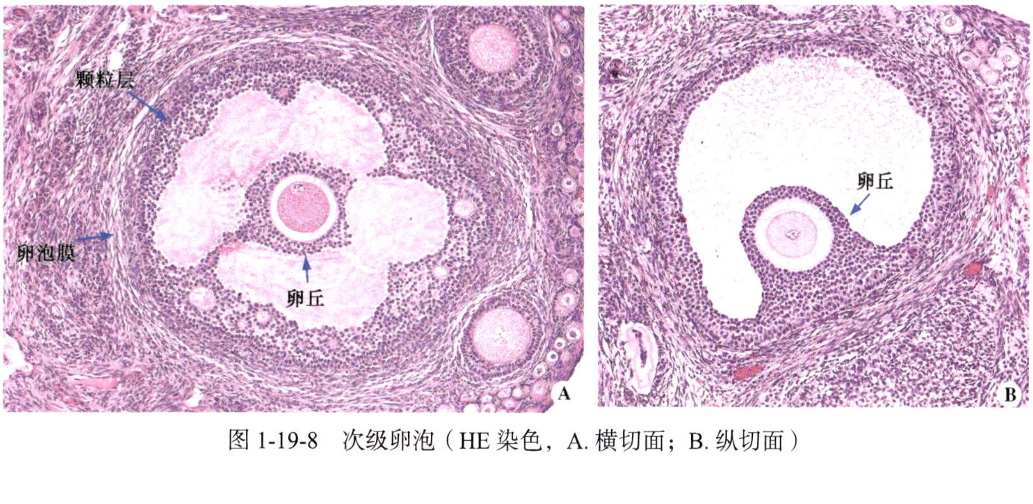

图 1-19-8　次级卵泡（HE 染色，A. 横切面；B. 纵切面）

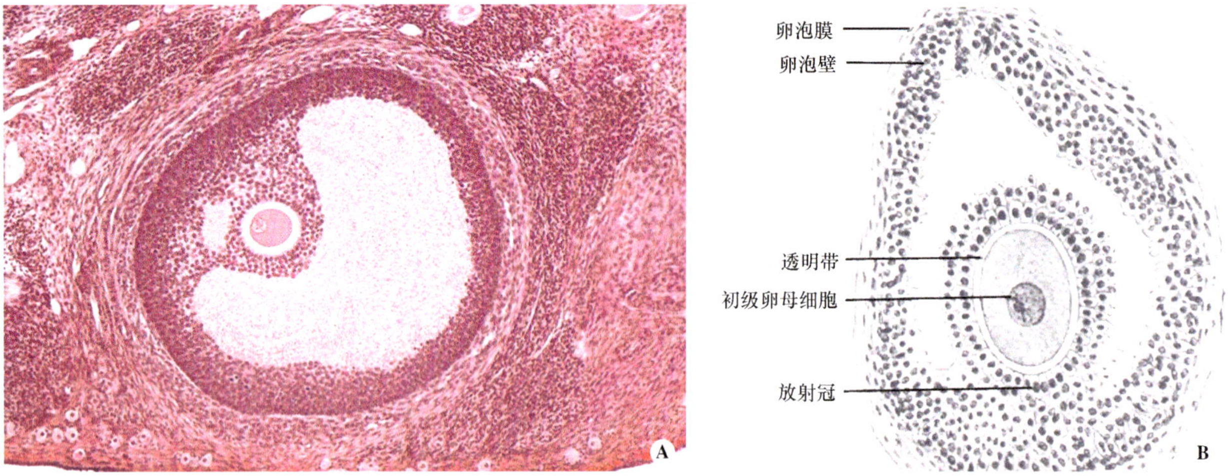

图 1-19-9　成熟卵泡（A. HE 染色；B. 模式图）

数量不再增加，卵泡壁变得越来越薄，只有 2 ～ 3 层（图 1-19-2，图 1-19-9），卵丘根部的卵泡细胞间也变得松散，并最终与卵泡壁脱离。

在排卵前 36 ～ 48 h，初级卵母细胞完成第一次成熟分裂，产生一个较大的**次级卵母细胞**（secondary oocyte）和一个很小的**第一极体**（first polar body）。第一极体位于次级卵母细胞与透明带之间的卵周间隙内，次级卵母细胞则迅速进行第二次成熟分裂，并停止于分裂中期。

次级卵泡和成熟卵泡可合成和分泌雌激素，雌激素是颗粒细胞和膜细胞在 FSH 和 LH 的作用下协同合成的。膜细胞合成的雄激素透过基膜进入颗粒细胞，在芳香化酶系的作用下雄激素转变为雌激素，这是雌激素合成的主要方式，称此为**“两细胞学说”**（图 1-19-10）。合成的雌激素小部分进入卵泡腔，大部分释放入血，调节子宫内膜等靶细胞的生长分化。

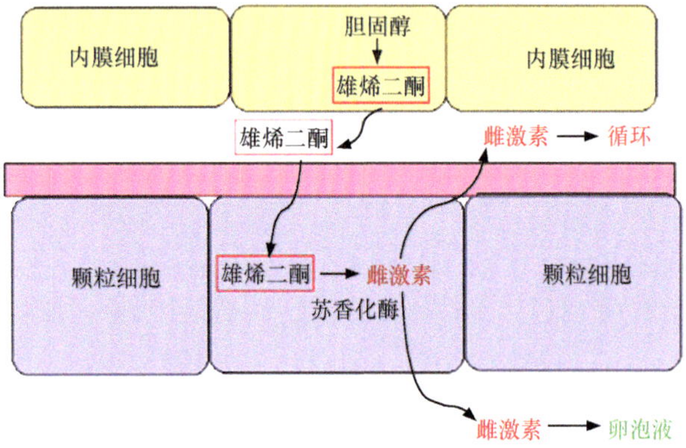

图 1-19-10　雌激素分泌的两细胞学说

二、排　卵

成熟卵泡破裂，次级卵母细胞连同其周围的透明带、放射冠从卵巢排出的过程称**排卵**（ovulation）（图 1-19-11，图 1-19-12）。排卵前，成熟卵泡内的卵泡液剧增，卵泡腔内压力不断增大，使突向卵巢表面的卵泡壁及此处的卵巢组织变薄，局部缺血形成透明的卵泡小斑；卵丘与卵泡壁脱离漂浮在卵泡液中。最终小斑处破裂，次级卵母细胞、透明带和放射冠随同卵泡液一起排入腹膜腔内，进入输卵管。如排出的卵 24 h 内未受精，次级卵母细胞将退化并被吸收；如果卵受精，次级卵母细胞则同时完成第二次成熟分裂，形成一个**卵细胞**（ovum）和一个第二极体（secondary polar body）。经两次成熟分裂后，卵细胞的染色体数目减半为 23 条（23，X）。

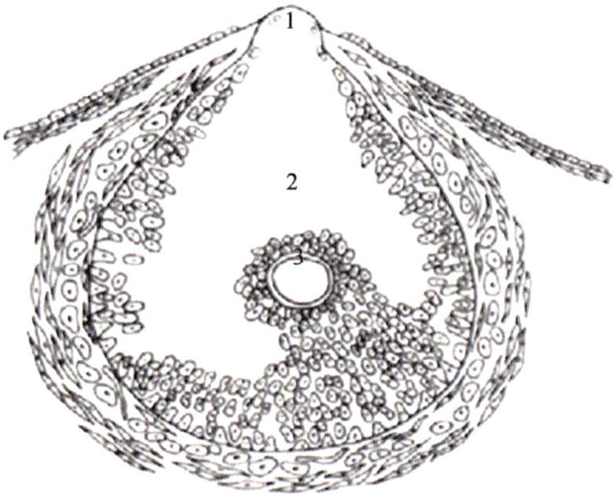

图 1-19-11　成熟卵泡排卵模式图

1. 卵泡小斑；2. 卵泡腔；3. 卵丘

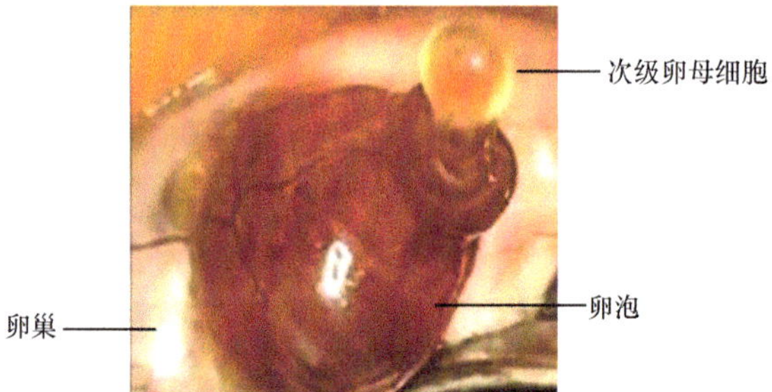

图 1-19-12　排卵（腹腔镜）

生育期女性通常每隔 28 天左右排一次卵，排卵约发生于月经周期的第 14 天。卵巢一般每次只排一个卵，左右卵巢交替排卵，偶有排两个或两个以上者。

三、黄体的形成与退化

排卵后，残留于卵巢内的卵泡壁塌陷，卵泡膜的结缔组织和血管进入颗粒层，卵泡膜细胞和颗粒细胞也在黄体生成素的作用下体积增大并增生、分化，形成一个体积较大、富有血管的内分泌细胞团，称**黄体**（corpus luteum），新鲜时为黄色（图 1-19-13）。黄体细胞包括颗粒黄体细胞和膜黄体细胞，均具有分泌类固醇激素细胞的结构特征。**颗粒黄体细胞**（granulosa lutein cell）是由卵泡壁的颗粒细胞分化而来，数量多，细胞体积大，呈多角形，染色浅，位于黄体的中央，主要分泌孕激素和松弛素（relaxin）；**膜黄体细胞**（theca lutein cell）是由膜细胞分化成的黄体细胞，数量少，细胞体积小，呈圆形或多角形，染色较深，位于黄体的周边。膜黄体细胞与颗粒黄体细胞协同分泌雌激素。

黄体存在的时间与排出的卵是否受精有关。如卵细胞未受精，黄体则称为**月经黄体**（corpus luteum of menstruation），月经黄体直径为 1.5 ～ 2cm，仅能维持 14 天左右即退化；如受精并妊娠，黄体则称为**妊娠黄体**（corpus luteum of pregnancy），妊娠黄体在人绒毛膜促性腺激素（HCG）的作用下继续发育增大，直径可达 4 ～ 5cm，能存在 6 个月左右。妊娠黄体的粒黄体细胞可分泌松弛素，使妊娠子宫的平滑肌松弛。月经黄体和妊娠黄体最后都退化，被增生的结缔组织替代，形成瘢痕样的结构，称为**白体**（corpus albicans），白体最后被吸收而消失（图 1-19-14）。

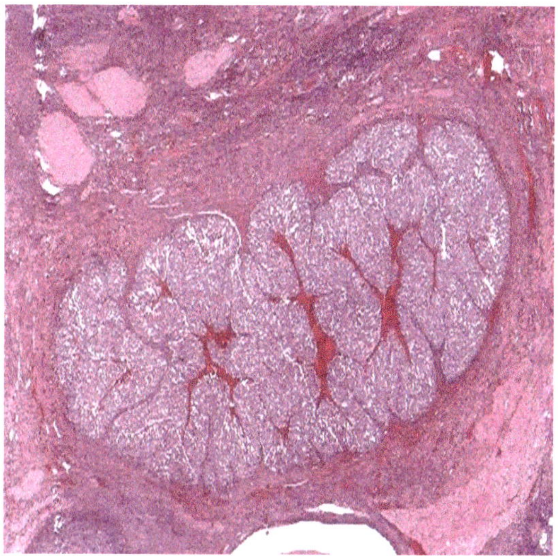

图 1-19-13　黄体（HE 染色）

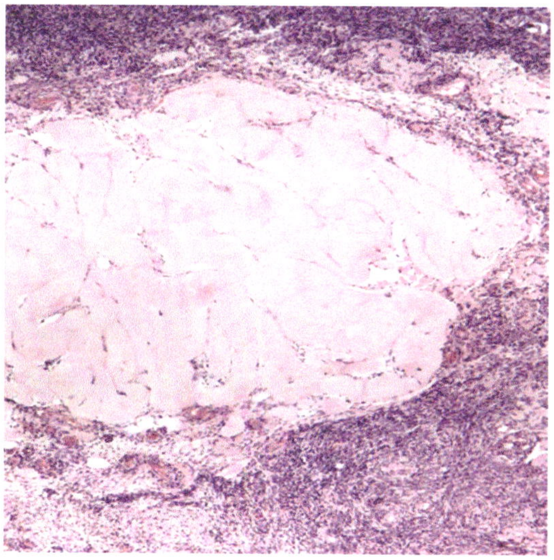

图 1-19-14　白体（HE 染色）

四、卵泡的闭锁与间质腺

刚出生女婴，两侧卵巢的皮质中共有原始卵泡 70 万～ 200 万个，而到青春期时约剩 4 万个左右，至 40 ～ 50 岁时则只剩几百个。女性一生共有 400 ～ 500 个原始卵泡能够发育成熟并排卵，其余卵泡均于不同年龄、不同发育阶段先后退化。退化的卵泡称为**闭锁卵泡**（atresic follicle）（图 1-19-15）。

卵泡闭锁可发生于任一发育阶段，故闭锁卵泡的形态、结构差别较大，主要变化有：①卵母细胞形态变得不规则，出现核固缩，甚至卵母细胞死亡消失；②透明带出现皱缩，以后也会消失；③卵泡细胞变小且分散，可自溶消失；④有的卵泡腔内可见中性粒细胞和巨噬细胞；⑤晚期次级卵泡和成熟卵泡闭锁时，卵泡壁塌陷，膜细胞增大成多边形，胞质中充满脂滴，似类黄体细胞，并被伸入的结缔组织和血管分隔成细胞团索，称为间质腺（图 1-19-16）。人的间质腺不发达。

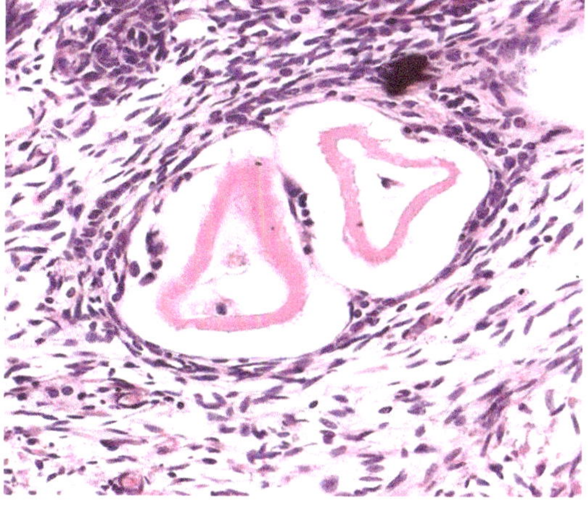

图 1-19-15　闭锁卵泡（HE 染色）

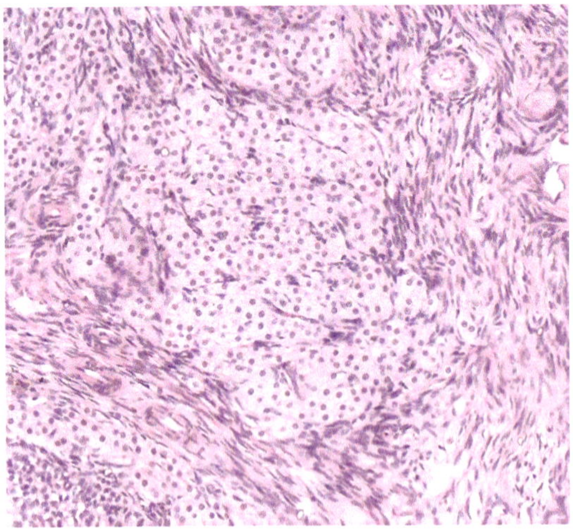

图 1-19-16　间质腺（HE 染色）

五、门细胞

门细胞（hilus cell）位于卵巢门近系膜处，细胞结构与睾丸间质细胞相似，为多边或卵圆形，核圆形，核仁清楚，胞质呈嗜酸性，含有脂滴、脂色素、结晶体以及碱性磷酸酶、酸性磷酸酶和非特异性酯酶等。在妊娠和绝经期，门细胞特别显著。一般认为门细胞分泌雄激素，若门细胞增生或发生肿瘤时，患者可出现男性化症状。

第二节　输卵管

输卵管（oviduct）是输送卵细胞和受精的部位，分为漏斗部、壶腹部、峡部和子宫部。输卵管腔面有许多纵行且分支的皱襞，尤以壶腹部发达，使管腔极不规则。输卵管壁由内向外依次分为黏膜层、肌层和浆膜三层（图 1-19-17）。

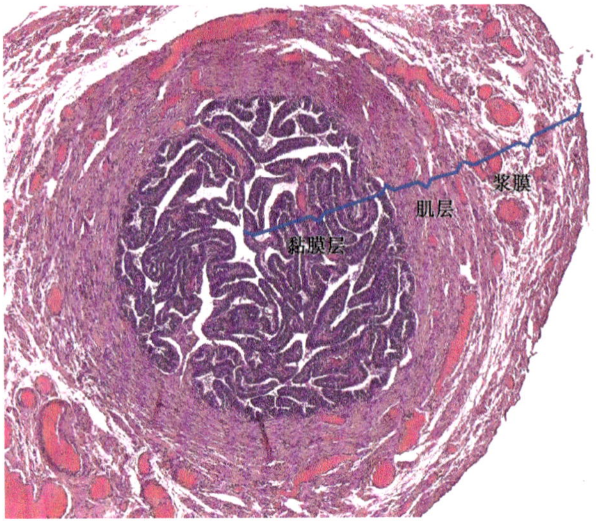

图 1-19-17　输卵管（HE 染色）

一、黏　　膜

输卵管黏膜由单层柱状上皮和固有层构成。上皮由纤毛细胞和分泌细胞组成（图 1-19-18）。纤毛细胞呈柱状，细胞游离面有纤毛，纤毛向子宫方向摆动有助于卵向子宫方向运送。纤毛细胞在漏斗部和壶腹部最多，峡部和子宫部逐渐减少。分泌细胞表面有微绒毛，它的分泌物构成输卵管液，并具有营养卵细胞和防止病菌经输卵管进入腹腔的作用。输卵管黏膜的上皮受卵巢分泌激素的影响，随月经周期出现周期性变化。在子宫内膜增生期，纤毛细胞成为高柱状，纤毛增多，分泌细胞顶部胞质中充满分泌颗粒，功能旺盛；分泌期时，两种上皮细胞均变矮，分泌细胞的分泌颗粒排出而减少，纤毛细胞的纤毛也减少。黏膜的固有层为薄层细密结缔组织构成，并有少量平滑肌。

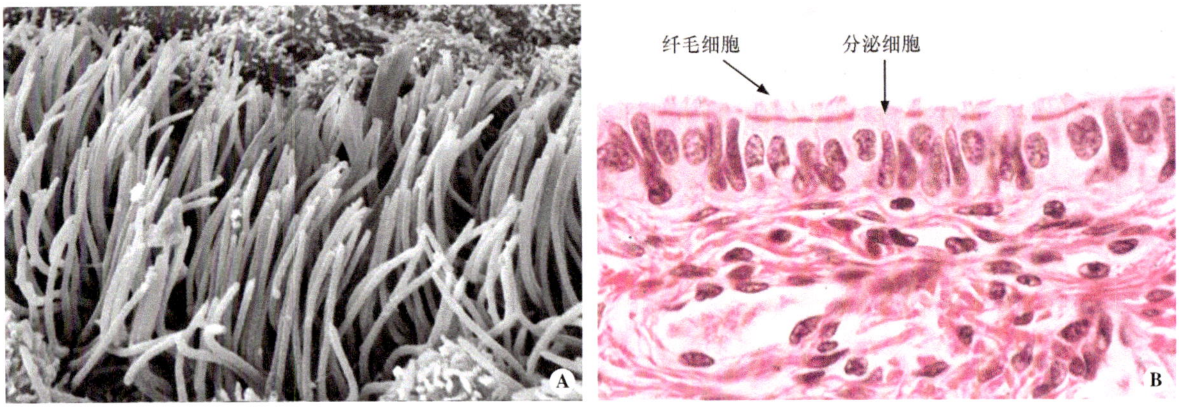

图 1-19-18　输卵管纤毛细胞和分泌细胞（A. 扫描电镜；B. HE 染色）

二、肌　　层

输卵管肌层为平滑肌构成，分为内环、外纵两层，其中峡部的肌层最厚，漏斗部最薄。

三、浆　　膜

管壁最外层的浆膜为疏松结缔组织和表面的间皮构成，富含血管。

第三节　子　　宫

子宫（uterus）是孕育胎儿、产生经血的场所。为中空的肌性器官，腔小壁厚，分为颈部、体部和底部（图 1-19-19）。

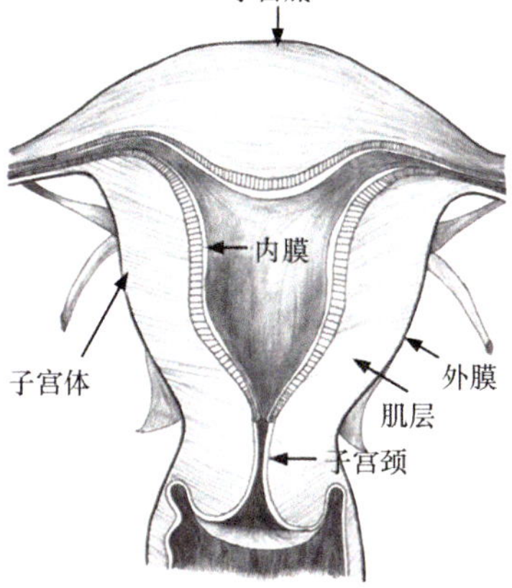

图 1-19-19　子宫壁结构模式图

一、子宫壁的结构

子宫壁的组织结构由外向内分为外膜、肌层和内膜三层（图 1-19-19，图 1-19-20）。

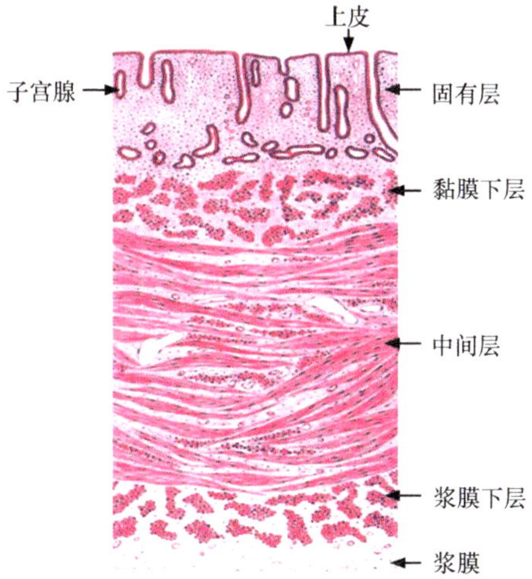

图 1-19-20　子宫壁结构模式图

（一）外膜

外膜层（perimetrium）在子宫体部和底部为浆膜，子宫颈部为纤维膜。

（二）肌层

肌层（myometrium）很厚，由成束的平滑肌纤维和其间的结缔组织构成，其结缔组织中未分化的间充质细胞丰富。肌层从内向外依次分为黏膜下层、中间层和浆膜下层，三层间分界不明显。黏膜下层和浆膜下层较薄，为纵行的平滑肌束构成；中间层较厚，由环行和斜行的平滑肌束构成，并富含血管。

成年女性子宫壁肌层的平滑肌纤维长约 30 ～ 50 μm。妊娠时由于受到雌、孕激素的作用，一方面促使子宫壁自身的平滑肌纤维分裂增殖、肌纤维体积增大；另一方面结缔组织中的未分化间充质细胞亦增殖分化为平滑肌纤维，致肌纤维数量增加，肌层增厚；肌纤维增长数十倍，可长达 500 ～ 600 μm，从而使妊娠的子宫增大。分娩后，子宫壁平滑肌纤维逐渐变小，部分肌纤维自溶分解并被吸收，使肌纤维的体积、长度、数量逐渐恢复原状，增大的子宫渐至正常大小。

子宫平滑肌纤维的收缩有助于精子从子宫向输卵管中运行；在妊娠时由于肌纤维增多、肥大，子宫壁变得厚实、坚韧，有利于胎儿在子宫内发育；分娩时平滑肌的收缩可帮助胎儿娩出。

（三）内膜

内膜层（endometrium）由上皮和固有层构成。上皮为单层柱状，与输卵管黏膜上皮相似，有纤毛细胞和分泌细胞两种类型，纤毛细胞数量少，散在分布于分泌细胞之间。固有层结缔组织较厚，血管丰富，除一般的结缔组织细胞成分外，还含有大量的**基质细胞**（stromal cell），该细胞呈梭形或星形，细胞核大而圆，胞质较少，是一种分化程度较低的细胞。此外，内膜的上皮下陷至固有层中形成许多单管状的腺体，称为**子宫腺**（uterine gland），其末端在近肌层处常有分支，腺上皮以分泌细胞为主。

按结构和功能特点，又可将子宫底部和体部的内膜层分为**功能层**（functional layer）和**基底层**（basal layer）两层。功能层较厚，位于浅部，从青春期开始，在卵巢激素作用下发生周期性变化和剥脱出血；妊娠时，胚泡植入于此层并在此发育。基底层较薄，位于内膜深部紧邻肌层，此层在内膜的周期性变化中不发生脱落，并有较强的增生、修复能力，可产生新的功能层。

子宫内膜的血管来自于子宫动脉的分支。子宫动脉经外膜进入肌层，至肌层的中间层发出许多放射状小动脉，与子宫腔面垂直，小动脉在进入子宫内膜时分为两支，短而直的分支分布于内膜的基底层，其不受性激素影响，称**基底动脉**（basal artery）；小动脉的主干分支则从基底层延伸到功能层浅部，呈螺旋状走行，**称螺旋动脉**（spiral artery），并在功能层的浅层形成毛细血管网，然后汇入小静脉，小静脉穿越肌层汇合为子宫静脉。螺旋动脉对卵巢激素敏感（图 1-19-21）。

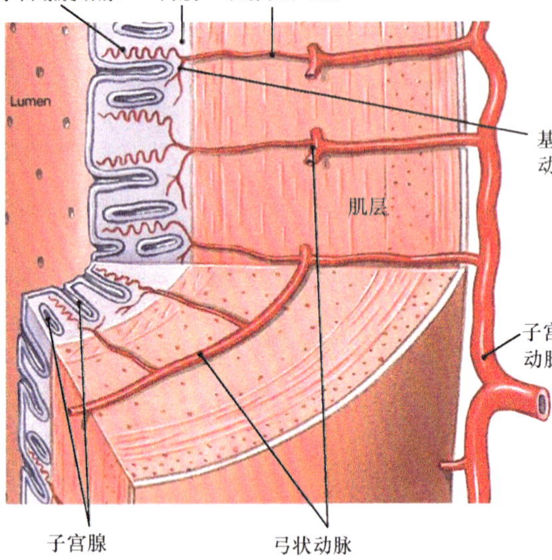

图 1-19-21　子宫内膜血管和腺体模式图

二、子宫内膜的周期性变化

从青春期开始，子宫底部和体部的内膜功能层在卵巢分泌的雌、孕激素作用下出现周期性变化，即每 28 天左右发生一次内膜的剥脱出血和增生、修复过程，称为**月经周期**（menstrual cycle）。每个月经周期是从月经的第一天开始至下次月经来潮的前一天止。按照子宫内膜的变化，月经周期分为三个时期，即月经期、增生期和分泌期。

（一）月经期

月经期（menstrual phase）处于月经周期的第 1～4 天，一般持续 3～5 天。由于排出的卵未受精，卵巢中月经黄体退化，致使雌激素和孕激素水平骤然下降，引起子宫内膜功能层的螺旋动脉持续性收缩，使子宫内膜缺血，功能层发生坏死。随后螺旋动脉又突然短暂地扩张，功能层血管破裂，血液流出淤积于内膜浅层，功能层崩溃，血液连同坏死组织一起进入子宫腔并经阴道排出，即为**月经**（menstruation）（图 1-19-22C）。

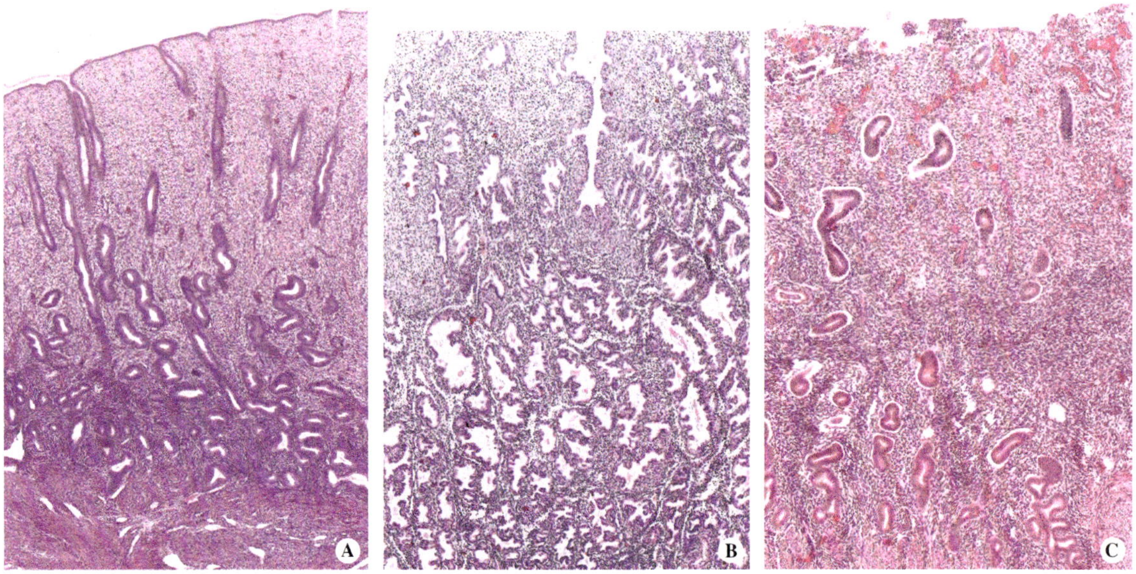

图 1-19-22　子宫内膜（HE 染色，A. 增生期；B. 分泌期；C. 月经期）

在月经期末，功能层全部脱落，基底层残留的子宫腺上皮细胞开始分裂并向上增生，使子宫内膜表面上皮逐渐修复，月经停止，子宫内膜进入增生期。

（二）增生期（proliferative phase）

增生期处于月经周期的第 5～14 天。在脑垂体分泌的 FSH 作用下，卵巢内有若干卵泡开始生长发育，故此期又可称**卵泡期**（follicular phase）。此时受到卵巢中生长卵泡所分泌的雌激素影响，内膜基底层开始增生，修补脱落的子宫内膜功能层，至增生期末，内膜可增厚到 2～4 mm。增生期时，子宫内膜变化为：固有层中基质细胞分裂增殖，同时产生大量的纤维和基质；子宫腺逐渐增多、增长并弯曲，腺腔扩大；腺细胞内核糖体、粗面内质网等细胞器增多，胞质中出现糖原；增生晚期时子宫腺开始分泌活动；螺旋动脉伸长且弯曲（图 1-19-22A）。

增生期末，即月经周期的第 14 天时，卵巢中通常有一个卵泡已发育成熟并排卵，子宫内膜则随之转入分泌期。

（三）分泌期

分泌期（secretory phase）处于月经周期的第 15～28 天。此期，排卵后的卵巢中形成了黄体，故又可称**黄体期**（luteal phase）。在黄体分泌的雌激素和孕激素作用下，子宫内膜继续增生增厚达 5～7 mm。分泌期时子宫内膜的变化是：子宫腺更加增长、弯曲，腺腔扩大；腺细胞内的糖原增多并从细胞顶部以顶浆分泌的方式排入腺泡腔，腺腔中充满含有糖原等营养物质的黏稠液体；固有层内组织液增多，内膜水肿；螺旋动脉变得更长、更弯曲并伸入内膜浅层；基质细胞继续增殖肥大，胞质内充满糖原和脂滴，改称为**前蜕膜细胞**（predecidual cell），此细胞在妊娠后继续发育增大，成为**蜕膜细胞**（decidual cell）。如未妊娠，在分泌期末，即月经周期的第 28 天，卵巢中的月经黄体退化，雌、孕激素水平下降，子宫内膜又转入月经期；如排出的卵受精，则妊娠黄体继续分泌雌、孕激素，子宫内膜维持在分泌期（图 1-19-22B）。

从青春期至更年期前，子宫内膜受激素影响出现周期性变化；更年期时，由于卵巢功能逐渐退化，月经周期不规则；绝经期后，子宫内膜失去卵巢激素的作用不再发生周期性变化，并萎缩变薄。

三、卵巢和子宫内膜周期性变化的神经内分泌调节

下丘脑 - 垂体 - 性腺轴可调节子宫内膜的周期性变化。下丘脑神经内分泌细胞产生的促性腺激素释放激素（GnRH）使垂体前叶分泌卵泡刺激素（FSH）和黄体生成素（LH）。卵泡刺激素可促进卵泡生长、成熟并分泌大量雌激素。卵巢分泌的雌激素可使子宫内膜转入增生期。当血中的雌激素达到一定浓度时，又反馈作用于下丘脑和垂体，并通过下丘脑和腺垂体的作用抑制卵泡刺激素的分泌、促进黄体生成素的分泌。当黄体生成素和卵泡刺激素的水平达到一定比例关系时，卵巢排卵并形成黄体。黄体产生孕酮和雌激素，使子宫内膜进入分泌期。当血中的孕酮增加到一定浓度时，又反馈作用于下丘脑和垂体，抑制黄体生成素的释放，于是黄体退化，血中孕激素和雌激素减少，子宫内膜进入月经期。由于血中雌、孕激素的减少，又反馈性地促使下丘脑和垂体释放卵泡刺激素，卵泡又开始生发育。上述变化周而复始（图 1-19-23）。

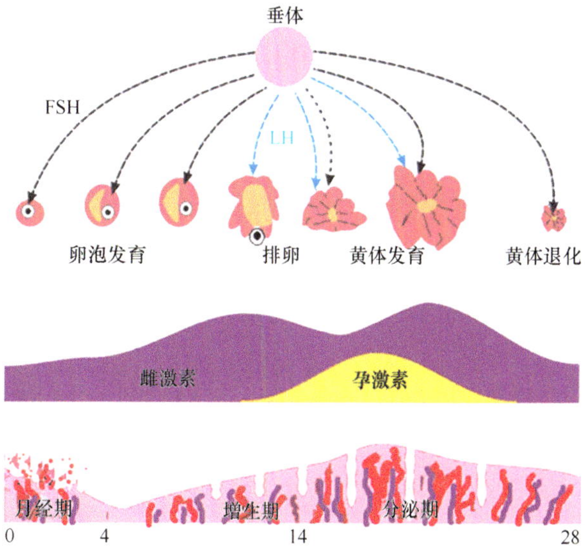

图 1-19-23　卵巢和子宫内膜周期性变化的神经内分泌调节

四、子 宫 颈

子宫颈壁由外向内分为纤维膜、肌层和黏膜。纤维膜为纤维性结缔组织。肌层平滑肌较少且分散，结缔组织较多。黏膜形成许多大而分支的皱襞。相邻皱襞之间的裂隙形成腺样的隐窝，在切面上形似分支管样腺，有人称其为子宫颈腺。黏膜上皮为单层柱状，由少量纤毛细胞和较多分泌细胞以及**储备细胞**（reserve cell）构成。储备细胞较小，散在于柱状细胞和基膜之间，分化程度较低，有增殖修复功能。此细胞在有慢性炎症时易癌变。上皮纤毛向阴道摆动，可促使相邻分泌细胞的分泌物排出并使分泌物流向阴道。宫颈阴道部的黏膜光滑，上皮为复层扁平，细胞内含有丰富的糖原。宫颈外口处，单层柱状上皮移行为复层扁平上皮，此处是宫颈癌好发部位。

宫颈黏膜无周期性剥落，但其分泌物的性质却随卵巢活动周期发生变化。排卵时，宫颈在雌激素作用下，分泌增多，分泌物黏稠度降低，有利于精子穿过。黄体形成时，孕酮可抑制宫颈上皮细胞分泌，分泌物黏稠度增加，使精子难以通过。妊娠时，其分泌物的黏稠度更高，起到阻止精子和微生物进入子宫的屏障作用。

第四节 乳 腺

乳腺（mammary gland）在青春期后受卵巢激素的影响开始发育，其结构因年龄及生理状态不同而有差异。妊娠期和授乳期乳腺有泌乳活动，称活动期乳腺；无泌乳功能的乳腺称静止期乳腺。

一、乳腺的一般结构

乳腺由腺泡、导管和结缔组织构成。其实质被结缔组织分隔成 15 ～ 25 个乳腺叶，每个叶又被分隔成若干小叶，每个小叶为一个复管泡状腺。腺泡的腔很小，腺泡上皮为单层立方或柱状，腺上皮与基膜间有肌上皮细胞。导管包括小叶内导管、小叶间导管和总导管。小叶内导管壁由单层立方或柱状上皮构成，小叶间导管壁则是复层柱状上皮，总导管又称输乳管，开口于乳头，其管壁为复层扁平上皮。小叶间结缔组织内含有大量的脂肪细胞。

二、静止期乳腺

静止期乳腺是指性成熟而无泌乳活动的女性乳腺。腺体和导管不发达，腺泡小而少，脂肪组织和结缔组织丰富（图 1-19-24）。于月经来潮前，静止期乳腺的腺泡与导管可轻度增生充血，使乳腺略增大，月经停止后这一现象消失。

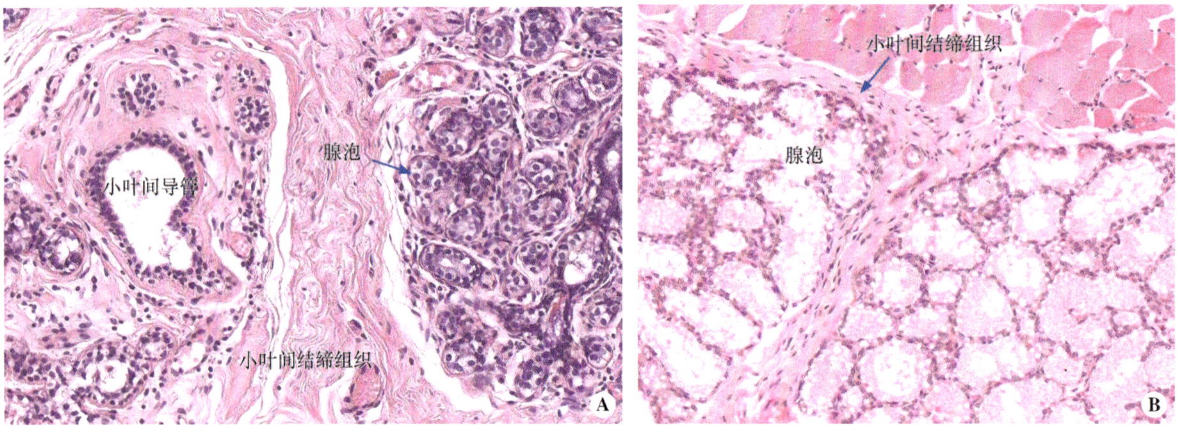

图 1-19-24　乳腺（HE 染色，A. 静止期乳腺；B. 活动期乳腺）

三、活动期乳腺

妊娠期，在雌激素和孕激素作用下，乳腺小导管的上皮细胞和腺泡细胞迅速增生，数量增加，腺泡增大，而结缔组织和脂肪组织减少，乳腺体积增大（图 1-19-24）。妊娠后期，在垂体分泌的催乳激素作用下，腺泡以顶浆分泌方式开始分泌，分泌物中含有脂滴、乳糖、乳蛋白和抗体等，称为初乳（colostrum）。初乳中还有一些吞噬脂滴的巨噬细胞，称为**初乳小体**（colostrum corpuscle）。

授乳期乳腺结构与妊娠期相似，但腺体发育更好，结缔组织更少，腺泡腔扩大，腺泡处于不同分泌时期。分泌前，腺细胞呈高柱状，分泌后变为立方或扁平形，腺腔内充满乳汁。断乳后，由于催乳激素水平下降，乳腺停止泌乳，腺组织逐渐萎缩，结缔组织和脂肪组织增多，乳腺又进入静止期。绝经期后，体内雌、孕激素水平下降，乳腺组织萎缩退化，体积缩小。

思 考 题

（1）卵泡是如何在卵巢内发育成熟的？

（2）卵子是如何从卵巢中排出来的？

（3）子宫内膜是如何随卵巢激素而发生周期变化的？

（4）孕期的乳腺有何结构上的变化？

（李跃萍）

女性不孕症的常见原因

女性无避孕性生活至少12个月而未孕，称为不孕症（infertility）。女性不孕的常见原因有盆腔因素和排卵障碍。

盆腔因素（35%）：①输卵管异常、慢性输卵管炎引起伞端闭锁，或输卵管黏膜破坏，使输卵管完全阻塞或积水导致不孕；②盆腔粘连、盆腔炎症、子宫内膜异位症、结核性盆腔炎等；③子宫内膜病变，以子宫内膜炎症、粘连、息肉等多见；④黏膜下子宫肌瘤、体积较大的肌壁间肌瘤；⑤有内分泌功能的卵巢肿瘤造成的持续无排卵可影响妊娠；⑥生殖道发育畸形等。

排卵障碍(25%～35%)：①持续性无排卵；②多囊卵巢综合征；③卵巢早衰和卵巢功能减退；④先天性性腺发育不良；⑤低促性腺激素性性腺功能不良；⑥高催乳素血症；⑦黄素化卵泡不破裂综合征等。

第二篇 胚 胎 学

第 20 章 胚胎学绪论

内容提要

(1)胚胎学的研究内容及其意义。
(2)现代胚胎学的发展。

第一节 胚胎学研究内容及其意义

胚胎学(embryology)是研究个体发生、发育及其发生机制的科学。其研究内容包括生殖细胞的发生、受精、胚胎早期发育、器官与系统的发生、胚胎与母体的关系、先天性畸形等。胚胎学研究的范围还包括环境因素对胚胎发育的影响。

人体胚胎学(humanembryology)是研究人类胚胎发生发育的全过程及其机制。人胚胎在母体子宫内的发育经过 38 周(约 266 天)发育成熟,并从母体娩出。通常将人胚发育过程分为二个时期:①**胚期**(embryonic period):从受精至第 8 周末,在此期内,受精卵由单个细胞经过迅速而复杂的增殖分化,发育为各器官、系统与外形都初具人雏形的胎儿(fetus)。②**胎期**(fetal period):自第 9 周至出生,此期内胎儿逐渐长大,各器官、系统继续发育,功能也逐渐出现和完善。此外,从 26 周至出生后 4 周的新生儿发育阶段称**围生期**(perinatal period),研究此期母体、胎儿与新生儿保健医学的科学,临床上称为围生医学。

胎儿出生后,各个器官的结构和功能尚未完全发育完善,还需经历长时期的继续生长发育才能逐渐成熟。从出生后要经历一个长时期过程,即婴儿期、儿童期、少年期、青年期、成年期和老年期,继而衰老至死亡。研究出生前和出生后生命全过程的科学称**人体发育学**(development of human)。

依据研究方法的不同,胚胎学可分为 ①**描述胚胎学**(dscriptive embryology):主要应用组织学和解剖学的方法研究描述胚胎发育的形态变化过程,包括胚胎外形演变,器官、系统形成,细胞的增殖、迁移和凋亡等,是胚胎学的基础内容。②**比较胚胎学**(comparative embryology):以研究比较包括人类在内的不同种系动物的胚胎发育为主要内容、比较各种动物胚胎的发育过程,从中找出生物演变和进化过程的规律。③**实验胚胎学**(experimental embryology):用实验的方法研究不同因素对胚胎发育的影响,以揭示胚胎发育的内在规律与机理。④**化学胚胎学**(chemical embryology):应用化学与生物化学方法研究胚胎发育过程中,细胞内化学物质的定性、定量、定位变化及其与胚胎发育的关系。⑤**分子胚胎学**(molecular embryology):用分子生物学方法,揭示胚胎发育过程中的基因表达的时间顺序、空间分布与调控因素及其蛋白质在胚胎发育中的作用,以阐明胚胎发育的分子机制。⑥**畸形学**(teratology):在胚胎发育过程中,由于遗传因素或环境有害因素的影响,导致胚胎发育异常,引起先天性畸形。畸形学是研究各种先天性畸形的成因、形成机理及预防措施的科学。⑦**生殖工程学**(reproductive engineering):是一门正在迅速发展,非常有前景的新兴学科。是应用人工方法,如体外受精、胚胎移植、卵浆内单精或细胞核注射、胚胎冻存等介入早期生殖过程,从而获得新一代个体的生殖技术。试管婴儿的诞生、克隆动物的成功问世,就是生殖工程学的贡献。

本课程是研究人体胚胎发生全过程,以描述胚胎学为主要内容,并纳入畸形学。人体胚胎学也是一门重要的基础课。通过胚胎学的学习,真正理解生命个体的由来及在胚胎发生过程中,人外形、系统、器官、组织、细胞的演变和各种畸形的成因,从而能更深刻理解与其密切相关的医学基础课,如病理学、遗传学等及临床各科如妇产科、儿科等的基本理论,才能正确认识、正确诊断和治疗疾病。

第二节　胚胎学发展简史和现代胚胎学的发展

人体胚胎学是人类的生存发展、科学的不断进步、历代学者的不断探索、不断重新认识人体发生发育过程的科学实践的结晶。经过了从4世纪至20世纪的历史长河，现代胚胎学是从20世纪50年代开始发展起来的。分子胚胎学和生殖工程学这两大进步，极大地促进了现代胚胎学的迅速发展

20世纪50年代，随着DNA结构的阐明，分子生物学的建立，人们就把个体发育的研究进入分子水平，用分子生物学方法研究胚胎发育全过程的分子基础，胚胎发生的基因调控和各器官形态结构发生和演变的分子机制，建立了**分子胚胎学**（molecular embryology）。分子胚胎学揭示了胚胎发育过程是各种发育相关基因程序性时空表达的结果，即遗传程序决定的，基因程序性表达受调节基因的调控，也受环境因素的影响。由于分子胚胎学与实验胚胎学、细胞生物学、分子遗传学等学科的互相交叉渗透发展，建立起**发育生物学**（development biology），它已成为现代生命科学的重要基础学科。

20世纪60年代以来，胚胎学中生殖工程的兴起及其与临床应用相结合，英国学者Edwards及Steptoe应用人工受精、胚胎移植等技术，用于治疗女性不孕症。首先于1978年7月25日在英国曼彻斯特城，诞生了世界上第一例试管婴儿（为女婴——路易斯·布朗），开创了人类控制生育的新途径；1988年我国第一批试管婴儿也诞生。目前，试管婴儿已遍全球，2002年全球已超过200万，我国大陆亦有上千个试管婴儿，都在健康成长。英国爱丁堡大学Roslling研究所于1997年2月利用体细胞核移植技术，首次研制成功了世界首例克隆羊称多莉（Dolly），引起全世界轰动。克隆动物技术已陆续在牛、猪、兔等动物获得成功，并应用品种改良、野生动物的繁殖等方面。

我国胚胎学研究始于20世纪20年代，老一辈胚胎学家，如朱洗教授（1899～1962）、童弟周教授（1902～1979）、张汇泉教授（1899～1986）等学者在胚胎学的基础理论研究应用等方面都做出了重要贡献。我国新一代胚胎学工作者在胚胎学的理论和应用方面也都取得了很大的进展，正在为胚胎学新发展不懈地努力工作。

（王淑英）

思　考　题

（1）试管婴儿技术经历了哪几个时代？第1～第4代试管婴儿关键技术有哪些？

（2）克隆动物羊是如何诞生的？

辅助生殖技术

辅助生殖技术（Assisted Reproductive Technology，ART）指采用医疗辅助手段使不育夫妇妊娠的技术。人工授精（AI）是以人工方式将精子送入女性生殖管道内，使精子与卵子结合，实现妊娠的技术。AI分夫精人工授精（AIH）和供精人工授精（AID）。一般AID从精子库获取精子。1790年John Hunter首次为严重尿道下裂患者的妻子进行AIH治疗。

体外受精-胚胎移植（IVF-ET）是从母体取出卵子置于培养皿内，加入优选诱导获能的精子，精卵在体外完成受精并发育成前期胚胎，然后移植回母体宫腔，经妊娠后分娩婴儿。由于胚胎最初2天在试管内发育，故称试管婴儿技术。1977年，英国胚胎学家Edwards与妇产科医生Steptoe合作建立了人类IVF-ET技术。1978年7月25日世界上第一例试管婴儿分娩。

针对男性精子数量不足、功能异常导致受精障碍，1992年Palerme等建立卵母细胞胞浆单精子显微注射（intracytoplasmic sperm injection，ICSI）技术。即在体外将单个精子注入卵子胞浆内，受精后进行胚胎移植，利用该授精技术诞生的试管婴儿称为第二代试管婴儿。

胚胎植入前遗传学诊断（preimplantation genetic diagnosis，PGD）也称第三代试管婴儿，即在IVF-ET移植前，取4～8个细胞期胚胎的1个细胞，单细胞DNA分析法进行遗传物质检测，筛选健康胚胎进行移植，防止单基因遗传病或染色体病。

卵浆置换技术（the technology of ooplasm substitution）也称第四代试管婴儿技术或三人试管婴儿技术。即用老化卵子的基因与年轻卵子的细胞质合成新卵子，再行体外受精及胚胎移植，以提高大龄女性的妊娠可能。

第 21 章　人胚发生和早期发育

内容提要

（1）生殖细胞发生和成熟。
（2）受精的过程。
（3）卵裂及胚泡形成和植入。
（4）二胚层和三胚层胚盘及相关结构的发生。
（5）三胚层的分化及胚体的形成。
（6）胎膜和胎盘组成及功能。
（7）胚胎龄的推算和胚胎各期的外形特征。
（8）双胎、多胎和联体双胎的类型。

第一节　生殖细胞和受精

生殖细胞通过受精恢复为二倍体细胞，是新个体形成的开始。在受精后的 8 周内，受精卵完成人胚早期发育，形成初具人形的胎儿。人胚早期发育是胚胎发育的关键时期。本章将按照胚胎发育的时间顺序，叙述胚胎发育的基本过程，以及胚胎与母体的关系。

一、生殖细胞

生殖细胞（germ cell），又称为**配子**（gamete），包括男性睾丸生精小管产生的精子和女性卵巢产生的卵子。

精子是单倍体细胞，染色体组型为23，X或23，Y。新生精子在附睾内停留 2 周后获得定向运动的能力。精子头部的外表面附着着来自精液的糖蛋白与精浆蛋白，这些蛋白能阻止精子释放顶体酶。因此，新生精子尚无穿过放射冠和透明带与卵子结合的能力。只有当精子通过女性生殖管道，糖蛋白与精浆蛋白被女性生殖管道分泌物中的酶类水解清除后，精子才获得与卵子结合、使卵子受精的能力，称为**精子获能**（capacitation of spermatozoon）。精子在女性生殖管道内的受精能力可维持 24h 左右。

从成熟卵泡中排出的次级卵母细胞处于第二次减数分裂中期。当与精子在输卵管壶腹部结合后，次级卵母细胞才完成第二次成熟分裂；卵子在排卵后 12 h 内具有受精能力；如果未受精，则在排卵后 24 h 内退化。

二、受　　精

受精（fertilization）是获能后的精子与卵子结合形成受精卵的过程，通常发生在输卵管的壶腹部。正常成年男性一次射精可射出 3 亿～ 5 亿个精子。数量众多的精子可协同穿越卵子表面的保护性屏障，保证其中 300 ～ 500 个精子能到达受精部位。但是，最终只有一个精子能与卵子结合而受精。

（一）受精的过程

1. 穿越放射冠（Ⅰ期）　获能的精子接触到卵子周围的放射冠后，立刻开始释放顶体酶，分解放射冠细胞间基质，然后穿过放射冠，接触到透明带（图 2-21-1）。

2. 穿越透明带（Ⅱ期）　接触到透明带的精子与透明带中的 ZP3 受体结合后，顶体前膜与精子头部细胞膜进一步融合形成小孔而释放顶体酶，称为**顶体反应**（acrosome reaction）。顶体酶溶解透明带形成贯通透明带的孔道。精子通过该孔道进入卵周间隙（图 2-21-1）。精子头部细胞膜膜与卵子细胞膜接触后，卵子立即将位于浅层胞质中的皮质颗粒释放到卵周间隙，称为**皮质反应**（cortical reaction）。皮质颗粒中的溶酶体酶样物质使透明带的结构发生改变，ZP3 分子变性后不能再与精子结合，从而阻止其他精子穿越透明带，保证了人卵的单精受精（monospermy），此过程称为**透明带反应**（zona reaction）。偶而可见两个精子同时进入卵子，但三倍体的受精卵不能存活。

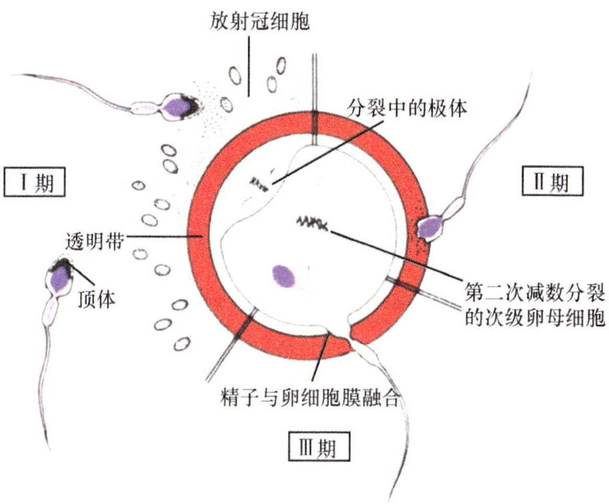

图 2-21-1　受精过程示意图

3. 精卵质膜融合（Ⅲ期）　精子头部侧面的质膜与卵细胞膜融合，随即精子的细胞核和细胞质进入卵子内，精子的细胞膜与卵子的细胞膜融合（图 2-21-1）。同时，次级卵母细胞迅速完成第二次成熟分裂，形成一个成熟的卵细胞及一个第二极体。卵子和精子的细胞核分别称为**雌原核**（female pronucleus）和**雄原核**（male pronucleus）。膨大的雄原核与雌原核逐渐移至细胞中央，核膜消失后染色体互相混合，再次形成新核膜。至此，形成了二倍体的**受精卵**（fertilized ovum），又称**合子**（zygote）（图 2-21-2），受精过程完结。精子的尾部遗留在受精卵外，逐渐退化消失。

发育正常并获能的精子与卵子在有效时间内相遇是受精的基本条件。精子的数目、形态和活动能力是保证受精的重要条件。生殖管道的通畅是保证受精的必要条件。男性或女性生殖管道炎症造成的生殖管道堵塞，或应用避孕套、子宫帽，实施输卵管结扎、输精管结扎等，都可阻止精子和卵子相遇，导致受精无法实现或达到避孕的目的。

（二）受精的意义

1. 受精是新生命开始的标志，激活了卵细胞原本相对静止的代谢过程。受精卵快速的分裂启动了新个体的发育过程。

2. 精子与卵子结合后，恢复了细胞的二倍体核型；同时，来自双亲的遗传物质可随机组合，生殖细胞成熟分裂中也会发生染色体联合和基因交换。因此，新个体既可维持双亲的遗传特点，又具有不同于亲代的新性状。

3. 受精决定了胚胎的遗传性别。具有 X 性染色体的精子与卵子结合，受精卵的核型为 46，XX，遗传性别为女性；具有 Y 染色体的精子与卵子结合，受精卵的核型为 46，XY，遗传性别为男性。

第二节　胚泡的形成和植入

一、卵裂和胚泡形成

受精卵形成后，在输卵管上皮细胞纤毛摆动、输卵管腔内液体流动和输卵管平滑肌节律性收缩的共同作用下，开始向子宫腔移行，同时进行细胞分裂。受精卵进行的有丝分裂称为**卵裂**（cleavage）。卵裂形成的子细胞称为**卵裂球**（blastomere）。在卵裂早期，仅是受精卵细胞质不断分配到卵裂球中。因此，随着卵裂的进行，卵裂球数目不断增加，卵裂球体积逐渐变小。受精约 30h 后卵裂球为 2 个，称为 2 细胞期；约 40 h 后卵裂球达到 4 个，称为 4 细胞期；第 3 天时，卵裂球数量为 12 ～ 16 个，此时细胞紧密相贴，形似桑椹，称为**桑椹胚**（morula），其外周仍有透明带包裹（图 2-21-2）。受精后第 4 天桑椹胚进入子宫腔内（图 2-21-3）。

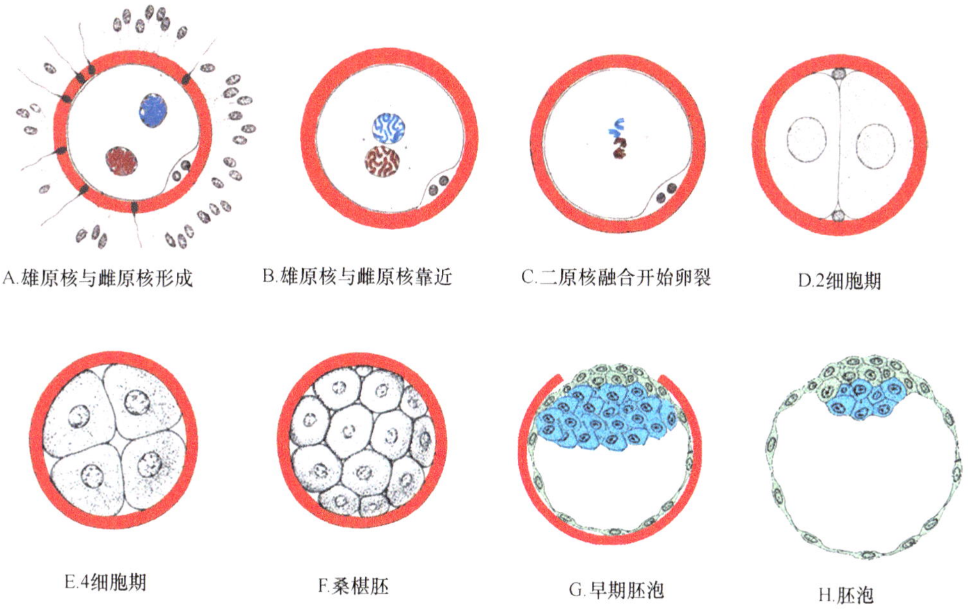

图 2-21-2　卵裂和胚泡形成模式图

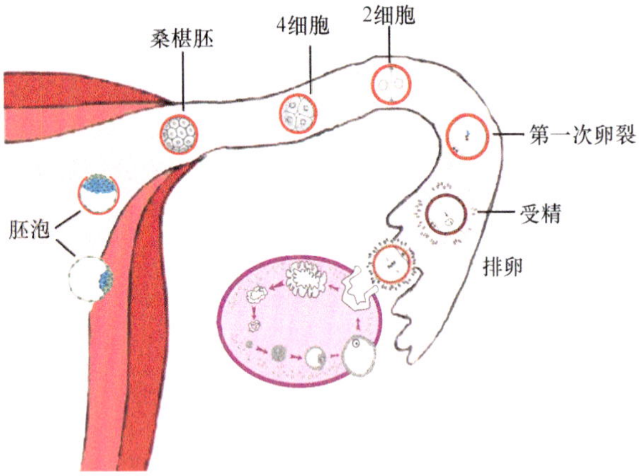

图 2-21-3 排卵、受精、胚泡形成和植入部位示意图

进入子宫腔后，桑椹胚细胞继续分裂。受精后第 4.5 ～ 5 天，卵裂球数目达到 100 个左右，透明带逐渐溶解消失。卵裂球细胞间出现许多小腔隙，逐渐融合成一个大腔，腔内充满来自子宫腔的液体。此时的胚形似泡状，称为**胚泡**（blastocyst）（图 2-21-2）。胚泡中心的腔称为**胚泡腔**（blastocyst cavity），周围的单层细胞构成胚泡壁，称为**滋养层**（trophoblast）。一团细胞贴附于滋养层的腔面，称为**内细胞群**（inner cell mass，ICM）。内细胞群处的滋养层称为**极端滋养层**（polar trophoblast）。内细胞群的细胞是具有多种分化能力的胚胎干细胞。滋养层与胚胎从母体吸收营养物质有关，极端滋养层将参与胎盘的形成。

二、植　入

胚泡逐渐埋入子宫内膜的过程称为**植入**（implantation）或**着床**（imbed），约在受精后 5 ～ 6 天开始，至 11 ～ 12 天完成（图 2-21-4）。植入时，极端滋养层首先与子宫内膜上皮接触，分泌蛋白酶溶解子宫内膜，逐渐将其溶蚀出一个缺口。胚泡陷入缺口，逐渐侵入子宫内膜的功能层。植入时形成的子宫内膜缺口可通过上皮细胞增生修复。至此，植入完成。

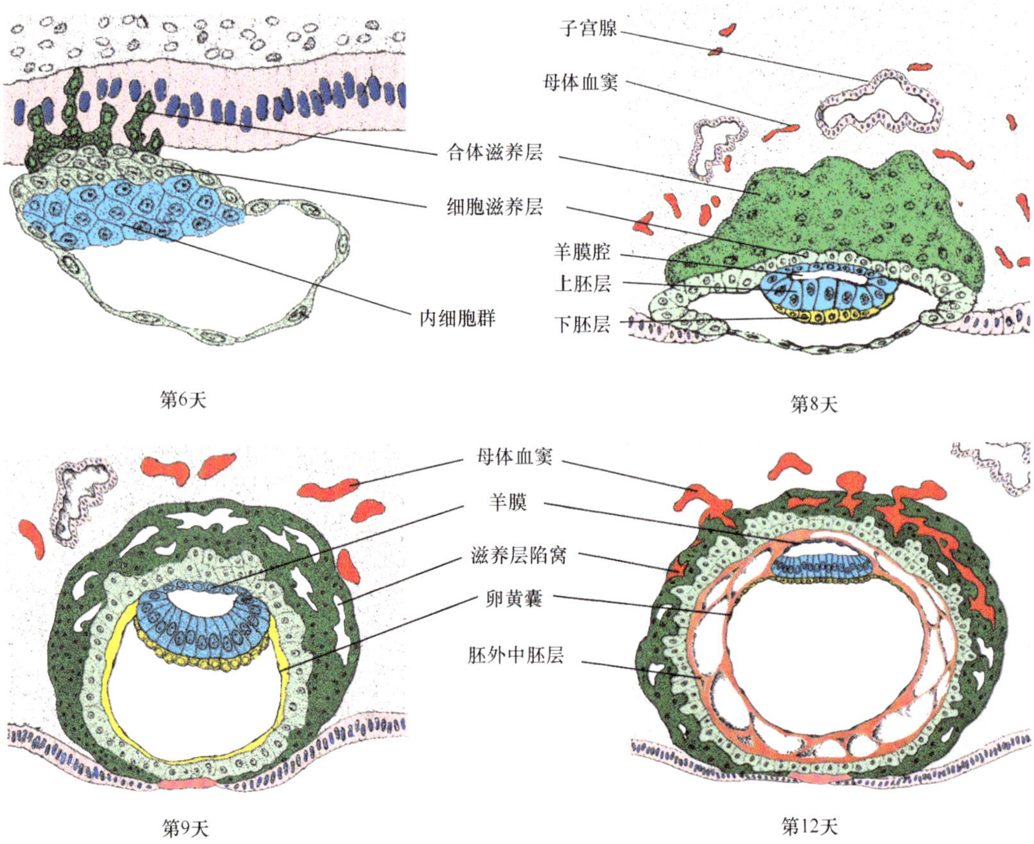

图 2-21-4 植入过程模式图

胚泡植入过程中，滋养层细胞迅速分裂增殖增厚，由单层分化为复层。外层细胞互相融合，细胞间界限消失，故称为**合体滋养层**（syncytiotrophoblast）；内层细胞界限清晰，由单层立方细胞组成，故称为**细胞滋养层**（cytotrophoblast）（图 2-21-4）。细胞滋养层可不断分裂增殖产生新的细胞，融合入合体滋养层。合体滋养层内开始出现一些小腔隙，称为**滋养层陷窝**（图 2-21-4），与母体子宫内膜小

血管相连，充满来自子宫内膜的母体血液。因此，滋养层细胞从母体血液中吸取营养供给胚胎发育所需，并进行物质交换。

胚泡植入后，子宫内膜的功能层称为**蜕膜**（decidua）。蜕膜较分泌期子宫内膜进一步增厚，血液供应更丰富，腺体分泌更旺盛。蜕膜中成群分布的椭圆形或多边形细胞称为蜕膜细胞，是来自子宫内膜固有层中的基质细胞。蜕膜细胞核呈圆形，核仁明显；胞质内富含糖原和脂滴，为胚泡提供营养物质，保护子宫内膜免受滋养层过度侵蚀。

根据与胚的位置关系，蜕膜分为三部分（图2-21-5）：①**基蜕膜**（decidua basalis）位于胚与子宫肌层间，参与胎盘的形成；②**包蜕膜**（decidua capsularis）覆盖在胚表面；③**壁蜕膜**（decidua parietalis）是基蜕膜与包蜕膜以外，子宫其余部分的蜕膜。壁蜕膜与包蜕膜之间的腔隙为子宫腔。蜕膜将在分娩时脱落。

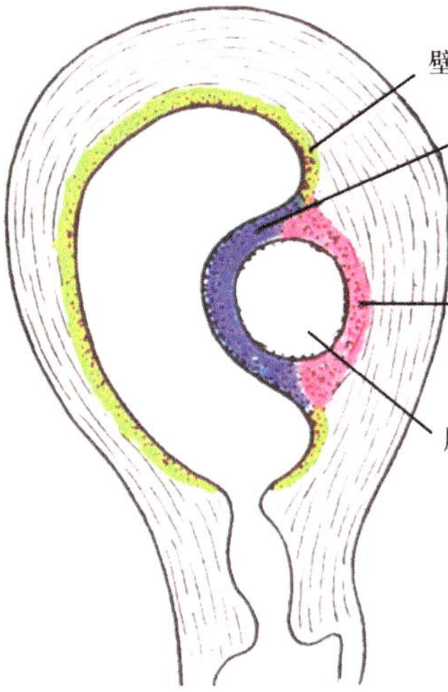

图 2-21-5　植入后胚泡与子宫内膜关系示意图

植入受母体雌激素和孕激素的精细调节。在雌激素与孕激素的协同作用下，植入前的子宫内膜处于分泌期，富含血管和腺体，适合植入后胚泡的发育。若母体内分泌紊乱，或服用药物干扰等，导致子宫内膜的周期性变化与胚泡发育不同步，则无法完成植入。正常的子宫腔内环境也是植入的必要条件。宫腔内炎症、避孕环都可阻止胚泡植入。

正常植入多位于子宫体前、后壁或子宫底。若胚泡植入位置靠近子宫颈，将形成**前置胎盘**（placenta previa）。由于前置胎盘靠近子宫颈，在妊娠晚期易发生胎盘早剥而导致母体大出血；在自然分娩时，由于胎盘阻塞产道将造成难产。若胚泡植入子宫以外的部位称为**宫外孕**或**异位妊娠**（ectopic pregnancy）（图 2-21-6），常发生在输卵管壶腹部和峡部，也可发生在卵巢、子宫阔韧带、子宫直肠陷窝、腹膜腔及肠系膜等处。异位妊娠的胚胎多因营养供应不足而早期死亡，被母体吸收。少数输卵管妊娠胚胎发育至约 2 个月时可导致输卵管破裂引起母体严重内出血。只有极少的异位妊娠胚胎能发育到足月。异位妊娠可能与内分泌失调或输卵管狭窄、慢性炎症、肿瘤压迫等影响受精卵通过输卵管有关。

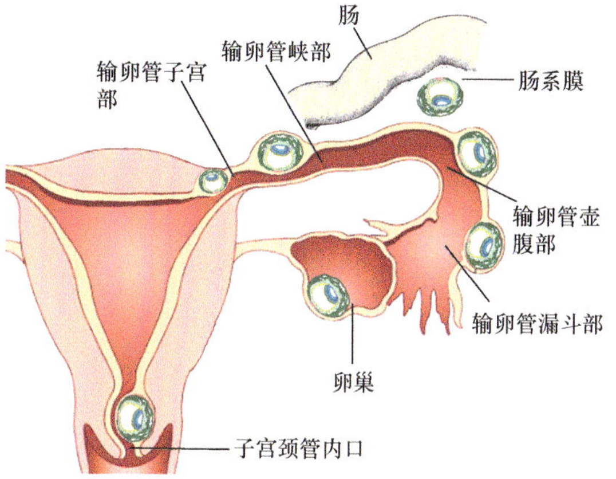

图 2-21-6　胚泡异位植入部位示意图

第三节　胚层的形成

一、二胚层胚盘及相关结构的发生

在第 2 周胚泡植入子宫内膜的过程中，内细胞群的细胞增殖分化，逐渐形成圆盘状的**胚盘**（embryonic disc）。此时的胚盘由两个胚层组成。胚泡腔侧的内细胞群细胞分化为单层立方形细胞，称为**下胚层**（hypoblast）；邻近极端滋养层的内细胞群细胞在下胚层上方分化形成单层柱状细胞，称为**上胚层**（epiblast）（图 2-21-4）。上胚层和下胚层紧贴，二者之间隔以基膜。上下胚层形成的圆盘状结构称为**二胚层胚盘**（bilaminar germ disc）。

与此同时，紧邻细胞滋养层内面出现由单层扁平细胞构成的**胚外体腔膜**（exocoelomic membrane）。在第 2 周末，下胚层的周缘细胞沿胚外体腔膜向腹侧生长，形成另一个由单层扁平上皮构成的囊，称为**卵黄囊**（secondary yolk sac）（图 2-21-4）。随后，由于上胚层细胞增殖较快，细胞之间出现一个充满液体，并不断扩大的腔隙，称为**羊膜腔**（amniotic cavity），腔内的液体为**羊水**（图 2-21-4）。被羊水推向细胞滋养层的上胚层细胞分化为成羊膜细胞（amnioblast）贴在细胞滋养层内面形成羊膜（amniotic membrane）。羊膜的周缘与上胚层相连，包绕羊膜腔形成**羊膜囊**（amnion）。

此时，胚泡腔内出现一些星状细胞和细胞外基质，松散地分布在羊膜、卵黄囊与细胞滋养层之间，称为**胚外中胚层**（extraembryonic mesoderm）（图 2-21-4）。约第 2 周末，胚外中胚层细胞间内也出现一些小腔隙，逐渐融合增大，称为**胚外体腔**（extraembryonic coelom）。胚外体腔的出现将胚外中胚层分成两部分：位于滋养层内面和羊膜外面的胚外中胚层称为**胚外体壁中胚层**（extraembryonic somatopleuric mesoderm）；位于卵黄囊外面的胚外中胚层称为**胚外脏壁中胚层**（extraembryonic splanchnopleuric mesoderm）。随着胚外体腔不断地扩大，二胚层胚盘及羊膜囊、卵黄囊仅由少量带状的胚外中胚层与滋养层内面相连，悬于胚外体腔中。这个蒂状的胚外中胚层称为**体蒂**（body stalk）（图 2-21-7）。

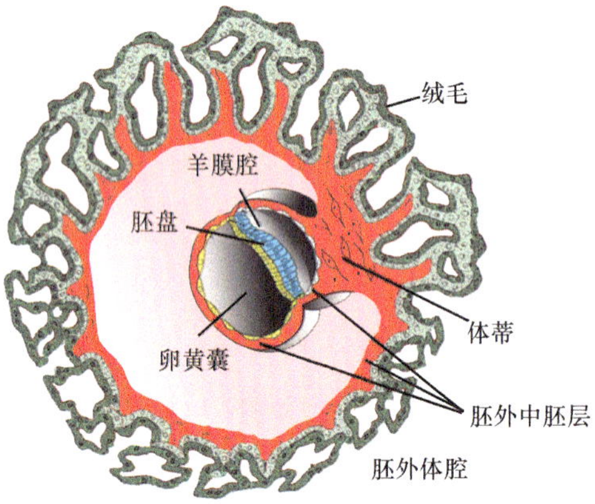

图 2-21-7　第二周胚结构示意图

二、三胚层胚盘及相关结构的形成

在第 3 周初，二胚层胚盘的部分上胚层细胞增殖较快，在上胚层中轴线的一侧形成一条细胞增厚区，称为**原条**（primitive streak）（图 2-21-8A）。原条的出现决定了胚盘的头尾方向，原条出现一端为尾端，对侧为头端。原条头端因细胞增殖较快而略膨大为结节状，称为**原结**（primitive node）（图 2-21-8A）。继而，由于原条和原结的细胞向深部迁移，在原条中线和原结中心分别出现浅沟和浅凹，称为**原沟**（primitive groove）和**原凹**（primitive pit）（图 2-21-8A）。迁移至原沟深部的上胚层细胞在上、下胚层之间呈翼状由中央向四周扩展迁移，部分细胞在上下胚层之间形成一个夹层，称为**胚内中胚层**（intraembryonic mesoderm），即**中胚层**（mesoderm）（图 2-21-8B），在胚盘边缘与胚外中胚层相连（图 2-21-8C）。另一部分细胞则进入下胚层，逐渐置换全部下胚层细胞，形成一层新的细胞，称为**内胚层**（endoderm），内胚层和中胚层出现后，上胚层改称为**外胚层**（ectoderm）（图 2-21-8C）。在第 3 周末，胚盘由来自上胚层的内、中、外三个胚层构成，称为**三胚层胚盘**（trilamilar germ disc）。而迁移至原凹深层的上胚层细胞不断向头端增殖并迁移，在内、外胚层之间形成一条单独的中胚层细胞索，称为**脊索**（notochord）（图 2-21-8B）。脊索在早期胚胎中起到一定的支持作用，以后逐渐退化成椎间盘中央的髓核。

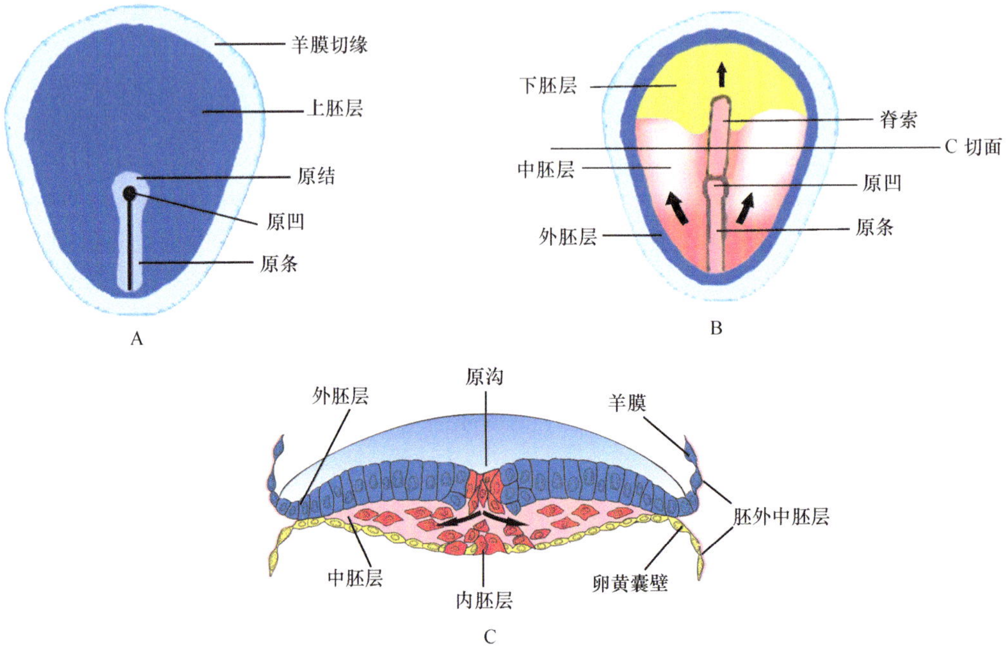

图 2-21-8　16 天示人胚三胚层胚盘形成

A. 胚盘背面观；B. 中胚层和脊索形成中（上胚层被去除，保留边缘部分；箭号示中胚层和脊索细胞的迁移方向）；C. 通过原条的胚盘横切面，显示中胚层形成

随着胚体的发育，脊索向胚盘头端快速增长；原条生长缓慢并向尾端相对退缩，最终在第 4 周时退化消失。若原条不退化，残留的原条细胞可在胎儿骶尾部增殖分化，形成有多种组织构成的肿瘤，称为**畸胎瘤**（teratoma）。

由于头端生长较快，在第 3 周末，胚盘的形状由圆盘状变为头端大、尾端小的梨形，胚盘的尾侧与体蒂相连。在脊索的头端和原条尾端各有一个无中胚层的薄膜状小区，由内、外胚层直接相贴而成，分别称为**口咽膜**（oropharygeal membrane）和**泄殖腔膜**（cloacal membrane）（图 2-21-9）。

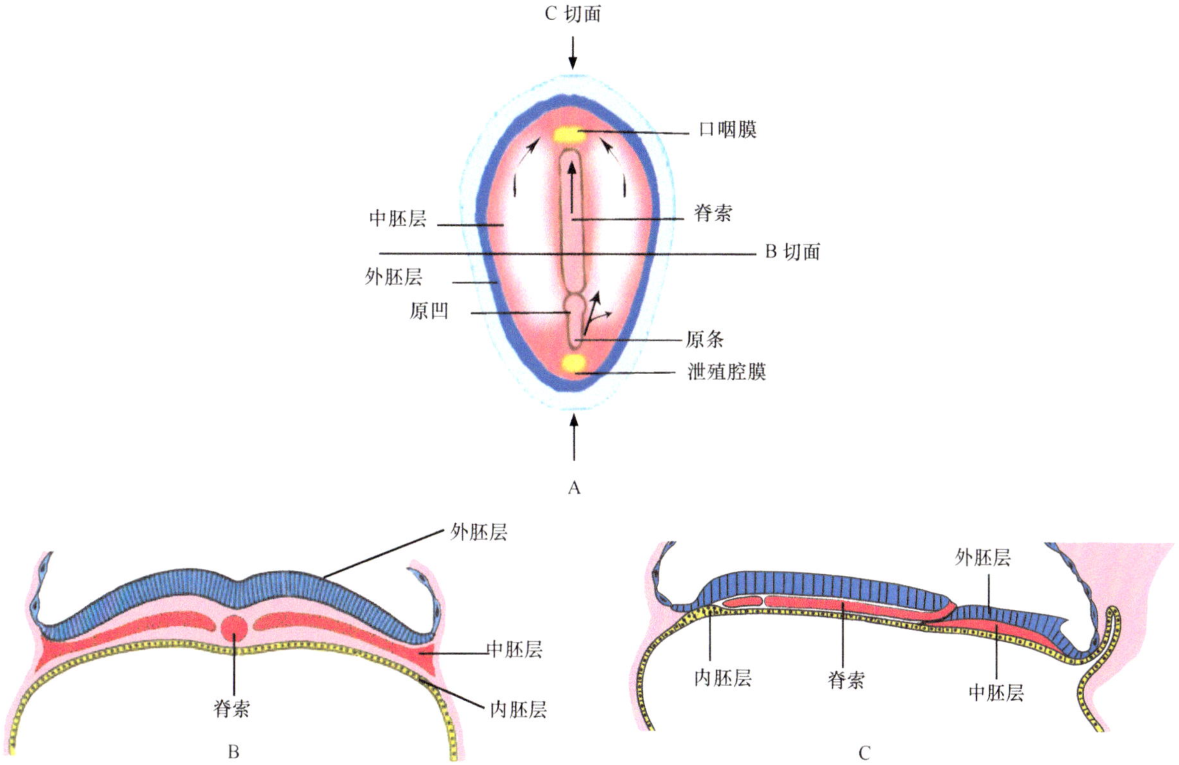

图 2-21-9　18 天人胚示中胚层及脊索形成

第四节　三胚层的分化和胚体的形成

一、三胚层的分化

在胚胎第 4 ～ 8 周时，三个胚层逐渐分化形成各器官的原基。

（一）外胚层的分化

脊索形成后，诱导其背侧中线的外胚层细胞呈现头宽、尾窄的板状增厚，称为**神经板**（neural plate）（图 2-21-10 A）。神经板的外胚层称为神经外胚层，其余部分的外胚层成为表面外胚层。胚胎第 18 天，神经板沿着中央长轴向下凹陷，形成**神经沟**（neural groove），沟两侧的边缘隆起，称为**神经褶**（neural fold）（图 2-21-10B，图 2-21-10C，图 2-21-11A）。第 3 周末，神经沟两侧的神经褶在神经沟中段靠拢愈合，逐渐向头尾两侧扩展（图 2-21-10D，图 2-21-12）。此时，神经管头端和尾端各有一个开口，分别称为**前神经孔**（anterior neuropore）及**后神经孔**（posterior neuropore）（图 2-21-12）。前神经孔约在第 25 天闭合，后神经孔则在第 27 天闭合，神经沟完全闭合形成神经管（neural tube）（图 2-21-10D，图 2-21-11B），而神经管两侧的表面外胚层则在神经管背侧靠拢融合。神经管是神经系统发育的原基；其迅速膨大的头端为**脑泡**，是脑的原基；其余较细的部分，是脊髓的原基；神经管中央的管腔将分化为脑室和中央管。前神经孔未闭将形成**无脑儿**（anencephaly）；后神经孔未闭将形成脊髓**脊柱裂**。

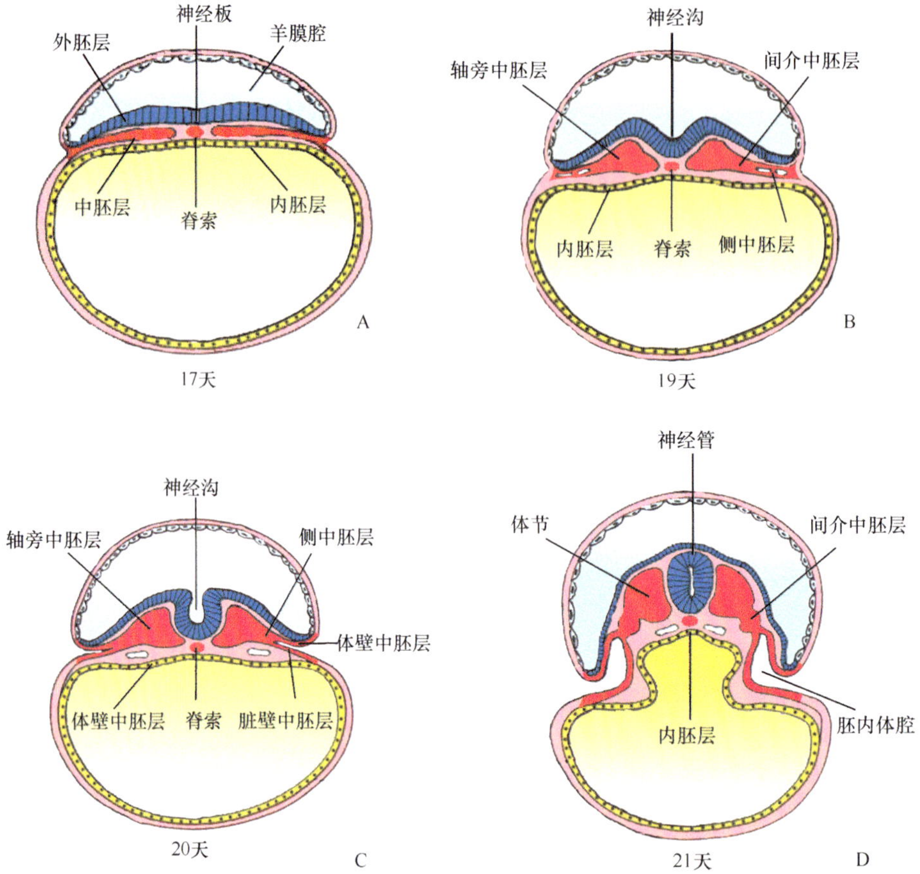

图 2-21-10　中胚层的早期分化及神经管的形成

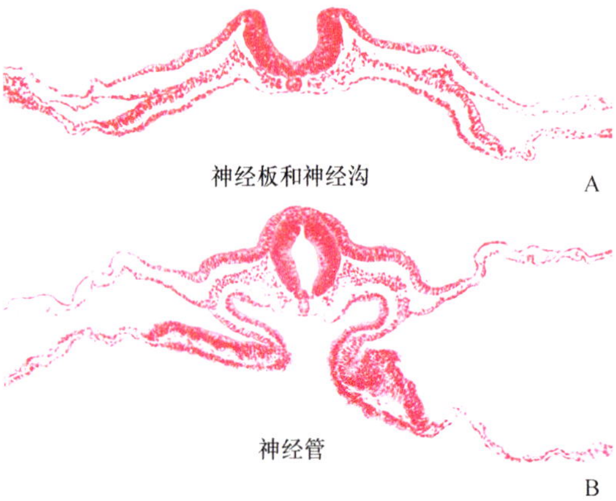

图 2-21-11　鸡胚三胚层分化（HE 染色）

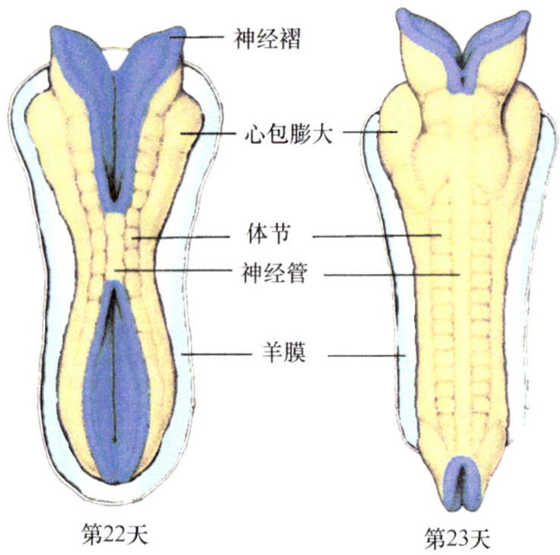

图 2-21-12　神经管的形成模式图

在神经管形成的过程中，神经褶边缘的部分细胞随之迁移至神经管背侧的间充质内，并形成一条纵行的细胞索，很快分裂为两条细胞索，分别迁移至神经管的背外侧，称为**神经嵴**（neural crest）（图 2-21-13）。神经嵴是周围神经系统的原基，将分化形成脑神经节、脊神经节、交感神经节、肾上腺髓质嗜铬细胞、黑素细胞、施万细胞及某些神经内分泌细胞，头端的神经嵴细胞还参与颅面部骨骼和结缔组织的形成。而表面外胚层则分化形成皮肤的表皮及其附属器、牙釉质、晶状体、角膜上皮、内耳膜迷路、唾液腺、口腔和鼻腔及肛管下段的上皮等结构。

（二）中胚层的分化

第 3 周初，脊索两侧的中胚层细胞快速增殖，由中轴向两侧依次为**轴旁中胚层**、**间介中胚层**和**侧中胚层**（图 2-21-10）。

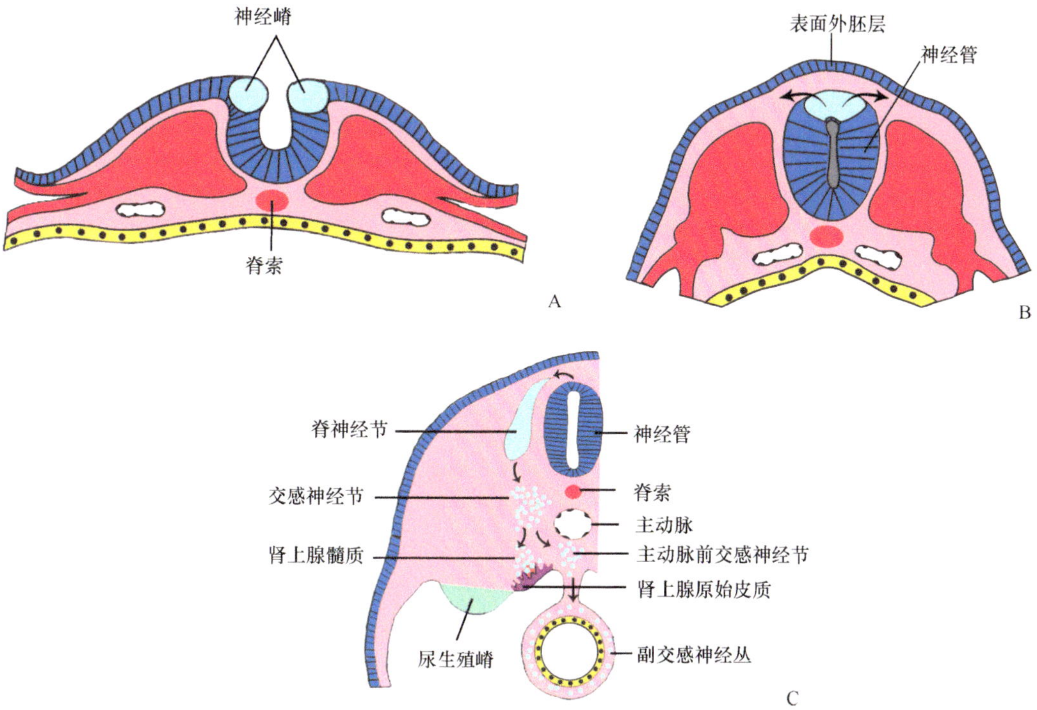

图 2-21-13　神经管及神经嵴的形成模式图

1. 轴旁中胚层（paraxial mesoderm）　紧邻脊索两侧的中胚层细胞迅速增殖，形成一对纵行的细胞索，称为轴旁中胚层。第 3 周末，轴旁中胚层增殖肥厚，纵向裂开形成形似三角、左右成对的细胞团块，称为**体节**（somite）（图 2-21-10，图 2-21-12）。体节从胚体头端开始出现，逐渐向尾端推进，每天形成 3 ～ 4 对，第 5 周末全部形成，共 42 ～ 44 对。体节分化为中轴骨骼如脊柱、背侧的皮肤真皮和骨骼肌。体节是人胚早期推测胚龄的重要标志，从胚体表面可分辨体节。

2. 间介中胚层（intermediate mesoderm）　是轴旁中胚层与侧中胚层之间的狭长区域（图 2-21-10），是泌尿与生殖系统的原基。

3. 侧中胚层（lateral mesoderm）　位于中胚层的最外侧。侧中胚层最初为薄片状，很快内部出现一些小腔隙，很快融合为一个与胚外体腔相通的大腔，称为胚内体腔（intraembryonic coelom）。胚内体腔将侧中胚层分为两层，与外胚层相贴的称为**体壁中胚层**（somatic mesoderm）；与内胚层相贴的称为**脏壁中胚层**（splanchnic mesoderm）（图 2-21-10）。体壁中胚层分化为浆膜壁层、体壁和四肢的骨骼、肌肉、皮肤的真皮；脏壁中胚层分化为浆膜脏层、消化和呼吸系统的平滑肌、血管结缔组织和间皮。胚内体腔依次分化为心包腔、胸膜腔和腹膜腔。

此外，在中胚层分化过程中，仅少部分保持上皮性结构特点，大部分将形成**间充质**。间充质是由星形的间充质细胞和基质组成的结缔组织，具有向不同方向分化的潜能，将分化成结缔组织、肌组织和心血管系统等。

（三）内胚层的分化

由于神经管的迅速生长，头、尾褶及侧褶逐渐加深，致使卵黄囊顶壁的内胚层卷入胚体内形成**原始消化管**（primitive gut）。原始消化管的头端部分为**前肠**（foregut）；尾端部分为**后肠**（hindgut）；位于前后肠之间与卵黄囊相连的部分为**中肠**（mid-gut）。前肠的头端有**口咽膜**封闭，后肠末端的腹侧有**泄殖腔膜**封闭（图 2-21-14）。与中肠相连的卵黄囊部分逐渐变细形成卵黄管，第 6 周末，卵黄管闭锁，原始消化管随即成为一条位于神经管及脊索下方的纵行管，它是消化系统与呼吸系统的原基。

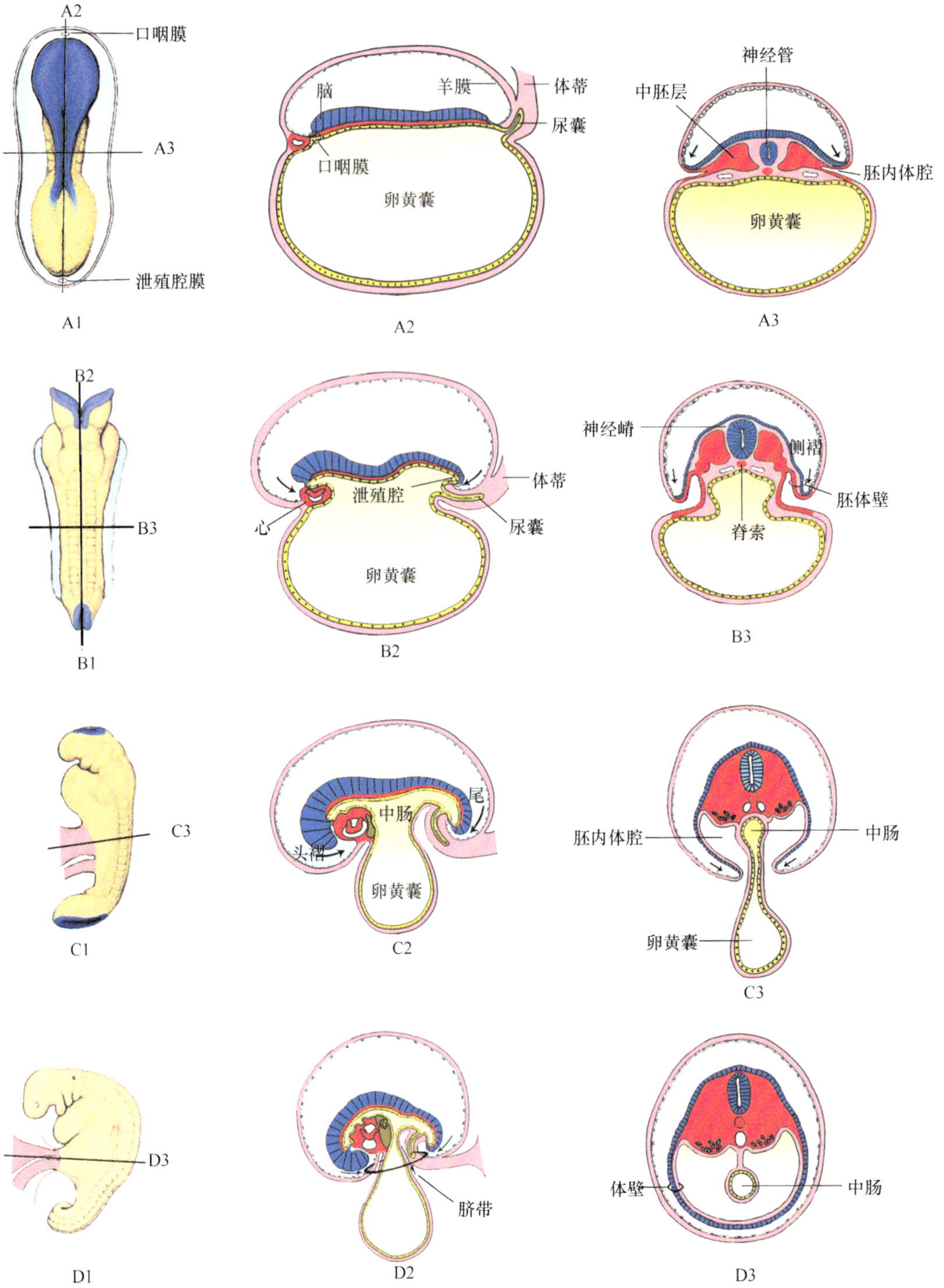

图 2-21-14　胚体外形的形成模式图

A1 ～ A 3：约 20 天人胚背面观、胚体纵断和横断面；B1 ～ B 3：约 23 天人胚背面观、胚体纵断和横断面；C1 ～ C 3：约 26 天人胚侧面观、胚体纵断和横断面；D1 ～ D 3：约 28 天人胚侧面观、胚体纵断和横断面

二、胚体外形的形成

早期二胚层胚盘呈扁平的圆盘状结构，三胚层胚盘呈扁平的梨形结构。第 4 周初，由于体节及神经管生长迅速，胚盘纵向中央部的生长速度较胚盘边缘快，导致胚盘背侧向羊膜腔内隆起。伴随着三胚层的分化，外胚层的生长速度快于内胚层，导致**左右侧褶**（lateral fold）形成，外胚层逐渐包裹胚体表面，内胚层则卷曲到胚体内部。胚胎头尾方向的生长速度快于左右侧的生长，头侧生长速度快于尾侧，头、尾端逐渐卷折形成**头褶**(head fold)和**尾褶**(tail fold）。随着胚的生长，头、尾褶及侧褶逐渐加深，胚盘由圆盘状卷折为头大尾小的圆柱状胚体。第 4 周末胚体（从头至尾）呈“C”字形（图 2-21-14）。

C形圆柱状胚体形成后，胚体凸入羊膜腔内，浸浴在羊水中；羊膜包绕着体带和卵黄囊在胚体腹侧中心处形成脐带；口咽膜和泄殖腔膜分别转移到胚胎头端和尾段的腹侧面；外胚层包绕在胚体表面；内胚层纵向卷曲到胚体内部，形成原始消化管，其腹侧中段与卵黄囊相通，头、尾端分别有口咽膜和泄殖腔膜封闭。

在第5～8周，胚体的外形发生明显的变化（图2-21-15），至第8周末初具人形，主要的器官和系统均在此时期内形成，故此时期称为**器官发生期**（organogenetic period）。在器官发生期，胚体头部向腹侧弯曲呈“C”字形；继而躯干变直，头部逐渐抬起；眼、耳、鼻原基出现，颜面逐渐形成；肢芽出现，上、下肢逐渐形成；尾突逐渐消失；脐带形成；心肝隆起明显；头颈部逐渐分明；外生殖器发生，但无法分辨性别；神经及肌肉发育，胚胎可进行轻微运动。

器官发生期是人体外形及内部许多器官和系统原基发生的重要时期，此期内胚胎对致畸因子（如某些药物、病毒、微生物等）的影响极其敏感，故此期是**致畸敏感期**。孕妇在此期内应避免与致畸因子接触，防止胎儿发生先天性畸形。

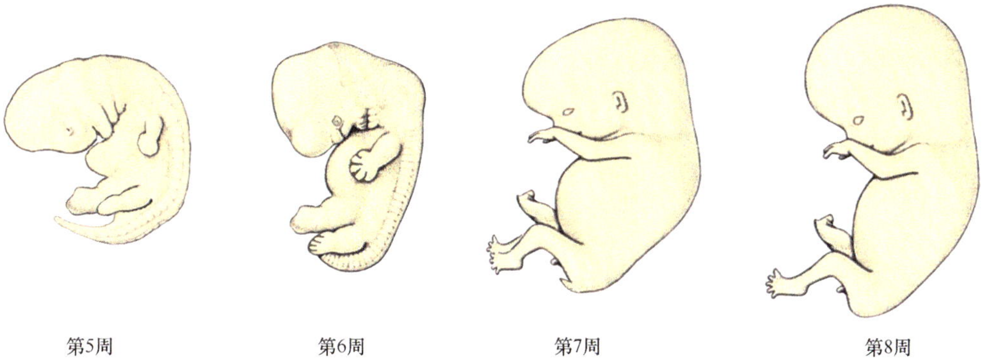

图2-21-15　5～8周人胚外形

第五节　胎膜和胎盘

胎膜和胎盘是对胚胎起保护、营养、呼吸和排泄等作用的附属结构，不参与胚体的形成。胎盘还有一定的内分泌功能。胎儿娩出后，胎膜、胎盘与子宫蜕膜一起排出母体外，总称**衣胞**（afterbirth）。

一、胎　膜

胎膜（fetal membrane）由绒毛膜、羊膜、卵黄囊、尿囊和脐带构成（图2-21-16）。

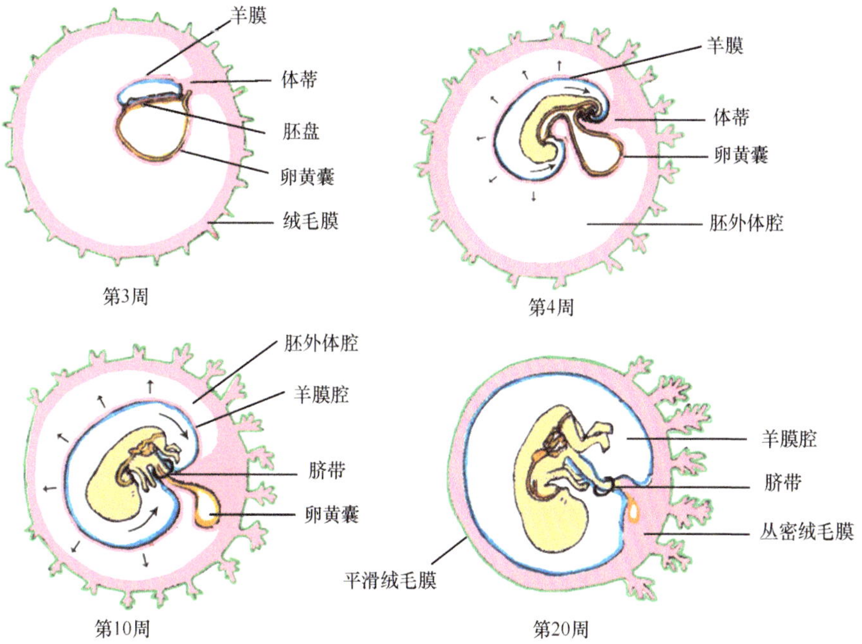

图2-21-16　胎膜与胚胎

（一）绒毛膜

绒毛膜（chorion）由绒毛模板、各级绒毛干和绒毛组成。绒毛模板由滋养层和衬于内面的胚外中胚层组成，绒毛膜干和各级绒毛在绒毛模板的基础上形成。

第 2 周末植入完成后，滋养层分化为合体滋养层和细胞滋养层两层。继而细胞滋养层细胞局部增殖，并伸入合体滋养层内，形成许多绒毛状的隆起。这些由外表的合体滋养层和内部的细胞滋养层构成的结构称为**初级绒毛干**。第 3 周时，胚外中胚层逐渐伸入绒毛干内，改称为**次级绒毛干**。此后，绒毛干胚外中胚层中的间充质分化为结缔组织和血管，就形成了**三级绒毛干**。各级绒毛干的表面进而发出许多细小的分支，形成**绒毛**。同时，绒毛干末端的细胞滋养层细胞增殖并穿越合体滋养层，伸抵蜕膜组织，将绒毛干固定在蜕膜上。这些穿越后的细胞滋养层细胞还沿着蜕膜扩展，彼此连接形成一层附着于蜕膜表面的**细胞滋养层壳**，将绒毛膜与子宫蜕膜牢固地连接在一起（图 2-21-17，图 2-21-18）。在胚泡植入过程中形成的滋养层陷窝逐渐演变为绒毛干之间的**绒毛间隙**（intervillous space）。绒毛间隙内充满了来自子宫螺旋动脉的母体血，绒毛浸浴在母体血液中。绒毛膜包绕在胚胎及其附属结构的最外面，直接与子宫蜕膜接触。绒毛的发育增大了绒毛膜与子宫蜕膜的接触面，胚胎可通过绒毛汲取母体血液中的营养物质并排出代谢产物。

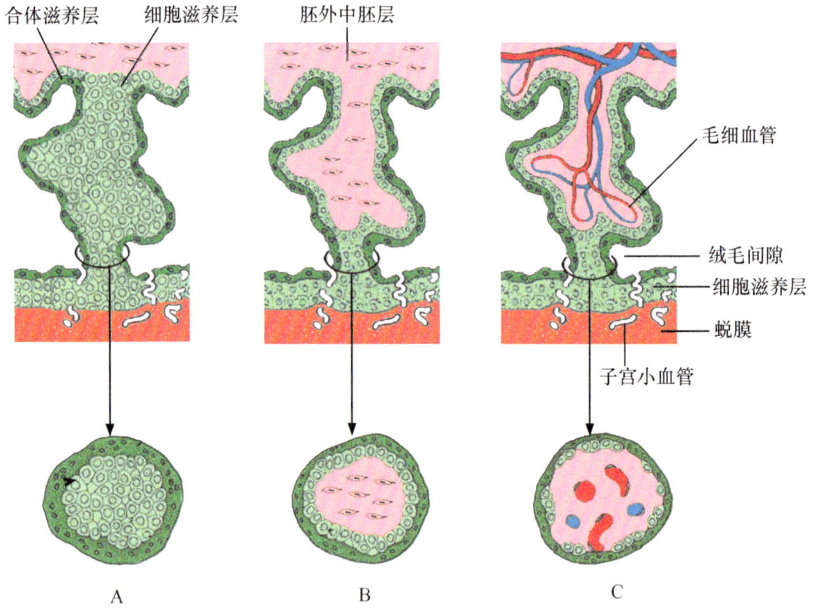

图 2-21-17　绒毛干的分化发育模式图

上行图为纵切面，下行图为横切面。A. 初级绒毛干；B. 次级绒毛干；C. 三级绒毛干

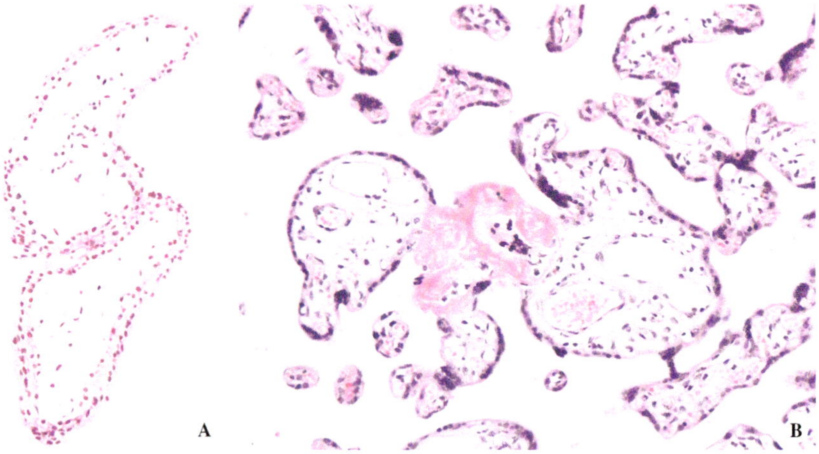

图 2-21-18　胎盘绒毛（HE 染色，A. 早期；B. 晚期）

在胚胎早期，绒毛膜表面的绒毛呈均匀分布。之后，由于包蜕膜侧的绒毛膜血供匮乏，绒毛逐渐退化、消失，形成表面无绒毛的**平滑绒毛膜**（smooth chorion）。而基蜕膜侧的绒毛膜血供充足，绒毛反复分支、生长茂密，称为**丛密绒毛膜**（villous chorion）（图 2-21-16），将与基蜕膜共同组成胎盘。从密绒毛膜内的血管通过脐带与胚体内的血管相连。此后，随着胚胎的发育增长和羊膜腔不断扩大，羊膜、平滑绒毛膜和包蜕膜进一步凸向子宫腔，最终与壁蜕膜愈合，子宫腔逐渐消失（图 2-21-19）。

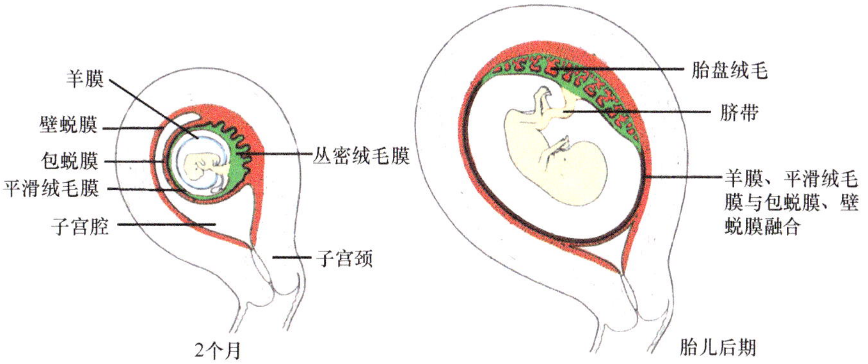

图 2-21-19　胎膜、蜕膜与胎盘位置关系模式图

在绒毛膜发育过程中，若血管发育不良或与胚体血管未通连，胚胎可因营养缺乏而发育迟缓或死亡。若绒毛膜的滋养层细胞过度增生，绒毛内结缔组织高度水肿，绒毛呈葡萄或水泡状，胚胎发育受阻或死亡，称为**葡萄胎**或**水泡状胎块**。若滋养层细胞癌变称为**绒毛膜上皮癌**，不仅严重影响胚胎的发育，还危及母体健康。

（二）羊膜

羊膜（amnion）为半透明薄膜，由一层羊膜上皮被覆少量胚外中胚层构成。羊膜腔内充满**羊水**（amniotic fluid），胚胎在羊水中生长发育（图 2-21-16）。羊膜最初附着于胚盘的边缘，随着胚体形成、羊膜腔扩大和胚体凸入羊膜腔内，羊膜在胚胎腹侧逐渐包裹体蒂，形成原始脐带。随着羊膜腔不断扩大，羊膜逐渐与绒毛膜相贴，胚外体腔消失。妊娠早期羊水为无色透明的弱碱性液体，由羊膜不断分泌吸收。妊娠中期后，随着胚胎的器官开始成熟发育，胎儿开始吞咽羊水，而胎儿泌尿和消化系统的排泄物、体表脱落上皮细胞也进入羊水中，羊水呈轻度乳白色。羊膜和羊水在胚胎发育中起重要的保护作用，如胚胎在羊水中可较自由地活动，利于骨骼肌的正常发育，防止胚胎局部发生粘连，缓冲外力压迫与震荡。临产时，羊水发挥扩张宫颈、冲洗产道的作用。随着胚胎的生长，羊水也相应增多，足月分娩时约有 1000 ～ 1500 ml。羊水量低于 500 ml 以下时称为羊水过少，易发生羊膜与胎儿粘连或胎儿宫内窘迫，影响胎儿正常发育。羊水量多于 2000 ml 以上时称为羊水过多，也可影响胎儿正常发育，或导致早产和胎盘早剥等。羊水含量异常与某些先天性畸形有关，如胎儿肾缺如或尿道闭锁可导致羊水过少，胎儿消化道闭锁或前神经孔未闭合可导致羊水过多。在超声引导下进行羊膜穿刺抽取羊水，进行胎儿细胞染色体检查、DNA 分析或测定羊水中某些物质的含量，可以早期诊断某些先天性异常。

（三）卵黄囊

卵黄囊（yolk sac）位于原始消化管腹侧（图 2-21-14，图 2-21-16）。鸟类等卵生动物胚胎的卵黄囊内贮有大量卵黄，为胚胎发育提供营养。人类等胎生动物胚胎的卵黄囊不发达，其内并无卵黄，它的出现是种系发生和进化的重演。人胚胎卵黄囊被羊膜包绕入脐带后，与原始消化管相连的狭窄部分称为卵黄蒂。卵黄蒂于第 6 周闭锁，卵黄囊也逐渐退化。人类的造血干细胞和原始生殖细胞分别来自卵黄囊的胚外中胚层和内胚层。

（四）尿囊

尿囊（allantois）是从卵黄囊尾侧向体蒂内伸出的一个盲管，随着胚体尾端的卷曲而开口于原始消化管尾段的腹侧（图 2-21-14）。尿囊的近端演化为膀胱。尿囊远端的狭长部分形成膀胱至脐内的脐尿管。胎儿出生后，脐尿管将闭锁形成脐正中韧带。尿囊壁的胚外中胚层形成尿囊动脉和尿囊静脉，以后演变为脐带中的脐动脉和脐静脉。鸟类胚胎的尿囊发达，具气体交换和储存代谢废物的功能。人类胚胎的气体交换和废物排泄由胎盘完成，尿囊仅为遗迹性器官。

（五）脐带

脐带（umbilical cord）是连于胚胎脐部与胎盘间的条索状结构（图 2-21-14，图 2-21-16，图 2-21-20）。脐带外被羊膜，内部是由体蒂中胚层分化而来的黏液性结缔组织，结缔组织中有闭锁的卵黄蒂、脐尿管以及脐动脉和脐静脉（图 2-21-20）。脐血管的两端分别与胚胎血管和胎盘绒毛血管相连。**脐动脉**有两条，在脐带内呈螺旋状走行，将富含代谢废物和二氧化碳的胚胎血液运送至胎盘绒毛毛细血管内，与绒毛间隙内的富含氧气和营养物质的母体血液进行物质交换。**脐静脉**仅有一条，将交换后富含氧气和营养物质的胎儿血液送回胚胎体内。胎儿出生时，脐带长 40 ～ 60 cm，粗 1.5 ～ 2 cm。若胎儿脐带过短，胎儿娩出时易导致胎盘早剥，造成出血过多；若胎儿脐带过长，易缠绕胎儿肢体或颈部，导致胎儿局部发育不良，甚致窒息死亡。

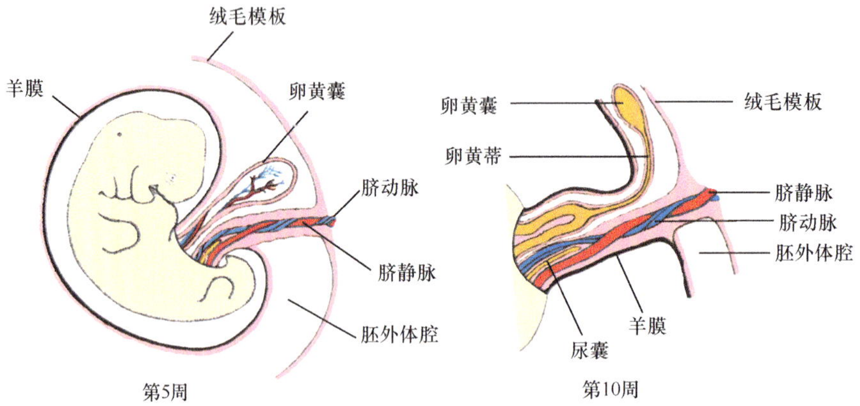

图 2-21-20　脐带结构模式图

二、胎　　盘

（一）胎盘的结构

胎盘（placenta）是由胎儿的丛密绒毛膜与母体基蜕膜共同组成的圆盘形结构（图 2-21-21）。足月胎儿的胎盘重约 500 g，直径 15 ～ 20 cm，中央厚，周缘薄，平均厚约 2.5 cm。胎盘的胎儿面光滑，被覆羊膜，脐带位于胎盘中央或稍偏心位，透过羊膜可见放射状走行的脐血管分支。胎盘的母体面粗糙，是剥离后的基蜕膜，由浅沟将其分隔为 15 ～ 30 个胎盘小叶（cytoledon）。

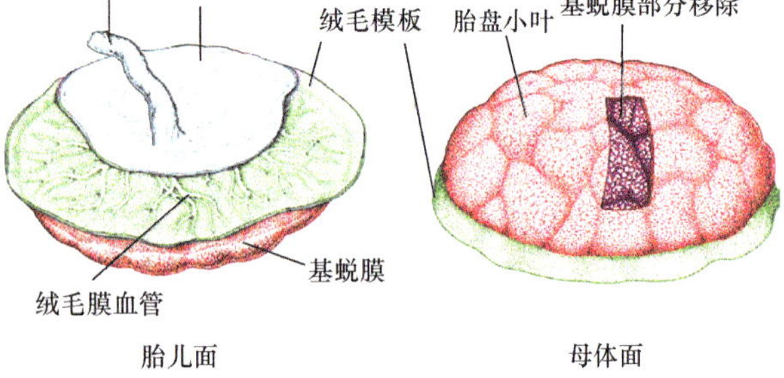

图 2-21-21　胎盘组成模式图

在胎盘纵切面上，胎儿面被覆的羊膜下方是绒毛膜板的结缔组织，脐血管的分支行于其中。从绒毛膜板发出约 40 ～ 60 根绒毛干，绒毛干又分支出许多细小的绒毛，绒毛干的末端通过细胞滋养层壳固着于基蜕膜。脐血管的分支沿绒毛干进入绒毛形成毛细血管。绒毛干之间腔隙是绒毛间隙。由于滋养层细胞分泌酶类物质分解基蜕膜和绒毛间腔不断扩大，基蜕膜形成多个短隔伸入间隙内，称**胎盘隔**（placental septum）。胎盘隔将绒毛干分隔到胎盘小叶内，每个小叶含 1 ～ 4 根绒毛干及其分支。子宫螺旋动脉与子宫静脉穿过基蜕膜开口于绒毛间隙，故绒毛间隙内充以母体血液，绒毛浸浴在母血中（图 2-21-22）。

（二）胎盘的血液循环和胎盘膜

胎盘内有母体和胎儿两套血液循环，两者的血液在各自的封闭管道内循环，互不相混，但可进行物质交换。母体动脉血从子宫螺旋动脉流入绒毛间隙，在此与绒毛内毛细血管的胎儿血进行物质交换后，由子宫静脉回流入母体。胎儿的静脉血经脐动脉及其分支流入绒毛毛细血管，与绒毛间隙内的母体血进行物质交换后，成为动脉血，又经脐静脉回流到胎儿（图 2-21-22）。

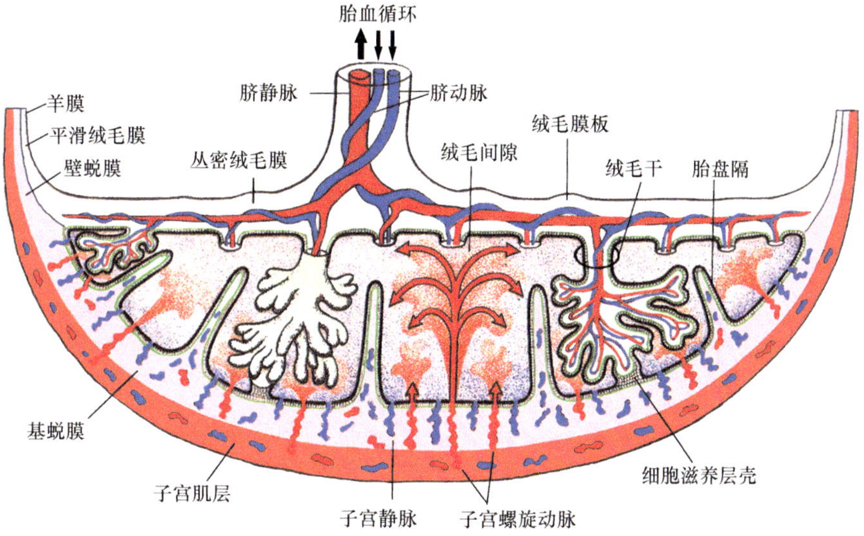

图 2-21-22　胎盘的结构与血循环模式图

胎儿血与母体血在胎盘内进行物质交换所通过的结构，称**胎盘膜**（placental membrane）或**胎盘屏障**（placental barrier）。早期胎盘膜由合体滋养层、细胞滋养层和基膜、薄层绒毛结缔组织、毛细血管内皮和基膜构成。发育后期，由于细胞滋养层在许多部位消失，而合体滋养层在一些部位仅为薄层胞质，故胎盘膜变薄，胎血与母血间仅隔以绒毛毛细血管内皮和薄层合体滋养层及两者的基膜，更有利于胎血与母血间的物质交换。

（三）胎盘的功能

1. 物质交换　胎儿通过胎盘从母血中获取营养物质和 O_2，排出代谢产物和 CO_2。因此胎盘具有相当于出生后小肠、肺和肾的功能。母体血液中的免疫球蛋白 G 可通过胎盘屏障进入胎儿体内，使得胎儿及新生儿具备一定的免疫力。由于某些药物、病毒和激素可以通过胎盘屏障影响胎儿，故妊娠妇女应慎重用药，并咨询医生。

2. 内分泌功能　胎盘的合体滋养层能分泌数种激素，在维持妊娠中发挥重要作用。主要为：①**人绒毛膜促性腺激素**（human chorionic gonadotropin，HCG）：其作用与黄体生成素相似，能够促进母体黄体的生长发育，以维持妊娠。HCG 在妊娠第 2 周开始分泌，第 8 周达高峰，以后逐渐下降；②**人胎盘催乳素**（human placental lactogen，HPS）能促使母体乳腺和胎儿的生长发育。HCS 于妊娠第 2 月开始分泌，第 8 月达高峰，直至分娩；③**人胎盘孕激素和雌激素**：于妊娠第 4 月开始分泌，以后逐渐增多。母体黄体退化后，胎盘分泌的这两种激素起着继续维持妊娠的作用，并且通过免疫抑制作用保证母体免疫系统不排斥具有抗原性的胚胎。

第六节　胚胎龄的推算和胚胎各期外形特征

一、胚胎龄的推算

推算胚胎龄的常用方法有两种，即月经龄和受精龄。

（一）胚胎的月经龄

临床上常用**月经龄**推算胚胎龄，即从妊娠妇女末次月经第 1 天算起，至胎儿娩出，约 40 周或 280 天左右。因为排卵通常发生在月经周期的第 14 ～ 15 天左右，而且妇女的月经周期常受周围环境变化或精神紧张、压力等因素的影响，故根据月经龄推算的胚胎龄难免有误差。

（二）胚胎的受精龄

胚胎学研究者常用**受精龄**推算胚胎龄，即从受精之日起推算胚胎龄。受精一般发生在末次月经第 1 天后的 2 周左右，故从受精到胎儿娩出约 38 周或 266 天左右。

二、胚胎长度测量法

临床上及法医鉴定中常需要对早产儿、流产和意外伤害中的胚胎进行胚胎龄的认定，除根据胚胎外形特征估算外，多采用胚胎长度测量法判定胚胎龄。胚胎长度测量标准有三种（图 2-21-23）。

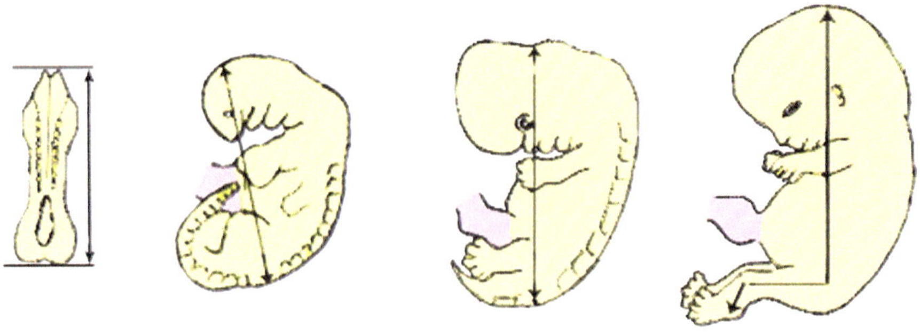

最长值(GL)　顶臀长(CRL)　顶臀长(CRL)　顶跟长(CHL)

图 2-21-23　胚胎长度测量法示意图

（一）最长值

最长值（greatest length，GL）多用于测量 1～3 周的人胚。

（二）顶臀长

顶臀长（crown-rump length，CRL）又称坐高，用于测量 4 周及以后的胚胎头部最高点至尾部最低点间的长度。

（三）顶跟长

顶跟长（crown-heal length，CHL）又称立高，用于测量胎儿。从头顶至坐骨结节，从坐骨结节至膝盖，再从膝盖至足跟，三者之和为立高。

三、胚胎各期外形特征

除了月经龄、受精龄和胚胎长度测量外，还可根据胚胎发生中出现的形态特点和外部特征推算胚胎龄。例如：12 个卵裂球期约为第 3 天；二胚层胚盘为第 2 周；利用体节数推算 4～5 周的胚胎龄，4 对体节约为 20 天，10 对体节约为 23 天等；利用鳃弓、颜面及四肢的特点推算 5～8 周胚胎龄（表 2-21-1，表 2-21-2）。

表 2-21-1　胚的外形特征与长度

胚龄（周）	外形特征	长度（mm）
第 1 周	受精、卵裂，进入子宫，胚泡形成，开始植入	
第 2 周	植入完成，圆形二胚层胚盘，绒毛膜形成	0.1～0.4（GL）
第 3 周	原条、脊索、神经板、神经褶、神经管、体节出现，梨形三胚层胚盘，血管、血细胞出现	0.5～1.5（GL）

续表

胚龄（周）	外形特征	长度（mm）
第 4 周	胚体渐形成，神经孔闭合，神经管形成，眼、耳、鼻原基初现，脐带与胎盘形成，体节 3～29 对，腮弓 1～2 对	1.5～5.0（CRL）
第 5 周	胚体屈向腹侧，肢芽出现，手板明显，心膨隆，腮弓 5 对，体节 30～40 对	4～8（CRL）
第 6 周	肢芽分两节，足板明显，视网膜出现色素，耳廓隆突出现	7～12（CRL）
第 7 周	胚体渐直，手足板出现指趾雏形，颜面形成，乳腺嵴形成	10～21（CRL）
第 8 周	胚体变直，颜面似人形，腹部膨隆，脐疝明显，指、趾明显并出现分节，尿生殖膜和肛膜破裂，外阴可见，但不能分辨性别。	19～35（CRL）

表 2-21-2　胎儿各期主要特征、身长及体重

胎龄（周）	外形特征	身长（CRL，mm）	体重（g）
9	眼睑闭合，外阴性别不可分辨	50	8
10	指甲发生，脐疝消失，眼睑闭合	61	14
12	胎头大、颈明显，外阴可分辨性别	87	45
14	趾甲出现，下肢发育良好	120	110
16	皮肤很薄，头渐直，耳廓竖起，骨骼、肌肉发育，胎动明显	140	200
18	胎脂出现	160	320

续表

胎龄（周）	外形特征	身长（CRL，mm）	体重（g）
20	出现胎毛、吞咽活动和胎心音	190	460
22	皮肤薄而红皱	210	63
24	指甲发育良好，胎体瘦	230	820
26	眉毛、睫毛出现，眼睑部分打开	250	1000
28	眼张开，睫毛、头发明显、体瘦有皱纹，早产可存活	270	1300
30	趾甲全出现，胎体平滑，睾丸开始下降	280	1700
32	指甲达指尖，皮肤平滑、粉红	300	2100
	胎体较丰满，胎毛脱落、体表外观红色消退，趾甲越过趾尖，四肢屈曲	340	2900
38	胸部发育良好，乳房略突出，四肢变圆，睾丸进入腹股沟管降入阴囊，指甲超过之间	360	3400

第七节　双胎、多胎和联体双胎

通常情况下，人类一次受精只产生一个受精卵，发育为一个个体。只有在少数情况下，会发生双胎、多胎或联体多胎。

一、双　　胎

又称**孪生**（twins），新生儿双胎发生率约为1%。双胎有两种。

（一）双卵孪生（dizygotic twins）

即一次排出的两个卵细胞分别受精而发育成的两个胚胎，每个胚胎都有各自独立的绒毛膜、脐带和胎盘，偶有胎盘融合；性别相同或不同，容貌及生理特性如同一般兄弟姐妹。双卵孪生约占孪生的三分之二。

（二）单卵孪生（monozygotic twins）

即一个受精卵发育为两个胚胎。单卵孪生儿的遗传基因完全一样，性别相同，容貌和生理特征都极相似，两个体间可进行器官移植而无免疫排斥反应。单卵孪生的成因有如下几种情况（图2-21-24）：①受精卵发育成两个独立的卵裂球，继而各自发育成一个胚泡，分别植入子宫内膜后形成独立的个体。两个胎儿有各自的胎盘、羊膜囊、脐带及绒毛膜；②在一个胚泡内形成两个独立的内细胞群，各自发育为一个个体。每个胚胎有各自的羊膜囊和脐带，但只有一个绒毛膜，共享一个胎盘；③在一个胚盘上形成两个原条和脊索，各自诱导两个神经管形成，发育为两个个体。两个胚胎各有一条脐带，生长在同一个羊膜囊内，共享一个胎盘。

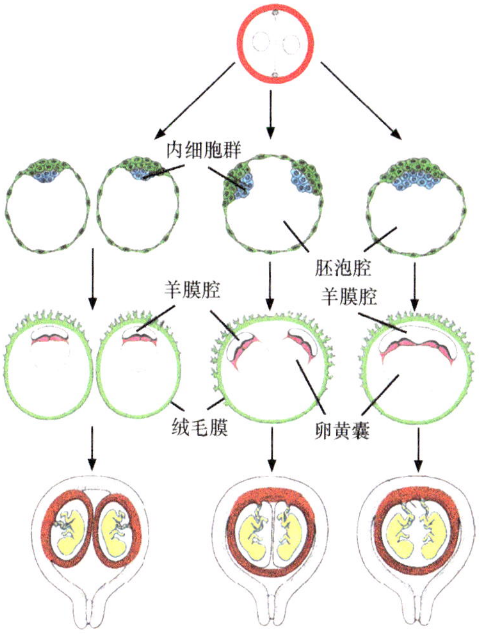

图2-21-24　单卵孪生形成示意图

二、多　　胎

一次分娩出生两个以上的新生儿称为多胎（multiple births），包括单卵多胎、多卵多胎及混合型多胎三种类型，其中混合型多胎最常见。多胎的发生率很低，三胎的发生率约为万分之一；四胎的发生率约为百万分之一；五胎的发生率约为亿分之一。近年来由于临床应用促性腺激素治疗不孕症，以及试管婴儿技术的开展，多胎的发生率有所增高。多胎出生后不易存活。

三、联体双胎

两个局部相联、未完全分离的单卵双胎称为**联体双胎**（conjoined twins）（图2-21-25）。当一个胚盘出现两个原条时，若两原条靠得较近，发育而成的两个胚体会发生局部联接导致联体双胎。联体双胎有对称型和不对称型。对称型指两个胚胎大小相同，有胸腹联体、臀联体、背部联体、头联体等。不对称型指两个胚胎是一大一小，小者常发育不全，形成寄生胎，或被大胚胎包裹而形成胎内胎。

图 2-21-25　联体双胎模式图

思 考 题

（1）一个成熟的精子需要经历哪些过程才能完成受精？受精具有怎样的意义？

（2）受精后第一周内受精卵发生了哪些变化，最终形成了什么结构？

（3）受精后第二周和第三周，二胚层和三胚层胚盘是如何形成的？

（4）胎盘屏障由哪些成分构成？发挥什么作用？

（5）胚胎龄推算的方法有哪些？是如何推算的？

（6）什么是卵生？单卵孪生有哪几种可能？

（李树蕾）

预产期计算及早产、过期产

预产期是指对孕妇预计生产或胎儿出生的日期。临床医学规定以末次月经的第一天起计算预产期，整个孕期共 280 天，10 个妊娠月，每个妊娠月为 28 天。具体算法如下：末次月经的年份加 1，月份减 3，日加 7。如孕妇末次月经是 2015 年 2 月 1 日，月份 2+12-3，日期 1+7，预产期 =2015 年 11 月 8 日。若孕妇末次月经是 2015 年 4 月 15 日，年 2015+1，月份 4-3，日期 15+7，预产期 =2016 年 1 月 22 日。预产期不是精确的分娩日期，只有 5% 的妇女在预产期分娩。若记不清末次月经日期，可依据胎动日期推算，初产妇是胎动日加 20 周；经产妇是胎动日加 22 周；也可根据 B 超测得的胎头双顶间径、头臀长度及股骨长度估算胎龄，推算出预产期。预产期前后两周内分娩者，均属正常。若在怀孕 24 ～ 36 周间分娩为早产，而 42 周以后分娩为逾期产或过期产。有早产先兆的孕妇应卧床吸氧，抑制宫缩，预防新生儿呼吸窘迫综合征。若预产期推迟 2 周后，由于胎盘老化导致胎儿缺氧窒息，甚至死亡或神经系统受损，此外胎儿颅骨大而坚硬，易导致难产和产伤，因此应及时到医院采取措施。

第 22 章　颜面、颈和四肢的发生

内容提要

（1）鳃器的发生和演变。
（2）颜面的形成。
（3）腭的发生。
（4）牙的发生。
（5）颈的发生。
（6）四肢的发生。
（7）常见先天畸形。

人胚第 4 周时，胚体已向腹侧折卷成为圆柱状胚体。前神经孔逐渐闭合，神经管头端迅速膨大形成脑泡（脑的原基）。脑泡腹侧的间充质局部增生，使胚体头部外观呈较大的圆形隆起，称额鼻隆起（frontonasal prominence）。同时，口咽膜尾侧的原始心脏发育长大并向腹侧突起，称心膨大（图 2-22-1）。

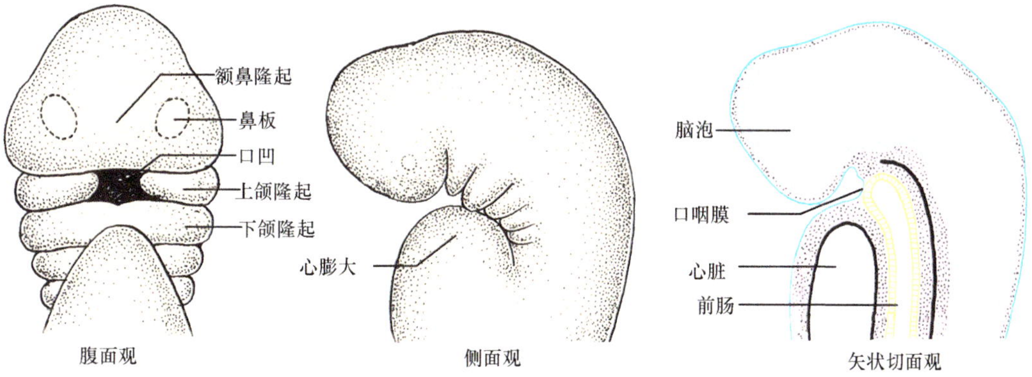

图 2-22-1　第四周人胚头部

第一节　鳃器的发生和演变

鳃器（branchial apparatus）包括鳃弓、鳃沟、咽囊和鳃膜（图 2-22-2）。它演化成鱼类和两栖类幼体进行呼吸的鳃等。这些器官在种系发生过程中，随动物生活环境和条件的变化而发生改变。早期人

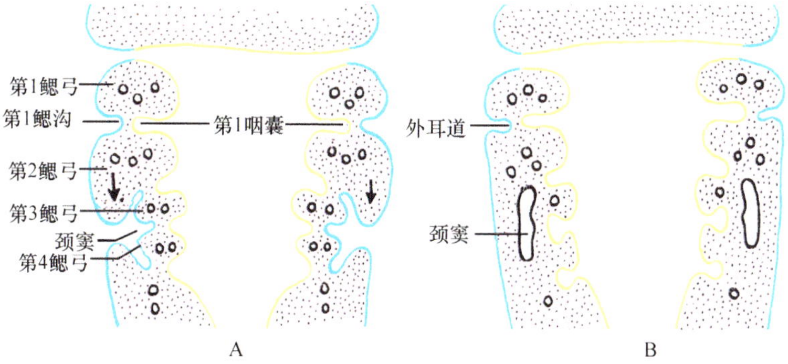

图 2-22-2　鳃器的发生与演变模式图（A. 约 32 天；B. 约 41 天）

胚头部两侧曾一度出现鳃器结构，但存在时间暂短，它与颜面、颈部和某些腺体的形成有着密切关系。人胚早期出现鳃器，是个体发生重演种系发生的现象，也是生物进化与人类起源的佐证之一。

一、鳃器的发生

人胚第 4 周初出现鳃弓（branchial arch），它是由胚体头部（原始咽）两侧的间充质增生，形成背腹方向 6 对柱状隆起，左右对称，前 4 对鳃弓明显，第 5 对鳃弓出现不久即消失，第 6 对很小，不明显。相邻鳃弓之间的凹沟称鳃沟（branchial groove），共 5 对。在鳃弓发生的同时，原始消化管的首段（原始咽）的内胚层向两侧膨出，形成左右 5 对咽囊（pharyngeal pouch）。咽囊与鳃沟相对应，鳃沟与咽囊之间的薄膜，称鳃膜（branchial membrane）。

二、鳃弓的分化

鳃弓的演变与颜面和颈部形成密切相关。第 1 对鳃弓出现后，其腹侧部分分为两支，分别称上颌隆起（maxillary prominence）与下颌隆起（mandibular prominence）。它们参与颜面的形成。第 2、3、4 对和第 6 对鳃弓发育形成颈部。

三、咽囊的演变

前肠头端的膨大部分为原始咽，是左右较宽、背腹较窄的扁囊，头端宽大与原始口凹相接，其尾端狭细与食管相连通。咽的两侧壁膨出 5 对咽囊，分别与其外侧的鳃沟相对应。随着胚胎的发育，咽囊生长、分化演变成一些重要器官（图 2-22-3，表 2-22-1）。

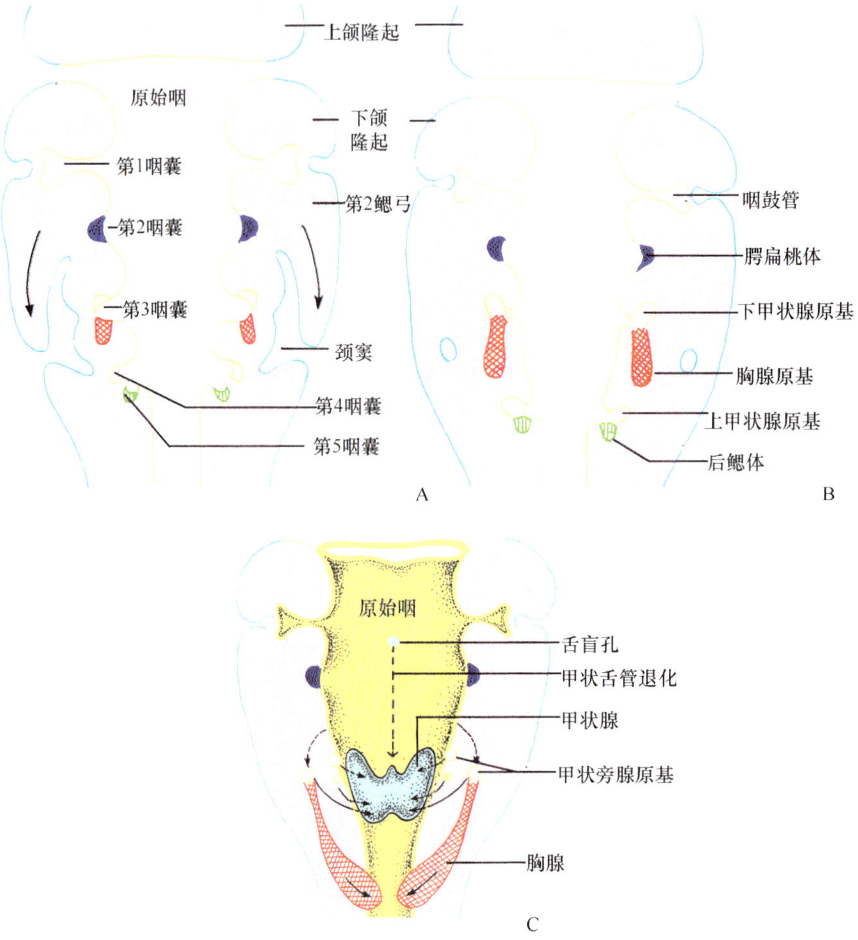

图 2-22-3　鳃器的演变和甲状腺的发生（A. 5 周；B. 6 周；C. 7 周）

表 2-22-1　咽囊、鳃沟和鳃膜的成体衍生物

部位	成体衍生物
咽囊	
1	咽鼓管和中耳鼓室的上皮
2	腭扁桃体隐窝上皮层
3	下甲状旁腺和胸腺
4	上甲状旁腺
5	后鳃体
鳃沟	
1	外耳道的上皮
2、3、4	退化消失
鳃膜	
1	鼓膜
2、3、4	退化消失

第 1 对咽囊：伸长，形成一长形管。继之，其外侧部末端膨大并包绕听小骨，形成中耳鼓室，其内侧部伸长形成咽鼓管。第 1 鳃沟形成外耳道，第 1 鳃膜形成鼓膜（tympanic membrane）。

第 2 对咽囊：外侧部退化，内侧部残留一浅窝演化为腭扁桃体窝，其内胚层形成隐窝上皮和腭扁桃体的表面上皮。

第 3 对咽囊：向背侧扩展形成腹侧和背侧两部分。腹侧部上皮细胞增生、囊腔闭塞，形成胸腺原基。随之左右胸腺原基逐渐向尾侧生长扩大，并向内侧迁移，第 7 周时与咽囊脱离，最后左右两个胸腺原基在中线处愈合，形成胸腺。内胚层细胞分化为胸腺上皮细胞，由造血器官迁移来的淋巴干细胞分化为胸腺细胞。若细胞索的根部退化不全，残存的细胞可形成胸腺组织，称副胸腺。该咽囊背侧部上皮增生，形成球状细胞团，随后与咽囊壁脱离，并随胸腺原基下移至甲状腺原基的背侧下方，分化形成下一对甲状旁腺。

第 4 对咽囊：分背、腹两部分，背侧部上皮细胞增生，形成球状细胞团，随后与咽囊脱离，向下迁移至甲状腺原基背侧的上方，分化形成上一对甲状旁腺；咽囊的腹侧部退化消失。

第 5 对咽囊：形成一细胞团，称后鳃体（ultimobranchial body）。有学者认为神经嵴的外胚层细胞迁入后鳃体，后鳃体再迁入甲状腺原基内，分化为滤泡旁细胞，分泌降钙素。

四、甲状腺的发生

胚胎第 4 周时，在原始咽底壁正中线处（相当于第 1 对咽囊平面），内胚层上皮细胞增生向间充质内下陷形成一盲管称甲状舌管（thyroglossal duct），即甲状腺原基。它沿颈部正中向尾端生长、延伸，其末段向两侧扩大，形成甲状腺侧叶和峡部（图 2-22-3）。第 7 周时，甲状舌管的上段退化消失，仅在起始处残留一浅凹，称为舌盲孔（foramen coecum）。第 11 周时，甲状腺原基中形成滤泡，内含胶质，第 13 周时，甲状腺出现分泌功能。

第二节　颜面的形成

第 4 周时，胚体头端腹面观是一个较大的圆形额鼻隆起，在额鼻隆起下方两侧为左右上颌隆起和左右下颌隆起。这五个隆起包围着口凹（stomodeum），口凹即原始口腔，它们是形成颜面的原基。第 4 周末，额鼻隆起下缘两侧的局部外胚层细胞增生，各形成一个椭圆形的增厚区，称鼻板（nasal placode）。鼻板中央凹陷形成鼻窝（nasal pit），鼻窝内侧的隆起称内侧鼻隆起（median nasal prominence），其外侧的隆起称外侧鼻隆起（lateral nasal prominence）（图 2-22-4）。

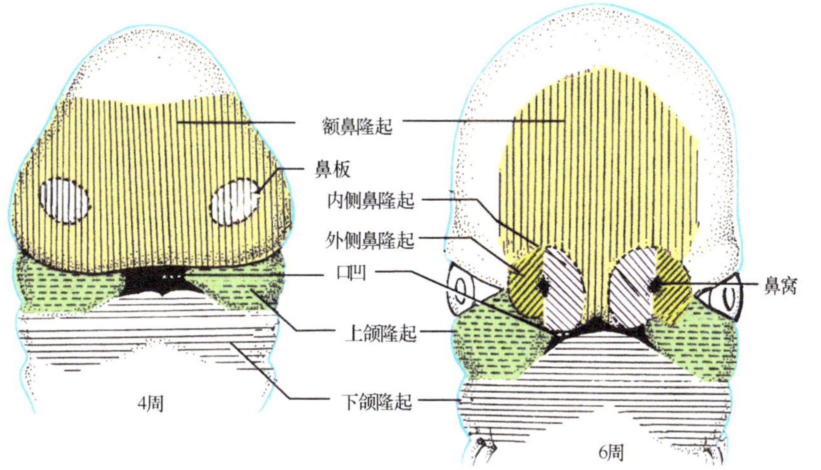

图 2-22-4　颜面形成过程（第 4 周和第 6 周）

一、颜面的形成

颜面的形成是由两侧向正中方向发展（图 2-22-4，图 2-22-5）。首先是左右下颌隆起愈合，发育形成下颌与下唇。与此同时，两侧的鼻窝向中线靠近，左右内侧鼻隆起愈合，并逐渐与下方的上颌隆起愈合，形成上唇的中间部（人中和上唇的正中部分）。外侧鼻隆起形成鼻外侧壁和鼻翼。额鼻隆起形成额、鼻梁和鼻尖。上颌隆起形成上唇的外侧部、颊的上部和上颌。左右下颌隆起形成下唇、颊的下部及下颌。原始口腔最初宽大，随着两侧上、下颌隆起由外向中线愈合和上、下唇形成，口裂变小。鼻形成后，鼻窝由向前方开口逐渐转向下方，即为鼻前孔。鼻窝向深部扩大形成原始鼻腔。早期原始鼻腔和原始口腔之间隔以口鼻膜，膜破裂后，原始鼻腔与原始口腔相通。于第 4 周末，口咽膜破裂，则原始口腔和鼻腔均与咽相通。眼的发生最初位于额鼻隆起的外侧，两眼的相对距离较远，以后逐渐向中线靠近。外耳的位置原本很低，后来随着下颌与颈的发育被推向后上方。至第 2 月末，胚胎颜面初具人形（图 2-22-5，表 2-22-2）。

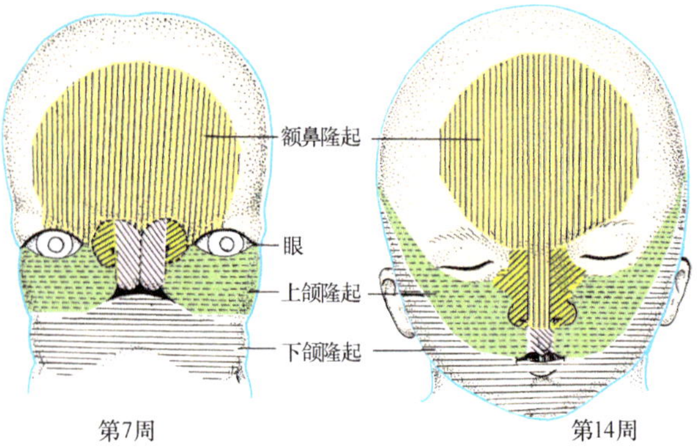

图 2-22-5　颜面形成过程（第 7 周和第 14 周）

表 2-22-2　颜面形成的主要演变过程

口凹（原始口腔）← 围成	额鼻隆起		→ 前额
	鼻板	鼻窝	→ 鼻、上唇、上颌等
		内、外侧鼻隆起	→ 鼻、上唇、上颌等
	左、右上颌隆起		→ 鼻、上唇、上颌等；→ 颊
	左、右下颌隆起		→ 颊；→ 下颌、下唇

二、鼻泪管和泪囊的形成

上颌隆起与外侧鼻隆起之间有一从上唇直达眼原基的沟称鼻泪沟（nasolacrimal groove）。沟底外胚层上皮细胞增生，形成一条细胞索，以后细胞索与表层的外胚层脱离，中空成管分化形成鼻泪管，其上端扩大为泪囊。

第三节　腭的发生与口腔、鼻腔的形成

口凹底部外胚层和原始咽的内胚层共同构成口咽膜，第 4 周时，口咽膜破裂，则原始口腔与咽相通。随着胚胎生长发育，原始口腔周围的组织结构相继生长、分化，形成口腔壁，逐渐成为成体口腔。腮腺是由原始口腔的外胚层出芽形成，颌下腺及舌下腺是由口腔底的内胚层发育而成。

一、腭的发生

腭的发生从第 5 周开始至第 12 周完成。是由正中腭突和外侧腭突两部分发育而成。它的形成将原始口腔与原始鼻腔分隔开。

1. 正中腭突　左右内侧鼻隆起愈合处的内侧面间充质增生，向原始口腔内长出一个短小的突起，即正中腭突（median palatine process）。正中腭突出现较早，仅形成腭前端的一小部分（图 2-22-6）。

2. 外侧腭突　左右上颌隆起内侧面间充质增生，向原始口腔内长出两个扁平膜状突起，称外侧腭突（lateral palatine process）。最初外侧腭突在舌的两侧斜向下方，以后随口腔的不断扩大及舌的位置下降，左右外侧腭突逐渐在舌的上方呈水平方向相对生长，并在中线愈合，形成腭的大部。正中腭突与外侧腭突的愈合于第 9 ～ 12 周完成。愈合处残留一小孔，称切齿孔（图 2-22-6）。腭的形成，将口腔与鼻腔完全隔开。腭的前部骨化为硬腭（hard palate），后部不骨化，形成软腭（soft palate）。软腭后缘左右愈合，并向后方突出形成悬雍垂。

二、口腔与鼻腔的形成

鼻腔是由鼻窝向口凹的上壁后方延伸发育而成。鼻窝深陷形成原始鼻腔，向前的开口是前鼻孔。原始鼻腔前部，以正中腭突与原始口腔相隔，后部有口鼻膜（oronasal membrane）分隔，口鼻膜破裂，

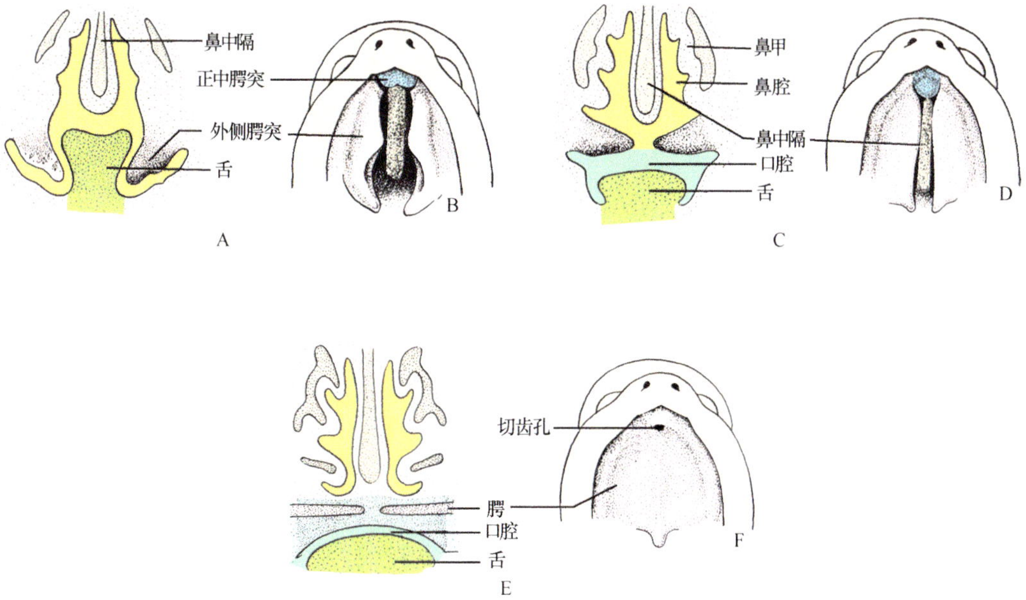

图 2-22-6　腭的发生与口腔、鼻腔的分隔

A.C.E. 冠状切面；B.D.F. 口腔顶面

导致原始鼻腔与原始口腔相通。相通处称原始后鼻孔。由于外侧腭突的形成，将原始口腔与原始鼻腔再次分隔为永久的口腔和鼻腔。鼻腔在腭的后缘与咽相通，该部位即后鼻孔。额鼻隆起的下部在形成鼻梁与鼻尖的同时，向原始鼻腔内垂直长出板状的鼻中隔，它的游离缘在中线与腭愈合，鼻腔被分隔成左右鼻腔，后鼻孔随之后移。与此同时，在鼻腔的两外侧壁上，各发生三个皱襞，分别形成上、中、下鼻甲。

第四节　舌和牙的发生

一、舌的发生

舌是由鳃弓近咽底部的间充质增生，向表面隆起突出形成。约在第 4 周，两侧下颌突的内面发生 3 个隆起，前方左右各一个卵圆形的侧舌隆起（lateral lingual swelling），后方正中一个较小的奇结节（tuberculum impar）。侧舌隆起迅速增大，两侧在中线愈合形成舌体。奇结节仅形成舌盲孔前方舌体的很小部分。由第 2、3、4 鳃弓处，咽底的正中部分间充质增生形成隆起，称联合突（copula）。前部发育为舌根，后部形成会厌。舌体与舌根的愈合处，留有一个呈“V”形沟，称界沟（terminal sulcus）。沟顶点有一浅窝，称舌盲孔，是甲状腺的起源地。舌体的上皮来源于口凹的外胚层，舌根的上皮源于咽壁内胚层，舌肌主要由生肌节分化而来。

二、牙的发生

牙由原始口腔外胚层上皮和深面的中胚层间充质共同形成。人胚第 6 周时，口凹边缘的外胚层增生，沿上、下颌形成“U”形带，称牙板（dental plate）。牙板向深部间充质生长，在上、下牙板内先后各形成 10 个圆形小隆起，称牙蕾（tooth bud）。牙蕾发育增大，其底部内陷成为帽状的结构，称造釉器（enamel organ），为乳牙的原基（图 2-22-7）。

1. 牙釉质的形成　帽状的造釉器分化为三部分（图 2-22-7）：①外釉质上皮（outer enamel epithelium）位于造釉器的外层，由单层立方或扁平细胞组成。②内釉质上皮（inner enamel epithelium）位于内层，由单层柱状细胞组成。③釉网（enamel reticulum）位于内外釉质上皮之间，由带突起的星形细胞组成。内釉质细胞分化为成釉质细胞（ameloblast），具有造釉质作用，于牙质上方不断分泌基质，经钙化后形成釉柱。牙釉质的形成是从牙尖部开始，渐向牙颈部扩展。随着釉质增厚，成釉质细胞向外釉质上皮方向迁移，最后与外釉质上皮相贴，共同组成牙小皮（dental cuticle），覆于牙釉质表面，釉网则退化消失。婴儿出牙时，牙小皮随即消失。

2. 牙本质的形成　造釉器凹陷内的间充质称牙乳头（dental papilla），靠近内釉质上皮的间充质细胞分化形成一层柱状的成牙本质细胞（cementoblast）。该细胞不断分泌基质，沉积在成釉质细胞的近旁，继而钙化成牙本质，随着牙本质的增厚，成牙本质细胞的胞体渐向深部移动，其突起增长被埋于牙本质形成的牙小管内，称其为牙本质纤维。牙乳头的其他部分分化为牙髓（图 2-22-7）。

3. 牙骨质的形成　牙骨质的形成较晚，造釉器和牙乳头周围的间充质先形成结缔组织的牙囊，然后牙囊的内侧份分化为牙骨质，外侧份分化为牙周膜。

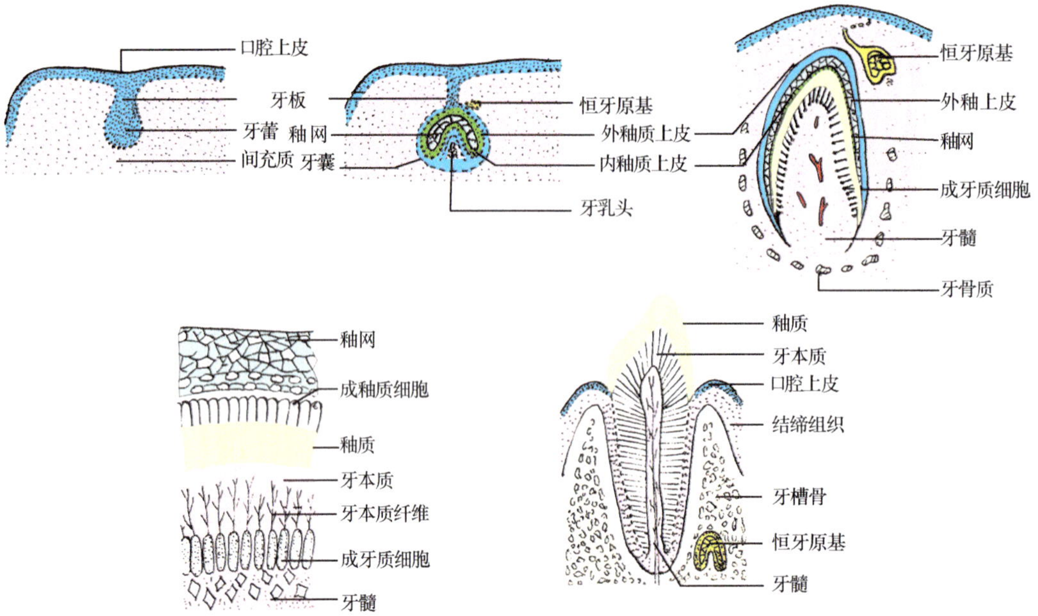

图 2-22-7　牙的发生

乳牙萌出约在出生后 6 ～ 24 个月内。恒牙的原基在胚胎第 10 周发生。其形成和发育过程与乳牙相同。出生后约 6 年，处于生长的相对静止状态，当恒牙开始生长，其上方的乳牙受推挤而脱落，于是恒牙萌出。

第五节　颈部的形成

颈部由第 2、3、4 和第 6 对鳃弓发育形成。第 5 周时，第 2 对鳃弓向尾侧生长迅速，逐渐越过第 3、4、6 对鳃弓，和下方的心上嵴愈合，心上嵴是心突上缘的间充质增生，向头端长出的嵴状突起。当二者愈合后，在它们与下方的三个较小鳃弓之间的间隙称颈窦（cervical sinus）。颈窦很快闭锁消失（图 2-22-2）。由于鳃弓与心上嵴的生长，食管和气管的伸长，心脏位置的下降，颈部随之延长成形。

第六节　四肢的发生

人胚发育第 4 周末，胚体左右侧体壁上先后出现两对小隆起，即上肢芽（anterior limb bud）与下肢芽（posterior limb bud），它们由深部增殖的中胚层组织和表面外胚层组成。肢芽逐渐增长变粗，先后出现近端和远端两个收缩环，将每一肢芽分为 3 段。上肢芽被分为上臂、前臂和手，下肢芽被分为大腿、小腿和足（图 2-22-8）。肢体中轴的间充质先形成软骨，继而以软骨内成骨方式形成骨，周围的间充质分化形成肢体的肌群，脊神经向肢体内长入。随着肢体的伸长和关节形成，肢体由最初的向前外侧伸直方位转向体壁弯屈。肢体的手和足起初为扁平的桨板状，而后其远端各出现四条纵行凹沟，手板与足板渐呈蹼状；至人胚发育第 7 周，蹼膜消失，手指形成（图 2-22-9）；人胚发育第 8 周，足趾形成。

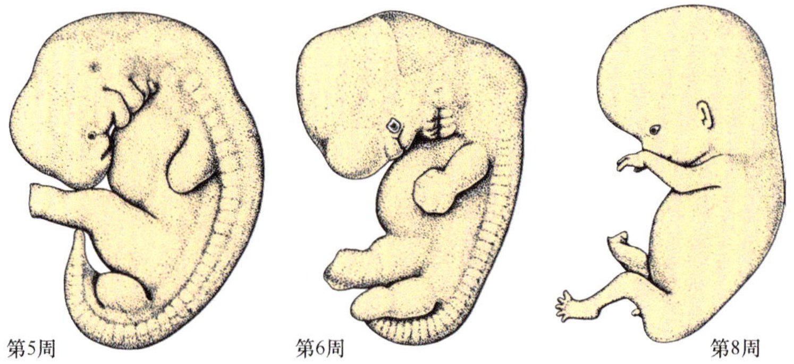

图 2-22-8　肢体发生模式图

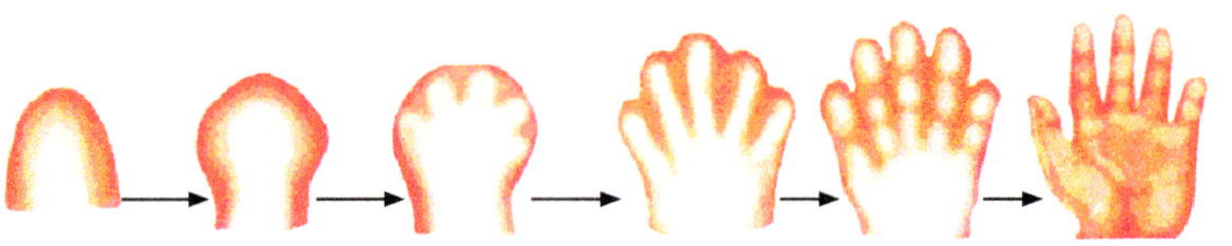

图 2-22-9　人胚手的形态演变示意图

第七节 常见先天性畸形

一、颜面畸形

1. 唇裂（cleft lip） 是最常见的先天性畸形，多发生于上唇。是由于上颌突与同侧的内侧鼻隆起未愈合所致，故裂沟位于人中外侧（图 2-22-10）。唇裂多为单侧，也可见双侧唇裂及上唇或下唇的正中唇裂，若内侧鼻隆起发育不良导致人中缺损，则可出现正中大唇裂，但少见。唇裂有时伴有牙槽突裂或腭裂（图 2-22-11）。

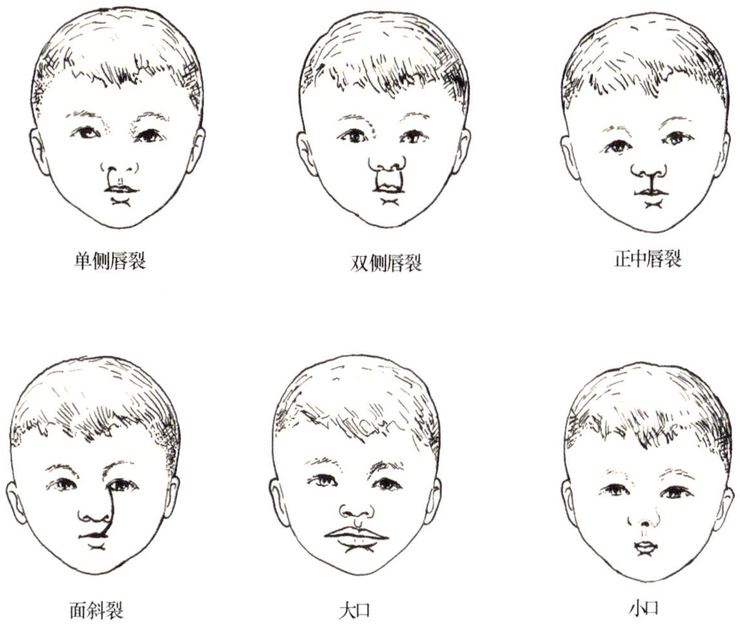

图 2-22-10 颜面畸形

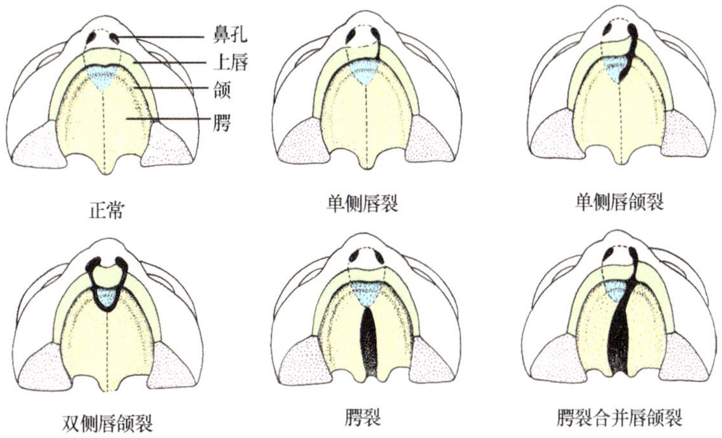

图 2-22-11 唇裂与腭裂

2. 腭裂（cleft palate） 是常见畸形，呈现多种类型。是因两侧的外侧腭突未在正中线愈合或愈合不全，或是外侧腭突未与正中腭突愈合所致（图 2-22-11）。腭裂有单侧前腭裂，也有双侧前腭裂。腭裂常伴有唇裂。

3. 面斜裂（oblique facial cleft） 为面部的少见畸形，位于眼内眦和口角之间。是因上颌突未与同侧的外侧鼻隆起愈合所致。面斜裂常伴有唇裂（图 2-22-10）。

二、颈部的畸形

1. 颈囊肿（cervical cyst） 或鳃囊肿（branchial cyst）是因颈窦闭锁不全所致。若颈窦未完全消失，出生后仍有一封闭的囊泡，称颈囊肿，它位于颈外侧紧靠胸锁乳突肌前缘，出生后多不明显，青春期显著，多呈卵圆形肿物，可穿刺出浅黄色液体。颈囊肿有发展成皮样瘤的倾向。

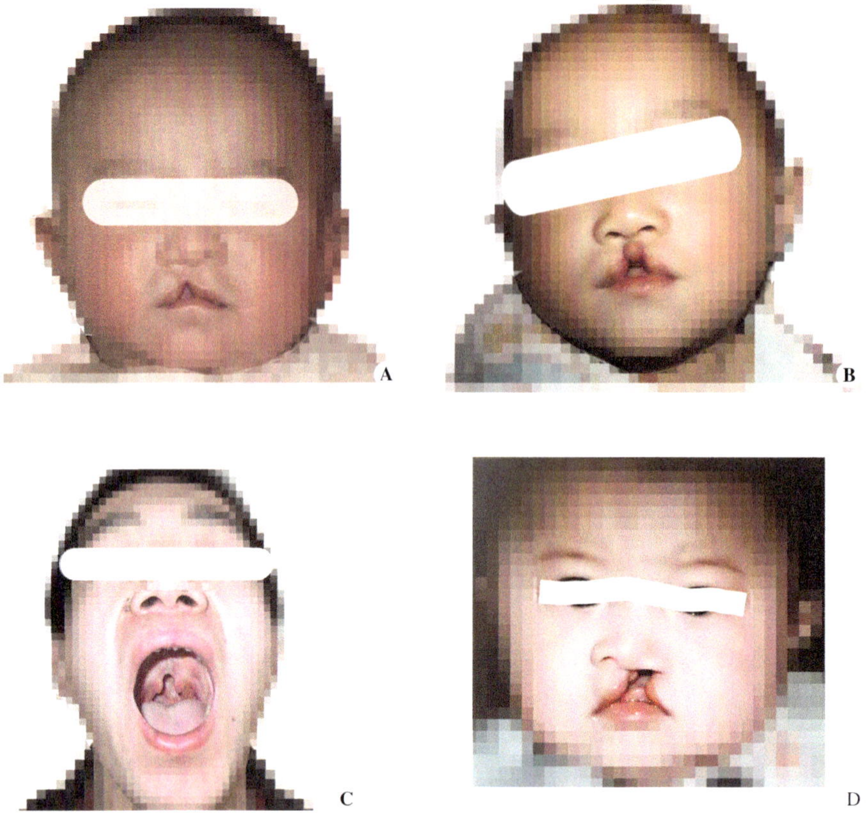

图 2-22-12　颜面畸形

2. 颈瘘（cervical fistula）　或鳃瘘（branchial fistula）若颈囊肿在体表面或咽腔内表面有一开口，与外界或咽腔相通，称部分颈瘘。如果颈囊肿既有外口又有内口，形成一条由体表通向咽腔的瘘管，则称之为完全性颈瘘。

三、四肢畸形

四肢先天畸形种类甚多，可发生在肢体的上、中、下各段，一般分为以下 3 大类：①缺失性畸形，可表现为肢体某一部分的缺失，称为残肢畸形（meromelia），如手、脚直接连于躯干的短肢畸形（phocomelia）；也可表现为整个肢的缺失，称为缺肢畸形（amelia）。②重复性畸形，表现为肢的某一成分重复发生，如多指（趾）畸形（polydactyly）。③发育不全，如并肢畸形和并指（趾）畸形。四肢畸形有些是遗传因素所致，如多指（趾）畸形，有些则与环境因素有关，如药物反应停可导致短肢畸形。另外，马蹄内翻足也较多见。

思　考　题

（1）简述人胚颜面形成的过程。

（2）简述颜面常见的畸形及其形成的原因。

（3）试述原始口腔与鼻腔的分隔。

（4）请说出图 2-22-12 中的 A、B、C 图各代表哪种先天性畸形。

（李　尧　田素宝）

唇　　裂

唇裂是口腔颌面部常见的先天性畸形，发生率约为 1:1000。与遗传因素及环境因素有关。直系亲属或旁系亲属中有唇腭裂的畸形发生，新生儿患唇裂的几率增加，属于多基因遗传性疾病。在妊娠前三个月内，孕妇的生理状态受到侵袭或干扰时，如营养缺乏、感染、药物因素、物理损伤和烟酒等，可影响胚胎颌面部的生长发育。有研究认为，高龄产妇唇腭裂的发病率亦较高。唇裂的治疗手段主要为手术治疗，一般认为单侧唇裂在三至六个月左右手术为宜，双侧唇裂则略推迟。

第 23 章 消化系统和呼吸系统发生

内容提要

（1）原始消化管的演变。

（2）咽的发生及咽囊的演变，甲状腺的发生，舌的发生，食管的发生，胃的发生，肠的发生，直肠的发生与泄殖腔的分隔，肝和胆的发生，胰腺的发生，消化系统的常见先天畸形。

（3）喉、气管和肺的发生，呼吸系统的常见先天畸形。

消化系统和呼吸系统发生的胚层来源相同，其大多数器官都是由原始消化管分化而成。

人胚发育至第 3 周末，由于三胚层胚盘的头尾和周边向腹侧卷折的原因，胚体逐渐由扁盘状卷折为圆柱形，而内胚层则在胚体内形成了一条纵行的管道，称为**原始消化管**（primitive gut）。在胚的头、尾部分，原始消化管分别形成**前肠**（foregut）和**后肠**（hindgut），其中间部分称为**中肠**（midgut）。前肠的头端和后肠的尾端都是盲端。前肠的头端膨大成原始咽（primitive pharyngeal gut 或 primitive pharynx），与口凹相对处被口咽膜所封闭；后肠的尾端膨大成泄殖腔，其腹侧与肛凹相对处被泄殖腔膜所封闭。口咽膜和泄殖腔膜均无中胚层，内、外胚层直接相贴，它们分别于人胚第 4 周和第 8 周破裂消失，致使原始消化管与外界相通。随着胚体和原始消化管的增长，卵黄囊相对变小，中肠与卵黄囊的连接部逐渐变细，形成卵黄蒂（vitelline stalk）（图 2-23-1）。

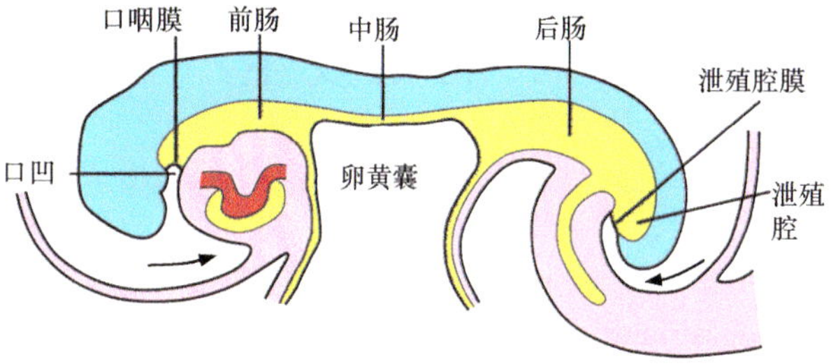

图 2-23-1 原始消化管示意图

随着胚胎的发育，前肠逐渐分化为咽、食管、胃和十二指肠的上段、肝、胆、胰以及呼吸系统的原基。中肠逐渐分化为十二指肠下段至横结肠的右 2/3 部；后肠逐渐分化为横结肠的左 1/3 至肛管上段（图 2-23-2）。

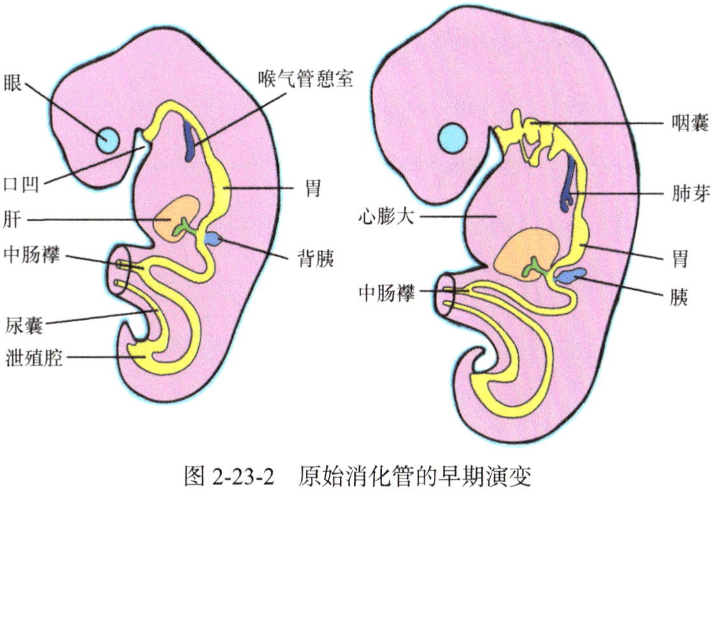

图 2-23-2 原始消化管的早期演变

第一节　消化系统的发生

消化系统由消化管和消化腺组成，其上皮组织大部分来自内胚层，其结缔组织和肌组织均由中胚层分化而成。原始消化管的内胚层也分化为甲状腺、甲状旁腺、胸腺以及舌的上皮。

一、食管的发生

食管由原始咽尾侧的一段原始消化管分化而来。人胚第4周时，食管很短。随着心、肺位置的下降和颈部的形成与伸长，食管随之迅速生长。食管腔面的内胚层最初分化为表面上皮，并由单层变为复层，致使食管腔变窄，甚至一度闭锁。人胚第8周，过度增生的上皮逐渐退化并被吸收，食管腔又重新出现，表面上皮仍保持为复层。上皮周围的间充质分化为食管壁的结缔组织和肌组织。

二、胃的发生

人胚发育至第4周，食道尾端的前肠形成一梭形的膨大，即为胃的原基（图2-23-5）。胃原基以**背系膜**（dorsal mesogastrium）和**腹系膜**（ventral mesogastrium）与体壁相连，并随着食管的伸长向胚体的尾侧移动。以后由于胃背侧缘生长迅速，使胃体向背侧扩展，形成**胃大弯**（greater curvature）。胃大弯的头端膨出形成胃底；腹侧缘生长缓慢，形成**胃小弯**（lesser curvature）。由于胃背系膜发育增长较快，并向左侧扩展、膨出形成网膜囊和大网膜，致使胃大弯由背侧转向左侧，胃小弯由腹侧转向右侧，使胃沿胚体纵轴顺时针旋转90度。由于肝的发育迅速并固定于横膈偏右，将胃的头端推向左侧；由于十二指肠被固定于腹后壁，故胃的尾端也被固定于腹后壁。结果，胃由原来的垂直方位变成了由左上斜向右下的方位（图2-23-3）。

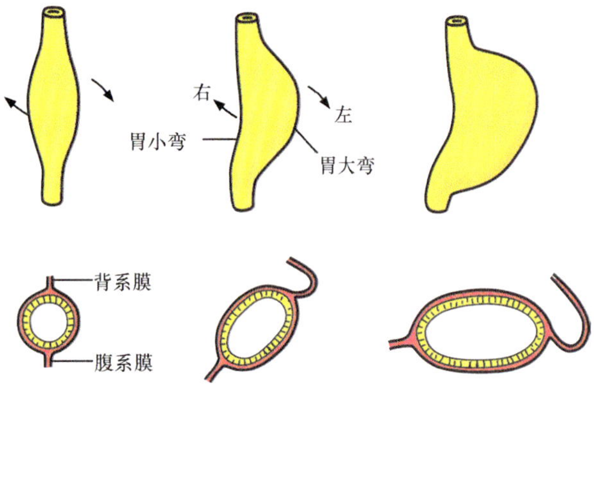

图2-23-3　胃的发生

三、肠的发生

肠发生于前肠的尾段、中肠和后肠。最初，肠为一条与胚体长轴平行的直管，其背系膜与腹后壁融合而被固定，而肠的腹系膜则很早就退化消失。

人胚第4周时，在胃的尾侧形成十二指肠。十二指肠的生长速度较快，很快形成一凸向腹侧的"C"字形**十二指肠襻**（duodenum loop）。当胃发生旋转时，十二指肠襻转向右侧，并通过背系膜固定于右侧腹后壁。随着肠的发生，背系膜增长，而腹系膜则在早期全部退化消失。

人胚第5周时，由于十二指肠以下的中肠增长速度远比胚体快，致使肠管形成一凸向腹侧的"U"字形襻状结构，称**中肠襻**（midgut loop）（图2-23-4）。中肠襻的顶部与卵黄管通连。卵黄管以上的肠襻为头支，卵黄管以下的肠襻为尾支。此时，中肠襻的腹系膜退化消失，而背系膜将中肠襻固定于腹后壁。肠系膜上动脉（superior mesenteric artery）走行于中肠襻系膜的中轴部位。

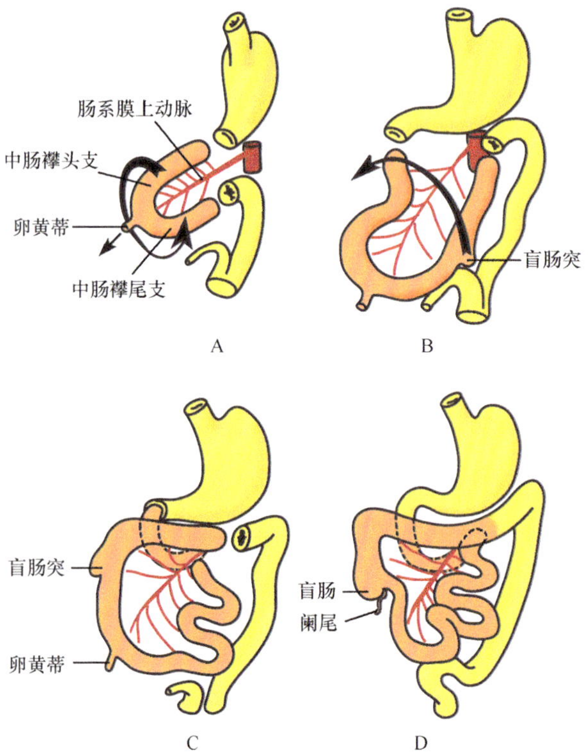

图2-23-4　肠的发生

人胚第 6 周，中肠襻尾支近卵黄管处又发生一囊状的突起，称**盲肠突**（caecal bud），是大肠和小肠的分界线，也是盲肠和阑尾的原基（图 2-23-4）。由于中肠襻生长迅速和肝、肾的发育长大，腹腔的容积相对变小，暂时不能容纳全部肠襻，而使中肠襻突入脐带内的胚外体腔，即**脐腔**（umbilical coelom），形成胚时期的**生理性脐疝**。此时，肠襻在脐腔内继续生长，并以肠系膜上动脉为轴，逆时针方向（从胚腹面观）旋转 90 度，中肠襻则由矢状方向转成水平方向，即头支从胚体的头侧转向右侧，尾支从尾侧转向左侧。

人胎第 10 周，腹腔增大，中肠襻从脐腔退回腹腔，脐腔随之闭锁。在中肠襻退回腹腔同时，头支在前，尾支在后，并且以肠系膜上动脉为轴继续逆时针方向再旋转 180 度。这样，肠襻共旋转了 270 度，头支逐渐转至腹腔左下方，尾支转至右上方。

在肠襻退回腹腔的过程中，头支的生长速度快，逐渐演变成空肠和回肠大部，蟠曲于腹腔中部；盲肠突以前的尾支形成回肠的小部分；盲肠突以后的尾支横过十二指肠腹侧形成横结肠的右 2/3；盲肠突近端膨大形成盲肠，位于腹腔右上方，紧邻肝右叶，以后下降至右髂窝，升结肠随之形成（图 2-23-4）。盲肠突远端狭窄部分则形成阑尾。

肠襻退回腹腔时，后肠被推向左侧，形成横结肠的左 1/3 部分、降结肠和乙状结肠（图 2-23-4）。

四、直肠的发生与泄殖腔的分隔

后肠末端的膨大部分，称为**泄殖腔**（cloaca）。泄殖腔腹侧与尿囊相连，末端由**泄殖腔膜**（cloacal membrane）封闭。

人胚第 6 ～ 7 周，尿囊起始部与后肠之间的间充质增生，形成一镰状隔膜并突入泄殖腔内，称尿直肠隔（urorectal septum）。尿直肠隔迅速增长，并与泄殖腔膜相连，而使泄殖腔被分隔为背、腹两份。腹侧份称**尿生殖窦**（urogenital sinus），将演变成膀胱和尿道；背侧份为原始直肠，将演变成直肠和肛管上段（图 2-23-5）。泄殖腔膜也被分为背、腹两份。腹侧份称**尿生殖窦膜**（urogenital membrane），背侧份称**肛膜**（anal membrane）。肛膜外周为一浅凹，称**肛凹**或**原肛**（proctodeum）。肛膜破裂被吸收后，消化管尾端与外界相通，肛凹加深，并演变为肛管的下段。肛管上段的上皮来自内胚层，下段的上皮来自外胚层，两者之间的分界线称为齿状线（pectinate line）。尿生殖窦的分化详见第二十四章泌尿系统和生殖系统的发生。

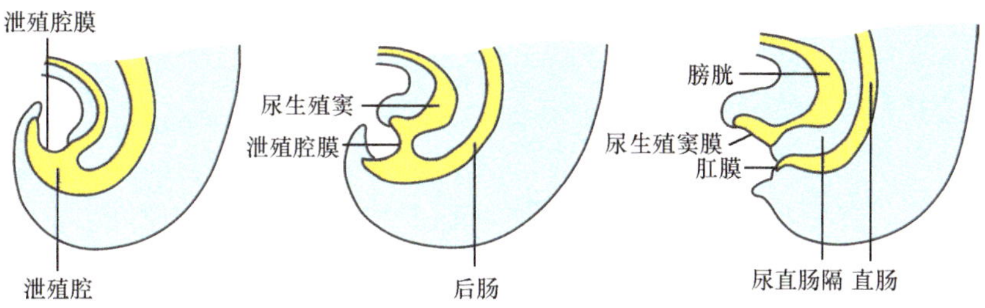

图 2-23-5　泄殖腔的分隔

五、肝和胆的发生

（一）肝憩室的发生与演变

人胚 4 周初，前肠末端近卵黄囊处的腹侧内胚层细胞增殖，并向腹侧形成一囊状的突起，称**肝憩室**（hepatic diverticulum）。肝憩室迅速生长延伸，长入心与卵黄囊之间的间充质，即原始横膈（primitive septum transversum）内。在肝憩室的生长过程中，其末端膨大，并分为头、尾两支（图 2-23-6）。头支较大，是肝的原基，发育为肝实质和肝内胆管及肝管。头支的血液供应十分丰富，生长迅速，至人胚第 5 周时，肝突入腹腔，占据了腹腔的大部分。肝周围的原始横膈间充质分化为肝内结缔组织和肝被膜。随着肝的发育，腹腔不断增大，致使肝和横膈之间的间充质变的很薄，分别在腹前壁与肝之间和肝与消化管之间形成镰状韧带、肝胃韧带和十二指肠韧带。尾支较小，其远端膨大，发育为胆囊，近端细长，发育为胆囊管。头支与尾支与原始消化管相连接的部分，即肝憩室的基部，分化为胆总管。最初，胆总管开口于十二指肠腹侧壁，随着十二指肠的转位及其右侧壁发育快于左侧壁，致使胆总管的开口逐渐移至十二指肠的背内侧，并与胰腺导管合并共同开口于十二指肠（图 2-23-6）。

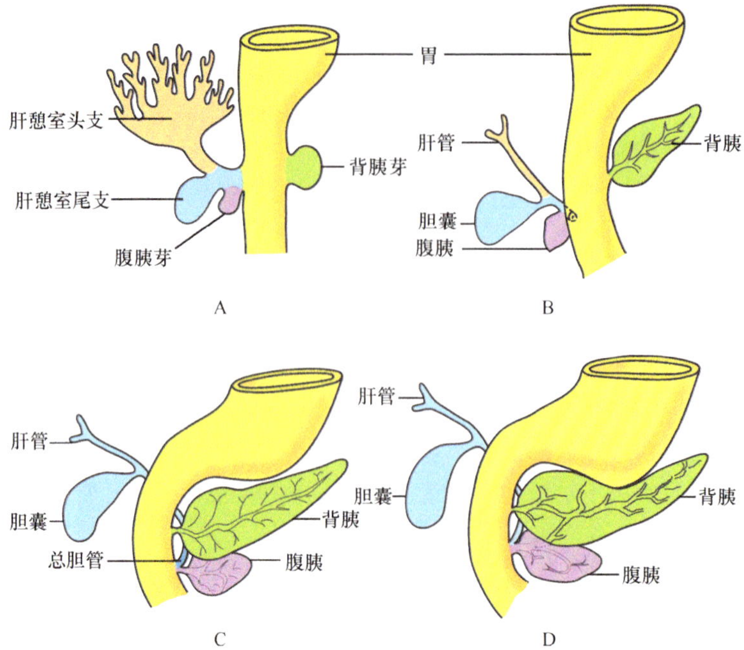

图 2-23-6　肝胰发生（A、B：早期；C、D：晚期）

（二）肝组织的发生

肝憩室刚形成时是由单层柱状上皮和薄层间充质所构成的盲囊，以后肝憩室头支的上皮细胞增殖，在原始横膈内反复形成许多肝细胞索（简称肝索）。肝索互相吻合、上下叠加，形成肝板。肝板之间分布着由经过横膈的左右卵黄静脉和脐静脉分支而成的毛细血管，它们与横膈间充质发生的毛细血管共同发育为肝血窦。人胚第 5 ～ 6 周时，肝索内的肝细胞之间出现许多小腔，为原始胆小管。人胚胎第 6 ～ 9 周时，肝内胆管树形成。人胎第 9 周时，中央静脉逐渐形成，肝板与肝血窦分别围绕中央静脉形成肝小叶。肝板最初由 2 ～ 3 层肝细胞组成，出生后 2 ～ 5 岁时逐渐变为单层肝细胞。人胎第 2 个月，肝细胞之间形成胆小管，内胚层上皮也相继形成肝内胆管。

胎儿期，肝细胞的功能很活跃，很早就开始合成多种血浆蛋白，人胎第 16 ～ 24 周，所有肝细胞均能合成甲胎蛋白（α-fetal protein，α-FP）。造血干细胞在人胚第 6 周时从卵黄囊迁移至肝内，并开始造血，以造红细胞系的血细胞为主；人胚第 7 周时，肝血窦内已经含有大量的有核红细胞；人胎第 4 ～ 6 个月时，肝细胞的造血功能十分旺盛，造血灶内除了大量的红细胞之外，还含有少量的粒细胞系和巨核细胞系的细胞。人胎第 3 个月时，肝细胞内出现糖原颗粒，胚胎后期逐渐增多。人胎第 4 个月时，肝细胞即分泌胆汁并有解毒功能。胚胎时期的肝细胞内很少见到滑面内质网。出生后，在外环境的影响下滑面内质网逐渐增多，并具有生物转化功能。

（三）胆囊的组织发生

胆囊最初没有腔，至人胚第 8 周末才出现。胆囊腔面衬以由内胚层分化来的单层柱状上皮，其结缔组织和肌层由胃腹系膜内的间充质分化而成。胆囊管和肝外的肝管起初也为内胚层形成的实心细胞索，以后管腔重建，至人胚第 7 周时才出现管腔。

六、胰腺的发生

胰腺来源于两个原基：**背胰芽**（dorsal pancreas bud）和**腹胰芽**（ventral pancreas bud）。人胚第 4 周末，腹胰芽从前肠末端腹侧肝憩室的基部分出，并由内胚层上皮增生并向外突出所形成；背胰芽发生早于腹胰芽与肝憩室相对，由背侧壁的内胚层细胞向外突出形成，其位置略高，并大于腹胰芽。背、腹胰芽的上皮细胞不断增殖，并反复分支，其末端分化形成腺泡，而与原始消化管上皮相连接的分支形成各级导管。于是，背、腹胰芽分别分化成**背胰**（dorsal pancreas）和**腹胰**（ventral pancreas）。在中轴线上各有一条贯穿腺体全长的总导管，分别称背胰管和腹胰管。由于胃和十二指肠的变化和肠壁的不均等生长，致使腹胰和腹胰管的开口转至背侧，并与背胰融合，形成一个单一的胰腺（图 2-23-6）。腹胰形成胰头的下部，背胰形成胰头的上部、胰体和胰尾。腹胰管与背胰管远侧段通连，形成胰腺的主胰导管，它与胆总管汇合后共同开口于十二指肠乳头。背胰管的近侧端退化或形成副胰导管，开口于十二指肠副乳头。

胰腺的实质来源于背、腹胰芽，其上皮细胞增生，形成细胞索。这些细胞索反复分支，末端形成腺泡，与腺泡相连的各级分支形成导管。在胰腺原基的分化过程中，部分上皮细胞脱离细胞索游离于间充质，分化为胰岛。人胎第 4 个月，胰岛内已分化出 A 细胞和 B 细胞。人胎第 4 ～第 5 月，B 细胞开始分泌胰岛素，继而A细胞也开始分泌胰高血糖素。

七、消化系统的常见先天畸形

（一）甲状舌管囊肿

甲状舌管囊肿（thyroglossal cyst）是由于连接舌与甲状腺的甲状舌管未完全退化，残存部分的上皮细胞分化为黏液性细胞，黏液性细胞分泌的黏液聚集在甲状舌管内形成的小囊肿。

（二）消化管闭锁或狭窄

在消化管的发生过程中，管壁上皮细胞过度增生，致使消化管某段管腔的闭锁或狭窄。之后，过度增生的细胞发生凋亡，上皮变薄，闭锁或狭窄的管腔随之恢复正常。若过度增生的细胞不发生凋亡，上皮不变薄，就会形成消化管某段管腔的闭锁或狭窄。常见于食管或十二指肠（图 2-23-7）。

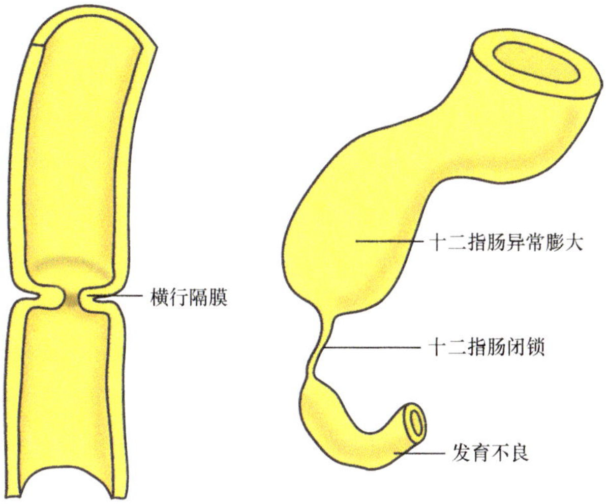

图 2-23-7　消化管狭窄或闭锁

（三）回肠憩室

又称**麦克尔憩室**（Meckel diverticulum），是由于卵黄蒂退化不全引起的。麦克尔憩室是距回盲部 40 ～ 50cm 处回肠壁上的一个小的囊状突起，有的在其顶端有纤维索连于脐（图 2-23-8）。麦克尔憩室畸形一般无临床症状，有时可发生肠扭转或肠梗阻。

（四）脐粪瘘

脐粪瘘（umbilical fistula）是由于卵黄蒂未退化，以致在肠与脐之间残存的一个瘘管（图 2-23-8），粪便可通过瘘管溢出。

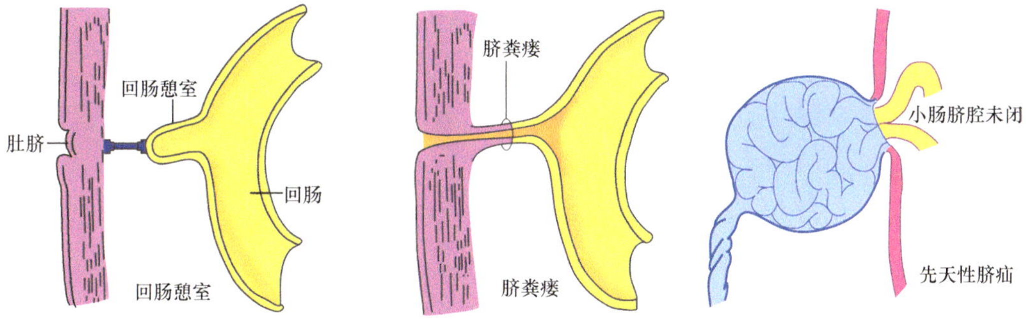

图 2-23-8　肠管先天性畸形

（五）先天性脐疝

先天脐疝（congenital umbilical hernia）是由于脐腔未能闭锁所致（图 2-23-8）。脐腔与腹腔相通，当腹内压增高时，肠管便从脐部膨出，有时会形成嵌顿疝。

（六）先天性巨结肠

先天巨结肠（congenital megacolon）多见于乙状结肠。由于神经嵴细胞未能迁移至某处的肠壁中，使之副交感神经节细胞缺如，肠壁收缩无力，肠腔内容物不能很好地排出，致使肠管扩大。

（七）不通肛

不通肛（imperforate anus）是由于在人胚胎发生过程中肛膜未破，或肛凹未能与直肠末端相通引起肛门闭锁。肛管上皮过度增生后未能被再吸收也可引起不通肛，并常伴有直肠阴道瘘或直肠尿道瘘（图 2-23-9）。

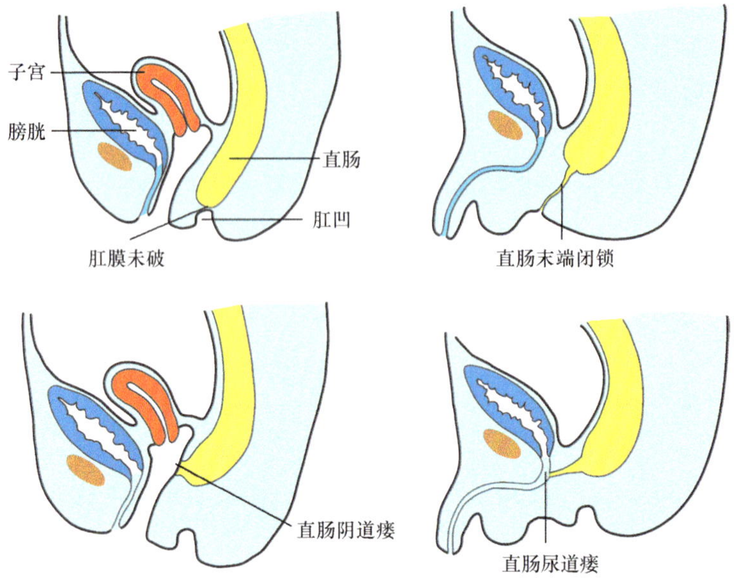

图 2-23-9　不通肛

（八）肠襻转位异常

肠襻转位异常（abnormal rotation of the intestinal loop）是由于在肠发生过程中，肠襻从脐腔退回腹腔时，应发生逆时针方向旋转 180 度。若未发生旋转，或转位不全，或反向转位，就会形成各种各样的消化管异位，并常伴有肝、脾、胰，甚至心、肺的异位。

（九）肝分叶异常

肝分叶异常有肝左叶发育不全、肝异常分叶及缺方叶等。也可出现肝异常增生，如肝右叶向下伸出一舌状叶（Reidel liver），它可粘连于结肠肝曲，也可伸达脐部或右髂嵴，临床易被误诊为肿瘤或肾下垂。肝分叶异常一般不影响肝功能。

（十）双胆囊

真正的**双胆囊**（duplication of the gallbladder）不仅具有两个胆囊，还有两条胆囊管。两条胆囊管可分别开口于胆总管，也可合并成一个开口。有的双胆囊共有一个颈部或共有一条胆囊管。还有的胆囊虽然外形正常，但其内部有纵隔将其分隔为两腔的双胆囊。

（十一）副胰组织

副胰组织（accessory pancreatic tissue）可发生于从食管远端到原始肠襻顶端的任何部位。常见于胃、十二指肠或梅克尔憩室的肠壁内，具有胰腺组织的结构特点。

（十二）环状胰

由于腹胰移位及背、腹两胰融合过程中发生异常，形成环绕十二指肠的环形胰腺，称环状胰（annular pancreas）（图 2-23-10）。环状胰可压迫十二指肠和胆总管，甚至可以引起十二指肠梗阻。

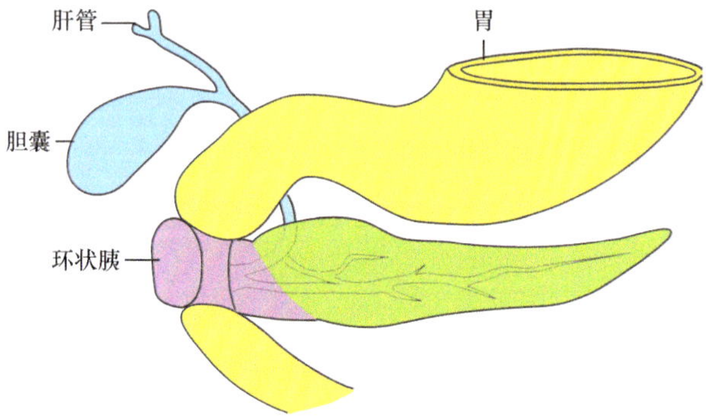

图 2-23-10　环状胰

第二节　呼吸系统的发生

一、喉、气管和肺的发生

人胚发育第 4 周时，前肠原始咽的尾端腹侧正中部位出现一条纵行浅沟，称**喉气管沟**（laryngotracheal groove）。喉气管沟逐渐加深，并从其尾端开始愈合，愈合过程向头端推移，最终形成一个长形盲囊，并向咽的腹侧膨出，称**喉气管憩室**（laryngotracheal diverticulum），它是喉、气管、支气管和肺发生的原基。喉气管憩室的背侧是食管，两者之间的间充质增生形成**气管食管隔**（tracheoesophageal septum）（图 2-23-11）。

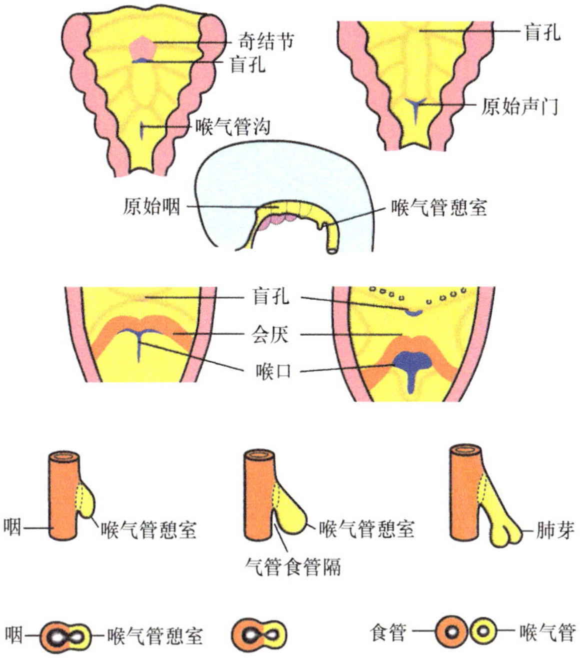

图 2-23-11　喉气管憩室的发生和演变

（一）喉的发生

喉气管憩室的上端开口于咽的部分发育为喉。喉的黏膜上皮由内胚层分化而来，其软骨、肌组织和结缔组织则来自第 4、5 对鳃弓处的间充质。由于间充质的快速增生，喉口外形发生改变，从最初的矢状裂口变成“T”字形开口。此后，两对鳃弓的间充质分化为甲状软骨、环状软骨和杓状软骨等，从而形成喉的结构特征。大约在软骨形成时，喉黏膜上皮细胞迅速分裂增生，导致喉腔的暂时性阻塞。随后，增生的上皮组织再退化而形成一对外侧隐窝，发育成以后的喉室。

（二）气管和支气管的发生

喉气管憩室的中段发育为气管，气管末端逐渐膨大形成左、右两个分支，称肺芽（lung bud），肺芽是支气管和肺发生的原基。人胚第 5 周时，左、右肺芽迅速生长，形成树状分支，并分别分化成左、右两支支气管。左、右支气管向下外侧生长，伸至原始胸腔的内侧壁内。左支气管分为两支、较短、水平行走；右支气管分为三支，较粗、斜行向下。两者分别形成左肺和右肺的肺叶支气管。

气管和支气管的黏膜上皮由内胚层分化而来，人胚第 6 周时，黏膜上皮从单层柱状逐渐转变为复层柱状，并出现纤毛细胞。至人胎第 14 周，部分黏膜上皮转变为假复层纤毛柱状上皮。气管和支气管的软骨、肌组织和结缔组织则由中胚层分化而成。

（三）肺的发生

人胎第 2 个月时，肺叶支气管分支形成肺段支气管，左肺 8 ~ 9 支，右肺 10 支（图 2-23-12）。人胎第 6 个月末时，分支达 17 支左右，最终出现了终末细支气管、呼吸性细支气管、肺泡管和肺泡囊。出生以后，支气管树的分支继续发育，逐渐完善，最终形成总计约 24 级的分支。

人胎第 7 个月，支气管树的血液供应逐渐丰富，其黏膜上皮的一些立方形细胞逐渐分化为扁平的 I 型肺泡细胞。I 型肺泡细胞与逐渐发育的毛细血管关系十分密切，由此原始肺泡形成。在原始肺泡形成的同时，I 型肺泡细胞之间还出现了具有分泌功能的 Ⅱ 型肺泡细胞，并开始分泌表面活性物质。此时，

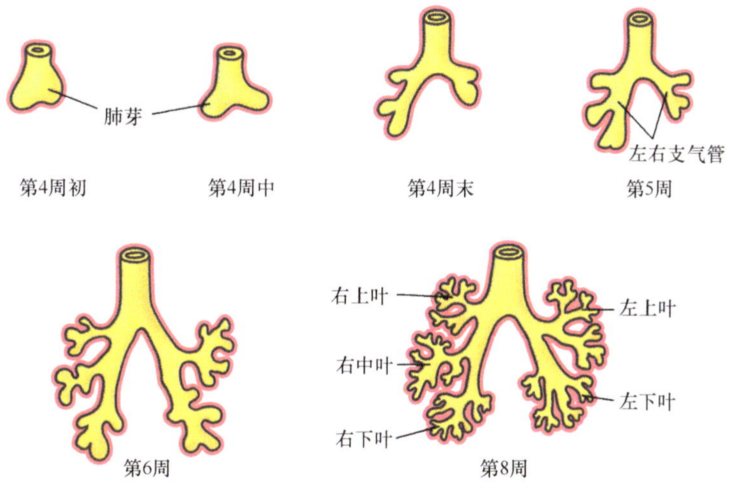

图 2-23-12　支气管与肺的发生

肺已经具备了可以进行气体交换功能的结构，若在此时早产，胎儿可有正常的呼吸功能。胎儿早期阶段，肺内间质较多，肺泡较少。至胎儿发育后期，肺间质逐渐减少，肺泡逐渐增多。出生时，新生儿的肺泡总数约是成人的 1/6，而出生后的 10 年内，肺仍在继续发育，肺泡的数量仍在不断增多。

二、呼吸系统的常见先天畸形

（一）喉气管狭窄或闭锁

在喉气管的发生过程中，喉气管内的上皮细胞一度增生过度，致使管腔闭锁或狭窄。随着胚胎的进一步发育，过度增生的上皮退变被吸收，管腔恢复畅通。若过度增生的喉气管上皮不退变，则会出现喉气管的管腔狭窄，甚至闭锁。

（二）气管食管瘘

在胚胎发育过程中，如果气管食管隔发育不良，气管与食管的分隔不完全，导致气管与食管间有瘘管相连，即称气管食管瘘（tracheoesophageal fistula）。在瘘管开口的上方或下方，常伴有不同形式的食管闭锁，大多表现为上半段食管的尾端是盲端，下半段食管与气管相通（图 2-23-13）。

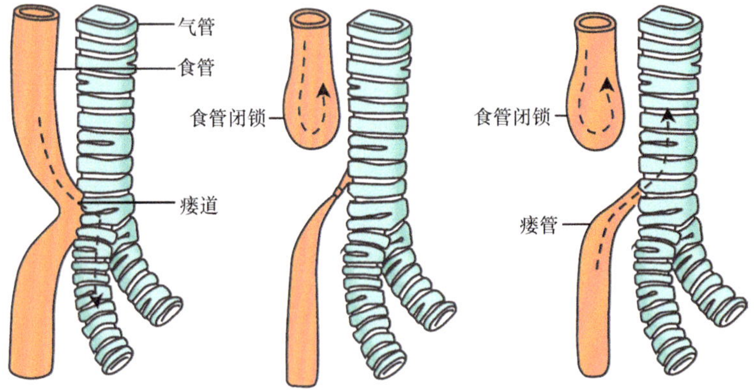

图 2-23-13　气管食管瘘

（三）肺透明膜病

人胚胎发育过程中，若肺泡Ⅱ型细胞分化不良，不能分泌表面活性物质，致使肺泡表面张力升高，呼气时，肺泡可萎缩不张。若萎缩的肺泡上皮表面覆盖着一层从血管渗出的血浆蛋白膜，则可形成透明薄膜，称为透明膜病（hyaline membrane disease）。出生后，透明膜病的新生儿，其肺泡不能随呼吸运动而扩张，肺泡萎缩塌陷，可导致呼吸窘迫综合征（respiratory distress syndrome，RDS）。

（四）呼吸系统的其他先天畸形

包括支气管树异常分支、异位肺叶和肺先天囊肿。支气管树异常分支可导致多叶肺，对呼吸功能无影响，但可影响临床上支气管镜的应用。异位肺叶可出现在食管或气管上，是由于前肠额外长出的肺芽发育所致，一般不影响主呼吸系统的发育。肺先天囊肿是由于两支终末细支气管或较粗的细支气管融合扩大而成，囊肿可以小而多，导致肺呈蜂窝状。小囊肿亦可融合成一个或多个大的囊肿，常伴发慢性炎症。

思　考　题

（1）简述原始消化管的发生及前肠、中场和后肠的演化。

（2）试述肝、胆和胰腺的发生。

（3）消化系统常见的畸形有哪些?

（4）简述呼吸系统的发生及先天畸形。

（贾书花）

微管蛋白 tubulin 与器官发育的不对称性

机体发育过程中，内脏器官以一种一致性的不对称形式排列—心脏和胃在左边，肝和阑尾在右边，而这一切是如何发生的呢？美国 Tufts 大学的生物学家得到了微管蛋白 tubulin 在许多物种发育早期形成不对称模式的第一手证据，包括植物、线虫、青蛙和人体细胞。tubulin 是控制不对称性的独特蛋白，在多种不同物种中形成左右不对称模式。研究人员还发现，tubulin 对于胚胎早期其他分子的左右分配也起了决定性作用。动物研究表明，只有在受精后立即注入突变 tubulin 才会扰乱不对称性形成，而在第一次和第二次细胞分裂后注射就没有这样的效果，这说明正常细胞骨架形成不对称性是在胚胎发育相当早的时期。这一基础研究不仅揭示了基本的发育机制，也增加了人们对于一些严重先天畸形的了解，对于诊断、预防和治疗器官定位异常的先天性畸形非常重要。

第 24 章　泌尿系统和生殖系统的发生

内容提要

（1）肾和输尿管的发生。
（2）膀胱和尿道的发生。
（3）生殖腺的发生。
（4）生殖管道的发生。
（5）泌尿系统和生殖系统的常见畸形。

泌尿系统和生殖系统的主要器官发生于间介中胚层。人胚第 3 ～ 4 周，间介中胚层逐渐脱离体节，向腹侧移动。其颈段形成分节的细胞团，称生肾节（nephrotome），是前肾的原基；其余部分形成不分节的条索状，称生肾索（nephrogenic cord），是中肾和后肾的原基。第 4 周末，生肾索体积增大，从胚体后壁突向体腔，形成左右对称的一对纵行隆起，称尿生殖嵴（urogenital ridge）。以后尿生殖嵴的尾侧出现一条纵沟，将其分成外侧粗长的中肾嵴（mesonephric ridge）和内侧细短的生殖腺嵴（gonadial ridge），后者是生殖腺的原基。

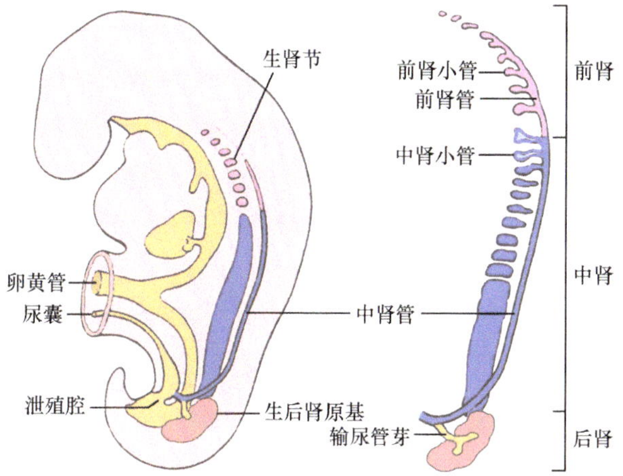

图 2-24-1　前肾、中肾、后肾的发生

第一节　泌尿系统的发生

一、肾和输尿管的发生

人胚肾的发生经历 3 个阶段，即从头端向尾端先后形成的前肾、中肾和后肾（图 2-24-1）。前肾和中肾是生物进化过程的重演，后肾是人的永久肾。

（一）前肾

人胚第 4 周初，颈部体节外侧的生肾节形成数条横行的上皮性小管，称前肾小管（pronephric tubule），其内侧端开口于胚内体腔，外侧端向尾部延伸，互相连接形成一条纵行的前肾管（pronephric duct）。前肾小管和前肾管组成前肾（pronephros）（图 2-24-1）。人的前肾无泌尿功能，在第 4 周末退化，但前肾管的大部分保留。

（二）中肾

中肾（mesonephros）发生于第 4 周末，由**中肾小管**（mesonephric tubule）和**中肾管**（mesonephric duct）构成。由于中肾的发育，胸、腰部体节外侧的生肾索增大成为中肾嵴。中肾嵴内，从头端至尾端先后出现许多泡样结构，以后变成横行的“S”形小管，称中肾小管。当尾端的中肾小管分化形成时，头端的中肾小管已退化，因此，在任何时候中肾小管都不会超过 30 ～ 40 对。中肾小管内侧端膨大并凹陷成双层的肾小囊，包绕来自背主动脉分支的毛细血管球，形成肾小体。中肾小管外侧端与中肾管相通（图 2-24-2）。中肾管又称 Wolff 管，由前肾管顶端的细胞增殖并向尾端迁移形成，位于发育中中肾小管的背外侧。中肾管开始为实心的杆状，当向下迁移与泄殖腔壁融合时，才出现管腔，腔化过程由尾端向头端推进。在人类，中肾可产生少量尿液。第 10 周后，中肾退化，仅留下中肾管及尾端少部分中肾小管。

（三）后肾

后肾（metanephros）起源于**输尿管芽**（ureteric

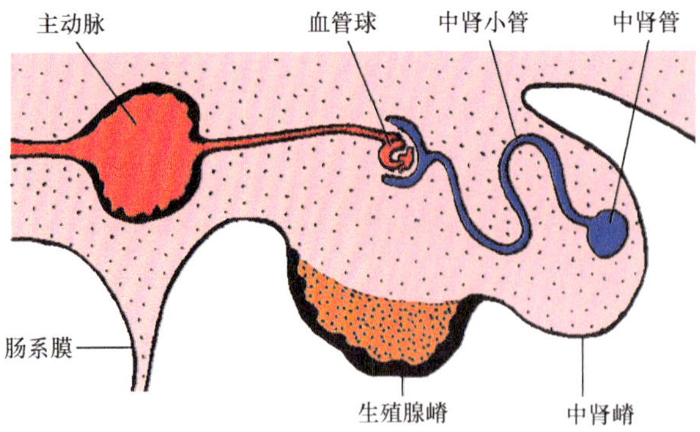

图 2-24-2　中肾小管示意图

bud）和**生后肾原基**（metanephrogenic blastema）。第5周初，中肾管末端在通入泄殖腔之前发出一个盲管，称输尿管芽。输尿管芽向胚体背外侧和头侧方向生长，长入骶部的间介中胚层内，并将其诱导为生后肾原基，又称生后肾组织，包在输尿管芽的末端。输尿管芽反复分支，其主干部分形成输尿管，各级分支分别形成肾盂、肾盏和集合小管（图 2-24-3）。

集合小管的末端呈“T”形分支，诱导邻近的生后肾原基形成细胞团，附于弓形集合小管的盲端。细胞团逐渐变成小泡，小泡再形成“S”形肾小管，并逐渐增长，分化成肾小管各段。肾小管的一端与集合小管的盲端相连，以后管腔接通；另一端膨大凹陷形成肾小囊，毛细血管伸入肾小囊内形成血管球，肾小囊与血管球组成肾小体。肾小管与肾小体共同组成肾单位。近髓肾单位发生较早，随着集合小管末端不断向皮质浅层生长并分支，陆续诱导生后肾原基形成浅表肾单位。生后肾原基的外周部分形成肾被膜。胎儿出生后，不再发生新的集合小管和肾单位，肾的增大是因为肾单位的生长而不是数目的增多。

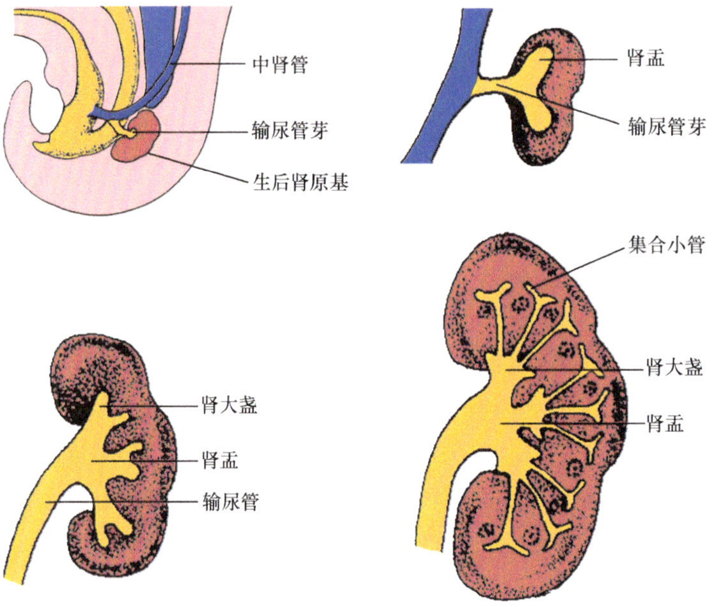

图 2-24-3　后肾的发生

人胚第3月，后肾开始产生尿液，尿液排入羊膜腔，成为羊水的来源之一。肾的原始位置较低，位于盆腔。随着胎儿的生长和输尿管芽的伸展，肾逐渐上升至腰部。

二、膀胱和尿道的发生

人胚第4～7周，尿直肠隔将泄殖腔分隔为背侧的原始直肠和腹侧的尿生殖窦两部分。尿生殖窦可分为3段。①上段宽大，发育为膀胱，其顶端与尿囊相连。膀胱与脐之间的尿囊缩窄，称脐尿管（urachus），胎儿出生前脐尿管闭锁成纤维索，称脐中韧带。随着膀胱的扩大，左、右中肾管的尾端并入膀胱后壁内，使输尿管开口于膀胱，而中肾管的开口下移到尿道起始部。②中段呈狭窄管状，在女性形成尿道的大部分，在男性形成尿道的前列腺部和膜部。③下段在女性形成尿道下段和阴道前庭，在男性形成尿道的海绵体部（图 2-24-4）。

三、常见畸形

（一）多囊肾

多囊肾（polycystic kidney）的原因是集合小管与远端小管未接通，或集合小管发育异常，管道阻塞。结果使肾单位内产生的尿液积聚，肾内出现许多大小不等的囊泡，而周围肾组织受压、萎缩（图 2-24-5A）。双侧多囊肾可造成肾功能障碍。

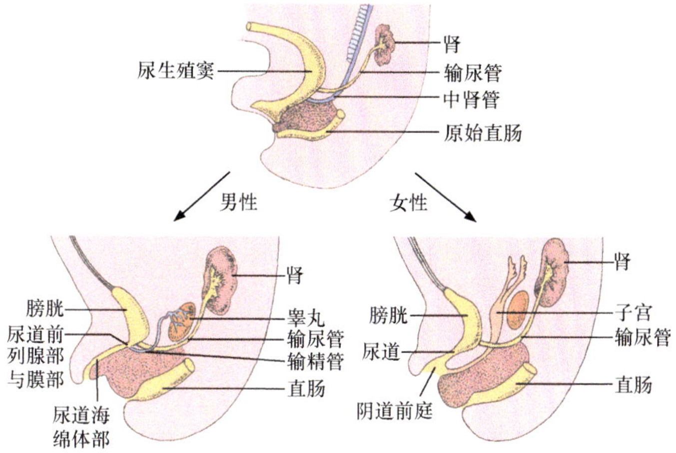

图 2-24-4　膀胱和尿道的发生

（二）异位肾

肾在上升过程中受阻，出生后未达到正常位置，称异位肾（ectopic kidney），常见位于骨盆腔内，也有位于腹腔低位处（图 2-24-5B）。

（三）马蹄肾

马蹄肾（horseshoe kidney）是左右肾的下端异常融合形成马蹄形（图 2-24-5C）。由于肾在上升过程中受肠系膜下动脉根部的阻挡，故其位置较低。由于两侧输尿管受压，易发生尿路阻塞及感染。

（四）肾缺如

肾缺如（renal agenesis）的成因是中肾管未长出输尿管芽，或输尿管芽未能诱导生后肾原基分化为后肾。单侧肾缺如多见，由于功能上的代偿可能无症状。双侧肾缺如少见。

（五）双输尿管

双输尿管（double ureter）是由于输尿管芽过早分支所致。此时一个肾有两个肾盂，各连一个输尿管，两条输尿管分别开口于膀胱；或两条输尿管在其下方合并为一条，开口于膀胱。

（六）脐尿瘘

膀胱顶端与脐之间的脐尿管未闭锁，出生后尿液可从脐部漏出，称为脐尿瘘（urachal fistula）（图 2-24-5D）。

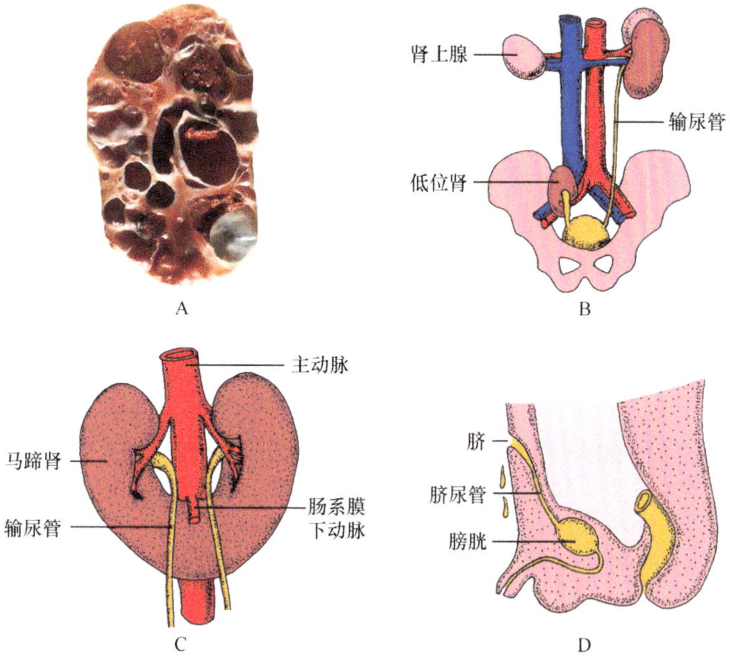

图 2-24-5　泌尿系统的先天性畸形

A. 多囊肾；B. 异位肾；C. 马蹄肾；D. 脐尿瘘

第二节　生殖系统的发生

生殖系统的发生和性别分化受许多基因的调控，其中位于 Y 染色体短臂上的 SRY 基因起着决定性作用。SRY 基因的产物 SRY 蛋白是一种睾丸决定因子，在 SRY 蛋白的影响下，生殖腺向睾丸分化；缺乏 SRY 蛋白，生殖腺则向卵巢分化。生殖管道及外生殖器的性别分化较晚，与 SRY 蛋白无直接关系，它们的分化受雄激素的决定。发生早期的两性生殖系统相似，称未分化期，以后才逐渐出现性别分化。

一、生殖腺的发生

生殖腺由生殖腺嵴的体腔上皮、上皮下方的间充质及迁入的原始生殖细胞共同发育形成。

（一）未分化期

人胚第 5 周时，左、右中肾嵴内侧的间充质细胞增殖，形成一对纵行的生殖腺嵴。生殖腺嵴表面的体腔上皮增殖，并长入其下方的间充质内，形成许多不规则的细胞索，称初级性索（primary sex cord）。胚胎第 4 周时，在靠近尿囊根部的卵黄囊内胚层内出现一些大而圆的细胞，称原始生殖细胞（primordial germ cell）。在第 5 ～ 6 周，原始生殖细胞经肠背系膜陆续迁入初级性索（图 2-24-6）。

（二）睾丸的发生

如果胚胎的性染色体是 XY，初级性索的细胞表达 SRY 蛋白，后者首先使初级性索的细胞分化为支持细胞，并分泌抗中肾旁管激素。第 7 周时，初级性索进一步增殖，向深部生长，发育为睾丸索（testicular cord）。SRY 蛋白继而使睾丸索之间的间充质细胞分化为睾丸间质细胞，并分泌雄激素。表面上皮下方的间充质形成白膜，将睾丸索与表面上皮分开（图 2-24-7）。睾丸索以后分化为细长弯曲的袢状生精小管，其末端断裂吻合形成睾丸网。胚胎时期的生精小管为实心细胞索，含两类细胞，即支持细胞和精原细胞，后者由原始生殖细胞分化而来。生精小管的这种结构状态持续至青春期。

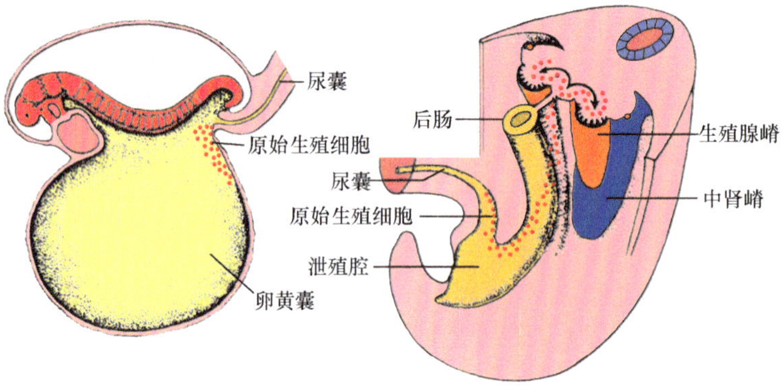

图 2-24-6　原始生殖细胞的迁移

（三）卵巢的发生

女性胚胎的核型是 46，XX，无 Y 染色体和 SRY 蛋白，生殖腺分化为卵巢。第 7 周时，初级性索在移到深部后退化消失，被基质和血管替代，成为卵巢髓质。同时，生殖腺嵴表面上皮继续增殖，形成新的细胞索，称次级性索（secondary sex cord），分布于皮质，故又称皮质索（cortical cord）（图 2-24-7）。表面上皮下的间充质形成薄的白膜。约在第 4 个月，皮质索断裂成许多细胞团，形成原始卵泡。每个原始卵泡的中央是一个由原始生殖细胞分化来的卵原细胞，周围是一层由皮质索细胞分化来的卵泡细胞。胚胎早期，生殖细胞可高达 600 万个。第 5 个月后，生殖细胞大量退化消失，仅有一小部分卵原细胞长大，分化为初级卵母细胞。出生时，卵巢内已无卵原细胞，初级卵母细胞约有 100 万～ 200 万个，全部进入第一次成熟分裂并停止在前期。

（四）睾丸和卵巢的下降

生殖腺最初位于第 10 胸节水平，腹膜之后。睾丸和卵巢在生长增大的同时逐渐下降，其下降与引带有关。引带（gubernaculum）是连于睾丸和卵巢尾端与阴唇阴囊隆起之间的一条韧带样结构。随着胚体的生长变长，引带相对缩短，导致睾丸和卵巢的下降。第 3 个月时，卵巢停留在骨盆缘稍下方，睾丸则继续下降，于第 7 ～ 9 个月通过腹股沟管抵达阴囊。同时，腹膜形成鞘突包于睾丸的周围，随同睾丸进入阴囊，鞘突形成鞘膜腔（图 2-24-8）。睾丸降入阴囊后，鞘膜腔与腹膜腔之间的通道随之闭锁。睾丸的下降可能受雄激素和促性腺激素等的调节。

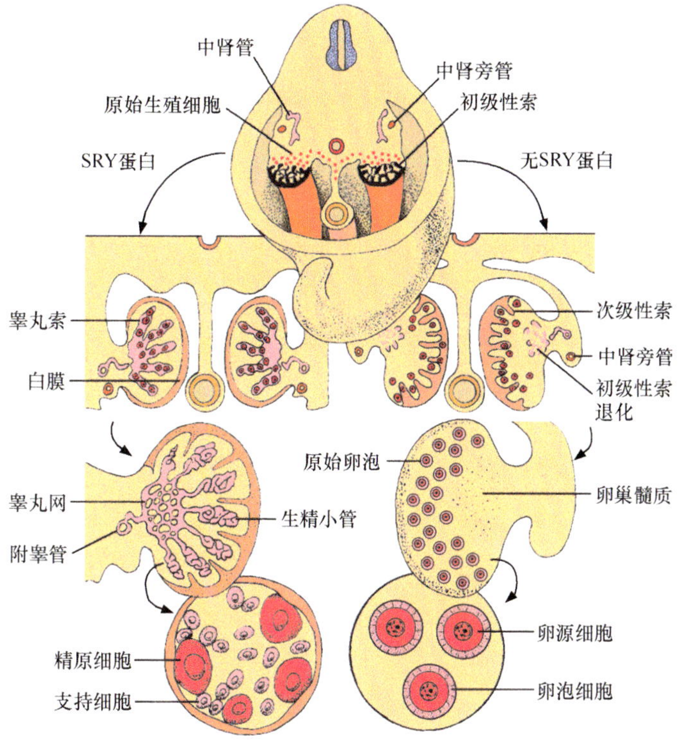

图 2-24-7　生殖腺的发生与分化

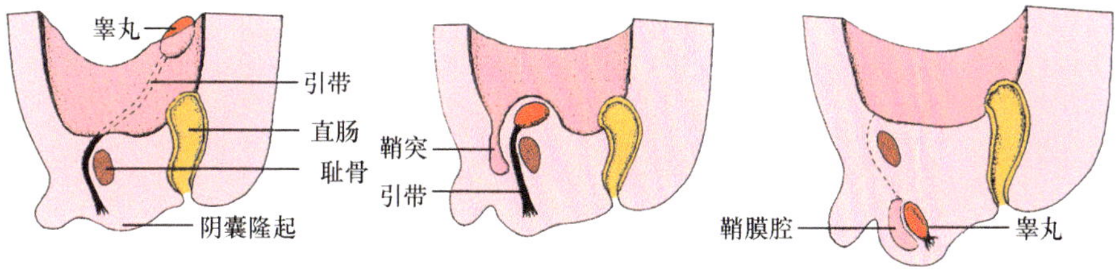

图 2-24-8　睾丸的下降

二、生殖管道的发生

（一）未分化期

人胚第 6 周时，男女两性胚胎均具有两套生殖管道，即中肾管和中肾旁管。中肾旁管（paramesonephric duct）又称 Müller 管，发生于中肾管的外侧，由体腔上皮内陷卷褶而成。中肾旁管的头端呈漏斗形，开口于腹腔；上段位于中肾管的外侧，两者相互平行；中段越过中肾管的腹面，到达中肾管的内侧；左、右中肾旁管的下段在中线合并，其尾端是盲端，突入尿生殖窦的背侧壁，使窦腔内形成一个隆起，称窦结节（sinus tubercle），又称 Müller 结节。中肾管在窦结节的两侧开口于尿生殖窦（图 2-24-9A）。

（二）男性生殖管道的分化

若生殖腺分化为睾丸，支持细胞分泌的抗中肾旁管激素使中肾旁管退化。间质细胞分泌的雄激素刺激中肾管发育，其头端增长弯曲形成附睾管，中段形成输精管，尾端形成射精管和精囊。中肾小管大多退化，仅与睾丸相邻的中肾小管发育为附睾的输出小管（图 2-24-9B）。

（三）女性生殖管道的分化

若生殖腺分化为卵巢，由于缺乏雄激素，中肾管退化。由于没有抗中肾旁管激素的作用，中肾旁管发育，其上段和中段形成输卵管，下段形成子宫及阴道穹隆。阴道的其余部分由窦结节增生而成的阴道板形成。阴道板起初为实心结构，在第 5 个月时，出现腔而演变成阴道，其内端与子宫相通，外端与阴道前庭之间有处女膜相隔。处女膜在出生前后穿通（图 2-24-9C，图 2-24-10）。

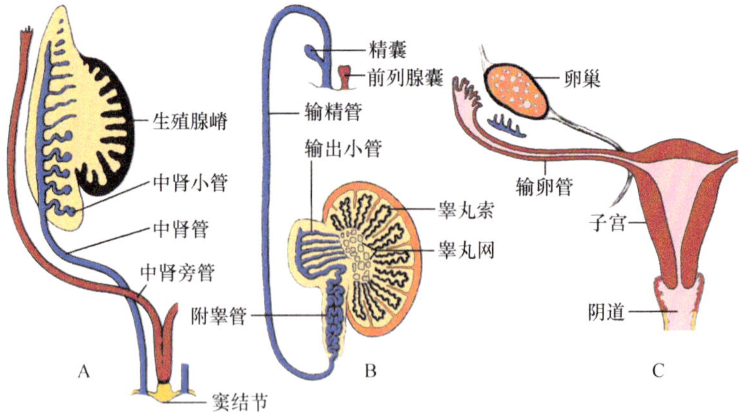

图 2-24-9　生殖管道的发生与分化

A. 未分化期；B. 男性；C. 女性

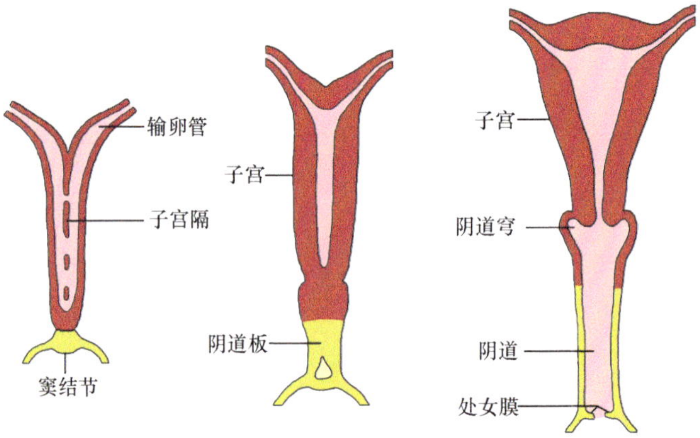

图 2-24-10　子宫与阴道的形成

三、常见畸形

（一）隐睾

睾丸未下降至阴囊称隐睾（cryptorchidism），可为单侧或双侧，睾丸可停留在腹腔或腹股沟管等处（图 2-24-11A）。由于精子发生对温度非常敏感，双侧隐睾常导致男性不育。约有 30% 的早产儿及 3% 的新生儿出生时睾丸未降入阴囊，但多数在一岁内降入阴囊。

（二）先天性腹股沟疝

如果腹膜腔与鞘膜腔之间的通道没有闭合或闭合不全，当腹压增大时，肠管可突入鞘膜腔，形成先天性腹股沟疝（congenital inguinal hernia）（图 2-24-11B）。先天性腹股沟疝多见于男性，常伴有隐睾。

（三）双角子宫和双子宫

两侧中肾旁管下段的上半部分未合并，使子宫上端呈分叉状，形成双角子宫（bicornuate uterus）（图 2-24-11C）。如果左、右中肾旁管的下段完全未合并，则形成双子宫（double uterus），可伴有双阴道。

（四）阴道闭锁

如果窦结节未形成阴道板，或阴道板未产生管腔，则导致阴道闭锁（vaginal atresia）。如果处女膜未破裂，外观见不到阴道，则称处女膜无孔（imperforate hymen）。

（五）尿道下裂

尿道下裂（hypospadias）的原因是左、右尿生殖褶的愈合不完全，致使阴茎腹侧面有异常尿道开口（图 2-24-11D）。

（六）两性畸形

两性畸形（hermaphroditism）又称半阴阳，患者的外生殖器形态介于男女两性之间，很难以外生殖器的形态区分个体的性别。按体内所含生殖腺的不同，两性畸形可分为两大类：

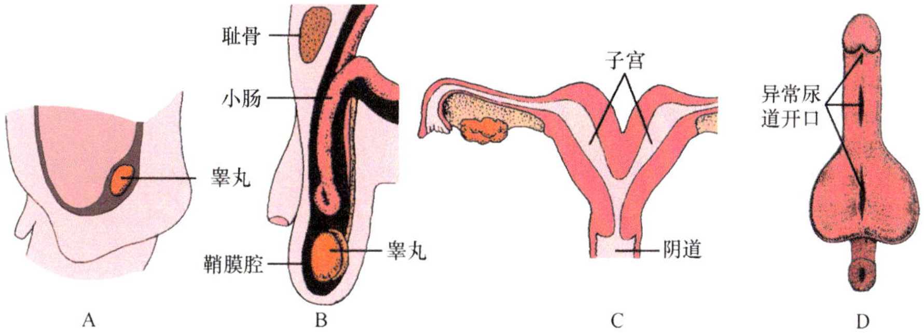

图 2-24-11 生殖系统的先天性畸形

A. 隐睾；B. 先天性腹股沟疝；C. 双角子宫；D. 尿道下裂

1. 真两性畸形（true hermaphroditism） 极为罕见，患者的外生殖器及第二性征介于男女性之间，体内同时有睾丸和卵巢，或生殖腺内既有睾丸组织，又有卵巢组织。性染色体属嵌合型，具有 46，XY 和 46，XX 两种核型。

2. 假两性畸形（pseudohermaphroditism） 外生殖器介于男女性之间，但患者体内只有一种生殖腺，又可分为两类：

（1）男性假两性畸形（male pseudohermaphroditism）：体内有睾丸，核型为 46，XY，但外生殖器似女性，多因雄激素分泌不足所致。

（2）女性假两性畸形（female pseudohermaphroditism）：体内有卵巢，核型为 46，XX，但外生殖器似男性。其原因常为肾上腺皮质分泌的雄激素过多，故又称肾上腺生殖综合征。这种综合征是儿童两性畸形中最常见的一种，早期发现和治疗肾上腺功能失调极为重要。

（七）雄激素不敏感综合征（androgen insensitivity syndrome）

又称睾丸女性化综合征（testicular feminization syndrome），患者染色体组型为46，XY，体内有睾丸，也能分泌雄激素，但体细胞和中肾管细胞缺乏雄激素受体，结果中肾管和外生殖器未能向男性分化发育，患者外生殖器呈女性，并具有女性第二性征。但由于睾丸支持细胞产生的抗中肾旁管激素抑制了中肾旁管的发育，故体内无输卵管和子宫。

思 考 题

（1）试述睾丸的发生及隐睾形成的原因。

（2）先天性腹股沟疝的成因。

（朱 梅）

无精症

无精症是指多次精液检查（一般 3 次以上）均未发现精子，本病是男性不育的原因之一。有 90% 的男性不育症是由生精障碍引起，临床上表现为无精子症或少精子症。引起睾丸生精功能障碍的常见原因有：①无睾症：睾丸是生产精子的唯一场所，没有睾丸，精子的产生也就无从谈起；②双侧隐睾：这种情况是胚胎在发育过程中睾丸没有下降至阴囊，而停留在温度比阴囊高的腹腔或腹股沟，由于精子发生对温度非常敏感，导致精子根本没有办法生成，也会发生无精子；③先天性生精小管发育不全（又称之为 Kline-Felter 综合征），这也是发育方面的原因，虽然睾丸的位置没有问题，但精子生产同样存在问题。无精症约占男性不育症患者的 15% ～ 20%，在无精子症或少精子症患者中，约有 15% 的人存在染色体异常，表现为 Y 染色体长臂上的微小缺失，这些缺失又被称为无精子因子。

第 25 章 心血管系统的发生

内容提要

（1）原始心血管系统的建立。
（2）心脏的发生。
（3）胎儿血液循环及出生后的变化。
（4）心血管系统主要畸形。

心血管系统是胚体内最早形成并执行功能的系统，约发生于第 3 周末的胚胎，至第 4 周末血液循环开始。心血管系统的形成使早期的胚胎能有效地获取营养和排泄废物，有利于其他各器官组织的发育。心血管系统由中胚层分化而来，首先形成原始心血管，在此基础上再进一步经过生长、合并、扩大和萎缩等复杂的过程而逐渐完善。

第一节 原始心血管系统的建立

一、毛细血管网的形成

人胚发育至第 2 周末，来自卵黄囊、体蒂和绒毛膜的胚外中胚层细胞增殖分化形成细胞索或团，称**血岛**（blood island）。不久，血岛周边细胞分化为扁平的内皮细胞，并围成管道，即原始血管；血岛中央部的细胞则分化为**原始血细胞**（primary blood cell），又称**造血干细胞**（图 2-25-1）。原始血管不断地延伸，相邻血岛形成的血管相互连接，

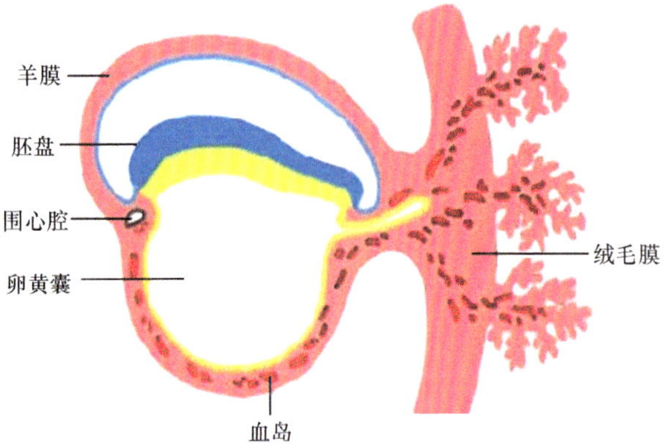

图 2-25-1 卵黄囊、体蒂及绒毛膜中血管形成模式图

逐渐形成胚外中胚层毛细血管网。随后，胚体各处的间充质出现许多裂隙，裂隙周围的细胞分化为内皮细胞，以胚外中胚层毛细血管网形成的相同方式形成胚内毛细血管网。

第 3 周，胚内与胚外血管相连，形成了胚胎早期原始血管通路（图 2-25-2）。此时的原始心血管系统呈左右对称，由心管、动脉和静脉组成。心管位于前肠腹侧，开始为 1 对，于胚胎第 4 周合并为一条。

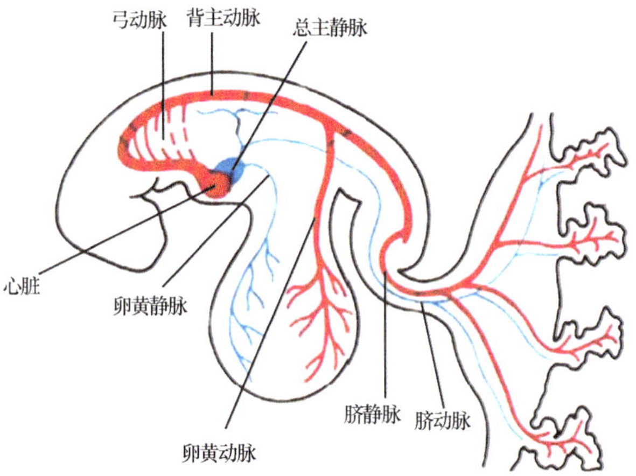

图 2-25-2 胚胎早期血液循环的建立

二、动脉的形成

背主动脉 1 对，行走于原始消化管背侧，随后从咽至尾部合并为一条并发出数条分支。

1. **卵黄动脉** 若干对，分布于卵黄囊壁。
2. **脐动脉** 1 对，经体蒂分布于绒毛膜。
3. **节间动脉** 约 30 对，依次分布于相应的体节间。
4. **弓动脉** 6 对，分布于相应的鳃弓内。

三、静脉的形成

1. 主静脉　前后主静脉各 1 对，分别位于胚体前、后部，收集胚胎上、下半身的血液。

2. 总主静脉　1 对，由两侧前、后主静脉汇合成左、右总主静脉。

3. 卵黄静脉　1 对，由卵黄囊毛细血管汇合而成。

4. 脐静脉　1 对，由绒毛膜毛细血管汇合而成。最后，总主静脉、卵黄静脉和脐静脉分别开口于心管尾端的左、右静脉窦。

第二节　心脏的发生

心脏发生于胚盘头端、口咽膜前方脏壁中胚层的生心区。生心区前方的中胚层为原始横隔（图 2-25-3）。

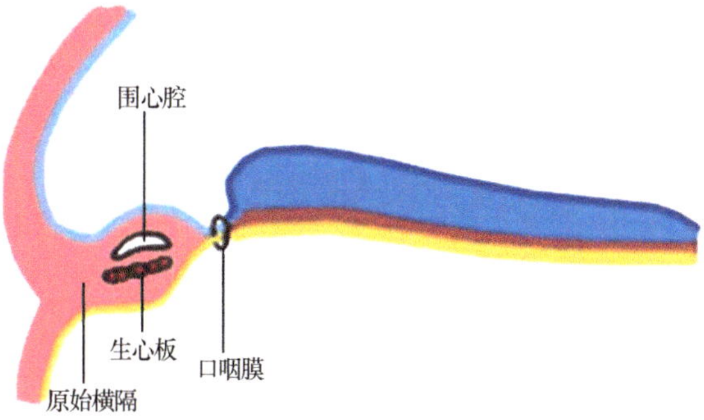

图 2-25-3　生心区的早期演变

一、原始心脏的形成

胚胎发育至第 18 ~ 19 天，口咽膜头端的中胚层形成生心区，随后出现腔隙，称为**围心腔**（pericardiac coelom）。在围心腔腹侧，一些细胞聚集成一对长条状的细胞索，称**生心索**（cardiogenic cord）。随着头褶和侧褶的发生，围心腔和生心索也发生一系列的变化。头褶使围心腔和生心索转向前肠腹侧，同时，生心索中空，形成左、右两条纵管，称**心管**（cardiac tube）；侧褶则导致左、右心管向中央靠拢并融合成一条心管（图 2-25-4）。合并后的心管，其内部发生相应的变化，心管周围的间充质逐渐增厚，形成**心肌外套层**（myocardial mantle），以后分化为心肌膜和心外膜。心管内皮和心肌外套层之间疏松的组织，称**心胶质**（cardiac jelly），将参与组成心内膜。

由于围心腔不断向心管的背侧扩展，致使心管与前肠之间的间充质由宽变窄，形成**心背系膜**（dorsal mesocardium），并将心管悬于围心腔的背侧壁。随后心背系膜中央部逐渐退化消失，心管游离于围心腔内，心管头、尾侧仍留有心背系膜。以后，围心腔发育为心包腔。

二、心脏外形的建立

随着胚胎的发育，心管各部分呈现不均等的生长，因而形成了 3 个膨大，从头端至尾端依次为**心球**（bulbus cordis）、**心室**（ventricle）和**心房**（atrium）。随后，在心球头端，延伸出一较细长的部分，称**动脉干**（truncus arteriosus）；在心房尾端则逐渐出现一个膨大，称**静脉窦**（sinus venosus），窦末端分为左、右角。此时，心管的头、尾端分别与动脉和静脉相接，两端固定于心包。由于心管的游离部（即心球和心室部）的生长速度远快于心包腔的扩大，于是心管变弯曲，首先是心球和心室部弯曲形成 U 字形，进而形成 S 形（图 2-25-5）。在心管弯曲的过程中，由于心房的腹侧受心球以及背侧受食管的限制，因而只能向左、右两侧扩展，膨出于心球的两侧。

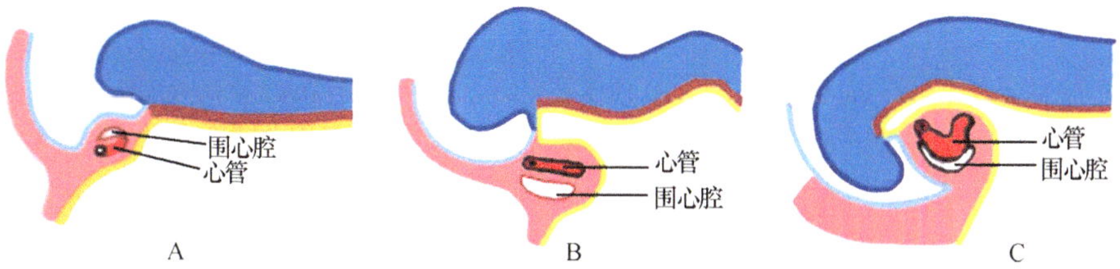

图 2-25-4　心血管及围心腔的位置变化

三、心脏的内部分隔

（一）房室管的分隔

伴随着心脏外形的建立，内部的分隔也同时进行。心脏外部观可见心房和心室之间一缩窄环，而

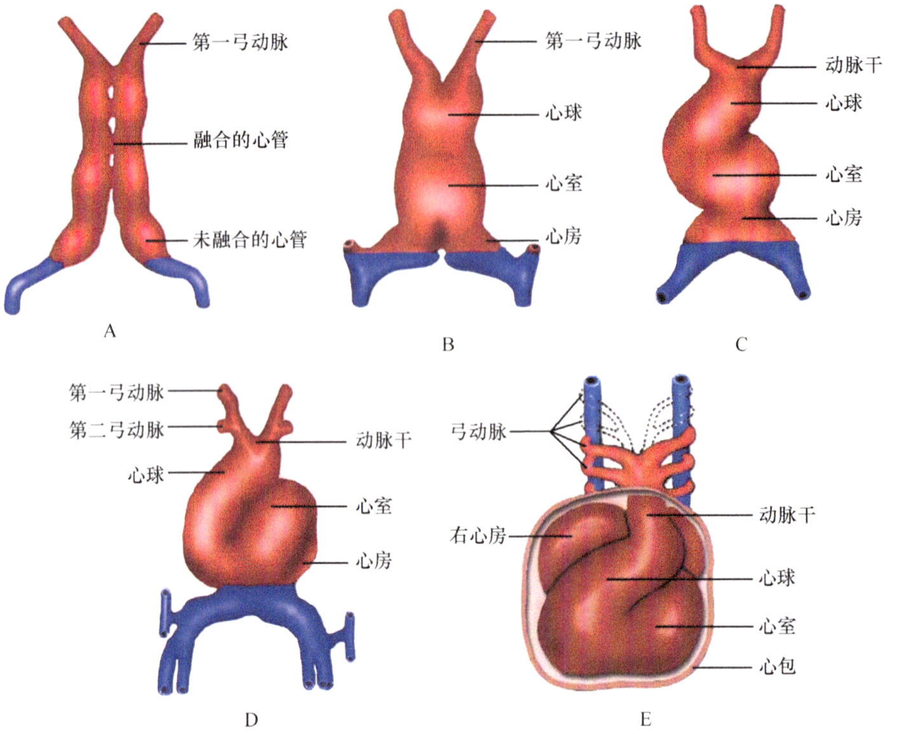

图 2-25-5　心脏外形的建立

内部观则为一狭窄的管道，称**房室管**（atrioventricular canal）。随后，在房室管的腹、背侧壁的正中部，心内膜组织增厚形成背、腹两个隆起，称**心内膜垫**（endocardial cushion）。两个心内膜垫相对生长，逐渐向中央靠拢并相互融合，将房室管分成左、右房室管（图 2-25-6）。房室管处的组织局部增厚、隆起，以后演变成二尖瓣和三尖瓣。

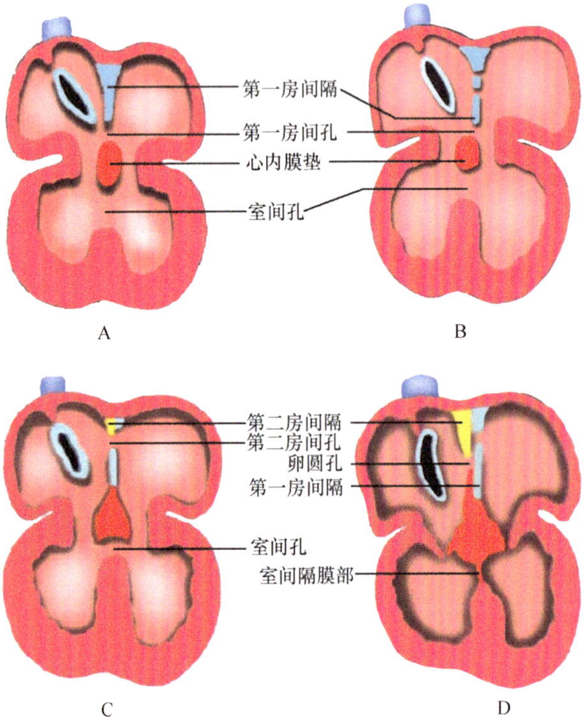

图 2-25-6　心房及心室的分隔

（二）心房的分隔

人胚胎第 4 周末，心房头端背侧壁的正中线处发生一个镰状薄膜，称**第一房间隔**（septum primum）。此隔向心内膜垫方向生长，其下缘与心内膜垫之间暂留一孔，称**第一房间孔**（ostium/foramen primum）。此后，第一房间孔与心内膜垫融合使其封闭。但在第一房间孔封闭之前，第一房间隔的上部中央处变薄，出现若干小孔并渐融合成大孔，称**第二房间孔**（ostium/foramen secundum）。

在第一房间隔形成的同时，于第一房间隔右侧，从心房的头端腹侧壁发生一个镰状、较厚的隔膜，称**第二房间隔**（septum secundum）。第二房间隔下方留有一孔，称**卵圆孔**（foramen ovale）（图 2-25-6）。卵圆孔位于第二房间孔的尾侧，两孔交错重迭。卵圆孔的左侧被第一房间隔覆盖，相当于卵圆孔的瓣膜。此时右心房的血液可流入左心房，但左心房的血液却不能返流入右心房，这是由于出生前肺循环尚未启动，左心房压力小于右心房，而第一房间隔组织又非常薄，因此右心房血液可冲开覆盖在卵圆孔上的第一房间隔流入左心房。出生后，肺循环开始，左心房压力明显增大，使第一房间隔紧贴于第二房间隔，两隔渐融为完整的隔，卵圆孔被封闭，右心房血液不再流入左心房。

（三）静脉窦的演变和永久性左、右心房的形成

最初，静脉窦位于原始心房尾端背面，开口于

心房背侧壁中央，左、右两个角是对称的，分别与同侧的总主静脉、脐静脉和卵黄静脉通连。以后由于大量血液流入右角，右角逐渐变大，窦房孔也逐渐移向右侧，左角则逐渐萎缩变小，其远侧端成为左房斜静脉的根部，近侧端成为冠状窦。

汇入静脉窦血管的变化如图 2-25-7：左、右卵黄静脉的尾段分支吻合，发育形成门静脉，左卵黄静脉头段消失，右卵黄静脉头段则形成下腔静脉头段。右脐静脉以及肝和静脉窦之间的左脐静脉退化消失，从脐至肝的一段左脐静脉则一直保留至出生，并与脐带内的脐静脉通连，将从胎盘回流的血液经肝内形成的静脉导管直接导入下腔静脉，继而流入静脉窦右角。在左、右前主静脉之间形成一吻合支，它从左至右呈斜行走向，左前主静脉血液经此吻合支流入右前主静脉。吻合支成为左头臂静脉，右前主静脉的近侧段和右总主静脉成为上腔静脉。因此，体循环的血液均流入静脉窦右角。

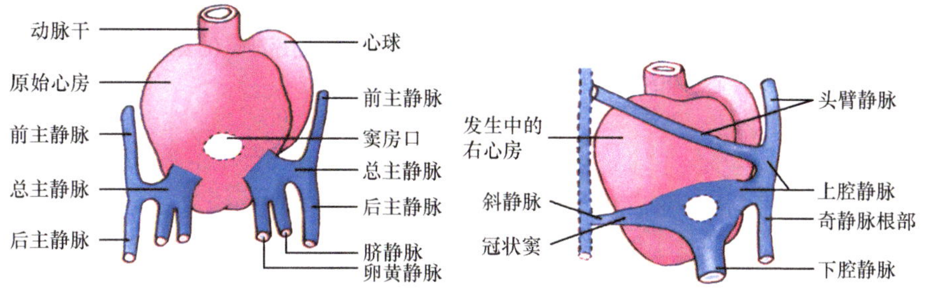

图 2-25-7　静脉窦及其相连静脉的演变

胚胎发育第 7 ～ 8 周，原始右心房扩展很快，将静脉窦右角并入右心房，成为永久性右心房的光滑部，原始右心房则成为右心耳。原始左心房最初只有单独一条肺静脉在第一房间隔的左侧通入，此静脉分出左、右属支，各支再分为两支。当原始心房扩展时，肺静脉根部及其左、右属支逐渐并入左心房，结果有 4 条肺静脉直接开口于左心房，参与形成永久性左心房的光滑部，原始左心房则成为左心耳。

（四）心室的分隔

心室的分隔开始于心室底壁的心尖处。首先在心室底壁形成一较厚的半月形肌性隔膜，称**肌性室间隔**（muscular ventricular septum）。此隔膜不断地向心内膜垫方向生长，在其游离缘与心内膜垫之间留有一孔，称**室间孔**（interventricular foramen）（图 2-25-6）。随后，心球内部形成一对嵴，它们向下生长，与心内膜垫组织及肌性室间隔游离缘组织一起参与室间孔的封闭，形成**膜性室间隔**（membranous ventricular septum）。

（五）心球与动脉干的分隔

由于心球和动脉干的心内膜下组织局部增厚，形成一对螺旋状走行、相应对向生长的嵴，嵴相互愈合后则形成**主动脉肺动脉隔**（aortico-pulmonary septum）。此隔将心球和动脉干分隔成主动脉和肺动脉（图 2-25-8）。由于主动脉肺动脉隔呈螺旋状，故肺动脉缠绕着升主动脉。在主动脉和肺动脉开口处，心内膜下组织局部增厚、隆起，发育为袋状的半月瓣。

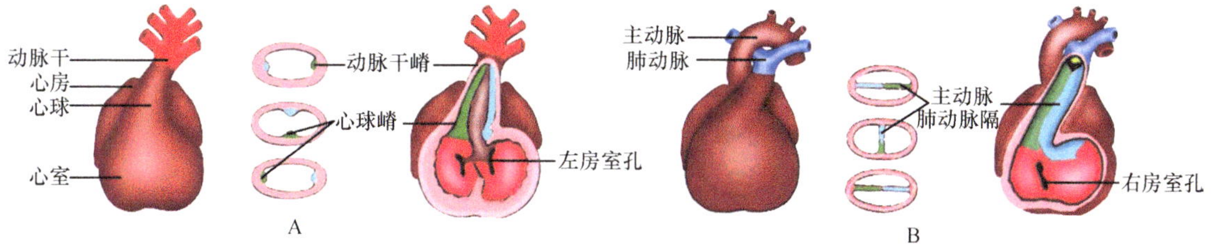

图 2-25-8　动脉干和心球的分隔

第三节　胎儿血液循环及出生后的变化

一、胎儿血液循环途径

来自胎盘的富含氧和营养物质的血液，经脐静脉注入肝脏后，大部分经静脉导管直接进入下腔静脉，小部分经肝血窦再进入下腔静脉。此外，下腔静脉还收集来自下肢、盆腔和腹腔的血液，因此下腔静脉的血液为混合血，但主要是含氧高和营养物质丰富的血。

右心房接纳来自上、下腔静脉的血液。由于下腔静脉入口正对卵圆孔，来自下腔静脉的大部分血液经卵圆孔入左心房，小部分则与上腔静脉血液混合后进入右心室，然后进人肺动脉，由于肺尚无呼吸功能，因此90%以上的血液经动脉导管注入降主动脉，仅小部分进入肺部。

左心房一方面接纳大量来自下腔静脉经卵圆孔注入的血液，另一方面接纳少量来自肺静脉的血液，两者混合后进入左心室。左心室的血液大部分经主动脉供应头颈和上肢，以适应其发育。小部分进入降主动脉。降主动脉的血液除供应腹腔、盆腔器官及下肢外，其余经脐动脉流入胎盘，与母体血液进行气体和物质交换（图2-25-9）。

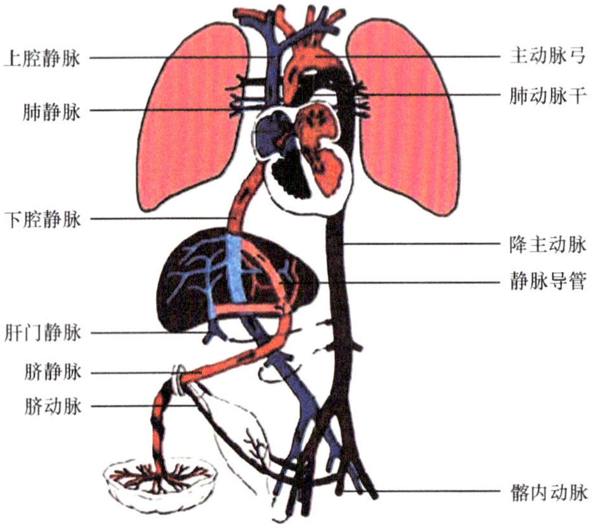

图2-25-9　胎儿血液循环示意图

二、胎儿出生后血液循环的变化

胎儿出生后，胎盘血循环中断，肺开始呼吸，血液循环的变化发生了一系列的改变：①脐动脉和静脉闭锁，分别形成脐外侧韧带和肝圆韧带；②动脉导管和静脉导管闭锁，分别形成动脉韧带和静脉韧带；③卵圆孔闭锁，胎儿出生后，由于胎盘血循环中断，流入右心房的血量减少；同时又由于肺开始呼吸，大量血液自肺静脉流入左心房，使左心房压力增高，当左心房压力高于右心房时，迫使第一隔紧贴第二隔，继而相互融合，卵圆孔被闭锁。

第四节　心血管系统主要畸形

一、动脉导管未闭

该病较多见，主要原因可能是出生后动脉导管壁的平滑肌未能收缩，使肺动脉和主动脉仍保持相通（图2-25-10A）。

二、房间隔缺损

房间隔缺损最常见部位为卵圆孔未闭。通常是由于在第一房间隔发生过程中，其上的第二房间孔形成过大或位置异常，以及第二房间隔发育异常，形成卵圆孔过大所致。另外有的房间隔缺损是因心内膜垫发育不全，使第一房间隔 下缘未能与心内膜垫愈合而留一孔（图2-25-10B）。

三、室间隔缺损

室间隔缺损最常见的部位为室间隔膜部（图2-25-10C）。通常是由于心内膜垫的组织不能与主动脉肺动脉隔及室间隔肌部愈合而致，而室间隔肌部缺损较少见。

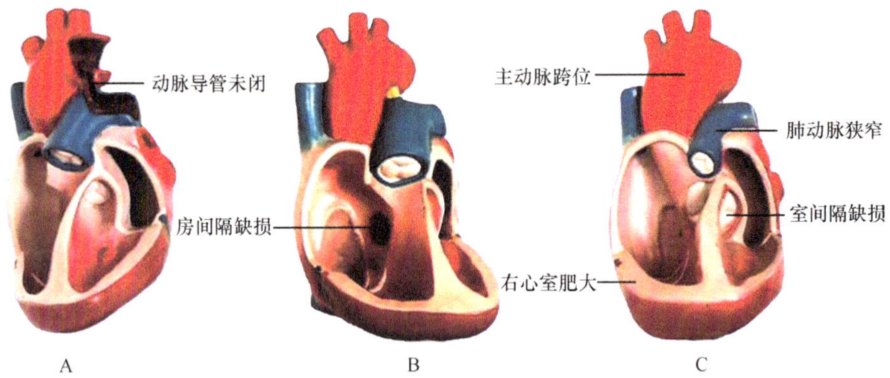

图2-25-10　循环系统常见畸形

四、动脉干和心球的分隔异常

（一）大动脉移位

在动脉干和心球的分隔时，由于主动脉肺动脉隔不呈螺旋状走行，形成直的间隔，导致主动脉发自右心室，且位于肺动脉干前方，肺动脉干发自左心室。该畸形多伴有室间隔膜部缺损或动脉导管未闭。

（二）大动脉狭窄

由于主动脉肺动脉隔的发生部位偏向一侧，造成主动脉和肺动脉的不均等分隔，以致一侧动脉粗大，另一侧狭小，形成主动脉或肺动脉狭窄。该畸形常伴有室间隔膜部缺损。

五、法洛四联症（tetralogy of Fallot）

特征为：①肺动脉狭窄；②室间隔缺损；③主动脉骑跨；④右心室肥大。主要原因是主动脉肺动脉隔偏移，导致肺动脉狭窄，同时使主动脉向右偏移而骑跨于两个心室。由于肺动脉狭窄，右心室排血阻力增大，致使右心室逐渐肥大（图 2-25-10C）。

思 考 题

（1）简述胎儿出生后血液循环的变化。
（2）心血管系统主要畸形有哪些？
（3）先天性心脏病治疗方法有哪些？

（王景霞　邓　萌）

先天性心脏病

先天性心脏病（congenital heart disease）指在胚胎发育时期由于心脏及大血管的形成障碍或发育异常而引起的解剖结构异常，或出生后应自动关闭的通道未能闭合（在胎儿属正常）的情形。约占各种先天畸形的 28%，先天性心脏病发病率占出生活婴的 0.4% ～ 1%。未经治疗者，约 34% 可在生后 1 个月内死亡。先心病死于新生儿期以大动脉转位为最多，其次是左心发育不良综合征及导管前型主动脉缩窄。各类先心病的发病情况以室间隔缺损最多，其次为动脉导管未闭、法洛四联症和房间隔缺损等。

少部分先心病在 5 岁前有自愈的机会，另外有少部分患者畸形轻微、对循环功能无明显影响，而无需任何治疗，但大多数患者需手术治疗校正畸形。随着医学技术的飞速发展，手术效果已经极大提高，目前多数患者如及时手术治疗，可以和正常人一样恢复正常，生长发育不受影响，并能胜任普通的工作、学习和生活的需要。

第 26 章　神经系统和眼与耳的发生

内容提要

（1）神经管和神经嵴的早期分化，脊髓的发生，脑的发生，垂体的发生，神经系统的常见畸形。

（2）视网膜和视神经的发生，晶状体的发生，血管膜和纤维膜的发生，玻璃体的发生，眼睑和泪腺的发生，眼的常见畸形。

（3）内耳的发生，中耳的发生，外耳的发生，耳的常见畸形。

第一节　神经系统的发生

神经系统包括中枢神经系统和周围神经系统，均起源于神经外胚层。神经外胚层先形成神经管和神经嵴，再由神经管分化为脑、脊髓、神经垂体、松果体和视网膜等结构，神经嵴则分化为神经节、周围神经、肾上腺髓质的嗜铬细胞和甲状腺滤泡旁细胞等结构。

一、神经管和神经嵴的早期分化

早期神经管的上皮为单层立方或矮柱状，之后，由于细胞的分裂增殖而变成假复层柱状上皮，称**神经上皮**（neuroepithelium）。神经上皮的基膜较厚，称外界膜；管壁内面也有一层膜，称内界膜。神经上皮细胞不断分裂增殖，部分细胞迁移至神经上皮的外周，形成一个新的细胞层，称**套层**（mantle layer），细胞分化为**成神经细胞**（neuroblast）和**成神经胶质细胞**（glioblast）。余下的神经上皮停止分化，保持单层立方或矮柱状，称**室管膜层**（ependymal layer）。成神经细胞起初为圆形，随即长出突起，突起逐渐增长并伸至套层外周，形成一细胞稀少的**边缘层**（marginal layer）。随着成神经细胞的分化，套层中的成神经胶质细胞也分化为星形胶质细胞和少突胶质细胞，并有部分细胞进入边缘层（图 2-26-1）。

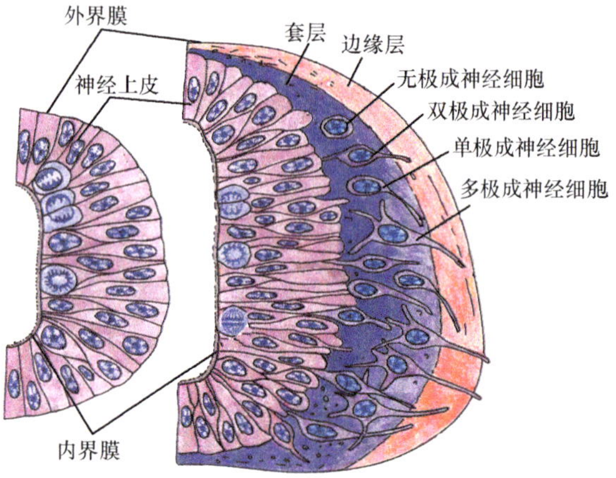

图 2-26-1　神经上皮的早期分化模式图

无突起的成神经细胞也叫无极成神经细胞，先后经历了双极成神经细胞、单极成神经细胞和多极成神经细胞的演变过程，再分化为各种神经元（图 2-26-2）。

在神经细胞的发生过程中，其最初产生细胞的数量要远多于最终分化存留的细胞，这是因为神经细胞之间联系的建立是一个非常复杂精细的过程，凡最终未能与靶细胞建立连接或处于异常部位的神经细胞，都可能发生凋亡。神经细胞的存活及其突起的发生主要受靶细胞产生的神经营养因子的调控，如神经生长因子、成纤维细胞生长因子、表皮生长因子等。大量神经细胞的凋亡，与它们不能获得靶细胞释放的神经营养因子密切相关；此外，也与它们未能和其他神经细胞形成足够的传入性突触相关。

在神经胶质细胞的发生过程中，先由成神经胶质细胞分化为各类胶质细胞的前体细胞，即成星形胶质细胞和成少突胶质细胞，再由前者分化为原浆性和纤维性星形胶质细胞，后者分化为少突胶质细胞。小胶质细胞的发生较晚，其起源尚有争议，有人认为它们来源于血液单核细胞，还有人认为它们来源于神经外胚层（图 2-26-2）。神经胶质细胞始终保持增殖能力。

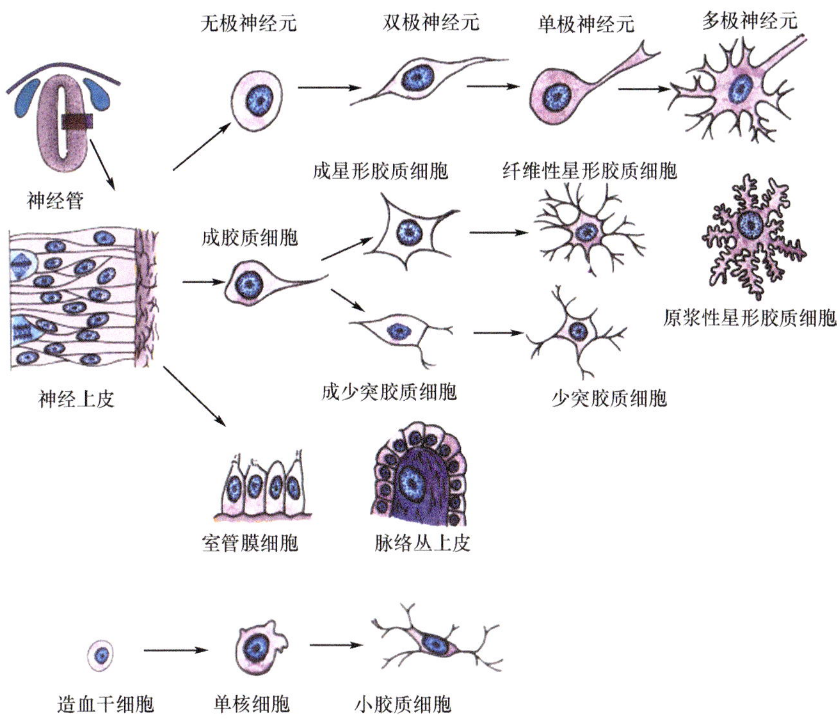

图 2-26-2　神经上皮细胞的分化模式图

二、脊髓的发生

神经管的尾段形成脊髓，围绕神经管的间充质则分化成脊膜。脊髓的中央管、灰质和白质分别由神经管的管腔、套层和边缘层演化形成。

（一）脊髓灰质及中央管的形成

神经管的两侧壁由于套层中成神经细胞和成神经胶质细胞的增生而迅速增厚，腹侧部增厚形成左右两个基板，背侧部增厚形成左右两个翼板。神经管的顶壁和底壁则相对薄而窄，分别形成顶板和底板。由于基板和翼板的增厚，两者在神经管的内表面出现了左右相对的两条纵沟，称界沟（图 2-26-3）。

由于成神经细胞和成神经胶质细胞的增多，左、右基板向腹侧突出，致使在两者之间形成一条纵行

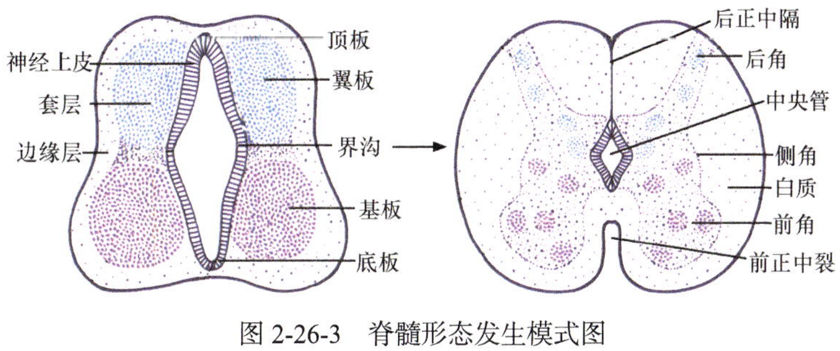

图 2-26-3　脊髓形态发生模式图

的深沟，位居脊髓的腹侧正中部，称前正中裂。同样，左、右翼板也增大，但主要是向内侧推移并在中线愈合，致使神经管管腔的背侧份消失。左、右翼板在中线的融合处形成一隔膜，称后正中隔。基板形成脊髓灰质的前角（或前柱），其中的成神经细胞主要分化为躯体运动神经元。翼板形成脊髓灰质后角（或后柱），其中的成神经细胞分化为中间神经元。聚集于基板和翼板之间的成神经细胞，则形成脊髓侧角（或侧柱），其内的成神经细胞分化为内脏传出神经元（图 2-26-3）。

（二）脊髓白质的形成

由于灰质内神经细胞突起的长入和神经胶质细胞的发生而使边缘层增厚，此外还由于脊神经节细胞中枢突进入脊髓、脊髓内部的联络纤维形成以及髓鞘的大量形成等，使边缘层逐渐演变为脊髓白质。

（三）脊髓发生与脊柱的关系

胚胎第 3 个月之前，脊髓与脊柱等长，其下端可达脊柱的尾骨。此时，所有脊神经的发出处与它

们相对应的椎间孔处于同一平面。第 3 个月后，由于脊柱和硬脊膜的增长比脊髓快，脊柱逐渐超越脊髓向尾端延伸，脊髓的位置相对上移。至出生前，脊髓下端与第 3 腰椎平齐，仅以终丝与尾骨相连，因此，腰椎穿刺术选择在第 3 ～ 4 腰椎或第 4 ～ 5 腰椎间进行。由于呈节段分布的脊神经均在胚胎早期形成，并从相应节段的椎间孔穿出，当脊髓位置相对上移后，脊髓颈段以下的脊神经根便越来越向尾侧斜行，再穿过其相应的椎间孔离开椎管。腰、骶和尾段的脊神经根则在椎管内垂直下行，与终丝共同组成马尾（图 2-26-4）。

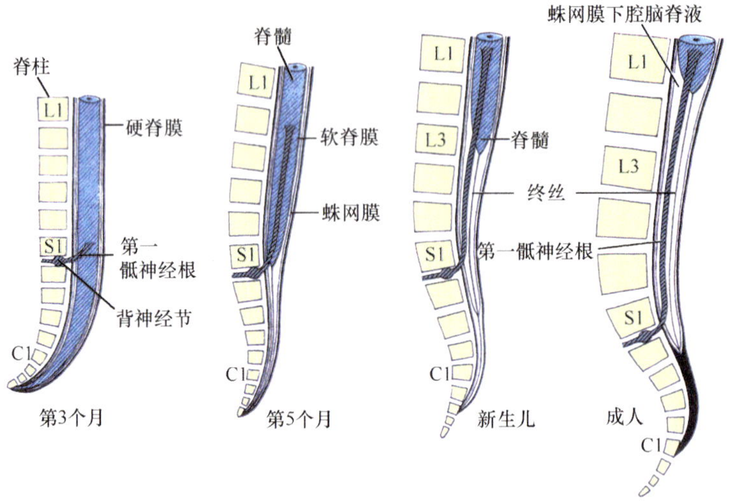

图 2-26-4　脊髓发育与脊柱关系模式图

三、脑的发生

（一）脑外形和内部结构的发育

脑由神经管的头段演变而来。第 4 周末，神经管头段膨大形成三个**脑泡**（brain vesicle），从头至尾依次为前脑泡、中脑泡和菱脑泡。至第 5 周时，前脑泡的头端向两侧膨大，形成左右两个端脑，以后演变为两个大脑半球，而前脑泡的尾端则形成间脑。中脑泡演变为中脑。菱脑泡的头段演变为后脑，尾段演变为末脑，后脑再演变为脑桥和小脑，末脑演变为**延髓**（图 2-26-5）。

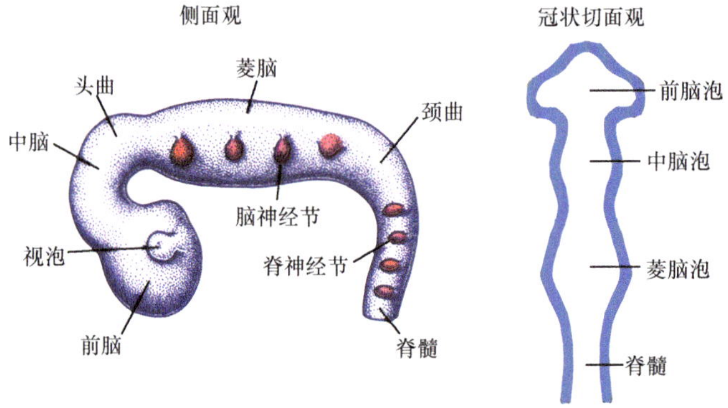

图 2-26-5　第四周脑泡和脊髓的发生与演变

在脑泡演变的同时，神经管的管腔也演变为各部位的脑室。前脑泡的腔演变为左右两个侧脑室和间脑中的第三脑室；中脑泡的腔形成狭窄的中脑导水管；菱脑泡的腔演变为宽大的第四脑室。

脑泡演变过程中出现了几个不同方向的弯曲，首先出现的是凸向背侧的头曲和颈曲，前者位于中脑部，故又称中脑曲，后者位于末脑与脊髓之间。之后，在端脑和脑桥之间又出现了两个凸向腹侧的弯曲，分别称端脑曲和脑桥曲（图 2-26-6）。

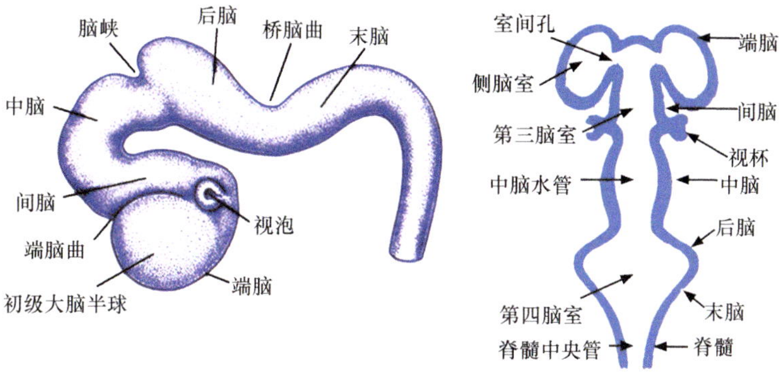

图 2-26-6　第六周脑泡和脊髓的发生与演变

神经管头段的演变与尾段有相似之处，但更为复杂。其神经上皮细胞增殖并向外侧迁移，分化为成神经细胞和成神经胶质细胞，形成套层。套层在增厚的同时，也分成翼板和基板。端脑和间脑的套层大部分形成翼板，基板甚小。端脑套层中的大部分细胞都迁至外表面，形成大脑皮质，少部分聚集成团，形成神经核。中脑、后脑和末脑中的套层细胞多聚集成细胞团或柱，形成各种神经核。翼板中的神经核多为感觉中继核，基板中的神经核多为运动核。

（二）大脑皮质的组织发生

大脑皮质的发生分三个阶段，依次为古皮质、旧皮质和新皮质，其中新皮质是出现最晚、面积最大的部分。人类大脑皮质的发生过程重演了脑皮质的种系发生过程。海马和齿状回是最早出现的皮质结构，相当于古皮质（archicortex）。胚胎第 7 周时，在纹状体的外侧，大量成神经细胞聚集并分化，形成梨状皮质，相当于旧皮质（paleocortex）。旧皮质出现不久，神经上皮细胞增殖，分期分批地迁移至表层并分化为神经细胞，形成新皮质（neocortex），并呈层状分布，越早产生和迁移的细胞，其位置越深；越晚产生和迁移的细胞，其位置越表浅，即越靠近皮质表层。胎儿出生时，新皮质已形成 6 层结构。古皮质和旧皮质的分层无一定规律性，有的分层不明显，有的分为三层。

（三）小脑皮质的组织发生

后脑翼板背侧部产生左、右两个菱唇，并在中线融合形成小脑板（cerebellar plate），为小脑的原基。第 12 周时，小脑板的两外侧部膨大，形成小脑半球；板的中部变细，形成小脑蚓（图 2-26-7）。

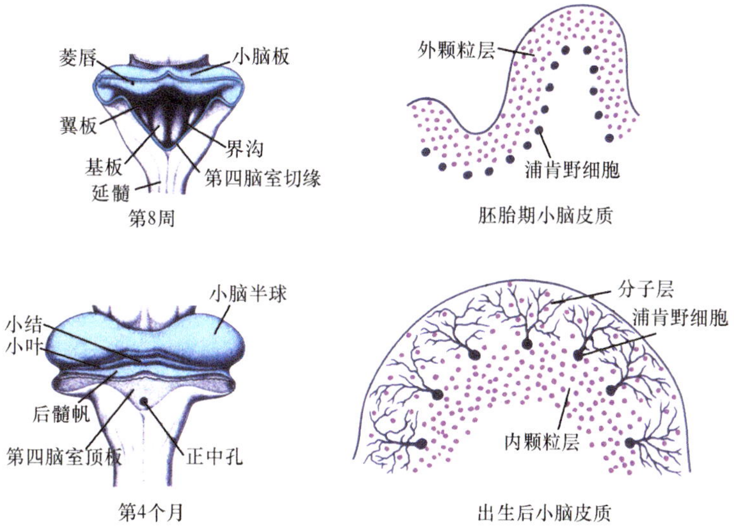

图 2-26-7　小脑的发生示意图

小脑板也由神经上皮、套层和边缘层组成。神经上皮细胞增殖并穿越套层迁移至小脑板的外表面，形成一个新的层次，即外颗粒层。外颗粒层细胞分裂增殖，使小脑表面迅速扩大并产生皱褶，形成小脑叶片。至第 6 个月，套层的外层成神经细胞分化为浦肯野细胞和高尔基细胞，构成蒲肯野细胞层；套层的内层成神经细胞则聚集成团，分化为小脑白质中的核团，如齿状核。外颗粒层部分细胞则向内迁移至蒲肯野细胞层的深面，构成内颗粒层。外颗粒层细胞因大量迁出而减少，分化为篮状细胞和星形细胞，与蒲肯野细胞的树突和内颗粒层细胞的轴突一起构成小脑皮质的分子层。外颗粒层消失后，内颗粒层则改称颗粒层。

四、神经节和周围神经的发生

（一）神经节的发生

神经节起源于神经嵴。神经嵴细胞向两侧迁移，分列于神经管的背外侧并聚集成细胞团，分化为脑神经节和脊神经节。这些神经节均属感觉神经节。神经嵴细胞首先化化为成神经细胞和卫星细胞，再由成神经细胞分化为感觉神经细胞。成神经细胞最先长出两个突起，成为双极神经元，由于细胞体各面的不均等生长，使两个突起的起始部逐渐靠拢，最后合二为一，于是双极神元变成假单极神经元。卫星细胞是一种神经胶质细胞，包绕在神经元胞体的周围。神经节周围的间充质分化为结缔组织的被膜，包绕整个神经节。

位于胸段的神经嵴，有部分细胞迁至背主动脉的背外侧，形成两列节段性排列的神经节，即交感神经节。这些神经节借纵行的神经纤维彼此相连，形成两条纵行的交感链。节内的部分细胞迁至主动脉腹侧，形成主动脉前交感神经节。节中的神经嵴细胞首先分化为交感成神经细胞（sympathetic neuroblast），再由此分化为多极的交感神经节细胞；节中的另一部分神经嵴细胞分化为卫星细胞。交感神经节的外周也有由间充质分化来的结缔组织被膜。另外，还有部分神经嵴细胞迁入肾上腺原基，分化为肾上腺髓质嗜铬细胞和少量交感神经节细胞。

副交感神经节的起源问题尚有争议。有人认为副交感神经节中的神经细胞来自中枢神经系统的原基即神经管，也有人认为来源于脑神经节中的成神经细胞。

（二）周围神经的发生

周围神经由感觉神经纤维和运动神经纤维构成，神经纤维由神经细胞的突起和施万细胞构成。感觉神经纤维中的突起是感觉神经节细胞的周围突；躯体运动神经纤维中的突起是脑干及脊髓灰质前角运动神经元的轴突；内脏运动神经的节前纤维中的突起是脊髓灰质侧角和脑干内脏运动核中神经元的轴突，节后纤维则是植物神经节内节细胞的轴突。施万细胞由神经嵴细胞分化而成，并与发生中的轴突或周围突同步增殖和迁移。施万细胞与突起相贴处凹陷，形成一条深沟，沟内包埋着轴突。当沟完全包绕轴突时，施万细胞与轴突间形成一扁的轴突系膜。在有髓神经纤维，此系膜不断增长并不断环绕轴突，于是在轴突外周形成了由多层细胞膜环绕而成的髓鞘。在无髓神经纤维，一个施万细胞与多条轴突相贴，并形成多条深沟包绕轴突，也形成扁平系膜，但系膜不环绕，故不形成髓鞘。

五、垂体的发生

垂体包括腺垂体和神经垂体，分别来源于胚胎时期口凹的表面外胚层和脑泡的神经外胚层。胚胎第 4 周，口凹背侧顶部的外胚层上皮向深部凹陷，形成一囊状突起，叫**拉特克囊**（Rathke pouch）（图 2-26-8）。稍后，间脑底部的神经外胚层向腹侧朝拉特克囊方向形成一漏斗状突起，即神经垂体芽。拉特克囊和神经垂体芽逐渐增大并相互靠近。至第 2 月末，拉特克囊的根部退化消失，其远端长大并与神经垂体芽相贴。神经垂体芽的远端膨大，形成神经垂体，其起始部变细演变成漏斗柄。之后，拉特克囊的前壁迅速增厚，形成垂体的远侧部。由远侧部再向上长出一结节状突起包绕漏斗柄，形成结节部。拉特克囊的后壁生长缓慢，演变成中间部。拉特克囊的囊腔大部消失，只残留小的裂隙。腺垂体上皮分化为内分泌腺细胞，如嗜酸性细胞和嗜碱性细胞等。神经垂体则主要由下丘脑来的神经纤维和神经胶质细胞组成。

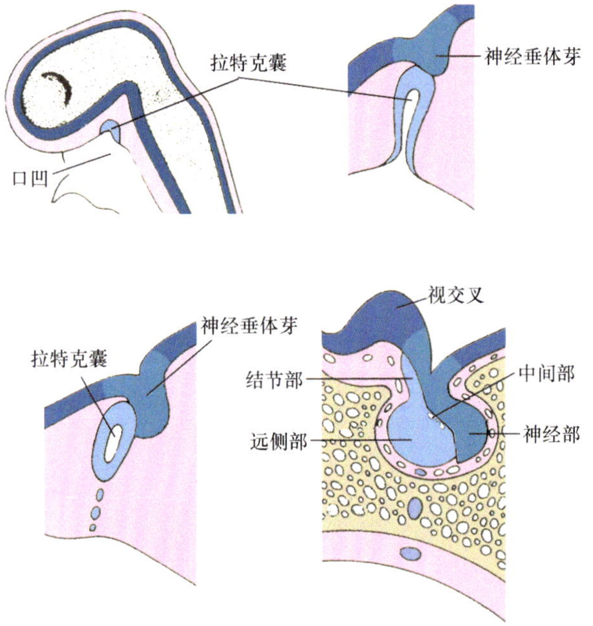

图 2-26-8　垂体发生示意图

六、常见畸形

（一）神经管发育畸形

在 4 周末，神经沟应完全闭合形成神经管，如果前、后神经孔未能闭合，就会形成**无脑畸形**

（anencephaly）和**脊髓裂**（myeloschisis）（图 2-26-9）。无脑畸形常伴有颅顶骨发育不全，称露脑；脊髓裂常伴有相应节段的**脊柱裂**（spina bifida）。脊柱裂可发生于脊柱各段，最常见于腰骶部。脊柱裂的发生程度可有不同。其中，中度的脊柱裂比较多见，在患处常形成一个大小不等的皮肤囊袋。如果囊袋中只有脊膜和脑脊液，称脊膜膨出；如果囊袋中既有脊膜和脑脊液，又有脊髓和神经根，则称脊髓脊膜膨出。由于颅骨的发育不全，也可出现脑膜膨出和脑膜脑膨出，多发生于枕部。如果脑室也随之膨出，称积水性脑膜脑膨出。

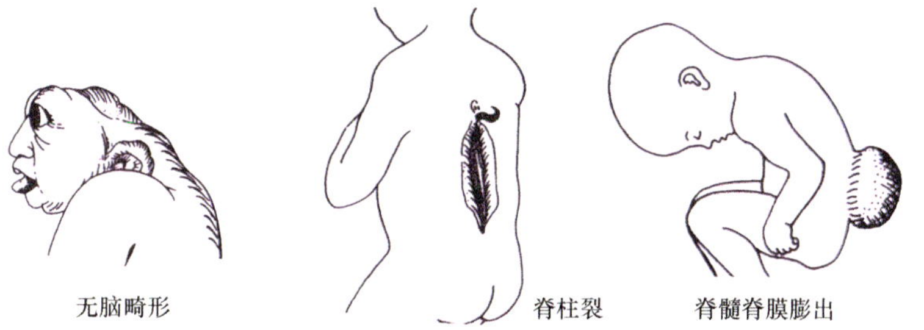

图 2-26-9　神经管发育常见畸形示意图

（二）脑积水

脑积水（hydrocephalus）是由于颅内脑脊液异常增多造成，多由脑室系统发育障碍、脑脊液生成和吸收平衡失调所致，以中脑导水管和室间孔狭窄或闭锁最常见。由于脑脊液不能正常循环，致使阻塞处以上的脑室或蛛网膜下隙中积存大量液体，前者称脑内脑积水，后者称脑外脑积水。主要表现为脑颅明显扩大，颅骨和脑组织变薄，颅缝变宽。

第二节　眼的发生

一、视网膜和视神经的发生

人胚第 4 周，由前脑泡向两侧膨出形成一对小泡，称**视泡**（optic vesicle），连接视泡与脑的狭窄部分叫**视柄**（optic stalk）。视泡逐渐膨大，其远端的前部渐向内凹陷形成双层壁的**视杯**（optic cup）。视杯外层形成**视网膜色素上皮层**（pigment epithelium layer），并始终保持为单细胞层。胚胎第 4 周时，色素上皮细胞内开始出现色素颗粒，至第 5 周时胞质内充满色素。视杯内层细胞增殖变厚演变成**神经层**（nervous layer）。随胚胎的发育，视杯内外两层之间的腔隙变窄，而变成一潜在性腔隙。胎儿第 3 个月起，视杯前缘向晶状体泡前方伸展，成为视网膜的睫状体部与虹膜部，即视网膜盲部。睫状体部内层分化为非色素上皮，外层分化为色素上皮；而虹膜部内层则分化为色素上皮，外层的色素上皮则分化形成虹膜的平滑肌，即瞳孔括约肌和瞳孔开大肌。视杯的其余部分发育为视网膜视部，通称视网膜。当视泡内陷成视杯时，视柄腹侧面也相应内陷形成一条纵行裂隙，称**脉络膜裂**（choriod fissure），**玻璃体动脉**（vitreous artery）、玻璃体静脉及邻近的间充质经此裂进入视杯（图 2-26-10）。

胚胎第 8 周时，视杯神经层的细胞开始增殖、分化和迁移，其中节细胞最早出现，其次为视细胞和其他神经细胞。第 4 个月胎儿的视网膜已可分辨各层结构，第 8 个月胎儿的视网膜结构与成人的基本相同。但黄斑区发育较晚，从第 7 ～第 8 个月的开始分化，至出生后 6 个月才发育完成。

由节细胞发出的突起均向视柄聚集，与视柄内分化的神经胶质细胞共同组成视神经。脉络膜裂于第 7 周封闭，玻璃体动脉和玻璃体静脉经玻璃体的一段退化，近段成为视网膜中央动脉和视网膜中央静脉。若脉络膜裂不关闭，则发生视网膜、睫状体和虹膜全部或局部缺损畸形。视神经逐渐向中枢神经系统方向生长，在垂体前形成视交叉。胚胎第 10 周时形成视束。视神经的髓鞘则是由脑部沿视神经向眼侧生长，一般出生时即止于视神经乳头之后。

二、晶状体发生

当视泡形成时，其表面的体表外胚层受视泡的诱导而增厚，形成**晶状体板**（lens placode），继而内陷形成一个球形的**晶状体泡**（lens vesicle），并与表面外胚层脱离。至第 6 周，晶状体泡的前表面仍保持单层立方上皮，后表面上皮细胞则逐渐增长，形成**晶状体纤维**（lens fiber）（图 2-26-10），介于两者之间的部分称赤道板区，该处细胞不断增生、变长，形成新的晶状体纤维。原有的晶状体纤维则逐渐退化形成晶状体核，新的晶状体纤维逐层添加到晶状体核的周围，晶状体及晶状体核逐渐增大。此变化持续终身，但随年龄的增长速度减慢，故晶状体核可区分成胚胎核、胎儿核、婴儿核及成人核等。胚胎第5～6周时形成晶状体囊，是由晶体上皮细胞产生的基底膜产物。若晶状体在发育过程中受到障碍，可形成不同类型的先天性白内障或无晶体等畸形。

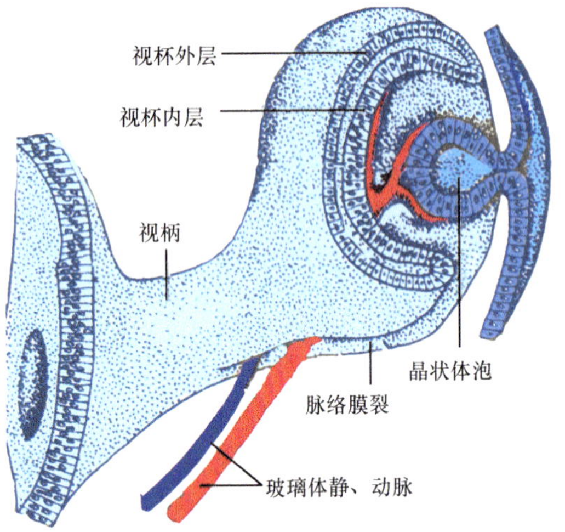

图 2-26-10　视杯及晶状体发生

三、血管膜和纤维膜的发生

人胚第6周，视杯外周的外胚间充质开始分化形成内、外两层。内层较疏松，逐渐出现丰富的血管和色素细胞，成为血管膜，至第5个月时可区分出脉络膜、睫状体和虹膜各部。外层较致密，形成大量胶原纤维，分化为巩膜。晶状体前方的表皮外胚层受晶状体诱导，分化为角膜上皮。胚胎第6周末，体表外胚层与晶体之间的间充质出现一裂隙，即前房始基，由此形成前房。裂隙前壁形成角膜内皮和固有层等结构。裂隙后壁为富于血管的间充质，以后形成虹膜的基质层，中央部较薄称**瞳孔膜**（pupillary membrane）（图 2-26-11，图 2-26-12）。胚胎第7个月时，瞳孔膜中央开始萎缩，形成瞳孔。瞳孔膜若萎缩不全，即形成**先天性瞳孔残膜**。

角膜和前房形成后，至第3个月末形成角膜巩膜缘，并在其内侧份出现巩膜静脉窦。它来源于视杯缘处的静脉丛，由一层内皮细胞构成，并具有许多分支小管。巩膜静脉窦出现后不久，其内侧的间充质分化成小梁网组织。前房内的间充质逐渐萎缩，形成前房角；若间充质未能正常萎缩，小梁组织未能发育成网状结构，则导致先天性青光眼。

四、玻璃体的发生

人胚第4周，视杯内充满来自脉络膜裂的间充质细胞和一条玻璃体动脉，为初级玻璃体。第5周时，视杯神经层分泌形成的原纤维填充在初级玻璃体外周，形成次级玻璃体（图 2-26-11）。随后原纤维等不断增多，次级玻璃体增大，发育为玻璃体的主体。玻璃体动脉在人胚第9周时发育完好，为晶状体提供营养，至第7个月时血供停止，至出生前6周完全萎缩退化，残留一个从视神经乳头到晶状体后面的小管，称**玻璃体管**（vitreous canal）。若玻璃体动脉萎缩不全，则为玻璃体动脉残留。胎儿第3个月，视杯前缘发育为虹膜和睫状体上皮，此时的睫状体和晶状体囊十分靠近，当眼球向前方生长时，睫状体上皮分泌的玻璃样胶原（原纤维）随同上皮细胞相对后移，渐向后伸展，发育形成睫状小带。

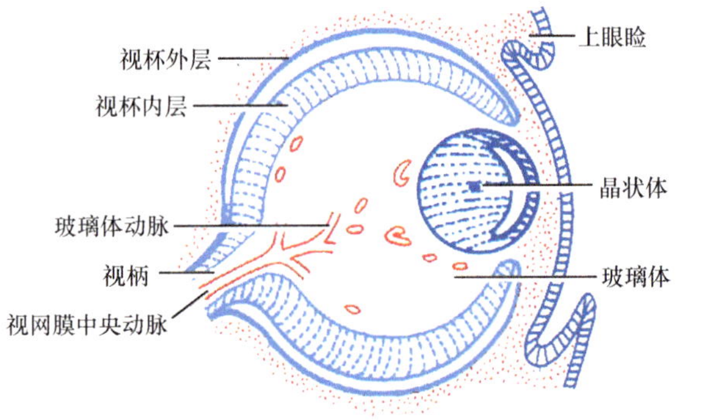

图 2-26-11　眼球与眼睑的发生模式图（第7周）

五、眼睑和泪腺的发生

（一）眼睑的发生

胚胎第5周，视杯前方的体表外胚层形成睑褶，为眼睑的始基（图 2-26-11，图 2-26-12）。睑褶的外层分化成眼睑皮肤，内层形成结膜并与球结膜和角膜上皮相连续。睑褶中部的间充质，发育成睑板、结缔组织和肌组织。在胚 胎第3个月时，上下睑缘彼此相对生长而互相粘连。至胚胎第5个月末，上下睑缘又重新分开，形成上下睑。胚胎第9周时，在上下睑粘合缘外侧，上皮细胞分化成毛囊，生出睫毛，此后由毛囊壁分化形成睑缘腺和睫腺。同时，在粘合缘的内侧，上皮呈管状内陷形成睑板腺。在眼睑发育过程中，若睑褶形成或其后的发育出现障碍，可产生无眼睑、或小眼睑等畸形。

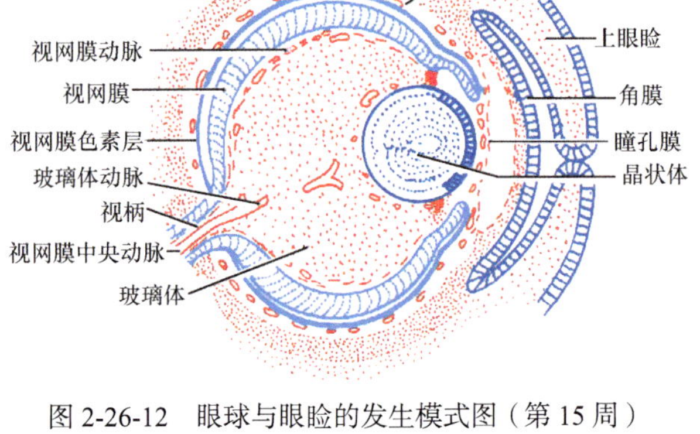

图 2-26-12　眼球与眼睑的发生模式图（第15周）

（二）泪腺的发生

胚胎第 9 周，位于颞侧上穹窿处睑结膜上皮向深部增殖成实心细胞索，为泪腺的原基。至第 3 个月，实心细胞索中央的细胞出现腔隙，演变成导管和腺泡，逐渐发育成腺体。出生 3 ～ 4 岁后，泪腺发育才基本完成。

六、常见畸形

（一）先天性无眼或小眼（anophthslmis 或 microphthalmia）

由于视泡没有发生，或虽已发生，但未能继续发育所致，常伴有严重的颅脑畸形。

（二）独眼（cyclopia）

由于左、右视沟在胚胎发生早期融合形成一个正中眼。这种畸形常在眼的上方有一个管形鼻。

（三）先天性白内障（congenital cataract）

指晶状体的透明度发生异常，可由遗传或环境因素，如母体在妊娠早期感染风疹病毒、母体甲状腺机能低下、营养不良和维生素缺乏等引起。

（四）先天性青光眼（congenital glaucoma）

与巩膜静脉窦或小梁网发育障碍有关，导致房水排出受阻，眼内压增高，眼球胀大，角膜突出。因眼球异常增大，又称牛眼。

（五）瞳孔膜残留

因瞳孔膜未能全部或部分退化消失所致，在瞳孔处残留有薄膜或蛛网状细丝。

第三节　耳的发生

耳分内耳、中耳和外耳三部分，分别由头部表面外胚层形成的听泡、内胚层来源的第一咽囊和外胚层来源的第一鳃沟及围绕鳃沟的 6 个耳丘（耳结节）演变而来（图 2-26-13，图 2-26-14）。

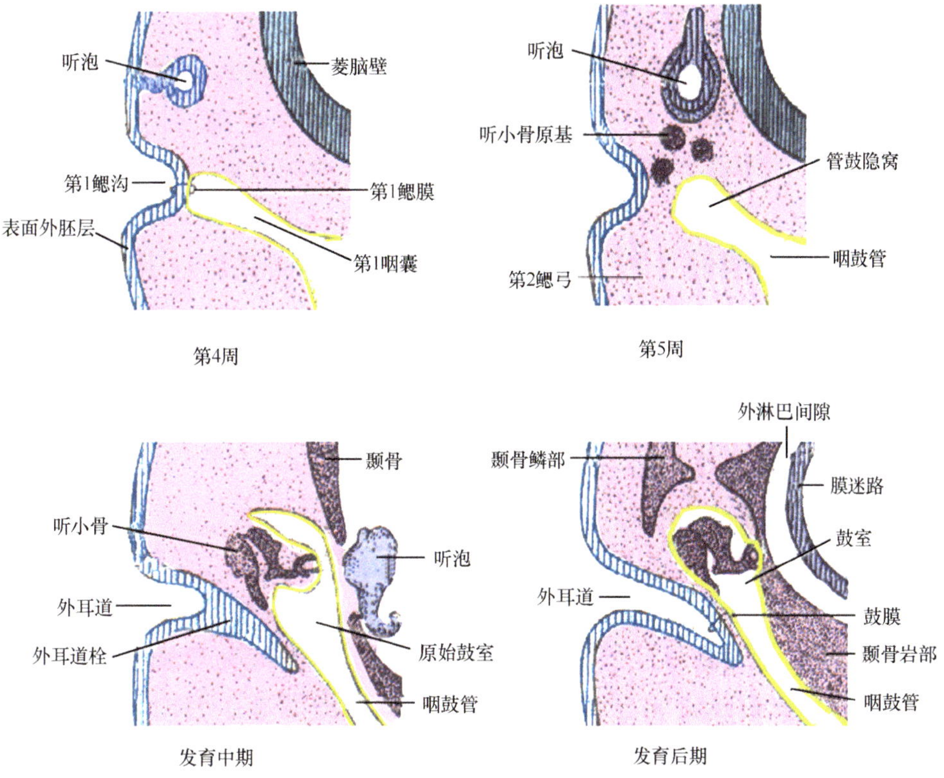

图 2-26-13　耳的发生示意图

一、内耳的发生

第4周初，菱脑两侧的表面外胚层在菱脑的诱导下增厚，形成**听板**（otic placode）；继而陷入深部的间充质内，形成**听窝**（otic pit），最后听窝闭合，并与表面外胚层分离，形成囊状的**听泡**（otic vesicle）（图2-26-13）。听泡向背腹方向延伸增大，形成背侧的前庭囊和腹侧的耳蜗囊，并在背端内侧长出一小而长的内淋巴管。前庭囊形成三个膜半规管和椭圆囊的上皮；耳蜗囊形成球囊和膜蜗管的上皮。最终，听泡及其周围的间充质便演变为内耳膜迷路（图2-26-14）。第3个月时，膜迷路周围的间充质分化成一个软骨性囊，包绕膜迷路。约在第5个月时，软骨性囊骨化，成为骨迷路。于是膜迷路被套在骨迷路内，两者间隔狭窄的外淋巴间隙。

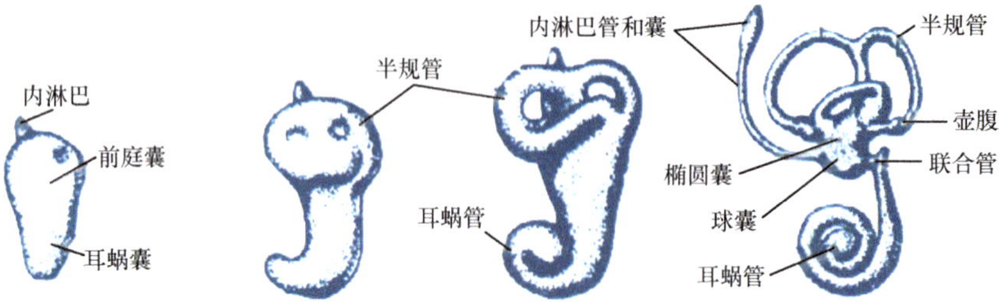

图2-26-14　第5～8周听泡的发育

二、中耳的发生

第9周时，第1咽囊向背外侧延伸，远侧盲端膨大成管鼓隐窝，近侧段狭长演变成咽鼓管。第4个月时，管鼓隐窝上方的间充质形成3个听小骨原基，至第6个月，先后骨化为听小骨。与此同时，管鼓隐窝远侧段扩大形成原始鼓室，听小骨周围的结缔组织被吸收而形成腔隙，与原始鼓室共同形成鼓室，听小骨位于其内。管鼓隐窝顶部的内胚层与第1鳃沟底部的外胚层相对，分别形成鼓膜内、外上皮，两者间的间充质形成鼓膜内的结缔组织(图2-26-13)。

三、外耳的发生

第2个月末，第1鳃沟向内深陷，形成外耳道外侧段。管道的底部外胚层细胞增生形成一上皮细胞板，称外耳道栓（external acoustic meatus plug）。第7个月时，外耳道栓内部细胞退化吸收，成为外耳道内侧段（图2-26-13）。第6周时，围绕第1鳃沟周围的第1、2鳃弓中间充质增生，形成6个结节状隆起，称耳丘（auricular hillock），它们围绕外耳道口演变成耳廓（图2-26-15）。

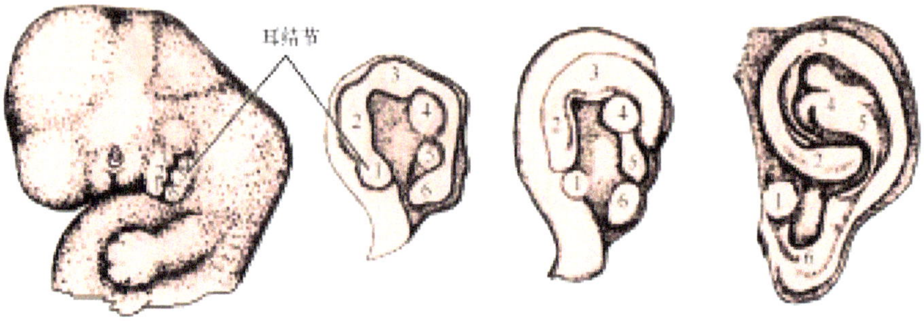

图2-26-15　耳廓的发生

四、常见畸形

（一）先天性耳聋（congenital deafness）

有遗传性和非遗传性两类。遗传性耳聋属常染色体隐性遗传，主要由于不同类型和不同程度的内耳发育不全、耳蜗神经发育不良、听小骨发育缺陷与外耳道闭锁所致。非遗传性耳聋与药物中毒、感染、新生儿溶血性黄疸等因素有关。先天性耳聋患儿因听不到语言，不能进行语言学习与锻炼，常表现为又聋又哑。

（二）副耳廓（accessory auricle）或耳廓附件（auricular appendages）

多由于耳丘的发生过多所致，常见于耳屏前方。

（三）耳瘘（auricular fistula）

常见于耳屏前方，可能因第1鳃沟的背部闭合不全，或第1、2鳃弓发生的耳丘融合不良所致，形成皮肤性盲管继续向下延伸和鼓室相通，可挤压出白色乳酪状液体，易感染发炎。

思　考　题

1. 试述脑、脊髓的发生及神经系统的常见畸形。
2. 视网膜和视神经是如何发生的？眼的常见畸形有哪些？
3. 试述内耳、中耳及外耳的发生，耳的常见畸形。

（赵文杰）

Pax6基因与眼发育

Pax6基因在胚胎发育过程中起着重要的作用。它通过调节细胞增殖迁移、分化和黏附等活动，在不同的组织和细胞中发挥不同的功能。Pax6基因的异常表达是许多先天性疾病的原因，尤其在眼睛、神经系统、鼻、胰腺和内分泌腺等组织器官的先天性疾病。Pax6基因是在寻找WAGR综合征致病基因时被鉴定为无虹膜症的候选基因，在生物生长发育中起重要作用，与虹膜发育、晶状体形成后期、角膜及神经视网膜形成等密切相关。Pax6基因突变与无虹膜症以及其他一些眼先天性异常有关。

第 27 章　先天性畸形

内容提要

（1）先天性畸形的分类。
（2）先天性畸形的发生原因。
（3）致畸敏感期。
（4）先天性畸形的预防。
（5）先天性畸形的宫内诊断与治疗。

畸形学（teratology）是一门研究人类各种发育异常的成因、临床表现和形成机理及预防各种人类出生缺陷或先天性畸形的综合性学科。

先天性畸形（congenital malformation）是指由于胚胎发育紊乱所致的出生时就存在着的各种形态结构异常，又称为出生缺陷。

第一节　先天性畸形的分类

按照 Willis、Grag 和 Moore 在 1958 年至 1982 年根据先天性畸形的胚胎发生过程提出的大致相同的分类方法，先天性畸形主要分为以下类型：

（一）整体胚胎发育障碍

多由严重遗传缺陷引起，不能形成完整的胚胎并早期死亡吸收或自然流产。

（二）胚胎局部发育畸形

由胚体局部发育紊乱引起，同时涉及多个器官，如**头面发育不全**（ethmocephalus）、**并肢畸形**（sirenomelus）等。

（三）器官或器官局部畸形

由某一器官不发生或发育不全所致，如单侧或双侧肺不发生、室间隔膜部缺损、腭裂等。

（四）组织分化不良性畸形

由组织分化紊乱引起，发生时间较晚且肉眼不易识别，如**骨发育不全**（osteogenesis）、**克汀病**（cretinism）、**巨结肠**（hirschsprung disease）等。

（五）发育过度性畸形

由器官或器官的一部分增生过度所致，如多指（趾）畸形等。

（六）吸收不全性畸形

由胚胎发育过程中有些应全部或部分吸收的结构吸收不全所致，如不通肛、食管闭索等。

（七）超数或异位发生性畸形

由器官原基超数发生或发生于异常部位所致，如多乳腺、异位乳腺、双肾盂、双输尿管等。

（八）发育滞留性畸形

由器官发育中途停止所致，如双角子宫、隐睾、骨盆肾、气管食管瘘等。

（九）重复畸形（double malformation）

由单卵双胎未能完全分离所致，胎儿整体或部分结构不同程度地重复出现，如连体胎儿、双头胎儿等。

（十）寄生畸形（parasitic monstrosity）

由单卵双胎的两个胎儿发育速度相差甚大所致，小胎或不完整的小胎附着在大胎的某一结构部位上。

第二节　先天性畸形的发生原因

先天性畸形的发生原因包括遗传因素、环境因素和两者的相互作用。其中遗传因素约占 25%，环境因素约占 10%，遗传因素与环境因素相互作用和原因不明者约占 65%。

一、遗传因素

引起先天性畸形的遗传因素可分为**染色体畸变**（chromosome aberration）和**基因突变**（gene mutation）两类：

（一）染色体畸变

可由亲代遗传，也可由生殖细胞的异常发育引起，包括染色体数目的异常和染色体结构的改变。染色体数目减少表现为单体型，常染色体的单体型胚胎几乎不能存活，性染色体的单体型胚胎仅有3%存活且有畸形，如先天性卵巢发育不全即Turner综合征（45，XO）。染色体数目增多表现为三体型，如21号染色体的三体可引起先天性愚型即Down综合征，性染色体的三体（47，XXY）可引起先天性睾丸发育不全即klinefelter综合征。染色体结构的改变，如5号染色体短臂末端断裂缺失可引起猫叫综合征。

（二）基因突变

指DNA分子碱基组成或排列顺序的改变，其发生次数较染色体畸变多，但引起的畸形少，主要有软骨发育不全、肾上腺肥大、小头畸形、多囊肾、皮肤松垂症等。

二、环境因素

引起先天性畸形的环境因素统称为**致畸因子**（teratogen），主要有下列五类：

（一）生物性致畸因子

有些可穿过胎盘膜直接作用于胚体，有些则作用于母体引起母体发热、缺氧、脱水、酸中毒等，干扰胎盘的功能，破坏胎盘膜，从而间接影响胚胎发育。目前已确定的生物性致畸因子有风疹病毒、巨细胞病毒、单纯疱疹病毒、弓形体、梅毒螺旋体等。

（二）物理性致畸因子

已确认各种射线、机械性压迫和损伤等对人胚胎发育有致畸作用；高温、严寒、微波等对动物有致畸作用，对人有无致畸作用尚在探讨中。

（三）致畸性药物

主要有抗肿瘤类、抗惊厥类、抗凝血类、抗生素类、激素类等药物。如大量链霉素可引起先天性耳聋；长期应用性激素可致胎儿生殖系统畸形；抗凝血剂香豆素在妊娠早期应用可引起胎儿鼻发育异常；抗肿瘤药物氨基蝶呤可引起无脑畸形等。

（四）致畸性化学因子

目前确认的有某些多环芳香碳氢化合物、某些亚硝基化合物、某些烷基和苯类化合物、某些含磷的农药、重金属如铅、镉、汞等。

（五）其他致畸因子

酗酒、大量吸烟、维生素缺乏、缺氧、严重营养不良等均有致畸作用。流行病学调查显示，吸烟者所生的新生儿平均体重明显低于不吸烟者且出现畸形的危险性增加，主要由尼古丁使胎盘血管收缩，胎儿缺血、缺氧所致。孕期过量饮酒可引起胎儿多种畸形，主要表现有发育迟缓、小头、小眼、短睑裂、眼距小等，称**胎儿酒精综合征**（fetal alcohol syndrome）。

三、环境因素与遗传因素的相互作用

多数畸形是环境因素与遗传因素相互作用的结果，这种相互作用包括两方面：一是环境致畸因子通过引起染色体畸变和基因突变而导致先天性畸形；另一方面是胚胎的遗传特性决定和影响胚体对致畸因子的易感性。如流行病学调查显示，在同一地区同一自然条件下，同时妊娠的孕妇在一次风疹流行中都受到感染，但其新生儿有的出现畸形，有的完全正常。其原因就是每个胎儿对风疹病毒的易感性不同。在环境因素与遗传因素相互作用引起的先天性畸形中，用来衡量遗传因素所起作用大小的指标称遗传度。遗传度越高，说明遗传因素在畸形发生中的作用越大。如先天性心脏畸形的遗传度为35%，腭裂的遗传度为76%，脊柱裂的遗传度为60%，先天性髋关节脱位的遗传度为70%。

第三节　胚胎的致畸敏感期

胚胎在发育过程中受到致畸因子作用后，是否发生畸形及在何器官发生何种畸形，不仅决定于致畸因素的性质和胚胎的遗传特性，而且决定于胚胎受到致畸因子作用时所处的发育阶段。处于不同发育阶段的胚胎对致畸因子作用的敏感程度也不同。受到致畸因子作用后，最易发生畸形的发育时期称**致畸敏感期**（susceptible period）。

在胚期前两周受到致畸因子作用后，若致畸作用强，胚通常死亡，若畸致作用弱，多数细胞可代偿少数受损死亡的细胞，故很少发生畸形。3～8周为致畸敏感期，受到致畸因子作用后最易发生畸形。其原因是此期胚胎细胞增生、分化活跃，器官原基正在发生，因而最易受到致畸因子的干扰。由于各器官的发生与分化时间不同，故各器官的致畸敏感期也不同。胎期（9周以后）各器官进行组织分化和功能分化，受到致畸因子作用后也会发生畸形，但多属组织结构异常和功能缺陷，一般不出现宏观的器官形态畸形。

不同致畸因子对胚胎作用的致畸敏感期也不同。如风疹病毒的致畸敏感期为受精后第一个月，畸形发生率为50%，第二个月降为22%，第三个月仅为6%～8%。药物反应停的致畸敏感期为受精后第21～40天。

实验畸胎学研究表明不同种类的致畸因素可诱发出各种各样的畸形。有时一种因素引起多种畸形，有时多种因素引起一种畸形，或某种因子缺少或过多都引起畸形，一种致畸因素对各种实验动物的反应也各有不同。关于哺乳类致畸的机理有待于进一步从多方面进行研究。目前比较公认的致畸作用机制有以下几种 细胞的直接毒性作用；基因突变与染色体异常；致畸原干扰正常胚胎分化发育过程；母体和胎盘自稳功能紊乱；非特异性的胚胎和发育毒性作用；其他机制，如生物合成所需前体物的供给或代谢受到干扰，胚胎组织发育过程不协调等。

第四节　先天性畸形的预防和宫内诊断、治疗

一、先天性畸形的预防

目前防止遗传性畸形的主要措施是预防，遗传咨询是达到这一目的的重要措施。如在婚前应进行遗传咨询，对不适宜生育的夫妇可建议采取他精受精等生殖工程学措施；对有遗传性疾病家族史的夫妇要进行妊娠监护和产前检查，尽早发现畸形胚胎，以便采取相应对策。

做好孕期保健是防止环境致畸的根本措施。妊娠期间要避免接触上述各种环境致畸因素，特别是在妊娠前8周，如要尽量预防感染，不滥用药物，戒烟戒酒，避免和减少射线的照射等。

二、先天性畸形的宫内诊断

（一）羊膜腔穿刺

羊膜腔穿刺（amniocentesis）可在妊娠第15周以后进行羊膜穿刺取羊水做羊水的细胞染色体组型检查和羊水的化学成分检测。如开放性的神经管畸形，其羊水中乙酰胆碱酯酶同工酶和甲胎蛋白的含量高于正常数十倍。染色体异常引起的先天畸形，如Down综合征和Turner综合征等，可通过染色体分析确定。

（二）绒毛膜活检

绒毛膜活检（chorionic villi biopsy）绒毛膜细胞与胚体细胞同源，有着相同的染色体组型，可在妊娠第8周进行绒毛膜活检，早期诊断胚胎的染色体异常。

（三）仪器检查

通过胎儿镜可直接观察胎儿外部结构有无异常，并可采取血液、皮肤等样本作进一步检查，还可直接给胎儿注射药物或输血。超声检查是一种简便易行且安全可靠的宫内诊断方法，不仅能诊断胎儿外部畸形，还可检查出某些内脏畸形。将造影剂注入羊膜腔进行X线检查，可观察胎儿的大小和外部畸形。

三、先天性畸形的宫内治疗

非手术性治疗先天性畸形开展较早，如甲状腺素治疗胎儿甲状腺功能低下引起的发育紊乱。但能进行宫内治疗的畸形还很有限，进展较快并能迅速收效的宫内治疗方法是宫内手术。1963年LiLey用宫内胎儿输血方法治疗胎儿水肿并取得成功，是首例宫内手术治疗。20世纪80年代初，开展胎儿颅脑穿刺手术治疗胎儿脑积水取得成功，以后又开展了脑室-羊膜腔沟通术（Ventriculoamniotic shunt）治疗阻塞性脑积水，也取得成功。还有人用这种改道方法治疗肾积水。据1984年国际胎儿外科统计资料显示，脑积水和肾积水宫内手术治疗的存活率分别为44.2%和82.3%。近年来，用宫内胎儿胸腔穿刺治疗乳糜胸取得了成功。动物实验研究显示，膈疝、脐疝、腹壁裂和轻度脊柱裂等畸形均可做宫内手术治疗。

1. 宫内治疗　胎儿镜手术主要应用于治疗双胎输血综合征或减胎术。国外有报道用于治疗胎儿膈疝、脑脊膜膨出、泌尿道梗阻等。

2. 产后治疗　如脑积水的脑室分流手术、唇腭裂的修补术、先天性心脏病的手术治疗、苯丙酮尿症的药物治疗等。

思　考　题

（1）先天性畸形发生的环境因素有哪些？
（2）先天性畸形的主要预防措施有哪些？
（3）先天性畸形的宫内诊断方法有哪些？

（李　文）

胎儿畸形

胎儿畸形是指胎儿在子宫内发生的结构或染色体异常。胎儿畸形约占活产儿的3%。全世界每年大约有500万出生缺陷婴儿出生，平均每5～6分钟就有一个，85%以上发生在发展中国家。我国先天残疾儿童总数高达80万～120万，占我国出生人口总数的4%～6%。严重的畸形可导致胎儿/新生儿死亡或严重残疾。造成胎儿畸形的原因复杂，包括：胎儿自身遗传性因素、母体或外界环境因素等。预防胎儿畸形，及时检查出严重胎儿畸形并进行引产，是提高出生人口质量的重要手段之一。

通过胎儿系统超声、羊水穿刺等产前诊断技术，许多畸形胎儿在宫内获得了诊断。但目前对胎儿畸形的产前诊断率并不令人满意，主要原因在于：①有些畸形在宫内难以被发现；②产前诊断技术本身的局限性；③医疗条件的限制，使得产前诊断难以广泛开展。

多数非致死性畸形不需要在孕期进行外科干预，如先天性心脏病等，可在出生后进行手术治疗。但部分胎儿畸形可能影响胎儿的宫内安危，需要在孕期进行干预。由于手术风险大、技术要求高，目前多数胎儿宫内治疗尚处于试验性阶段。